FREUD-STUDIENAUSGABE

ERGÄNZUNGSBAND

Herausgegeben von

Alexander Mitscherlich · Angela Richards · James Strachey

Mitherausgeber des Ergänzungsbandes

Ilse Grubrich-Simitis

SIGMUND FREUD

Studienausgabe

ERGÄNZUNGSBAND

Schriften zur Behandlungstechnik

S. FISCHER VERLAG

Die Freud-Studienausgabe erschien ursprünglich (1969–1975)
im Rahmen der S. Fischer-Reihe
CONDITIO HUMANA
ERGEBNISSE AUS DEN WISSENSCHAFTEN VOM MENSCHEN
(Herausgeber: Thure von Uexküll und Ilse Grubrich-Simitis;
Berater: Johannes Cremerius, Hans J. Eggers, Thomas Luckmann).

1982 wurde die zunächst über mehrere Auflagen kartoniert
erschienene *Studienausgabe* vorübergehend in Taschenbuchform
veröffentlicht; der Ergänzungsband erschien damals in zweiter
Auflage, die den Text der ersten Auflage von 1975 in korrigierter
Fassung übernahm. Bei der Rückkehr zur kartonierten Ausstattung,
1989, wurde der nunmehr dritten Auflage des Ergänzungsbandes der
Text der zweiten Auflage in wiederum korrigierter Fassung
zugrundegelegt. Die editorischen Zusätze wurden seinerzeit
entsprechend den Erläuterungen auf Seite 32 in Band I aktualisiert.

Vierte, korrigierte Auflage
Für sämtliche Freud-Texte:
© S. Fischer Verlag GmbH, Frankfurt am Main, 1975
Für das aus der *Standard Edition of the Complete Psychological Works of
Sigmund Freud* entnommene editorische Material:
© The Institute of Psycho-Analysis, London, und
The Estate of Angela Richards, Eynsham, 1975
Für zusätzliches editorisches Material:
© Ilse Grubrich-Simitis, Königstein,
und The Estate of Angela Richards, Eynsham, 1975
Alle Rechte, auch die des Abdrucks im Auszug
und der photomechanischen Wiedergabe, vorbehalten.
Satz: Buchdruckerei Eugen Göbel, Tübingen
Druck: Gutmann + Co., Heilbronn
Bindearbeiten: G. Lachenmaier, Reutlingen
Printed in Germany 1994
ISBN 3 10 822731 9

INHALT

Inhalt

Inhalt

ZU DIESEM BAND

Eine genauere Darstellung der Gliederung und der Ziele der vorliegenden Ausgabe sowie der editorischen Methode findet sich in den ›Erläuterungen zur Edition‹, die Band 1 vorangestellt sind. Diese Gesichtspunkte sollen daher hier nur noch einmal kurz zusammengefaßt werden; zugleich möchten wir dem Leser mit einigen Erklärungen einen Wegweiser zum vorliegenden Band geben.

Ziel dieser nach Themen gegliederten Ausgabe ist es, vor allem den Studenten aus den an die Psychoanalyse angrenzenden Wissensgebieten – der Soziologie, den Politischen Wissenschaften, der Sozialpsychologie, Pädagogik usw. –, aber auch interessierten Laien die Hauptwerke Sigmund Freuds in preiswerter Ausstattung mit einem detaillierten Anmerkungsapparat systematischer und in größerem Umfang zugänglich zu machen, als dies in den Taschenbuchausgaben einiger Einzelwerke möglich ist. Zunächst bestand die Absicht, die Schriften zur Behandlungstechnik und zur Theorie der Therapie nicht in die Edition aufzunehmen. Auf vielfachen Wunsch wird dieser Teil von Freuds Werk nun im vorliegenden, nichtnumerierten Ergänzungsband nachgereicht. Um dem Leser einen möglichst umfassenden Überblick zu geben, haben wir uns entschlossen, erstmals in der *Studienausgabe* – bisher wurden nur komplette Texte abgedruckt – auch zwei für das Thema des Bandes wichtige *Auszüge* aus größeren Werken zu bringen (s. unten, S. 37 ff. und S. 407 ff.). Im übrigen sei der Leser noch auf folgende Arbeiten verwiesen, in denen sich Freud gleichfalls relativ ausführlich mit solchen Fragen beschäftigt: Vorrede zur Übersetzung von Bernheims *De la suggestion* (1888–89); Besprechung von Forels *Der Hypnotismus* (1889 a); ›Hypnose‹ (1891 d); ›Ein Fall von hypnotischer Heilung‹ (1892–93) – die bisher erwähnten Schriften befassen sich ausschließlich mit Hypnose und Suggestion –; ›Die Sexualität in der Ätiologie der Neurosen‹ (1898 a, letzter Teil); *Die Traumdeutung* (1900 a, vor allem der erste Teil von Kapitel II); ›Bruchstück einer Hysterie-Analyse‹ (1905 e, Kapitel IV); *Vorlesungen zur Einführung in die Psychoanalyse* (1916–17, 27. und 28. Vorlesung); *Jenseits des Lustprinzips* (1920 g, Kapitel III); *Neue*

Folge der Vorlesungen zur Einführung in die Psychoanalyse (1933 a, 34. Vorlesung, letzter Teil).

Die Veröffentlichung der *Studienausgabe* erfolgt nach dem Tode von James Strachey, des Seniors des Herausgebergremiums, der jedoch bis zu seinem Tode im April 1967 an den Vorbereitungen, vor allem am Inhaltsplan und an den Richtlinien für die Kommentierung, mitgearbeitet hat.

Die für diese Ausgabe benutzten Texte sind im allgemeinen die der letzten deutschen Ausgaben, die noch zu Freuds Lebzeiten veröffentlicht wurden, in den meisten Fällen also die der zuerst in London erschienenen *Gesammelten Werke* (ihrerseits großenteils Photokopien der noch in Wien publizierten *Gesammelten Schriften*). Wo dies nicht zutrifft, wird die Quelle in der das betreffende Werk einführenden ›Editorischen Vorbemerkung‹ genannt. Ein paar Seitenhinweise Freuds auf frühere, heute kaum noch erreichbare Ausgaben seines Werks sind von den Herausgebern weggelassen worden, statt dessen wurden deskriptive Fußnoten hinzugefügt, welche es dem Leser ermöglichen, die entsprechenden Stellen in heute greifbaren Editionen aufzufinden; dies betrifft vor allem die *Traumdeutung*. Um unnötige Wiederholungen zu vermeiden, sind auch ausführliche bibliographische Angaben Freuds über eigene Werke sowie Schriften anderer Autoren, die in den älteren Editionen im Text enthalten sind, in der Regel in die Bibliographie am Schluß der Bände der *Studienausgabe* verwiesen worden. Außer diesen unwesentlichen Änderungen und dem einheitlichen Gebrauch der Abkürzung »S.« für Seitenverweise (auch dort, wo Freud, wie vor allem in den frühen Arbeiten, »p.« schrieb) sowie schließlich einigen wenigen Modernisierungen der Orthographie, Interpunktion und Typographie wird jede Änderung, die am Quellentext vorgenommen wurde, in einer Fußnote erklärt.

Das in die *Studienausgabe* aufgenommene editorische Material entstammt der *Standard Edition of the Complete Psychological Works of Sigmund Freud*, der englischen Ausgabe also, die unter der Leitung von James Strachey hergestellt wurde; es wird hier mit Erlaubnis der Inhaber der Veröffentlichungsrechte, des Institute of Psycho-Analysis und des Verlages Hogarth Press (London), in der Übersetzung von Ilse Grubrich-Simitis wiedergegeben. Wo es das Ziel der vorliegenden Ausgabe erforderte, wurde dieses Material gekürzt und adaptiert; zugleich wurden einige wenige Korrekturen vorgenommen und ergänzende Anmerkungen hinzugefügt. Abgesehen von den ›Editorischen Vorbemerkungen‹, stehen sämtliche von den Herausgebern stammenden Zusätze in eckigen Klammern.

Die Herausgeber danken Ingeborg Meyer-Palmedo für ihre sorgfältige Hilfe beim Korrekturlesen und die Herstellung des Registers.

Die in diesem Band verwendeten speziellen Abkürzungen sind in der Liste der Abkürzungen auf S. 436–7 erklärt. Im Text oder in den Fußnoten sind gelegentlich Werke von Freud erwähnt, die nicht in die *Studienausgabe* aufgenommen wurden. Die Bibliographie am Ende jedes Bandes (in welcher die Daten aller erwähnten technischen Arbeiten Freuds und anderer Autoren enthalten sind) informiert den Leser darüber, ob die betreffende Arbeit in die *Studienausgabe* aufgenommen wurde oder nicht. Auf S. 470 ff. findet sich außerdem ein Gesamtinhaltsverzeichnis der *Studienausgabe*.

Die Herausgeber

Psychische Behandlung
(Seelenbehandlung)

(1890)

EDITORISCHE VORBEMERKUNG

Deutsche Ausgaben:

1890 In *Die Gesundheit: Ihre Erhaltung, ihre Störungen, ihre Wiederherstellung,* hrsg. von R. Koßmann und J. Weiß, Bd. 1, Stuttgart, Berlin und Leipzig, Union Deutsche Verlagsgesellschaft, 368–84 (unveränderter Nachdruck 1900, 2. Aufl.; 1905, 3. Aufl., gleiche Seitenzahl).

1937 *Z. psychoanal. Pädag.,* Bd. 11, 133–47.

1942 *G. W.,* Bd. 5, 287–315.

Als Publikationsdatum der vorliegenden Arbeit ist lange Zeit irrtümlich das Jahr 1905 angegeben worden (so auch in Bd. 5 der *Gesammelten Werke* und in Bd. 7 der *Standard Edition*; allerdings hat James Strachey in dem später erschienenen Bd. 1 der *Standard Edition,* S. 63 f., den inzwischen aufgedeckten Datierungsfehler korrigiert).

Es handelt sich bei der Schrift um einen Beitrag zu dem zweibändigen Sammelwerk *Die Gesundheit,* einem populärwissenschaftlichen medizinischen Hausbuch, das Aufsätze zahlreicher Autoren enthält und tatsächlich 1905 erschien, allerdings, was in der Edition nicht eigens vermerkt ist, bereits in dritter Auflage. Freuds Darlegungen stehen im ersten Band im Abschnitt ›Heilmittel und Heilmethoden‹. Zwar hatte man sich schon darüber verwundert, warum Freud zu diesem Zeitpunkt, der ja mit dem Erscheinungsjahr der *Drei Abhandlungen zur Sexualtheorie* (1905 d) und der Krankengeschichte der »Dora« (1905 e) übereinstimmt, einen fast ausschließlich auf Hypnose beschränkten Aufsatz geschrieben haben soll, in dem sich allenfalls ein einziger andeutender Hinweis auf die katharische Methode, jedoch kein Wort über Psychoanalyse findet. Die Erklärung für diese Ungereimtheit kam schließlich von Saul Rosenzweig, Washington University, St. Louis, der nachweisen konnte, daß es sich bei der Edition von 1905 um die dritte Auflage handelt und daß die erste Auflage bereits 1890, eine zweite 1900 erschienen war. Schon in den beiden früheren Auflagen ist Freuds Aufsatz abgedruckt[1].

Richtig datiert, fügt sich die Arbeit bruchlos in die Themen ein, die Freud um 1890 beschäftigten. Es mag nützlich sein, dem Leser an dieser Stelle einige Hin-

---

[1] Übrigens wird in einem Brief Freuds an Oskar Pfister vom 17. Juni 1910 *Die Gesundheit* erwähnt; dort bemerkt Freud, offensichtlich im Zusammenhang mit der Frage der »sexuellen Aufklärung« der Kinder: »Das Buch, das ich den Kindern in die Hände gab, ist ein populär-medizinisches Werk ›Die Gesundheit‹, an der ich auch mitgearbeitet; ganz trocken und sachlich« (Freud, 1963 a, S. 40).

weise auf Freuds Beziehung zu Hypnose und Hypnotismus zu geben. In seiner *Selbstdarstellung* (1925 *d*, im letzten Drittel von Abschnitt I) berichtet er, daß er schon als Student einer öffentlichen Vorstellung des »Magnetiseurs« Hansen beigewohnt und sich bereits damals von der Echtheit der hypnotischen Phänomene überzeugt habe. In seinen frühen zwanziger Jahren erhielt er überdies Kenntnis davon, daß Josef Breuer, sein späterer väterlicher Freund und Mitarbeiter, die Hypnose gelegentlich zu therapeutischen Zwecken einsetzte. Dies fiel in eine Zeitphase, da viele der berühmten Wiener medizinischen Autoritäten sich noch höchst irritiert oder skeptisch zum Thema äußerten. Erst als Freud, dreißigjährig, zu Studien an der Klinik von Jean-Martin Charcot nach Paris kam, stieß er auf Ärzte, für die die hypnotische Suggestion zum alltäglichen und anerkannten Behandlungsinstrumentarium zählte. Dies hinterließ in Freud offenbar einen tiefen Eindruck. Als er nach seiner Rückkehr in Wien eine nervenärztliche Praxis eröffnete, bediente er sich für die Behandlung von Neurosen zunächst der damals üblichen Verfahren wie Elektrotherapie, Wasser- und Ruhekuren, um sich jedoch schließlich ganz auf die Hypnosetechnik zu konzentrieren. Am 28. Dezember 1887 (Brief Nr. 2) schrieb er an Fließ, er habe sich »in den letzten Wochen auf die Hypnose geworfen und allerlei kleine, aber merkwürdige Erfolge erzielt« (1950 *a*, S. 52 f.). In demselben Brief berichtet er davon, daß er sich vertraglich verpflichtet habe, Bernheims Buch über die Suggestion zu übersetzen. Die deutsche Ausgabe erschien 1888–89.

Zu diesem Zeitpunkt war Freud bereits mit Auguste Forel, dem bekannten Schweizer Psychiater, in Verbindung getreten, dessen Buch über den Hypnotismus er in zwei Fortsetzungen im Juli und November 1889 rezensierte (1889 *a*). Zwischen dem Erscheinen der beiden Teile der Besprechung stattete Freud Bernheim und Liébeault in Nancy einen mehrwöchigen Besuch ab; Forel hatte ihn dort eingeführt. Als Beweggrund für diese Reise nannte Freud den Wunsch, seine Hypnosetechnik zu vervollkommnen (*Selbstdarstellung*, 1925 *d*, letztes Drittel von Abschnitt I). In der Tat betrachtete er sich in der Kunst des Hypnotisierens nicht als einen großen Meister, oder vielleicht war er im Hinblick auf die Grenzen des Verfahrens auch nur ehrlicher als die meisten anderen. 1891, als Freud seinen Hypnose-Beitrag (1891 *d*) zu Bums *Therapeutischem Lexikon* schrieb, hatte er jedenfalls die Schwierigkeiten klar erkannt und fing an, sich unbehaglich zu fühlen. Darüber spricht er u. a. in einer Passage ziemlich zu Anfang der Fallgeschichte von ›Miß Lucy R.‹ in den *Studien über Hysterie* (1895 *d*, S. 166 f. der *Gesammelten Werke*). Jahre später faßte Freud in den fünf Vorlesungen *Über Psychoanalyse* (1910 *a*, ziemlich zu Beginn der zweiten Vorlesung) seine Position folgendermaßen zusammen: »Nun war mir die Hypnose... bald unliebsam geworden; als ich... die Erfahrung machte, daß es mir trotz aller Bemühungen nicht gelingen wollte, mehr als einen Bruchteil meiner Kranken in den hypnotischen Zustand zu versetzen, beschloß ich, die Hypnose aufzugeben...«

Aber dafür war der Zeitpunkt noch nicht gekommen. Vielmehr bediente sich Freud auch weiterhin der Hypnose, und zwar nicht nur als Bestandteil der kathartischen Methode, sondern auch zur direkten Suggestion. Ende 1892 veröffentlichte er einen detaillierten Bericht über einen mit dieser Technik besonders erfolgreich behandelten Fall (1892–93). Zur gleichen Zeit übersetzte er ein weiteres Buch von Bernheim (1892 a).

Wann Freud die verschiedenen Verwendungen der Hypnose definitiv aufgegeben hat, ist nicht genau festzustellen. In einem Ende 1904 gehaltenen Vortrag (1905 a, s. unten, S. 112) erklärte er: »Nun habe ich seit etwa acht Jahren keine Hypnose mehr zu Zwecken der Therapie ausgeübt (vereinzelte Versuche ausgenommen)« – also seit etwa 1896. Diese Angabe Freuds bezieht möglicherweise auch das Ende der sogenannten »Druck«-Technik ein, denn in dem Bericht über seine Behandlungsmethoden, den Freud am Anfang der *Traumdeutung* (1900 a, *Studienausgabe*, Bd. 2, S. 121) gibt, erwähnt er einen solchen Berührungskontakt mit dem Patienten nicht, obgleich er noch empfiehlt, der Patient möge während der Behandlung die Augen geschlossen halten. In seinem Beitrag (1904 a) zu Löwenfelds Buch über *Zwangserscheinungen* (1904) schreibt er dann ausdrücklich: »Auch den Verschluß der Augen fordert er von ihnen nicht und vermeidet jede Berührung sowie jede andere Prozedur, die an Hypnose mahnen könnte« (s. unten, S. 102). In Wirklichkeit hat Freud eine Spur von Hypnose bis zum Schluß beibehalten – gemeint ist das gewisse »Zeremoniell der Situation, in welcher die Kur ausgeführt wird ... Diese Veranstaltung hat einen historischen Sinn, sie ist der Rest der hypnotischen Behandlung, aus welcher sich die Psychoanalyse entwickelt hat« (1913 c, s. unten, S. 193). Die Periode, in der Freud von der Hypnose als Behandlungstechnik effektiv Gebrauch gemacht hat, dauerte also äußerstenfalls von 1886 bis 1896. Sein Interesse für die *Theorie* von Hypnotismus und Suggestion hielt natürlich viel länger an. Und er bewahrte dem Hypnotismus zeitlebens ein Gefühl der Dankbarkeit. »... wir Psychoanalytiker«, meinte er in den *Vorlesungen zur Einführung in die Psychoanalyse* (1916–17, *Studienausgabe*, Bd. 1, S. 444), »dürfen uns für seine rechtmäßigen Erben ausgeben und vergessen nicht, wie viel Aufmunterung und theoretische Aufklärung wir ihm verdanken.« Und in ›Erinnern, Wiederholen und Durcharbeiten‹ (1914 g, s. unten, S. 208) findet sich eine noch ausdrücklichere Erklärung: »Man muß der alten hypnotischen Technik dankbar dafür bleiben, daß sie uns einzelne psychische Vorgänge der Analyse in Isolierung und Schematisierung vorgeführt hat. Nur dadurch konnten wir den Mut gewinnen, komplizierte Situationen in der analytischen Kur selbst zu schaffen und durchsichtig zu erhalten.«

Psyche ist ein griechisches Wort und lautet in deutscher Übersetzung *Seele*. Psychische Behandlung heißt demnach *Seelenbehandlung*. Man könnte also meinen, daß darunter verstanden wird: Behandlung der krankhaften Erscheinungen des Seelenlebens. Dies ist aber nicht die Bedeutung dieses Wortes. Psychische Behandlung will vielmehr besagen: Behandlung von der Seele aus, Behandlung – seelischer oder körperlicher Störungen – mit Mitteln, welche zunächst und unmittelbar auf das Seelische des Menschen einwirken.

Ein solches Mittel ist vor allem das Wort, und Worte sind auch das wesentliche Handwerkszeug der Seelenbehandlung. Der Laie wird es wohl schwer begreiflich finden, daß krankhafte Störungen des Leibes und der Seele durch »bloße« Worte des Arztes beseitigt werden sollen. Er wird meinen, man mute ihm zu, an Zauberei zu glauben. Er hat damit nicht so unrecht; die Worte unserer täglichen Reden sind nichts anderes als abgeblaßter Zauber. Es wird aber notwendig sein, einen weiteren Umweg einzuschlagen, um verständlich zu machen, wie die Wissenschaft es anstellt, dem Worte wenigstens einen Teil seiner früheren Zauberkraft wiederzugeben.

Auch die wissenschaftlich geschulten Ärzte haben den Wert der Seelenbehandlung erst in neuerer Zeit schätzen gelernt. Dies erklärt sich leicht, wenn man an den Entwicklungsgang der Medizin im letzten Halbjahrhundert denkt. Nach einer ziemlich unfruchtbaren Zeit der Abhängigkeit von der sogenannten Naturphilosophie[1] hat die Medizin unter dem glücklichen Einfluß der Naturwissenschaften die größten Fortschritte als Wissenschaft wie als Kunst gemacht, den Aufbau des Organismus aus mikroskopisch kleinen Einheiten (den Zellen) ergründet, die einzelnen Lebensverrichtungen (Funktionen) physikalisch und chemisch verstehen gelernt, die sichtbaren und greifbaren Veränderungen der Körperteile, welche Folgen der verschiedenen Krankheitsprozesse sind, unterschieden, anderseits auch die Zeichen gefunden, durch welche sich tiefliegende Krankheitsvorgänge noch an Lebenden verraten, hat fer-

---

[1] [Vgl. für diese in der ersten Hälfte des 19. Jahrhunderts einflußreiche und vor allem mit dem Namen Schellings verbundene Denkschule Bernfeld (1944).]

ner eine große Anzahl der belebten Krankheitserreger entdeckt und mit Hilfe der neugewonnenen Einsichten die Gefahren schwerer operativer Eingriffe ganz außerordentlich herabgesetzt. Alle diese Fortschritte und Entdeckungen betrafen das Leibliche des Menschen, und so kam es infolge einer nicht richtigen, aber leicht begreiflichen Urteilsrichtung dazu, daß die Ärzte ihr Interesse auf das Körperliche einschränkten und die Beschäftigung mit dem Seelischen den von ihnen mißachteten Philosophen gerne überließen.

Zwar hatte die moderne Medizin genug Anlaß, den unleugbar vorhandenen Zusammenhang zwischen Körperlichem und Seelischem zu studieren, aber dann versäumte sie niemals, das Seelische als bestimmt durch das Körperliche und abhängig von diesem darzustellen. So wurde hervorgehoben, daß die geistigen Leistungen an das Vorhandensein eines normal entwickelten und hinreichend ernährten Gehirns gebunden sind und bei jeder Erkrankung dieses Organs in Störungen verfallen; daß die Einführung von Giftstoffen in den Kreislauf gewisse Zustände von Geisteskrankheit zu erzeugen gestattet, oder im kleinen, daß die Träume des Schlafenden je nach den Reizen verändert werden, welche man zum Zwecke des Versuches auf ihn einwirken läßt[1].

Das Verhältnis zwischen Leiblichem und Seelischem (beim Tier wie beim Menschen) ist eines der Wechselwirkung, aber die andere Seite dieses Verhältnisses, die Wirkung des Seelischen auf den Körper, fand in früheren Zeiten wenig Gnade vor den Augen der Ärzte. Sie schienen es zu scheuen, dem Seelenleben eine gewisse Selbständigkeit einzuräumen, als ob sie damit den Boden der Wissenschaftlichkeit verlassen würden.

Diese einseitige Richtung der Medizin auf das Körperliche hat in den letzten anderthalb Jahrzehnten allmählich eine Änderung erfahren, welche unmittelbar von der ärztlichen Tätigkeit ausgegangen ist. Es gibt nämlich eine große Anzahl von leichter und schwerer Kranken, welche durch ihre Störungen und Klagen große Anforderungen an die Kunst der Ärzte stellen, bei denen aber sichtbare und greifbare Zeichen des Krankheitsprozesses weder im Leben noch nach dem Tode aufzufinden sind, trotz aller Fortschritte in den Untersuchungsmethoden der wissenschaftlichen Medizin. Eine Gruppe dieser Kranken wird durch die Reichhaltigkeit und Vielgestaltigkeit des Krankheitsbildes auffällig; sie kön-

---

[1] [S. *Die Traumdeutung* (Freud, 1900 *a*), Kapitel I, Abschnitt C (1); *Studienausgabe*, Bd. 2, S. 50 ff.]

nen nicht geistig arbeiten infolge von Kopfschmerz oder von Versagen der Aufmerksamkeit, ihre Augen schmerzen beim Lesen, ihre Beine ermüden beim Gehen, sind dumpf schmerzhaft oder eingeschlafen, ihre Verdauung ist gestört durch peinliche Empfindungen, Aufstoßen oder Magenkrämpfe, der Stuhlgang erfolgt nicht ohne Nachhilfe, der Schlaf ist aufgehoben usw. Sie können alle diese Leiden gleichzeitig haben oder nacheinander, oder nur eine Auswahl derselben; es ist offenbar in allen Fällen dieselbe Krankheit. Dabei sind die Zeichen der Krankheit oftmals veränderlicher Art, sie lösen einander ab und ersetzen einander; derselbe Kranke, der bisher leistungsunfähig war wegen Kopfschmerzen, aber eine ziemlich gute Verdauung hatte, kann am nächsten Tag sich eines freien Kopfes erfreuen, aber von da an die meisten Speisen schlecht vertragen. Auch verlassen ihn seine Leiden plötzlich bei einer eingreifenden Veränderung seiner Lebensverhältnisse; auf einer Reise kann er sich ganz wohl fühlen und die verschiedenartigste Kost ohne Schaden genießen, nach Hause zurückgekehrt, muß er sich vielleicht wieder auf Sauermilch einschränken. Bei einigen dieser Kranken kann die Störung – ein Schmerz oder eine lähmungsartige Schwäche – sogar plötzlich die Körperseite wechseln, von rechts auf das entsprechende Körpergebiet links überspringen. Bei allen aber kann man die Beobachtung machen, daß die Leidenszeichen sehr deutlich unter dem Einfluß von Aufregungen, Gemütsbewegungen, Sorgen usw. stehen, sowie daß sie verschwinden, der vollen Gesundheit Platz machen können, ohne selbst nach langem Bestand Spuren zu hinterlassen.

Die ärztliche Forschung hat endlich ergeben, daß solche Personen nicht als Magenkranke oder Augenkranke u. dgl. zu betrachten und zu behandeln sind, sondern daß es sich bei ihnen um ein Leiden des gesamten Nervensystems handeln muß. Die Untersuchung des Gehirnes und der Nerven solcher Kranker hat aber bisher keine greifbare Veränderung auffinden lassen, und manche Züge des Krankheitsbildes verbieten sogar die Erwartung, daß man solche Veränderungen, wie sie imstande wären, die Krankheit zu erklären, einst mit feineren Untersuchungsmitteln werde nachweisen können. Man hat diese Zustände Nervosität (Neurasthenie, Hysterie) genannt und bezeichnet sie als bloß »funktionelle« Leiden des Nervensystems[1]. Übrigens ist auch bei vielen beständigeren nervösen Leiden und bei solchen, die nur seelische Krankheitszeichen ergeben (sogenannte Zwangsideen, Wahnideen, Verrücktheit), die ein-

---

[1] Anm. d. Herausg. [der Sammlung *Die Gesundheit*, in der diese Arbeit Freuds zuerst erschien]: Vergl. Bd. II, X. Abschnitt, 4. Kapitel.

gehende Untersuchung des Gehirns (nach dem Tode des Kranken) ergebnislos geblieben.

Es trat die Aufgabe an die Ärzte heran, die Natur und Herkunft der Krankheitsäußerungen bei diesen Nervösen oder Neurotikern zu untersuchen. Dabei wurde dann die Entdeckung gemacht, daß wenigstens bei einem Teil dieser Kranken die Zeichen des Leidens von nichts anderem herrühren als von einem *veränderten Einfluß ihres Seelenlebens auf ihren Körper*, daß also die nächste Ursache der Störung im Seelischen zu suchen ist. Welches die entfernteren Ursachen jener Störung sind, von der das Seelische betroffen wurde, das nun seinerseits auf das Körperliche störend einwirkt, das ist eine andere Frage und kann hier füglich außer Betracht gelassen werden. Aber die ärztliche Wissenschaft hatte hier die Anknüpfung gefunden, um der bisher vernachlässigten Seite in der Wechselbeziehung zwischen Leib und Seele ihre Aufmerksamkeit im vollen Maße zuzuwenden.

Erst wenn man das Krankhafte studiert, lernt man das Normale verstehen. Über den Einfluß des Seelischen auf den Körper war vieles immer bekannt gewesen, was erst jetzt in die richtige Beleuchtung rückte. Das alltäglichste, regelmäßig und bei jedermann zu beobachtende Beispiel von seelischer Einwirkung auf den Körper bietet der sogenannte *»Ausdruck der Gemütsbewegungen«*. Fast alle seelischen Zustände eines Menschen äußern sich in den Spannungen und Erschlaffungen seiner Gesichtsmuskeln, in der Einstellung seiner Augen, der Blutfüllung seiner Haut, der Inanspruchnahme seines Stimmapparates und in den Haltungen seiner Glieder, vor allem der Hände. Diese begleitenden körperlichen Veränderungen bringen dem Betreffenden meist keinen Nutzen, sie sind im Gegenteil oft seinen Absichten im Wege, wenn er seine Seelenvorgänge vor anderen verheimlichen will, aber sie dienen den anderen als verläßliche Zeichen, aus denen man auf die seelischen Vorgänge schließen kann und denen man mehr vertraut als den etwa gleichzeitigen absichtlichen Äußerungen in Worten. Kann man einen Menschen während gewisser seelischer Tätigkeiten einer genaueren Untersuchung unterziehen, so findet man weitere körperliche Folgen derselben in den Veränderungen seiner Herztätigkeit, in dem Wechsel der Blutverteilung in seinem Körper u. dgl.

Bei gewissen Seelenzuständen, die man *»Affekte«* heißt, ist die Mitbeteiligung des Körpers so augenfällig und so großartig, daß manche Seelenforscher sogar gemeint haben, das Wesen der Affekte bestehe nur in diesen ihren körperlichen Äußerungen. Es ist allgemein bekannt, welch außerordentliche Veränderungen im Gesichtsausdruck, im Blutumlauf, in den Absonderungen, in den Erregungszuständen der willkürlichen Muskeln, unter dem Einfluß z. B. der Furcht, des Zornes, des Seelenschmerzes, des geschlechtlichen Entzückens zustande kommen. Minder bekannt, aber vollkommen sichergestellt sind andere körperliche Wirkungen der Affekte, die nicht mehr zum Ausdruck derselben gehören. Anhaltende Affektzustände von peinlicher oder, wie man sagt, »depressiver« Natur, wie Kummer, Sorge und Trauer, setzen die Ernährung des Körpers im ganzen herab, verursachen, daß die Haare bleichen, das Fett schwindet und die Wandungen der Blutgefäße krankhaft verändert werden. Umgekehrt sieht man unter dem Einfluß freudiger Erregungen, des »Glückes«, den ganzen Körper aufblühen und die Person manche Kennzeichen der Jugend wiedergewinnen. Die großen Affekte haben offenbar viel mit der Widerstandsfähigkeit gegen Erkrankung an Ansteckungen zu tun; es ist ein gutes Beispiel davon, wenn ärztliche Beobachter angeben, daß die Geneigtheit zu den Lagererkrankungen und zur Ruhr (Dysenterie) bei den Angehörigen einer geschlagenen Armee sehr viel bedeutender ist als unter den Siegern. Die Affekte, und zwar fast ausschließlich die depressiven, werden aber auch häufig genug selbst zu Krankheitsursachen sowohl für Krankheiten des Nervensystems mit anatomisch nachweisbaren Veränderungen als auch für Krankheiten anderer Organe, wobei man anzunehmen hat, daß die betreffende Person eine bis dahin unwirksame Eignung zu dieser Krankheit schon vorher besessen hat.

Bereits ausgebildete Krankheitszustände können durch stürmische Affekte sehr erheblich beeinflußt werden, meistens im Sinne einer Verschlechterung, aber es fehlt auch nicht an Beispielen dafür, daß ein großer Schreck, ein plötzlicher Kummer durch eine eigentümliche Umstimmung des Organismus einen gut begründeten Krankheitszustand heilsam beeinflußt oder selbst aufgehoben hat. Daß endlich die Dauer des Lebens durch depressive Affekte erheblich abgekürzt werden kann sowie daß ein heftiger Schreck, eine brennende *»Kränkung«* oder Beschämung dem Leben ein plötzliches Ende setzen kann, unterliegt keinem Zweifel; merkwürdigerweise wird letztere Wirkung auch mitunter als Folge einer unerwarteten großen Freude beobachtet.

Die Affekte im engeren Sinne sind durch eine ganz besondere Beziehung zu den körperlichen Vorgängen ausgezeichnet, aber strenggenommen sind alle Seelenzustände, auch diejenigen, welche wir als »Denkvorgänge« zu betrachten gewohnt sind, in gewissem Maße »*affektiv*«, und kein einziger von ihnen entbehrt der körperlichen Äußerungen und der Fähigkeit, körperliche Vorgänge zu verändern. Selbst beim ruhigen Denken in »Vorstellungen« werden dem Inhalt dieser Vorstellungen entsprechend beständig Erregungen zu den glatten und gestreiften Muskeln abgeleitet, welche durch geeignete Verstärkung deutlich gemacht werden können und die Erklärung für manche auffällige, ja vermeintlich »übernatürliche« Erscheinungen geben. So z. B. erklärt sich das sogenannte *»Gedankenerraten«* durch die kleinen, unwillkürlichen Muskelbewegungen, die das »Medium« ausführt, wenn man mit ihm Versuche anstellt, etwa sich von ihm leiten läßt, um einen versteckten Gegenstand aufzufinden. Die ganze Erscheinung verdient eher den Namen eines *Gedankenverratens.*

Die Vorgänge des Willens und der Aufmerksamkeit sind gleichfalls imstande, die leiblichen Vorgänge tief zu beeinflussen und bei körperlichen Krankheiten als Förderer oder als Hemmungen eine große Rolle zu spielen. Ein großer englischer Arzt hat von sich berichtet, daß es ihm gelingt, an jeder Körperstelle, auf die er seine Aufmerksamkeit lenken will, mannigfache Empfindungen und Schmerzen hervorzurufen, und die Mehrzahl der Menschen scheint sich ähnlich wie er zu verhalten. Bei der Beurteilung von Schmerzen, die man sonst zu den körperlichen Erscheinungen rechnet, ist überhaupt deren überaus deutliche Abhängigkeit von seelischen Bedingungen in Betracht zu ziehen. Die Laien, welche solche seelische Einflüsse gerne unter dem Namen der »Einbildung« zusammenfassen, pflegen vor Schmerzen infolge von Einbildung im Gegensatz zu den durch Verletzung, Krankheit oder Entzündung verursachten wenig Respekt zu haben. Aber das ist ein offenbares Unrecht; mag die Ursache von Schmerzen welche immer sein, auch die Einbildung, die Schmerzen selbst sind darum nicht weniger wirklich und nicht weniger heftig.

Wie Schmerzen durch Zuwendung der Aufmerksamkeit erzeugt oder gesteigert werden, so schwinden sie auch bei Ablenkung der Aufmerksamkeit. Bei jedem Kind kann man diese Erfahrung zur Beschwichtigung verwerten; der erwachsene Krieger verspürt den Schmerz der Verletzung nicht im fieberhaften Eifer des Kampfes; der Märtyrer wird sehr wahrscheinlich in der Überhitzung seines religiösen Gefühls, in der Hinwendung all seiner Gedanken auf den ihm winkenden himmlischen Lohn vollkommen unempfindlich gegen den Schmerz seiner Qualen. Der Einfluß des Willens auf Krankheitsvorgänge des Körpers ist weniger leicht durch Beispiele zu belegen, es ist aber sehr wohl möglich, daß der Vorsatz, gesund zu werden, oder der Wille zu sterben selbst für den Ausgang schwerer und zweifelhafter Erkrankungsfälle nicht ohne Bedeutung ist.

Den größten Anspruch an unser Interesse hat der seelische Zustand der *Erwartung,* mittels dessen eine Reihe der wirksamsten seelischen Kräfte für Erkrankung und Genesung von körperlichen Leiden regegemacht werden können. Die *ängstliche* Erwartung ist gewiß nichts Gleichgültiges für den Erfolg; es wäre wichtig, mit Sicherheit zu wissen, ob sie so viel für das Krankwerden leistet, als man ihr zutraut, ob es z. B. auf Wahrheit beruht, daß während der Herrschaft einer Epidemie diejenigen am ehesten gefährdet sind, die zu erkranken fürchten. Der gegenteilige Zustand, die hoffnungsvolle und *gläubige Erwartung,* ist eine wirkende Kraft, mit der wir strenggenommen bei allen unseren Behandlungs- und Heilungsversuchen zu rechnen haben. Wir könnten uns sonst die Eigentümlichkeiten der Wirkungen, die wir an den Medikamenten und Heileingriffen beobachten, nicht erklären. Am greifbarsten wird aber der Einfluß der *gläubigen Erwartung* bei den sogenannten Wunderheilungen, die sich noch heute unter unseren Augen ohne Mitwirkung ärztlicher Kunst vollziehen. Die richtigen Wunderheilungen erfolgen bei Gläubigen unter dem Einfluß von Veranstaltungen, welche geeignet sind, die religiösen Gefühle zu steigern, also an Orten, wo ein wundertätiges Gnadenbild verehrt wird, wo eine heilige oder göttliche Person sich den Menschenkindern gezeigt und ihnen Linderung als Entgelt für Anbetung versprochen hat oder wo die Reliquien eines Heiligen als Schatz aufbewahrt werden. Es scheint dem religiösen Glauben allein nicht leicht zu werden, auf dem Wege der Erwartung die Krankheit zu verdrängen[1], denn bei den Wunderheilungen sind meist noch andere Veranstaltungen mit im Spiele. Die Zeiten, zu denen man die göttliche Gnade sucht, müssen durch besondere Beziehungen ausgezeichnet sein; körperliche Mühsal, die sich der Kranke auferlegt, die Beschwerden und Opfer der Pilgerfahrt müssen ihn für diese Gnade besonders würdigen.

Es wäre bequem, aber sehr unrichtig, wenn man diesen Wunderheilungen einfach den Glauben verweigern und die Berichte über sie durch Zu-

---

[1] [Dieses Wort ist hier natürlich nicht im psychoanalytischen Sinne zu verstehen, da die vorliegende Arbeit aus einer Zeit stammt, in der das Konzept der »Verdrängung« in Freuds Theorien noch keinerlei Rolle spielte.]

sammentreffen von frommem Betrug und ungenauer Beobachtung aufklären wollte. Sooft dieser Erklärungsversuch auch recht haben mag,
er hat doch nicht die Kraft, die Tatsache der Wunderheilungen überhaupt wegzuräumen. Diese kommen wirklich vor, haben sich zu allen
Zeiten ereignet und betreffen nicht nur Leiden seelischer Herkunft, die
also ihre Gründe in der »Einbildung« haben, auf welche gerade die
Umstände der Wallfahrt besonders wirken können, sondern auch »or-
ganisch« begründete Krankheitszustände, die vorher allen ärztlichen
Bemühungen widerstanden hatten.

Doch liegt keine Nötigung vor, zur Erklärung der Wunderheilungen
andere als seelische Mächte heranzuziehen. Wirkungen, die für unsere
Erkenntnis als unbegreiflich gelten könnten, kommen auch unter solchen Bedingungen nicht zum Vorschein. Es geht alles natürlich zu; ja
die Macht der religiösen Gläubigkeit erfährt hier eine Verstärkung
durch mehrere echt menschliche Triebkräfte. Der fromme Glaube des
einzelnen wird durch die Begeisterung der Menschenmenge gesteigert,
in deren Mitte er sich dem heiligen Ort zu nähern pflegt. Durch solche
Massenwirkung können alle seelischen Regungen des einzelnen Menschen ins Maßlose gehoben werden. Wo ein einzelner die Heilung am
Gnadenorte sucht, da ist es der Ruf, das Ansehen des Ortes, welche den
Einfluß der Menschenmenge ersetzt, da kommt also doch wieder nur
die Macht der Menge zur Wirkung. Dieser Einfluß macht sich auch noch
auf anderem Wege geltend. Da es bekannt ist, daß die göttliche Gnade
sich stets nur einigen wenigen unter den vielen um sie Werbenden zuwendet, möchte jeder unter diesen Ausgezeichneten und Ausgewählten
sein; der in jedem einzelnen schlummernde Ehrgeiz kommt der from-
men Gläubigkeit zu Hilfe. Wo so viel starke Kräfte zusammenwirken,
dürfen wir uns nicht wundern, wenn gelegentlich das Ziel wirklich erreicht wird.

Auch die religiös Ungläubigen brauchen auf Wunderheilungen nicht zu
verzichten. Das Ansehen und die Massenwirkung ersetzen ihnen vollauf den religiösen Glauben. Es gibt jederzeit Modekuren und Mode-
ärzte, die besonders die vornehme Gesellschaft beherrschen, in welcher
das Bestreben, es einander zuvorzutun und es den Vornehmsten gleich-
zutun, die mächtigsten seelischen Triebkräfte darstellen. Solche Modekuren entfalten Heilwirkungen, die nicht in ihrem Machtbereich gelegen sind, und die nämlichen Mittel leisten in der Hand des Modearz-
tes, der etwa als der Helfer einer hervorragenden Persönlichkeit bekannt geworden ist, weit mehr, als sie anderen Ärzten leisten können.

So gibt es menschliche Wundertäter ebenso wie göttliche; nur nützen sich diese von der Gunst der Mode und der Nachahmung zu Ansehen erhobenen Menschen rasch ab, wie es der Natur der für sie wirkenden Mächte entspricht.

Die begreifliche Unzufriedenheit mit der oft unzulänglichen Hilfe der ärztlichen Kunst, vielleicht auch die innere Auflehnung gegen den Zwang des wissenschaftlichen Denkens, welcher dem Menschen die Unerbittlichkeit der Natur widerspiegelt, haben zu allen Zeiten und in unseren Tagen von neuem eine merkwürdige Bedingung für die Heilkraft von Personen und Mitteln geschaffen. Die gläubige Erwartung will sich nur herstellen, wenn der Helfer kein Arzt ist und sich rühmen kann, von der wissenschaftlichen Begründung der Heilkunst nichts zu verstehen, wenn das Mittel nicht durch genaue Prüfung erprobt, sondern etwa durch eine volkstümliche Vorliebe empfohlen ist. Daher die Überfülle von Naturheilkünsten und Naturheilkünstlern, die auch jetzt wieder den Ärzten die Ausübung ihres Berufes streitig machen und von denen wir wenigstens mit einiger Sicherheit aussagen können, daß sie den Heilungsuchenden weit öfter schaden als nützen. Haben wir hier Grund, auf die gläubige Erwartung der Kranken zu schelten, so dürfen wir doch nicht so undankbar sein zu vergessen, daß die nämliche Macht unausgesetzt auch unsere eigenen ärztlichen Bemühungen unterstützt. Die Wirkung wahrscheinlich eines jeden Mittels, das der Arzt verordnet, eines jeden Eingriffes, den er vornimmt, setzt sich aus zwei Anteilen zusammen. Den einen, der bald größer, bald kleiner, niemals ganz zu vernachlässigen ist, stellt das seelische Verhalten des Kranken bei. Die gläubige Erwartung, mit welcher er dem unmittelbaren Einfluß der ärztlichen Maßregel entgegenkommt, hängt einerseits von der Größe seines eigenen Strebens nach Genesung ab, anderseits von seinem Zutrauen, daß er die richtigen Schritte dazu getan, also von seiner Achtung vor der ärztlichen Kunst überhaupt, ferner von der Macht, die er der Person seines Arztes zugesteht, und selbst von der rein menschlichen Zuneigung, welche der Arzt in ihm erweckt hat. Es gibt Ärzte, denen die Fähigkeit, das Zutrauen der Kranken zu gewinnen, in höherem Grade eignet als anderen; der Kranke verspürt die Erleichterung dann oft bereits, wenn er den Arzt in sein Zimmer kommen sieht.

Die Ärzte haben von jeher, in alten Zeiten noch viel ausgiebiger als heute, Seelenbehandlung ausgeübt. Wenn wir unter Seelenbehandlung verstehen die Bemühung, beim Kranken die der Heilung günstigsten seelischen Zustände und Bedingungen hervorzurufen, so ist diese Art ärztlicher Behandlung die geschichtlich älteste. Den alten Völkern stand kaum etwas anderes als psychische Behandlung zu Gebote; sie versäumten auch nie, die Wirkung von Heiltränken und Heilmaßnahmen durch eindringliche Seelenbehandlung zu unterstützen. Die bekannten Anwendungen von Zauberformeln, die Reinigungsbäder, die Hervorlockung von Orakelträumen durch den Schlaf im Tempelraum u. a. können nur auf seelischem Wege heilend gewirkt haben. Die Persönlichkeit des Arztes selbst schuf sich ein Ansehen, das sich direkt von der göttlichen Macht ableitete, da die Heilkunst in ihren Anfängen in den Händen der Priester war. So war die Person des Arztes damals wie heute einer der Hauptumstände zur Erzielung des für die Heilung günstigen Seelenzustandes beim Kranken.

Wir beginnen nun auch den »Zauber« des Wortes zu verstehen. Worte sind ja die wichtigsten Vermittler für den Einfluß, den ein Mensch auf den anderen ausüben will; Worte sind gute Mittel, um seelische Veränderungen bei dem hervorzurufen, an den sie gerichtet werden, und darum klingt es nicht länger rätselhaft, wenn behauptet wird, daß der Zauber des Wortes Krankheitserscheinungen beseitigen kann, zumal solche, die selbst in seelischen Zuständen begründet sind.

Allen seelischen Einflüssen, welche sich als wirksam zur Beseitigung von Krankheiten erwiesen haben, haftet etwas Unberechenbares an. Affekte, Zuwendung des Willens, Ablenkung der Aufmerksamkeit, gläubige Erwartung, alle diese Mächte, welche gelegentlich die Erkrankung aufheben, versäumen in anderen Fällen, dies zu leisten, ohne daß man die Natur der Krankheit für den verschiedenen Erfolg verantwortlich machen könnte. Es ist offenbar die Selbstherrlichkeit der seelisch so verschiedenen Persönlichkeiten, welche der Regelmäßigkeit des Heilerfolges im Wege steht. Seitdem nun die Ärzte die Bedeutung des seelischen Zustandes für die Heilung klar erkannt haben, ist ihnen der Versuch nahegelegt, es nicht mehr dem Kranken zu überlassen, welcher Betrag von seelischem Entgegenkommen sich in ihm herstellen mag, sondern den günstigen Seelenzustand zielbewußt mit geeigneten Mitteln zu erzwingen. Mit dieser Bemühung nimmt die moderne *Seelenbehandlung* ihren Anfang.

Es ergeben sich so eine ganze Anzahl von Behandlungsweisen, einzelne von ihnen selbstverständlich, andere erst nach verwickelten Voraussetzungen dem Verständnis zugänglich. Selbstverständlich ist es etwa, daß der Arzt, der heute nicht mehr als Priester oder als Besitzer geheimer Wissenschaft Bewunderung einflößen kann, seine Persönlichkeit so hält, daß er das Zutrauen und ein Stück der Neigung seines Kranken erwerben kann. Es dient dann einer zweckmäßigen Verteilung, wenn ihm solcher Erfolg nur bei einer beschränkten Anzahl von Kranken gelingt, während andere durch ihren Bildungsgrad und ihre Zuneigung zu anderen ärztlichen Personen hingezogen werden. *Mit der Aufhebung der freien Ärztewahl aber wird eine wichtige Bedingung für die seelische Beeinflussung der Kranken vernichtet.*

Eine ganze Reihe sehr wirksamer seelischer Mittel muß sich der Arzt entgehen lassen. Er hat entweder nicht die Macht, oder er darf sich das Recht nicht anmaßen, sie anzuwenden. Dies gilt vor allem für die Hervorrufung starker Affekte, also für die wichtigsten Mittel, mit denen das Seelische aufs Körperliche wirkt. Das Schicksal heilt Krankheiten oft durch große freudige Erregungen, durch Befriedigung von Bedürfnissen, Erfüllung von Wünschen; damit kann der Arzt, der außerhalb seiner Kunst oft selbst ein Ohnmächtiger ist, nicht wetteifern. Furcht und Schrecken zu Heilzwecken zu erzeugen, wird etwa eher in seiner Macht stehen, aber er wird sich außer bei Kindern sehr bedenken müssen, zu solchen zweischneidigen Maßregeln zu greifen. Anderseits schließen sich alle Beziehungen zum Kranken, die mit zärtlichen Gefühlen verknüpft sind, für den Arzt wegen der Lebensbedeutung dieser Seelenlagen aus. Und somit erschiene seine Machtfülle zur seelischen Veränderung seiner Kranken von vornherein so sehr eingeschränkt, daß die absichtlich betriebene Seelenbehandlung keinen Vorteil gegen die frühere Art verspräche.

Der Arzt kann etwa Willenstätigkeit und Aufmerksamkeit des Kranken zu lenken versuchen und hat bei verschiedenen Krankheitszuständen guten Anlaß dazu. Wenn er den, der sich gelähmt glaubt, beharrlich dazu nötigt, die Bewegungen auszuführen, die der Kranke angeblich nicht kann, oder bei dem Ängstlichen, der wegen einer sicherlich nicht vorhandenen Krankheit untersucht zu werden verlangt, die Untersuchung verweigert, wird er die richtige Behandlung eingeschlagen haben; aber diese vereinzelten Gelegenheiten geben kaum ein Recht, die Seelenbehandlung als ein besonderes Heilverfahren aufzustellen. Dagegen hat sich dem Arzt auf einem eigentümlichen und nicht vorherzusehenden Wege die Möglichkeit geboten, einen tiefen, wenn auch vorübergehenden Einfluß auf das Seelenleben seiner Kranken zu nehmen und diesen zu Heilzwecken auszunützen.

Es ist seit langer Zeit bekannt gewesen, aber erst in den letzten Jahrzehnten über jede Anzweiflung erhoben worden, daß es möglich ist, Menschen durch gewisse sanfte Einwirkungen in einen ganz eigentümlichen seelischen Zustand zu versetzen, der mit dem Schlaf viel Ähnlichkeit hat und darum als *Hypnose* bezeichnet wird. Die Verfahren zur Herbeiführung der Hypnose haben auf den ersten Blick nicht viel untereinander gemein. Man kann hypnotisieren, indem man einen glänzenden Gegenstand durch einige Minuten unverwandt ins Auge fassen läßt oder indem man eine Taschenuhr durch dieselbe Zeit an das Ohr der Versuchsperson hält, oder dadurch, daß man wiederholt über Gesicht und Glieder derselben mit seinen eigenen, flach gehaltenen Händen aus geringer Entfernung streicht. Man kann aber dasselbe erreichen, wenn man der Person, die man hypnotisieren will, das Eintreten des hypnotischen Zustandes und seiner Besonderheiten mit ruhiger Sicherheit ankündigt, ihr die Hypnose also »einredet«. Man kann auch beide Verfahren miteinander verbinden. Man läßt etwa die Person Platz nehmen, hält ihr einen Finger vor die Augen, trägt ihr auf, denselben starr anzusehen, und sagt ihr dann: »Sie fühlen sich müde. Ihre Augen fallen schon zu, Sie können sie nicht offenhalten. Ihre Glieder sind schwer, Sie können sich nicht mehr rühren. Sie schlafen ein« usw. Man merkt doch, daß diesen Verfahren allen eine Fesselung der Aufmerksamkeit gemeinsam ist; bei den erstangeführten handelt es sich um Ermüdung der Aufmerksamkeit durch schwache und gleichmäßige Sinnesreize. Wie es zugeht, daß das bloße Einreden genau den nämlichen Zustand hervorruft wie die anderen Verfahren, das ist noch nicht befriedigend aufgeklärt. Geübte Hypnotiseure geben an, daß man auf solche Weise bei etwa 80 Prozent der Versuchspersonen eine deutliche hypnotische Veränderung erzielt. Man hat aber keine Anzeichen, aus denen man im vorhinein erraten könnte, welche Personen hypnotisierbar sind und welche nicht. Ein Krankheitszustand gehört keineswegs zu den Bedingungen der Hypnose, normale Menschen sollen sich besonders leicht hypnotisieren lassen, und von den Nervösen ist ein Teil sehr schwer hypnotisierbar, während Geisteskranke ganz und gar widerspenstig sind. Der hypnotische Zustand hat sehr verschiedene Abstufungen; in seinem leichtesten Grade verspürt der Hypnotisierte nur etwas wie eine geringe Betäubung, der höchste und durch besondere Merkwürdigkeiten ausgezeichnete Grad wird *Somnambulismus* genannt wegen seiner Ähnlichkeit mit dem als natürliche Erscheinung beobachteten *Schlafwandeln*. Die Hypnose ist aber keineswegs ein Schlaf wie unser nächtliches Schlafen oder wie der künstliche, durch Schlafmittel erzeugte. Es treten Veränderungen in ihr auf, und es zeigen sich seelische Leistungen bei ihr erhalten, die dem normalen Schlafe fehlen.

Manche Erscheinungen der Hypnose, z. B. die Veränderungen der Muskeltätigkeit, haben nur wissenschaftliches Interesse. Das bedeutsamste aber und das für uns wichtigste Zeichen der Hypnose liegt in dem Benehmen des Hypnotisierten gegen seinen Hypnotiseur. Während der Hypnotisierte sich gegen die Außenwelt sonst verhält wie ein Schlafender, also sich mit all seinen Sinnen von ihr abgewendet hat, ist er *wach* für die Person, die ihn in Hypnose versetzt hat, hört und sieht nur diese, versteht sie und gibt ihr Antwort. Diese Erscheinung, die man den *Rapport* in der Hypnose heißt, findet ein Gegenstück in der Art, wie manche Menschen, z. B. die Mutter, die ihr Kind nährt, schlafen[1]. Sie ist so auffällig, daß sie uns das Verständnis des Verhältnisses zwischen Hypnotisiertem und Hypnotiseur vermitteln sollte.

Daß sich die Welt des Hypnotisierten sozusagen auf den Hypnotiseur einschränkt, ist aber nicht das einzige. Es kommt dazu, daß der erstere vollkommen gefügig gegen den letzteren wird, *gehorsam und gläubig*, und zwar bei tiefer Hypnose in fast schrankenloser Weise. Und in der Ausführung dieses Gehorsams und dieser Gläubigkeit zeigt es sich nun als Charakter des hypnotischen Zustandes, daß der Einfluß des Seelenlebens auf das Körperliche beim Hypnotisierten außerordentlich erhöht ist. Wenn der Hypnotiseur sagt: »Sie können Ihren Arm nicht bewegen«, so fällt der Arm wie unbeweglich herab; der Hypnotisierte strengt offenbar alle seine Kraft an und kann ihn nicht bewegen. Wenn der Hypnotiseur sagt: »Ihr Arm bewegt sich von selbst, Sie können ihn nicht aufhalten«, so bewegt sich dieser Arm, und man sieht den Hypnotisierten vergebliche Anstrengungen machen, ihn ruhigzustellen. Die Vorstellung, die der Hypnotiseur dem Hypnotisierten durch das Wort gegeben hat, hat genau jenes seelisch-körperliche Verhalten bei ihm hervorgerufen, das ihrem Inhalt entspricht. Darin liegt einerseits Gehorsam, anderseits aber Steigerung des körperlichen Einflusses einer Idee. Das Wort ist hier wirklich wieder zum Zauber geworden.

Dasselbe auf dem Gebiete der Sinneswahrnehmungen. Der Hypnotiseur sagt: »Sie sehen eine Schlange, Sie riechen eine Rose, Sie hören die schönste Musik«, und der Hypnotisierte sieht, riecht, hört, wie die ihm eingegebene Vorstellung es von ihm verlangt. Woher weiß man, daß

---

[1] [Vgl. zu diesem Thema einige Bemerkungen in der *Traumdeutung* (Freud, 1900*a*), z. B. in Kapitel V, Abschnitt C; *Studienausgabe*, Bd. 2, S. 231.]

der Hypnotisierte diese Wahrnehmungen wirklich hat? Man könnte meinen, er stelle sich nur so an; aber es ist doch kein Grund, daran zu zweifeln, denn er benimmt sich ganz so, als ob er sie wirklich hätte, äußert alle dazugehörigen Affekte, kann auch unter Umständen nach der Hypnose von seinen eingebildeten Wahrnehmungen und Erlebnissen berichten. Man merkt dann, daß er gesehen und gehört hat, wie wir im Traum sehen und hören, d. h., er hat *halluziniert.* Er ist offenbar so sehr gläubig gegen den Hypnotiseur, daß er *überzeugt* ist, eine Schlange müsse zu sehen sein, wenn der Hypnotiseur sie ihm ankündigt, und diese Überzeugung wirkt so stark auf das Körperliche, daß er die Schlange wirklich sieht, wie es übrigens gelegentlich auch bei nicht hypnotisierten Personen geschehen kann.

Nebenbei bemerkt, eine solche Gläubigkeit, wie sie der Hypnotisierte für seinen Hypnotiseur bereit hat, findet sich außer der Hypnose im wirklichen Leben nur *beim Kinde gegen die geliebten Eltern,* und eine derartige Einstellung des eigenen Seelenlebens auf das einer anderen Person mit ähnlicher Unterwerfung hat ein einziges, aber dann vollwertiges Gegenstück in manchen *Liebesverhältnissen* mit voller Hingebung. Das Zusammentreffen von Alleinschätzung und gläubigem Gehorsam gehört überhaupt zur Kennzeichnung des Liebens[1].

Über den hypnotischen Zustand ist noch einiges zu berichten. Die Rede des Hypnotiseurs, welche die beschriebenen zauberhaften Wirkungen äußert, heißt man die Suggestion, und man hat sich gewöhnt, diesen Namen auch dort anzuwenden, wo zunächst bloß die Absicht vorliegt, eine ähnliche Wirkung hervorzubringen. Wie Bewegung und Empfindung, gehorchen auch alle anderen Seelentätigkeiten des Hypnotisierten dieser Suggestion, während er aus eigenem Antriebe nichts zu unternehmen pflegt. Man kann den hypnotischen Gehorsam für eine Reihe von höchst merkwürdigen Versuchen ausnützen, die tiefe Einblicke in das seelische Getriebe gestatten und dem Zuschauer eine unvertilgbare Überzeugung von der nicht geahnten Macht des Seelischen über das Körperliche schaffen. Wie man den Hypnotisierten nötigen kann zu sehen, was nicht da ist, so kann man ihm auch verbieten, etwas, was da ist und sich seinen Sinnen aufdrängen will, z. B. eine bestimmte Person, zu sehen (die sogenannte negative Halluzination), und diese Person findet es dann unmöglich, sich dem Hypnotisierten durch irgendwelche

[1] [Freud kam viele Jahre später auf dieses Thema noch einmal zurück, in Kapitel VIII von *Massenpsychologie und Ich-Analyse* (1921c), *Studienausgabe*, Bd. 9, S. 104-08.]

Reizungen bemerklich zu machen; sie wird von ihm »wie Luft« behandelt. Man kann dem Hypnotisierten die Suggestion erteilen, eine gewisse Handlung erst eine bestimmte Zeit nach dem Aufwachen aus der Hypnose auszuführen (die posthypnotische Suggestion), und der Hypnotisierte hält die Zeit ein und führt mitten in seinem wachen Zustand die suggerierte Handlung aus, ohne einen Grund für sie angeben zu können. Fragt man ihn dann, warum er dies jetzt getan hat, so beruft er sich entweder auf einen dunklen Drang, dem er nicht widerstehen konnte, oder er erfindet einen halbwegs einleuchtenden Vorwand, während er den wahren Grund, die ihm erteilte Suggestion, nicht erinnert.

Das Erwachen aus der Hypnose erfolgt mühelos durch das Machtwort des Hypnotiseurs: »Wachen Sie auf.« Bei den tiefsten Hypnosen fehlt dann die Erinnerung für alles, was während der Hypnose unter dem Einfluß des Hypnotiseurs erlebt wurde. Dieses Stück Seelenleben bleibt gleichsam abgesondert von dem sonstigen. Andere Hypnotisierte haben eine traumhafte Erinnerung, und noch andere erinnern sich zwar an alles, berichten aber, daß sie unter einem seelischen Zwang gestanden hatten, gegen den es keinen Widerstand gab.

Der wissenschaftliche Gewinn, den die Bekanntschaft mit den hypnotischen Tatsachen Ärzten und Seelenforschern gebracht hat, kann nicht leicht überschätzt werden. Um nun aber die praktische Bedeutung der neuen Erkenntnisse zu würdigen, wolle man an Stelle des Hypnotiseurs den Arzt, an Stelle des Hypnotisierten den Kranken setzen. Scheint da die Hypnose nicht berufen, alle Bedürfnisse des Arztes, insoferne er als »Seelenarzt« gegen den Kranken auftreten will, zu befriedigen? Die Hypnose schenkt dem Arzt eine Autorität, wie sie wahrscheinlich niemals ein Priester oder Wundermann besessen hat, indem sie alles seelische Interesse des Hypnotisierten auf die Person des Arztes vereinigt; sie schafft die Eigenmächtigkeit des Seelenlebens beim Kranken ab, in der wir das launenhafte Hemmnis für die Äußerung seelischer Einflüsse auf den Körper erkannt haben; sie stellt an und für sich eine Steigerung der Seelenherrschaft über das Körperliche her, die sonst nur unter den stärksten Affekteinwirkungen beobachtet wird, und durch die Möglichkeit, das in der Hypnose dem Kranken Eingegebene erst nachher im Normalzustand zum Vorschein kommen zu lassen (posthypnotische Suggestion), gibt sie dem Arzt die Mittel in die Hand, seine große Macht während der Hypnose zur Veränderung des Kranken im wachen Zustande zu verwenden. So ergäbe sich ein einfaches Muster für die Art der Heilung durch Seelenbehandlung. Der Arzt versetzt den Kranken in den Zustand der Hypnose, erteilt ihm die nach den jeweiligen Umständen abgeänderte Suggestion, daß er nicht krank ist, daß er nach dem Erwachen von seinen Leidenszeichen nichts verspüren wird, weckt ihn dann auf und darf sich der Erwartung hingeben, daß die Suggestion ihre Schuldigkeit gegen die Krankheit getan hat. Dieses Verfahren wäre etwa, wenn eine einzige Anwendung nicht genug genützt hat, die nötige Anzahl von Malen zu wiederholen.

Ein einziges Bedenken könnte Arzt und Patienten von der Anwendung selbst eines so vielversprechenden Heilverfahrens abhalten. Wenn sich nämlich ergeben sollte, daß die Versetzung in Hypnose ihren Nutzen durch einen Schaden auf anderer Seite wettmacht, z. B. eine dauernde Störung oder Schwächung im Seelenleben des Hypnotisierten hinterläßt. Die bisher gemachten Erfahrungen reichen nun bereits aus, um dieses Bedenken zu beseitigen; einzelne Hypnotisierungen sind völlig harmlos, selbst häufig wiederholte Hypnosen im ganzen unschädlich. Nur eines ist hervorzuheben: wo die Verhältnisse eine fortdauernde Anwendung der Hypnose notwendig machen, da stellt sich eine Gewöhnung an die Hypnose und eine Abhängigkeit vom hypnotisierenden Arzt her, die nicht in der Absicht des Heilverfahrens gelegen sein kann.

Die hypnotische Behandlung bedeutet nun wirklich eine große Erweiterung des ärztlichen Machtbereiches und somit einen Fortschritt der Heilkunst. Man kann jedem Leidenden den Rat geben, sich ihr anzuvertrauen, wenn sie von einem kundigen und vertrauenswürdigen Arzte ausgeübt wird. Aber man sollte sich der Hypnose in anderer Weise bedienen, als es heute zumeist geschieht. Gewöhnlich greift man zu dieser Behandlungsart erst, wenn alle anderen Mittel im Stiche gelassen haben, der Leidende bereits verzagt und unmutig geworden ist. Dann verläßt man seinen Arzt, der nicht hypnotisieren kann oder es nicht ausübt, und wendet sich an einen fremden Arzt, der meist nichts anderes übt und nichts anderes kann als hypnotisieren. Beides ist unvorteilhaft für den Kranken. Der Hausarzt sollte selbst mit der hypnotischen Heilmethode vertraut sein und diese von Anfang an anwenden, wenn er den Fall und die Person dafür geeignet hält. Die Hypnose sollte dort, wo sie überhaupt brauchbar ist, gleichwertig neben den anderen Heilverfahren stehen, nicht eine letzte Zuflucht oder gar einen Abfall von der Wissenschaftlichkeit zur Kurpfuscherei bedeuten. Brauchbar aber ist das hypnotische Heilverfahren nicht nur bei allen nervösen Zuständen und den durch »Einbildung« entstandenen Störungen, sowie zur Entwöhnung von krankhaften Gewohnheiten (Trunksucht, Morphinsucht, geschlechtliche Verirrungen), sondern auch bei vielen Organkrankheiten, selbst entzündlichen, wo man die Aussicht hat, bei Fortbestand des Grundleidens die den Kranken zunächst belästigenden Zeichen desselben, wie die Schmerzen, Bewegungshemmung u. dgl., zu beseitigen. Die Auswahl der Fälle für die Verwendung des hypnotischen Verfahrens ist durchwegs von der Entscheidung des Arztes abhängig.

Nun ist es aber an der Zeit, den Eindruck zu zerstreuen, als wäre mit dem Hilfsmittel der Hypnose für den Arzt eine Zeit bequemer Wundertäterei angebrochen. Es sind noch mannigfache Umstände in Betracht zu ziehen, die geeignet sind, unsere Ansprüche an das hypnotische Heilverfahren erheblich herabzusetzen und die beim Kranken etwa rege gewordenen Hoffnungen auf ihr berechtigtes Maß zurückzuführen. Vor allem stellt sich die eine Grundvoraussetzung als unhaltbar heraus, daß es gelungen wäre, durch die Hypnose den Kranken die störende Eigenmächtigkeit in ihrem seelischen Verhalten zu benehmen. Sie bewahren dieselbe und beweisen sie bereits in ihrer Stellungnahme gegen den Versuch, sie zu hypnotisieren. Wenn oben gesagt wurde, daß etwa 80 Prozent der Menschen hypnotisierbar sind, so ist diese große Zahl nur dadurch zustande gekommen, daß man alle Fälle, die irgendeine Spur von Beeinflussung zeigen, zu den positiven Fällen gerechnet hat. Wirklich tiefe Hypnosen mit vollkommener Gefügigkeit, wie man sie bei der Beschreibung zum Muster wählt, sind eigentlich selten, jedenfalls nicht so häufig, wie es im Interesse der Heilung erwünscht wäre. Man kann den Eindruck dieser Tatsache wieder abschwächen, indem man hervorhebt, daß die Tiefe der Hypnose und die Gefügigkeit gegen die Suggestionen nicht gleichen Schritt miteinander halten, so daß man oft bei leichter hypnotischer Betäubung doch gute Wirkung der Suggestion beobachten kann. Aber auch, wenn man die hypnotische Gefügigkeit als das Wesentlichere des Zustandes selbständig nimmt, muß man zugestehen, daß die einzelnen Menschen ihre Eigenart darin zeigen, daß sie sich nur bis zu einem bestimmten Grad von Gefügigkeit beeinflussen lassen, bei dem sie dann haltmachen. Die einzelnen Personen zeigen also sehr verschiedene Grade von Brauchbarkeit für das hypnotische Heilverfahren. Gelänge es, Mittel aufzufinden, durch welche man alle diese besonderen Stufen des hypnotischen Zustandes bis zur vollkommenen Hypnose steigern könnte, so wäre die Eigenart der Kranken wieder aufgehoben, das Ideal der Seelenbehandlung verwirklicht. Aber dieser Fortschritt ist bisher nicht geglückt; es hängt noch immer weit mehr vom Kranken als vom Arzt ab, welcher Grad von Gefügigkeit sich der Suggestion zur Verfügung stellen wird, d. h., es liegt wiederum im Belieben des Kranken.

Noch bedeutsamer ist ein anderer Gesichtspunkt. Wenn man die höchst merkwürdigen Erfolge der Suggestion im hypnotischen Zustand schildert, vergißt man gerne daran, daß es sich hierbei wie bei allen seelischen Wirkungen auch um Größen- oder Stärkenverhältnisse handelt. Wenn man einen gesunden Menschen in tiefe Hypnose versetzt hat und ihm nun aufträgt, in eine Kartoffel zu beißen, die man ihm als Birne vorstellt, oder ihm einredet, er sehe einen Bekannten, den er grüßen müsse, so wird man leicht volle Gefügigkeit sehen, weil kein ernster Grund beim Hypnotisierten vorhanden ist, welcher sich gegen die Suggestion sträuben könnte. Aber schon bei anderen Aufträgen, wenn man z. B. von einem sonst schamhaften Mädchen verlangt, sich zu entblößen, oder von einem ehrlichen Mann, sich einen wertvollen Gegenstand durch Diebstahl anzueignen, kann man einen Widerstand bei dem Hypnotisierten bemerken, der selbst so weit gehen kann, daß er der Suggestion den Gehorsam verweigert. Man lernt daraus, daß in der besten Hypnose die Suggestion nicht eine unbegrenzte Macht ausübt, sondern nur eine Macht von bestimmter Stärke. Kleine Opfer bringt der Hypnotisierte, mit großen hält er, ganz wie im Wachen, zurück. Hat man es nun mit einem Kranken zu tun und drängt ihn durch die Suggestion zum Verzicht auf die Krankheit, so merkt man, daß dies für ihn ein großes und nicht ein kleines Opfer bedeutet. Die Macht der Suggestion mißt sich zwar auch dann mit der Kraft, welche die Krankheitserscheinungen geschaffen hat und sie festhält, aber die Erfahrung zeigt, daß letztere von einer ganz anderen Größenordnung ist als der hypnotische Einfluß. Derselbe Kranke, der sich in jede – nicht gerade anstößige – Traumlage, die man ihm eingibt, voll gefügig hineinfindet, kann vollkommen widerspenstig gegen die Suggestion bleiben, welche ihm etwa seine eingebildete Lähmung abspricht. Dazu kommt noch in der Praxis, daß gerade nervöse Kranke meist schlecht hypnotisierbar sind, so daß nicht der volle hypnotische Einfluß, sondern nur ein Bruchteil desselben den Kampf gegen die starken Kräfte aufzunehmen hat, mit denen die Krankheit im Seelenleben verankert ist.

Der Suggestion ist also nicht von vornherein der Sieg über die Krankheit sicher, wenn einmal die Hypnose und selbst eine tiefe Hypnose gelungen ist. Es bedarf dann noch immer eines Kampfes, und der Ausgang ist sehr häufig ungewiß. Gegen ernstliche Störungen seelischer Herkunft richtet man daher mit einmaliger Hypnose nichts aus. Mit der Wiederholung der Hypnose fällt aber der Eindruck des Wunders, auf das sich der Kranke vielleicht gefaßt gemacht hat. Man kann es dann erzielen, daß bei wiederholten Hypnosen die anfänglich mangelnde Beeinflussung der Krankheit immer deutlicher wird, bis sich ein befriedigender Erfolg herstellt. Aber eine solche hypnotische Behandlung kann ebenso mühselig und zeitraubend verlaufen wie nur irgendeine andere.

Eine andere Art, wie sich die relative Schwäche der Suggestion im Vergleich mit dem zu bekämpfenden Leiden verrät, ist die, daß die Suggestion zwar die Aufhebung der Krankheitserscheinungen zustande bringt, aber nur für kurze Zeit. Nach Ablauf dieser Zeit sind die Leidenszeichen wieder da und müssen durch neuerliche Hypnose mit Suggestion wieder vertrieben werden. Wiederholt sich dieser Ablauf oft genug, so erschöpft er gewöhnlich die Geduld des Kranken wie die des Arztes und hat das Aufgeben der hypnotischen Behandlung zur Folge. Auch sind dies die Fälle, in denen sich bei dem Kranken die Abhängigkeit vom Arzt und eine Art Sucht nach der Hypnose herzustellen pflegen.

Es ist gut, wenn der Kranke diese Mängel der hypnotischen Heilmethode und die Möglichkeiten der Enttäuschung bei ihrer Anwendung kennt. Die Heilkraft der hypnotischen Suggestion ist ja etwas Tatsächliches, sie bedarf der übertreibenden Anpreisung nicht. Anderseits ist es leicht verständlich, wenn die Ärzte, denen die hypnotische Seelenbehandlung soviel mehr versprochen hatte, als sie halten konnte, nicht müde werden, nach anderen Verfahren zu suchen, welche eine eingreifendere oder minder unberechenbare Einwirkung auf die Seele des Kranken ermöglichen. Man darf sich der sicheren Erwartung hingeben, daß die zielbewußte moderne Seelenbehandlung, welche ja eine ganz junge Wiederbelebung alter Heilmethoden darstellt, den Ärzten noch weit kräftigere Waffen zum Kampfe gegen die Krankheit in die Hände geben wird. Eine tiefere Einsicht in die Vorgänge des Seelenlebens, deren erste Anfänge gerade auf den hypnotischen Erfahrungen ruhen, wird Mittel und Wege dazu weisen [1].

---

[1] [Siehe Freuds Schriften über Hypnose und Suggestion in *G. W.*, Nachtragsband, S. 103–78.]

Zur Psychotherapie der Hysterie

(1895)

[Aus: Studien über Hysterie
(1893–95)]

EDITORISCHE EINLEITUNG

Obwohl im folgenden nur ein Auszug aus den *Studien über Hysterie* abgedruckt ist, werden hier die bibliographischen Daten für das ganze Werk angegeben.

Deutsche Ausgaben:

(A) Über den psychischen Mechanismus
hysterischer Phänomene (Vorläufige Mitteilung)
(Erster Teil der *Studien*)

1893 *Neurol. Zentbl.*, Bd. 12 (1), 4–10 (Abschnitte I–II), und Bd. 12 (2), 43–7
(Abschnitte III–IV). (1. und 15. Januar.)

1893 *Wien. med. Blätter*, Bd. 16 (3), 33–5 (Abschnitte I–II), und Bd. 16 (4),
49–51 (Abschnitte III–IV). (19. und 26. Januar.)

1895 etc. In *Studien über Hysterie.* (S. unten.)

1906 *S. K. S. N.*, Bd. 1, 14–29. (1911, 2. Aufl.; 1920, 3. Aufl.; 1922, 4. Aufl.)

1952 *G. W.*, Bd. 1, 81–98.

(B) Studien über Hysterie

1895 Leipzig und Wien, Deuticke. (Mit gemeinsam verfaßtem Vorwort.) V. +
269 Seiten.

1909 2. Aufl., im gleichen Verlag. (Unverändert, jedoch mit neuem, getrennt
gezeichnetem Vorwort.) VII + 269 Seiten.

1916 3. Aufl., im gleichen Verlag. (Unverändert.) VII + 269 Seiten.

1922 4. Aufl., im gleichen Verlag. (Unverändert.) VII + 269 Seiten.

1925 *G. S.*, Bd. 1, 3–238. (Ohne Breuers Beiträge; mit zusätzlichen Anmerkungen Freuds.)

1952 *G. W.*, Bd. 1, 75–312. (Nachdruck von 1925.)

1987 *G. W.*, Nachtragsband, 221–310 (Breuers Beiträge); 217–8 (Vorwort);
219–20 (Vorwort zur zweiten Auflage).

In den anderen Bänden der *Studienausgabe* wurde darauf verzichtet, Teilstücke aus Werken Sigmund Freuds abzudrucken. Von dieser Regel weicht der vorliegende Band zweimal ab (s. ferner S. 409 ff., unten). Um dem Leser Freuds behandlungstechnische und therapietheoretische Auffassungen aus der Zeit der »kathartischen Methode«, also der Periode seiner Zusammenarbeit mit Josef Breuer, vorzustellen, ist hier Freuds Beitrag ›Zur Psychotherapie der Hysterie‹,

Teil IV der *Studien über Hysterie,* wiedergegeben. Warum darauf verzichtet werden mußte, dieses wichtige Werk zur Gänze in die *Studienausgabe* aufzunehmen, hat Angela Richards in den ›Erläuterungen zur Edition‹ (*Studienausgabe,* Bd. 1, S. 27 ff.) begründet. Allerdings findet sich in Bd. 6 der *Studienausgabe* (S. 9 ff.) Freuds Vortrag ›Über den psychischen Mechanismus hysterischer Phänomene‹ (1893 *b*), dessen Inhalt weitgehend, mitunter bis in den Wortlaut, der von Freud und Breuer gemeinsam verfaßten ›Vorläufigen Mitteilung‹ (1893 *a*), dem Einleitungskapitel der *Studien,* entspricht. Außerdem enthält der Vortrag eine weitere Darstellung der kathartischen Behandlungsmethode.

Da die *Studien über Hysterie* in Deutsch gegenwärtig nur in zwei unkommentierten Editionen[1] zugänglich sind, wird hier die Gelegenheit benutzt, dem Leser einige ausführlichere editorische Hinweise zu geben, die sich auf das ganze Werk, nicht nur auf den hier abgedruckten Teil beziehen. Dies erscheint um so mehr gerechtfertigt, als für den damaligen Entwicklungsstand von Freuds Denken der enge Zusammenhang von behandlungstechnischen Neuerungen und fundamentalen klinischen Entdeckungen besonders charakteristisch ist. Auch sei darauf aufmerksam gemacht, daß natürlich die in den *Studien über Hysterie* enthaltenen Krankengeschichten viele zusätzliche Hinweise zur Behandlungstechnik, zur Theorie der Therapie und zur Struktur des psychischen Materials enthalten.

(1) Historisches

Über die Entstehungsgeschichte der *Studien* wissen wir recht gut Bescheid.

Josef Breuers Behandlung von Fräulein Anna O., auf die das ganze Buch zurückgeht, fand zwischen 1880 und 1882 statt. Schon damals genoß Breuer (1842–1925) hohes Ansehen in Wien, und zwar sowohl als Hausarzt mit einer ausgedehnten Praxis wie als Mann der Wissenschaft, wohingegen der rund fünfzehn Jahre jüngere Freud gerade erst dabei war, sich auf die ärztliche Praxis vorzubereiten[2]. Beide Männer waren indessen bereits seit einigen Jahren miteinander befreundet. Die Behandlung der Anna O. endete Anfang Juni 1882, und im darauffolgenden November erzählte Breuer Freud ihren ungewöhnlichen Verlauf. Obgleich sein Hauptinteresse damals noch der Anatomie

---

[1] Nämlich einmal in *G. W.,* Bd. 1. (s. die bibliographischen Angaben oben, S. 39), zum anderen als Taschenbuchausgabe, die auch die Breuerschen Beiträge enthält. *Ergänzung 1994:* Die in den *G. W.* bisher fehlenden Stücke der *Studien* wurden 1987 im *G. W.*-Nachtragsband abgedruckt (s. die bibliographischen Angaben, oben). Ferner liegt seit 1991 eine Neupräsentation der Taschenbuchausgabe vor (Nr. 10446, Fischer Taschenbuch Verlag, Frankfurt am Main). Seitenhinweise in Text und Anmerkungen des nun folgenden Kapitels ›Zur Psychotherapie der Hysterie‹ auf die anderen, hier nicht abgedruckten Teile der *Studien* beziehen sich auf Bd. 1 der *G. W.* sowie auf die neue Taschenbuchausgabe *(Ta.).*

[2] Die folgenden Informationen sind großenteils der Freud-Biographie von Ernest Jones (1960; insbesondere Kapitel XI) entnommen.

des Nervensystems galt, war Freud tief beeindruckt – so tief, daß er, als er etwa drei Jahre später in Paris bei Charcot studierte, diesem von dem Fall berichtete. »Aber der Meister zeigte für meine ersten Andeutungen kein Interesse, so daß ich nicht mehr auf die Sache zurückkam und sie auch bei mir fallenließ.« (1925 d, zu Beginn von Abschnitt II.)

Freuds Studien bei Charcot hatten vor allem der Hysterie gegolten. Und als er 1886 nach Wien zurückkehrte und sich als Nervenarzt niederließ, bildeten Hysterien einen wesentlichen Teil seiner Klientel. Für die Behandlungsmethoden, deren er sich zunächst bediente, vgl. die ›Editorische Vorbemerkung‹ zur ersten Arbeit des vorliegenden Bandes (oben, S. 15 f.). Insgeheim aber beschäftigte ihn noch immer der Fall der Anna O., und er berichtet uns, »daß ich von Anfang an außer der hypnotischen Suggestion eine andere Verwendung der Hypnose übte« (1925 d, Anfang von Abschnitt II). Diese »andere Verwendung« war die kathartische Methode, die das Thema der *Studien* ist.

Der Fall der Frau Emmy von N. war der erste, den Freud, wie wir von ihm selbst erfahren (1895 d, S. 99, *Ta.*, S. 67, und unten, S. 77), mit dem kathartischen Verfahren behandelte. In einer der Ausgabe von 1925 hinzugefügten Anmerkung schränkt Freud diese Angabe ein und sagt, es sei die erste Therapie gewesen, in der er »in ausgiebigem Maße« (1895 d, S. 162, *Ta.*, S. 124) von dieser Methode Gebrauch gemacht habe; tatsächlich hat Freud zu diesem frühen Zeitpunkt die Hypnose noch ständig in der konventionellen Weise – nämlich zur Übermittlung direkter therapeutischer Suggestionen – gehandhabt[1]. In welchem Umfang dies auch im Falle der Frau Emmy geschah, geht sehr klar aus dem täglichen Bericht über die ersten zwei bis drei Behandlungswochen hervor, den Freud aufgrund der Aufzeichnungen wiedergab, »die ich mir ... allabendlich gemacht habe« (ibid., S. 99, *Ta.*, S. 67). Bedauerlicherweise wissen wir nicht genau, wann Freud mit der Behandlung begonnen hat; es war im Mai entweder 1888 oder 1889 – also entweder rund vier oder rund sechzehn Monate, nachdem er sich »auf die Hypnose geworfen«, wie er am 28. Dezember 1887 (Brief Nr. 2) an Fließ geschrieben hatte (1950 a, S. 53). Die Behandlung endete ein Jahr später, im Sommer 1889 bzw. 1890. In jedem Fall verging bis zur nächsten Falldarstellung (gemeint ist die chronologische Reihenfolge, nicht diejenige der Präsentation in den *Studien*) eine beträchtliche Zeitspanne. Es handelt sich um Fräulein Elisabeth von R.; die Behandlung begann im Herbst 1892 (1895 d, S. 196, *Ta.*, S. 153), und Freud bezeichnet sie als seine erste vollständige Analyse einer Hysterie (ibid., S. 201, *Ta.*, S. 157). Wenig später, Ende desselben Jahres, wurde die Behandlung der Miß Lucy R. aufgenommen (ibid., S. 163, *Ta.*, S. 125). Dem verbleibenden Fall der Katharina (ibid., S. 184 ff., *Ta.*, S. 143 ff.) läßt sich kein genaues Datum zuordnen. Gewiß hat Freud in dem Intervall zwischen 1889 und 1892 mit weite-

---

[1] Die ›Editorische Vorbemerkung‹ zur vorangehenden Arbeit gibt Hinweise darauf, wie intensiv Freud sich damals noch mit Hypnose beschäftigte (s. oben, S. 15 f.).

ren Fällen Erfahrung sammeln können. Vor allem gilt dies für die Patientin Frau Cäcilie M., »die ich weitaus gründlicher als jede andere hier erwähnte Kranke kennenlernte« (ibid., S. 123, Anm., *Ta.*, S. 88, Anm.), deren Fall er jedoch, »durch persönliche Umstände verhindert« (loc. cit), nicht ausführlich mitteilen konnte. Indessen wird er mehrfach in den *Studien* diskutiert, und wir erfahren von Freud (ibid., S. 247, *Ta.*, S. 198), daß »die Beobachtung dieses merkwürdigen Falles in Gemeinschaft mit Breuer der nächste Anlaß zur Veröffentlichung unserer ›Vorläufigen Mitteilung‹« (1893 *a*) war[1].

Die Niederschrift dieser epochemachenden Arbeit (die den ersten Teil der *Studien* bildet) begann im Juni 1892. Ein Brief an Fließ vom 28. Juni (1950 *a*, Brief Nr. 9, S. 59) kündigt an, daß »Breuer sich bereit erklärt hat, die Theorie vom Abreagieren und unsere sonstigen gemeinsamen Mitteilungen über Hysterie auch gemeinsam zum öffentlichen ausführlichen Ausdruck zu bringen«. Und er fährt fort: »Ein Stück davon, das ich erst allein schreiben wollte, ist fertig . . .« Darauf bezieht sich offensichtlich auch ein Brief, den Freud am folgenden Tag, dem 29. Juni 1892, an Breuer schrieb (Freud, 1941 *a*, S. 5): »Die Befriedigung, mit welcher ich Ihnen arglos meine paar Seiten überreichte, ist dem Unbehagen gewichen . . .« Dieser Brief gibt dann im weiteren Wortlaut eine sehr gedrängte Zusammenfassung dessen, was in der Abhandlung enthalten sein sollte. Ferner ist eine Fußnote zu nennen, die Freud seiner Übersetzung eines Bandes von Charcots *Leçons du mardi* (Freud, 1892–94, S. 107) hinzufügte; sie gibt in

---

[1] Die Frage, wann Freud begonnen hat, die kathartische Methode zu benutzen, wird noch durch eine Angabe von ihm aus dem Jahre 1916 kompliziert. Es geht um folgendes: Auf dem 1913 in London abgehaltenen Internationalen Medizinischen Kongreß hatte sich Pierre Janet mit einem unqualifizierten und unfairen Angriff auf Freud und die Psychoanalyse hervorgetan. Daraufhin veröffentlichte Ernest Jones im *Journal of abnormal Psychology* (Bd. 9, 1915, 400) eine Replik, die in deutscher Übersetzung in der *Internationalen Zeitschrift für ärztliche Psychoanalyse* (Bd. 4, 1916, 34) nachgedruckt wurde. In seiner Schmährede hatte Janet ausgeführt, daß, was immer an der Psychoanalyse auch nur den geringsten Wert habe, zur Gänze aus seinen eigenen frühen Schriften abgeleitet sei. Diese Behauptung durchkreuzend, bemerkte Jones, es sei zwar richtig, daß die Funde Breuers und Freuds später veröffentlicht worden seien als diejenigen Janets (der sie schon 1889 publizierte), daß jedoch die Forschungsarbeit, auf der die erste Breuer-Freudsche Mitteilung beruht, etliche Jahre weiter zurückreiche als Janets eigene Studien. »Das Zusammenwirken der beiden Autoren begann volle zehn Jahre vor ihrer ersten Veröffentlichung, und in den *Studien* finden wir ausdrücklich bestätigt, daß einer der mitgeteilten Fälle vierzehn Jahre vor der Publikation nach der kathartischen Methode behandelt wurde.« Zu dieser Stelle in der *Internationalen Zeitschrift* (ibid., 42) findet sich eine mit »Freud« signierte »Anmerkung des Herausgebers«: »Ich bin genötigt, Dr. Jones in einem für seine Polemik unwesentlichen, für mich aber bedeutsamen Punkte zu berichtigen. Alles über die Priorität und Unabhängigkeit der später psychoanalytisch genannten Arbeit Gesagte behält seine Richtigkeit, bezieht sich aber allein auf die Leistung *Breuers*. Meine Anteilnahme setzte erst 1891/92 ein. Was ich übernommen habe, habe ich nicht von Janet, sondern von Breuer empfangen, wie wiederholt öffentlich anerkannt.« Das hier von Freud angegebene Datum ist rätselhaft, 1891 ist zwei bzw. drei Jahre zu spät für den Beginn der Behandlung der Frau Emmy und ein Jahr zu früh für den Anfang der Arbeit mit Fräulein Elisabeth.

drei kurzen Absätzen eine Zusammenfassung der These der ›Vorläufigen Mitteilung‹ und deutet an, daß die Arbeit daran begonnen habe. Außerdem sind noch zwei ausführlichere Entwürfe erhalten. Der erste (Freud, 1940 d) (in Freuds Handschrift, obwohl vermerkt ist, er sei gemeinsam mit Breuer verfaßt) trägt das Datum »Ende November 1892«. Er handelt von hysterischen Anfällen, und sein Inhalt wurde großenteils, wenngleich in anderem Wortlaut, in Abschnitt IV der ›Vorläufigen Mitteilung‹ aufgenommen (1895 d, S. 93 ff., *Ta.*, S. 37 ff.). Allerdings fiel merkwürdigerweise ein wichtiger Absatz, der sich mit dem »Konstanzprinzip« befaßt, fort, und in den *Studien* wird dieses Thema dann nur von Breuer in einem späteren Teil des Buches (1895 d, *Ta.*, S. 215 ff.) behandelt. Schließlich gibt es noch eine undatierte Notiz Freuds (1941 b), die die Überschrift »III« trägt. Sie diskutiert »hypnoide Zustände« und hysterische Dissoziation und steht in engem Zusammenhang mit Abschnitt III der ›Vorläufigen Mitteilung‹ (1895 d, S. 90 ff., *Ta.*, S. 35 ff.).

Am 18. Dezember 1892 schrieb Freud an Fließ (1950 a, Brief Nr. 11, S. 60): »Freue mich, Dir mitteilen zu können, daß unsere Hysterietheorie (Reminiszenz, Abreagieren etc.) am 1. Januar 93 im *Neurologischen Zentralblatt* zu lesen sein wird, und zwar in Gestalt einer ausführlichen vorläufigen Mitteilung. Es hat Kämpfe mit dem Herrn Kompagnon genug gekostet.« Die Arbeit, die das Datum »Dezember 1892« trägt, ist in Wirklichkeit in zwei Ausgaben des *Neurologischen Zentralblatts* (vom 1. und 15. Januar), das damals vierzehntägich in Berlin erschien, publiziert worden; kurz danach wurde sie im vollen Wortlaut in Wien in den *Wiener medizinischen Blättern* (vom 19. und 26. Januar) nachgedruckt. Am 11. Januar, als die Arbeit erst zur Hälfte publiziert vorlag, hielt Freud im Wiener Medizinischen Club einen Vortrag über das Thema (der, wie erwähnt, in Bd. 6 der *Studienausgabe* abgedruckt ist).

Die nächste Aufgabe der Autoren bestand nun in der Vorbereitung des Fallmaterials, und schon am 7. Februar 1894 spricht Freud von dem Buch als »halb fertig, es fehlt die bei weitem kleinere Zahl von Krankengeschichten und zwei allgemeine Kapitel«. (1950 a, Brief Nr. 16, S. 74.) Am 22. Juni zählt er auf, was in die »Arbeit mit Breuer« aufgenommen werden soll: »fünf Krankengeschichten, ein Aufsatz von ihm, von dem ich mich ganz ausschließe, über die Theorien der Hysterie (Zusammenfassendes, Kritisches) und ein noch nicht begonnener von mir über Therapie«. (Ibid., Brief Nr. 19, S. 86.) Danach kam es offensichtlich zu einer Unterbrechung, denn erst am 4. März 1895 (ibid., Brief Nr. 22) teilt Freud mit, er »schreibe eilig an dem Aufsatz Therapie der Hysterie« (ibid., S. 103). Am 13. März hatte er abgeschlossen (laut einem Brief dieses Datums; seit 1986 veröffentlicht in: *Briefe an Wilhelm Fließ 1887–1904*, ungekürzte Ausg., hrsg. von J. M. Masson, Bearb. der deutschen Fassung von M. Schröter, Frankfurt am Main, S. 119). Anfang April übersandte er Fließ die zweite Hälfte der Fahnen des Buches, und am 11. April berichtete er ihm in einem Brief (gleichfalls 1986 publiziert, ibid., S. 126), das Buch werde in etwa drei Wochen ausgeliefert.

Offenbar sind die *Studien über Hysterie* pünktlich im Mai 1895 erschienen, obwohl das genaue Datum nicht feststeht. In deutschen Medizinerkreisen ist das Buch ungünstig aufgenommen worden; sehr kritisch wurde es z. B. von dem bekannten Neurologen Adolf von Strümpell rezensiert (*Deutsche Zeitschrift für Nervenheilkunde*, 1896, 159). Andererseits hat ein nicht-medizinischer Autor, Alfred von Berger, der spätere Direktor des Wiener Burgtheaters, in der *Neuen Freien Presse* (Ausgabe vom 2. Februar 1896) anerkennend darüber geschrieben.

Erst mehr als zehn Jahre nach der Erstpublikation kam es zur Vorbereitung einer zweiten Auflage. Zu diesem Zeitpunkt hatten sich die Wege der beiden Autoren bereits getrennt. Dennoch stimmte Breuer im Mai 1906 brieflich einem Neudruck zu. Jedoch mußte noch darüber diskutiert werden, ob ein neues gemeinsames Vorwort wünschenswert sei. Schließlich wurden zwei getrennte Vorworte geschrieben. Sie sind auf Juli 1908 datiert; die zweite Auflage ist aber erst 1909 veröffentlicht worden.

Zu den wissenschaftlichen Gründen der Entfremdung zwischen den beiden Autoren: Im Vorwort zur ersten Auflage ist schon davon die Rede, daß »an manchen Stellen verschiedene, ja sich widersprechende Meinungen vertreten werden« (1895 *d*, S. 78, *Ta.*, S. 24). Aber im Buch selbst wird dann, seltsam genug, recht wenig davon deutlich; und obwohl, bis auf die ›Vorläufige Mitteilung‹, die einzelnen Teile der *Studien* jeweils von einem der beiden Autoren gezeichnet sind, läßt sich doch schwer zweifelsfrei ausmachen, für welche der in dem ganzen Werk dargelegten Ideen sie jeweils tatsächlich verantwortlich sind. Viele der theoretischen Schlußfolgerungen der *Studien* sind wohl das Ergebnis gemeinsamer Diskussionen der beiden Autoren während der Jahre ihrer Zusammenarbeit. Allerdings können wir mit Sicherheit die späteren behandlungstechnischen Entwicklungen zusammen mit den sich daraus ergebenden zentralen theoretischen Konzepten »Widerstand«, »Abwehr« und »Verdrängung« Freud zuschreiben. Leicht läßt sich in dem Bericht auf S. 62 ff., unten, nachvollziehen, wie sich diese Konzepte im Zuge der Ersetzung der Hypnose durch die Druck-Technik ergaben. Andererseits ist es ebenso gewiß, daß der Begriff der »hypnoiden Zustände« von Breuer stammt; und es scheint möglich, daß er auch für die Termini »Katharsis« und »Abreaktion« zuständig war.

In seiner *Selbstdarstellung* (1925 *d*, etwa in der Mitte des Abschnitts II)[1] sagte Freud, die Meinungsverschiedenheiten hätten sich zumal auf die Hysterieätiologie bezogen und könnten als Gegensatz »›Hypnoidhysterie‹ gegen ›Ab-

---

[1] Freud kommt auch noch in anderen Werken auf die Periode seiner Zusammenarbeit mit Breuer und die *Studien* zurück, so u. a. in: *Über Psychoanalyse* (1910 *a*; s. insbesondere die beiden ersten Vorlesungen), ›Zur Geschichte der psychoanalytischen Bewegung‹ (1914 *d*), ›Das Unbewußte‹ (1915 *e*), *Jenseits des Lustprinzips* (1920 *g*), »»Psychoanalyse« und »Libidotheorie«« (1923 *a*), ›Kurzer Abriß der Psychoanalyse‹ (1924 *f*), Nachruf auf ›Josef Breuer‹ (1925 *g*).

wehrneurose‹ gekennzeichnet werden. »In der Frage, wann ein seelischer Ablauf pathogen, d. h. von der normalen Erledigung ausgeschlossen werde, bevorzugte Breuer eine sozusagen physiologische Theorie; er meinte, solche Vorgänge entzögen sich dem normalen Schicksal, die in außergewöhnlichen – hypnoiden – Seelenzuständen entstanden seien. ... Ich hingegen vermutete eher ein Kräftespiel, die Wirkung von Absichten und Tendenzen, wie sie im normalen Leben zu beobachten sind.« (Ibid.)[1] Aus den *Studien* selbst ist dieser Gegensatz wiederum nicht ohne weiteres ersichtlich; in der gemeinsam verfaßten ›Vorläufigen Mitteilung‹ (1895 d, S. 89 f., *Ta.*, S. 34 f.) werden beide ätiologischen Erklärungen gleichermaßen akzeptiert. Breuer legt in seinem theoretischen Kapitel offensichtlich mehr Gewicht auf die hypnoiden Zustände, aber er betont, obschon ein wenig halbherzig, auch die Bedeutung der »Abwehr«. Freud andererseits scheint den Begriff der »hypnoiden Zustände« in seiner Falldarstellung der »Katharina« gelten zu lassen – und, wenngleich nicht so eindeutig, auch in der Krankengeschichte von Fräulein Elisabeth. Erst in dem im vorliegenden Band abgedruckten letzten Kapitel wird seine Skepsis allmählich offenbar (s. unten, S. 79). In seiner Arbeit ›Zur Ätiologie der Hysterie‹, die ein Jahr nach den *Studien* erschien (1896 c), zeigt sie sich noch deutlicher, und in einer Fußnote zur Falldarstellung der »Dora« (1905 e) erklärt er den Terminus »hypnoide Zustände« für »überflüssig und irreleitend« (*Studienausgabe*, Bd. 6, S. 104, Anm. 2) und betont, er sei »der ausschließlichen Initiative Breuers entsprungen« (loc. cit.).

Aber die hauptsächliche Meinungsverschiedenheit zwischen den beiden Autoren, von Freud später beharrlich betont, betraf die Rolle sexueller Triebimpulse bei der Verursachung der Hysterie. Auch diese Differenz läßt sich in den *Studien* nicht so klar nachweisen, wie man es eigentlich erwarten würde. Freuds Überzeugung vom sexuellen Ursprung der Hysterie geht zwar deutlich aus seinem Psychotherapie-Kapitel (S. 51 ff.) hervor, freilich behauptet er, wie er es später tat, an keiner Stelle, daß in Fällen von Hysterie ausnahmslos eine sexuelle Ätiologie vorliege[2]. Andererseits betont Breuer in mehreren Passagen (vor allem 1895 d, *Ta.*, S. 264 ff.) in klaren Formulierungen, welch bedeutende Rolle der Sexualität in den Neurosen zukommt.

Allem Anschein nach müssen wir also zwischen den Zeilen lesen, wenn wir eine befriedigende Erklärung für die Auflösung dieser wissenschaftlichen Arbeitsgemeinschaft finden wollen. Freuds Briefe an Fließ zeigen Breuer als einen Mann bedeutender intellektueller Fähigkeiten, doch voller Zweifel und Vorbehalte. Ein extremes Beispiel dieser zaudernden Haltung findet sich in einem Brief vom 8. November 1895 (1950 a, Brief Nr. 35, S. 119), rund sechs Monate nach Veröffentlichung der *Studien*: »Unlängst im Doktorenkollegium hat Breuer

---

[1] Vgl. auch unten, S. 78–9.
[2] In der vierten der fünf Vorlesungen *Über Psychoanalyse* (1910 a) erklärt er sogar kategorisch, er selbst habe zur Zeit der Veröffentlichung der *Studien* noch nicht geglaubt, daß es so sei.

eine große Rede auf mich gehalten und sich als bekehrten Anhänger der sexuellen Ätiologie vorgestellt. Als ich ihm privatim dafür dankte, zerstörte er mir das Vergnügen, indem er sagte: ›Ich glaub' es ja doch nicht.‹ Verstehst Du das? Ich nicht.« Etwas davon können wir auch zwischen den Zeilen von Breuers Beiträgen zu den *Studien* herauslesen. So war es unvermeidlich, daß ihn die Vorahnung bevorstehender, noch wilderer Entdeckungen mehr und mehr ängstigte; und es war gleichfalls unvermeidlich, daß sich Freud durch das schwankende Benehmen seines Kampfgefährten zunehmend behindert und gereizt fühlte.

(2) Die Bedeutung der *Studien* für die Praxis
der Psychoanalyse

Gewöhnlich werden die *Studien über Hysterie* als der Beginn der Psychoanalyse bezeichnet. Es mag der Mühe wert sein, sich einmal kurz zu überlegen, ob und in welcher Hinsicht dies zutrifft. Dabei könnte man die Frage, welchen Einfluß dieses Buch auf die nachfolgende Entwicklung der Psychoanalyse tatsächlich gehabt hat – obgleich dies notwendigerweise etwas künstlich ist –, in zwei Teilfragen aufgliedern. Die erste würde lauten: In welchem Ausmaß und in welcher Weise haben die in den *Studien* beschriebenen technischen Verfahren sowie die klinischen Entdeckungen, zu denen sie führten, der Praxis der Psychoanalyse den Weg gebahnt? Die zweite: In welchem Umfang sind die hier vorgetragenen theoretischen Auffassungen in Freuds spätere Lehren übernommen worden? Hier soll nur der ersten [1] nachgegangen werden, da sie für die Thematik des vorliegenden Bandes von Bedeutung ist.

Selten wird die Tatsache hinreichend gewürdigt, daß die Erfindung des ersten Instruments zur wissenschaftlichen Erforschung menschlichen Seelenlebens vielleicht die allerbedeutendste unter Freuds Errungenschaften darstellt. Die Lektüre der *Studien* ist nicht zuletzt deshalb so fesselnd, weil sie uns in den Stand setzt, die ersten Schritte bei der Entwicklung dieses Instruments zu verfolgen. Was wir dabei erfahren, ist nicht einfach die Geschichte der Überwindung einer Kette von Hindernissen; es ist die Geschichte der *Entdeckung* einer Kette von Hindernissen, die es zu überwinden galt. Breuers Patientin Anna O. hat selbst das erste dieser Hindernisse aufgezeigt und überwunden – die für den hysterischen Patienten charakteristische Amnesie. Sobald einmal das Vorhandensein

---

[1] Zur zweiten vgl. James Stracheys ›Sigmund Freud – Eine Skizze seines Lebens und Denkens‹, *Studienausgabe*, Bd. 1, S. 10 und S. 13 ff.; ferner Freuds Vortrag ›Über den psychischen Mechanismus hysterischer Phänomene‹ (1893 *h*), *Studienausgabe*, Bd. 6, S. 13 ff., und die ›Editorische Vorbemerkung‹ dazu. Wie die in den *Studien* entwickelten frühen theoretischen Auffassungen im späteren Werk Freuds fortleben bzw. modifiziert wurden, kann der Leser am besten in *Jenseits des Lustprinzips* (1920 *g*), vor allem in den Kapiteln I, IV, V und VII, nachvollziehen.

dieser Amnesie ans Licht gebracht war, folgte daraus sofort die Einsicht, das manifeste Seelenleben des Patienten sei nicht das ganze, vielmehr verberge sich dahinter ein *unbewußtes* Seelenleben (1895 *d*, *Ta.*, S. 63 ff.). Es war also schon zu Anfang klar, daß die Aufgabe nicht nur in der Erforschung der *bewußten* psychischen Prozesse bestand, wofür ja die gewöhnlichen, im Alltagsleben gebräuchlichen Untersuchungsmethoden ausgereicht hätten. Wenn es darüber hinaus so etwas wie *unbewußte* psychische Vorgänge gab, so war für deren Durchleuchtung offensichtlich ein besonderes Instrument erforderlich. Augenscheinlich war die hypnotische Suggestion das für diesen Zweck geeignete Mittel – hypnotische Suggestion allerdings nicht mit dem Ziel, direkten therapeutischen Einfluß auszuüben, sondern in der Absicht, den Patienten dazu zu bewegen, Material aus dem unbewußten Seelenbereich freizugeben. Bei Anna O. war wohl nur eine flüchtige Anwendung dieses Instruments erforderlich. Sie produzierte Ströme von Material aus ihrem »Unbewußten«, und alles, was Breuer zu tun hatte, war, dazusitzen und zuzuhören, ohne sie zu unterbrechen. Und doch war das nicht so leicht, wie es klingen mag, und die Falldarstellung der Frau Emmy zeigt an vielen Stellen, wie schwer es Freud gefallen ist, sich an diese neuartige Verwendungsweise der hypnotischen Suggestion zu gewöhnen und allem, was der Patient zu sagen hatte, Aufmerksamkeit zu schenken, ohne jeglichen Versuch, sich einzumischen oder das Verfahren abzukürzen (vgl. 1895 *d*, z. B. S. 113, Anm., und S. 115, Anm., *Ta.*, S. 78, Anm., und S. 80 f., Anm. 2). Überdies waren nicht alle hysterischen Patienten so zugänglich wie Anna O.; die tiefe Hypnose, in die sie offensichtlich freiwillig zu fallen bereit war, ließ sich nicht bei jedermann ohne weiteres erreichen. Und hier tauchte ein zweites Hindernis auf: Freud berichtet uns, er sei im Hypnotisieren keineswegs ein Meister gewesen. An mehreren Stellen schildert er in den *Studien* (z. B. ibid., S. 165 ff., *Ta.*, S. 126 ff.), wie er diese Schwierigkeit zu umgehen lernte und schrittweise seine Versuche aufgab, überhaupt Hypnose zuwege zu bringen, sich vielmehr damit zufriedengab, seine Patienten, gelegentlich befördert durch Handauflegen auf die Stirn, in einen Zustand der »Konzentration« zu versetzen. Und es war gerade der Verzicht auf die Hypnose, der ihn nun zu einer weiteren Vertiefung seiner Einsicht in das Funktionieren psychischer Prozesse führte. Dadurch wurde nämlich ein anderes Hindernis allererst sichtbar – der »Widerstand«, den der Patient der Behandlung entgegenstellt (s. ibid., S. 219, *Ta.*, S. 173, und unten, S. 62 ff.), seine Abneigung, bei der eigenen Heilung mitzuarbeiten. Wie konnte man mit diesem Widerwillen umgehen? Sollte man ihn niederbrüllen oder wegsuggerieren? Oder sollte man ihn, wie andere psychische Phänomene auch, einfach erforschen? Freuds Entscheidung für den zweiten Weg führte ihn direkt in jenes noch nicht vermessene Land, mit dessen Erkundung er dann sein ganzes Leben zubringen sollte.

In den Jahren unmittelbar nach der Veröffentlichung der *Studien* verzichtete Freud mehr und mehr auf das Mittel gezielter Suggestion (vgl. die ›Editorische

Vorbemerkung‹ zur vorangehenden Arbeit, oben, S. 15–6) und fing an, sich zunehmend auf den Fluß der »freien Assoziationen« des Patienten zu verlassen. Damit öffnete sich der Weg zur Analyse der Träume. Die Traumanalyse ihrerseits ermöglichte es ihm, erstens Einblick in das Funktionieren des »Primärprozesses« zu gewinnen sowie die Art und Weise kennenzulernen, in der dieser die Produkte unseres leichter zugänglichen Denkens beeinflußt; damit kam ein neues technisches Instrument in seine Verfügung – die »Deutung«. Die Traumanalyse eröffnete ihm zweitens den Zugang zu seiner Selbstanalyse und in der Folge davon zur Entdeckung der infantilen Sexualität und des Ödipuskomplexes. All dies lag, von ein paar andeutenden Hinweisen abgesehen[1], bei Erscheinen der *Studien* noch vor Freud. Aber noch auf den letzten Seiten des Buches war er auf ein weiteres Hindernis auf seinem Forscherweg gestoßen – die »Übertragung« (s. unten, S. 93 ff.). Er hatte bereits einen flüchtigen Eindruck von ihrer Macht erhalten und vielleicht gar zu begreifen begonnen, daß sie sich nicht nur als Hindernis, sondern auch als ein weiteres Hauptinstrument der psychoanalytischen Behandlungstechnik erweisen würde.

---

[1] Vgl. beispielsweise die Bemerkungen über Träume in einer Anmerkung auf S. 122 f. der *G. W.*-Ausgabe der *Studien* (*Ta.*, S. 88) sowie einen Hinweis auf das Konzept der freien Assoziation auf S. 108, ibid. (*Ta.*, S. 74 f.).

Wir haben in der ›Vorläufigen Mitteilung‹[1] berichtet, daß sich uns während der Forschung nach der Ätiologie hysterischer Symptome auch eine therapeutische Methode ergeben hat, die wir für praktisch bedeutsam halten. *»Wir fanden nämlich, anfangs zu unserer größten Überraschung, daß die einzelnen hysterischen Symptome sogleich und ohne Wiederkehr verschwanden, wenn es gelungen war, die Erinnerung an den veranlassenden Vorgang zu voller Helligkeit zu erwecken, damit auch den begleitenden Affekt wachzurufen, und wenn dann der Kranke den Vorgang in möglichst ausführlicher Weise schilderte und dem Affekt Worte gab«* ([1895 d], S. 85 [*Ta.*, S. 30]).

Wir suchten uns ferner verständlich zu machen, auf welche Weise unsere psychotherapeutische Methode wirke: *»Sie hebt die Wirksamkeit der ursprünglich nicht abreagierten Vorstellung dadurch auf, daß sie dem eingeklemmten Affekte derselben den Ablauf durch die Rede gestattet, und bringt sie zur assoziativen Korrektur, indem sie dieselbe ins normale Bewußtsein zieht (in leichterer Hypnose) oder durch ärztliche Suggestion aufhebt, wie es im Somnambulismus mit Amnesie geschieht«* ([ibid.] S. 97 [*Ta.*, S. 40 f.]).

Ich will nun versuchen, im Zusammenhange darzutun, wie weit diese Methode trägt, um was sie mehr als andere leistet, mit welcher Technik und mit welchen Schwierigkeiten sie arbeitet, wenngleich das Wesentliche hierüber bereits in den voranstehenden Krankengeschichten enthalten ist und ich es nicht vermeiden kann, mich in dieser Darstellung zu wiederholen.

1

Ich darf auch für meinen Teil sagen, daß ich am Inhalte der ›Vorläufigen Mitteilung‹ festhalten kann; jedoch muß ich eingestehen, daß sich mir in den seither verflossenen Jahren – bei unausgesetzter Beschäfti-

---

[1] [1893 a, als erster Teil in den *Studien* (1895 d) abgedruckt.]

gung mit den dort berührten Problemen – neue Gesichtspunkte aufgedrängt haben, die eine wenigstens zum Teil andersartige Gruppierung und Auffassung des damals bekannten Materiales an Tatsachen zur Folge hatten. Es wäre unrecht, wenn ich versuchen wollte, meinem verehrten Freunde J. Breuer zuviel von der Verantwortlichkeit für diese Entwicklung aufzubürden. Die folgenden Ausführungen bringe ich daher vorwiegend im eigenen Namen.

Als ich versuchte, die Breuersche Methode der Heilung hysterischer Symptome durch Ausforschung und Abreagieren in der Hypnose an einer größeren Reihe von Kranken zu verwenden, stießen mir zwei Schwierigkeiten auf, in deren Verfolgung ich zu einer Abänderung der Technik wie der Auffassung gelangte. (1) Es waren nicht alle Personen hypnotisierbar, die unzweifelhaft hysterische Symptome zeigten und bei denen höchstwahrscheinlich derselbe psychische Mechanismus obwaltete; (2) ich mußte Stellung zu der Frage nehmen, was denn wesentlich die Hysterie charakterisiert und wodurch sich dieselbe gegen andere Neurosen abgrenzt.

Ich verschiebe es auf später mitzuteilen, wie ich die erstere Schwierigkeit bewältigt und was ich aus ihr gelernt habe. Ich gehe zunächst darauf ein, wie ich in der täglichen Praxis gegen das zweite Problem Stellung nahm. Es ist sehr schwierig, einen Fall von Neurose richtig zu durchschauen, ehe man ihn einer gründlichen Analyse unterzogen hat; einer Analyse, wie sie eben nur bei Anwendung der Breuerschen Methode resultiert. Die Entscheidung über Diagnose und Art der Therapie muß aber *vor* einer solchen gründlichen Kenntnis gefällt werden. Es blieb mir also nichts übrig, als solche Fälle für die kathartische Methode auszuwählen, die man vorläufig als Hysterie diagnostizieren konnte, die einzelne oder mehrere von den Stigmen oder charakteristischen Symptomen der Hysterie erkennen ließen. Dann ereignete es sich manchmal, daß die therapeutischen Ergebnisse trotz der Hysteriediagnose recht armselig ausfielen, daß selbst die Analyse nichts Bedeutsames zutage förderte. Andere Male versuchte ich Neurosen mit der Breuerschen Methode zu behandeln, die gewiß niemandem als Hysterie imponiert hätten, und ich fand, daß sie auf diese Weise zu beeinflussen, ja selbst zu lösen waren. So ging es mir z. B. mit den Zwangsvorstellungen, den echten Zwangsvorstellungen nach Westphalschem Muster[1], in Fällen,

---

[1] [C. F. O. Westphal (1877) hatte eine detaillierte deskriptive Klassifikation der Zwangsvorstellungen veröffentlicht.]

die nicht durch *einen* Zug an Hysterie erinnerten. Somit konnte der psychische Mechanismus, den die ›Vorläufige Mitteilung‹ aufgedeckt hatte, nicht für Hysterie pathognomonisch sein; ich konnte mich auch nicht entschließen, diesem Mechanismus zuliebe etwa soviel andere Neurosen in einen Topf mit der Hysterie zu werfen. Aus all den angeregten Zweifeln riß mich endlich der Plan, alle anderen in Frage kommenden Neurosen ähnlich wie die Hysterie zu behandeln, überall nach der Ätiologie und nach der Art des psychischen Mechanismus zu forschen und die Entscheidung über die Berechtigung der Hysteriediagnose von dem Ausfalle dieser Untersuchung abhängen zu lassen.

So gelangte ich, von der Breuerschen Methode ausgehend, dazu, mich mit der Ätiologie und dem Mechanismus der Neurosen überhaupt zu beschäftigen. Ich hatte dann das Glück, in verhältnismäßig kurzer Zeit bei brauchbaren Ergebnissen anzukommen[1]. Es drängte sich mir zunächst die Erkenntnis auf, daß, insofern man von einer Verursachung sprechen könne, durch welche Neurosen *erworben* würden, die Ätiologie in *sexuellen* Momenten zu suchen sei. Daran reihte sich der Befund, daß verschiedene sexuelle Momente, ganz allgemein genommen, auch verschiedene Bilder von neurotischen Erkrankungen erzeugen. Und nun konnte man, in dem Maße, als sich das letztere Verhältnis bestätigte, auch wagen, die Ätiologie zur Charakteristik der Neurosen zu verwerten und eine scharfe Scheidung der Krankheitsbilder der Neurosen aufzustellen. Trafen ätiologische Charaktere mit klinischen konstant zusammen, so war dies ja gerechtfertigt.

Auf diese Weise ergab sich mir, daß der *Neurasthenie* eigentlich ein monotones Krankheitsbild entspreche, in welchem, wie Analysen zeigten, ein »psychischer Mechanismus« keine Rolle spiele. Von der Neurasthenie trennte sich scharf ab die *Zwangsneurose*, die Neurose der echten Zwangsvorstellungen, für die sich ein komplizierter psychischer Mechanismus, eine der hysterischen ähnliche Ätiologie und eine weit-

---

[1] [Die Funde, über die Freud hier sowie in den drei folgenden Absätzen berichtet, hatte er bereits in seiner ersten Arbeit über ›Die Abwehr-Neuropsychosen‹ (1894 *a*) und in der ersten Abhandlung über Angstneurose (1895 *b*) veröffentlicht. – Beim Lesen der folgenden Passagen ist zu bedenken, daß Freud später noch eine weitere klinische Einheit abtrennte, der er den Namen »Angsthysterie« gab und die, obgleich Angst ihr hervorstechendes Charakteristikum war, auf einem nachweisbaren psychischen Mechanismus beruhte, darin der Konversionshysterie vergleichbar. Freuds erste ausführliche Diskussion der Angsthysterie findet sich in der Falldarstellung des »kleinen Hans« (1909 *b*), *Studienausgabe*, Bd. 8, S. 99–101. Die Unterscheidung zwischen »Angstneurose« und »Angsthysterie« wird sehr klar in der Abhandlung über »wilde« Psychoanalyse (1910 *k*, s. unten, S. 138 f.) herausgearbeitet.]

reichende Möglichkeit der Rückbildung durch Psychotherapie erkennen ließen. Anderseits schien es mir unbedenklich geboten, von der Neurasthenie einen neurotischen Symptomenkomplex abzusondern, der von einer ganz abweichenden, ja, im Grunde genommen gegensätzlichen Ätiologie abhängt, während die Teilsymptome dieses Komplexes durch einen schon von E. Hecker (1893) erkannten Charakter zusammengehalten werden. Sie sind nämlich entweder Symptome oder Äquivalente und Rudimente von *Angstäußerungen*, und ich habe darum diesen von der Neurasthenie abzutrennenden Komplex *Angstneurose* geheißen. Ich habe von ihm behauptet [1895 *b*], er käme durch die Anhäufung physischer Spannung zustande, die selbst wieder sexualer Herkunft ist; diese Neurose hat auch noch keinen psychischen Mechanismus, beeinflußt aber ganz regelmäßig das psychische Leben, so daß »ängstliche Erwartung«, Phobien, Hyperästhesie gegen Schmerzen u. a. zu ihren regelmäßigen Äußerungen gehören. Diese Angstneurose in meinem Sinne deckt sich gewiß teilweise mit der Neurose, die unter dem Namen »Hypochondrie« in so manchen Darstellungen neben Hysterie und Neurasthenie anerkannt wird; nur daß ich in keiner der vorliegenden Bearbeitungen die Abgrenzung dieser Neurose für die richtige halten kann und daß ich die Brauchbarkeit des Namens Hypochondrie durch dessen feste Beziehung auf das Symptom der »Krankheitsfurcht« beeinträchtigt finde[1].

Nachdem ich mir so die einfachen Bilder der Neurasthenie, der Angstneurose und der Zwangsvorstellungen fixiert hatte, ging ich an die Auffassung der gemeinhin vorkommenden Fälle von Neurosen heran, die bei der Diagnose Hysterie in Betracht kommen. Ich mußte mir jetzt sagen, daß es nicht angeht, eine Neurose im ganzen zur hysterischen zu stempeln, weil aus ihrem Symptomenkomplex einige hysterische Zeichen hervorleuchten. Ich konnte mir diese Übung sehr wohl erklären, da doch die Hysterie die älteste, die bestbekannte und die auffälligste der in Betracht kommenden Neurosen ist; aber es war doch ein Mißbrauch, derselbe, der auf die Rechnung der Hysterie so viele Züge von Perversion und Degeneration hatte setzen lassen. Sooft in einem komplizier-

---

[1] [Vgl. 1895 *d*, *Ta.*, S. 261. – Freud hatte sich bereits in Teil I seiner ersten Arbeit über Angstneurose (1895 *b*) mit den Beziehungen zwischen Hypochondrie, Neurasthenie und Angstneurose befaßt. Viel später, in seinem Schlußwort zur Onanie-Diskussion (1912 *f*), schlug er vor, die Hypochondrie, neben Neurasthenie und Angstneurose, als eine dritte »Aktualneurose« zu betrachten – also für sie eine toxische Ätiologie anzunehmen. Ausführlicher griff er diesen Gedanken nochmals in der Narzißmus-Arbeit (1914 *c*) auf (*Studienausgabe*, Bd. 3, S. 50 f.).]

ten Falle von psychischer Entartung ein hysterisches Anzeichen, eine Anästhesie, eine charakteristische Attacke zu entdecken war, hatte man das Ganze »Hysterie« genannt und konnte dann freilich das Ärgste und das Widersprechendste unter dieser Etikette vereinigt finden. So gewiß *diese* Diagnostik unrecht war, so gewiß durfte man auch nach der neurotischen Seite hin sondern, und da man Neurasthenie, Angstneurose u. dgl. im reinen Zustande kannte, brauchte man sie in der Kombination nicht mehr zu übersehen.

Es schien also folgende Auffassung die berechtigtere: Die gewöhnlich vorkommenden Neurosen sind meist als »gemischte« zu bezeichnen; von der Neurasthenie und der Angstneurose findet man ohne Mühe auch reine Formen, am ehesten bei jugendlichen Personen. Von Hysterie und Zwangsneurose sind reine Fälle selten, für gewöhnlich sind diese beiden Neurosen mit einer Angstneurose kombiniert. Dies so häufige Vorkommen von gemischten Neurosen rührt daher, daß deren ätiologische Momente sich so häufig vermengen; bald nur zufälligerweise, bald infolge von kausalen Beziehungen zwischen den Vorgängen, aus denen die ätiologischen Momente der Neurosen fließen. Dies läßt sich unschwer im einzelnen durchführen und erweisen; für die Hysterie folgt aber hieraus, daß es kaum möglich ist, sie für die Betrachtung aus dem Zusammenhange der Sexualneurosen zu reißen; daß sie in der Regel nur eine Seite, einen Aspekt des komplizierten neurotischen Falles darstellt und daß sie nur gleichsam im Grenzfalle als isolierte Neurose gefunden und behandelt werden kann. Man darf etwa in einer Reihe von Fällen sagen: *a potiori fit denominatio*[1].

Ich will die hier mitgeteilten Krankengeschichten daraufhin prüfen, ob sie meiner Auffassung von der klinischen Unselbständigkeit der Hysterie das Wort reden. Anna O., die Kranke Breuers[2], scheint dem zu widersprechen und eine rein hysterische Erkrankung zu erläutern. Allein dieser Fall, der so fruchtbar für die Erkenntnis der Hysterie geworden ist, wurde von seinem Beobachter gar nicht unter den Gesichtspunkt der Sexualneurose gebracht und ist heute einfach für diesen nicht zu verwerten. Als ich die zweite Kranke, Frau Emmy v. N., zu analysieren begann, lag mir die Erwartung einer Sexualneurose als Boden für die Hysterie ziemlich ferne; ich war frisch aus der Schule Charcots gekommen und betrachtete die Verknüpfung einer Hysterie mit dem Thema der Sexualität als eine Art von Schimpf – ähnlich wie die Patientinnen

---

[1] [D. h., daß sie nach ihrem wichtigsten Merkmal benannt wurden.]

[2] [S. 1895 *d*, *Ta.*, S. 42 ff.]

selbst es pflegen. Wenn ich heute meine Notizen über diesen Fall überblicke, ist es mir ganz unzweifelhaft, daß ich einen Fall einer schweren
Angstneurose mit ängstlicher Erwartung und Phobien anerkennen muß,
die aus der sexuellen Abstinenz stammte und sich mit Hysterie kombiniert hatte.

Fall 3, der Fall der Miß Lucy R., ist vielleicht am ehesten ein Grenzfall
von reiner Hysterie zu nennen, es ist eine kurze, episodisch verlaufende
Hysterie bei unverkennbar sexueller Ätiologie, wie sie einer Angstneurose entsprechen würde; ein überreifes, liebebedürftiges Mädchen,
dessen Neigung zu rasch durch ein Mißverständnis erweckt wird. Allein
die Angstneurose war nicht nachzuweisen oder ist mir entgangen. Fall 4,
Katharina, ist geradezu ein Vorbild dessen, was ich virginale Angst genannt habe[1]; es ist eine Kombination von Angstneurose und Hysterie;
die erstere schafft die Symptome, die letztere wiederholt sie und arbeitet
mit ihnen. Übrigens ein typischer Fall für so viele, »Hysterie« genannte,
jugendliche Neurosen. Fall 5, der des Fräuleins Elisabeth v. R., ist wiederum nicht als Sexualneurose erforscht; einen Verdacht, daß eine Spi-
nalneurasthenie die Grundlage gebildet habe, konnte ich nur äußern
und nicht bestätigen.[2] Ich muß aber hinzufügen, seither sind die reinen
Hysterien in meiner Erfahrung noch seltener geworden; wenn ich diese
vier Fälle als Hysterie zusammenstelle und bei ihrer Erörterung von
den für Sexualneurosen maßgebenden Gesichtspunkten absehen konnte,
so liegt der Grund darin, daß es ältere Fälle sind, bei denen ich die ab-
sichtliche und dringende Forschung nach der neurotischen sexualen
Unterlage noch nicht durchgeführt hatte. Und wenn ich anstatt dieser
vier Fälle nicht zwölf mitgeteilt habe, aus deren Analyse eine Bestätigung des von uns behaupteten psychischen Mechanismus hysterischer
Phänomene zu gewinnen ist, so nötigte mich zur Enthaltung nur der
Umstand, daß die Analyse diese Krankheitsfälle gleichzeitig als Sexualneurosen enthüllte, obwohl ihnen den »Namen« Hysterie gewiß kein
Diagnostiker verweigert hätte. Die Aufklärung solcher Sexualneurosen
überschreitet aber den Rahmen dieser unserer gemeinsamen Veröffentlichung.

Ich möchte nicht dahin mißverstanden werden, als ob ich die Hysterie
nicht als selbständige neurotische Affektion gelten lassen wollte, als er-

---

[1] [S. 1895*d*, S. 186, Anm. 1, *Ta.*, S. 145, Anm. – In der Ausgabe der *G. W.* sind die
Fälle mit Buchstaben gekennzeichnet, und zwar, da die Falldarstellung der Anna O.
fehlt, ›Frau Emmy v. N.‹ mit A, ›Miß Lucy R.‹ mit B, ›Katharina‹ mit C., ›Fräulein
Elisabeth v. R.‹ mit D.]

[2] [S. 1895*d*, S. 243, Anm., *Ta.*, S. 195, Anm.]

faßte ich sie bloß als psychische Äußerung der Angstneurose, als schriebe ich ihr bloß »ideogene« Symptome zu und zöge die somatischen Symptome (hysterogene Punkte, Anästhesien) zur Angstneurose hinüber. Nichts von alledem; ich meine, man kann in jeder Hinsicht die von allen Beimengungen gereinigte Hysterie selbständig abhandeln, nur nicht in Hinsicht der Therapie. Denn bei der Therapie handelt es sich um praktische Ziele, um die Beseitigung des gesamten leidenden Zustandes, und wenn die Hysterie zumeist als Komponente einer gemischten Neurose vorkommt, so liegt der Fall wohl ähnlich wie bei den Mischinfektionen, wo die Erhaltung des Lebens sich als Aufgabe stellt, die nicht mit der Bekämpfung der Wirkung des einen Krankheitserregers zusammenfällt.

Es ist mir darum so wichtig, den Anteil der Hysterie an den Bildern der gemischten Neurosen von dem der Neurasthenie, Angstneurose usw. zu sondern, weil ich nach dieser Trennung einen knappen Ausdruck für den therapeutischen Wert der kathartischen Methode geben kann. Ich möchte mich nämlich der Behauptung getrauen, daß sie – prinzipiell – sehr wohl imstande ist, jedes beliebige hysterische Symptom zu beseitigen, während sie, wie leicht ersichtlich, völlig machtlos ist gegen Phänomene der Neurasthenie und nur selten und auf Umwegen die psychischen Folgen der Angstneurose beeinflußt. Ihre therapeutische Wirksamkeit wird also im einzelnen Falle davon abhängen, ob die hysterische Komponente des Krankheitsbildes eine praktisch bedeutsame Stelle im Vergleich zu den anderen neurotischen Komponenten beanspruchen darf oder nicht.

Auch eine zweite Schranke ist der Wirksamkeit der kathartischen Methode gesetzt, auf welche wir bereits in der ›Vorläufigen Mitteilung‹[1] hingewiesen haben. Sie beeinflußt nicht die kausalen Bedingungen der Hysterie, kann also nicht verhindern, daß an der Stelle der beseitigten Symptome neue entstehen. Im ganzen also muß ich für unsere therapeutische Methode einen hervorragenden Platz innerhalb des Rahmens einer Therapie der Neurosen beanspruchen, möchte aber davon abraten, sie außerhalb dieses Zusammenhanges zu würdigen oder in Anwendung zu ziehen. Da ich an dieser Stelle eine »Therapie der Neurosen«, wie sie dem ausübenden Arzte vonnöten wäre, nicht geben kann, stellen sich die vorstehenden Äußerungen einer aufschiebenden Verweisung auf etwaige spätere Mitteilungen gleich; doch meine ich, zur Ausführung und Erläuterung noch folgende Bemerkungen anschließen zu können:

---

[1] [Ibid., S. 97, *Ta.*, S. 41.]

(1) Ich behaupte nicht, daß ich sämtliche hysterische Symptome, die ich mit der kathartischen Methode zu beeinflussen übernahm, auch wirklich beseitigt habe. Aber ich meine, die Hindernisse lagen an persönlichen Umständen der Fälle und waren nicht prinzipieller Natur. Ich darf diese Fälle von Mißglücken bei einer Urteilsfällung außer Betracht lassen, wie der Chirurg Fälle von Tod in der Narkose, durch Nachblutung, zufällige Sepsis u. dgl. bei der Entscheidung über eine neue Technik beiseite schiebt. Wenn ich später von den Schwierigkeiten und Übelständen des Verfahrens handeln werde, sollen die Mißerfolge solcher Herkunft nochmals gewürdigt werden [unten, S. 93].

(2) Die kathartische Methode wird darum nicht wertlos, weil sie eine *symptomatische* und keine *kausale* ist. Denn eine kausale Therapie ist eigentlich zumeist nur eine prophylaktische, sie sistiert die weitere Einwirkung der Schädlichkeit, beseitigt aber damit nicht notwendig, was die Schädlichkeit bisher an Produkten ergeben hat. Es bedarf in der Regel noch einer zweiten Aktion, welche die letztere Aufgabe löst, und für diesen Zweck ist im Falle der Hysterie die kathartische Methode geradezu unübertrefflich brauchbar.

(3) Wo eine Periode hysterischer Produktion, ein akuter hysterischer Paroxysmus, überwunden ist und nur noch die hysterischen Symptome als Resterscheinungen erübrigen, da genügt die kathartische Methode allen Indikationen und erzielt volle und dauernde Erfolge. Eine solche günstige Konstellation für die Therapie ergibt sich nicht selten gerade auf dem Gebiete des Geschlechtslebens, infolge der großen Schwankungen in der Intensität des sexuellen Bedürfnisses und der Komplikation der für ein sexuelles Trauma erforderten Bedingungen. Hier leistet die kathartische Methode alles, was man ihr zur Aufgabe stellen kann, denn der Arzt kann sich nicht vorsetzen wollen, eine Konstitution wie die hysterische zu ändern; er muß sich damit bescheiden, wenn er das Leiden beseitigt, zu dem eine solche Konstitution geneigt ist und das unter Mithilfe äußerer Bedingungen aus ihr entspringen kann. Er wird zufrieden sein, wenn die Kranke wieder leistungsfähig geworden ist. Übrigens entbehrt er auch eines Trostes für die Zukunft nicht, wenn er die Möglichkeit der Rezidive in Betracht zieht. Er kennt den Hauptcharakter in der Ätiologie der Neurosen, daß deren Entstehung zumeist *überdeterminiert*[1] ist, daß mehrere Momente zu dieser Wirkung zusam-

---

[1] [Die erste veröffentlichte Verwendung des Freudschen Ausdrucks »überdeterminiert« findet sich in Breuers Beitrag ›Theoretisches‹ (s. 1895 *d*, *Ta.*, S. 230). Auf der Seite oben wird er zum erstenmal von Freud in einer Publikation benutzt. Weiter unten, S. 83,

mentreten müssen; er darf hoffen, daß dieses Zusammentreffen nicht sobald wieder statthaben wird, wenn auch einzelne der ätiologischen Momente in Wirksamkeit geblieben sind.

Man könnte einwenden, daß in solchen abgelaufenen Fällen von Hysterie die restierenden Symptome ohnedies spontan vergehen; allein hierauf darf man antworten, daß solche Spontanheilung sehr häufig weder rasch noch vollständig genug abläuft und daß sie durch das Eingreifen der Therapie außerordentlich gefördert werden kann. Ob man mit der kathartischen Therapie nur das heilt, was der Spontanheilung fähig ist, oder gelegentlich auch anderes, was sich spontan nicht gelöst hätte, das darf man für jetzt gerne ungeschlichtet lassen.

(4) Wo man auf eine akute Hysterie gestoßen ist, einen Fall in der Periode lebhaftester Produktion von hysterischen Symptomen und konsekutiver Überwältigung des Ich[1] durch die Krankheitsprodukte (hysterische Psychose), da wird auch die kathartische Methode am Eindrucke und Verlaufe des Krankheitsfalles wenig ändern. Man befindet sich dann wohl in derselben Stellung gegen die Neurose, welche der Arzt gegen eine akute Infektionskrankheit einnimmt. Die ätiologischen Momente haben zu einer verflossenen, jetzt der Beeinflussung entzogenen Zeit ihre Wirkung in genügendem Ausmaße geübt, nun werden dieselben nach Überwindung des Inkubationsintervalls manifest; die Affektion läßt sich nicht abbrechen; man muß ihren Ablauf abwarten und unterdes die günstigsten Bedingungen für den Kranken herstellen. Beseitigt man nun während einer solchen akuten Periode die Krankheitsprodukte, die neu entstandenen hysterischen Symptome, so darf man sich darauf gefaßt machen, daß die beseitigten alsbald durch neue ersetzt werden. Der verstimmende Eindruck einer Danaidenarbeit, einer »Mohrenwäsche« wird dem Arzte nicht erspart bleiben, der riesige Aufwand von Mühe, die Unbefriedigung der Angehörigen, denen die Vorstellung der notwendigen Zeitdauer einer akuten Neurose kaum so vertraut sein wird wie im analogen Falle einer akuten Infektionskrankheit, dies und anderes wird wahrscheinlich die konsequente Anwendung

---

verwendet er auch das Synonym »überbestimmt«, ein Wort, das sich schon in seiner Monographie über die Aphasie (1891 *b*, S. 76) in einer Passage über Sprechenlernen findet. Es ist freilich unwahrscheinlich, daß der Gedanke einer mehrfachen Verursachung nicht auch schon früher von anderen Autoren in ähnlicher Terminologie sollte ausgedrückt worden sein.]

[1] [Der Gedanke einer »Überwältigung des Ich« taucht viel später in Freuds Schriften wieder auf. Vgl. Kapitel V von *Das Ich und das Es* (1923 *b*), *Studienausgabe*, Bd. 3, S. 323 und Anm. 3.]

der kathartischen Methode im angenommenen Falle meist unmöglich machen. Doch bleibt es sehr in Erwägung zu ziehen, ob nicht auch bei einer akuten Hysterie die jedesmalige Beseitigung der Krankheitsprodukte einen heilenden Einfluß übt, indem sie das mit der Abwehr beschäftigte normale Ich des Kranken unterstützt und es vor der Überwältigung, vor dem Verfalle in Psychose, vielleicht in endgültige Verworrenheit bewahrt.

Was die kathartische Methode auch bei akuter Hysterie zu leisten vermag und daß sie selbst die Neuproduktion an krankhaften Symptomen in praktisch bemerkbarer Weise einschränkt, das erhellt wohl unzweifelhaft aus der Geschichte der Anna O . . ., an welcher Breuer dies psychotherapeutische Verfahren zuerst ausüben lernte.

(5) Wo es sich um chronisch verlaufende Hysterien mit mäßiger, aber unausgesetzter Produktion von hysterischen Symptomen handelt, da lernt man wohl den Mangel einer kausal wirksamen Therapie am stärksten bedauern, aber auch die Bedeutung des kathartischen Verfahrens als symptomatische Therapie am meisten schätzen. Dann hat man es mit der Schädigung durch eine chronisch fortwirkende Ätiologie zu tun; es kommt alles darauf an, das Nervensystem des Kranken in seiner Resistenzfähigkeit zu kräftigen, und man muß sich sagen, die Existenz eines hysterischen Symptoms bedeute für dieses Nervensystem eine Schwächung seiner Resistenz und stelle ein zur Hysterie disponierendes Moment dar. Wie aus dem Mechanismus der monosymptomatischen Hysterie hervorgeht, bildet sich ein neues hysterisches Symptom am leichtesten im Anschlusse und nach Analogie eines bereits vorhandenen; die Stelle, wo es bereits einmal »durchgeschlagen« hat[1], stellt einen schwachen Punkt dar, an welchem es auch das nächste Mal durchschlagen wird; die einmal abgespaltene psychische Gruppe spielt die Rolle des provozierenden Kristalls, von dem mit großer Leichtigkeit eine sonst unterbliebene Kristallisation ausgeht[2]. Die bereits vorhandenen Symptome beseitigen, die ihnen zugrunde liegenden psychischen Veränderungen aufheben, heißt den Kranken das volle Maß ihrer Resistenzfähigkeit wiedergeben, mit dem sie erfolgreich der Einwirkung der Schädlichkeit widerstehen können. Man kann solchen Kranken durch länger fort-

---

[1] [*Zusatz 1925:*] Vgl. Breuers in diese Gesamtausgabe [*G. S.* bzw. *G. W.*] nicht aufgenommene Arbeit ›Theoretisches‹ in der Originalausgabe der *Studien über Hysterie* von J. Breuer und Sigm. Freud, S. 177 [1895 *d*, *Ta.*, S. 221; seit 1987 im *G. W.*-Nachtragsband, S. 261 f.].
[2] [S. 1895 *d*, S. 182, *Ta.*, S. 142.]

gesetzte Überwachung und zeitweiliges »*chimney sweeping*«[1] sehr viel leisten.

(6) Ich hätte noch des scheinbaren Widerspruchs zu gedenken, der sich zwischen dem Zugeständnisse, daß nicht alle hysterischen Symptome psychogen seien, und der Behauptung, daß man sie alle durch ein psychotherapeutisches Verfahren beseitigen könne, erhebt. Die Lösung liegt darin, daß ein Teil dieser nicht psychogenen Symptome zwar Krankheitszeichen darstellt, aber nicht als Leiden bezeichnet werden darf, so die Stigmata; es macht sich also praktisch nicht bemerkbar, wenn sie die therapeutische Erledigung des Krankheitsfalles überdauern. Für andere solche Symptome scheint zu gelten, daß sie auf irgendeinem Umwege von den psychogenen Symptomen mitgerissen werden, wie sie ja wohl auch auf irgendeinem Umwege doch von psychischer Verursachung abhängen.

Ich habe nun der Schwierigkeiten und Übelstände unseres therapeutischen Verfahrens zu gedenken, soweit diese nicht aus den vorstehenden Krankengeschichten oder aus den folgenden Bemerkungen über die Technik der Methode jedermann einleuchten können. – Ich will mehr aufzählen und andeuten als ausführen: Das Verfahren ist mühselig und zeitraubend für den Arzt, es setzt ein großes Interesse für psychologische Vorkommnisse und doch auch persönliche Teilnahme für den Kranken bei ihm voraus. Ich könnte mir nicht vorstellen, daß ich es zustande brächte, mich in den psychischen Mechanismus einer Hysterie bei einer Person zu vertiefen, die mir gemein und widerwärtig vorkäme, die nicht bei näherer Bekanntschaft imstande wäre, menschliche Sympathie zu erwecken, während ich doch die Behandlung eines Tabikers oder Rheumatikers unabhängig von solchem persönlichen Wohlgefallen halten kann. Nicht mindere Bedingungen werden von seiten der Kranken erfordert. Unterhalb eines gewissen Niveaus von Intelligenz ist das Verfahren überhaupt nicht anwendbar, durch jede Beimengung von Schwachsinn wird es außerordentlich erschwert. Man braucht die volle Einwilligung, die volle Aufmerksamkeit der Kranken, vor allem aber ihr Zutrauen, da die Analyse regelmäßig auf die intimsten und geheimstgehaltenen psychischen Vorgänge führt. Ein guter Teil der Kranken,

---

[1] [*Zusatz 1925:*] Vgl. Breuers in diese Gesamtausgabe [*G. S.* bzw. *G. W.*] nicht aufgenommene Krankengeschichte ›Frl. Anna O...‹ in der Originalausgabe der *Studien über Hysterie*, S. 23. [1895 *d, Ta.*, S. 50; *G. W.*, Nachtr. (1987), S. 229. – Anna O. nannte die Prozedur des Sichaussprechens »*talking cure*« (Redekur) oder, humoristisch, »*chimney sweeping*« (Kaminfegen).]

die für solche Behandlung geeignet wären, entzieht sich dem Arzte, sobald ihnen die Ahnung aufdämmert, nach welcher Richtung sich dessen Forschung bewegen wird. Für diese ist der Arzt ein Fremder geblieben. Bei anderen, die sich entschlossen haben, sich dem Arzte zu überliefern und ihm ein Vertrauen einzuräumen, wie es sonst nur freiwillig gewährt, aber nie gefordert wird, bei diesen anderen, sage ich, ist es kaum zu vermeiden, daß nicht die persönliche Beziehung zum Arzte sich wenigstens eine Zeitlang ungebührlich in den Vordergrund drängt; ja, es scheint, als ob eine solche Einwirkung des Arztes die Bedingung sei, unter welcher die Lösung des Problems allein gestattet ist[1]. Ich meine nicht, daß es an diesem Sachverhalt etwas Wesentliches ändert, ob man sich der Hypnose bedienen konnte oder dieselbe umgehen und ersetzen mußte. Nur fordert die Billigkeit hervorzuheben, daß diese Übelstände, obwohl unzertrennlich von unserem Verfahren, doch nicht diesem zur Last gelegt werden können. Es ist vielmehr recht einsichtlich, daß sie in den Vorbedingungen der Neurosen, die geheilt werden sollen, begründet sind und daß sie sich an jede ärztliche Tätigkeit heften werden, die mit einer intensiven Bekümmerung um den Kranken einhergeht und eine psychische Veränderung in ihm herbeiführt. Auf die Anwendung der Hypnose konnte ich keinen Schaden und keine Gefahr zurückführen, so ausgiebigen Gebrauch ich auch in einzelnen Fällen von diesem Mittel machte. Wo ich Schaden angestiftet habe, lagen die Gründe anders und tiefer. Überblicke ich die therapeutischen Bemühungen dieser Jahre, seitdem mir die Mitteilungen meines verehrten Lehrers und Freundes J. Breuer die kathartische Methode in die Hand gegeben haben, so meine ich, ich habe weit mehr und häufiger als geschadet doch genützt und manches zustande gebracht, wozu sonst kein therapeutisches Mittel gereicht hätte. Es war im ganzen, wie es die ›Vorläufige Mitteilung‹ ausdrückt, »ein bedeutender therapeutischer Gewinn«[2].

Noch einen Gewinn bei Anwendung dieses Verfahrens muß ich hervorheben. Ich weiß mir einen schweren Fall von komplizierter Neurose mit viel oder wenig Beimengung von Hysterie nicht besser zurechtzulegen, als indem ich ihn einer Analyse mit der Breuerschen Methode unterziehe. Dabei geht zunächst weg, was den hysterischen Mechanismus zeigt; den Rest von Erscheinungen habe ich unterdes bei dieser Analyse deuten und auf die Ätiologie zurückführen gelernt und habe so die Anhaltspunkte dafür gewonnen, was von dem Rüstzeuge der Neurosen-

---

[1] [Dieses Thema wird weiter unten, S. 93 ff., noch ausführlicher erörtert.]
[2] [S. 1895 *d*, S. 97, *Ta.*, S. 41.]

therapie im betreffenden Falle angezeigt ist. Wenn ich an die gewöhnliche Verschiedenheit zwischen meinem Urteile über einen Fall von Neurose *vor* und *nach* einer solchen Analyse denke, gerate ich fast in Versuchung, diese Analyse für unentbehrlich zur Kenntnis einer neurotischen Erkrankung zu halten. Ich habe mich ferner daran gewöhnt, die Anwendung der kathartischen Psychotherapie mit einer Liegekur zu verbinden, die nach Bedürfnis zur vollen Weir Mitchellschen Mastkur ausgestaltet wird. Ich habe dabei den Vorteil, daß ich so einerseits die während einer Psychotherapie sehr störende Einmengung neuer psychischer Eindrücke vermeide, anderseits die Langweile der Mastkur, in der die Kranken nicht selten in ein schädliches Träumen verfallen, ausschließe. Man sollte erwarten, daß die oft sehr erhebliche psychische Arbeit, die man während einer kathartischen Kur den Kranken aufbürdet, die Erregungen infolge der Reproduktion traumatischer Erlebnisse, dem Sinne der Weir Mitchellschen *Ruhekur* zuwiderliefe und die Erfolge verhinderte, die man von ihr zu sehen gewohnt ist. Allein das Gegenteil trifft zu; man erreicht durch solche Kombinationen der Breuerschen mit der Weir Mitchellschen Therapie alle körperliche Aufbesserung, die man von letzterer erwartet, und so weitgehende psychische Beeinflussung, wie sie ohne Psychotherapie bei der Ruhekur niemals zustande kommt[1].

2

Ich knüpfe nun an meine früheren Bemerkungen [oben, S. 50] an, bei meinen Versuchen, die Breuersche Methode im größeren Umfange anzuwenden, sei ich an die Schwierigkeit geraten, daß eine Anzahl von Kranken nicht in Hypnose zu versetzen war, obwohl die Diagnose auf Hysterie lautete und die Wahrscheinlichkeit für die Geltung des von uns beschriebenen psychischen Mechanismus sprach. Ich bedurfte ja der Hypnose zur Erweiterung des Gedächtnisses, um die im gewöhnlichen Bewußtsein nicht vorhandenen pathogenen Erinnerungen zu finden, mußte also entweder auf solche Kranke verzichten oder diese Erweiterung auf andere Weise zu erreichen suchen.

Woran es liegt, daß der eine hypnotisierbar ist, der andere nicht, das wußte ich mir ebensowenig wie andere zu deuten, konnte also einen

---

[1] [Weir Mitchells Buch (1877) war, anläßlich seiner Veröffentlichung in deutscher Übersetzung, von Freud wohlwollend rezensiert worden (vgl. Freud 1887 *b*).]

kausalen Weg zur Beseitigung der Schwierigkeit nicht einschlagen. Ich merkte nur, daß bei manchen Patienten das Hindernis noch weiter zurücklag; sie weigerten sich bereits des Versuches zur Hypnose. Ich kam dann einmal auf den Einfall, daß beide Fälle identisch sein mögen und beide ein Nichtwollen bedeuten können. Nicht hypnotisierbar sei derjenige, der ein psychisches Bedenken gegen die Hypnose hat, gleichgültig, ob er es als Nichtwollen äußert oder nicht. Ich bin mir nicht klargeworden, ob ich diese Auffassung festhalten darf.

Es galt aber, die Hypnose zu umgehen und doch die pathogenen Erinnerungen zu gewinnen. Dazu gelangte ich auf folgende Weise:

Wenn ich bei der ersten Zusammenkunft meine Patienten fragte, ob sie sich an den ersten Anlaß des betreffenden Symptoms erinnerten, so sagten die einen, sie wüßten nichts, die anderen brachten irgend etwas bei, was sie als eine dunkle Erinnerung bezeichneten und nicht weiterverfolgen konnten. Wenn ich nun nach dem Beispiele von Bernheim bei der Erweckung der angeblich vergessenen Eindrücke aus dem Somnambulismus dringlich wurde, beiden versicherte, sie wüßten es, sie würden sich besinnen usw. (vgl. [1895 *d*] S. 167 f. [*Ta.*, S. 128 f.]), so fiel den einen doch etwas ein, und bei anderen griff die Erinnerung um ein Stück weiter. Nun wurde ich noch dringender, hieß die Kranken sich niederlegen und die Augen willkürlich schließen, um sich zu »konzentrieren«, was wenigstens eine gewisse Ähnlichkeit mit der Hypnose ergab, und machte da die Erfahrung, daß ohne alle Hypnose neue und weiter zurückreichende Erinnerungen auftauchten, die wahrscheinlich zu unserem Thema gehörten. Durch solche Erfahrungen gewann ich den Eindruck, es würde in der Tat möglich sein, die doch sicherlich vorhandenen pathogenen Vorstellungsreihen durch bloßes Drängen zum Vorschein zu bringen, und da dieses Drängen mich Anstrengung kostete und mir die Deutung nahelegte, ich hätte einen Widerstand zu überwinden, so setzte sich mir der Sachverhalt ohneweiters in die Theorie um, daß *ich durch meine psychische Arbeit eine psychische Kraft bei dem Patienten zu überwinden habe, die sich dem Bewußtwerden (Erinnern) der pathogenen Vorstellungen widersetze.* Ein neues Verständnis schien sich mir nun zu eröffnen, als mir einfiel, dies dürfte wohl dieselbe psychische Kraft sein, die bei der Entstehung des hysterischen Symptoms mitgewirkt und damals das Bewußtwerden der pathogenen Vorstellung verhindert habe. Was für Kraft war da wohl als wirksam anzunehmen, und welches Motiv konnte sie zur Wirkung gebracht haben? Ich konnte mir leicht eine Meinung hierüber bilden; es standen mir ja bereits einige vollendete

Analysen zu Gebote, in denen ich Beispiele von pathogenen, vergessenen und außer Bewußtsein gebrachten Vorstellungen kennengelernt hatte. Aus diesen ersah ich einen allgemeinen Charakter solcher Vorstellungen; sie waren sämtlich peinlicher Natur, geeignet, die Affekte der Scham, des Vorwurfes, des psychischen Schmerzes, die Empfindung der Beeinträchtigung hervorzurufen, sämtlich von der Art, wie man sie gerne nicht erlebt haben möchte, wie man sie am liebsten vergißt. Aus alledem ergab sich wie von selbst der Gedanke der *Abwehr*. Es wird ja von den Psychologen allgemein zugegeben, daß die Annahme einer neuen Vorstellung (Annahme im Sinne des Glaubens, des Zuerkennens von Realität) von der Art und Richtung der bereits im Ich vereinigten Vorstellungen abhängt, und sie haben für den Vorgang der Zensur[1], dem die neu anlangende unterliegt, besondere technische Namen geschaffen. An das Ich des Kranken war eine Vorstellung herangetreten, die sich als unverträglich erwies, die eine Kraft der Abstoßung von seiten des Ich wachrief, deren Zweck die *Abwehr* dieser unverträglichen Vorstellung war. Diese Abwehr gelang tatsächlich, die betreffende Vorstellung war aus dem Bewußtsein und aus der Erinnerung gedrängt, ihre psychische Spur war anscheinend nicht aufzufinden. Doch mußte diese Spur vorhanden sein. Wenn ich mich bemühte, die Aufmerksamkeit auf sie zu lenken, bekam ich dieselbe Kraft als *Widerstand* zu spüren, die sich bei der Genese des Symptoms als *Abstoßung* gezeigt hatte. Wenn ich nun wahrscheinlich machen konnte, daß die Vorstellung gerade infolge der Ausstoßung und Verdrängung pathogen geworden war, so schien die Kette geschlossen. Ich habe in mehreren Epikrisen unserer Krankengeschichten und in einer kleinen Arbeit über die Abwehrneuropsychosen (1894 [*a*]) versucht, die psychologischen Hypothesen anzudeuten, mit deren Hilfe man auch diesen Zusammenhang – die Tatsache der *Konversion* – anschaulich machen kann.

Also eine psychische Kraft, die Abneigung des Ich, hatte ursprünglich die pathogene Vorstellung aus der Assoziation gedrängt und widersetzte sich jetzt[2] ihrer Wiederkehr in der Erinnerung. Das Nichtwissen der Hysterischen war also eigentlich ein – mehr oder minder bewußtes – Nichtwissenwollen, und die Aufgabe des Therapeuten bestand darin, diesen *Assoziationswiderstand* durch psychische Arbeit zu überwinden. Solche Leistung erfolgt zuerst durch »Drängen«, Anwendung eines psy-

---

[1] [Dies scheint Freuds erste veröffentlichte Verwendung des Terminus zu sein.]
[2] [»Jetzt« steht bislang nur in der Erstausgabe. Das Wort fehlt, wohl versehentlich, in allen späteren Editionen.]

chischen Zwanges, um die Aufmerksamkeit der Kranken auf die gesuchten Vorstellungsspuren zu lenken. Sie ist aber damit nicht erschöpft, sondern nimmt, wie ich zeigen werde, im Verlaufe einer Analyse andere Formen an und ruft weitere psychische Kräfte zur Hilfe.

Ich verweile zunächst noch beim Drängen. Mit dem einfachen Versichern: »Sie wissen es ja, sagen Sie es doch, es wird Ihnen gleich einfallen«, kommt man noch nicht sehr weit. Nach wenigen Sätzen reißt auch bei dem in der »Konzentration« befindlichen Kranken der Faden ab. Man darf aber nicht vergessen, daß es sich hier überall um quantitative Vergleichung, um den Kampf zwischen verschieden starken oder intensiven Motiven handelt. Dem »Assoziationswiderstande« bei einer ernsthaften Hysterie ist das Drängen des fremden und der Sache unkundigen Arztes an Macht nicht gewachsen. Man muß auf kräftigere Mittel sinnen.

Da bediene ich mich denn zunächst eines kleinen technischen Kunstgriffes[1]. Ich teile dem Kranken mit, daß ich im nächsten Momente einen Druck auf seine Stirne ausüben werde, versichere ihm, daß er während dieses ganzen Druckes eine Erinnerung als Bild vor sich sehen oder als Einfall in Gedanken haben werde, und verpflichte ihn dazu, dieses Bild oder diesen Einfall mir mitzuteilen, was immer das sein möge. Er dürfe es nicht für sich behalten, weil er etwa meine, es sei nicht das Gesuchte, das Richtige, oder weil es ihm zu unangenehm sei, es zu sagen. Keine Kritik, keine Zurückhaltung, weder aus Affekt noch aus Geringschätzung! Nur so könnten wir das Gesuchte finden, so fänden wir es aber unfehlbar. Dann drücke ich für ein paar Sekunden auf die Stirn des vor mir liegenden Kranken, lasse sie frei und frage ruhigen Tones, als ob eine Enttäuschung ausgeschlossen wäre: »Was haben Sie gesehen?« oder: »Was ist Ihnen eingefallen?«

Dieses Verfahren hat mich viel gelehrt und auch jedesmal zum Ziele geführt; ich kann es heute nicht mehr entbehren. Ich weiß natürlich, daß ich solchen Druck auf die Stirne durch irgendein anderes Signal oder eine andere körperliche Beeinflussung des Kranken ersetzen könnte, aber wie der Kranke vor mir liegt, ergibt sich der Druck auf die Stirne oder das Fassen seines Kopfes zwischen meinen beiden Händen als das Suggestivste und Bequemste, was ich zu diesem Zwecke vornehmen kann. Zur Erklärung der Wirksamkeit dieses Kunstgriffes könnte ich etwa sagen, er entspreche einer »momentan verstärkten Hypnose«,

---

[1] [Vgl. auch 1895 d, S. 167 f., Ta., S. 128 f.]

allein der Mechanismus der Hypnose ist mir so rätselhaft, daß ich mich zur Erläuterung nicht auf ihn beziehen möchte. Ich meine eher, der Vorteil des Verfahrens liege darin, daß ich hiedurch die Aufmerksamkeit des Kranken von seinem bewußten Suchen und Nachdenken, kurz von alledem, woran sich sein Wille äußern kann, dissoziiere, ähnlich wie es sich wohl beim Starren in eine kristallene Kugel u. dgl. vollzieht[1]. Die Lehre aber, die ich daraus ziehe, daß sich unter dem Drucke meiner Hand jedesmal das einstellt, was ich suche, die lautet: die angeblich vergessene pathogene Vorstellung liege jedesmal »in der Nähe« bereit, sei durch leicht zugängliche Assoziationen erreichbar; es handle sich nur darum, irgendein Hindernis wegzuräumen. Dieses Hindernis scheint wieder der Wille der Person zu sein, und verschiedene Personen lernen es verschieden leicht, sich ihrer Absichtlichkeit zu entäußern und sich vollkommen objektiv beobachtend gegen die psychischen Vorgänge in ihnen zu verhalten[2].

Es ist nicht immer eine »vergessene« Erinnerung, die unter dem Drucke der Hand auftaucht; in den seltensten Fällen liegen die eigentlich pathogenen Erinnerungen so oberflächlich auffindbar. Weit häufiger taucht eine Vorstellung auf, die ein Mittelglied zwischen der Ausgangsvorstellung und der gesuchten pathogenen in der Assoziationskette ist, oder eine Vorstellung, die den Ausgangspunkt einer neuen Reihe von Gedanken und Erinnerungen bildet, an deren Ende die pathogene Vorstellung steht. Der Druck hat dann zwar nicht die pathogene Vorstellung enthüllt – die übrigens ohne Vorbereitung, aus dem Zusammenhange gerissen, unverständlich wäre –, aber er hat den Weg zu ihr gezeigt, die Richtung angegeben, nach welcher die Forschung fortzuschreiten hat. Die durch den Druck zunächst geweckte Vorstellung kann dabei einer wohlbekannten, niemals verdrängten Erinnerung entsprechen. Wo auf dem Wege zur pathogenen Vorstellung der Zusammenhang wieder abreißt, da bedarf es nur einer Wiederholung der Prozedur, des Druckes, um neue Orientierung und Anknüpfung zu schaffen.

In noch anderen Fällen weckt man durch den Druck der Hand eine Er-

---

[1] [Die Rolle, welche die Ablenkung der bewußten Aufmerksamkeit in der Technik der Hypnose spielt, ist von Freud viele Jahre später in Kapitel X von *Massenpsychologie und Ich-Analyse* (1921 c), *Studienausgabe*, Bd. 9, S. 117 f., erörtert worden. Daß dieser Mechanismus auch in der Witztechnik Verwendung findet, wird ziemlich ausführlich in Kapitel V von Freuds Buch über den *Witz* (1905 c), *Studienausgabe*, Bd. 4, S. 142–4, diskutiert.]

[2] [Die Probleme, die manche Patienten damit haben, diese nicht-kritische Haltung einzunehmen, werden von Freud in Kapitel II der *Traumdeutung* (1900 a), *Studienausgabe*, Bd. 2, S. 121–3, ausführlicher behandelt.]

innerung, die, an sich dem Kranken wohlbekannt, ihn doch durch ihr Erscheinen in Verwunderung setzt, weil er ihre Beziehung zur Ausgangsvorstellung vergessen hat. Im weiteren Verlaufe der Analyse wird diese Beziehung dann erwiesen. Aus all diesen Ergebnissen des Drückens erhält man den täuschenden Eindruck einer überlegenen Intelligenz außerhalb des Bewußtseins des Kranken, die ein großes psychisches Material zu bestimmten Zwecken geordnet hält und ein sinnvolles Arrangement für dessen Wiederkehr ins Bewußtsein getroffen hat. Wie ich vermute, ist diese unbewußte, zweite Intelligenz doch nur ein Anschein.

In jeder komplizierteren Analyse arbeitet man wiederholt, ja eigentlich fortwährend, mit Hilfe dieser Prozedur (des Druckes auf die Stirne), welche bald von dort aus, wo die wachen Zurückführungen des Patienten abbrechen, den weiteren Weg über bekannt gebliebene Erinnerungen anzeigt, bald auf Zusammenhänge aufmerksam macht, die in Vergessenheit geraten sind, dann Erinnerungen hervorruft und anreiht, welche seit vielen Jahren der Assoziation entzogen waren, aber noch als Erinnerungen erkannt werden können, und endlich als höchste Leistung der Reproduktion Gedanken auftauchen läßt, die der Kranke niemals als die seinigen anerkennen will, die er nicht *erinnert*, obwohl er zugesteht, daß sie von dem Zusammenhange unerbittlich gefordert werden, und während er sich überzeugt, daß gerade diese Vorstellungen den Abschluß der Analyse und das Aufhören der Symptome herbeiführen.

Ich will versuchen, einige Beispiele von den ausgezeichneten Leistungen dieses technischen Verfahrens aneinanderzureihen: Ich behandelte ein junges Mädchen mit einer unausstehlichen, seit sechs Jahren fortgeschleppten *Tussis nervosa,* die offenbar aus jedem gemeinen Katarrh Nahrung zog, aber doch ihre starken psychischen Motive haben mußte. Jede andere Therapie hatte sich längst ohnmächtig gezeigt; ich versuche also das Symptom auf dem Wege der psychischen Analyse aufzuheben. Sie weiß nur, daß ihr nervöser Husten begann, als sie, vierzehn Jahre alt, bei einer Tante in Pension war; von psychischen Erregungen in jener Zeit will sie nichts wissen, sie glaubt nicht an eine Motivierung des Leidens. Unter dem Drucke meiner Hand erinnert sie sich zuerst an einen großen Hund. Sie erkennt dann das Erinnerungsbild, es war ein Hund ihrer Tante, der sich ihr anschloß, sie überallhin begleitete u. dgl. Ja, und jetzt fällt ihr, ohne weitere Nachhilfe, ein, daß dieser Hund gestorben, daß die Kinder ihn feierlich begraben haben und daß auf dem Rückwege von diesem Begräbnisse ihr Husten aufgetreten ist. Ich frage, warum, muß aber wieder durch den Druck nachhelfen; da stellt sich denn der Gedanke ein: » Jetzt bin ich ganz allein auf der Welt. Niemand liebt mich hier, dieses Tier war mein einziger Freund, und den habe ich jetzt verloren.« – Sie setzt nun die Erzählung fort: »Der Husten verschwand, als ich von der Tante wegkam, trat aber eineinhalb Jahre später wieder auf.« – »Was war da der Grund?« – »Ich weiß nicht.« – Ich drücke wieder; sie erinnert sich an die Nachricht vom Tode ihres Onkels, bei welcher der Husten wieder ausbrach, und an einen ähnlichen Gedankengang. Der Onkel war angeblich der einzige in der Familie gewesen, der ein Herz für sie gehabt, der sie geliebt hatte. Dies war nun die pathogene Vorstellung: Man liebe sie nicht, man ziehe ihr jeden anderen vor, sie verdiene es auch nicht, geliebt zu werden u. dgl. An der Vorstellung der »Liebe« aber haftete etwas, bei dessen Mitteilung sich ein arger Widerstand erhob. Die Analyse brach noch vor der Klärung ab.

Vor einiger Zeit sollte ich eine ältere Dame von ihren Angstanfällen befreien, die nach ihren Charaktereigenschaften kaum für derartige Beeinflussung geeignet war. Sie war seit der Menopause übermäßig fromm geworden und empfing mich jedesmal wie den Gottseibeiuns, mit einem kleinen elfenbeinernen Kruzifix bewaffnet, das sie in der Hand verbarg. Ihre Angstanfälle, die hysterischen Charakter trugen, reichten in frühe Mädchenjahre zurück und rührten angeblich von dem Gebrauch eines Jodpräparates her, mit welchem eine mäßige Schwellung der *Thyreoidea* rückgängig gemacht werden sollte. Ich verwarf natürlich diese Herleitung und suchte sie durch eine andere zu ersetzen, die mit meinen Anschauungen über die Ätiologie neurotischer Symptome besser in Einklang stand. Auf die erste Frage nach einem Eindrucke aus der Jugend, der mit den Angstanfällen in kausalem Zusammenhange stünde, tauchte unter dem Drucke meiner Hand die Erinnerung an die Lektüre eines sogenannten Erbauungsbuches auf, in dem eine pietistisch genug gehaltene Erwähnung der Sexualvorgänge zu finden war. Die betreffende Stelle machte auf das Mädchen einen der Intention des Autors entgegengesetzten Eindruck; sie brach in Tränen aus und schleuderte das Buch von sich. Dies war *vor* dem ersten Angstanfalle. Ein zweiter Druck auf die Stirn der Kranken beschwor eine nächste Reminiszenz herauf, die Erinnerung an einen Erzieher der Brüder, der ihr große Ehrfurcht bezeugt und für den sie selbst eine wärmere Empfindung verspürt hatte. Diese Erinnerung gipfelte in der Reproduktion eines Abends im elterlichen Hause, an dem sie alle mit dem jungen Manne um den Tisch herumsaßen und sich im anregenden Gespräche so köstlich unterhielten. In der Nacht, die auf diesen Abend folgte, weckte sie der erste Angstanfall, der wohl mehr mit der Auflehnung gegen eine sinnliche Regung als mit dem etwa gleichzeitig gebrauchten Jod zu tun hatte. – Auf welche andere Weise hätte ich wohl Aussicht gehabt, bei dieser widerspenstigen, gegen mich und jede weltliche Therapie eingenommenen Patientin einen solchen Zusammenhang gegen ihre eigene Meinung und Behauptung aufzudecken?

Ein anderes Mal handelte es sich um eine junge, glücklich verheiratete Frau, die schon in den ersten Mädchenjahren eine Zeitlang jeden Morgen in einem Zustande von Betäubung, mit starren Gliedern, offenem Munde und vorgestreckter Zunge gefunden wurde und die jetzt ähnliche, wenn auch nicht so arge Anfälle beim Aufwachen wiederholte. Eine tiefe Hypnose erwies sich als unerreichbar; ich begann also mit der Ausforschung im Zustande der Konzentration und versicherte ihr beim ersten Drucke, sie werde jetzt etwas sehen, was unmittelbar mit den Ursachen des Zustandes in der Kindheit zusammenhinge. Sie benahm sich ruhig und willig, sah die Wohnung wieder, in der sie die ersten Mädchenjahre verbracht hatte, ihr Zimmer, die Stellung ihres Bettes, die Großmutter, die damals mit ihnen lebte, und eine ihrer Gouvernanten, die sie sehr geliebt hatte. Mehrere kleine Szenen in diesen Räumen und zwischen diesen Personen, eigentlich alle belanglos, folgten einander; den Schluß machte der Abschied der Gouvernante, die vom Hause weg heiratete. Mit diesen Reminiszenzen wußte ich nun gar nichts anzufangen, eine Beziehung derselben zur Ätiologie der Anfälle konnte ich nicht herstellen. Es war allerdings, an verschiedenen Umständen kenntlich, die nämliche Zeit, in welcher die Anfälle zuerst erschienen waren.

Noch ehe ich aber die Analyse fortsetzen konnte, hatte ich Gelegenheit, mit einem Kollegen zu sprechen, der in früheren Jahren Arzt des elterlichen Hauses meiner Patientin gewesen war. Von ihm erhielt ich folgende Aufklärung: Zur Zeit, da er das reifende, körperlich sehr gut entwickelte Mädchen an jenen ersten Anfällen behandelte, fiel ihm die übergroße Zärtlichkeit im Verkehre zwischen ihr und der im Hause befindlichen Gouvernante auf. Er schöpfte Verdacht und veranlaßte die Großmutter, die Überwachung dieses Verkehrs zu übernehmen. Nach kurzer Zeit konnte die alte Dame ihm berichten, daß die Gouvernante dem Kinde nächtliche Besuche im Bette abzustatten pflege und daß ganz regelmäßig nach solchen Nächten das Kind am Morgen im Anfalle gefunden werde. Sie zögerten nun nicht, die geräuschlose Entfernung dieser Jugendverderberin durchzusetzen. Die Kinder und selbst die Mutter wurden in der Meinung erhalten, daß die Gouvernante das Haus verlasse, um zu heiraten.

Die zunächst erfolgreiche Therapie bestand nun darin, daß ich der jungen Frau die mir gegebene Aufklärung mitteilte.

Gelegentlich erfolgen die Aufschlüsse, die man durch die Prozedur des Drückens erhält, in sehr merkwürdiger Form und unter Umständen, welche die Annahme einer unbewußten Intelligenz noch verlockender erscheinen lassen. So erinnere ich mich einer an Zwangsvorstellungen und Phobien seit vielen Jahren leidenden Dame, die mich in betreff der Entstehung ihres Leidens auf ihre Kinderjahre verwies, aber auch gar nichts zu nennen wußte, was dafür zu beschuldigen gewesen wäre. Sie war aufrichtig und intelligent und leistete nur einen bemerkenswert geringen bewußten Widerstand. (Ich schalte hier ein, daß der psychische Mechanismus der Zwangsvorstellungen mit dem der hysterischen Symptome sehr viel innere Verwandtschaft hat und daß die Technik der Analyse für beide die nämliche ist.)

Als ich diese Dame fragte, ob sie unter dem Drucke meiner Hand etwas gesehen oder eine Erinnerung bekommen habe, antwortete sie: »Keines von beiden, aber mir ist plötzlich ein Wort eingefallen.« – »Ein einziges Wort?« – »Ja, aber es klingt zu dumm.« – »Sagen Sie es immerhin.« – »Hausmeister.« – »Weiter nichts?« – »Nein.« – Ich drückte zum zweiten Male, und nun kam wieder ein vereinzeltes Wort, das ihr durch den Sinn schoß: »Hemd.« Ich merkte nun, daß hier eine neuartige Weise, Antwort zu geben, vorliege, und beförderte durch wiederholten Druck eine anscheinend sinnlose Reihe von Worten heraus: »Hausmeister – Hemd – Bett – Stadt – Leiterwagen.« »Was soll das heißen?« fragte ich. Sie sann einen Moment nach, dann fiel ihr ein: »Das kann nur die eine Geschichte sein, die mir jetzt in den Sinn kommt. Wie ich zehn Jahre alt war und meine nächstälteste Schwester zwölf, da bekam sie einmal in der Nacht einen Tobsuchtsanfall und mußte gebunden und auf einem Leiterwagen in die Stadt geführt werden. Ich weiß es genau, daß es der Hausmeister war, der sie überwältigte und auch dann in die Anstalt begleitete.« – Wir setzten nun diese Art der Forschung fort und bekamen von unserem Orakel andere Wortreihen zu hören, die wir zwar nicht sämtlich deuten konnten, die sich aber doch zur Fortsetzung dieser Geschichte und zur Anknüpfung einer zweiten verwerten ließen. Auch die Bedeutung dieser Reminiszenz ergab sich bald. Die Erkrankung der

Schwester hatte auf sie darum so tiefen Eindruck gemacht, weil die beiden ein Geheimnis miteinander teilten; sie schliefen in einem Zimmer und hatten in einer bestimmten Nacht beide die sexuellen Angriffe einer gewissen männlichen Person über sich ergehen lassen. Mit der Erwähnung dieses sexuellen Traumas in früher Jugend war aber nicht nur die Herkunft der ersten Zwangsvorstellungen, sondern auch das späterhin pathogen wirkende Trauma aufgedeckt. – Die Sonderbarkeit dieses Falles bestand nur in dem Auftauchen von einzelnen Schlagworten, die von uns zu Sätzen verarbeitet werden mußten, denn der Schein der Beziehungs- und Zusammenhangslosigkeit haftet an den ganzen Einfällen und Szenen, die sich sonst beim Drücken ergeben, geradeso wie an diesen orakelhaft hervorgestoßenen Worten. Bei weiterer Verfolgung stellt sich dann regelmäßig heraus, daß die scheinbar unzusammenhängenden Reminiszenzen durch Gedankenbande enge verknüpft sind und daß sie ganz direkt zu dem gesuchten pathogenen Moment hinführen.

Gerne erinnere ich mich daher an einen Fall von Analyse, in welchem mein Zutrauen in die Ergebnisse des Drückens zuerst auf eine harte Probe gestellt, dann aber glänzend gerechtfertigt wurde: Eine sehr intelligente und anscheinend sehr glückliche junge Frau hatte mich wegen eines hartnäckigen Schmerzes im Unterleibe konsultiert, welcher der Therapie nicht weichen wollte. Ich erkannte, daß der Schmerz in den Bauchdecken sitze, auf greifbare Muskelschwielen zu beziehen sei, und ordnete lokale Behandlung an.

Nach Monaten sah ich die Kranke wieder, die mir sagte: »Der Schmerz von damals ist nach der angeratenen Behandlung vergangen und lange weggeblieben, aber jetzt ist er als nervöser wiedergekehrt. Ich erkenne es daran, daß ich ihn nicht mehr bei Bewegungen habe wie früher, sondern nur zu bestimmten Stunden, z. B. morgens beim Erwachen, und bei Aufregungen von gewisser Art.« – Die Diagnose der Dame war ganz richtig; es galt jetzt, die Ursache dieses Schmerzes aufzufinden, und dazu konnte sie mir im unbeeinflußten Zustande nicht verhelfen. In der Konzentration und unter dem Drucke meiner Hand, als ich sie fragte, ob ihr etwas einfiele oder ob sie etwas sehe, entschied sie sich fürs Sehen und begann mir ihre Gesichtsbilder zu beschreiben. Sie sah etwas wie eine Sonne mit Strahlen, was ich natürlich für ein Phosphen, hervorgebracht durch Druck auf die Augen, halten mußte. Ich erwartete, daß Brauchbareres nachkommen würde, allein sie setzte fort: Sterne von eigentümlich blaßblauem Lichte wie Mondlicht u. dgl. m., lauter Flimmer, Glanz und leuchtende Punkte vor den Augen, wie ich meinte. Ich war schon bereit, diesen Versuch zu den mißglückten zu zählen, und dachte daran, wie ich mich unauffällig aus der Affäre ziehen könnte, als mich eine der Erscheinungen, die sie beschrieb, aufmerksam machte. Ein großes schwarzes Kreuz, wie sie es sah, das geneigt stand, an seinen Rändern denselben Lichtschimmer wie vom Mondlicht hatte, in dem alle bisherigen Bilder erglänzt hatten, und auf dessen Balken ein Flämmchen flackerte; das war doch offenbar kein Phosphen mehr. Ich horchte nun auf: es kamen massenhafte Bilder in demselben Lichte, eigentümliche Zeichen, die etwa dem Sanskrit ähnlich sahen, ferner Figuren wie Dreiecke, ein großes Dreieck darunter; wiederum das Kreuz... Diesmal vermute ich eine allegorische Bedeutung und frage: »Was soll dieses Kreuz?« – »Es ist wahrscheinlich der Schmerz gemeint«, antwortet sie. – Ich wende ein, unter »Kreuz« verstünde man meist eine moralische Last; was versteckt sich hinter dem Schmerze? – Sie weiß es nicht zu sagen und fährt in ihren Gesichten fort: Eine Sonne mit goldenen Strahlen, die sie auch zu deuten weiß – das ist Gott, die Urkraft; dann eine riesengroße Eidechse, die sie fragend, aber nicht schreckhaft anschaut, dann ein Haufen von Schlangen, dann wieder eine Sonne, aber mit milden silbernen Strahlen, und vor ihr, zwischen ihrer Person und dieser Lichtquelle, ein Gitter, welches ihr den Mittelpunkt der Sonne verdeckt.

Ich weiß längst, daß ich es mit Allegorien zu tun habe, und frage sofort nach der Bedeutung des letzten Bildes. Sie antwortet, ohne sich zu besinnen: »Die Sonne ist die Vollkommenheit, das Ideal, und das Gitter sind meine Schwächen und Fehler, die zwischen mir und dem Ideal stehen.« – »Ja, machen Sie sich denn Vorwürfe, sind Sie mit sich unzufrieden?« – »Freilich.« – »Seit wann denn?« – »Seitdem ich Mitglied der theosophischen Gesellschaft bin und die von ihr herausgegebenen Schriften lese. Eine geringe Meinung von mir hatte ich immer.« – »Was hat denn zuletzt den stärksten Eindruck auf Sie gemacht?« – »Eine Übersetzung aus dem Sanskrit, die jetzt in Lieferungen erscheint.« – Eine Minute später bin ich in ihre Seelenkämpfe, in die Vorwürfe, die sie sich macht, eingeweiht und höre von einem kleinen Erlebnis, das zu einem Vorwurfe Anlaß gab und bei dem der früher organische Schmerz als Erfolg einer Erregungskonversion zuerst auftrat. – Die Bilder, die ich anfangs für Phosphene gehalten hatte, waren Symbole okkultistischer Gedankengänge, vielleicht geradezu Embleme von den Titelblättern okkultistischer Bücher.

Ich habe jetzt die Leistungen der Hilfsprozedur des Drückens so warm
gepriesen und den Gesichtspunkt der Abwehr oder des Widerstandes die
ganze Zeit über so sehr vernachlässigt, daß ich sicherlich den Eindruck
erweckt haben dürfte, man sei nun durch diesen kleinen Kunstgriff in
den Stand gesetzt, des psychischen Hindernisses gegen eine kathartische
Kur Herr zu werden. Allein dies zu glauben, wäre ein arger Irrtum; es
gibt dergleichen Profite nicht in der Therapie, soviel ich sehe; zur großen Veränderung wird hier wie überall große Arbeit erfordert. Die
Druckprozedur ist weiter nichts als ein Kniff, das abwehrlustige Ich für
eine Weile zu überrumpeln; in allen ernsteren Fällen besinnt es sich
wieder auf seine Absichten und setzt seinen Widerstand fort.
Ich habe der verschiedenen Formen zu gedenken, in welchen dieser Widerstand auftritt. Zunächst das erste oder zweite Mal mißlingt der
Druckversuch gewöhnlich. Der Kranke äußert dann sehr enttäuscht:
»Ich habe geglaubt, es wird mir etwas einfallen, aber ich habe nur gedacht, wie gespannt ich darauf bin; gekommen ist nichts.« Solches Sich-
in-Positur-Setzen des Patienten ist noch nicht zu den Hindernissen zu
zählen; man sagt darauf: »Sie waren eben zu neugierig; das zweitemal
wird es dafür gehen.« Und es geht dann wirklich. Es ist merkwürdig,
wie vollständig oft die Kranken – und die gefügigsten und intelligente-
sten mit – an die Verabredung vergessen können, zu der sie sich doch
vorher verstanden haben. Sie haben versprochen, alles zu sagen, was
ihnen unter dem Drucke der Hand einfällt, gleichgültig, ob es ihnen
beziehungsvoll erscheint oder nicht und ob es ihnen angenehm zu sagen
ist oder nicht, also ohne Auswahl, ohne Beeinflussung durch Kritik oder
Affekt. Sie halten sich aber nicht an dieses Versprechen, es geht offenbar über ihre Kräfte. Allemal stockt die Arbeit, immer wieder behaupten sie, diesmal sei ihnen nichts eingefallen. Man darf ihnen dies nicht
glauben, man muß dann immer annehmen und auch äußern, sie hielten
etwas zurück, weil sie es für unwichtig halten oder peinlich empfinden.
Man besteht darauf, man wiederholt den Druck, man stellt sich unfehlbar, bis man wirklich etwas zu hören bekommt. Dann fügt der Kranke
hinzu: »Das hätte ich Ihnen schon das erstemal sagen können.« – Warum haben Sie es nicht gesagt? – »Ich hab' mir nicht denken können, daß
es *das* sein sollte. Erst als es jedesmal wiedergekommen ist, habe ich
mich entschlossen, es zu sagen.« – Oder: »Ich habe gehofft, gerade das
wird es nicht sein; das kann ich mir ersparen zu sagen; erst als es sich
nicht verdrängen ließ, habe ich gemerkt, es wird mir nichts geschenkt.« –
So verrät der Kranke nachträglich die Motive eines Widerstandes, den

er anfänglich gar nicht einbekennen wollte. Er kann offenbar gar nicht anders als Widerstand leisten.

Es ist merkwürdig, hinter welchen Ausflüchten sich dieser Widerstand häufig verbirgt. »Ich bin heute zerstreut, mich stört die Uhr oder das Klavierspiel im Nebenzimmer.« Ich habe gelernt, darauf zu antworten: »Keineswegs, Sie stoßen jetzt auf etwas, was Sie nicht gerne sagen wollen. Das nützt Ihnen nichts. Verweilen Sie nur dabei.« – Je länger die Pause zwischen dem Drucke meiner Hand und der Äußerung des Kranken ausfällt, desto mißtrauischer werde ich, desto eher steht zu befürchten, daß der Kranke sich das zurechtlegt, was ihm eingefallen ist, und es in der Reproduktion verstümmelt. Die wichtigsten Aufklärungen kommen häufig mit der Ankündigung als überflüssiges Beiwerk, wie die als Bettler verkleideten Prinzen der Oper: »Jetzt ist mir etwas eingefallen, das hat aber nichts damit zu schaffen. Ich sage es Ihnen nur, weil Sie alles zu wissen verlangen.« Mit dieser Einbegleitung kommt dann meist die langersehnte Lösung; ich horche immer auf, wenn ich den Kranken so geringschätzig von einem Einfalle reden höre. Es ist nämlich ein Zeichen der gelungenen Abwehr, daß die pathogenen Vorstellungen bei ihrem Wiederauftauchen sowenig bedeutsam erscheinen; man kann daraus erschließen, worin der Prozeß der Abwehr bestand; er bestand darin, aus der starken Vorstellung eine schwache zu machen, ihr den Affekt zu entreißen.

Die pathogene Erinnerung erkennt man also unter anderen Merkmalen daran, daß sie vom Kranken als unwesentlich bezeichnet und doch nur mit Widerstand ausgesprochen wird. Es gibt auch Fälle, wo sie der Kranke noch bei ihrer Wiederkehr zu verleugnen sucht: »Jetzt ist mir etwas eingefallen, aber das haben Sie mir offenbar eingeredet«, oder: »Ich weiß, was Sie sich bei dieser Frage erwarten. Sie meinen gewiß, ich habe dies und jenes gedacht.« Eine besonders kluge Weise der Verleugnung liegt darin zu sagen: »Jetzt ist mir allerdings etwas eingefallen; aber das kommt mir vor, als hätte ich es willkürlich hinzugefügt; es scheint mir kein reproduzierter Gedanke zu sein.« – Ich bleibe in all diesen Fällen unerschütterlich fest, ich gehe auf keine dieser Distinktionen ein, sondern erkläre dem Kranken, das seien nur Formen und Vorwände des Widerstandes gegen die Reproduktion der einen Erinnerung, die wir trotzdem anerkennen müßten.

Bei der Wiederkehr von Bildern hat man im allgemeinen leichteres Spiel als bei der von Gedanken; die Hysterischen, die zumeist Visuelle sind, machen es dem Analytiker nicht so schwer wie die Leute mit Zwangsvorstellungen. Ist einmal ein Bild aus der Erinnerung aufgetaucht, so kann man den Kranken sagen hören, daß es in dem Maße zerbröckle und undeutlich werde, wie er in seiner Schilderung desselben fortschreite. *Der Kranke trägt es gleichsam ab, indem er es in Worte umsetzt.* Man orientiert sich nun an dem Erinnerungsbilde selbst, um die Richtung zu finden, nach welcher die Arbeit fortzusetzen ist. »Schauen Sie sich das Bild nochmals an. Ist es verschwunden?« – »Im ganzen ja, aber dieses Detail sehe ich noch.« – »Dann hat dies noch etwas zu bedeuten. Sie werden entweder etwas Neues dazu sehen, oder es wird Ihnen bei diesem Rest etwas einfallen.« – Wenn die Arbeit beendigt ist, zeigt sich das Gesichtsfeld wieder frei, man kann ein anderes Bild hervorlocken. Andere Male aber bleibt ein solches Bild hartnäckig vor dem inneren Auge des Kranken stehen, trotz seiner Beschreibung, und das ist für mich ein Zeichen, daß er mir noch etwas Wichtiges über das Thema des Bildes zu sagen hat. Sobald er dies vollzogen hat, schwindet das Bild, wie ein erlöster Geist zur Ruhe eingeht.

Es ist natürlich von hohem Werte für den Fortgang der Analyse, daß man dem Kranken gegenüber jedesmal recht behalte, sonst hängt man ja davon ab, was er mitzuteilen für gut findet. Es ist darum tröstlich zu hören, daß die Prozedur des Drückens eigentlich niemals fehlschlägt, von einem einzigen Falle abgesehen, den ich später [unten, S. 93] zu würdigen habe, den ich aber sogleich durch die Bemerkung kennzeichnen kann, er entspreche einem besonderen Motiv zum Widerstande. Es kann freilich vorkommen, daß man die Prozedur unter Verhältnissen anwendet, in denen sie nichts zutage fördern darf; man fragt z. B. nach der weiteren Ätiologie eines Symptoms, wenn dieselbe bereits abgeschlossen vorliegt, oder man forscht nach der psychischen Genealogie eines Symptoms, etwa eines Schmerzes, der in Wahrheit ein somatischer Schmerz war; in diesen Fällen behauptet der Kranke gleichfalls, es sei ihm nichts eingefallen, und befindet sich im Rechte. Man wird sich davor behüten, ihm Unrecht zu tun, wenn man es sich ganz allgemein zur Regel macht, während der Analyse die Miene des ruhig Daliegenden nicht aus dem Auge zu lassen. Man lernt dann ohne jede Schwierigkeit die seelische Ruhe bei wirklichem Ausbleiben einer Reminiszenz von der Spannung und den Affektzeichen zu unterscheiden, unter welchen der Kranke im Dienste der Abwehr die auftauchende Reminiszenz zu verleugnen sucht. Auf solchen Erfahrungen ruht übrigens auch die differentialdiagnostische Anwendung der Druckprozedur.

Es ist also die Arbeit auch mit Hilfe der Druckprozedur keine mühelose. Man hat nur den einen Vorteil gewonnen, daß man aus den Ergebnissen dieses Verfahrens gelernt hat, nach welcher Richtung man zu forschen und welche Dinge man dem Kranken aufzudrängen hat. Für manche Fälle reicht dies aus; es handelt sich ja wesentlich darum, daß ich das Geheimnis errate und es dem Kranken ins Gesicht zusage; er muß dann meist seine Ablehnung aufgeben. In anderen Fällen brauche ich mehr; der überdauernde Widerstand des Kranken zeigt sich darin, daß die Zusammenhänge reißen, die Lösungen ausbleiben, die erinnerten Bilder undeutlich und unvollständig kommen. Man erstaunt oft, wenn man aus einer späteren Periode einer Analyse auf die früheren zurückblickt, wie verstümmelt alle die Einfälle und Szenen waren, die man dem Kranken durch die Prozedur des Drückens entrissen hat. Es fehlte gerade das Wesentliche daran, die Beziehung auf die Person oder auf das Thema, und das Bild blieb darum unverständlich. Ich will ein oder zwei Beispiele für das Wirken einer solchen Zensurierung beim ersten Auftauchen der pathogenen Erinnerungen geben. Der Kranke sieht z. B. einen weiblichen Oberkörper, an dessen Hülle wie durch Nachlässigkeit etwas klafft; erst viel später fügt er zu diesem Torso den Kopf, um damit eine Person und eine Beziehung zu verraten. Oder er erzählt eine Reminiszenz aus seiner Kindheit von zwei Buben, deren Gestalt ihm ganz dunkel ist, denen man eine gewisse Unart nachgesagt hätte. Es bedarf vieler Monate und großer Fortschritte im Gange der Analyse, bis er diese Reminiszenz wiedersieht und in dem einen der Kinder sich selbst, im anderen seinen Bruder erkennt. Welche Mittel hat man nun zur Verfügung, um diesen fortgesetzten Widerstand zu überwinden?

Wenige, aber doch fast alle die, durch die sonst ein Mensch eine psychische Einwirkung auf einen anderen übt. Man muß sich zunächst sagen, daß psychischer Widerstand, besonders ein seit langem konstituierter, nur langsam und schrittweise aufgelöst werden kann, und muß in Geduld warten. Sodann darf man auf das intellektuelle Interesse rechnen, das sich nach kurzer Arbeit beim Kranken zu regen beginnt. Indem man ihn aufklärt, ihm von der wundersamen Welt der psychischen Vorgänge Mitteilungen macht, in die man selbst erst durch solche Analysen Einblick gewonnen hat, gewinnt man ihn selbst zum Mitarbeiter, bringt ihn dazu, sich selbst mit dem objektiven Interesse des Forschers zu betrachten, und drängt so den auf affektiver Basis beruhenden Widerstand zurück. Endlich aber – und dies bleibt der stärkste Hebel – muß man versuchen, nachdem man diese Motive seiner

Abwehr erraten, die Motive zu entwerten oder selbst sie durch stärkere zu ersetzen. Hier hört wohl die Möglichkeit auf, die psychotherapeutische Tätigkeit in Formeln zu fassen. Man wirkt, so gut man kann, als Aufklärer, wo die Ignoranz eine Scheu erzeugt hat, als Lehrer, als Vertreter einer freieren oder überlegenen Weltauffassung, als Beichthörer, der durch die Fortdauer seiner Teilnahme und seiner Achtung nach abgelegtem Geständnisse gleichsam Absolution erteilt; man sucht dem Kranken menschlich etwas zu leisten, soweit der Umfang der eigenen Persönlichkeit und das Maß von Sympathie, das man für den betreffenden Fall aufbringen kann, dies gestatten. Für solche psychische Betätigung ist als unerläßliche Voraussetzung erforderlich, daß man die Natur des Falles und die Motive der hier wirksamen Abwehr ungefähr erraten habe, und zum Glück trägt die Technik des Drängens und der Druckprozedur gerade so weit. Je mehr man dergleichen Rätsel bereits gelöst hat, desto leichter wird man vielleicht ein neues erraten und desto früher wird man die eigentlich heilende psychische Arbeit in Angriff nehmen können. Denn es ist gut, sich dies völlig klarzumachen: Wenn auch der Kranke sich von dem hysterischen Symptome erst befreit, indem er die es verursachenden pathogenen Eindrücke reproduziert und unter Affektäußerung ausspricht, so liegt doch die therapeutische Aufgabe *nur darin, ihn dazu zu bewegen,* und wenn diese Aufgabe einmal gelöst ist, so bleibt für den Arzt nichts mehr zu korrigieren oder aufzuheben übrig. Alles, was es an Gegensuggestionen dafür braucht, ist bereits während der Bekämpfung des Widerstandes aufgewendet worden. Der Fall ist etwa mit dem Aufschließen einer versperrten Türe zu vergleichen, wonach das Niederdrücken der Klinke, um sie zu öffnen, keine Schwierigkeit mehr hat.

Neben den intellektuellen Motiven, die man zur Überwindung des Widerstandes heranzieht, wird man ein affektives Moment, die persönliche Geltung des Arztes, selten entbehren können, und in einer Anzahl von Fällen wird letzteres allein imstande sein, den Widerstand zu beheben. Das ist hier nicht anders als sonst in der Medizin, und man wird keiner therapeutischen Methode zumuten dürfen, auf die Mitwirkung dieses persönlichen Moments gänzlich zu verzichten.

3

Angesichts der Ausführungen des vorstehenden Abschnittes, der Schwierigkeiten meiner Technik, die ich rückhaltlos aufgedeckt habe – ich habe sie übrigens aus den schwersten Fällen zusammengetragen, es wird oft sehr viel bequemer gehen –, angesichts dieses Sachverhaltes also wird wohl jeder die Frage aufwerfen wollen, ob es nicht zweckmäßiger sei, anstatt all dieser Quälereien sich energischer um die Hypnose zu bemühen oder die Anwendung der kathartischen Methode auf solche Kranke zu beschränken, die in tiefe Hypnose zu versetzen sind. Auf letzteren Vorschlag müßte ich antworten, daß dann die Zahl der brauchbaren Patienten für *meine* Geschicklichkeit allzusehr einschrumpfen würde; dem ersteren Rate aber werde ich die Mutmaßung entgegensetzen, es dürfte durch Erzwingen der Hypnose nicht viel vom Widerstande zu ersparen sein. Meine Erfahrungen hierüber sind eigentümlicherweise nur wenig zahlreich, ich kann daher nicht über die Mutmaßung hinauskommen; aber wo ich eine kathartische Kur in der Hypnose anstatt in der Konzentration durchgeführt habe, fand ich die mir zufallende Arbeit dadurch nicht verringert. Ich habe erst unlängst eine solche Behandlung beendigt, in deren Verlauf ich eine hysterische Lähmung der Beine zum Weichen brachte. Die Patientin geriet in einen Zustand, der psychisch vom Wachen sehr verschieden war und somatisch dadurch ausgezeichnet, daß sie die Augen unmöglich öffnen oder sich erheben konnte, ehe ich ihr zugerufen hatte: » Jetzt wachen Sie auf«, und doch habe ich in keinem Falle größeren Widerstand gefunden als gerade in diesem. Ich legte auf diese körperlichen Zeichen keinen Wert, und gegen Ende der zehn Monate währenden Behandlung waren sie auch unmerklich geworden; der Zustand der Patientin, in dem wir arbeiteten, hatte darum von seinen[1] Eigentümlichkeiten, der Fähigkeit, sich an Unbewußtes zu erinnern, der ganz besonderen Beziehung zur Person des Arztes, nichts eingebüßt. In der Geschichte der Frau Emmy v. N... habe ich allerdings ein Beispiel einer im tiefsten Somnambulismus ausgeführten kathartischen Kur geschildert, in welcher der Widerstand fast keine Rolle spielte. Allein von dieser Frau habe ich auch nichts erfahren, zu dessen Mitteilung es einer besonderen Überwindung bedurft hätte, nichts, was sie mir nicht bei längerer Bekanntschaft und einiger Schätzung auch im Wachen hätte erzählen können. Auf die eigentlichen Ursachen ihrer Erkrankung, sicherlich identisch mit den Ursachen ihrer Rezidiven nach meiner Behandlung, bin ich gar nicht gekommen – es war eben mein erster Versuch in dieser Therapie –, und das einzige Mal, als ich zufällig eine Reminiszenz von ihr forderte, in die sich ein Stück

---

[1] [An dieser Stelle steht nur in der Erstausgabe die Charakterisierung: »psychischen«.]

Erotik[1] einmengte, fand ich sie ebenso widerstrebend und unverläßlich in ihren Angaben wie später irgendeine andere meiner nicht somnambulen Patientinnen. Von dem Widerstande dieser Frau auch im Somnambulismus gegen andere Anforderungen und Zumutungen habe ich bereits in ihrer Krankengeschichte gesprochen. Überhaupt ist mir der Wert der Hypnose für die Erleichterung kathartischer Kuren zweifelhaft geworden, seitdem ich Beispiele erlebt habe von absoluter therapeutischer Unfügsamkeit bei ausgezeichnetem andersartigen Gehorsam im tiefen Somnambulismus. Einen Fall dieser Art habe ich kurz auf [1895 *d*] S. 156 f. [Anm., *Ta.*, S. 119 f., Anm.][2] mitgeteilt; ich könnte noch andere hinzufügen. Ich gestehe übrigens, daß diese Erfahrung meinem Bedürfnis nach quantitativer Relation zwischen Ursache und Wirkung auch auf psychischem Gebiete nicht übel entsprochen hat[3].

In der bisherigen Darstellung hat sich uns die Idee des *Widerstandes* in den Vordergrund gedrängt; ich habe gezeigt, wie man bei der therapeutischen Arbeit zu der Auffassung geleitet wird, die Hysterie entstehe durch die Verdrängung einer unverträglichen Vorstellung aus dem Motive der Abwehr, die verdrängte Vorstellung bleibe als eine schwache (wenig intensive) Erinnerungsspur bestehen, der ihr entrissene Affekt werde für eine somatische Innervation verwendet: Konversion der Erregung. Die Vorstellung werde also gerade durch ihre Verdrängung Ursache krankhafter Symptome, also pathogen. Einer Hysterie, die diesen psychischen Mechanismus aufweist, darf man den Namen »*Abwehrhysterie*« beilegen. Nun haben wir beide, Breuer und ich, zu wiederholten Malen von zwei anderen Arten der Hysterie gesprochen, für welche wir die Namen »*Hypnoid*«- und »*Retentionshysterie*« in Gebrauch zogen. Die Hypnoidhysterie ist diejenige, die überhaupt zuerst in unseren Gesichtskreis getreten ist; ich wüßte ja kein besseres Beispiel für eine solche anzuführen als den ersten Fall Breuers[4]. Für eine solche Hypnoidhysterie hat Breuer einen von dem der Konversionsabwehr

---

[1] [S. 1895 *d*, S. 132 f., *Ta.*, S. 97 f.]

[2] [In der *G. W.*-Ausgabe steht hier irrtümlich die Seitenangabe »S. 83«; sie wurde dort unverändert aus der *G. S.*-Edition der *Studien über Hysterie* übernommen, für deren Seiteneinteilung sie zutrifft.]

[3] [Einige Bemerkungen darüber, wie lange sich Freud der »Druck«-Technik bzw. der Hypnose bediente, finden sich in der ›Editorischen Vorbemerkung‹ zur Arbeit ›Psychische Behandlung‹ (1890 *a*), im vorliegenden Band S. 15–6.]

[4] [In allen Auflagen der Erstausgabe endet der Satz mit: »der unter unseren Krankengeschichten an erster Stelle steht.« In den Ausgaben im Rahmen der *G. S.*, 1925, und *G. W.*, 1952, in welche der Fall der Anna O. nicht aufgenommen ist, fehlt dieser Satzteil.]

wesentlich verschiedenen psychischen Mechanismen angegeben. Hier soll also eine Vorstellung dadurch pathogen werden, daß sie, in einem besonderen psychischen Zustand empfangen, von vornherein außerhalb des Ich verblieben ist. Es hat also keiner psychischen Kraft bedurft, sie von dem Ich abzuhalten, und es darf keinen Widerstand erwecken, wenn man sie mit Hilfe der somnambulen Geistestätigkeit in das Ich einführt. Die Krankengeschichte der Anna O. zeigt auch wirklich nichts von einem solchen Widerstand.

Ich halte diesen Unterschied für so wesentlich, daß ich mich durch ihn gerne bestimmen lasse, an der Aufstellung der Hypnoidhysterie festzuhalten. Meiner eigenen Erfahrung ist merkwürdigerweise keine echte Hypnoidhysterie begegnet; was ich in Angriff nahm, verwandelte sich in Abwehrhysterie. Nicht etwa, daß ich es niemals mit Symptomen zu tun gehabt hätte, die nachweisbar in abgesonderten Bewußtseinszuständen entstanden waren und darum von der Aufnahme ins Ich ausgeschlossen bleiben mußten. Dies traf auch in meinen Fällen mitunter zu, aber dann konnte ich doch nachweisen, daß der sogenannte hypnoide Zustand seine Absonderung dem Umstande verdankte, daß in ihm eine vorher durch Abwehr abgespaltene psychische Gruppe zur Geltung kam. Kurz, ich kann den Verdacht nicht unterdrücken, daß Hypnoid- und Abwehrhysterie irgendwo an ihrer Wurzel zusammentreffen und daß dabei die Abwehr das Primäre ist. Ich weiß aber nichts darüber.

Gleich unsicher ist derzeit mein Urteil über die »Retentionshysterie«[1], bei welcher die therapeutische Arbeit gleichfalls ohne Widerstand erfolgen sollte. Ich habe einen Fall gehabt, den ich für eine typische Retentionshysterie gehalten habe; ich freute mich auf den leichten und sicheren Erfolg, aber dieser Erfolg blieb aus, so leicht auch wirklich die Arbeit war. Ich vermute daher, wiederum mit aller Zurückhaltung, die der Unwissenheit geziemt, daß auch bei der Retentionshysterie auf dem Grunde ein Stück Abwehr zu finden ist, welches den ganzen Vorgang ins Hysterische gedrängt hat. Ob ich mit dieser Tendenz zur Ausdehnung des Abwehrbegriffes auf die gesamte Hysterie Gefahr laufe, der Einseitigkeit und dem Irrtum zu verfallen, werden ja hoffentlich neue Erfahrungen bald entscheiden.

Ich habe bisher von den Schwierigkeiten und der Technik der kathartischen Methode gehandelt und möchte noch einige Andeutungen hinzu-

---

[1] [Vgl. 1895 *d, Ta.,* S. 229.]

fügen, wie sich mit dieser Technik eine Analyse gestaltet. Es ist dies ein für mich sehr interessantes Thema, von dem ich aber nicht erwarten kann, es werde ähnliches Interesse bei anderen erregen, die noch keine solche Analyse ausgeführt haben. Es wird eigentlich wiederum von Technik die Rede sein, aber diesmal von den inhaltlichen Schwierigkeiten, für die man den Kranken nicht verantwortlich machen kann, die zum Teil bei einer Hypnoid- und Retentionshysterie dieselben sein müßten wie bei den mir als Muster vorschwebenden Abwehrhysterien. Ich gehe an dieses letzte Stück der Darstellung mit der Erwartung, die hier aufzudeckenden psychischen Eigentümlichkeiten könnten einmal für eine Vorstellungsdynamik einen gewissen Wert als Rohmaterial erlangen.

Der erste und mächtigste Eindruck, den man sich bei einer solchen Analyse holt, ist gewiß der, daß das pathogene psychische Material, das angeblich vergessen ist, dem Ich nicht zur Verfügung steht, in der Assoziation und im Erinnern keine Rolle spielt – doch in irgendeiner Weise bereitliegt, und zwar in richtiger und guter Ordnung. Es handelt sich nur darum, Widerstände zu beseitigen, die den Weg dazu versperren. Sonst aber wird es bewußt [1], wie wir überhaupt etwas wissen können; die richtigen Verknüpfungen der einzelnen Vorstellungen untereinander und mit nicht pathogenen, häufig erinnerten sind vorhanden, sind seinerzeit vollzogen und im Gedächtnisse bewahrt worden. Das pathogene psychische Material erscheint als das Eigentum einer Intelligenz, die der des normalen Ich nicht notwendig nachsteht. Der Schein einer zweiten Persönlichkeit wird oft auf das täuschendste hergestellt.

Ob dieser Eindruck berechtigt ist, ob man dabei nicht die Anordnung des psychischen Materials, die nach der Erledigung resultiert, in die Zeit der Krankheit zurückverlegt, dies sind Fragen, die ich noch nicht und nicht an dieser Stelle in Erwägung ziehen möchte. Man kann die bei solchen Analysen gemachten Erfahrungen jedenfalls nicht bequemer und anschaulicher beschreiben, als wenn man sich auf den Standpunkt stellt, den man *nach* der Erledigung zur Überschau des Ganzen einnehmen darf.

Die Sachlage ist ja meist keine so einfache, wie man sie für besondere Fälle, z. B. für ein einzelnes in einem großen Trauma entstandenes Symptom dargestellt hat. Man hat zumeist nicht ein einziges hysterisches Symptom, sondern eine Anzahl von solchen, die teils unabhängig von-

---

[1] [Nur in der Erstausgabe steht hier anstelle von »bewußt« »gewußt«, was einen besseren Sinn ergibt.]

einander, teils miteinander verknüpft sind. Man darf nicht eine einzige traumatische Erinnerung und als Kern derselben eine einzige pathogene Vorstellung erwarten, sondern muß auf Reihen von Partialtraumen und Verkettungen von pathogenen Gedankengängen gefaßt sein. Die monosymptomatische traumatische Hysterie ist gleichsam ein Elementarorganismus, ein einzelliges Wesen im Vergleich zum komplizierten Gefüge einer schweren[1] hysterischen Neurose, wie wir ihr gemeinhin begegnen.

Das psychische Material einer solchen Hysterie stellt sich nun dar als ein mehrdimensionales Gebilde von mindestens *dreifacher Schichtung*. Ich hoffe, ich werde diese bildliche Ausdrucksweise bald rechtfertigen können. Es ist zunächst ein *Kern* vorhanden von solchen Erinnerungen (an Erlebnisse oder Gedankengänge), in denen das traumatische Moment gegipfelt oder die pathogene Idee ihre reinste Ausbildung gefunden hat. Um diesen Kern herum findet man eine oft unglaublich reichliche Menge von anderem Erinnerungsmaterial, das man bei der Analyse durcharbeiten muß, in, wie erwähnt, dreifacher Anordnung. Erstens ist eine *lineare, chronologische* Anordnung unverkennbar, die innerhalb jedes einzelnen Themas statthat. Als Beispiel für diese zitiere ich bloß die Anordnungen in Breuers Analyse der Anna O.[2]. Das Thema sei das des Taubwerdens, des Nichthörens; das differenzierte sich dann nach sieben Bedingungen, und unter jeder Überschrift waren zehn bis über hundert Einzelerinnerungen in chronologischer Reihenfolge gesammelt. Es war, als ob man ein wohl in Ordnung gehaltenes Archiv ausnehmen würde. In der Analyse meiner Patientin Emmy v. N... sind ähnliche, wenn auch nicht so vollzählig dargestellte Erinnerungsfaszikel enthalten: sie bilden aber ein ganz allgemeines Vorkommnis in jeder Analyse, treten jedesmal in einer chronologischen Ordnung auf, die so unfehlbar verläßlich ist wie die Reihenfolge der Wochentage oder Monatsnamen beim geistig normalen Menschen, und erschweren die Arbeit der Analyse durch die Eigentümlichkeit, daß sie die Reihenfolge ihrer Entstehung bei der Reproduktion umkehren; das frischeste, jüngste Erlebnis des Faszikels kommt als »Deckblatt« zuerst, und den Schluß macht jener Eindruck, mit dem in Wirklichkeit die Reihe anfing.

Ich habe die Gruppierung gleichartiger Erinnerungen zu einer linear geschichteten Mehrheit, wie es ein Aktenbündel, ein Paket u. dgl. darstellt, als Bildung eines *Themas* bezeichnet. Diese Themen nun zeigen

---

[1] [In der ersten und zweiten Ausgabe steht hier »schwereren«.]
[2] [S. 1895 *d*, *Ta.*, S. 56 f.]

eine zweite Art von Anordnung; sie sind, ich kann es nicht anders ausdrücken, *konzentrisch um den pathogenen Kern geschichtet.* Es ist nicht
schwer zu sagen, was diese Schichtung ausmacht, nach welcher ab- oder
zunehmenden Größe diese Anordnung erfolgt. Es sind *Schichten* gleichen, gegen den Kern hin wachsenden *Widerstandes und damit Zonen
gleicher Bewußtseinsveränderung,* in denen sich die einzelnen Themen
erstrecken. Die periphersten Schichten enthalten von verschiedenen Themen jene Erinnerungen (oder Faszikel), die leicht erinnert werden und
immer klar bewußt waren; je tiefer man geht, desto schwieriger werden die auftauchenden Erinnerungen erkannt, bis man nahe am Kerne
auf solche stößt, die der Patient noch bei der Reproduktion verleugnet.

Diese Eigentümlichkeit der konzentrischen Schichtung des pathogenen psychischen Materials ist es, die dem Verlaufe solcher Analysen
ihre, wie wir hören werden, charakteristischen Züge verleiht. Jetzt ist
noch eine dritte Art von Anordnung zu erwähnen, die wesentlichste,
über die am wenigsten leicht eine allgemeine Aussage zu machen ist. Es
ist die Anordnung nach dem Gedankeninhalte, die Verknüpfung durch
den bis zum Kerne reichenden logischen Faden, der einem in jedem Falle
besonderen, unregelmäßigen und vielfach abgeknickten Weg entsprechen mag. Diese Anordnung hat einen dynamischen Charakter, im
Gegensatze zum morphologischen der beiden vorerst erwähnten Schich-
tungen. Während letztere in einem räumlich ausgeführten Schema durch
starre, bogenförmige und gerade Linien darzustellen wären, müßte
man dem Gange der logischen Verkettung mit einem Stäbchen nach-
fahren, welches auf den verschlungensten Wegen aus oberflächlichen in
tiefe Schichten und zurück, doch im allgemeinen von der Peripherie
her zum zentralen Kerne vordringt und dabei alle Stationen berühren
muß, also ähnlich wie das Zickzack der Lösung einer Rösselsprungauf-
gabe über die Felderzeichnung hinweggeht.

Ich halte letzteren Vergleich noch für einen Moment fest, um einen
Punkt hervorzuheben, in dem er den Eigenschaften des Verglichenen
nicht gerecht wird. Der logische Zusammenhang entspricht nicht nur
einer zickzackförmig geknickten Linie, sondern vielmehr einer ver-
zweigten, und ganz besonders einem konvergierenden Liniensysteme. Er
hat Knotenpunkte, in denen zwei oder mehrere Fäden zusammentreffen, um von da an vereinigt weiterzuziehen, und in den Kern münden
in der Regel mehrere unabhängig voneinander verlaufende oder durch
Seitenwege stellenweise verbundene Fäden ein. Es ist sehr bemerkens-

wert, um es mit anderen Worten zu sagen, wie häufig ein Symptom *mehrfach determiniert, überbestimmt* ist[1].

Mein Versuch, die Organisation des pathogenen psychischen Materials zu veranschaulichen, wird abgeschlossen sein, wenn ich noch eine einzige Komplikation einführe. Es kann nämlich der Fall vorliegen, daß es sich um mehr als einen einzigen Kern im pathogenen Materiale handle, so z. B. wenn ein zweiter hysterischer Ausbruch zu analysieren ist, der seine eigene Ätiologie hat, aber doch mit einem, Jahre vorher überwundenen, ersten Ausbruch akuter Hysterie zusammenhängt. Man kann sich dann leicht vorstellen, welche Schichten und Gedankenwege hinzukommen müssen, um zwischen den beiden pathogenen Kernen eine Verbindung herzustellen.

Ich will an das so gewonnene Bild von der Organisation des pathogenen Materials noch die eine oder die andere Bemerkung anknüpfen. Wir haben von diesem Material ausgesagt, es benehme sich wie ein Fremdkörper; die Therapie wirke auch wie die Entfernung eines Fremdkörpers aus dem lebenden Gewebe. Wir sind jetzt in der Lage einzusehen, worin dieser Vergleich fehlt. Ein Fremdkörper geht keinerlei Verbindung mit den ihn umlagernden Gewebsschichten ein, obwohl er dieselben verändert, zur reaktiven Entzündung nötigt. Unsere pathogene psychische Gruppe dagegen läßt sich nicht sauber aus dem Ich herausschälen, ihre äußeren Schichten gehen allseitig in Anteile des normalen Ich über, gehören letzterem eigentlich ebensosehr an wie der pathogenen Organisation. Die Grenze zwischen beiden wird bei der Analyse rein konventionell, bald hier, bald dort gesteckt, ist an einzelnen Stellen wohl gar nicht anzugeben. Die inneren Schichten entfremden sich dem Ich immer mehr und mehr, ohne daß wiederum die Grenze des Pathogenen irgendwo sichtbar begänne. Die pathogene Organisation verhält sich nicht eigentlich wie ein Fremdkörper, sondern weit eher wie ein Infiltrat. Als das Infiltrierende muß in diesem Gleichnisse der Widerstand genommen werden. Die Therapie besteht ja auch nicht darin, etwas zu exstirpieren – das vermag die Psychotherapie heute nicht –, sondern den Widerstand zum Schmelzen zu bringen und so der Zirkulation den Weg in ein bisher abgesperrtes Gebiet zu bahnen.

(Ich bediene mich hier einer Reihe von Gleichnissen, die alle nur eine recht begrenzte Ähnlichkeit mit meinem Thema haben und die sich auch untereinander nicht vertragen. Ich weiß dies und bin nicht in Gefahr, deren Wert zu überschätzen, aber mich leitet die Absicht, ein höchst

---

[1] [S. oben, S. 56 f., Anm.]

kompliziertes und noch niemals dargestelltes Denkobjekt von verschiedenen Seiten her zu veranschaulichen, und darum erbitte ich mir die Freiheit, auch noch auf den folgenden Seiten in solcher nicht einwandfreien Weise mit Vergleichen zu schalten.)

Wenn man nach vollendeter Erledigung das pathogene Material in seiner nun erkannten, komplizierten, mehrdimensionalen Organisation einem Dritten zeigen könnte, würde dieser mit Recht die Frage aufwerfen: »Wie kam ein solches Kamel durch das Nadelöhr?« Man spricht nämlich nicht mit Unrecht von einer »Enge des Bewußtseins«. Der Terminus gewinnt Sinn und Lebensfrische für den Arzt, der eine solche Analyse durchführt. Es kann immer nur eine einzelne Erinnerung ins Ich-Bewußtsein eintreten; der Kranke, der mit der Durcharbeitung dieser einen beschäftigt ist, sieht nichts von dem, was nachdrängt, und vergißt an das, was bereits durchgedrungen ist. Stößt die Bewältigung dieser einen pathogenen Erinnerung auf Schwierigkeiten, wie z.B. wenn der Kranke mit dem Widerstande gegen sie nicht nachläßt, wenn er sie verdrängen oder verstümmeln will, so ist der Engpaß gleichsam verlegt; die Arbeit stockt, es kann nichts anderes kommen, und die eine im Durchbruche befindliche Erinnerung bleibt vor dem Kranken stehen, bis er sie in die Weite des Ichs aufgenommen hat. Die ganze räumlich ausgedehnte Masse des pathogenen Materials wird so durch eine enge Spalte durchgezogen, langt also, wie in Stücke oder Bänder zerlegt, im Bewußtsein an. Es ist Aufgabe des Psychotherapeuten, daraus die vermutete Organisation wieder zusammenzusetzen. Wen noch nach Vergleichen gelüstet, der mag sich hier an ein Geduldspiel erinnern.

Steht man davor, eine solche Analyse zu beginnen, wo man eine derartige Organisation des pathogenen Materials erwarten darf, kann man sich folgende Ergebnisse der Erfahrung zunutze machen: *Es ist ganz aussichtslos, direkt zum Kerne der pathogenen Organisation vorzudringen.* Könnte man diesen selbst erraten, so würde der Kranke doch mit der ihm geschenkten Aufklärung nichts anzufangen wissen und durch sie psychisch nicht verändert werden.

Es bleibt nichts übrig, als sich zunächst an die Peripherie des pathogenen psychischen Gebildes zu halten. Man beginnt damit, den Kranken erzählen zu lassen, was er weiß und erinnert, wobei man bereits seine Aufmerksamkeit dirigiert und durch Anwendung der Druckprozedur leichtere Widerstände überwindet. Jedesmal, wenn man durch Drücken einen neuen Weg eröffnet hat, darf man erwarten, daß der Kranke ihn ein Stück weit ohne neuen Widerstand fortsetzen wird.

Hat man eine Weile auf solche Weise gearbeitet, so regt sich gewöhnlich eine mitarbeitende Tätigkeit im Kranken. Es fallen ihm jetzt eine Fülle von Reminiszenzen ein, ohne daß man ihm Fragen und Aufgaben zu stellen braucht; man hat sich eben den Weg in eine innere Schichte gebahnt, innerhalb welcher der Kranke jetzt über das Material von gleichem Widerstande spontan verfügt. Man tut gut daran, ihn eine Weile unbeeinflußt reproduzieren zu lassen; er ist selber zwar nicht imstande, wichtige Zusammenhänge aufzudecken, aber das Abtragen innerhalb derselben Schichte darf man ihm überlassen. Die Dinge, die er so beibringt, scheinen oft zusammenhanglos, geben aber das Material ab, das durch späterhin erkannten Zusammenhang belebt wird.

Man hat sich hier im allgemeinen vor zweierlei zu bewahren. Wenn man den Kranken in der Reproduktion der ihm zuströmenden Einfälle hemmt, so kann man sich manches »verschütten«, was späterhin mit großer Mühe doch freigemacht werden muß. Anderseits darf man seine unbewußte »Intelligenz« nicht überschätzen und ihr nicht die Leitung der ganzen Arbeit überlassen. Wollte ich den Arbeitsmodus schematisieren, so könnte ich etwa sagen, man übernimmt selbst die Eröffnung innerer Schichten, das Vordringen in radialer Richtung, während der Kranke die peripherische Erweiterung besorgt.

Das Vordringen geschieht ja dadurch, daß man in der vorhin angedeuteten Weise Widerstand überwindet. In der Regel aber hat man vorher noch eine andere Aufgabe zu lösen. Man muß ein Stück des logischen Fadens in die Hand bekommen, unter dessen Leitung man allein in das Innere einzudringen hoffen darf. Man erwarte nicht, daß die freien Mitteilungen des Kranken, das Material der am meisten oberflächlichen Schichten, es dem Analytiker leichtmachen zu erkennen, an welchen Stellen es in die Tiefe geht, an welche Punkte die gesuchten Gedankenzusammenhänge anknüpfen. Im Gegenteil; gerade dies ist sorgfältig verhüllt, die Darstellung des Kranken klingt wie vollständig und in sich gefestigt. Man steht zuerst vor ihr wie vor einer Mauer, die jede Aussicht versperrt und die nicht ahnen läßt, ob etwas und was denn doch dahinter steckt.

Wenn man aber die Darstellung, die man vom Kranken ohne viel Mühe und Widerstand erhalten hat, mit kritischem Auge mustert, wird man ganz unfehlbar Lücken und Schäden in ihr entdecken. Hier ist der Zusammenhang sichtlich unterbrochen und wird vom Kranken durch eine Redensart, eine [1] ungenügende Auskunft notdürftig ergänzt; dort stößt

---

[1] [In der Erstausgabe steht hier »ganz«.]

man auf ein Motiv, das bei einem normalen Menschen als ein ohnmächtiges zu bezeichnen wäre. Der Kranke will diese Lücken nicht anerkennen, wenn er auf sie aufmerksam gemacht wird. Der Arzt aber tut recht daran, wenn er hinter diesen schwachen Stellen den Zugang zu dem Material der tieferen Schichten sucht, wenn er gerade hier die Fäden des Zusammenhanges aufzufinden hofft, denen er mit der Druckprozedur nachspürt. Man sagt dem Kranken also: »Sie irren sich; das, was Sie angeben, kann mit dem betreffenden nichts zu tun haben. Hier müssen wir auf etwas anderes stoßen, was Ihnen unter dem Drucke meiner Hand einfallen wird.«

Man darf nämlich an einen Gedankengang bei einem Hysterischen, und reichte er auch ins Unbewußte, dieselben Anforderungen von logischer Verknüpfung und ausreichender Motivierung stellen, die man bei einem normalen Individuum erheben würde. Eine Lockerung dieser Beziehungen liegt nicht im Machtbereiche der Neurose. Wenn die Vorstellungsverknüpfungen der Neurotischen und speziell der Hysterischen einen anderen Eindruck machen, wenn hier die Relation der Intensitäten verschiedener Vorstellungen aus psychologischen Bedingungen allein unerklärbar scheint, so haben wir ja gerade für diesen Anschein den Grund kennengelernt und wissen ihn als *Existenz verborgener, unbewußter Motive* zu nennen. Wir dürfen also solche geheime Motive überall dort vermuten, wo ein solcher Sprung im Zusammenhange, eine Überschreitung des Maßes normal berechtigter Motivierung nachzuweisen ist.

Natürlich muß man sich bei solcher Arbeit von dem theoretischen Vorurteile freihalten, man habe es mit abnormen Gehirnen von *dégénérés* und *déséquilibrés* zu tun[1], denen die Freiheit, die gemeinen psychologischen Gesetze der Vorstellungsverbindung über den Haufen zu werfen, als Stigma eigen wäre, bei denen eine beliebige Vorstellung ohne Motiv übermäßig intensiv wachsen, eine andere ohne psychologischen Grund unverwüstlich bleiben kann. Die Erfahrung zeigt für die Hysterie das Gegenteil; hat man die verborgenen – oft unbewußt gebliebenen – Motive herausgefunden und bringt sie in Rechnung, so bleibt auch an der hysterischen Gedankenverknüpfung nichts rätselhaft und regelwidrig.

Auf solche Art also, durch Aufspüren von Lücken in der ersten Darstellung des Kranken, die oft durch »falsche Verknüpfungen« [unten, S. 94] gedeckt sind, greift man ein Stück des logischen Fadens an der

---

[1] [Dies war damals die Meinung vieler französischer Psychopathologen.]

Peripherie auf und bahnt sich durch die Druckprozedur von da aus den weiteren Weg.

Sehr selten gelingt es dabei, sich an demselben Faden bis ins Innere durchzuarbeiten; meist reißt er unterwegs ab, indem der Druck versagt, gar kein Ergebnis liefert oder eines, das mit aller Mühe nicht zu klären und nicht fortzusetzen ist. Man lernt es bald, sich in diesem Falle vor den naheliegenden Verwechslungen zu schützen. Die Miene des Kranken muß es entscheiden, ob man wirklich an ein Ende gekommen ist oder einen Fall getroffen hat, welcher eine psychische Aufklärung nicht braucht, oder ob es übergroßer Widerstand ist, der der Arbeit Halt gebietet. Kann man letzteren nicht alsbald besiegen, so darf man annehmen, daß man den Faden bis in eine Schichte hineinverfolgt hat, die für jetzt noch undurchlässig ist. Man läßt ihn fallen, um einen anderen Faden aufzugreifen, den man vielleicht ebensoweit verfolgt. Ist man mit allen Fäden in diese Schichte nachgekommen, hat dort die Verknotungen aufgefunden, wegen welcher der einzelne Faden isoliert nicht mehr zu verfolgen war, so kann man daran denken, den bevorstehenden Widerstand von neuem anzugreifen.

Man kann sich leicht vorstellen, wie kompliziert eine solche Arbeit werden kann. Man drängt sich unter beständiger Überwindung von Widerstand in innere Schichten ein, gewinnt Kenntnis von den in dieser Schicht angehäuften Themen und den durchlaufenden Fäden, prüft, bis wie weit man mit seinen gegenwärtigen Mitteln und seiner gewonnenen Kenntnis vordringen kann, verschafft sich erste Kundschaft von dem Inhalte der nächsten Schichten durch die Druckprozedur, läßt die Fäden fallen und nimmt sie wieder auf, verfolgt sie bis zu Knotenpunkten, holt beständig nach und gelangt, indem man einem Erinnerungsfaszikel nachgeht, jedesmal auf einen Nebenweg, der schließlich doch wieder einmündet. Endlich kommt man auf solche Art so weit, daß man das schichtweise Arbeiten verlassen und auf einem Hauptwege direkt zum Kerne der pathogenen Organisation vordringen kann. Damit ist der Kampf gewonnen, aber noch nicht beendet. Man muß die anderen Fäden nachholen, das Material erschöpfen; aber jetzt hilft der Kranke energisch mit, sein Widerstand ist meist schon gebrochen.

Es ist in diesen späteren Stadien der Arbeit von Nutzen, wenn man den Zusammenhang errät und ihn dem Kranken mitteilt, ehe man ihn aufgedeckt hat. Hat man richtig erraten, so beschleunigt man den Verlauf der Analyse, aber auch mit einer unrichtigen Hypothese hilft man sich weiter, indem man den Kranken nötigt, Partei zu nehmen, und ihm energische Ablehnungen entlockt, die ja ein sicheres Besserwissen verraten.

Man überzeugt sich dabei mit Erstaunen, *daß man nicht imstande ist, dem Kranken über die Dinge, die er angeblich nicht weiß, etwas aufzudrängen oder die Ergebnisse der Analyse durch Erregung seiner Erwartung zu beeinflussen.* Es ist mir kein einziges Mal gelungen, die Reproduktion der Erinnerungen oder den Zusammenhang der Ereignisse durch meine Vorhersage zu verändern und zu fälschen, was sich ja endlich durch einen Widerspruch im Gefüge hätte verraten müssen. Traf etwas so ein, wie ich es vorhergesagt, so war stets durch vielfache unverdächtige Reminiszenzen bezeugt, daß ich eben richtig geraten hatte. Man braucht sich also nicht zu fürchten, vor dem Kranken irgendeine Meinung über den nächstkommenden Zusammenhang zu äußern; es schadet nichts.

Eine andere Beobachtung, die man jedesmal zu wiederholen Gelegenheit hat, bezieht sich auf die selbständigen Reproduktionen des Kranken. Man kann behaupten, daß keine einzige Reminiszenz während einer solchen Analyse auftaucht, die nicht ihre Bedeutung hätte. Ein Dareinmengen beziehungsloser Erinnerungsbilder, die mit den wichtigen irgendwie assoziiert sind, kommt eigentlich gar nicht vor. Man darf eine nicht regelwidrige Ausnahme für solche Erinnerungen postulieren, die an sich unwichtig, doch als Schaltstücke unentbehrlich sind, indem die Assoziation zwischen zwei beziehungsvollen Erinnerungen nur über sie geht. – Die Zeitdauer, während welcher eine Erinnerung im Engpasse vor dem Bewußtsein des Patienten verweilt, steht, wie schon angeführt [oben, S. 84], in direkter Beziehung zu deren Bedeutung. Ein Bild, das nicht verlöschen will, verlangt noch seine Würdigung, ein Gedanke, der sich nicht abtun läßt, will noch weiterverfolgt werden. Es kehrt auch nie eine Reminiszenz zum zweiten Male wieder, wenn sie erledigt worden ist; ein Bild, das abgesprochen wurde, ist nicht wieder zu sehen. Geschieht dies doch, so darf man mit Bestimmtheit erwarten, daß das zweitemal ein neuer Gedankeninhalt sich an das Bild, eine neue Folgerung an den Einfall knüpfen wird, d. h. daß doch keine vollständige Erledigung stattgefunden hat. Eine Wiederkehr in verschiedener Intensität, zuerst als Andeutung, dann in voller Helligkeit, kommt hingegen häufig vor, widerspricht aber nicht der eben aufgestellten Behauptung.

Wenn sich unter den Aufgaben der Analyse die Beseitigung eines Symptoms befindet, welches der Intensitätssteigerung oder der Wiederkehr fähig ist (Schmerzen, Reizsymptome wie Erbrechen, Sensationen, Kontrakturen), so beobachtet man während der Arbeit von seiten dieses Symptoms das interessante und nicht unerwünschte Phänomen des »*Mitsprechens*«[1]. Das fragliche Symptom erscheint wieder oder erscheint in verstärkter Intensität, sobald man in die Region der pathogenen Organisation geraten ist, welche die Ätiologie dieses Symptoms enthält, und es begleitet nun die Arbeit mit charakteristischen und für den Arzt lehrreichen Schwankungen weiter. Die Intensität desselben (sagen wir: einer Brechneigung) steigt, je tiefer man in eine der hiefür pathogenen Erinnerungen eindringt, erreicht die größte Höhe kurz vor dem Aussprechen der letzteren und sinkt mit vollendeter Aussprache plötzlich ab oder verschwindet auch völlig für eine Weile. Wenn der Kranke aus Widerstand das Aussprechen lange verzögert, wird die Spannung der Sensation, der Brechneigung unerträglich, und kann man das Aussprechen nicht erzwingen, so tritt wirklich Erbrechen ein. Man gewinnt so einen plastischen Eindruck davon, daß das »Erbrechen« an Stelle einer psychischen Aktion (hier des Aussprechens) steht, wie es die Konversionstheorie der Hysterie behauptet.

Diese Intensitätsschwankung von seiten des hysterischen Symptoms wiederholt sich nun jedesmal, sooft man eine neue, hiefür pathogene Erinnerung in Angriff nimmt; das Symptom steht sozusagen die ganze Zeit über *auf der Tagesordnung*. Ist man genötigt, den Faden, an dem dies Symptom hängt, für eine Weile fallenzulassen, so tritt auch das Symptom in die Dunkelheit zurück, um in einer späteren Periode der Analyse wieder aufzutauchen. Dieses Spiel währt so lange, bis durch das Aufarbeiten des pathogenen Materials für dieses Symptom endgültige Erledigung geschaffen ist.

Strenggenommen verhält sich hiebei das hysterische Symptom gar nicht anders als das Erinnerungsbild oder der reproduzierte Gedanke, den man unter dem Drucke der Hand heraufbeschwört. Hier wie dort dieselbe obsedierende Hartnäckigkeit der Wiederkehr in der Erinnerung des Kranken, die Erledigung erheischt. Der Unterschied liegt nur in dem anscheinend spontanen Auftreten der hysterischen Symptome, während man sich wohl erinnert, die Szenen und Einfälle selbst provoziert zu haben. Es führt aber in der Wirklichkeit eine ununterbrochene Reihe von den unveränderten *Erinnerungsresten* affektvoller Erlebnisse

---

[1] [Ein Beispiel dafür findet sich in der Falldarstellung von Fräulein Elisabeth v. R. (1895 *d*, S. 212, *Ta.*, S. 167). Das Phänomen wird auch von Breuer erwähnt (1895 *d*, *Ta.*, S. 57).]

und Denkakte bis zu den hysterischen Symptomen, ihren *Erinnerungs-symbolen.*

Das Phänomen des Mitsprechens des hysterischen Symptoms während der Analyse bringt einen praktischen Übelstand mit sich, mit welchem man den Kranken sollte aussöhnen können. Es ist ja ganz unmöglich, eine Analyse eines Symptoms in einem Zuge vorzunehmen oder die Pausen in der Arbeit so zu verteilen, daß sie gerade mit Ruhepunkten in der Erledigung zusammentreffen. Vielmehr fällt die Unterbrechung, die durch die Nebenumstände der Behandlung, die vorgerückte Stunde u. dgl., gebieterisch vorgeschrieben wird, oft an die ungeschicktesten Stellen, gerade wo man sich einer Entscheidung nähern könnte, gerade wo ein neues Thema auftaucht. Es sind dieselben Übelstände, die jedem Zeitungsleser die Lektüre des täglichen Fragments seines Zeitungsromans verleiden, wenn unmittelbar nach der entscheidenden Rede der Heldin, nach dem Knallen des Schusses u. dgl. zu lesen steht: (Fortsetzung folgt). In unserem Falle bleibt das aufgerührte, aber nicht abgetane Thema, das zunächst verstärkte und noch nicht erklärte Symptom, im Seelenleben des Kranken bestehen und belästigt ihn vielleicht ärger, als es sonst der Fall war. Damit muß man[1] sich eben abfinden können; es läßt sich nicht anders einrichten. Es gibt überhaupt Kranke, die während einer solchen Analyse das einmal berührte Thema nicht wieder loslassen können, die von ihm auch in der Zwischenzeit zwischen zwei Behandlungen obsediert sind, und da sie doch allein mit der Erledigung nicht weiterkommen, zunächst mehr leiden als vor der Behandlung. Auch solche Patienten lernen es schließlich, auf den Arzt zu warten, alles Interesse, das sie an der Erledigung des pathogenen Materials haben, in die Stunden der Behandlung zu verlegen, und sie beginnen dann, sich in den Zwischenzeiten freier zu fühlen.

Auch das Allgemeinbefinden der Kranken während einer solchen Analyse erscheint der Beachtung wert. Eine Weile noch bleibt es, von der Behandlung unbeeinflußt, Ausdruck der früher wirksamen Faktoren, dann aber kommt ein Moment, in dem der Kranke »gepackt«, sein Interesse gefesselt wird, und von da [ab] gerät auch sein Allgemeinzustand immer mehr in Abhängigkeit von dem Stande der Arbeit. Jedesmal,

---

[1] [In den ersten beiden Ausgaben der *Studien* steht hier »er«, dagegen in der dritten, offensichtlich ein Druckfehler, »es«. In der Ausgabe von 1924 wurde dieses »es« in »man« korrigiert, was den Sinn des Satzes jedoch gegenüber der ursprünglichen Formulierung etwas verändert.]

wenn eine neue Aufklärung gewonnen, ein wichtiger Abschnitt in der Gliederung der Analyse erreicht ist, fühlt sich der Kranke auch erleichtert, genießt er wie ein Vorgefühl der nahenden Befreiung; bei jedem Stocken der Arbeit, bei jeder drohenden Verwirrung wächst die psychische Last, die ihn bedrückt, steigert sich seine Unglücksempfindung, seine Leistungsunfähigkeit. Beides allerdings nur für kurze Zeit; denn die Analyse geht weiter, verschmäht es, sich des Moments von Wohlbefinden zu rühmen, und setzt achtlos über die Perioden der Verdüsterung hinweg. Man freut sich im allgemeinen, wenn man die spontanen Schwankungen im Befinden des Kranken durch solche ersetzt hat, die man selbst provoziert und versteht, ebenso wie man gerne an Stelle der spontanen Ablösung der Symptome jene Tagesordnung treten sieht, die dem Stande der Analyse entspricht.

Gewöhnlich wird die Arbeit zunächst um so dunkler und schwieriger, je tiefer man in das vorhin beschriebene, geschichtete psychische Gebilde eindringt. Hat man sich aber einmal bis zum Kerne durchgearbeitet, so wird es licht, und das Allgemeinbefinden des Kranken hat keine starke Verdüsterung mehr zu befürchten. Den Lohn der Arbeit aber, das Aufhören der Krankheitssymptome, darf man erst erwarten, wenn man für jedes einzelne Symptom die volle Analyse geleistet hat; ja, wo die einzelnen Symptome durch mehrfache Knotungen aneinandergeknüpft sind, wird man nicht einmal durch Partialerfolge während der Arbeit ermutigt. Kraft der reichlich vorhandenen kausalen Verbindungen wirkt jede noch unerledigte pathogene Vorstellung als Motiv für sämtliche Schöpfungen der Neurose, und erst mit dem letzten Worte der Analyse schwindet das ganze Krankheitsbild, ganz ähnlich, wie sich die einzelne reproduzierte Erinnerung benahm. –

Ist eine pathogene Erinnerung oder ein pathogener Zusammenhang, der dem Ich-Bewußtsein früher entzogen war, durch die Arbeit der Analyse aufgedeckt und in das Ich eingefügt, so beobachtet man an der so bereicherten psychischen Persönlichkeit verschiedene Arten, sich über ihren Gewinn zu äußern. Ganz besonders häufig kommt es vor, daß die Kranken, nachdem man sie mühsam zu einer gewissen Kenntnis genötigt hat, dann erklären: »Das habe ich ja immer gewußt, das hätte ich Ihnen vorher sagen können.« Die einsichtsvolleren erkennen dies dann als eine Selbsttäuschung und klagen sich des Undankes an. Sonst hängt im allgemeinen die Stellungnahme des Ich gegen die neue Erwerbung davon ab, aus welcher Schichte der Analyse letztere stammt. Was den äußersten Schichten angehört, wird ohne Schwierigkeiten anerkannt, es war ja im Besitze des Ich geblieben, und nur sein Zusammenhang mit den tieferen Schichten des pathogenen Materials war für das Ich eine Neuigkeit. Was aus diesen tieferen Schichten zutage gefördert wird, findet auch noch Erkennung und Anerkennung, aber doch häufig erst nach längerem Zögern und Bedenken. Visuelle Erinnerungsbilder sind hier natürlich schwieriger zu verleugnen als Erinnerungsspuren von bloßen Gedankengängen. Gar nicht selten sagt der Kranke zuerst: »Es ist möglich, daß ich dies gedacht habe, aber ich kann mich nicht erinnern«, und erst nach längerer Vertrautheit mit dieser Annahme tritt auch das Erkennen dazu; er erinnert sich und bestätigt es auch durch Nebenverknüpfungen, daß er diesen Gedanken wirklich einmal gehabt hat. Ich mache es aber während der Analyse zum Gebote, die Wertschätzung einer auftauchenden Reminiszenz unabhängig von der Anerkennung des Kranken zu halten. Ich werde nicht müde zu wiederholen, daß wir daran gebunden sind, alles anzunehmen, was wir mit unseren Mitteln zutage fördern. Wäre etwas Unechtes oder Unrichtiges darunter, so würde der Zusammenhang es später ausscheiden lehren. Nebenbei gesagt, ich habe kaum je Anlaß gehabt, einer vorläufig zugelassenen Reminiszenz nachträglich die Anerkennung zu entziehen. Was immer auftauchte, hat sich trotz des täuschenden Anscheines eines zwingenden Widerspruches doch endlich als das Richtige erwiesen.

Die aus der größten Tiefe stammenden Vorstellungen, die den Kern der pathogenen Organisation bilden, werden von den Kranken auch am schwierigsten als Erinnerungen anerkannt. Selbst wenn alles vorüber ist, wenn die Kranken, durch den logischen Zwang überwältigt und von der Heilwirkung überzeugt, die das Auftauchen gerade dieser Vorstellungen begleitet – wenn die Kranken, sage ich, selbst angenommen haben, sie hätten so und so gedacht, fügen sie oft hinzu: »Aber *erinnern*, daß ich es gedacht habe, kann ich mich nicht.« Man verständigt sich dann leicht mit ihnen: Es waren *unbewußte* Gedanken. Wie soll man aber selbst diesen Sachverhalt in seine psychologischen Anschauungen eintragen? Soll man sich über dies verweigerte Erkennen von seiten der Kranken, das nach getaner Arbeit motivlos ist, hinwegsetzen; soll man annehmen, daß es sich wirklich um Gedanken handelt, die nicht zustande gekommen sind, für welche bloß die Existenzmöglichkeit vorlag, so daß die Therapie in der Vollziehung eines damals unterbliebenen psychischen Aktes bestünde? Es ist offenbar unmöglich, hierüber, d. h. also über den Zustand des pathogenen Materials *vor* der Analyse etwas auszusagen, ehe man seine psychologischen Grundansichten, zumal über das Wesen des Bewußtseins, gründlich geklärt hat. Es bleibt wohl eine des Nachdenkens würdige Tatsache, daß man bei solchen Analysen einen Gedankengang aus dem Bewußtsein ins Unbewußte (d. i. absolut nicht als Erinnerung Erkannte) verfolgen, ihn von dort aus wieder eine Strecke weit durchs Bewußte ziehen und wieder im Unbewußten enden sehen kann, ohne daß dieser Wechsel der »psychischen Beleuchtung« an ihm selbst, an seiner Folgerichtigkeit, dem Zusammenhang seiner einzelnen Teile, etwas ändern würde. Habe ich dann einmal diesen Gedankengang ganz vor mir, so könnte ich nicht erraten, welches Stück vom Kranken als Erinnerung erkannt wurde, welches nicht. Ich sehe nur gewissermaßen die Spitzen des Gedankenganges ins Unbewußte eintauchen, umgekehrt wie man es von unseren normalen psychischen Vorgängen behauptet hat.

Ich habe endlich noch ein Thema zu behandeln, welches bei der Durchführung einer solchen kathartischen Analyse eine unerwünscht große Rolle spielt. Ich habe bereits [oben, S. 74] als möglich zugestanden, daß die Druckprozedur versagt, trotz alles Versicherns und Drängens keine Reminiszenz heraufbefördert. Dann, sagte ich, seien zwei Fälle möglich, entweder es ist an der Stelle, wo man eben nachforscht, wirklich nichts zu holen; dies erkennt man an der völlig ruhigen Miene des Kranken; oder man ist auf einen erst später überwindbaren Widerstand gestoßen, man steht vor einer neuen Schichte, in die man noch nicht eindringen kann, und das liest man dem Kranken wiederum von seiner gespannten und von geistiger Anstrengung zeugenden Miene ab [S. 87]. Es ist aber noch ein dritter Fall möglich, der gleichfalls ein Hindernis bedeutet, aber kein inhaltliches, sondern ein äußerliches. Dieser Fall tritt ein, wenn das Verhältnis des Kranken zum Arzte gestört ist, und bedeutet das ärgste Hindernis, auf das man stoßen kann. Man kann aber in jeder ernsteren Analyse darauf rechnen.

Ich habe bereits [S. 60] angedeutet, welche wichtige Rolle der Person des Arztes bei der Schöpfung von Motiven zufällt, welche die psychische Kraft des Widerstandes besiegen sollen. In nicht wenigen Fällen, besonders bei Frauen und wo es sich um Klärung erotischer Gedankengänge handelt, wird die Mitarbeiterschaft der Patienten zu einem persönlichen Opfer, das durch irgendwelches Surrogat von Liebe vergolten werden muß. Die Mühewaltung und geduldige Freundlichkeit des Arztes haben als solches Surrogat zu genügen.

Wird nun dieses Verhältnis der Kranken zum Arzte gestört, so versagt auch die Bereitschaft der Kranken; wenn der Arzt sich nach der nächsten pathogenen Idee erkundigen will, tritt der Kranken das Bewußtsein der Beschwerden dazwischen, die sich bei ihr gegen den Arzt angehäuft haben. Soviel ich erfahren habe, tritt dieses Hindernis in drei Hauptfällen ein:

(1) Bei persönlicher Entfremdung, wenn die Kranke sich zurückgesetzt, geringgeschätzt, beleidigt glaubt oder Ungünstiges über den Arzt und die Behandlungsmethode gehört hat. Dies ist der am wenigsten ernste Fall; das Hindernis ist durch Aussprechen und Aufklären leicht zu überwinden, wenngleich die Empfindlichkeit und der Argwohn Hysterischer sich gelegentlich in ungeahnten Dimensionen äußern können.

(2) Wenn die Kranke von der Furcht ergriffen wird, sie gewöhne sich zu sehr an die Person des Arztes, verliere ihre Selbständigkeit ihm gegenüber, könne gar in sexuelle Abhängigkeit von ihm geraten. Dieser Fall ist bedeutsamer, weil minder individuell bedingt. Der Anlaß zu diesem Hindernisse ist in der Natur der therapeutischen Bekümmerung enthalten. Die Kranke hat nun ein neues Motiv zum Widerstande, welches sich nicht nur bei einer gewissen Reminiszenz, sondern bei jedem Versuche der Behandlung äußert. Ganz gewöhnlich klagt die Kranke über Kopfschmerzen, wenn man die Druckprozedur vornimmt. Ihr neues Motiv zum Widerstande bleibt ihr nämlich meistens unbewußt, und sie äußert es durch ein neu erzeugtes hysterisches Symptom. Der Kopfschmerz bedeutet die Abneigung, sich beeinflussen zu lassen.

(3) Wenn die Kranke sich davor erschreckt, daß sie aus dem Inhalte der Analyse auftauchende peinliche Vorstellungen auf die Person des Arztes überträgt. Dies ist häufig, ja in manchen Analysen ein regelmäßiges Vorkommnis. Die Übertragung[1] auf den Arzt geschieht durch *falsche Verknüpfung* (vgl. [1895 d] S. 121 [*Ta.*, S. 86])[2]. Ich muß hier wohl ein Beispiel anführen: Ursprung eines gewissen hysterischen Symptoms war

---

[1] [Hier erscheint der Ausdruck »Übertragung« erstmals im psychoanalytischen Sinne, wenngleich es sich um eine viel engere Verwendung handelt als in Freuds späteren Schriften. Für einen etwas anderen Gebrauch des Terminus vgl. Kapitel VII, Abschnitt C, der *Traumdeutung* (1900 a), *Studienausgabe*, Bd. 2, S. 536 f. Die nächste Stelle, an der sich Freud danach mit dem Thema der »Übertragung« befaßt, findet sich gegen Ende des letzten Abschnitts der Falldarstellung der »Dora« (1905 e), *Studienausgabe*, Bd. 6, S. 180 ff.]

[2] [Freud verweist hier auf eine lange Fußnote in der Falldarstellung der Frau Emmy, wo er ein Beispiel »falscher Verknüpfung« ausführlich berichtet und den »Zwang zur Assoziation« diskutiert. – Schon früher hatte er dieses Thema im Zusammenhang mit Zwangsvorstellungen in seiner Arbeit über ›Die Abwehr-Neuropsychosen‹ (1894 a), zu Beginn von Abschnitt II, erörtert.]

bei einer meiner Patientinnen der vor vielen Jahren gehegte und sofort ins Unbewußte verwiesene Wunsch, der Mann, mit dem sie damals ein Gespräch geführt, möchte doch herzhaft zugreifen und ihr einen Kuß aufdrängen. Nun taucht einmal nach Beendigung einer Sitzung ein solcher Wunsch in der Kranken in bezug auf meine Person auf; sie ist entsetzt darüber, verbringt eine schlaflose Nacht und ist das nächste Mal, obwohl sie die Behandlung nicht verweigert, doch ganz unbrauchbar zur Arbeit. Nachdem ich das Hindernis erfahren und behoben habe, geht die Arbeit wieder weiter und siehe da, der Wunsch, der die Kranke so erschreckt, erscheint als die nächste, als die jetzt vom logischen Zusammenhange geforderte der pathogenen Erinnerungen. Es war also so zugegangen: Es war zuerst der Inhalt des Wunsches im Bewußtsein der Kranken aufgetreten, ohne die Erinnerungen an die Nebenumstände, die diesen Wunsch in die Vergangenheit verlegen konnten; der nun vorhandene Wunsch wurde durch den im Bewußtsein herrschenden Assoziationszwang mit meiner Person verknüpft, welche ja die Kranke beschäftigen darf, und bei dieser Mesalliance – die ich falsche Verknüpfung heiße – wacht derselbe Affekt auf, der seinerzeit die Kranke zur Verweisung dieses unerlaubten Wunsches gedrängt hat. Nun ich das einmal erfahren habe, kann ich von jeder ähnlichen Inanspruchnahme meiner Person voraussetzen, es sei wieder eine Übertragung und falsche Verknüpfung vorgefallen. Die Kranke fällt merkwürdigerweise der Täuschung jedes neue Mal zum Opfer.

Man kann keine Analyse zu Ende führen, wenn man dem Widerstande, der sich aus diesen drei Vorfällen ergibt, nicht zu begegnen weiß. Man findet aber auch hiezu den Weg, wenn man sich vorsetzt, dieses nach altem Muster neu produzierte Symptom so zu behandeln wie die alten. Man hat zunächst die Aufgabe, das »Hindernis« der Kranken bewußtzumachen. Bei einer meiner Kranken zum Beispiel, bei der plötzlich die Druckprozedur versagte und ich Grund hatte, eine unbewußte Idee wie die unter (2) erwähnte anzunehmen, traf ich es das erstemal durch Überrumpelung. Ich sagte ihr, es müsse sich ein Hindernis gegen die Fortsetzung der Behandlung ergeben haben, die Druckprozedur habe aber wenigstens die Macht, ihr dieses Hindernis zu zeigen, und drückte auf ihren Kopf. Sie sagte erstaunt: »Ich sehe Sie auf dem Sessel hier sitzend, das ist doch ein Unsinn; was soll das bedeuten?« – Ich konnte sie nun aufklären.

Bei einer andern pflegte sich das »Hindernis« nicht direkt auf Druck zu zeigen, aber ich konnte es jedesmal nachweisen, wenn ich die Patientin auf den Moment zurückführte, in dem es entstanden war. Diesen Moment wiederzubringen, verweigerte uns die Druckprozedur nie. Mit dem Auffinden und Nachweisen des Hindernisses war die erste Schwierigkeit hinweggeräumt, eine größere blieb noch bestehen. Sie bestand darin, die Kranke zum Mitteilen zu bewegen, wo anscheinend persönliche Beziehungen in Betracht kamen, wo die dritte Person mit der des Arztes zusammenfiel. Ich war anfangs über diese Vermehrung meiner psychischen Arbeit recht ungehalten, bis ich das Gesetzmäßige des ganzen Vorganges einsehen lernte, und dann merkte ich auch, daß durch solche Übertragung keine erhebliche Mehrleistung geschaffen sei. Die Arbeit für die Patientin blieb dieselbe: etwa den peinlichen Affekt zu überwinden, daß sie einen derartigen Wunsch einen Moment lang hegen konnte, und es schien für den Erfolg gleichgültig, ob sie diese psychische Abstoßung im historischen Falle oder im rezenten mit mir zum Thema der Arbeit nahm. Die Kranken lernten auch allmählich einsehen, daß es sich bei solchen Übertragungen auf die Person des Arztes um einen Zwang und um eine Täuschung handle, die mit Beendigung der Analyse zerfließe. Ich meine aber, wenn ich versäumt hätte, ihnen die Natur des »Hindernisses« klarzumachen, hätte ich ihnen einfach ein neues hysterisches Symptom, wenn auch ein milderes, für ein anderes, spontan entwickeltes substituiert.

Nun, meine ich, ist es genug der Andeutungen über die Ausführung solcher Analysen und die dabei gemachten Erfahrungen. Sie lassen vielleicht manches komplizierter erscheinen, als es ist; vieles ergibt sich ja von selbst, wenn man sich in solch einer Arbeit befindet. Ich habe die Schwierigkeiten der Arbeit nicht aufgezählt, um den Eindruck zu erwecken, es lohne sich bei derartigen Anforderungen an Arzt und Kranke nur in den seltensten Fällen, eine kathartische Analyse zu unternehmen. Ich lasse mein ärztliches Handeln von der gegenteiligen Voraussetzung beeinflussen. – Die bestimmtesten Indikationen für die Anwendung der hier geschilderten therapeutischen Methode kann ich freilich nicht aufstellen, ohne in die Würdigung des bedeutsameren und umfassenderen Themas der Therapie der Neurosen überhaupt einzugehen. Ich habe bei mir häufig die kathartische Psychotherapie mit chirurgischen Eingriffen verglichen, meine Kuren als *psychotherapeutische Operationen* bezeichnet, die Analogien mit Eröffnung einer eitergefüllten Höhle, der Auskratzung einer kariös erkrankten Stelle u. dgl. verfolgt. Eine solche Analogie findet ihre Berechtigung nicht so sehr in der Entfernung des

Krankhaften als in der Herstellung besserer Heilungsbedingungen für den Ablauf des Prozesses.

Ich habe wiederholt von meinen Kranken, wenn ich ihnen Hilfe oder Erleichterung durch eine kathartische Kur versprach, den Einwand hören müssen: »Sie sagen ja selbst, daß mein Leiden wahrscheinlich mit meinen Verhältnissen und Schicksalen zusammenhängt: daran können Sie ja nichts ändern; auf welche Weise wollen Sie mir denn helfen?« Darauf habe ich antworten können: »Ich zweifle ja nicht, daß es dem Schicksale leichter fallen müßte als mir, Ihr Leiden zu beheben; aber Sie werden sich überzeugen, daß viel damit gewonnen ist, wenn es uns gelingt, Ihr hysterisches Elend in gemeines Unglück zu verwandeln. Gegen das letztere werden Sie sich mit einem wiedergenesenen Seelenleben[1] besser zur Wehre setzen können.«

---

[1] [Anstelle dieses Wortes steht in den vor 1925 erschienenen Ausgaben »Nervensystem«. Mit dieser Korrektur machte Freud deutlich, daß sein Denken inzwischen die Neurologie verlassen und sich definitiv in der Psychologie etabliert hatte. Zur Zeit der Niederschrift der *Studien* war er, wie Breuer Brücke-Schüler und der physikalistischen Tradition der Helmholtz-Schule verpflichtet, noch davon überzeugt gewesen, daß auch psychopathologische Zustände letzten Endes physiologisch, also physikalisch und chemisch, zu erklären seien. Seine damaligen Bemühungen, seelische Phänomene strikt neurologisch zu beschreiben, kulminierten in dem kurz nach den *Studien* verfaßten, aber erst posthum publizierten ›Entwurf‹ (1950 a [1895]), wurden aber nicht lange danach aufgegeben. In Kapitel V seines Buches über den *Witz* (1905 c, *Studienausgabe*, Bd. 4, S. 139) stellte Freud explizit fest, daß er nicht länger versuche, Nervenfasern bzw. Neuronen mit psychischen Assoziationsbahnen gleichzusetzen. Daß sich der Sinn des obigen Satzes durch die auf den ersten Blick einschneidende Korrektur nicht verändert, zeigt, in welchem Ausmaß die alte neurologische Terminologie schon damals nur noch gleichsam als Hülse benutzt wurde.]

Die Freudsche psychoanalytische Methode

(1904 [1903])

EDITORISCHE VORBEMERKUNG

Deutsche Ausgaben:

(1903 Mutmaßliches Datum der Niederschrift.)

1904 In *Die psychischen Zwangserscheinungen* von L. Löwenfeld, 545–51, Wiesbaden, Bergmann.

1906 *S. K. S. N.*, Bd. 1, 218–24. (1911, 2. Aufl., 213–9; 1920, 3. Aufl.; 1922, 4. Aufl.)

1924 *Technik und Metapsychol.*, 3–10.

1925 *G. S.*, Bd. 6, 3–10.

1942 *G. W.*, Bd. 5, 3–10.

In seiner Falldarstellung des »Rattenmannes« (1909 d) spricht Freud von Löwenfelds Buch, für das die vorliegende Arbeit ursprünglich geschrieben wurde, als von »dem gründlichen Hauptwerke« über die Zwangsneurose (*Studienausgabe*, Bd. 7, S. 83, Anm. 2). Er hat es selbst auch rezensiert, wie Saul Rosenzweig von der Washington University, St. Louis, feststellte (s. Freud 1904 f).
Löwenfeld erwähnt in seinem Vorwort, er habe Freud zu diesem Beitrag überredet, weil sich dessen Technik seit den *Studien über Hysterie* (1895 d; vgl. den technischen Teil jenes Buches, oben, S. 49 ff.) so gründlich gewandelt habe. Dieses Vorwort trägt das Datum »November, 1903«; Freuds Arbeit dürfte folglich etwas früher im selben Jahr verfaßt worden sein. Sie gibt einen Überblick über Ziele und Indikationen der psychoanalytischen Kur sowie über die Grundelemente von Freuds »Deutungskunst« (s. unten, S. 104) gemäß dem damaligen Entwicklungsstand. Und sie zeigt, daß Freuds Forderung, der Patient solle während der Kur liegen, das einzige Überbleibsel des früheren hypnotischen Verfahrens ist. Hinsichtlich der äußeren Merkmale des Settings bleibt Freuds Technik von nun an unverändert.

Die eigentümliche Methode der Psychotherapie, die Freud ausübt und als Psychoanalyse bezeichnet, ist aus dem sogenannten kathartischen Verfahren hervorgegangen, über welches er seinerzeit in den *Studien über Hysterie* 1895 in Gemeinschaft mit J. Breuer berichtet hat. Die kathartische Therapie war eine Erfindung Breuers, der mit ihrer Hilfe zuerst etwa ein Dezennium vorher eine hysterische Kranke hergestellt und dabei Einsicht in die Pathogenese ihrer Symptome gewonnen hatte. Infolge einer persönlichen Anregung Breuers nahm dann Freud das Verfahren wieder auf und erprobte es an einer größeren Anzahl von Kranken.

Das kathartische Verfahren[1] setzte voraus, daß der Patient hypnotisierbar sei, und beruhte auf der Erweiterung des Bewußtseins, die in der Hypnose eintritt. Es setzte sich die Beseitigung der Krankheitssymptome zum Ziele und erreichte dies, indem es den Patienten sich in den psychischen Zustand zurückversetzen ließ, in welchem das Symptom zum erstenmal aufgetreten war. Es tauchten dann bei dem hypnotisierten Kranken Erinnerungen, Gedanken und Impulse auf, die in seinem Bewußtsein bisher ausgefallen waren, und wenn er diese seine seelischen Vorgänge unter intensiven Affektäußerungen dem Arzte mitgeteilt hatte, war das Symptom überwunden, die Wiederkehr desselben aufgehoben. Diese regelmäßig zu wiederholende Erfahrung erläuterten die beiden Autoren in ihrer gemeinsamen Arbeit dahin, daß das Symptom an Stelle von unterdrückten und nicht zum Bewußtsein gelangten psychischen Vorgängen stehe, also eine Umwandlung (»Konversion«) der letzteren darstelle. Die therapeutische Wirksamkeit ihres Verfahrens erklärten sie sich aus der Abfuhr des bis dahin gleichsam »eingeklemmten« Affektes, der an den unterdrückten seelischen Aktionen gehaftet hatte (»Abreagieren«). Das einfache Schema des therapeutischen Eingriffes komplizierte sich aber nahezu allemal, indem sich zeigte, daß nicht ein einzelner (»traumatischer«) Eindruck, sondern meist eine schwer zu übersehende Reihe von solchen an der Entstehung des Symptoms beteiligt sei.

---

[1] [Vgl. im vorliegenden Band die vorangehende Arbeit und die ›Editorische Einleitung‹ dazu, oben, S. 39 ff.]

Der Hauptcharakter der kathartischen Methode, der sie in Gegensatz zu allen anderen Verfahren der Psychotherapie setzt, liegt also darin, daß bei ihr die therapeutische Wirksamkeit nicht einem suggestiven Verbot des Arztes übertragen wird. Sie erwartet vielmehr, daß die Symptome von selbst verschwinden werden, wenn es dem Eingriff, der sich auf gewisse Voraussetzungen über den psychischen Mechanismus beruft, gelungen ist, seelische Vorgänge zu einem andern als dem bisherigen Verlaufe zu bringen, der in die Symptombildung eingemündet hat.

Die Abänderungen, welche Freud an dem kathartischen Verfahren Breuers vornahm, waren zunächst Änderungen der Technik; diese brachten aber neue Ergebnisse und haben in weiterer Folge zu einer andersartigen, wiewohl der früheren nicht widersprechenden Auffassung der therapeutischen Arbeit genötigt.

Hatte die kathartische Methode bereits auf die Suggestion verzichtet, so unternahm Freud den weiteren Schritt, auch die Hypnose aufzugeben. Er behandelt gegenwärtig seine Kranken, indem er sie ohne andersartige Beeinflussung eine bequeme Rückenlage auf einem Ruhebett einnehmen läßt, während er selbst, ihrem Anblick entzogen, auf einem Stuhle hinter ihnen sitzt. Auch den Verschluß der Augen[1] fordert er von ihnen nicht und vermeidet jede Berührung sowie jede andere Prozedur, die an Hypnose mahnen könnte.[2] Eine solche Sitzung verläuft also wie ein Gespräch zwischen zwei gleich wachen Personen, von denen die eine sich jede Muskelanstrengung und jeden ablenkenden Sinneseindruck erspart, die sie in der Konzentration ihrer Aufmerksamkeit auf ihre eigene seelische Tätigkeit stören könnten.

Da das Hypnotisiertwerden, trotz aller Geschicklichkeit des Arztes, bekanntlich in der Willkür des Patienten liegt und eine große Anzahl neurotischer Personen durch kein Verfahren in Hypnose zu versetzen ist, so war durch den Verzicht auf die Hypnose die Anwendbarkeit des Verfahrens auf eine uneingeschränkte Anzahl von Kranken gesichert. Anderseits fiel die Erweiterung des Bewußtseins weg, welche dem Arzt gerade jenes psychische Material an Erinnerungen und Vorstellungen geliefert hatte, mit dessen Hilfe sich die Umsetzung der Symptome

---

[1] [In der *Traumdeutung* (1900 *a*, *Studienausgabe*, Bd. 2, S. 121) empfiehlt Freud allerdings noch, der Kranke möge die Augen schließen.]

[2] [Vgl. die ›Editorische Vorbemerkung‹ zu ›Psychische Behandlung (Seelenbehandlung)‹ (1890 *a*), oben, S. 15 f., wo Hinweise auf Freuds Beziehung zur Hypnose gegeben werden. Die sog. »Druck«-Technik, ein Überrest aus dem hypnotischen Verfahren, wird von Freud in seinem Psychotherapie-Beitrag zu den *Studien über Hysterie* (1895 *d*), oben, S. 64–66, beschrieben.]

und die Befreiung der Affekte vollziehen ließ. Wenn für diesen Ausfall kein Ersatz zu schaffen war, konnte auch von einer therapeutischen Einwirkung keine Rede sein.

Einen solchen völlig ausreichenden Ersatz fand nun Freud in den Einfällen der Kranken, das heißt in den ungewollten, meist als störend empfundenen und darum unter gewöhnlichen Verhältnissen beseitigten Gedanken, die den Zusammenhang einer beabsichtigten Darstellung zu durchkreuzen pflegen. Um sich dieser Einfälle zu bemächtigen, fordert er die Kranken auf, sich in ihren Mitteilungen gehenzulassen, »wie man es etwa in einem Gespräche tut, bei welchem man aus dem Hundertsten in das Tausendste gerät«. Er schärft ihnen, ehe er sie zur detaillierten Erzählung ihrer Krankengeschichte auffordert, ein, alles mit zu sagen, was ihnen dabei durch den Kopf geht, auch wenn sie meinen, es sei unwichtig oder es gehöre nicht dazu, oder es sei unsinnig. Mit besonderem Nachdrucke aber wird von ihnen verlangt, daß sie keinen Gedanken oder Einfall darum von der Mitteilung ausschließen, weil ihnen diese Mitteilung beschämend oder peinlich ist. Bei den Bemühungen, dieses Material an sonst vernachlässigten Einfällen zu sammeln, machte nun Freud die Beobachtungen, die für seine ganze Auffassung bestimmend geworden sind. Schon bei der Erzählung der Krankengeschichte stellen sich bei den Kranken Lücken der Erinnerung heraus, sei es, daß tatsächliche Vorgänge vergessen worden, sei es, daß zeitliche Beziehungen verwirrt oder Kausalzusammenhänge zerrissen worden sind, so daß sich unbegreifliche Effekte ergeben. Ohne Amnesie irgendeiner Art gibt es keine neurotische Krankengeschichte. Drängt man den Erzählenden, diese Lücken seines Gedächtnisses durch angestrengte Arbeit der Aufmerksamkeit auszufüllen, so merkt man, daß die hiezu sich einstellenden Einfälle von ihm mit allen Mitteln der Kritik zurückgedrängt werden, bis er endlich das direkte Unbehagen verspürt, wenn sich die Erinnerung wirklich eingestellt hat. Aus dieser Erfahrung schließt Freud, daß die Amnesien das Ergebnis eines Vorganges sind, den er *Verdrängung* heißt und als dessen Motiv er Unlustgefühle erkennt. Die psychischen Kräfte, welche diese Verdrängung herbeigeführt haben, meint er in dem *Widerstand*, der sich gegen die Wiederherstellung erhebt, zu verspüren.

Das Moment des Widerstandes ist eines der Fundamente seiner Theorie geworden. Die sonst unter allerlei Vorwänden (wie sie die obige Formel aufzählt) beseitigten Einfälle betrachtet er aber als Abkömmlinge der verdrängten psychischen Gebilde (Gedanken und Regungen), als Entstellungen derselben infolge des gegen ihre Reproduktion bestehenden Widerstandes.

Je größer der Widerstand, desto ausgiebiger diese Entstellung. In dieser Beziehung der unbeabsichtigten Einfälle zum verdrängten psychischen Material ruht nun ihr Wert für die therapeutische Technik. Wenn man ein Verfahren besitzt, welches ermöglicht, von den Einfällen aus zu dem Verdrängten, von den Entstellungen zum Entstellten zu gelangen, so kann man auch ohne Hypnose das früher Unbewußte im Seelenleben dem Bewußtsein zugänglich machen.

Freud hat darauf eine *Deutungskunst* ausgebildet, welcher diese Leistung zufällt, die gleichsam aus den Erzen der unbeabsichtigten Einfälle den Metallgehalt an verdrängten Gedanken darstellen soll. Objekt dieser Deutungsarbeit sind nicht allein die Einfälle des Kranken, sondern auch seine Träume, die den direktesten Zugang zur Kenntnis des Unbewußten eröffnen, seine unbeabsichtigten wie planlosen Handlungen (Symptomhandlungen) und die Irrungen seiner Leistungen im Alltagsleben (Versprechen, Vergreifen u. dgl.). Die Details dieser Deutungs- oder Übersetzungstechnik sind von Freud noch nicht veröffentlicht worden. Es sind nach seinen Andeutungen eine Reihe von empirisch gewonnenen Regeln, wie aus den Einfällen das unbewußte Material zu konstruieren ist, Anweisungen, wie man es zu verstehen habe, wenn die Einfälle des Patienten versagen, und Erfahrungen über die wichtigsten typischen Widerstände, die sich im Laufe einer solchen Behandlung einstellen. Ein umfangreiches Buch über *Traumdeutung*, 1900 [a] von Freud publiziert, ist als Vorläufer einer solchen Einführung in die Technik[1] anzusehen.

Man könnte aus diesen Andeutungen über die Technik der psychoanalytischen Methode schließen, daß deren Erfinder sich überflüssige Mühe verursacht und unrecht getan hat, das wenig komplizierte hypnotische Verfahren zu verlassen. Aber einerseits ist die Technik der Psychoanalyse viel leichter auszuüben, wenn man sie einmal erlernt hat, als es bei einer Beschreibung den Anschein hat, andererseits führt kein anderer Weg zum Ziele, und darum ist der mühselige Weg noch der kürzeste. Der Hypnose ist vorzuwerfen, daß sie den Widerstand verdeckt und dadurch dem Arzt den Einblick in das Spiel der psychischen Kräfte verwehrt hat. Sie räumt aber mit dem Widerstande nicht auf, sondern

---

[1] [Über die Frage der Veröffentlichung einer solchen Einführung in die Technik vgl. die ›Editorische Einleitung‹ zu den behandlungstechnischen Schriften von 1911 bis 1915 (1914), unten, S. 145 f.]

weicht ihm nur aus und ergibt darum nur unvollständige Auskünfte und nur vorübergehende Erfolge.

Die Aufgabe, welche die psychoanalytische Methode zu lösen bestrebt ist, läßt sich in verschiedenen Formeln ausdrücken, die aber ihrem Wesen nach äquivalent sind. Man kann sagen: Aufgabe der Kur sei, die Amnesien aufzuheben. Wenn alle Erinnerungslücken ausgefüllt, alle rätselhaften Effekte des psychischen Lebens aufgeklärt sind, ist der Fortbestand, ja eine Neubildung des Leidens unmöglich gemacht. Man kann die Bedingung anders fassen: es seien alle Verdrängungen rückgängig zu machen; der psychische Zustand ist dann derselbe, in dem alle Amnesien ausgefüllt sind. Weittragender ist eine andere Fassung: es handle sich darum, das Unbewußte dem Bewußtsein zugänglich zu machen, was durch Überwindung der Widerstände geschieht. Man darf aber dabei nicht vergessen, daß ein solcher Idealzustand auch beim normalen Menschen nicht besteht und daß man nur selten in die Lage kommen kann, die Behandlung annähernd so weit zu treiben. So wie Gesundheit und Krankheit nicht prinzipiell geschieden, sondern nur durch eine praktisch bestimmbare Summationsgrenze gesondert sind, so wird man sich auch nie etwas anderes zum Ziel der Behandlung setzen als die praktische Genesung des Kranken, die Herstellung seiner Leistungs- und Genußfähigkeit. Bei unvollständiger Kur oder unvollkommenem Erfolge derselben erreicht man vor allem eine bedeutende Hebung des psychischen Allgemeinzustandes, während die Symptome, aber mit geminderter Bedeutung für den Kranken, fortbestehen können, ohne ihn zu einem Kranken zu stempeln.

Das therapeutische Verfahren bleibt, von geringen Modifikationen abgesehen, das nämliche für alle Symptombilder der vielgestaltigen Hysterie und ebenso für alle Ausbildungen der Zwangsneurose. Von einer unbeschränkten Anwendbarkeit desselben ist aber keine Rede. Die Natur der psychoanalytischen Methode schafft Indikationen und Gegenanzeigen sowohl von seiten der zu behandelnden Personen als auch mit Rücksicht auf das Krankheitsbild. Am günstigsten für die Psychoanalyse sind die chronischen Fälle von Psychoneurosen mit wenig stürmischen oder gefahrdrohenden Symptomen, also zunächst alle Arten der Zwangsneurose, Zwangsdenken und Zwangshandeln, und Fälle von Hysterie, in denen Phobien und Abulien die Hauptrolle spielen, weiterhin aber auch alle somatischen Ausprägungen der Hysterie, insoferne nicht, wie bei der Anorexie, rasche Beseitigung der Symptome zur Hauptaufgabe des Arztes wird. Bei akuten Fällen von Hysterie wird man den Eintritt eines ruhigeren Stadiums abzuwarten haben; in allen Fällen, bei denen die nervöse Erschöpfung obenan steht, wird man ein Verfahren vermeiden, welches selbst Anstrengung erfordert, nur langsame Fortschritte zeitigt und auf die Fortdauer der Symptome eine Zeitlang keine Rücksicht nehmen kann.

An die Person, die man mit Vorteil der Psychoanalyse unterziehen soll, sind mehrfache Forderungen zu stellen. Sie muß erstens eines psychischen Normalzustandes fähig sein; in Zeiten der Verworrenheit oder melancholischer Depression ist auch bei einer Hysterie nichts auszurichten. Man darf ferner ein gewisses Maß natürlicher Intelligenz und ethischer Entwicklung fordern; bei wertlosen Personen läßt den Arzt bald das Interesse im Stiche, welches ihn zur Vertiefung in das Seelenleben des Kranken befähigt. Ausgeprägte Charakterverbildungen, Züge von wirklich degenerativer Konstitution äußern sich bei der Kur als Quelle von kaum zu überwindenden Widerständen. Insoweit setzt überhaupt die Konstitution eine Grenze für die Heilbarkeit durch Psychotherapie. Auch eine Altersstufe in der Nähe des fünften Dezenniums schafft ungünstige Bedingungen für die Psychoanalyse. Die Masse des psychischen Materials ist dann nicht mehr zu bewältigen, die zur Herstellung erforderliche Zeit wird zu lang, und die Fähigkeit, psychische Vorgänge rückgängig zu machen, beginnt zu erlahmen.

Trotz aller dieser Einschränkungen ist die Anzahl der für die Psychoanalyse geeigneten Personen eine außerordentlich große und die Erweiterung unseres therapeutischen Könnens durch dieses Verfahren nach den Behauptungen Freuds eine sehr beträchtliche. Freud beansprucht lange Zeiträume, ein halbes Jahr bis drei Jahre, für eine wirksame Behandlung; er gibt aber die Auskunft, daß er bisher infolge verschiedener leicht zu erratender Umstände meist nur in die Lage gekommen ist, seine Behandlung an sehr schweren Fällen zu erproben, Personen mit vieljähriger Krankheitsdauer und völliger Leistungsunfähigkeit, die, durch alle Behandlungen getäuscht, gleichsam eine letzte Zuflucht bei seinem neuen und viel angezweifelten Verfahren gesucht haben. In Fällen leichterer Erkrankung dürfte sich die Behandlungsdauer sehr verkürzen und ein außerordentlicher Gewinn an Vorbeugung für die Zukunft erzielen lassen.

Über Psychotherapie

(1905 [1904])

EDITORISCHE VORBEMERKUNG

Deutsche Ausgaben:

(1904 am 12. Dezember als Vortrag vor dem Wiener medizinischen Doktoren-
       kollegium gehalten.)

1905 *Wien. med. Presse,* 1. Januar, 9–16.

1906 *S. K. S. N.,* Bd. 1, 205–17. (1911, 2. Aufl., 201–12; 1920, 3. Aufl.; 1922,
     4. Aufl.)

1924 *Technik und Metapsychol.,* 11–24.

1925 *G. S.,* Bd. 6, 11–24.

1942 *G. W.,* Bd. 5, 13–26.

In diesem Vortrag, dem letzten, den Freud in Wien vor einem offiziellen medizinischen Publikum hielt (vgl. Jones, 1962 a, 25), gibt er einen erläuternden
Überblick über seine Methode. Er nimmt dabei einige Gedanken wieder auf,
die er bereits in ›Psychische Behandlung (Seelenbehandlung)‹ (1890 a, im vorliegenden Band S. 31 ff.) ausführlicher formuliert hatte. Er erörtert u. a. den
Unterschied zwischen analytischer Psychotherapie und Suggestivbehandlung,
die besonderen Schwierigkeiten der Technik, die hohen Ansprüche, die die
Analyse an den Analytiker und an den Patienten stellt, Indikationen sowie
vor allem Kontraindikationen. Der Schluß der Arbeit handelt von den Prinzipien, auf denen die Wirksamkeit des Verfahrens beruht.

Meine Herren! Es sind ungefähr acht Jahre her, seitdem ich über Aufforderung Ihres betrauerten Vorsitzenden Professor von Reder in Ihrem Kreise über das Thema der Hysterie sprechen durfte[1]. Ich hatte kurz zuvor (1895[d]) in Gemeinschaft mit Doktor Josef Breuer die *Studien über Hysterie* veröffentlicht und den Versuch unternommen, auf Grund der neuen Erkenntnis, welche wir diesem Forscher verdanken, eine neuartige Behandlungsweise der Neurose einzuführen. Erfreulicherweise darf ich sagen, haben die Bemühungen unserer *Studien* Erfolg gehabt; die in ihnen vertretenen Ideen von der Wirkungsweise psychischer Traumen durch Zurückhaltung von Affekt und die Auffassung der hysterischen Symptome als Erfolge einer aus dem Seelischen ins Körperliche versetzten Erregung, Ideen, für welche wir die Termini »Abreagieren« und »Konversion« geschaffen hatten, sind heute allgemein bekannt und verstanden. Es gibt – wenigstens in deutschen Landen – keine Darstellung der Hysterie, die ihnen nicht bis zu einem gewissen Grade Rechnung tragen würde, und keinen Fachgenossen, der nicht zum mindesten ein Stück weit mit dieser Lehre ginge. Und doch mögen diese Sätze und diese Termini, solange sie noch frisch waren, befremdend genug geklungen haben!

Ich kann nicht dasselbe von dem therapeutischen Verfahren sagen, das gleichzeitig mit unserer Lehre den Fachgenossen vorgeschlagen wurde. Dasselbe kämpft noch heute um seine Anerkennung. Man mag spezielle Gründe dafür anrufen. Die Technik des Verfahrens war damals noch unausgebildet; ich vermochte es nicht, dem ärztlichen Leser des Buches jene Anweisungen[2] zu geben, welche ihn befähigt hätten, eine der-

---

[1] [Es handelte sich bei diesem Anlaß um eine Reihe von drei Vorträgen über Hysterie, die Freud vor dem Wiener medizinischen Doktorenkollegium am 14., 21. und 28. Oktober 1895 – also *neun* Jahre zuvor – gehalten hatte. Sie sind von ihm selbst nie veröffentlicht worden, aber es finden sich ausführliche Berichte darüber in den Wiener medizinischen Fachjournalen (Freud, 1895 g). Ein Jahr später (am 2. Mai 1896; 1896 c) hatte Freud über ein ähnliches Thema, die Ätiologie der Hysterie, vor dem Verein für Psychiatrie und Neurologie referiert; die oben erwähnten »acht Jahre« könnten auf eine Verwechslung der beiden Veranstaltungen zurückzuführen sein.]

[2] [Vgl. das Psychotherapie-Kapitel aus den *Studien,* im vorliegenden Band S. 49 ff.]

artige Behandlung vollständig durchzuführen. Aber gewiß wirken auch Gründe allgemeiner Natur mit. Vielen Ärzten erscheint noch heute die Psychotherapie als ein Produkt des modernen Mystizismus und im Vergleiche mit unseren physikalisch-chemischen Heilmitteln, deren Anwendung auf physiologische Einsichten gegründet ist, als geradezu unwissenschaftlich, des Interesses eines Naturforschers unwürdig. Gestatten Sie mir nun, vor Ihnen die Sache der Psychotherapie zu führen und hervorzuheben, was an dieser Verurteilung als unrecht oder Irrtum bezeichnet werden kann.

Lassen Sie mich also fürs erste daran mahnen, daß die Psychotherapie kein modernes Heilverfahren ist. Im Gegenteil, sie ist die älteste Therapie, deren sich die Medizin bedient hat. In dem lehrreichen Werke von Löwenfeld (*Lehrbuch der gesamten Psychotherapie* [1897]) können Sie nachlesen, welche die Methoden der primitiven und der antiken Medizin waren. Sie werden dieselben zum größten Teil der Psychotherapie zuordnen müssen; man versetzte die Kranken zum Zwecke der Heilung in den Zustand der »gläubigen Erwartung«, der uns heute noch das nämliche leistet. Auch nachdem die Ärzte andere Heilmittel aufgefunden haben, sind psychotherapeutische Bestrebungen der einen oder der anderen Art in der Medizin niemals untergegangen[1].

Fürs zweite mache ich Sie darauf aufmerksam, daß wir Ärzte auf die Psychotherapie schon darum nicht verzichten können, weil eine andere, beim Heilungsvorgang sehr in Betracht kommende Partei – nämlich die Kranken – nicht die Absicht hat, auf sie zu verzichten. Sie wissen, welche Aufklärungen wir hierüber der Schule von Nancy (Liébeault, Bernheim) verdanken. Ein von der psychischen Disposition der Kranken abhängiger Faktor tritt, ohne daß wir es beabsichtigen, zur Wirkung eines jeden vom Arzte eingeleiteten Heilverfahrens hinzu, meist im begünstigenden, oft auch im hemmenden Sinne. Wir haben für diese Tatsache das Wort »Suggestion« anzuwenden gelernt, und Moebius hat uns gelehrt, daß die Unverläßlichkeit, die wir an so manchen unserer Heilmethoden beklagen, gerade auf die störende Einwirkung dieses übermächtigen Moments zurückzuführen ist. Wir Ärzte, Sie alle, treiben also beständig Psychotherapie, auch wo Sie es nicht wissen und nicht beabsichtigen; nur hat es einen Nachteil, daß Sie den psychischen Faktor in Ihrer Einwirkung auf den Kranken so ganz dem Kranken überlassen.

---

[1] [Der Inhalt dieses Absatzes sowie der folgenden Passagen wird in Freuds Arbeit ›Psychische Behandlung‹ (1890*a*, im vorliegenden Band S. 31 ff.), zu der der vorliegende Vortrag so etwas wie eine Fortsetzung bildet, wesentlich ausführlicher erörtert.]

Er wird auf diese Weise unkontrollierbar, undosierbar, der Steigerung unfähig. Ist es dann nicht ein berechtigtes Streben des Arztes, sich dieses Faktors zu bemächtigen, sich seiner mit Absicht zu bedienen, ihn zu lenken und zu verstärken? Nichts anderes als dies ist es, was die wissenschaftliche Psychotherapie Ihnen zumutet.

Zu dritt, meine Herren Kollegen, will ich Sie auf die altbekannte Erfahrung verweisen, daß gewisse Leiden, und ganz besonders die Psychoneurosen, seelischen Einflüssen weit zugänglicher sind als jeder anderen Medikation. Es ist keine moderne Rede, sondern ein Ausspruch alter Ärzte, daß diese Krankheiten nicht das Medikament heilt, sondern der Arzt, das heißt wohl die Persönlichkeit des Arztes, insofern er psychischen Einfluß durch sie ausübt. Ich weiß wohl, meine Herren Kollegen, daß bei Ihnen jene Anschauung sehr beliebt ist, welcher der Ästhetiker Vischer in seiner Faustparodie klassischen Ausdruck geliehen hat:

> »Ich weiß, das Physikalische
> Wirkt öfters aufs Moralische.«[1]

Aber sollte es nicht adäquater sein und häufiger zutreffen, daß man aufs Moralische eines Menschen mit moralischen, das heißt psychischen Mitteln einwirken kann?

Es gibt viele Arten und Wege der Psychotherapie. Alle sind gut, die zum Ziel der Heilung führen. Unsere gewöhnliche Tröstung: Es wird schon wieder gut werden!, mit der wir den Kranken gegenüber so freigebig sind, entspricht einer der psychotherapeutischen Methoden; nur sind wir bei tieferer Einsicht in das Wesen der Neurosen nicht genötigt gewesen, uns auf die Tröstung einzuschränken. Wir haben die Technik der hypnotischen Suggestion, der Psychotherapie durch Ablenkung, durch Übung, durch Hervorrufung zweckdienlicher Affekte entwickelt. Ich verachte keine derselben und würde sie alle unter geeigneten Bedingungen ausüben. Wenn ich mich in Wirklichkeit auf ein einziges Heilverfahren beschränkt habe, auf die von Breuer »*kathartisch*« genannte Methode, die ich lieber die »*analytische*« heiße, so sind bloß subjektive Motive für mich maßgebend gewesen. Infolge meines Anteiles an der Aufstellung dieser Therapie fühle ich die persönliche Verpflichtung, mich ihrer Erforschung und dem Ausbau ihrer Technik zu widmen. Ich darf behaupten, die analytische Methode der Psychotherapie ist diejenige, welche am eindringlichsten wirkt, am weitesten trägt, durch

---

[1] F. T. Vischer, *Faust: der Tragödie III. Teil* [4. Szene].

welche man die ausgiebigste Veränderung des Kranken erzielt. Wenn ich für einen Moment den therapeutischen Standpunkt verlasse, kann ich für sie geltend machen, daß sie die interessanteste ist, uns allein etwas über die Entstehung und den Zusammenhang der Krankheitserscheinungen lehrt. Infolge der Einsichten in den Mechanismus des seelischen Krankseins, die sie uns eröffnet, könnte sie allein imstande sein, über sich selbst hinauszuführen und uns den Weg zu noch anderen Arten therapeutischer Beeinflussung zu weisen.

In bezug auf diese kathartische oder analytische Methode der Psychotherapie gestatten Sie mir nun, einige Irrtümer zu verbessern und einige Aufklärungen zu geben.

(*a*) Ich merke, daß diese Methode sehr häufig mit der hypnotischen Suggestivbehandlung verwechselt wird, merke es daran, daß verhältnismäßig häufig auch Kollegen, deren Vertrauensmann ich sonst nicht bin, Kranke zu mir schicken, refraktäre Kranke natürlich, mit dem Auftrage, ich solle sie hypnotisieren. Nun habe ich seit etwa acht Jahren keine Hypnose mehr zu Zwecken der Therapie ausgeübt (vereinzelte Versuche ausgenommen) und pflege solche Sendungen mit dem Rate, wer auf die Hypnose baut, möge sie selbst machen, zu retournieren. In Wahrheit besteht zwischen der suggestiven Technik und der analytischen der größtmögliche Gegensatz, jener Gegensatz, den der große Leonardo da Vinci für die Künste in die Formeln *per via di porre* und *per via di levare* gefaßt hat[1]. Die Malerei, sagt Leonardo, arbeitet *per via di porre;* sie setzt nämlich Farbenhäufchen hin, wo sie früher nicht waren, auf die nichtfarbige Leinwand; die Skulptur dagegen geht *per via di levare* vor, sie nimmt nämlich vom Stein so viel weg, als die Oberfläche der in ihm enthaltenen Statue noch bedeckt. Ganz ähnlich, meine Herren, sucht die Suggestivtechnik *per via di porre* zu wirken, sie kümmert sich nicht um Herkunft, Kraft und Bedeutung der Krankheitssymptome, sondern legt etwas auf, die Suggestion nämlich, wovon sie erwartet, daß es stark genug sein wird, die pathogene Idee an der Äußerung zu hindern. Die analytische Therapie dagegen will nicht auflegen, nichts Neues einführen, sondern wegnehmen, herausschaffen, und zu diesem Zwecke bekümmert sie sich um die Genese der krankhaften Symptome und den psychischen Zusammenhang der pathogenen Idee, deren Wegschaffung ihr Ziel ist. Auf diesem Wege der Forschung hat

---

[1] [Eine ausführliche Erörterung dazu findet sich in Richter (1939), Bd. 1, 87 ff., wo die entscheidenden Leonardo-Passagen in Italienisch und Englisch wiedergegeben sind.]

sie unserem Verständnis sehr bedeutende Förderung gebracht. Ich habe die Suggestionstechnik und mit ihr die Hypnose so frühzeitig aufgegeben, weil ich daran verzweifelte, die Suggestion so stark und so haltbar zu machen, wie es für die dauernde Heilung notwendig wäre. In allen schweren Fällen sah ich die daraufgelegte Suggestion wieder abbröckeln, und dann war das Kranksein oder ein dasselbe Ersetzendes wieder da. Außerdem mache ich dieser Technik den Vorwurf, daß sie uns die Einsicht in das psychische Kräftespiel verhüllt, z. B. uns den *Widerstand* nicht erkennen läßt, mit dem die Kranken an ihrer Krankheit festhalten, mit dem sie sich also auch gegen die Genesung sträuben und der doch allein das Verständnis ihres Benehmens im Leben ermöglicht.

(*b*) Es scheint mir der Irrtum unter den Kollegen weit verbreitet zu sein, daß die Technik der Forschung nach den Krankheitsanlässen und die Beseitigung der Erscheinungen durch diese Erforschung leicht und selbstverständlich sei. Ich schließe dies daraus, daß noch keiner von den vielen, die sich für meine Therapie interessieren und sichere Urteile über dieselbe von sich geben, mich je gefragt hat, wie ich es eigentlich mache. Das kann doch nur den einzigen Grund haben, daß sie meinen, es sei nichts zu fragen, es verstehe sich ganz von selbst. Auch höre ich mitunter mit Erstaunen, daß auf dieser oder jener Abteilung eines Spitals ein junger Arzt von seinem Chef den Auftrag erhalten hat, bei einer Hysterischen eine »Psychoanalyse« zu unternehmen. Ich bin überzeugt, man würde ihm nicht einen exstirpierten Tumor zur Untersuchung überlassen, ohne sich vorher versichert zu haben, daß er mit der histologischen Technik vertraut ist. Ebenso erreicht mich die Nachricht, dieser oder jener Kollege richte sich Sprechstunden mit einem Patienten ein, um eine psychische Kur mit ihm zu machen, während ich sicher bin, daß er die Technik einer solchen Kur nicht kennt. Er muß also erwarten, daß ihm der Kranke seine Geheimnisse entgegenbringen wird, oder sucht das Heil in irgendeiner Art von Beichte oder Anvertrauen. Es würde mich nicht wundern, wenn der so behandelte Kranke dabei eher zu Schaden als zum Vorteil käme. Das seelische Instrument ist nämlich nicht gar leicht zu spielen. Ich muß bei solchen Anlässen an die Rede eines weltberühmten Neurotikers denken, der freilich nie in der Behandlung eines Arztes gestanden, der nur in der Phantasie eines Dichters gelebt hat. Ich meine den Prinzen Hamlet von Dänemark. Der König hat die beiden Höflinge Rosenkranz und Güldenstern über ihn geschickt, um ihn auszuforschen, ihm das Geheimnis seiner Verstimmung zu entreißen. Er wehrt sie ab; da werden Flöten auf die Bühne gebracht. Hamlet nimmt eine Flöte und bittet den einen seiner Quäler, auf ihr zu spielen, es sei so leicht wie lügen. Der Höfling weigert sich, denn er kennt keinen Griff, und da er zu dem Versuch des Flötenspiels nicht zu bewegen ist, bricht Hamlet endlich los: »Nun seht ihr, welch ein nichtswürdiges Ding ihr aus mir macht? Ihr wollt auf mir spielen; ihr wollt in das Herz meines Geheimnisses dringen; ihr wollt mich von meiner tiefsten Note bis zum Gipfel meiner Stimme hinauf prüfen, und in diesem kleinen Instrument hier ist viel Musik, eine vortreffliche Stimme, dennoch könnt ihr es nicht zum Sprechen bringen. *Wetter, denkt ihr, daß ich leichter zu spielen bin als eine Flöte? Nennt mich was für ein Instrument ihr wollt, ihr könnt mich zwar verstimmen, aber nicht auf mir spielen.*« (III. Akt, 2. [Szene].)

(*c*) Sie werden aus gewissen meiner Bemerkungen erraten haben, daß der analytischen Kur manche Eigenschaften anhaften, die sie von dem Ideal einer Therapie fernehalten. *Tuto, cito, iucunde*[1]; das Forschen und Suchen deutet nicht eben auf Raschheit des Erfolges, und die Erwähnung des Widerstandes bereitet Sie auf die Erwartung von Unannehmlichkeiten vor. Gewiß, die psychoanalytische Behandlung stellt an den Kranken wie an den Arzt hohe Ansprüche; von ersterem verlangt sie das Opfer voller Aufrichtigkeit, gestaltet sich für ihn zeitraubend und daher auch kostspielig; für den Arzt ist sie gleichfalls zeitraubend und wegen der Technik, die er zu erlernen und auszuüben hat, ziemlich mühselig. Ich finde es auch selbst ganz berechtigt, daß man bequemere Heilmethoden in Anwendung bringt, solange man eben die Aussicht hat, mit diesen letzteren etwas zu erreichen. Auf diesen Punkt kommt es allein an; erzielt man mit dem mühevolleren und langwierigeren Verfahren erheblich mehr als mit dem kurzen und leichten, so ist das erstere trotz alledem gerechtfertigt. Denken Sie, meine Herren, um wieviel die Finsentherapie des Lupus unbequemer und kostspieliger ist als das früher gebräuchliche Ätzen und Schaben, und doch bedeutet es einen großen Fortschritt, bloß weil es mehr leistet; es heilt nämlich den Lupus radikal. Nun will ich den Vergleich nicht gerade durchsetzen; aber ein ähnliches Vorrecht darf doch die psychoanalytische Methode

---

[1] [Vgl. hierzu Aulus Cornelius Celsus, *De medicina*, III, 4.1: »*Asclepiades officium esse medici dicit, ut tuto, ut celeriter, ut iucunde curet.*« (Asklepiades sagt, es sei die Pflicht des Arztes, sicher, rasch und angenehm zu heilen.)]

für sich in Anspruch nehmen. In Wirklichkeit habe ich meine therapeutische Methode nur an schweren und schwersten Fällen ausarbeiten und versuchen können; mein Material waren zuerst nur Kranke, die alles erfolglos versucht und durch Jahre in Anstalten geweilt hatten. Ich habe kaum Erfahrung genug gesammelt, um Ihnen sagen zu können, wie sich meine Therapie bei jenen leichteren, episodisch auftretenden Erkrankungen verhält, die wir unter den verschiedenartigsten Einflüssen und auch spontan abheilen sehen. Die psychoanalytische Therapie ist an dauernd existenzunfähigen Kranken und für solche geschaffen worden, und ihr Triumph ist es, daß sie eine befriedigende Anzahl von solchen dauernd existenzfähig macht. Gegen diesen Erfolg erscheint dann aller Aufwand geringfügig. Wir können uns nicht verhehlen, daß wir vor dem Kranken zu verleugnen pflegen, daß eine schwere Neurose in ihrer Bedeutung für das ihr unterworfene Individuum hinter keiner Kachexie, keinem der gefürchteten Allgemeinleiden zurücksteht.

(*d*) Die Indikationen und Gegenanzeigen dieser Behandlung sind infolge der vielen praktischen Beschränkungen, die meine Tätigkeit betroffen haben, kaum endgültig anzugeben. Indes will ich versuchen, einige Punkte mit Ihnen zu erörtern:

(1) Man übersehe nicht über die Krankheit den sonstigen Wert einer Person und weise Kranke zurück, welche nicht einen gewissen Bildungsgrad und einen einigermaßen verläßlichen Charakter besitzen. Man darf nicht vergessen, daß es auch Gesunde gibt, die nichts taugen, und daß man nur allzu leicht geneigt ist, bei solchen minderwertigen Personen alles, was sie existenzunfähig macht, auf die Krankheit zu schieben, wenn sie irgendeinen Anflug von Neurose zeigen. Ich stehe auf dem Standpunkt, daß die Neurose ihren Träger keineswegs zum *dégénéré* stempelt, daß sie sich aber häufig genug mit den Erscheinungen der Degeneration vergesellschaftet an demselben Individuum findet. Die analytische Psychotherapie ist nun kein Verfahren zur Behandlung der neuropathischen Degeneration, sie findet im Gegenteil an derselben ihre Schranke. Sie ist auch bei Personen nicht anwendbar, die sich nicht selbst durch ihre Leiden zur Therapie gedrängt fühlen, sondern sich einer solchen nur infolge des Machtgebotes ihrer Angehörigen unterziehen. Die Eigenschaft, auf die es für die Brauchbarkeit zur psychoanalytischen Behandlung ankommt, die Erziehbarkeit, werden wir noch von einem anderen Gesichtspunkte würdigen müssen.

(2) Wenn man sichergehen will, beschränke man seine Auswahl auf

Personen, die einen Normalzustand haben, da man sich im psychoanalytischen Verfahren von diesem aus des Krankhaften bemächtigt. Psychosen, Zustände von Verworrenheit und tiefgreifender (ich möchte sagen: toxischer) Verstimmung sind also für die Psychoanalyse, wenigstens wie sie bis jetzt ausgeübt wird, ungeeignet. Ich halte es für durchaus nicht ausgeschlossen, daß man bei geeigneter Abänderung des Verfahrens sich über diese Gegenindikation hinaussetzen und so eine Psychotherapie der Psychosen in Angriff nehmen könne.

(3) Das Alter der Kranken spielt bei der Auswahl zur psychoanalytischen Behandlung insofern eine Rolle, als bei Personen nahe an oder über fünfzig Jahre einerseits die Plastizität der seelischen Vorgänge zu fehlen pflegt, auf welche die Therapie rechnet – alte Leute sind nicht mehr erziehbar –, und als anderseits das Material, welches durchzuarbeiten ist, die Behandlungsdauer ins Unabsehbare verlängert. Die Altersgrenze nach unten ist nur individuell zu bestimmen; jugendliche Personen noch vor der Pubertät sind oft ausgezeichnet zu beeinflussen.

(4) Man wird nicht zur Psychoanalyse greifen, wenn es sich um die rasche Beseitigung drohender Erscheinungen handelt, also zum Beispiel bei einer hysterischen Anorexie.

Sie werden nun den Eindruck gewonnen haben, daß das Anwendungsgebiet der analytischen Psychotherapie ein sehr beschränktes ist, da Sie eigentlich nichts anderes als Gegenanzeigen von mir gehört haben. Nichtsdestoweniger bleiben Fälle und Krankheitsformen genug übrig, an denen diese Therapie sich erproben kann, alle chronischen Formen von Hysterie mit Resterscheinungen, das große Gebiet der Zwangszustände und Abulien und dergleichen.

Erfreulich ist es, daß man gerade den wertvollsten und sonst höchstentwickelten Personen auf solche Weise am ehesten Hilfe bringen kann. Wo aber mit der analytischen Psychotherapie nur wenig auszurichten war, da, darf man getrost behaupten, hätte irgendwelche andere Behandlung sicherlich gar nichts zustande gebracht.

(e) Sie werden mich gewiß fragen wollen, wie es bei Anwendung der Psychoanalyse mit der Möglichkeit, Schaden zu stiften, bestellt ist. Ich kann Ihnen darauf erwidern, wenn Sie nur billig urteilen wollen, diesem Verfahren dasselbe kritische Wohlwollen entgegenbringen, das Sie für unsere anderen therapeutischen Methoden bereit haben, so werden Sie meiner Meinung zustimmen müssen, daß bei einer mit Verständnis geleiteten analytischen Kur ein Schaden für den Kranken nicht zu befürchten ist. Anders wird vielleicht urteilen, wer als Laie gewohnt ist, alles, was sich in einem Krankheitsfalle begibt, der Behandlung zur Last zu legen. Es ist ja nicht lange her, daß unseren Wasserheilanstalten ein ähnliches Vorurteil entgegenstand. So mancher, dem man riet, eine solche Anstalt aufzusuchen, wurde bedenklich, weil er einen Bekannten gehabt hatte, der als Nervöser in die Anstalt kam und dort verrückt wurde. Es handelte sich, wie Sie erraten, um Fälle von beginnender allgemeiner Paralyse, die man im Anfangsstadium noch in einer Wasserheilanstalt unterbringen konnte und die dort ihren unaufhaltsamen Verlauf bis zur manifesten Geistesstörung genommen hatten; für die Laien war das Wasser schuld und Urheber dieser traurigen Veränderung. Wo es sich um neuartige Beeinflussungen handelt, halten sich auch Ärzte nicht immer von solchen Urteilsfehlern frei. Ich erinnere mich, einmal bei einer Frau den Versuch mit Psychotherapie gemacht zu haben, bei der ein gutes Stück ihrer Existenz in der Abwechslung von Manie und Melancholie verflossen war. Ich übernahm sie zu Ende einer Melancholie; es schien zwei Wochen lang gut zu gehen; in der dritten standen wir bereits zu Beginn der neuen Manie. Es war dies sicherlich eine spontane Veränderung des Krankheitsbildes, denn zwei Wochen sind keine Zeit, in welcher die analytische Psychotherapie irgend etwas zu leisten unternehmen kann, aber der hervorragende – jetzt schon verstorbene – Arzt, der mit mir die Kranke zu sehen bekam, konnte sich doch nicht der Bemerkung enthalten, daß an dieser »Verschlechterung« die Psychotherapie schuld sein dürfte. Ich bin ganz überzeugt, daß er sich unter anderen Bedingungen kritischer erwiesen hätte.

(*f*) Zum Schlusse, meine Herren Kollegen, muß ich mir sagen, es geht doch nicht an, Ihre Aufmerksamkeit so lange zugunsten der analytischen Psychotherapie in Anspruch zu nehmen, ohne Ihnen zu sagen, worin diese Behandlung besteht und worauf sie sich gründet. Ich kann es zwar, da ich kurz sein muß, nur mit einer Andeutung tun. Diese Therapie ist also auf die Einsicht gegründet, daß unbewußte Vorstellungen – besser: die Unbewußtheit gewisser seelischer Vorgänge – die nächste Ursache der krankhaften Symptome ist. Eine solche Überzeugung vertreten wir gemeinsam mit der französischen Schule (Janet), die übrigens in arger Schematisierung das hysterische Symptom auf die unbewußte *idée fixe* zurückführt[1]. Fürchten Sie nun nicht, daß wir da-

---

[1] [S. Janet (1894), Kapitel II.]

bei zu tief in die dunkelste Philosophie hineingeraten werden. Unser Unbewußtes ist nicht ganz dasselbe wie das der Philosophen, und überdies wollen die meisten Philosophen vom »unbewußten Psychischen« nichts wissen. Stellen Sie sich aber auf unseren Standpunkt, so werden Sie einsehen, daß die Übersetzung dieses Unbewußten im Seelenleben der Kranken in ein Bewußtes den Erfolg haben muß, deren Abweichung vom Normalen zu korrigieren und den Zwang aufzuheben, unter dem ihr Seelenleben steht. Denn der bewußte Wille reicht soweit als die bewußten psychischen Vorgänge, und jeder psychische Zwang ist durch das Unbewußte begründet. Sie brauchen auch niemals zu fürchten, daß der Kranke unter der Erschütterung Schaden nehme, welche der Eintritt des Unbewußten in sein Bewußtsein mit sich bringt, denn Sie können es sich theoretisch zurechtlegen, daß die somatische und affektive Wirkung der bewußt gewordenen Regung niemals so groß werden kann wie die der unbewußten. Wir beherrschen alle unsere Regungen doch nur dadurch, daß wir unsere höchsten, mit Bewußtsein verbundenen Seelenleistungen auf sie wenden.

Sie können aber auch einen anderen Gesichtspunkt für das Verständnis der psychoanalytischen Behandlung wählen. Die Aufdeckung und Übersetzung des Unbewußten geht unter beständigem *Widerstand* von seiten des Kranken vor sich. Das Auftauchen dieses Unbewußten ist mit Unlust verbunden, und wegen dieser Unlust wird es von ihm immer wieder zurückgewiesen. In diesen Konflikt im Seelenleben des Kranken greifen Sie nun ein; gelingt es Ihnen, den Kranken dazu zu bringen, daß er aus Motiven besserer Einsicht etwas akzeptiert, was er zufolge der automatischen Unlustregulierung bisher zurückgewiesen (verdrängt) hat, so haben Sie ein Stück Erziehungsarbeit an ihm geleistet. Es ist ja schon Erziehung, wenn Sie einen Menschen, der nicht gern frühmorgens das Bett verläßt, dazu bewegen, es doch zu tun. Als eine solche *Nacherziehung zur Überwindung innerer Widerstände* können Sie nun die psychoanalytische Behandlung ganz allgemein auffassen. In keinem Punkte aber ist solche Nacherziehung bei den Nervösen mehr vonnöten als betreffs des seelischen Elements in ihrem Sexualleben. Nirgends haben ja Kultur und Erziehung so großen Schaden gestiftet wie gerade hier, und hier sind auch, wie Ihnen die Erfahrung zeigen wird, die beherrschbaren Ätiologien der Neurosen zu finden; das andere ätiologische Element, der konstitutionelle Beitrag, ist uns ja als etwas Unabänderliches gegeben. Hieraus erwächst aber eine wichtige an den Arzt zu stellende Anforderung. Er muß nicht nur selbst ein integrer Charakter sein – »das

Moralische versteht sich ja von selbst«, wie die Hauptperson in Th. Vischers *Auch Einer* zu sagen pflegt –; er muß auch für seine eigene Person die Mischung von Lüsternheit und Prüderie überwunden haben, mit welcher leider so viele andere den sexuellen Problemen entgegenzutreten gewohnt sind.

Hier ist vielleicht der Platz für eine weitere Bemerkung. Ich weiß, daß meine Betonung der Rolle des Sexuellen für die Entstehung der Psychoneurosen in weiteren Kreisen bekanntgeworden ist. Ich weiß aber auch, daß Einschränkungen und nähere Bestimmungen beim großen Publikum wenig nützen; die Menge hat für wenig Raum in ihrem Gedächtnis und behält von einer Behauptung doch nur den rohen Kern, schafft sich ein leicht zu merkendes Extrem. Es mag auch manchen Ärzten so ergangen sein, daß ihnen als Inhalt meiner Lehre vorschwebt, ich führe die Neurosen in letzter Linie auf sexuelle Entbehrung zurück. An dieser fehlt es nicht unter den Lebensbedingungen unserer Gesellschaft. Wie nahe mag es nun bei solcher Voraussetzung liegen, den mühseligen Umweg über die psychische Kur zu vermeiden und direkt die Heilung anzustreben, indem man die sexuelle Betätigung als Heilmittel empfiehlt! Ich weiß nun nicht, was mich bewegen könnte, diese Folgerung zu unterdrücken, wenn sie berechtigt wäre. Die Sache liegt aber anders. Die sexuelle Bedürftigkeit und Entbehrung, das ist bloß der eine Faktor, der beim Mechanismus der Neurose ins Spiel tritt; bestünde er allein, so würde nicht Krankheit, sondern Ausschweifung die Folge sein. Der andere, ebenso unerläßliche Faktor, an den man allzu bereitwillig vergißt, ist die Sexualabneigung der Neurotiker, ihre Unfähigkeit zum Lieben, jener psychische Zug, den ich »Verdrängung« genannt habe. Erst aus dem Konflikt zwischen beiden Strebungen geht die neurotische Erkrankung hervor, und darum kann der Rat der sexuellen Betätigung bei den Psychoneurosen eigentlich nur selten als guter Rat bezeichnet werden.

Lassen Sie mich mit dieser abwehrenden Bemerkung schließen. Wir wollen hoffen, daß Ihr von jedem feindseligen Vorurteil gereinigtes Interesse für die Psychotherapie uns darin unterstützen wird, auch in der Behandlung der schweren Fälle von Psychoneurosen Erfreuliches zu leisten.

Die zukünftigen Chancen
der psychoanalytischen Therapie

(1910)

EDITORISCHE VORBEMERKUNG

Deutsche Ausgaben:

1910 *Zentbl. Psychoanal.*, Bd. 1 (1–2), 1–9.

1913 *S. K. S. N.*, Bd. 3, 288–98. (1921, 2. Aufl.)

1924 *Technik und Metapsychol.*, 25–36.

1925 *G. S.*, Bd. 6, 25–36.

1943 *G. W.*, Bd. 8, 104–15.

Diese Arbeit hielt Freud als Eröffnungsvortrag auf dem Zweiten Internationalen Psychoanalytischen Kongreß, veranstaltet am 30. und 31. März 1910 in Nürnberg. Als ein allgemeiner Überblick über die damalige Lage der Psychoanalyse läßt sie sich vergleichen mit der Ansprache ›Wege der psychoanalytischen Therapie‹ (1919 a, im vorliegenden Band S. 241 ff.), die Freud acht Jahre später auf dem Budapester Kongreß vortrug. Vor allem der zweite Teil der vorliegenden Arbeit, der sich mit der Technik befaßt, deutet bereits die »aktive« Therapie an, die das Hauptthema der späteren Schrift bildet, und im ersten Teil taucht der Terminus »Gegenübertragung« erstmals in Freuds Werken auf.

Meine Herren! Da uns heute vorwiegend praktische Ziele zusammengeführt haben, werde auch ich ein praktisches Thema zum Gegenstand meines einführenden Vortrages wählen, nicht Ihr wissenschaftliches, sondern Ihr ärztliches Interesse anrufen. Ich halte mir vor, wie Sie wohl die Erfolge unserer Therapie beurteilen, und nehme an, daß die meisten von Ihnen die beiden Phasen der Anfängerschaft bereits durchgemacht haben, die des Entzückens über die ungeahnte Steigerung unserer therapeutischen Leistung und die der Depression über die Größe der Schwierigkeiten, die unseren Bemühungen im Wege stehen. Aber an welcher Stelle dieses Entwicklungsganges sich die einzelnen von Ihnen auch befinden mögen, ich habe heute vor, Ihnen zu zeigen, daß wir mit unseren Hilfsmitteln zur Bekämpfung der Neurosen keineswegs zu Ende sind und daß wir von der näheren Zukunft noch eine erhebliche Besserung unserer therapeutischen Chancen erwarten dürfen.

Von drei Seiten her, meine ich, wird uns die Verstärkung kommen:

(1) durch inneren Fortschritt,

(2) durch Zuwachs an Autorität,

(3) durch die Allgemeinwirkung unserer Arbeit.

Ad (1) Unter »*innerem Fortschritt*« verstehe ich den Fortschritt (*a*) in unserem analytischen Wissen, (*b*) in unserer Technik.

(*a*) Zum Fortschritt unseres Wissens: Wir wissen natürlich lange noch nicht alles, was wir zum Verständnis des Unbewußten bei unseren Kranken brauchen. Nun ist es klar, daß jeder Fortschritt unseres Wissens einen Machtzuwachs für unsere Therapie bedeutet. Solange wir nichts verstanden haben, haben wir auch nichts ausgerichtet; je mehr wir verstehen lernen, desto mehr werden wir leisten. In ihren Anfängen war die psychoanalytische Kur unerbittlich und erschöpfend. Der Patient mußte alles selbst sagen, und die Tätigkeit des Arztes bestand darin, ihn unausgesetzt zu drängen. Heute sieht es freundlicher aus. Die Kur besteht aus zwei Stücken, aus dem, was der Arzt errät und dem Kranken sagt, und aus der Verarbeitung dessen, was er gehört hat, von seiten des Kranken. Der Mechanismus unserer Hilfeleistung ist ja

leicht zu verstehen; wir geben dem Kranken die bewußte Erwartungs-
vorstellung, nach deren Ähnlichkeit er die verdrängte, unbewußte bei
sich auffindet[1]. Das ist die intellektuelle Hilfe, die ihm die Überwindung der Widerstände zwischen Bewußtem und Unbewußtem erleichtert. Ich bemerke Ihnen nebenbei, es ist nicht der einzige Mechanismus,
der in der analytischen Kur verwendet wird; Sie kennen ja alle den
weit kräftigeren, der in der Verwendung der »Übertragung« liegt. Ich
werde mich bemühen, alle diese für das Verständnis der Kur wichtigen
Verhältnisse demnächst in einer *Allgemeinen Methodik der Psychoanalyse*[2] zu behandeln. Auch brauche ich bei Ihnen den Einwand nicht
zurückzuweisen, daß in der heutigen Praxis der Kur die Beweiskraft
für die Richtigkeit unserer Voraussetzungen verdunkelt wird; Sie vergessen nicht, daß diese Beweise anderswo zu finden sind und daß ein
therapeutischer Eingriff nicht so geführt werden kann wie eine theoretische Untersuchung.

Lassen Sie mich nun einige Gebiete streifen, auf denen wir Neues zu
lernen haben und wirklich täglich Neues erfahren. Da ist vor allem das
der Symbolik im Traum und im Unbewußten. Ein hart bestrittenes
Thema, wie Sie wissen! Es ist kein geringes Verdienst unseres Kollegen
W. Stekel, daß er unbekümmert um den Einspruch all der Gegner sich
in das Studium der Traumsymbole begeben hat. Da ist wirklich noch
viel zu lernen; meine 1899 niedergeschriebene *Traumdeutung* erwartet
vom Studium der Symbolik wichtige Ergänzungen[3].

---

[1] [S. jedoch S. 139, unten. – Der oben behandelte Punkt wird von Freud etwas aus-
führlicher in seiner Arbeit über den »kleinen Hans« (1909 *b*, *Studienausgabe*, Bd. 8,
S. 103 f.) erörtert. Auch in seiner technischen Schrift ›Zur Einleitung der Behandlung‹
(1913 *c*, im vorliegenden Band S. 200–2) kommt er noch einmal darauf zurück. Die
Metapsychologie des Deutungsvorgangs wird ausgiebig in den Abschnitten II und
VII der Arbeit über ›Das Unbewußte‹ (1915 *e*, *Studienausgabe*, Bd. 3, S. 131 ff. und
S. 155 ff.) diskutiert.]

[2] [Gemeint ist ein systematisches Werk über psychoanalytische Behandlungstechnik, das
Freud geplant und zwischen 1908 und 1909 zumindest teilweise geschrieben, jedoch nie
veröffentlicht hat. Einige Jahre später (von 1911 bis 1915) publizierte er eine Reihe
einzelner Schriften über Technik, die sämtlich im vorliegenden Band enthalten sind.
S. die ›Editorische Einleitung‹ dazu, S. 145 f., unten.]

[3] [Stekel veröffentlichte 1909 einen Artikel über Traumdeutung und 1911 ein ganzes
Buch über das gleiche Thema (Stekel, 1911 *a*). Einige Bemerkungen über die Wirkung,
die diese Schriften auf ihn gehabt haben, finden sich in einer Passage, die Freud 1925
der *Traumdeutung* (1900 *a*, *Studienausgabe*, Bd. 2, S. 345–6) hinzufügte. Weitere Kommentare dazu stehen in der ›Editorischen Einleitung‹ zu dem genannten Werk (ibid.,
Bd. 2, S. 14). – Die zweite Auflage der *Traumdeutung* erschien 1909, sie ist von
Freud während der Sommermonate 1908 vorbereitet worden. In dieser Auflage und
noch mehr in der dritten von 1911 ist der Abschnitt über den Symbolismus erweitert
worden.]

Über eines dieser neuerkannten Symbole möchte ich Ihnen einige Worte sagen: Vor einiger Zeit wurde es mir bekannt, daß ein uns fernerstehender Psychologe sich an einen von uns mit der Bemerkung gewendet, wir überschätzten doch gewiß die geheime sexuelle Bedeutung der Träume. Sein häufigster Traum sei, eine Stiege hinaufzusteigen, und da sei doch gewiß nichts Sexuelles dahinter. Durch diesen Einwand aufmerksam gemacht, haben wir dem Vorkommen von Stiegen, Treppen, Leitern im Traume Aufmerksamkeit geschenkt und konnten bald feststellen, daß die Stiege (und was ihr analog ist) ein sicheres Koitussymbol darstellt. Die Grundlage der Vergleichung ist nicht schwer aufzufinden; in rhythmischen Absätzen, unter zunehmender Atemnot kommt man auf eine Höhe und kann dann in ein paar raschen Sprüngen wieder unten sein. So findet sich der Rhythmus des Koitus im Stiegensteigen wieder. Vergessen wir nicht den Sprachgebrauch heranzuziehen. Er zeigt uns, daß das »Steigen« ohne weiteres als Ersatzbezeichnung der sexuellen Aktion gebraucht wird. Man pflegt zu sagen, der Mann ist ein »Steiger«, »nachsteigen«. Im Französischen heißt die Stufe der Treppe: *la marche; »un vieux marcheur«* deckt sich ganz mit unserem »ein alter Steiger«[1]. Das Traummaterial, aus dem diese neu erkannten Symbole stammen, wird Ihnen seinerzeit von dem Komitee zur Sammelforschung über Symbolik[2], welches wir einsetzen sollen, vorgelegt werden. Über ein anderes interessantes Symbol, das des »Rettens« und dessen Bedeutungswandel, werden Sie im zweiten Band unseres *Jahrbuches* Angaben finden[3]. Aber ich muß hier abbrechen, sonst komme ich nicht zu den anderen Punkten.

Jeder einzelne von Ihnen wird sich aus seiner Erfahrung überzeugen, wie ganz anders er einem neuen Falle gegenübersteht, wenn er erst das Gefüge einiger typischer Krankheitsfälle durchschaut hat. Nehmen Sie nun an, daß wir das Gesetzmäßige im Aufbau der verschiedenen Formen von Neurosen in ähnlicher Weise in knappe Formeln gebannt hätten, wie es uns bis jetzt für die hysterische Symptombildung gelungen ist, wie gesichert würde dadurch unser prognostisches Urteil. Ja, wie der

---

[1] [Mit Ausnahme des ersten Satzes ist der ganze Abschnitt bis zu diesem Punkt als Fußnote zur Ausgabe der *Traumdeutung* von 1911 (*Studienausgabe*, Bd. 2, S. 350–1, Anm. 4) wiederabgedruckt worden.]

[2] [Auf Anregung von Ernest Jones wurde auf dem Nürnberger Kongreß ein Komitee für Symbolforschung gegründet, aus dem aber, wie er selbst sagt, »später nicht viel geworden ist« (Jones, 1962 *a*, 90).]

[3] [S. ›Über einen besonderen Typus der Objektwahl beim Manne‹ (1910 *h*), *Studienausgabe*, Bd. 5, S. 193–4.]

Geburtshelfer durch die Inspektion der Placenta erfährt, ob sie vollständig ausgestoßen wurde oder ob noch schädliche Reste zurückgeblieben sind, so würden wir unabhängig vom Erfolg und jeweiligen Befinden des Kranken sagen können, ob uns die Arbeit endgültig gelungen
ist oder ob wir auf Rückfälle und neuerliche Erkrankung gefaßt sein
müssen.

(*b*) Ich eile zu den Neuerungen auf dem Gebiete der Technik, wo wirklich das meiste noch seiner definitiven Feststellung harrt und vieles eben
jetzt klar zu werden beginnt. Die psychoanalytische Technik setzt sich
jetzt zweierlei Ziele, dem Arzt Mühe zu ersparen und dem Kranken
den uneingeschränktesten Zugang zu seinem Unbewußten zu eröffnen.
Sie wissen, in unserer Technik hat eine prinzipielle Wandlung stattgefunden. Zur Zeit der kathartischen Kur setzten wir uns die Aufklärung
der Symptome zum Ziel, dann wandten wir uns von den Symptomen
ab und setzten die Aufdeckung der »Komplexe« – nach dem unentbehrlich gewordenen Wort von Jung – als Ziel an die Stelle; jetzt richten
wir aber die Arbeit direkt auf die Auffindung und Überwindung der
»Widerstände« und vertrauen mit Recht darauf, daß die Komplexe sich
mühelos ergeben werden, sowie die Widerstände erkannt und beseitigt
sind. Bei manchem von Ihnen hat sich seither das Bedürfnis gezeigt,
diese Widerstände übersehen und klassifizieren zu können. Ich bitte Sie
nun, an Ihrem Material nachzuprüfen, ob Sie folgende Zusammenfassung bestätigen können: Bei männlichen Patienten scheinen die bedeutsamsten Kurwiderstände vom Vaterkomplex auszugehen und sich in
Furcht vor dem Vater, Trotz gegen den Vater und Unglauben gegen
den Vater aufzulösen.

Andere Neuerungen der Technik betreffen die Person des Arztes selbst.
Wir sind auf die »Gegenübertragung«[1] aufmerksam geworden, die sich
beim Arzt durch den Einfluß des Patienten auf das unbewußte Fühlen
des Arztes einstellt, und sind nicht weit davon, die Forderung zu erheben, daß der Arzt diese Gegenübertragung in sich erkennen und bewältigen müsse. Wir haben, seitdem eine größere Anzahl von Personen
die Psychoanalyse üben und ihre Erfahrungen untereinander austau-
schen, bemerkt, daß jeder Psychoanalytiker nur so weit kommt, als
seine eigenen Komplexe und inneren Widerstände es gestatten, und verlangen daher, daß er seine Tätigkeit mit einer Selbstanalyse beginne
und diese, während er seine Erfahrungen an Kranken macht, fortlau-

---

[1] [Hier taucht der Terminus in Freuds Werken ersmals auf; s. auch S. 220, unten, und
die editorische Anmerkung dazu.]

fend vertiefe. Wer in einer solchen Selbstanalyse nichts zustande bringt, mag sich die Fähigkeit, Kranke analytisch zu behandeln, ohne weiteres absprechen[1].

Wir nähern uns jetzt auch der Einsicht, daß die analytische Technik je nach der Krankheitsform und je nach den beim Patienten vorherrschenden Trieben gewisse Modifikationen erfahren muß. Von der Therapie der Konversionshysterie sind wir ja ausgegangen; bei der Angsthysterie (den Phobien) müssen wir unser Vorgehen etwas ändern. Diese Kranken können nämlich das für die Auflösung der Phobie entscheidende Material nicht bringen, solange sie sich durch die Einhaltung der phobischen Bedingung geschützt fühlen. Daß sie von Anfang der Kur an auf die Schutzvorrichtung verzichten und unter den Bedingungen der Angst arbeiten, erreicht man natürlich nicht. Man muß ihnen also so lange Hilfe durch Übersetzung ihres Unbewußten zuführen, bis sie sich entschließen können, auf den Schutz der Phobie zu verzichten, und sich einer nun sehr gemäßigten Angst aussetzen. Haben sie das getan, so wird jetzt erst das Material zugänglich, dessen Beherrschung zur Lösung der Phobie führt. Andere Modifikationen der Technik, die mir noch nicht spruchreif scheinen, werden in der Behandlung der Zwangsneurosen erforderlich sein. Ganz bedeutsame, noch nicht geklärte Fragen tauchen in diesem Zusammenhange auf, inwieweit den bekämpften Trieben des Kranken ein Stück Befriedigung während der Kur zu gestatten ist und welchen Unterschied es dabei macht, ob diese Triebe aktiver (sadistischer) oder passiver (masochistischer) Natur sind[2].

Ich hoffe, Sie werden den Eindruck erhalten haben, daß, wenn wir all das wüßten, was uns jetzt erst ahnt, und alle Verbesserungen der Technik durchgeführt haben werden, zu denen uns die vertiefte Erfahrung an unseren Kranken führen muß, daß unser ärztliches Handeln dann eine Präzision und Erfolgssicherheit erreichen wird, die nicht auf allen ärztlichen Spezialgebieten vorhanden sind.

Ad (2) Ich sagte, wir hätten viel zu erwarten durch den Zuwachs an Autorität, der uns im Laufe der Zeit zufallen muß. Über die Bedeutung der Autorität brauche ich Ihnen nicht viel zu sagen. Die wenigsten

---

[1] [Freud war nicht immer so überzeugt von der Möglichkeit ausreichender Selbstanalyse für angehende Analytiker. Später betonte er die Notwendigkeit einer mit einer anderen Person durchgeführten Lehranalyse. – S. auch die editorische Anmerkung, S. 176, unten.]

[2] [Diese Gedanken werden in ›Wege der psychoanalytischen Therapie‹ (1919 *a*, im vorliegenden Band S. 247 ff.) weiterentwickelt.]

Kulturmenschen sind fähig, ohne Anlehnung an andere zu existieren oder auch nur ein selbständiges Urteil zu fällen. Die Autoritätssucht und innere Haltlosigkeit der Menschen können Sie sich nicht arg genug vorstellen. Die außerordentliche Vermehrung der Neurosen seit der Entkräftung der Religionen mag Ihnen einen Maßstab dafür geben[1]. Die Verarmung des Ichs durch den großen Verdrängungsaufwand, den die Kultur von jedem Individuum fordert, mag eine der hauptsächlichsten Ursachen dieses Zustandes sein.

Diese Autorität und die enorme von ihr ausgehende Suggestion war bisher gegen uns. Alle unsere therapeutischen Erfolge sind gegen diese Suggestion erzielt worden; es ist zu verwundern, daß unter solchen Verhältnissen überhaupt Erfolge zu gewinnen waren. Ich will mich nicht so weit gehen lassen, Ihnen die Annehmlichkeiten jener Zeiten, da ich allein die Psychoanalyse vertrat, zu schildern. Ich weiß, die Kranken, denen ich die Versicherung gab, ich wüßte ihnen dauernde Abhilfe ihrer Leiden zu bringen, sahen sich in meiner bescheidenen Umgebung um, dachten an meinen geringen Ruf und Titel und betrachteten mich wie etwa einen Besitzer eines unfehlbaren Gewinnsystems an dem Orte einer Spielbank, gegen den man einwendet, wenn der Mensch das kann, so muß er selbst anders aussehen. Es war auch wirklich nicht bequem, psychische Operationen auszuführen, während der Kollege, der die Pflicht der Assistenz gehabt hätte, sich ein besonderes Vergnügen daraus machte, ins Operationsfeld zu spucken, und die Angehörigen den Operateur bedrohten, sobald es Blut oder unruhige Bewegungen bei dem Kranken gab. Eine Operation darf doch Reaktionserscheinungen machen; in der Chirurgie sind wir längst daran gewöhnt. Man glaubte mir einfach nicht, wie man heute noch uns allen wenig glaubt; unter solchen Bedingungen mußte mancher Eingriff mißlingen. Um die Vermehrung unserer therapeutischen Chancen zu ermessen, wenn sich das allgemeine Vertrauen uns zuwendet, denken Sie an die Stellung des Frauenarztes in der Türkei und im Abendlande. Alles, was dort der Frauenarzt tun darf, ist, an dem Arm, der ihm durch ein Loch in der Wand entgegengestreckt wird, den Puls zu fühlen. Einer solchen Unzugänglichkeit des Objektes entspricht auch die ärztliche Leistung; unsere Gegner im Abendlande wollen uns eine ungefähr ähnliche Verfügung über das Seelische unserer Kranken gestatten. Seitdem aber die Suggestion der Gesellschaft die kranke Frau zum Gynäkologen drängt,

[1] [Vgl. *Eine Kindheitserinnerung des Leonardo da Vinci* (1910 c), *Studienausgabe*, Bd. 10, S. 146.]

ist dieser der Helfer und Retter der Frau geworden. Sagen Sie nun nicht, wenn uns die Autorität der Gesellschaft zu Hilfe kommt und unsere Erfolge so sehr steigert, so wird dies nichts für die Richtigkeit unserer Voraussetzungen beweisen. Die Suggestion kann angeblich alles, und unsere Erfolge werden dann Erfolge der Suggestion sein und nicht der Psychoanalyse. Die Suggestion der Gesellschaft kommt doch jetzt den Wasser-, Diät- und elektrischen Kuren bei Nervösen entgegen, ohne daß es diesen Maßnahmen gelingt, die Neurosen zu bezwingen. Es wird sich zeigen, ob die psychoanalytischen Behandlungen mehr zu leisten vermögen.

Nun muß ich aber Ihre Erwartungen allerdings wieder dämpfen. Die Gesellschaft wird sich nicht beeilen, uns Autorität einzuräumen. Sie muß sich im Widerstande gegen uns befinden, denn wir verhalten uns kritisch gegen sie; wir weisen ihr nach, daß sie an der Verursachung der Neurosen selbst einen großen Anteil hat. Wie wir den einzelnen durch die Aufdeckung des in ihm Verdrängten zu unserem Feinde machen, so kann auch die Gesellschaft die rücksichtslose Bloßlegung ihrer Schäden und Unzulänglichkeiten nicht mit sympathischem Entgegenkommen beantworten; weil wir Illusionen zerstören, wirft man uns vor, daß wir die Ideale in Gefahr bringen. So scheint es also, daß die Bedingung, von der ich eine so große Förderung unserer therapeutischen Chancen erwarte, niemals eintreten wird. Und doch ist die Situation nicht so trostlos, wie man jetzt meinen sollte. So mächtig auch die Affekte und die Interessen der Menschen sein mögen, das Intellektuelle ist doch auch eine Macht. Nicht gerade diejenige, welche sich zuerst Geltung verschafft, aber um so sicherer am Ende. Die einschneidendsten Wahrheiten werden endlich gehört und anerkannt, nachdem die durch sie verletzten Interessen und die durch sie geweckten Affekte sich ausgetobt haben. Es ist bisher noch immer so gegangen, und die unerwünschten Wahrheiten, die wir Psychoanalytiker der Welt zu sagen haben, werden dasselbe Schicksal finden. Nur wird es nicht sehr rasch geschehen; wir müssen warten können.

Ad (3) Endlich muß ich Ihnen erklären, was ich unter der »Allgemeinwirkung« unserer Arbeit verstehe und wie ich dazu komme, Hoffnungen auf diese zu setzen. Es liegt da eine sehr merkwürdige therapeutische Konstellation vor, die sich in gleicher Weise vielleicht nirgendwo wiederfindet, die Ihnen auch zunächst befremdlich erscheinen wird, bis Sie etwas längst Vertrautes in ihr erkennen werden. Sie wissen doch, die Psychoneurosen sind entstellte Ersatzbefriedigungen von Trieben, deren Existenz man vor sich selbst und vor den anderen verleugnen muß. Ihre Existenzfähigkeit ruht auf dieser Entstellung und Verkennung. Mit der Lösung des Rätsels, das sie bieten, und der Annahme dieser Lösung durch die Kranken werden diese Krankheitszustände existenzunfähig. Es gibt kaum etwas Ähnliches in der Medizin; in den Märchen hören Sie von bösen Geistern, deren Macht gebrochen ist, sobald man ihnen ihren geheimgehaltenen Namen sagen kann.

Nun setzen Sie an die Stelle des einzelnen Kranken die ganze an den Neurosen krankende, aus kranken und gesunden Personen bestehende Gesellschaft, an Stelle der Annahme der Lösung dort die allgemeine Anerkennung hier, so wird Ihnen eine kurze Überlegung zeigen, daß diese Ersetzung am Ergebnis nichts zu ändern vermag. Der Erfolg, den die Therapie beim einzelnen haben kann, muß auch bei der Masse eintreten. Die Kranken können ihre verschiedenen Neurosen, ihre ängstliche Überzärtlichkeit, die den Haß verbergen soll, ihre Agoraphobie, die von ihrem enttäuschten Ehrgeiz erzählt, ihre Zwangshandlungen, die Vorwürfe wegen und Sicherungen gegen böse Vorsätze darstellen, nicht bekanntwerden lassen, wenn allen Angehörigen und Fremden, vor denen sie ihre Seelenvorgänge verbergen wollen, der allgemeine Sinn der Symptome bekannt ist und wenn sie selbst wissen, daß sie in den Krankheitserscheinungen nichts produzieren, was die anderen nicht sofort zu deuten verstehen. Die Wirkung wird sich aber nicht auf das – übrigens häufig undurchführbare – Verbergen der Symptome beschränken; denn durch dieses Verbergenmüssen wird das Kranksein unverwendbar. Die Mitteilung des Geheimnisses hat die »ätiologische Gleichung«, aus welcher die Neurosen hervorgehen [1], an ihrem heikelsten Punkte angegriffen, sie hat den Krankheitsgewinn illusorisch gemacht, und darum kann nichts anderes als die Einstellung der Krankheitsproduktion die endliche Folge der durch die Indiskretion des Arztes veränderten Sachlage sein.

Erscheint Ihnen diese Hoffnung utopisch, so lassen Sie sich daran erinnern, daß Beseitigung neurotischer Phänomene auf diesem Wege wirklich bereits vorgekommen ist, wenngleich in ganz vereinzelten

---

[1] [Dies ist ein Rückverweis auf eine frühe Arbeit Freuds, die zweite der Schriften über die Angstneurose (1895 *f*). Im Schlußteil dieser Arbeit untersucht er die verschiedenen Ursachenkategorien, die bei der Neurosenentstehung eine Rolle spielen. Er führt dort das Konzept der »ätiologischen Gleichung« mehrerer Bedingungen ein, die erfüllt sein müssen, wenn es zur Neurose kommen soll. Was immer irgendeine dieser Bedingungen an der Erfüllung hindert, hat infolgedessen therapeutische Wirkung.]

Fällen. Denken Sie daran, wie häufig in früheren Zeiten die Halluzination der heiligen Jungfrau bei Bauernmädchen war. Solange eine solche Erscheinung einen großen Zulauf von Gläubigen, etwa noch die Erbauung einer Kapelle am Gnadenorte zur Folge hatte, war der visionäre Zustand dieser Mädchen einer Beeinflussung unzugänglich. Heute hat selbst die Geistlichkeit ihre Stellung zu diesen Erscheinungen verändert; sie gestattet, daß der Gendarm und der Arzt die Visionärin besuchen, und seitdem erscheint die Jungfrau nur sehr selten. Oder gestatten Sie, daß ich dieselben Vorgänge, die ich vorhin in die Zukunft verlegt habe, an einer analogen, aber erniedrigten und darum leichter übersehbaren Situation mit Ihnen studiere. Nehmen Sie an, ein aus Herren und Damen der guten Gesellschaft bestehender Kreis habe einen Tagesausflug nach einem im Grünen gelegenen Wirtshause verabredet. Die Damen haben miteinander ausgemacht, wenn eine von ihnen ein natürliches Bedürfnis befriedigen wolle, so werde sie laut sagen: sie gehe jetzt Blumen pflücken; ein Boshafter sei aber hinter dieses Geheimnis gekommen und habe auf das gedruckte und an die Teilnehmer verschickte Programm setzen lassen: Wenn die Damen auf die Seite gehen wollen, mögen sie sagen, sie gehen Blumen pflücken. Natürlich wird keine der Damen mehr sich dieser Verblümung bedienen wollen, und ebenso erschwert werden ähnliche, neu verabredete Formeln sein. Was wird die Folge sein? Die Damen werden sich ohne Scheu zu ihren natürlichen Bedürfnissen bekennen, und keiner der Herren wird daran Anstoß nehmen. Kehren wir zu unserem ernsthafteren Falle zurück. Soundso viele Menschen haben sich in Lebenskonflikten, deren Lösung ihnen allzu schwierig wurde, in die Neurose geflüchtet und dabei einen unverkennbaren, wenn auch auf die Dauer allzu kostspieligen Krankheitsgewinn erzielt. Was werden diese Menschen tun müssen, wenn ihnen die Flucht in die Krankheit durch die indiskreten Aufklärungen der Psychoanalyse versperrt wird? Sie werden ehrlich sein müssen, sich zu den in ihnen rege gewordenen Trieben bekennen, im Konflikt standhalten, werden kämpfen oder verzichten, und die Toleranz der Gesellschaft, die sich im Gefolge der psychoanalytischen Aufklärung unabwendbar einstellt, wird ihnen zu Hilfe kommen.

Erinnern wir uns aber, daß man dem Leben nicht als fanatischer Hygieniker oder Therapeut entgegentreten darf. Gestehen wir uns ein, daß diese ideale Verhütung der neurotischen Erkrankungen nicht allen einzelnen zum Vorteil gereichen wird. Eine gute Anzahl derer, die sich heute in die Krankheit flüchten, würde unter den von uns angenommenen Bedingungen den Konflikt nicht bestehen, sondern rasch zugrunde gehen oder ein Unheil anstiften, welches größer ist als ihre eigene neurotische Erkrankung. Die Neurosen haben eben ihre biologische Funktion als Schutzvorrichtung und ihre soziale Berechtigung; ihr »Krankheitsgewinn« ist nicht immer ein rein subjektiver[1]. Wer von Ihnen hat nicht schon einmal hinter die Verursachung einer Neurose geblickt, die er als den mildesten Ausgang unter allen Möglichkeiten der Situation gelten lassen mußte? Und soll man wirklich gerade der Ausrottung der Neurosen so schwere Opfer bringen, wenn doch die Welt voll ist von anderem unabwendbaren Elend?

Sollen wir also unsere Bemühungen zur Aufklärung über den geheimen Sinn der Neurotik als im letzten Grunde gefährlich für den einzelnen und schädlich für den Betrieb der Gesellschaft aufgeben, darauf verzichten, aus einem Stück wissenschaftlicher Erkenntnis die praktische Folgerung zu ziehen? Nein, ich meine, unsere Pflicht geht doch nach der anderen Richtung. Der Krankheitsgewinn der Neurosen ist doch im ganzen und am Ende eine Schädigung für die einzelnen wie für die Gesellschaft. Das Unglück, das sich infolge unserer Aufklärungsarbeit ergeben kann, wird doch nur einzelne betreffen. Die Umkehr zu einem wahrheitsgemäßeren und würdigeren Zustand der Gesellschaft wird mit diesen Opfern nicht zu teuer erkauft sein. Vor allem aber: alle die Energien, die sich heute in der Produktion neurotischer Symptome im Dienste einer von der Wirklichkeit isolierten Phantasiewelt verzehren, werden, wenn sie schon nicht dem Leben zugute kommen können, doch den Schrei nach jenen Veränderungen in unserer Kultur verstärken helfen, in denen wir allein das Heil für die Nachkommen erblicken können.

So möchte ich Sie denn mit der Versicherung entlassen, daß Sie in mehr als einem Sinne Ihre Pflicht tun, wenn Sie Ihre Kranken psychoanalytisch behandeln. Sie arbeiten nicht nur im Dienste der Wissenschaft, indem Sie die einzige und nie wiederkehrende Gelegenheit ausnützen, die Geheimnisse der Neurosen zu durchschauen; Sie geben nicht nur Ihrem Kranken die wirksamste Behandlung gegen seine Leiden, die uns heute zu Gebote steht; Sie leisten auch Ihren Beitrag zu jener Aufklärung der Masse, von der wir die gründlichste Prophylaxe der neurotischen Erkrankungen auf dem Umwege über die gesellschaftliche Autorität erwarten.

---

[1] [Das Thema des »Krankheitsgewinns« wird ausführlich in der 24. der *Vorlesungen zur Einführung* (1916–17, *Studienausgabe*, Bd. 1, S. 371–3) erörtert.]

Über »wilde« Psychoanalyse

(1910)

EDITORISCHE VORBEMERKUNG

Deutsche Ausgaben:

1910 *Zentbl. Psychoanal.*, Bd. 1 (3), 91–5.

1913 *S. K. S. N.*, Bd. 3, 299–305. (1921, 2. Aufl.)

1924 *Technik und Metapsychol.*, 37–44.

1925 *G. S.*, Bd. 6, 37–44.

1943 *G. W.*, Bd. 8, 118–25.

Das Hauptthema dieser im Dezember 1910 veröffentlichten Schrift wurde von Freud schon etwa sechs Jahre zuvor in seinem Vortrag ›Über Psychotherapie‹ (1905 *a*, im vorliegenden Band S. 113–4) berührt. Neben diesem Hauptthema ist die Arbeit auch deshalb bemerkenswert, weil sie einen von Freuds seltenen späteren Hinweisen auf die »Aktualneurosen« enthält, verbunden mit einer Mahnung, den wichtigen Unterschied zwischen Angstneurose und Angsthysterie (S. 138 f.) zu beachten.

Vor einigen Tagen erschien in meiner Sprechstunde in Begleitung einer schützenden Freundin eine ältere Dame, die über Angstzustände klagte. Sie war in der zweiten Hälfte der Vierzigerjahre, ziemlich gut erhalten, hatte offenbar mit ihrer Weiblichkeit noch nicht abgeschlossen. Anlaß des Ausbruches der Zustände war die Scheidung von ihrem letzten Manne; die Angst hatte aber nach ihrer Angabe eine erhebliche Steigerung erfahren, seitdem sie einen jungen Arzt in ihrer Vorstadt konsultiert hatte; denn dieser hatte ihr auseinandergesetzt, daß die Ursache ihrer Angst ihre sexuelle Bedürftigkeit sei. Sie könne den Verkehr mit dem Manne nicht entbehren, und darum gebe es für sie nur drei Wege zur Gesundheit, entweder sie kehre zu ihrem Manne zurück, oder sie nehme einen Liebhaber, oder sie befriedige sich selbst. Seitdem sei sie überzeugt, daß sie unheilbar sei, denn zu ihrem Manne zurück wolle sie nicht, und die beiden anderen Mittel widerstrebten ihrer Moral und ihrer Religiosität. Zu mir aber sei sie gekommen, weil der Arzt ihr gesagt habe, das sei eine neue Einsicht, die man mir verdanke, und sie solle sich nur von mir die Bestätigung holen, daß es so sei und nicht anders. Die Freundin, eine noch ältere, verkümmert und ungesund aussehende Frau, beschwor mich dann, der Patientin zu versichern, daß sich der Arzt geirrt habe. Es könne doch nicht so sein, denn sie selbst sei seit langen Jahren Witwe und doch anständig geblieben, ohne an Angst zu leiden.

Ich will nicht bei der schwierigen Situation verweilen, in die ich durch diesen Besuch versetzt wurde, sondern das Verhalten des Kollegen beleuchten, der diese Kranke zu mir geschickt hatte. Vorher will ich einer Verwahrung gedenken, die vielleicht – oder hoffentlich – nicht überflüssig ist. Langjährige Erfahrung hat mich gelehrt – wie sie's auch jeden anderen lehren könnte –, nicht leichthin als wahr anzunehmen, was Patienten, insbesondere Nervöse, von ihrem Arzt erzählen. Der Nervenarzt wird nicht nur bei jeder Art von Behandlung leicht das Objekt, nach dem mannigfache feindselige Regungen des Patienten zielen; er muß es sich auch manchmal gefallen lassen, durch eine Art von Projektion die Verantwortung für die geheimen, verdrängten

Wünsche der Nervösen zu übernehmen[1]. Es ist dann eine traurige, aber bezeichnende Tatsache, daß solche Anwürfe nirgendwo leichter Glauben finden als bei anderen Ärzten.

Ich habe also das Recht zu hoffen, daß die Dame in meiner Sprechstunde mir einen tendenziös entstellten Bericht von den Äußerungen ihres Arztes gegeben hat und daß ich ein Unrecht an ihm, der mir persönlich unbekannt ist, begehe, wenn ich meine Bemerkungen über »wilde« Psychoanalyse gerade an diesen Fall anknüpfe. Aber ich halte dadurch vielleicht andere ab, an ihren Kranken unrecht zu tun.

Nehmen wir also an, daß der Arzt genauso gesprochen hat, wie mir die Patientin berichtete.

Es wird dann jeder leicht zu seiner Kritik vorbringen, daß ein Arzt, wenn er es für notwendig hält, mit einer Frau über das Thema der Sexualität zu verhandeln, dies mit Takt und Schonung tun müsse. Aber diese Anforderungen fallen mit der Befolgung gewisser *technischer* Vorschriften der Psychoanalyse zusammen, und überdies hätte der Arzt eine Reihe von *wissenschaftlichen* Lehren der Psychoanalyse verkannt oder mißverstanden und dadurch gezeigt, wie wenig weit er zum Verständnis von deren Wesen und Absichten vorgedrungen ist.

Beginnen wir mit den letzteren, den wissenschaftlichen Irrtümern. Die Ratschläge des Arztes lassen klar erkennen, in welchem Sinne er das »Sexualleben« erfaßt. Im populären nämlich, wobei unter sexuellen Bedürfnissen nichts anderes verstanden wird als das Bedürfnis nach dem Koitus oder analogen, den Orgasmus und die Entleerung der Geschlechtsstoffe bewirkenden Vornahmen. Es kann aber dem Arzt nicht unbekannt geblieben sein, daß man der Psychoanalyse den Vorwurf zu machen pflegt, sie dehne den Begriff des Sexuellen weit über den gebräuchlichen Umfang aus. Die Tatsache ist richtig; ob sie als Vorwurf verwendet werden darf, soll hier nicht erörtert werden. Der Begriff des Sexuellen umfaßt in der Psychoanalyse weit mehr; er geht nach unten wie nach oben über den populären Sinn hinaus. Diese Erweiterung rechtfertigt sich genetisch; wir rechnen zum »Sexualleben« auch alle Betätigungen zärtlicher Gefühle, die aus der Quelle der primitiven sexuellen Regungen hervorgegangen sind, auch wenn diese Regungen eine Hemmung ihres ursprünglich sexuellen Zieles erfahren oder dieses Ziel gegen ein anderes, nicht mehr sexuelles, vertauscht haben.

---

[1] [Ein Exempel für diese Art von Projektion findet sich im zweiten der ›Beispiele des Verrats pathogener Phantasien bei Neurotikern‹ (Freud, 1910 *j*).]

Wir sprechen darum auch lieber von *Psychosexualität,* legen so Wert darauf, daß man den seelischen Faktor des Sexuallebens nicht übersehe und nicht unterschätze. Wir gebrauchen das Wort Sexualität in demselben umfassenden Sinne wie die deutsche Sprache das Wort »lieben«. Wir wissen auch längst, daß seelische Unbefriedigung mit allen ihren Folgen bestehen kann, wo es an normalem Sexualverkehr nicht mangelt, und halten uns als Therapeuten immer vor, daß von den unbefriedigten Sexualstrebungen, deren Ersatzbefriedigungen in der Form nervöser Symptome wir bekämpfen, oft nur ein geringes Maß durch den Koitus oder andere Sexualakte abzuführen ist.

Wer diese Auffassung der Psychosexualität nicht teilt, hat kein Recht, sich auf die Lehrsätze der Psychoanalyse zu berufen, in denen von der ätiologischen Bedeutung der Sexualität gehandelt wird. Er hat sich durch die ausschließliche Betonung des somatischen Faktors am Sexuellen das Problem gewiß sehr vereinfacht, aber er mag für sein Vorgehen allein die Verantwortung tragen.

Aus den Ratschlägen des Arztes leuchtet noch ein zweites und ebenso arges Mißverständnis hervor.

Es ist richtig, daß die Psychoanalyse angibt, sexuelle Unbefriedigung sei die Ursache der nervösen Leiden. Aber sagt sie nicht noch mehr? Will man als zu kompliziert beiseite lassen, daß sie lehrt, die nervösen Symptome entspringen aus einem Konflikt zwischen zwei Mächten, einer (meist übergroß gewordenen) Libido und einer allzu strengen Sexualablehnung oder Verdrängung? Wer auf diesen zweiten Faktor, dem wirklich nicht der zweite Rang angewiesen wurde, nicht vergißt, wird nie glauben können, daß Sexualbefriedigung an sich ein allgemein verläßliches Heilmittel gegen die Beschwerden der Nervösen sei. Ein guter Teil dieser Menschen ist ja der Befriedigung unter den gegebenen Umständen oder überhaupt nicht fähig. Wären sie dazu fähig, hätten sie nicht ihre inneren Widerstände, so würde die Stärke des Triebes ihnen den Weg zur Befriedigung weisen, auch wenn der Arzt nicht dazu raten würde. Was soll also ein solcher Rat, wie ihn der Arzt angeblich jener Dame erteilt hat?

Selbst wenn er sich wissenschaftlich rechtfertigen läßt, ist er unausführbar für sie. Wenn sie keine inneren Widerstände gegen die Onanie oder gegen ein Liebesverhältnis hätte, würde sie ja längst zu einem von diesen Mitteln gegriffen haben. Oder meint der Arzt, eine Frau von über vierzig Jahren wisse nichts davon, daß man sich einen Liebhaber nehmen kann, oder überschätzt er seinen Einfluß so sehr, daß er meint, ohne

ärztliches Gutheißen würde sie sich nie zu einem solchen Schritt entschließen können?

Das scheint alles sehr klar, und doch ist zuzugeben, daß es ein Moment
gibt, welches die Urteilsfällung oft erschwert. Manche der nervösen Zustände, die sogenannten *Aktualneurosen* wie die typische Neurasthenie
und die reine Angstneurose, hängen offenbar von dem somatischen
Faktor des Sexuallebens ab, während wir über die Rolle des psychischen Faktors und der Verdrängung bei ihnen noch keine gesicherte
Vorstellung haben[1]. In solchen Fällen ist es dem Arzte nahegelegt, eine
aktuelle Therapie, eine Veränderung der somatischen sexuellen Betätigung, zunächst ins Auge zu fassen, und er tut dies mit vollem Recht,
wenn seine Diagnose richtig war. Die Dame, die den jungen Arzt kon-
sultierte, klagte vor allem über Angstzustände, und da nahm er wahrscheinlich an, sie leide an Angstneurose, und hielt sich für berechtigt,
ihr eine somatische Therapie zu empfehlen. Wiederum ein bequemes
Mißverständnis! Wer an Angst leidet, hat darum nicht notwendig eine
Angstneurose; diese Diagnose ist nicht aus dem Namen abzuleiten; man
muß wissen, welche Erscheinungen eine Angstneurose ausmachen, und
sie von anderen, auch durch Angst manifestierten Krankheitszuständen
unterscheiden. Die in Rede stehende Dame litt nach meinem Eindruck
an einer *Angsthysterie*[2], und der ganze, aber auch voll zureichende
Wert solcher nosographischer Unterscheidungen liegt darin, daß sie auf
eine andere Ätiologie und andere Therapie hinweisen. Wer die Möglichkeit einer solchen Angsthysterie ins Auge gefaßt hätte, der wäre der
Vernachlässigung der psychischen Faktoren, wie sie in den Alternativ-
ratschlägen des Arztes hervortritt, nicht verfallen.

[1] [Die Aktualneurosen – Zustände mit rein physischer und aktueller Verursachung –
sind von Freud während der Breuer-Periode oft diskutiert worden, s. oben, S. 52 und
Anm. (Der Terminus selbst taucht erstmals in ›Die Sexualität in der Ätiologie der Neurosen‹ auf, 1898 *a*, *Studienausgabe*, Bd. 5, S. 29.) In den späteren Werken werden sie nur
selten erwähnt – so etwa in einer längeren Passage aus Freuds Beitrag zu einer Diskussion über die Onanie (1912 *f*) und in seiner Narzißmus-Schrift (1914 *c*, *Studienausgabe*, Bd. 3, S. 50), wo er, wie auch an einigen anderen Stellen, vorschlägt, die Hypochondrie – neben Neurasthenie und Angstneurose – als eine dritte Aktualneurose zu
betrachten. Im zweiten Abschnitt seiner *Selbstdarstellung* (1925 *d*) kommentiert er die
Tatsache, daß man das Thema aus den Augen verloren habe, versichert jedoch, er sei
nach wie vor von der Richtigkeit seiner früheren Auffassungen überzeugt. Und wenig
später kommt er denn auch an einigen Stellen in *Hemmung, Symptom und Angst*
(1926 *d*, *Studienausgabe*, Bd. 6, S. 229 f., S. 253, S. 281 und S. 298) noch einmal auf
das Problem zurück. S. auch die 24. der *Vorlesungen zur Einführung* (1916–17).]
[2] [Als klinische Einheit war die Angsthysterie von Freud wenig früher eingeführt und
im Zusammenhang mit der Analyse des »kleinen Hans« (1909 *b*, *Studienausgabe*, Bd. 8,
S. 99–101) erläutert worden.]

Merkwürdig genug, in dieser therapeutischen Alternative des angeblichen Psychoanalytikers bleibt kein Raum – für die Psychoanalyse. Diese Frau soll von ihrer Angst nur genesen können, wenn sie zu ihrem Manne zurückkehrt oder sich auf dem Wege der Onanie oder bei einem Liebhaber befriedigt. Und wo hätte die analytische Behandlung einzutreten, in der wir das Hauptmittel bei Angstzuständen erblicken?

Somit wären wir zu den technischen Verfehlungen gelangt, die wir in dem Vorgehen des Arztes im angenommenen Falle erkennen[1]. Es ist eine längst überwundene, am oberflächlichen[2] Anschein haftende Auffassung, daß der Kranke infolge einer Art von Unwissenheit leide, und wenn man diese Unwissenheit durch Mitteilung (über die ursächlichen Zusammenhänge seiner Krankheit mit seinem Leben, über seine Kindheitserlebnisse usw.) aufhebe, müsse er gesund werden. Nicht dies Nichtwissen an sich ist das pathogene Moment, sondern die Begründung des Nichtwissens in *inneren Widerständen,* welche das Nichtwissen zuerst hervorgerufen haben und es jetzt noch unterhalten. In der Bekämpfung dieser Widerstände liegt die Aufgabe der Therapie. Die Mitteilung dessen, was der Kranke nicht weiß, weil er es verdrängt hat, ist nur eine der notwendigen Vorbereitungen für die Therapie[3]. Wäre das Wissen des Unbewußten für den Kranken so wichtig, wie der in der Psychoanalyse Unerfahrene glaubt, so müßte es zur Heilung hinreichen, wenn der Kranke Vorlesungen anhört oder Bücher liest. Diese Maßnahmen haben aber ebensoviel Einfluß auf die nervösen Leidenssymptome wie die Verteilung von Menükarten zur Zeit einer Hungersnot auf den Hunger. Der Vergleich ist sogar über seine erste Verwendung hinaus brauchbar, denn die Mitteilung des Unbewußten an den Kranken hat regelmäßig die Folge, daß der Konflikt in ihm verschärft wird und die Beschwerden sich steigern.

Da die Psychoanalyse aber eine solche Mitteilung nicht entbehren kann, schreibt sie vor, daß sie nicht eher zu erfolgen habe, als bis zwei Bedingungen erfüllt sind. Erstens bis der Kranke durch Vorbereitung selbst in die Nähe des von ihm Verdrängten gekommen ist, und zweitens, bis er sich so weit an den Arzt attachiert hat (*Übertragung*), daß ihm die Gefühlsbeziehung zum Arzt die neuerliche Flucht unmöglich macht.

---

[1] [Nur im Erstdruck von 1910 folgt an dieser Stelle der zusätzliche Satz: »Es ist leicht, sie auf Unkenntnis zurückzuführen.«]

[2] [Im Erstdruck: »oberflächlichsten«.]

[3] [S. oben, S. 124 und die editorische Anm. 1 dazu.]

Erst durch die Erfüllung dieser Bedingungen wird es möglich, die Widerstände, welche zur Verdrängung und zum Nichtwissen geführt haben, zu erkennen und ihrer Herr zu werden. Ein psychoanalytischer Eingriff setzt also durchaus einen längeren Kontakt mit dem Kranken voraus, und Versuche, den Kranken durch die brüske Mitteilung seiner vom Arzt erratenen Geheimnisse beim ersten Besuch in der Sprechstunde zu überrumpeln, sind technisch verwerflich und strafen sich meist dadurch, daß sie dem Arzt die herzliche Feindschaft des Kranken zuziehen und jede weitere Beeinflussung abschneiden.

Ganz abgesehen davon, daß man manchmal falsch rät und niemals imstande ist, alles zu erraten. Durch diese bestimmten technischen Vorschriften ersetzt die Psychoanalyse die Forderung des unfaßbaren »ärztlichen Taktes«, in dem eine besondere Begabung gesucht wird.

Es reicht also für den Arzt nicht hin, einige der Ergebnisse der Psychoanalyse zu kennen; man muß sich auch mit ihrer Technik vertraut gemacht haben, wenn man sein ärztliches Handeln durch die psychoanalytischen Gesichtspunkte leiten lassen will. Diese Technik ist heute noch nicht aus Büchern zu erlernen und gewiß nur mit großen Opfern an Zeit, Mühe und Erfolg selbst zu finden. Man erlernt sie wie andere ärztliche Techniken bei denen, die sie bereits beherrschen. Es ist darum gewiß für die Beurteilung des Falles, an den ich diese Bemerkungen knüpfe, nicht gleichgültig, daß ich den Arzt, der solche Ratschläge gegeben haben soll, nicht kenne und seinen Namen nie gehört habe.

Es ist weder mir noch meinen Freunden und Mitarbeitern angenehm, in solcher Weise den Anspruch auf die Ausübung einer ärztlichen Technik zu monopolisieren. Aber angesichts der Gefahren, die die vorherzusehende Übung einer »wilden« Psychoanalyse[1] für die Kranken und für die Sache der Psychoanalyse mit sich bringt, blieb uns nichts anderes übrig. Wir haben im Frühjahr 1910 einen internationalen psychoanalytischen Verein gegründet, dessen Mitglieder sich durch Namensveröffentlichung zu ihm bekennen, um die Verantwortung für das Tun aller jener ablehnen zu können, die nicht zu uns gehören und ihr ärztliches Vorgehen »Psychoanalyse« heißen[2]. Denn in Wahrheit schaden solche wilde Analytiker doch der Sache mehr als dem einzelnen Kranken. Ich habe es häufig erlebt, daß ein so ungeschicktes Vorgehen, wenn

---

[1] [Vermutlich müßte dieser Teil des Satzes richtig lauten: »Aber angesichts der vorherzusehenden Gefahren, die die Übung einer ›wilden‹ Psychoanalyse...«]

[2] [Diese Vereinigung konstituierte sich auf dem Zweiten Psychoanalytischen Kongreß in Nürnberg, Ende März 1910.]

es zuerst eine Verschlimmerung im Befinden des Kranken machte, ihm am Ende doch zum Heile gereicht hat. Nicht immer, aber doch oftmals. Nachdem er lange genug auf den Arzt geschimpft hat und sich weit genug von seiner Beeinflussung weiß, lassen dann seine Symptome nach, oder er entschließt sich zu einem Schritt, welcher auf dem Wege zur Heilung liegt. Die endliche Besserung ist dann »von selbst« eingetreten oder wird der höchst indifferenten Behandlung eines Arztes zugeschrieben, an den sich der Kranke später gewendet hat. Für den Fall der Dame, deren Anklage gegen den Arzt wir gehört haben, möchte ich meinen, der wilde Psychoanalytiker habe doch mehr für seine Patientin getan als irgendeine hochangesehene Autorität, die ihr erzählt hätte, daß sie an einer »vasomotorischen Neurose« leide. Er hat ihren Blick auf die wirkliche Begründung ihres Leidens oder in dessen Nähe gezwungen, und dieser Eingriff wird trotz alles Sträubens der Patientin nicht ohne günstige Folgen bleiben. Aber er hat sich selbst geschädigt und die Vorurteile steigern geholfen, welche sich infolge begreiflicher Affektwiderstände bei den Kranken gegen die Tätigkeit des Psychoanalytikers erheben. Und dies kann vermieden werden.

Die behandlungstechnischen Schriften
von 1911 bis 1915 [1914]

EDITORISCHE EINLEITUNG
ZU DEN BEHANDLUNGSTECHNISCHEN SCHRIFTEN
VON 1911 BIS 1915 [1914]

In seinem Psychotherapie-Beitrag zu den *Studien über Hysterie* (1895 d, im vorliegenden Band S. 49 ff.[1]) gibt Freud einen sehr ausführlichen Bericht über das behandlungstechnische Verfahren, das er auf der Grundlage von Breuers Entdeckungen entwickelt hatte. Man kann es als die »Druck«-Technik bezeichnen; es enthält noch beträchtliche Momente von Suggestion, wenn es sich auch rasch in Richtung auf das fortentwickelte, was er bald die »psychoanalytische« Methode nennen sollte. Abgesehen von zwei kurzen, skizzenhaften Darstellungen (1904 a, im vorliegenden Band S. 101 ff., und 1905 a, oben, S. 109 ff.) veröffentlichte er danach für mehr als fünfzehn Jahre keine allgemeine Beschreibung seiner Technik. Was wir überhaupt über seine Methoden während dieser Periode wissen, mußte vorwiegend aus beiläufigen Bemerkungen, z. B. in der *Traumdeutung* (1900 a), erschlossen werden – und vor allem aus dem, was sich in den drei großen Falldarstellungen dieser Jahre offenbart, der »Dora« (1905 e [1901]), dem »kleinen Hans« (1909 b) und dem »Rattenmann« (1909 d). (Die beiden zuletzt genannten fallen zeitlich übrigens nahezu mit dem Ende jener Periode relativen Schweigens zusammen.) Von Ernest Jones (1962 a, 275 ff.) erfahren wir, daß Freud bereits 1908 mit dem Gedanken spielte, eine *Allgemeine Technik der Psychoanalyse* zu schreiben. Sie sollte etwa fünfzig Seiten umfassen, und am Ende des Jahres waren davon bereits sechsunddreißig niedergeschrieben. Dann stockte jedoch die Arbeit, und Freud beschloß, den Abschluß bis zu den Sommerferien 1909 aufzuschieben. Aber als es soweit war, mußte die Falldarstellung des »Rattenmannes« beendet und die Amerika-Reise vorbereitet werden, und das Projekt der Technik wurde erneut zur Seite gelegt. Nichtsdestoweniger sagte Freud im selben Sommer zu Jones, er plane »ein kleines Merkbuch mit Anleitungen und Regeln für die Technik« (ibid., 275), das nur privat unter die ihm nächststehenden Analytiker verteilt werden sollte. Danach wurde es still um das Thema bis zur Arbeit über ›Die zukünftigen Chancen der psychoanalytischen Therapie‹, die Freud Ende März des darauffolgenden Jahres auf dem Nürnberger Kongreß vortrug (1910 d, im vorliegenden Band S. 123 ff.). In dieser Arbeit, die selbst die Frage der Technik berührt, kündigt er an, daß er »demnächst« eine *Allgemeine Methodik der Psychoanalyse* zu verfassen beabsichtige – vermutlich ein systematisches Werk über Technik (s. oben, S. 124). Abgesehen von dem einige Monate später geschriebenen kritischen Kommentar über »wilde« Psychoanalyse (1910 k, oben, S. 135 ff.), kam es aber noch einmal zu einer Ver-

---

[1] S. auch die ›Editorische Einleitung‹ dazu, S. 39 ff., oben.

zögerung von achtzehn Monaten, und erst Ende 1911 wurde mit der Veröffentlichung der folgenden sechs Arbeiten begonnen.

Die ersten vier wurden in ziemlich rascher Folge innerhalb der nächsten fünfzehn Monate (zwischen Dezember 1911 und März 1913) publiziert. Dann trat abermals eine Pause ein; die letzten beiden Arbeiten der Serie erschienen erst im November 1914 und im Januar 1915. Tatsächlich waren beide aber schon Ende Juli 1914 abgeschlossen worden – kurz vor Ausbruch des Ersten Weltkrieges. Obgleich sich ihre Veröffentlichung also über zweieinhalb Jahre hinzog, hat Freud diese Schriften offenbar als eine Serie angesehen, wie aus einer Anmerkung zur vierten Arbeit (unten, S. 183, Anm.) sowie aus der Tatsache hervorgeht, daß die letzten vier ursprünglich einen gemeinsamen Titel hatten; überdies ließ er sie 1918 zusammen in der vierten Sammlung seiner kleineren Schriften unter dem Titel ›Zur Technik der Psychoanalyse‹ nachdrucken. Deshalb erscheint es uns gerechtfertigt, sie auch hier zusammenzufassen, die Chronologie des Bandes in bezug auf die beiden letzten Arbeiten der Serie zu durchbrechen und allen sechs Arbeiten diese ›Editorische Einleitung‹ vorzuschalten.

Zwar wird in diesen sechs Abhandlungen eine große Zahl wichtiger Themen erörtert, dennoch kann man sie kaum als eine systematische Darstellung der psychoanalytischen Behandlungstechnik beschreiben. Nichtsdestoweniger stellen sie Freuds größte Annäherung an eine solche Systematik dar; denn in den zwanzig Jahren nach ihrer Publikation veröffentlichte er nur ein paar wenige explizite Beiträge zum Thema: eine Diskussion der »aktiven« Behandlungsmethoden in seinem Vortrag vor dem Budapester Kongreß (1919 *a*, im vorliegenden Band S. 241 ff.) und ein paar praktische Ratschläge zur Traumdeutung (1923 *c*, im vorliegenden Band S. 259 ff.). Daneben sind wir wiederum hauptsächlich auf beiläufiges Material in den Krankengeschichten angewiesen, insbesondere in der »Wolfsmann«-Analyse (1918 *b*), die etwa im Zeitraum der Niederschrift der folgenden sechs Arbeiten durchgeführt wurde. Überdies gibt es natürlich noch die lange Diskussion der Prinzipien, die der psychoanalytischen Therapie zugrunde liegen, in der 27. und 28. der *Vorlesungen zur Einführung* (1916–17), wenn diese Darlegung auch nicht eigentlich als ein unmittelbarer Beitrag zu Fragen der Technik betrachtet werden kann. Tatsächlich kommt Freud erst ganz am Ende seines Lebens, im Jahre 1937, noch einmal in zwei bedeutenden Arbeiten von explizit technischem Charakter auf das Thema zurück (1937 *c*, im vorliegenden Band S. 357 ff., und 1937 *d*, unten, S. 395 ff.).

Die relativ geringe Zahl seiner behandlungstechnischen Schriften sowie Unschlüssigkeit und Aufschub bei ihrer Niederschrift lassen vermuten, daß Freud gegen die Veröffentlichung gerade dieses Materials ein gewisses Widerstreben empfunden hat. Und dies scheint, aus einer Vielfalt von Gründen, tatsächlich der Fall gewesen zu sein. Gewiß war ihm der Gedanke an zukünftige Patienten unlieb, die zu viele Einzelheiten seiner Technik kannten, und er wußte wohl, daß sie alles begierig aufgreifen würden, was er je darüber schriebe. (Diese Bedenken kommen in dem oben erwähnten Vorschlag zum Ausdruck, die Verteilung einer Arbeit über Technik auf eine begrenzte Anzahl von Analytikern zu beschränken.)[1] Darüber hinaus war er aber in bezug auf den Wert, den so etwas wie ›Richtlinien für junge Analytiker‹ für Anfänger haben könnte, höchst skeptisch. Erst in der dritten und vierten Abhandlung der Serie findet man etwas damit überhaupt Vergleichbares. Die Begründung dafür liegt, wie er uns in der Arbeit ›Zur Einleitung der Behandlung‹ sagt, zum Teil darin, daß die im psychoanalytischen Verfahren zur Geltung kommenden psychologischen Faktoren (die Persönlichkeit des Analytikers eingeschlossen) zu komplex und variabel seien, als daß sich irgendwelche strengen und unwandelbaren Regeln angeben ließen. Solche Regeln könnten zumal nur dann wertvoll sein, wenn genau begriffen und durchdacht worden sei, wie sie eigentlich wirkten; und tatsächlich ist ein großer Teil der folgenden Abhandlungen der Darstellung der Wirkungsweise der psychoanalytischen Therapie, ja von Psychotherapie überhaupt gewidmet. War diese Wirkungsweise einmal verstanden, so war es auch möglich, die Reaktionen des Patienten (und des Analytikers) zu erklären sowie die möglichen Folgen und Vorzüge jeder speziellen technischen Operation zu beurteilen.

Bei all diesen Diskussionen über die Technik aber ist Freud nie müde geworden zu betonen, daß eine wirkliche Beherrschung des therapeutischen Instrumentariums nur durch klinische Erfahrung und nicht durch Bücher erlangt werden könne. Klinische Erfahrung mit Patienten, gewiß, klinische Erfahrung aber vor allem aus der eigenen Analyse des Analytikers. Die eigene Analyse war, davon zeigte sich Freud mehr und mehr überzeugt, eine fundamentale Notwendigkeit für jeden praktizierenden Analytiker. Er hatte diesen Gedanken zunächst eher zögernd vorgebracht, z. B. in ›Die zukünftigen Chancen der psychoanalytischen Therapie‹ (1910 *d*, im vorliegenden Band S. 126 f.); entschiedener kommt er in einer der Arbeiten der folgenden Serie (S. 176–7, unten) zum Ausdruck; und in einer seiner letzten Schriften, ›Die endliche und die unendliche Analyse‹ (1937 *c*, im vorliegenden Band S. 389), empfiehlt Freud, jeder Analytiker solle sich periodisch, vielleicht alle fünf Jahre, neuerlich einer Analyse unterziehen. Zweifellos müssen alle folgenden behandlungstechnischen Schriften stets auf dem Hintergrund dieser Grundvoraussetzung gelesen werden.

Schließlich sei noch bemerkt, daß Freud in der folgenden Serie nicht auf die Frage eingeht, ob der Besitz eines medizinischen Grades eine nicht weniger notwendige Bedingung für jeden Psychoanalytiker sei. In diesen Abhandlungen scheint stillschweigend vorausgesetzt zu werden, daß der Analytiker Arzt ist, und es wird fast immer so von ihm gesprochen: das Wort »Arzt« kommt ständig vor. Freuds erster veröffentlichter Hinweis auf die Möglichkeit der

---

[1] Das Fehlen jeglicher ausführlichen Erörterung des Phänomens der »Gegenübertragung« (s. unten, S. 220, Anm.) mag ein weiteres Indiz für dieses Gefühl sein.

Zulassung nicht-medizinischer Psychoanalytiker wurde tatsächlich etwa gleichzeitig mit der Publikation der letzten der folgenden Arbeiten gegeben, und zwar in der Einleitung zu einem Buch von Pfister (Freud, 1913 *b*). Seine wichtigsten Ausführungen zu diesem Thema folgten allerdings viel später, nämlich in seiner Broschüre über die Laienanalyse (1926 *e*, im vorliegenden Band S. 275 ff.)[1] sowie in seinem Nachwort dazu (1927 *a*, S. 342 ff., unten). Man darf vermuten, daß, hätte Freud die folgenden Arbeiten später geschrieben, das Wort »Arzt« nicht so häufig benutzt worden wäre. Tatsächlich taucht es in seinen beiden letzten Abhandlungen über Technik (1937 *c* und 1937 *d*) gar nicht auf; dort steht statt dessen überall »Analytiker«.

---

[1] Übrigens gibt es in Kapitel V dieses Werks erhebliche, zuweilen fast wörtliche Anleihen bei der folgenden Serie von Abhandlungen.

Die Handhabung der Traumdeutung
in der Psychoanalyse

(1911)

EDITORISCHE VORBEMERKUNG

Deutsche Ausgaben:

1911 *Zentbl. Psychoanal.*, Bd. 2 (3), 109–13.
1918 *S. K. S. N.*, Bd. 4, 378–85. (1922, 2. Aufl.)
1924 *Technik und Metapsychol.*, 45–52.
1925 *G. S.*, Bd. 6, 45–52.
1931 *Neurosenlehre und Technik*, 321–8.
1943 *G. W.*, Bd. 8, 350–7.

Die Arbeit wurde erstmals im Dezember 1911 veröffentlicht. Wie der Titel besagt, handelt es sich um ein begrenztes Thema: es geht ausschließlich um Träume im Zusammenhang mit der psychoanalytischen Kur. Einige weitere Beiträge zu diesem Problem finden sich in den Abschnitten I bis VIII von ›Bemerkungen zur Theorie und Praxis der Traumdeutung‹ (1923 c, im vorliegenden Band S. 259–67).

Das *Zentralblatt für Psychoanalyse*[1] hat sich nicht nur die eine Aufgabe gesetzt, über die Fortschritte der Psychoanalyse zu orientieren und selbst kleinere Beiträge[2] zur Veröffentlichung zu bringen, sondern möchte auch den anderen Aufgaben genügen, das bereits Erkannte in klarer Fassung dem Lernenden vorzulegen und dem Anfänger in der analytischen Behandlung durch geeignete Anweisungen Aufwand an Zeit und Mühe zu ersparen. Es werden darum in dieser Zeitschrift von nun an auch Aufsätze didaktischer Natur und technischen Inhaltes erscheinen, an denen es nicht wesentlich ist, ob sie auch etwas Neues mitteilen.

Die Frage, die ich heute zu behandeln gedenke, ist nicht die nach der Technik der Traumdeutung. Es soll nicht erörtert werden, wie man Träume zu deuten und deren Deutung zu verwerten habe, sondern nur, welchen Gebrauch man bei der psychoanalytischen Behandlung von Kranken von der Kunst der Traumdeutung machen solle. Man kann dabei gewiß in verschiedener Weise vorgehen, aber die Antwort auf technische Fragen ist in der Psychoanalyse niemals selbstverständlich. Wenn es vielleicht mehr als nur einen guten Weg gibt, so gibt es doch sehr viele schlechte, und eine Vergleichung verschiedener Techniken kann nur aufklärend wirken, auch wenn sie nicht zur Entscheidung für eine bestimmte Methode führen sollte.

Wer von der Traumdeutung her zur analytischen Behandlung kommt, der wird sein Interesse für den Inhalt der Träume festhalten und darum jeden Traum, den ihm der Kranke erzählt, zur möglichst vollständigen Deutung bringen wollen. Er wird aber bald merken können, daß er sich nun unter ganz andersartigen Verhältnissen befindet und daß er mit den nächsten Aufgaben der Therapie in Kollision gerät, wenn er seinen Vorsatz durchführen will. Erwies sich etwa der erste Traum des Patienten als vortrefflich brauchbar für die Anknüpfung der ersten an den Kranken zu richtenden Aufklärungen, so stellen sich alsbald Träume ein, die so lang und so dunkel sind, daß ihre Deutung in der begrenzten

---

[1] [Die Zeitschrift, in der diese Arbeit zuerst erschien.]
[2] [Längere Abhandlungen wurden im *Jahrbuch* publiziert.]

Arbeitsstunde eines Tages nicht zu Ende gebracht werden kann. Setzt der Arzt diese Deutungsarbeit durch die nächsten Tage fort, so wird ihm unterdes von neuen Träumen berichtet, die zurückgestellt werden müssen, bis er den ersten Traum für erledigt halten kann. Gelegentlich ist die Traumproduktion so reichlich und der Fortschritt des Kranken im Verständnis der Träume dabei so zögernd, daß der Analytiker sich der Idee nicht erwehren kann, diese Art der Darreichung des Materials sei nur eine Äußerung des Widerstandes, welcher sich der Erfahrung bedient, daß die Kur den ihr so gebotenen Stoff nicht bewältigen kann. Unterdes ist die Kur aber ein ganzes Stück hinter der Gegenwart zurückgeblieben und hat den Kontakt mit der Aktualität eingebüßt. Einer solchen Technik muß man die Regel entgegenhalten, daß es für die Behandlung von größter Bedeutung ist, die jeweilige psychische Oberfläche des Kranken zu kennen, darüber orientiert zu sein, welche Komplexe und welche Widerstände derzeit bei ihm regegemacht sind und welche bewußte Reaktion dagegen sein Benehmen leiten wird. Dieses therapeutische Ziel darf kaum jemals zugunsten des Interesses an der Traumdeutung hintangesetzt werden.

Wie soll man es also mit der Traumdeutung in der Analyse halten, wenn man jener Regel eingedenk bleiben will? Etwa so: Man begnüge sich jedesmal mit dem Ergebnis an Deutung, welches in einer Stunde zu gewinnen ist, und halte es nicht für einen Verlust, daß man den Inhalt des Traumes nicht vollständig erkannt hat. Am nächsten Tage setze man die Deutungsarbeit nicht wie selbstverständlich fort, sondern erst dann, wenn man merkt, daß inzwischen nichts anderes sich beim Kranken in den Vordergrund gedrängt hat. Man mache also von der Regel, immer das zu nehmen, was dem Kranken zunächst in den Sinn kommt, zugunsten einer unterbrochenen Traumdeutung keine Ausnahme. Haben sich neue Träume eingestellt, ehe man die früheren zu Ende gebracht, so wende man sich diesen rezenteren Produktionen zu und mache sich aus der Vernachlässigung der älteren keinen Vorwurf. Sind die Träume gar zu umfänglich und weitschweifig geworden, so verzichte man bei sich von vornherein auf eine vollständige Lösung. Man hüte sich im allgemeinen davor, ein ganz besonderes Interesse für die Deutung der Träume an den Tag zu legen oder im Kranken die Meinung zu erwecken, daß die Arbeit stillestehen müsse, wenn er keine Träume bringe. Man läuft sonst Gefahr, den Widerstand auf die Traumproduktion zu lenken und ein Versiegen der Träume hervorzurufen. Der Analysierte muß vielmehr zur Überzeugung erzogen werden, daß die Analyse in jedem Falle Material zu ihrer Fortsetzung findet, gleichgültig ob er Träume beibringt oder nicht und in welchem Ausmaße man sich mit ihnen beschäftigt.

Man wird nun fragen: Verzichtet man nicht auf zuviel wertvolles Material zur Aufdeckung des Unbewußten, wenn man die Traumdeutung nur unter solchen methodischen Einschränkungen ausübt? Darauf ist folgendes zu erwidern: Der Verlust ist keineswegs so groß, wie es bei geringer Vertiefung in den Sachverhalt erscheinen wird. Man mache sich einerseits klar, daß irgend ausführliche Traumproduktionen bei schweren Fällen von Neurosen nach allen Voraussetzungen als prinzipiell nicht vollständig lösbar beurteilt werden müssen. Ein solcher Traum baut sich oft über dem gesamten pathogenen Material des Falles auf, welches Arzt und Patient noch nicht kennen (sogenannte Programmträume, biographische Träume[1]); er ist gelegentlich einer Übersetzung des ganzen Inhalts der Neurose in die Traumsprache gleichzustellen. Beim Versuch, einen solchen Traum zu deuten, werden alle noch unangetastet vorhandenen Widerstände zur Wirkung kommen und der Einsicht bald eine Grenze setzen. Die vollständige Deutung eines solchen Traumes fällt eben zusammen mit der Ausführung der ganzen Analyse. Hat man ihn zu Beginn der Analyse notiert, so kann man ihn etwa am Ende derselben, nach vielen Monaten, verstehen. Es ist derselbe Fall wie beim Verständnis eines einzelnen Symptoms (des Hauptsymptoms etwa). Die ganze Analyse dient der Aufklärung desselben; während der Behandlung muß man der Reihe nach bald dies, bald jenes Stück der Symptombedeutung zu erfassen suchen, bis man all diese Stücke zusammensetzen kann. Mehr darf man also auch von einem zu Anfang der Analyse vorfallenden Traume nicht verlangen; man muß sich zufriedengeben, wenn man aus dem Deutungsversuch zunächst eine einzelne pathogene Wunschregung errät[2].

Man verzichtet also auf nichts Erreichbares, wenn man die Absicht einer vollständigen Traumdeutung aufgibt. Man verliert aber auch in der Regel nichts, wenn man die Deutung eines älteren Traumes abbricht, um sich einem rezenteren zuzuwenden. Wir haben aus schönen Beispielen voll gedeuteter Träume erfahren, daß mehrere aufeinanderfolgende Szenen desselben Traumes den nämlichen Inhalt haben können, der sich in ihnen etwa mit steigender Deutlichkeit durchsetzt. Wir haben ebenso

---

[1] [S. *Die Traumdeutung* (1900 a), *Studienausgabe*, Bd. 2, S. 343 und S. 359, Anm. 1.]
[2] [Für eine lange Erörterung über die Grenzen der Möglichkeit, Träume zu deuten, s. Abschnitt A von ›Einige Nachträge zum Ganzen der Traumdeutung‹ (1925 i).]

gelernt, daß mehrere in derselben Nacht vorfallende Träume nichts anderes zu sein brauchen als Versuche, denselben Inhalt in verschiedener Ausdrucksweise darzustellen[1]. Wir können ganz allgemein versichert sein, daß jede Wunschregung, die sich heute einen Traum schafft, in einem anderen Traume wiederkehren wird, solange sie nicht verstanden und der Herrschaft des Unbewußten entzogen ist. So wird auch oft der beste Weg, um die Deutung eines Traumes zu vervollständigen, darin bestehen, daß man ihn verläßt, um sich dem neuen Traume zu widmen, der das nämliche Material in vielleicht zugänglicherer Form wiederaufnimmt. Ich weiß, daß es nicht nur für den Analysierten, sondern auch für den Arzt eine starke Zumutung ist, die bewußten Zielvorstellungen bei der Behandlung aufzugeben und sich ganz einer Leitung zu überlassen, die uns doch immer wieder als »zufällig« erscheint. Aber ich kann versichern, es lohnt sich jedesmal, wenn man sich entschließt, seinen eigenen theoretischen Behauptungen Glauben zu schenken, und sich dazu überwindet, die Herstellung des Zusammenhanges der Führung des Unbewußten nicht streitig zu machen.

Ich plädiere also dafür, daß die Traumdeutung in der analytischen Behandlung nicht als Kunst um ihrer selbst willen betrieben werden soll, sondern daß ihre Handhabung jenen technischen Regeln unterworfen werde, welche die Ausführung der Kur überhaupt beherrschen. Natürlich kann man es gelegentlich auch anders machen und seinem theoretischen Interesse ein Stück weit nachgehen. Man muß dabei aber immer wissen, was man tut. Ein anderer Fall ist noch in Betracht zu ziehen, der sich ergeben hat, seitdem wir zu unserem Verständnis der Traumsymbolik größeres Zutrauen haben und uns von den Einfällen der Patienten unabhängiger wissen. Ein besonders geschickter Traumdeuter kann sich etwa in der Lage befinden, daß er jeden Traum des Patienten durchschaut, ohne diesen zur mühsamen und zeitraubenden Bearbeitung des Traumes anhalten zu müssen. Für einen solchen Analytiker entfallen also alle Konflikte zwischen den Anforderungen der Traumdeutung und jenen der Therapie. Er wird sich auch versucht fühlen, die Traumdeutung jedesmal voll auszunützen und dem Patienten alles mitzuteilen, was er aus seinen Träumen erraten hat. Dabei hat er aber eine Methodik der Behandlung eingeschlagen, die von der regulären nicht unerheblich abweicht, wie ich in anderem Zusammenhange

---

[1] [S. *Die Traumdeutung* (1900 a), *Studienausgabe*, Bd. 2, S. 502–3.]

dartun werde[1]. Dem Anfänger in der psychoanalytischen Behandlung ist jedenfalls zu widerraten, daß er sich diesen außergewöhnlichen Fall zum Vorbild nehme.

Gegen die allerersten Träume, die ein Patient in der analytischen Behandlung mitteilt, solange er selbst noch nichts von der Technik der Traumübersetzung gelernt hat, verhält sich jeder Analytiker wie jener von uns angenommene überlegene Traumdeuter. Diese initialen Träume sind sozusagen naiv, sie verraten dem Zuhörer sehr viel, ähnlich wie die Träume sogenannt gesunder Menschen. Es entsteht nun die Frage, soll der Arzt auch sofort dem Kranken alles übersetzen, was er selbst aus dem Traume herausgelesen hat. Diese Frage soll aber hier nicht beantwortet werden, denn sie ist offenbar der umfassenderen Frage untergeordnet, in welchen Phasen der Behandlung und in welchem Tempo der Kranke in die Kenntnis des ihm seelisch Verhüllten vom Arzte eingeführt werden soll[2]. Je mehr dann der Patient von der Übung der Traumdeutung erlernt hat, desto dunkler werden in der Regel seine späteren Träume. Alles erworbene Wissen um den Traum dient auch der Traumbildung als Warnung.

In den »wissenschaftlichen« Arbeiten über den Traum, die trotz der Ablehnung der Traumdeutung einen neuen Impuls durch die Psychoanalyse empfangen haben, findet man immer wieder eine recht überflüssige Sorgfalt auf die getreue Erhaltung des Traumtextes verlegt, der angeblich vor den Entstellungen und Usuren der nächsten Tagesstunden bewahrt werden muß. Auch manche Psychoanalytiker scheinen sich ihrer Einsicht in die Bedingungen der Traumbildung nicht konsequent genug zu bedienen, wenn sie dem Behandelten den Auftrag geben, jeden Traum unmittelbar nach dem Erwachen schriftlich zu fixieren. Diese Maßregel ist in der Therapie überflüssig[3]; auch bedienen sich die Kranken der Vorschrift gern, um sich im Schlafe zu stören und einen großen Eifer dort anzubringen, wo er nicht von Nutzen sein kann. Hat man nämlich auf solche Weise mühselig einen Traumtext gerettet, der sonst vom Vergessen verzehrt worden wäre, so kann man sich doch leicht

---

[1] [Dies ist vielleicht ein Verweis auf eine Passage in der Abhandlung ›Zur Einleitung der Behandlung‹ (1913 c), S. 199–200, unten.]

[2] [Das wird in der Arbeit ›Zur Einleitung der Behandlung‹ (1913 c) erörtert, S. 199 ff., unten.]

[3] [Für *wissenschaftliche* Zwecke und bei der Analyse seiner eigenen Träume hat Freud den Traumtext niedergeschrieben. S. beispielsweise *Die Traumdeutung* (1900 a), *Studienausgabe*, Bd. 2, S. 126 und S. 440, Anm. 1. Die Frage des »Textes« der Träume wird dort gleichfalls diskutiert, ibid., S. 491–4.]

überzeugen, daß für den Kranken damit nichts erreicht ist. Zu dem Text stellen sich die Einfälle nicht ein, und der Effekt ist der nämliche, als ob der Traum nicht erhalten geblieben wäre. Der Arzt hat allerdings in dem einen Falle etwas erfahren, was ihm im anderen entgangen wäre. Aber es ist nicht dasselbe, ob der Arzt oder ob der Patient etwas weiß; die Bedeutung dieses Unterschiedes für die Technik der Psychoanalyse soll ein anderes Mal von uns gewürdigt werden[1].

Ich will endlich noch einen besonderen Typus von Träumen erwähnen, die ihren Bedingungen nach nur in einer psychoanalytischen Kur vorkommen können und die den Anfänger befremden oder irreführen mögen. Es sind dies die sogenannten nachhinkenden oder bestätigenden Träume[2], die der Deutung leicht zugänglich sind und als Übersetzung nichts anderes ergeben, als was die Kur in den letzten Tagen aus dem Material der Tageseinfälle erschlossen hatte. Es sieht dann so aus, als hätte der Patient die Liebenswürdigkeit gehabt, gerade das in Traumform zu bringen, was man ihm unmittelbar vorher »suggeriert« hat. Der geübtere Analytiker hat allerdings Schwierigkeiten, seinem Patienten solche Liebenswürdigkeiten zuzumuten; er greift solche Träume als erwünschte Bestätigungen auf und konstatiert, daß sie nur unter bestimmten Bedingungen der Beeinflussung durch die Kur beobachtet werden. Die weitaus zahlreichsten Träume eilen ja der Kur voran, so daß sich aus ihnen nach Abzug von allem bereits Bekannten und Verständlichen ein mehr oder minder deutlicher Hinweis auf etwas, was bisher verborgen war, ergibt.

---

[1] [In ›Zur Einleitung der Behandlung‹ (1913 c), S. 200–1, unten.]
[2] [Vgl. Abschnitt VII von ›Bemerkungen zur Theorie und Praxis der Traumdeutung‹ (1923 c), S. 264–6, unten.]

Zur Dynamik der Übertragung

(1912)

EDITORISCHE VORBEMERKUNG

Deutsche Ausgaben:

1912 *Zentbl. Psychoanal.*, Bd. 2 (4), 167–73.
1918 *S. K. S. N.*, Bd. 4, 388–98. (1922, 2. Aufl.)
1924 *Technik und Metapsychol.*, 53–63.
1925 *G. S.*, Bd. 6, 53–63.
1931 *Neurosenlehre und Technik*, 328–40.
1943 *G. W.*, Bd. 8, 364–74.

Obgleich Freud diese im Januar 1912 veröffentlichte Abhandlung als der Serie über Technik zugehörig ansah, handelt es sich im Grunde mehr um eine *theoretische* Untersuchung des Phänomens der Übertragung und ihrer Wirkungsweise in der analytischen Behandlung. Insbesondere findet sich hier die erste veröffentlichte explizite Erörterung der Unterscheidung zwischen »positiver« und »negativer« Übertragung (S. 164–6).

Freud hatte sich schon in einigen kurzen Bemerkungen am Ende der Falldarstellung der »Dora« (1905 e, *Studienausgabe*, Bd. 6, S. 180–2) mit dem Problem der Übertragung befaßt. Sehr viel ausführlicher behandelte er es später in der zweiten Hälfte der 27. und in der ersten Hälfte der 28. der *Vorlesungen zur Einführung in die Psychoanalyse* (1916–17). Und gegen Ende seines Lebens kam er in einer Reihe wichtiger Kommentare in der langen Arbeit ›Die endliche und die unendliche Analyse‹ (1937 c, im vorliegenden Band S. 357 ff.) noch einmal darauf zurück. S. auch einige Bemerkungen im technischen Kapitel der Studie *Abriß der Psychoanalyse* (1940 a [1938], im vorliegenden Band, insbesondere S. 413–6 und S. 420).

Zu erwähnen ist schließlich, daß Freud in der vorliegenden Arbeit den Ausdruck »psychoanalytische Grundregel« einführt (S. 167, unten).

Das schwer zu erschöpfende Thema der »Übertragung« ist kürzlich in diesem *Zentralblatt* von W. Stekel (1911 *b*) in deskriptiver Weise behandelt worden[1]. Ich möchte nun hier einige Bemerkungen anfügen, die verstehen lassen sollen, wie die Übertragung während einer psychoanalytischen Kur notwendig zustande kommt und wie sie zu der bekannten Rolle während der Behandlung gelangt.

Machen wir uns klar, daß jeder Mensch durch das Zusammenwirken von mitgebrachter Anlage und von Einwirkungen auf ihn während seiner Kinderjahre eine bestimmte Eigenart erworben hat, wie er das Liebesleben ausübt, also welche Liebesbedingungen er stellt, welche Triebe er dabei befriedigt und welche Ziele er sich setzt[2]. Das ergibt sozusagen ein Klischee (oder auch mehrere), welches im Laufe des Lebens regelmäßig wiederholt, neu abgedruckt wird, insoweit die äußeren Umstände und die Natur der zugänglichen Liebesobjekte es gestatten, welches gewiß auch gegen rezente Eindrücke nicht völlig unveränderlich ist. Unsere Erfahrungen haben nun ergeben, daß von diesen das Liebes-

---

[1] [In dieser Zeitschrift wurde die vorliegende Arbeit erstmals veröffentlicht.]

[2] Verwahren wir uns an dieser Stelle gegen den mißverständlichen Vorwurf, als hätten wir die Bedeutung der angeborenen (konstitutionellen) Momente geleugnet, weil wir die der infantilen Eindrücke hervorgehoben haben. Ein solcher Vorwurf stammt aus der Enge des Kausalbedürfnisses der Menschen, welches sich im Gegensatz zur gewöhnlichen Gestaltung der Realität mit einem einzigen verursachenden Moment zufriedengeben will. Die Psychoanalyse hat über die akzidentellen Faktoren der Ätiologie viel, über die konstitutionellen wenig geäußert, aber nur darum, weil sie zu den ersteren etwas Neues beibringen konnte, über die letzteren hingegen zunächst nicht mehr wußte, als man sonst weiß. Wir lehnen es ab, einen prinzipiellen Gegensatz zwischen beiden Reihen von ätiologischen Momenten zu statuieren; wir nehmen vielmehr ein regelmäßiges Zusammenwirken beider zur Hervorbringung des beobachteten Effekts an. Δαίμων καὶ Τύχη [Konstitution und Zufall] bestimmen das Schicksal eines Menschen; selten, vielleicht niemals, eine dieser Mächte allein. Die Aufteilung der ätiologischen Wirksamkeit zwischen den beiden wird sich nur individuell und im einzelnen vollziehen lassen. Die Reihe, in welcher sich wechselnde Größen der beiden Faktoren zusammensetzen, wird gewiß auch ihre extremen Fälle haben. Je nach dem Stande unserer Erkenntnis werden wir den Anteil der Konstitution oder des Erlebens im Einzelfalle anders einschätzen und das Recht behalten, mit der Veränderung unserer Einsichten unser Urteil zu modifizieren. Übrigens könnte man es wagen, die Konstitution selbst aufzufassen als den Niederschlag aus den akzidentellen Einwirkungen auf die unendlich große Reihe der Ahnen.

leben bestimmenden Regungen nur ein Anteil die volle psychische Entwicklung durchgemacht hat; dieser Anteil ist der Realität zugewendet, steht der bewußten Persönlichkeit zur Verfügung und macht ein Stück von ihr aus. Ein anderer Teil dieser libidinösen Regungen ist in der Entwicklung aufgehalten worden, er ist von der bewußten Persönlichkeit wie von der Realität abgehalten, durfte sich entweder nur in der Phantasie ausbreiten oder ist gänzlich im Unbewußten verblieben, so daß er dem Bewußtsein der Persönlichkeit unbekannt ist. Wessen Liebesbedürftigkeit nun von der Realität nicht restlos befriedigt wird, der muß sich mit libidinösen Erwartungsvorstellungen jeder neu auftretenden Person zuwenden, und es ist durchaus wahrscheinlich, daß beide Portionen seiner Libido, die bewußtseinsfähige wie die unbewußte, an dieser Einstellung Anteil haben.

Es ist also völlig normal und verständlich, wenn die erwartungsvoll bereitgehaltene Libidobesetzung des teilweise Unbefriedigten sich auch der Person des Arztes zuwendet. Unserer Voraussetzung gemäß wird sich diese Besetzung an Vorbilder halten, an eines der Klischees anknüpfen, die bei der betreffenden Person vorhanden sind, oder, wie wir auch sagen können, sie wird den Arzt in eine der psychischen »Reihen« einfügen, die der Leidende bisher gebildet hat. Es entspricht den realen Beziehungen zum Arzte, wenn für diese Einreihung die Vater-Imago (nach Jungs glücklichem Ausdruck) [1] maßgebend wird. Aber die Übertragung ist an dieses Vorbild nicht gebunden, sie kann auch nach der Mutter- oder Bruder-Imago usw. erfolgen. Die Besonderheiten der Übertragung auf den Arzt, durch welche sie über Maß und Art dessen hinausgeht, was sich nüchtern und rationell rechtfertigen läßt, werden durch die Erwägung verständlich, daß eben nicht nur die bewußten Erwartungsvorstellungen, sondern auch die zurückgehaltenen oder unbewußten diese Übertragung hergestellt haben.

Über dieses Verhalten der Übertragung wäre weiter nichts zu sagen oder zu grübeln, wenn nicht dabei zwei Punkte unerklärt blieben, die für den Psychoanalytiker von besonderem Interesse sind. Erstens verstehen wir nicht, daß die Übertragung bei neurotischen Personen in der Analyse soviel intensiver ausfällt als bei anderen, nicht analysierten, und zweitens bleibt es rätselhaft, weshalb uns bei der Analyse die Übertragung als der *stärkste Widerstand* gegen die Behandlung entgegentritt, während wir sie außerhalb der Analyse als Trägerin der Heilwirkung,

---

[1] ›Wandlungen und Symbole der Libido‹ ([Jung] 1911, 164).

als Bedingung des guten Erfolges anerkennen müssen. Es ist doch eine beliebig oft zu bestätigende Erfahrung, daß, wenn die freien Assoziationen eines Patienten versagen[1], jedesmal die Stockung beseitigt werden kann durch die Versicherung, er stehe jetzt unter der Herrschaft eines Einfalles, der sich mit der Person des Arztes oder mit etwas zu ihm Gehörigen beschäftigt. Sobald man diese Aufklärung gegeben hat, ist die Stockung beseitigt, oder man hat die Situation des Versagens in die des Verschweigens der Einfälle verwandelt.

Es scheint auf den ersten Blick ein riesiger methodischer Nachteil der Psychoanalyse zu sein, daß sich in ihr die Übertragung, sonst der mächtigste Hebel des Erfolgs, in das stärkste Mittel des Widerstandes verwandelt. Bei näherem Zusehen wird aber wenigstens das erste der beiden Probleme weggeräumt. Es ist nicht richtig, daß die Übertragung während der Psychoanalyse intensiver und ungezügelter auftritt als außerhalb derselben. Man beobachtet in Anstalten, in denen Nervöse nicht analytisch behandelt werden, die höchsten Intensitäten und die unwürdigsten Formen einer bis zur Hörigkeit gehenden Übertragung, auch die unzweideutigste erotische Färbung derselben. Eine feinsinnige Beobachterin wie die Gabriele Reuter hat dies zur Zeit, als es noch kaum eine Psychoanalyse gab, in einem merkwürdigen Buche geschildert, welches überhaupt die besten Einsichten in das Wesen und die Entstehung der Neurosen verrät[2]. Diese Charaktere der Übertragung sind also nicht auf Rechnung der Psychoanalyse zu setzen, sondern der Neurose selbst zuzuschreiben. Das zweite Problem bleibt vorläufig unangetastet.

Diesem Problem, der Frage, warum die Übertragung uns in der Psychoanalyse als Widerstand entgegentritt, müssen wir nun näherrücken. Vergegenwärtigen wir uns die psychologische Situation der Behandlung: Eine regelmäßige und unentbehrliche Vorbedingung *jeder* Erkrankung an einer Psychoneurose ist der Vorgang, den Jung treffend als *Introversion* der Libido bezeichnet hat[3]. Das heißt: Der Anteil der

---

[1] Ich meine, wenn sie wirklich ausbleiben und nicht etwa infolge eines banalen Unlustgefühles von ihm verschwiegen werden.

[2] *Aus guter Familie*, [Berlin] 1895.

[3] Wenngleich manche Äußerungen Jungs den Eindruck machen, als sehe er in dieser Introversion etwas für die Dementia praecox Charakteristisches, was bei anderen Neurosen nicht ebenso in Betracht käme. [Hier scheint Freud »Introversion« erstmals in einer Veröffentlichung zu benutzen. Der Terminus war von Jung (1910, 38) eingeführt worden; aber Freuds Kritik bezieht sich wohl auf Jung (1911, 135–6, Anm.). Einige weitere Bemerkungen über Jungs Verwendung des Ausdrucks finden sich in einer Anmerkung zu einer späteren technischen Abhandlung (Freud, 1913 c, im vorlie-

bewußtseinsfähigen, der Realität zugewendeten Libido wird verringert, der Anteil der von der Realität abgewendeten, unbewußten, welche etwa noch die Phantasien der Person speisen darf, aber dem Unbewußten angehört, um so viel vermehrt. Die Libido hat sich (ganz oder teilweise) in die Regression begeben und die infantilen Imagines wiederbelebt[1]. Dorthin folgt ihr nun die analytische Kur nach, welche die Libido aufsuchen, wieder dem Bewußtsein zugänglich und endlich der Realität dienstbar machen will. Wo die analytische Forschung auf die in ihre Verstecke zurückgezogene Libido stößt, muß ein Kampf ausbrechen; alle die Kräfte, welche die Regression der Libido verursacht haben, werden sich als »Widerstände« gegen die Arbeit erheben, um diesen neuen Zustand zu konservieren. Wenn nämlich die Introversion oder Regression der Libido nicht durch eine bestimmte Relation zur Außenwelt (im allgemeinsten: durch die Versagung der Befriedigung[2]) berechtigt und selbst für den Augenblick zweckmäßig gewesen wäre, hätte sie überhaupt nicht zustande kommen können. Die Widerstände dieser Herkunft sind aber nicht die einzigen, nicht einmal die stärksten. Die der Persönlichkeit verfügbare Libido hatte immer unter der Anziehung der unbewußten Komplexe (richtiger der dem Unbewußten angehörenden Anteile dieser Komplexe[3]) gestanden und war in die Regression geraten, weil die Anziehung der Realität nachgelassen hatte. Um sie frei zu machen, muß nun diese Anziehung des Unbewußten überwunden, also die seither in dem Individuum konstituierte Verdrängung der unbewußten Triebe und ihrer Produktionen aufgehoben werden. Dies ergibt den bei weitem großartigeren Anteil des

genden Band S. 185) sowie in einer Passage gegen Ende der 23. der *Vorlesungen zur Einführung* (1916–17). Freud benutzte den Terminus in seinen späteren Werken äußerst selten.]

[1] Es wäre bequem zu sagen: Sie hat die infantilen »Komplexe« wiederbesetzt. Aber das wäre unrichtig; einzig zu rechtfertigen wäre die Aussage: Die unbewußten Anteile dieser Komplexe. – Die außerordentliche Verschlungenheit des in dieser Arbeit behandelten Themas legt die Versuchung nahe, auf eine Anzahl von anstoßenden Problemen einzugehen, deren Klärung eigentlich erforderlich wäre, ehe man von den hier zu beschreibenden psychischen Vorgängen in unzweideutigen Worten reden könnte. Solche Probleme sind: die Abgrenzung der Introversion und der Regression gegeneinander, die Einfügung der Komplexlehre in die Libidotheorie, die Beziehungen des Phantasierens zum Bewußten und Unbewußten wie zur Realität u. a. Es bedarf keiner Entschuldigung, wenn ich an dieser Stelle diesen Versuchungen widerstanden habe. [Zum Terminus »Imago« (hier und auf S. 160, oben) vgl. eine editorische Anmerkung zur Arbeit über den Masochismus (1924 c, *Studienausgabe*, Bd. 3, S. 351, Anm. 4.]

[2] [S. dazu die ausführliche Diskussion in der Arbeit ›Über neurotische Erkrankungstypen‹ (1912 c), *Studienausgabe*, Bd. 6, S. 219 ff.]

[3] [Vgl. den Beginn der Anm. 1 auf der vorliegenden Seite.]

Widerstandes, der ja so häufig die Krankheit fortbestehen läßt, auch wenn die Abwendung von der Realität die zeitweilige Begründung wieder verloren hat. Mit den Widerständen aus beiden Quellen hat die Analyse zu kämpfen. Der Widerstand begleitet die Behandlung auf jedem Schritt; jeder einzelne Einfall, jeder Akt des Behandelten muß dem Widerstande Rechnung tragen, stellt sich als ein Kompromiß aus den zur Genesung zielenden Kräften und den angeführten, ihr widerstrebenden, dar.

Verfolgt man nun einen pathogenen Komplex von seiner (entweder als Symptom auffälligen oder auch ganz unscheinbaren) Vertretung im Bewußten gegen seine Wurzel im Unbewußten hin, so wird man bald in eine Region kommen, wo der Widerstand sich so deutlich geltend macht, daß der nächste Einfall ihm Rechnung tragen und als Kompromiß zwischen seinen Anforderungen und denen der Forschungsarbeit erscheinen muß. Hier tritt nun nach dem Zeugnisse der Erfahrung die Übertragung ein. Wenn irgend etwas aus dem Komplexstoff (dem Inhalt des Komplexes) sich dazu eignet, auf die Person des Arztes übertragen zu werden, so stellt sich diese Übertragung her, ergibt den nächsten Einfall und kündigt sich durch die Anzeichen eines Widerstandes, etwa durch eine Stockung, an. Wir schließen aus dieser Erfahrung, daß diese Übertragungsidee darum vor allen anderen Einfallsmöglichkeiten zum Bewußtsein durchgedrungen ist, *weil* sie auch dem Widerstande Genüge tut. Ein solcher Vorgang wiederholt sich im Verlaufe einer Analyse ungezählte Male. Immer wieder wird, wenn man sich einem pathogenen Komplexe annähert, zuerst der zur Übertragung befähigte Anteil des Komplexes ins Bewußtsein vorgeschoben und mit der größten Hartnäckigkeit verteidigt[1].

Nach seiner Überwindung macht die der anderen Komplexbestandteile wenig Schwierigkeiten mehr. Je länger eine analytische Kur dauert und je deutlicher der Kranke erkannt hat, daß Entstellungen des pathogenen Materials allein keinen Schutz gegen die Aufdeckung bieten, desto konsequenter bedient er sich der einen Art von Entstellung, die ihm offen-

---

[1] Woraus man aber nicht allgemein auf eine besondere pathogene Bedeutsamkeit des zum Übertragungswiderstand gewählten Elementes schließen darf. Wenn in einer Schlacht um den Besitz eines gewissen Kirchleins oder eines einzelnen Gehöfts mit besonderer Erbitterung gestritten wird, braucht man nicht anzunehmen, daß die Kirche etwa ein Nationalheiligtum sei oder daß das Haus den Armeeschatz berge. Der Wert der Objekte kann ein bloß taktischer sein, vielleicht nur in dieser einen Schlacht zur Geltung kommen. [Über Übertragungswiderstand s. auch eine Stelle in ›Zur Einleitung der Behandlung‹ (1913 c), S. 197–9, unten.]

bar die größten Vorteile bringt, der Entstellung durch Übertragung. Diese Verhältnisse nehmen die Richtung nach einer Situation, in welcher schließlich alle Konflikte auf dem Gebiete der Übertragung ausgefochten werden müssen.

So erscheint uns die Übertragung in der analytischen Kur zunächst immer nur als die stärkste Waffe des Widerstandes, und wir dürfen den Schluß ziehen, daß die Intensität und Ausdauer der Übertragung eine Wirkung und ein Ausdruck des Widerstandes seien. Der Mechanismus der Übertragung ist zwar durch ihre Zurückführung auf die Bereitschaft der Libido erledigt, die im Besitze infantiler Imagines geblieben ist; die Aufklärung ihrer Rolle in der Kur gelingt aber nur, wenn man auf ihre Beziehungen zum Widerstande eingeht.

Woher kommt es, daß sich die Übertragung so vorzüglich zum Mittel des Widerstandes eignet? Man sollte meinen, diese Antwort wäre nicht schwer zu geben. Es ist ja klar, daß das Geständnis einer jeden verpönten Wunschregung besonders erschwert wird, wenn es vor jener Person abgelegt werden soll, der die Regung selbst gilt. Diese Nötigung ergibt Situationen, die in der Wirklichkeit als kaum durchführbar erscheinen. Gerade das will nun der Analysierte erzielen, wenn er das Objekt seiner Gefühlsregungen mit dem Arzte zusammenfallen läßt. Eine nähere Überlegung zeigt aber, daß dieser scheinbare Gewinn nicht die Lösung des Problems ergeben kann. Eine Beziehung von zärtlicher, hingebungsvoller Anhänglichkeit kann ja anderseits über alle Schwierigkeiten des Geständnisses hinweghelfen. Man pflegt ja unter analogen realen Verhältnissen zu sagen: »Vor dir schäme ich mich nicht, dir kann ich alles sagen.« Die Übertragung auf den Arzt könnte also ebensowohl zur Erleichterung des Geständnisses dienen, und man verstünde nicht, warum sie eine Erschwerung hervorruft.

Die Antwort auf diese hier wiederholt gestellte Frage wird nicht durch weitere Überlegung gewonnen, sondern durch die Erfahrung gegeben, die man bei der Untersuchung der einzelnen Übertragungswiderstände in der Kur macht. Man merkt endlich, daß man die Verwendung der Übertragung zum Widerstande nicht verstehen kann, solange man an »Übertragung« schlechtweg denkt. Man muß sich entschließen, eine »positive« Übertragung von einer »negativen« zu sondern[1], die Übertragung zärtlicher Gefühle von der feindseliger, und beide Arten der

---

[1] [Dies scheint Freuds erste veröffentlichte explizite Erörterung der Unterscheidung zwischen »positiver« und »negativer« Übertragung zu sein.]

Übertragung auf den Arzt gesondert zu behandeln. Die positive Übertragung zerlegt sich dann noch in die solcher freundlicher oder zärtlicher Gefühle, welche bewußtseinsfähig sind, und in die ihrer Fortsetzungen ins Unbewußte. Von den letzteren weist die Analyse nach, daß sie regelmäßig auf erotische Quellen zurückgehen, so daß wir zur Einsicht gelangen müssen, alle unsere im Leben verwertbaren Gefühlsbeziehungen von Sympathie, Freundschaft, Zutrauen und dergleichen seien genetisch mit der Sexualität verknüpft und haben sich durch Abschwächung des Sexualzieles aus rein sexuellen Begehrungen entwikkelt, so rein und unsinnlich sie sich auch unserer bewußten Selbstwahrnehmung darstellen mögen. Ursprünglich haben wir nur Sexualobjekte gekannt; die Psychoanalyse zeigt uns, daß die bloß geschätzten oder verehrten Personen unserer Realität für das Unbewußte in uns immer noch Sexualobjekte sein können.

Die Lösung des Rätsels ist also, daß die Übertragung auf den Arzt sich nur insofern zum Widerstande in der Kur eignet, als sie negative Übertragung oder positive von verdrängten erotischen Regungen ist. Wenn wir durch Bewußtmachen die Übertragung »aufheben«, so lösen wir nur diese beiden Komponenten des Gefühlsaktes von der Person des Arztes ab; die andere, bewußtseinsfähige und unanstößige Komponente bleibt bestehen und ist in der Psychoanalyse genau ebenso die Trägerin des Erfolges wie bei anderen Behandlungsmethoden. Insofern gestehen wir gerne zu, die Resultate der Psychoanalyse beruhten auf Suggestion; nur muß man unter Suggestion das verstehen, was wir mit Ferenczi (1909) darin finden: die Beeinflussung eines Menschen vermittels der bei ihm möglichen Übertragungsphänomene. Für die endliche Selbständigkeit des Kranken sorgen wir, indem wir die Suggestion dazu benützen, ihn eine psychische Arbeit vollziehen zu lassen, die eine dauernde Verbesserung seiner psychischen Situation zur notwendigen Folge hat.

Es kann noch gefragt werden, warum die Widerstandsphänomene der Übertragung nur in der Psychoanalyse, nicht auch bei indifferenter Behandlung, z. B. in Anstalten, zum Vorschein kommen. Die Antwort lautet: sie zeigen sich auch dort, nur müssen sie als solche gewürdigt werden. Das Hervorbrechen der negativen Übertragung ist in Anstalten sogar recht häufig. Der Kranke verläßt eben die Anstalt ungeändert oder rückfällig, sobald er unter die Herrschaft der negativen Übertragung gerät. Die erotische Übertragung wirkt in Anstalten nicht so hemmend, da sie dort wie im Leben beschönigt, anstatt aufgedeckt wird; sie äußert sich aber ganz deutlich als Widerstand gegen die Genesung, zwar nicht, indem sie den Kranken aus der Anstalt treibt – sie hält ihn im Gegenteil in der Anstalt zurück –, wohl aber dadurch, daß sie ihn vom Leben fernehält. Für die Genesung ist es nämlich recht gleichgültig, ob der Kranke in der Anstalt diese oder jene Angst oder Hemmung überwindet; es kommt vielmehr darauf an, daß er auch in der Realität seines Lebens davon frei wird.

Die negative Übertragung verdiente eine eingehende Würdigung, die ihr im Rahmen dieser Ausführungen nicht zuteil werden kann. Bei den heilbaren Formen von Psychoneurosen findet sie sich neben der zärtlichen Übertragung, oft gleichzeitig auf die nämliche Person gerichtet, für welchen Sachverhalt Bleuler den guten Ausdruck *Ambivalenz* geprägt hat[1]. Eine solche Ambivalenz der Gefühle scheint bis zu einem gewissen Maße normal zu sein, aber ein hoher Grad von Ambivalenz der Gefühle ist gewiß eine besondere Auszeichnung neurotischer Personen. Bei der Zwangsneurose scheint eine frühzeitige »Trennung der Gegensatzpaare«[2] für das Triebleben charakteristisch zu sein und eine ihrer konstitutionellen Bedingungen darzustellen. Die Ambivalenz der Gefühlsrichtungen erklärt uns am besten die Fähigkeit der Neurotiker, ihre Übertragungen in den Dienst des Widerstandes zu stellen. Wo die Übertragungsfähigkeit im wesentlichen negativ geworden ist, wie bei den Paranoiden, da hört die Möglichkeit der Beeinflussung und der Heilung auf.

Mit allen diesen Erörterungen haben wir aber bisher nur eine Seite des Übertragungsphänomens gewürdigt; es wird erfordert, unsere Aufmerksamkeit einem anderen Aspekt derselben Sache zuzuwenden. Wer sich den richtigen Eindruck davon geholt hat, wie der Analysierte aus seinen realen Beziehungen zum Arzte herausgeschleudert wird, sobald er unter die Herrschaft eines ausgiebigen Übertragungswiderstandes

---

[1] E. Bleuler (1911 [43–4 und 305–6]). – Vortrag über Ambivalenz in Bern 1910, referiert im *Zentralblatt für Psychoanalyse*, [Bd.] 1, S. 266. – Für die gleichen Phänomene hatte W. Stekel die Bezeichnung *»Bipolarität«* vorgeschlagen. [Hier scheint Freud erstmals das Wort »Ambivalenz« zu erwähnen. Er benutzte es gelegentlich in einem anderen Sinne als Bleuler, nämlich um das gleichzeitige Auftreten aktiver und passiver Impulse zu beschreiben. S. die editorische Anmerkung zu ›Triebe und Triebschicksale‹ (1915 c), *Studienausgabe*, Bd. 3, S. 94, Anm. 1.]

[2] [Die in Gegensatzpaaren auftretenden Triebe sind von Freud erstmals in seinen *Drei Abhandlungen* (1905 d), *Studienausgabe*, Bd. 5, S. 69 und S. 75–6, und später in ›Triebe und Triebschicksale‹ (1915 c), *Studienausgabe*, Bd. 3, S. 90 ff., beschrieben worden. Ihre Rolle in der Zwangsneurose wird in der Krankengeschichte des »Rattenmannes« diskutiert (1909 d), *Studienausgabe*, Bd. 7, S. 94 ff.]

gerät, wie er sich dann die Freiheit herausnimmt, die psychoanalytische Grundregel[1] zu vernachlässigen, daß man ohne Kritik alles mitteilen solle, was einem in den Sinn kommt, wie er die Vorsätze vergißt, mit denen er in die Behandlung getreten war, und wie ihm logische Zusammenhänge und Schlüsse nun gleichgültig werden, die ihm kurz vorher den größten Eindruck gemacht hatten, der wird das Bedürfnis haben, sich diesen Eindruck noch aus anderen als den bisher angeführten Momenten zu erklären, und solche liegen in der Tat nicht ferne; sie ergeben sich wiederum aus der psychologischen Situation, in welche die Kur den Analysierten versetzt hat.

In der Aufspürung der dem Bewußten abhanden gekommenen Libido ist man in den Bereich des Unbewußten eingedrungen. Die Reaktionen, die man erzielt, bringen nun manches von den Charakteren unbewußter Vorgänge mit ans Licht, wie wir sie durch das Studium der Träume kennengelernt haben. Die unbewußten Regungen wollen nicht erinnert werden, wie die Kur es wünscht, sondern sie streben danach, sich zu reproduzieren, entsprechend der Zeitlosigkeit und der Halluzinationsfähigkeit des Unbewußten[2]. Der Kranke spricht ähnlich wie im Traume den Ergebnissen der Erweckung seiner unbewußten Regungen Gegenwärtigkeit und Realität zu; er will seine Leidenschaften agieren, ohne auf die reale Situation Rücksicht zu nehmen. Der Arzt will ihn dazu nötigen, diese Gefühlsregungen in den Zusammenhang der Behandlung und in den seiner Lebensgeschichte einzureihen, sie der denkenden Betrachtung unterzuordnen und nach ihrem psychischen Werte zu erkennen. Dieser Kampf zwischen Arzt und Patienten, zwischen Intellekt und Triebleben, zwischen Erkennen und Agierenwollen spielt sich fast ausschließlich an den Übertragungsphänomenen ab. Auf diesem Felde muß der Sieg gewonnen werden, dessen Ausdruck die dauernde Genesung von der Neurose ist. Es ist unleugbar, daß die Bezwingung der Übertragungsphänomene dem Psychoanalytiker die größten Schwierig-

---

[1] [Hier taucht der Ausdruck erstmals auf, der von nun an die übliche Bezeichnung der wesentlichen technischen Regel sein wird. Eine sehr ähnliche Formulierung – Freud spricht dort von »der psychoanalytischen Hauptregel« – findet sich freilich schon in der dritten seiner Vorlesungen an der Clark University (1910 *a*). Der Gedanke selbst reicht natürlich weit zurück; z. B. kommt er schon in Kapitel II der *Traumdeutung* (1900 *a*), *Studienausgabe*, Bd. 2, S. 121–2, in sehr ähnlichen Wendungen zum Ausdruck wie in ›Zur Einleitung der Behandlung‹ (1913 *c*), unten, S. 194, wo das Problem überdies in einer langen Anmerkung diskutiert wird. – Vgl. auch ›Die Freudsche psychoanalytische Methode‹ (1904 *a*, im vorliegenden Band S. 103).]
[2] [Dies wird in ›Erinnern, Wiederholen und Durcharbeiten‹ (1914 g), unten, S. 210 ff., weiter ausgeführt.]

keiten bereitet, aber man darf nicht vergessen, daß gerade sie uns den unschätzbaren Dienst erweisen, die verborgenen und vergessenen Liebesregungen der Kranken aktuell und manifest zu machen, denn schließlich kann niemand *in absentia* oder *in effigie* erschlagen werden [1].

---

[1] [Vgl. eine ähnliche Bemerkung gleichfalls in ›Erinnern, Wiederholen und Durcharbeiten‹ (1914 g), unten, S. 212.]

Ratschläge für den Arzt
bei der psychoanalytischen Behandlung

(1912)

EDITORISCHE VORBEMERKUNG

Deutsche Ausgaben:

1912   *Zentbl. Psychoanal.*, Bd. 2 (9), 483–9.
1918   *S. K. S. N.*, Bd. 4, 399–411. (1922, 2. Aufl.)
1924   *Technik und Metapsychol.*, 64–75.
1925   *G. S.*, Bd. 6, 64–75.
1931   *Neurosenlehre und Technik*, 340–51.
1943   *G. W.*, Bd. 8, 376–87.

Diese Abhandlung erschien erstmals im Juni 1912.

Sie behandelt die Frage, welche seelische Einstellung der Analytiker während der Arbeit einnehmen soll – ein Thema, zu dem Freud, wie Ernest Jones uns mitteilt (1962 *a*, 279), von Ferenczi angeregt worden war. Erstmals taucht der Terminus »gleichschwebende Aufmerksamkeit« (S. 171) auf, das »notwendige Gegenstück zu der Anforderung an den Analysierten, ohne Kritik und Auswahl alles zu erzählen, was ihm einfällt« (S. 172). Wieder wird die Wichtigkeit der eigenen Analyse des Analytikers betont. Freud rät davon ab, dem Kranken zuviel von der eigenen Person preiszugeben, und warnt vor zu großem therapeutischem Ehrgeiz.

Die technischen Regeln, die ich hier in Vorschlag bringe, haben sich mir aus der langjährigen eigenen Erfahrung ergeben, nachdem ich durch eigenen Schaden von der Verfolgung anderer Wege zurückgekommen war. Man wird leicht bemerken, daß sie sich, wenigstens viele von ihnen, zu einer einzigen Vorschrift zusammensetzen. [Vgl. S. 175, unten.] Ich hoffe, daß ihre Berücksichtigung den analytisch tätigen Ärzten viel unnützen Aufwand ersparen und sie vor manchem Übersehen behüten wird; aber ich muß ausdrücklich sagen, diese Technik hat sich als die einzig zweckmäßige für meine Individualität ergeben; ich wage es nicht in Abrede zu stellen, daß eine ganz anders konstituierte ärztliche Persönlichkeit dazu gedrängt werden kann, eine andere Einstellung gegen den Kranken und gegen die zu lösende Aufgabe zu bevorzugen.

(*a*) Die nächste Aufgabe, vor die sich der Analytiker gestellt sieht, der mehr als einen Kranken im Tage so behandelt, wird ihm auch als die schwierigste erscheinen. Sie besteht ja darin, alle die unzähligen Namen, Daten, Einzelheiten der Erinnerung, Einfälle und Krankheitsproduktionen während der Kur, die ein Patient im Laufe von Monaten und Jahren vorbringt, im Gedächtnis zu behalten und sie nicht mit ähnlichem Material zu verwechseln, das von anderen gleichzeitig oder früher analysierten Patienten herrührt. Ist man gar genötigt, täglich sechs, acht Kranke oder selbst mehr zu analysieren, so wird eine Gedächtnisleistung, der solches gelingt, bei Außenstehenden Unglauben, Bewunderung oder selbst Bedauern wecken. In jedem Falle wird man auf die Technik neugierig sein, welche die Bewältigung einer solchen Fülle gestattet, und wird erwarten, daß dieselbe sich besonderer Hilfsmittel bediene.

Indes ist diese Technik eine sehr einfache. Sie lehnt alle Hilfsmittel, wie wir hören werden, selbst das Niederschreiben ab und besteht einfach darin, sich nichts besonders merken zu wollen und allem, was man zu hören bekommt, die nämliche »gleichschwebende Aufmerksamkeit«, wie ich es schon einmal genannt habe, entgegenzubringen[1]. Man erspart sich auf diese Weise eine Anstrengung der Aufmerksamkeit, die man doch nicht durch viele Stunden täglich festhalten könnte, und vermeidet eine Gefahr, die von dem absichtlichen Aufmerken unzertrennlich ist. Sowie man nämlich seine Aufmerksamkeit absichtlich bis zu einer gewissen Höhe anspannt, beginnt man auch unter dem dargebotenen Materiale auszuwählen; man fixiert das eine Stück besonders scharf, eliminiert dafür ein anderes und folgt bei dieser Auswahl seinen Erwartungen oder seinen Neigungen. Gerade dies darf man aber nicht; folgt man bei der Auswahl seinen Erwartungen, so ist man in Gefahr, niemals etwas anderes zu finden, als was man bereits weiß; folgt man seinen Neigungen, so wird man sicherlich die mögliche Wahrnehmung fälschen. Man darf nicht darauf vergessen, daß man ja zumeist Dinge zu hören bekommt, deren Bedeutung erst nachträglich erkannt wird.

Wie man sieht, ist die Vorschrift, sich alles gleichmäßig zu merken, das notwendige Gegenstück zu der Anforderung an den Analysierten, ohne Kritik und Auswahl alles zu erzählen, was ihm einfällt. Benimmt sich der Arzt anders, so macht er zum großen Teile den Gewinn zunichte, der aus der Befolgung der »psychoanalytischen Grundregel«[2] von seiten des Patienten resultiert. Die Regel für den Arzt läßt sich so aussprechen: Man halte alle bewußten Einwirkungen von seiner Merkfähigkeit ferne und überlasse sich völlig seinem »unbewußten Gedächtnisse«, oder rein technisch ausgedrückt: Man höre zu und kümmere sich nicht darum, ob man sich etwas merke.

Was man auf diese Weise bei sich erreicht, genügt allen Anforderungen während der Behandlung. Jene Bestandteile des Materials, die sich bereits zu einem Zusammenhange fügen, werden für den Arzt auch bewußt verfügbar; das andere, noch zusammenhanglose, chaotisch ungeordnete, scheint zunächst versunken, taucht aber bereitwillig im Gedächtnisse auf, sobald der Analysierte etwas Neues vorbringt, womit es sich in Beziehung bringen und wodurch es sich fortsetzen kann. Man nimmt dann lächelnd das unverdiente Kompliment des Analysierten wegen eines »besonders guten Gedächtnisses« entgegen, wenn man nach

---

[1] [Hier taucht der Terminus »gleichschwebende Aufmerksamkeit« erstmals in Freuds Werken auf. – Der Verweis bezieht sich wohl auf einen Satz in der Falldarstellung des »kleinen Hans« (1909 b), *Studienausgabe*, Bd. 8, S. 26; allerdings ist der Wortlaut dort etwas anders. Die vorliegende Formulierung erscheint später noch einmal, und zwar in der ersten Hälfte des Artikels ›Psychoanalyse‹ in ›»Psychoanalyse« und »Libidotheorie«‹ (1923 a).]

[2] [S. Anm. 1, oben, S. 167.]

Jahr und Tag eine Einzelheit reproduziert, die der bewußten Absicht, sie im Gedächtnisse zu fixieren, wahrscheinlich entgangen wäre.

Irrtümer in diesem Erinnern ereignen sich nur zu Zeiten und an Stellen, wo man durch die Eigenbeziehung gestört wird (s. unten [S. 176]), hinter dem Ideale des Analytikers also in arger Weise zurückbleibt. Verwechslungen mit dem Materiale anderer Patienten kommen recht selten zustande. In einem Streite mit dem Analysierten, ob und wie er etwas einzelnes gesagt habe, bleibt der Arzt zumeist im Rechte[1].

(*b*) Ich kann es nicht empfehlen, während der Sitzungen mit dem Analysierten Notizen in größerem Umfange zu machen, Protokolle anzulegen u. dgl. Abgesehen von dem ungünstigen Eindruck, den dies bei manchen Patienten hervorruft, gelten dagegen die nämlichen Gesichtspunkte, die wir beim Merken gewürdigt haben[2]. Man trifft notgedrungen eine schädliche Auswahl aus dem Stoffe, während man nachschreibt oder stenographiert, und man bindet ein Stück seiner eigenen Geistestätigkeit, das in der Deutung des Angehörten eine bessere Verwendung finden soll. Man kann ohne Vorwurf Ausnahmen von dieser Regel zulassen für Daten, Traumtexte oder einzelne bemerkenswerte Ergebnisse, die sich leicht aus dem Zusammenhange lösen lassen und für eine selbständige Verwendung als Beispiele geeignet sind[3]. Aber ich pflege auch dies nicht zu tun. Beispiele schreibe ich am Abend nach Abschluß der Arbeit aus dem Gedächtnis nieder; Traumtexte, an denen mir gelegen ist, lasse ich von den Patienten nach der Erzählung des Traumes fixieren.

(*c*) Die Niederschrift während der Sitzung mit dem Patienten könnte durch den Vorsatz gerechtfertigt werden, den behandelten Fall zum Gegenstande einer wissenschaftlichen Publikation zu machen. Das kann man ja prinzipiell kaum versagen. Aber man muß doch im Auge be-

---

[1] Der Analysierte behauptet oft, eine gewisse Mitteilung bereits früher gemacht zu haben, während man ihm mit ruhiger Überlegenheit versichern kann, sie erfolge jetzt zum erstenmal. Es stellt sich dann heraus, daß der Analysierte früher einmal die Intention zu dieser Mitteilung gehabt hat, an ihrer Ausführung aber durch einen noch bestehenden Widerstand gehindert wurde. Die Erinnerung an diese Intention ist für ihn ununterscheidbar von der Erinnerung an deren Ausführung. [Freud verbreitet sich über diesen Punkt wenig später in der kurzen Arbeit ›Über fausse reconnaissance‹ (1914*a*), im vorliegenden Band S. 233–4.]

[2] [Eine Anmerkung über die Folgen des Mitschreibens hat Freud seiner Falldarstellung des »Rattenmannes« (1909*d*) angefügt, *Studienausgabe*, Bd. 7, S. 39, Anm. 1.]

[3] [Wohl für wissenschaftliche Zwecke.]

halten, daß genaue Protokolle in einer analytischen Krankengeschichte weniger leisten, als man von ihnen erwarten sollte. Sie gehören, strenggenommen, jener Scheinexaktheit an, für welche uns die »moderne« Psychiatrie manche auffällige Beispiele zur Verfügung stellt. Sie sind in der Regel ermüdend für den Leser und bringen es doch nicht dazu, ihm die Anwesenheit bei der Analyse zu ersetzen. Wir haben überhaupt die Erfahrung gemacht, daß der Leser, wenn er dem Analytiker glauben will, ihm auch Kredit für das bißchen Bearbeitung einräumt, das er an seinem Material vorgenommen hat; wenn er die Analyse und den Analytiker aber nicht ernst nehmen will, so setzt er sich auch über getreue Behandlungsprotokolle hinweg. Dies scheint nicht der Weg, um dem Mangel an Evidenz abzuhelfen, der an den psychoanalytischen Darstellungen gefunden wird.

(*d*) Es ist zwar einer der Ruhmestitel der analytischen Arbeit, daß Forschung und Behandlung bei ihr zusammenfallen, aber die Technik, die der einen dient, widersetzt sich von einem gewissen Punkte an doch der anderen. Es ist nicht gut, einen Fall wissenschaftlich zu bearbeiten, solange seine Behandlung noch nicht abgeschlossen ist, seinen Aufbau zusammenzusetzen, seinen Fortgang erraten zu wollen, von Zeit zu Zeit Aufnahmen des gegenwärtigen Status zu machen, wie das wissenschaftliche Interesse es fordern würde. Der Erfolg leidet in solchen Fällen, die man von vornherein der wissenschaftlichen Verwertung bestimmt und nach deren Bedürfnissen behandelt; dagegen gelingen jene Fälle am besten, bei denen man wie absichtslos verfährt, sich von jeder Wendung überraschen läßt, und denen man immer wieder unbefangen und voraussetzungslos entgegentritt. Das richtige Verhalten für den Analytiker wird darin bestehen, sich aus der einen psychischen Einstellung nach Bedarf in die andere zu schwingen, nicht zu spekulieren und zu grübeln, solange er analysiert, und erst dann das gewonnene Material der synthetischen Denkarbeit zu unterziehen, nachdem die Analyse abgeschlossen ist. Die Unterscheidung der beiden Einstellungen würde bedeutungslos, wenn wir bereits im Besitze aller oder doch der wesentlichen Erkenntnisse über die Psychologie des Unbewußten und über die Struktur der Neurosen wären, die wir aus der psychoanalytischen Arbeit gewinnen können. Gegenwärtig sind wir von diesem Ziele noch weit entfernt und dürfen uns die Wege nicht verschließen, um das bisher Erkannte nachzuprüfen und Neues dazu zu finden.

(e) Ich kann den Kollegen nicht dringend genug empfehlen, sich während der psychoanalytischen Behandlung den Chirurgen zum Vorbild zu nehmen, der alle seine Affekte und selbst sein menschliches Mitleid beiseite drängt und seinen geistigen Kräften ein einziges Ziel setzt: die Operation so kunstgerecht als möglich zu vollziehen. Für den Psychoanalytiker wird unter den heute waltenden Umständen eine Affektstrebung am gefährlichsten, der therapeutische Ehrgeiz, mit seinem neuen und viel angefochtenen Mittel etwas zu leisten, was überzeugend auf andere wirken kann. Damit bringt er nicht nur sich selbst in eine für die Arbeit ungünstige Verfassung, er setzt sich auch wehrlos gewissen Widerständen des Patienten aus, von dessen Kräftespiel ja die Genesung in erster Linie abhängt. Die Rechtfertigung dieser vom Analytiker zu fordernden Gefühlskälte liegt darin, daß sie für beide Teile die vorteilhaftesten Bedingungen schafft, für den Arzt die wünschenswerte Schonung seines eigenen Affektlebens, für den Kranken das größte Ausmaß von Hilfeleistung, das uns heute möglich ist. Ein alter Chirurg hatte zu seinem Wahlspruch die Worte genommen: *Je le pansai, Dieu le guérit* [1]. Mit etwas Ähnlichem sollte sich der Analytiker zufriedengeben.

(f) Es ist leicht zu erraten, in welchem Ziele diese einzeln vorgebrachten Regeln zusammentreffen. [S. oben, S. 171.] Sie wollen alle beim Arzte das Gegenstück zu der für den Analysierten aufgestellten »psychoanalytischen Grundregel« schaffen. Wie der Analysierte alles mitteilen soll, was er in seiner Selbstbeobachtung erhascht, mit Hintanhaltung aller logischen und affektiven Einwendungen, die ihn bewegen wollen, eine Auswahl zu treffen, so soll sich der Arzt in den Stand setzen, alles ihm Mitgeteilte für die Zwecke der Deutung, der Erkennung des verborgenen Unbewußten zu verwerten, ohne die vom Kranken aufgegebene Auswahl durch eine eigene Zensur zu ersetzen, in eine Formel gefaßt: er soll dem gebenden Unbewußten des Kranken sein eigenes Unbewußtes als empfangendes Organ zuwenden, sich auf den Analysierten einstellen wie der Receiver des Telephons zum Teller eingestellt ist. Wie der Receiver die von Schallwellen angeregten elektrischen Schwankungen der Leitung wieder in Schallwellen verwandelt, so ist das Unbewußte des Arztes befähigt, aus den ihm mitgeteilten Abkömmlingen des Un-

---

[1] [»Ich versorgte seine Wunden, Gott heilte ihn.« Der Ausspruch wird dem französischen Chirurgen Ambroise Paré (1510–1590) zugeschrieben.]

bewußten dieses Unbewußte, welches die Einfälle des Kranken determiniert hat, wiederherzustellen.

Wenn der Arzt aber imstande sein soll, sich seines Unbewußten in solcher Weise als Instrument bei der Analyse zu bedienen, so muß er selbst eine psychologische Bedingung in weitem Ausmaße erfüllen. Er darf in sich selbst keine Widerstände dulden, welche das von seinem Unbewußten Erkannte von seinem Bewußtsein abhalten, sonst würde er eine neue Art von Auswahl und Entstellung in die Analyse einführen, welche weit schädlicher wäre als die durch Anspannung seiner bewußten Aufmerksamkeit hervorgerufene. Es genügt nicht hiefür, daß er selbst ein annähernd normaler Mensch sei, man darf vielmehr die Forderung aufstellen, daß er sich einer psychoanalytischen Purifizierung unterzogen und von jenen Eigenkomplexen Kenntnis genommen habe, die geeignet wären, ihn in der Erfassung des vom Analysierten Dargebotenen zu stören. An der disqualifizierenden Wirkung solcher eigener Defekte kann billigerweise nicht gezweifelt werden; jede ungelöste Verdrängung beim Arzte entspricht nach einem treffenden Worte von W. Stekel [1911 *a*, 532] einem »blinden Fleck« in seiner analytischen Wahrnehmung.

Vor Jahren erwiderte ich auf die Frage, wie man ein Analytiker werden könne: Durch die Analyse seiner eigenen Träume[1]. Gewiß reicht diese Vorbereitung für viele Personen aus, aber nicht für alle, die die Analyse erlernen möchten. Auch gelingt es nicht allen, die eigenen Träume ohne fremde Hilfe zu deuten. Ich rechne es zu den vielen Ver-

---

[1] [Der Verweis bezieht sich auf die dritte von Freuds Vorlesungen an der Clark University (1910 *a*). Freud hat die Möglichkeiten der Selbstanalyse nicht immer so günstig eingeschätzt. – Berichte von wichtigen Teilen seiner eigenen Selbstanalyse finden sich in den Fließ-Briefen (1950 *a*), vor allem in Brief Nr. 70 und 71, beide im Oktober 1897 geschrieben. In einem Brief an Fließ vom 14. November 1897 (1950 *a*, Brief Nr. 75, S. 202) schreibt er: »Meine Selbstanalyse bleibt unterbrochen. Ich habe eingesehen, warum. Ich kann mich nur selbst analysieren mit den objektiv gewonnenen Kenntnissen (wie ein Fremder), eigentliche Selbstanalyse ist unmöglich, sonst gäbe es keine [neurotische] Krankheit. Da ich noch irgendein Rätsel bei meinen Fällen habe, so muß mich dies auch in der Selbstanalyse aufhalten.« Ähnlich bemerkt er gegen Ende seines Lebens in einer kurzen Notiz über eine Fehlhandlung (1935 *b*) beiläufig: »... bei Selbstanalysen ist die Gefahr der Unvollständigkeit besonders groß. Man begnügt sich zu bald mit einer partiellen Aufklärung, hinter der der Widerstand leicht zurückhält, was möglicherweise wichtiger ist.« Dagegensetzen kann man die vorsichtig anerkennenden Worte, mit denen er eine Arbeit von E. Pickworth Farrow (1926), die die Ergebnisse einer Selbstanalyse mitteilt, einleitete (Freud, 1926 *c*). S. auch die Bemerkungen in ›Die zukünftigen Chancen der psychoanalytischen Therapie‹ (1910 *d*), S. 126 f., oben. Im Falle von *Lehr*analysen betonte Freud aber entschieden die Notwendigkeit der Analyse durch eine andere Person, s. insbesondere ›Die endliche und die unendliche Analyse‹ (1937 *c*), S. 388–9, unten.]

diensten der Züricher analytischen Schule, daß sie die Bedingung verschärft und in der Forderung niedergelegt hat, es solle sich jeder, der Analysen an anderen ausführen will, vorher selbst einer Analyse bei einem Sachkundigen unterziehen. Wer es mit der Aufgabe ernst meint, sollte diesen Weg wählen, der mehr als einen Vorteil verspricht; das Opfer, sich ohne Krankheitszwang einer fremden Person eröffnet zu haben, wird reichlich gelohnt. Man wird nicht nur seine Absicht, das Verborgene der eigenen Person kennenzulernen, in weit kürzerer Zeit und mit geringerem affektiven Aufwand verwirklichen, sondern auch Eindrücke und Überzeugungen am eigenen Leibe gewinnen, die man durch das Studium von Büchern und Anhören von Vorträgen vergeblich anstrebt. Endlich ist auch der Gewinn aus der dauernden seelischen Beziehung nicht gering anzuschlagen, die sich zwischen dem Analysierten und seinem Einführenden herzustellen pflegt[1].

Eine solche Analyse eines praktisch Gesunden wird begreiflicherweise unabgeschlossen bleiben. Wer den hohen Wert der durch sie erworbenen Selbsterkenntnis und Steigerung der Selbstbeherrschung zu würdigen weiß, wird die analytische Erforschung seiner eigenen Person nachher als Selbstanalyse fortsetzen und sich gerne damit bescheiden, daß er in sich wie außerhalb seiner immer Neues zu finden erwarten muß. Wer aber als Analytiker die Vorsicht der Eigenanalyse verschmäht hat, der wird nicht nur durch die Unfähigkeit bestraft, über ein gewisses Maß an seinen Kranken zu lernen, er unterliegt auch einer ernsthafteren Gefahr, die zur Gefahr für andere werden kann. Er wird leicht in die Versuchung geraten, was er in dumpfer Selbstwahrnehmung von den Eigentümlichkeiten seiner eigenen Person erkennt, als allgemeingültige Theorie in die Wissenschaft hinauszuprojizieren, er wird die psychoanalytische Methode in Mißkredit bringen und Unerfahrene irreleiten.

(g) Ich füge noch einige andere Regeln an, in welchen der Übergang gemacht wird von der Einstellung des Arztes zur Behandlung des Analysierten.

Es ist gewiß verlockend für den jungen und eifrigen Psychoanalytiker, daß er viel von der eigenen Individualität einsetze, um den Patienten mit sich fortzureißen und ihn im Schwung über die Schranken seiner

---

[1] [S. jedoch die weniger optimistische Ansicht, die in Abschnitt II von ›Die endliche und die unendliche Analyse‹ (1937 c), S. 360 ff., unten, zum Ausdruck kommt. Jene späte Arbeit erörtert an vielen anderen Stellen (insbesondere in Abschnitt VII) das in der vorliegenden Schrift in diesem sowie im nächsten Absatz diskutierte Thema.]

engen Persönlichkeit zu erheben. Man sollte meinen, es sei durchaus zulässig, ja zweckmäßig für die Überwindung der beim Kranken bestehenden Widerstände, wenn der Arzt ihm Einblick in die eigenen seelischen Defekte und Konflikte gestattet, ihm durch vertrauliche Mitteilungen aus seinem Leben die Gleichstellung ermöglicht. Ein Vertrauen ist doch das andere wert, und wer Intimität vom anderen fordert, muß ihm doch auch solche bezeugen.

Allein, im psychoanalytischen Verkehre läuft manches anders ab, als wir es nach den Voraussetzungen der Bewußtseinspsychologie erwarten dürfen. Die Erfahrung spricht nicht für die Vorzüglichkeit einer solchen affektiven Technik. Es ist auch nicht schwer einzusehen, daß man mit ihr den psychoanalytischen Boden verläßt und sich den Suggestionsbehandlungen annähert. Man erreicht so etwa, daß der Patient eher und leichter mitteilt, was ihm selbst bekannt ist und was er aus konventionellen Widerständen noch eine Weile zurückgehalten hätte. Für die Aufdeckung des dem Kranken Unbewußten leistet diese Technik nichts, sie macht ihn nur noch unfähiger, tiefere Widerstände zu überwinden, und sie versagt in schwereren Fällen regelmäßig an der regegemachten Unersättlichkeit des Kranken, der dann gerne das Verhältnis umkehren möchte und die Analyse des Arztes interessanter findet als die eigene. Auch die Lösung der Übertragung, eine der Hauptaufgaben der Kur, wird durch die intime Einstellung des Arztes erschwert, so daß der etwaige Gewinn zu Anfang schließlich mehr als wettgemacht wird. Ich stehe darum nicht an, diese Art der Technik als eine fehlerhafte zu verwerfen. Der Arzt soll undurchsichtig für den Analysierten sein und wie eine Spiegelplatte nichts anderes zeigen, als was ihm gezeigt wird. Es ist allerdings praktisch nichts dagegen zu sagen, wenn ein Psychotherapeut ein Stück Analyse mit einer Portion Suggestivbeeinflussung vermengt, um in kürzerer Zeit sichtbare Erfolge zu erzielen, wie es zum Beispiel in Anstalten notwendig wird, aber man darf verlangen, daß er selbst nicht im Zweifel darüber sei, was er vornehme, und daß er wisse, seine Methode sei nicht die der richtigen Psychoanalyse.

(*h*) Eine andere Versuchung ergibt sich aus der erzieherischen Tätigkeit, die dem Arzte bei der psychoanalytischen Behandlung ohne besonderen Vorsatz zufällt. Bei der Lösung von Entwicklungshemmungen macht es sich von selbst, daß der Arzt in die Lage kommt, den frei gewordenen Strebungen neue Ziele anzuweisen. Es ist dann nur ein begreiflicher Ehrgeiz, wenn er sich bemüht, die Person, auf deren Befreiung von der

Neurose er soviel Mühe aufgewendet hat, auch zu etwas besonders Vortrefflichem zu machen, und ihren Wünschen hohe Ziele vorschreibt. Aber auch hiebei sollte der Arzt sich in der Gewalt haben und weniger die eigenen Wünsche als die Eignung des Analysierten zur Richtschnur nehmen. Nicht alle Neurotiker bringen viel Talent zur Sublimierung mit; von vielen unter ihnen kann man annehmen, daß sie überhaupt nicht erkrankt wären, wenn sie die Kunst, ihre Triebe zu sublimieren, besessen hätten. Drängt man sie übermäßig zur Sublimierung und schneidet ihnen die nächsten und bequemsten Triebbefriedigungen ab, so macht man ihnen das Leben meist noch schwieriger, als sie es ohnedies empfinden. Als Arzt muß man vor allem tolerant sein gegen die Schwäche des Kranken, muß sich bescheiden, auch einem nicht Vollwertigen ein Stück Leistungs- und Genußfähigkeit wiedergewonnen zu haben. Der erzieherische Ehrgeiz ist sowenig zweckmäßig wie der therapeutische. Es kommt außerdem in Betracht, daß viele Personen gerade an dem Versuche erkrankt sind, ihre Triebe über das von ihrer Organisation gestattete Maß hinaus zu sublimieren, und daß sich bei den zur Sublimierung Befähigten dieser Prozeß von selbst zu vollziehen pflegt, sobald ihre Hemmungen durch die Analyse überwunden sind. Ich meine also, das Bestreben, die analytische Behandlung regelmäßig zur Triebsublimierung zu verwenden, ist zwar immer lobenswert, aber keineswegs in allen Fällen empfehlenswert.

(*i*) In welchen Grenzen soll man die intellektuelle Mitarbeit des Analysierten bei der Behandlung in Anspruch nehmen? Es ist schwer, hierüber etwas allgemein Gültiges auszusagen. Die Persönlichkeit des Patienten entscheidet in erster Linie. Aber Vorsicht und Zurückhaltung sind hiebei jedenfalls zu beobachten. Es ist unrichtig, dem Analysierten Aufgaben zu stellen, er solle seine Erinnerung sammeln, über eine gewisse Zeit seines Lebens nachdenken u. dgl. Er hat vielmehr vor allem zu lernen, was keinem leichtfällt anzunehmen, daß durch geistige Tätigkeit von der Art des Nachdenkens, daß durch Willens- und Aufmerksamkeitsanstrengung keines der Rätsel der Neurose gelöst wird, sondern nur durch die geduldige Befolgung der psychoanalytischen Regel, welche die Kritik gegen das Unbewußte und dessen Abkömmlinge auszuschalten gebietet. Besonders unerbittlich sollte man auf der Befolgung dieser Regel bei jenen Kranken bestehen, die die Kunst üben, bei der Behandlung ins Intellektuelle auszuweichen, dann viel und oft sehr weise über ihren Zustand reflektieren und es sich so ersparen, etwas zu seiner Bewältigung zu tun. Ich nehme darum bei meinen Patienten auch die Lektüre analytischer Schriften nicht gerne zu Hilfe; ich verlange, daß sie an der eigenen Person lernen sollen, und versichere ihnen, daß sie dadurch mehr und Wertvolleres erfahren werden, als ihnen die gesamte psychoanalytische Literatur sagen könnte. Ich sehe aber ein, daß es unter den Bedingungen eines Anstaltsaufenthaltes sehr vorteilhaft werden kann, sich der Lektüre zur Vorbereitung der Analysierten und zur Herstellung einer Atmosphäre von Beeinflussung zu bedienen.

Am dringendsten möchte ich davor warnen, um die Zustimmung und Unterstützung von Eltern oder Angehörigen zu werben, indem man ihnen ein – einführendes oder tiefergehendes – Werk unserer Literatur zu lesen gibt. Meist reicht dieser wohlgemeinte Schritt hin, um die naturgemäße, irgendeinmal unvermeidliche Gegnerschaft der Angehörigen gegen die psychoanalytische Behandlung der Ihrigen vorzeitig losbrechen zu lassen, so daß es überhaupt nicht zum Beginne der Behandlung kommt.

Ich gebe der Hoffnung Ausdruck, daß die fortschreitende Erfahrung der Psychoanalytiker bald zu einer Einigung über die Fragen der Technik führen wird, wie man am zweckmäßigsten die Neurotiker behandeln solle. Was die Behandlung der »Angehörigen« betrifft, so gestehe ich meine völlige Ratlosigkeit ein und setze auf deren individuelle Behandlung überhaupt wenig Zutrauen.

Zur Einleitung der Behandlung

Weitere Ratschläge
zur Technik der Psychoanalyse I

(1913)

EDITORISCHE VORBEMERKUNG

Deutsche Ausgaben:

1913 *Int. Z. ärztl. Psychoanal.*, Bd. 1 (1), 1–10, und (2), 139–46.

1918 *S. K. S. N.*, Bd. 4, 412–40. (1922, 2. Aufl.)

1924 *Technik und Metapsychol.*, 84–108.

1925 *G. S.*, Bd. 6, 84–108.

1931 *Neurosenlehre und Technik*, 359–85.

1943 *G. W.*, Bd. 8, 454–78.

Diese Arbeit wurde in zwei Folgen, im Januar und März 1913, veröffentlicht. Die erste Folge, die mit den Worten »mit welchem Materiale soll man die Behandlung beginnen?« (unten, S. 194) endet, trug den Titel ›Weitere Ratschläge zur Technik der Psychoanalyse: I. Zur Einleitung der Behandlung‹. Die zweite Folge hatte den gleichen Titel, ergänzt jedoch durch die Formulierung: › – Die Frage der ersten Mitteilungen – Die Dynamik der Heilung‹. Von 1924 an übernahmen alle deutschen Ausgaben den kurzen Titel ›Zur Einleitung der Behandlung‹ ohne jeglichen Zusatz. Nach der ursprünglichen Absicht des Autors gliederte sich die Arbeit (wie aus dem Manuskript hervorgeht) dem Titel entsprechend in drei Abschnitte. Der erste, ›Zur Einleitung der Behandlung‹, endet auf S. 199, unten, der zweite, ›Die Frage der ersten Mitteilungen‹, auf S. 200, wo der dritte, ›Die Dynamik der Heilung‹, anfängt.

Wer das edle Schachspiel aus Büchern erlernen will, der wird bald erfahren, daß nur die Eröffnungen und Endspiele eine erschöpfende systematische Darstellung gestatten, während die unübersehbare Mannigfaltigkeit der nach der Eröffnung beginnenden Spiele sich einer solchen versagt. Eifriges Studium von Partien, in denen Meister miteinander gekämpft haben, kann allein die Lücke in der Unterweisung ausfüllen. Ähnlichen Einschränkungen unterliegen wohl die Regeln, die man für die Ausübung der psychoanalytischen Behandlung geben kann.

Ich werde im folgenden versuchen, einige dieser Regeln für die Einleitung der Kur zum Gebrauche des praktischen Analytikers zusammenzustellen. Es sind Bestimmungen darunter, die kleinlich erscheinen mögen und es wohl auch sind. Zu ihrer Entschuldigung diene, daß es eben Spielregeln sind, die ihre Bedeutung aus dem Zusammenhange des Spielplanes schöpfen müssen. Ich tue aber gut daran, diese Regeln als »Ratschläge« auszugeben und keine unbedingte Verbindlichkeit für sie zu beanspruchen. Die außerordentliche Verschiedenheit der in Betracht kommenden psychischen Konstellationen, die Plastizität aller seelischen Vorgänge und der Reichtum an determinierenden Faktoren widersetzen sich auch einer Mechanisierung der Technik und gestatten es, daß ein sonst berechtigtes Vorgehen gelegentlich wirkungslos bleibt und ein für gewöhnlich fehlerhaftes einmal zum Ziele führt. Diese Verhältnisse hindern indes nicht, ein durchschnittlich zweckmäßiges Verhalten des Arztes festzustellen.

Die wichtigsten Indikationen für die Auswahl der Kranken habe ich bereits vor Jahren an anderer Stelle angegeben[1]. Ich wiederhole sie darum hier nicht; sie haben unterdes die Zustimmung anderer Psychoanalytiker gefunden. Ich füge aber hinzu, daß ich mich seither gewöhnt

---

[Nur in der Erstausgabe findet sich die folgende Anmerkung zum Titel: »Fortsetzung einer Reihe von Abhandlungen, welche im *Zentralblatt für Psychoanalyse*, II, in Heft 3, 4 und 9 veröffentlicht worden sind. (Die Handhabung der Traumdeutung in der Psychoanalyse. – Zur Dynamik der Übertragung. – Ratschläge für den Arzt bei der psychoanalytischen Behandlung.)«]

[1] ›Über Psychotherapie‹, 1905 [*a*]. [S. im vorliegenden Band S. 115–7.]

habe, Kranke, von denen ich wenig weiß, vorerst nur provisorisch, für die Dauer von einer bis zwei Wochen, anzunehmen. Bricht man innerhalb dieser Zeit ab, so erspart man dem Kranken den peinlichen Eindruck eines verunglückten Heilungsversuches. Man hat eben nur eine Sondierung vorgenommen, um den Fall kennenzulernen und um zu entscheiden, ob er für die Psychoanalyse geeignet ist. Eine andere Art der Erprobung als einen solchen Versuch hat man nicht zur Verfügung; noch solange fortgesetzte Unterhaltungen und Ausfragungen in der Sprechstunde würden keinen Ersatz bieten. Dieser Vorversuch aber ist bereits der Beginn der Psychoanalyse und soll den Regeln derselben folgen. Man kann ihn etwa dadurch gesondert halten, daß man hauptsächlich den Patienten reden läßt und ihm von Aufklärungen nicht mehr mitteilt, als zur Fortführung seiner Erzählung durchaus unerläßlich ist.

Die Einleitung der Behandlung mit einer solchen für einige Wochen angesetzten Probezeit hat übrigens auch eine diagnostische Motivierung. Oft genug, wenn man eine Neurose mit hysterischen oder Zwangssymptomen vor sich hat, von nicht exzessiver Ausprägung und von kürzerem Bestande, also gerade solche Formen, die man als günstig für die Behandlung ansehen wollte, muß man dem Zweifel Raum geben, ob der Fall nicht einem Vorstadium einer sogenannten Dementia praecox (Schizophrenie nach Bleuler, Paraphrenie nach meinem Vorschlage[1]) entspricht und nach kürzerer oder längerer Zeit ein ausgesprochenes Bild dieser Affektion zeigen wird. Ich bestreite es, daß es immer so leicht möglich ist, die Unterscheidung zu treffen. Ich weiß, daß es Psychiater gibt, die in der Differentialdiagnose seltener schwanken, aber ich habe mich überzeugt, daß sie ebenso häufig irren. Der Irrtum ist nur für den Psychoanalytiker verhängnisvoller als für den sogenannten klinischen Psychiater. Denn der letztere unternimmt in dem einen Falle sowenig wie in dem anderen etwas Ersprießliches; er läuft nur die Gefahr eines theoretischen Irrtums, und seine Diagnose hat nur akademisches Interesse. Der Psychoanalytiker hat aber im ungünstigen Falle einen praktischen Mißgriff begangen, er hat einen vergeblichen Aufwand verschuldet und sein Heilverfahren diskreditiert. Er kann sein Heilungsversprechen nicht halten, wenn der Kranke nicht an Hysterie oder Zwangsneurose, sondern an Paraphrenie leidet, und hat darum besonders starke Motive, den diagnostischen Irrtum zu vermeiden. In einer

---

[1] [S. eine editorische Anmerkung zum Fall »Schreber« (1911 c), *Studienausgabe*, Bd. 7, S. 198, Anm. 1.]

Probebehandlung von einigen Wochen wird er oft verdächtige Wahrnehmungen machen, die ihn bestimmen können, den Versuch nicht weiter fortzusetzen. Ich kann leider nicht behaupten, daß ein solcher Versuch regelmäßig eine sichere Entscheidung ermöglicht; es ist nur eine gute Vorsicht mehr [1].

Lange Vorbesprechungen vor Beginn der analytischen Behandlung, eine andersartige Therapie vorher sowie frühere Bekanntschaft zwischen dem Arzte und dem zu Analysierenden haben bestimmte ungünstige Folgen, auf die man vorbereitet sein muß. Sie machen nämlich, daß der Patient dem Arzte in einer fertigen Übertragungseinstellung gegenübertritt, die der Arzt erst langsam aufdecken muß, anstatt daß er die Gelegenheit hat, das Wachsen und Werden der Übertragung von Anfang an zu beobachten. Der Patient hat so eine Zeitlang einen Vorsprung, den man ihm in der Kur nur ungern gönnt.
Gegen alle die, welche die Kur mit einem Aufschube beginnen wollen, sei man mißtrauisch. Die Erfahrung zeigt, daß sie nach Ablauf der vereinbarten Frist nicht eintreffen, auch wenn die Motivierung dieses Aufschubes, also die Rationalisierung des Vorsatzes, dem Uneingeweihten tadellos erscheint.
Besondere Schwierigkeiten ergeben sich, wenn zwischen dem Arzte und dem in die Analyse eintretenden Patienten oder deren Familien freundschaftliche oder gesellschaftliche Beziehungen bestanden haben. Der Psychoanalytiker, von dem verlangt wird, daß er die Ehefrau oder das Kind eines Freundes in Behandlung nehme, darf sich darauf vorbereiten, daß ihn das Unternehmen, wie immer es ausgehe, die Freundschaft kosten wird. Er muß doch das Opfer bringen, wenn er nicht einen vertrauenswürdigen Vertreter stellen kann.

Laien wie Ärzte, welche die Psychoanalyse immer noch gern mit einer Suggestivbehandlung verwechseln, pflegen hohen Wert auf die Erwartung zu legen, welche der Patient der neuen Behandlung entgegenbringt.

---

[1] Über das Thema dieser diagnostischen Unsicherheit, über die Chancen der Analyse bei leichten Formen von Paraphrenie und über die Begründung der Ähnlichkeit beider Affektionen wäre sehr viel zu sagen, was ich in diesem Zusammenhange nicht ausführen kann. Gern würde ich nach Jungs Vorgang Hysterie und Zwangsneurose als »*Übertragungsneurosen*« den paraphrenischen Affektionen als »*Introversionsneurosen*« gegenüberstellen, wenn bei diesem Gebrauch der Begriff der »Introversion« (der Libido) nicht seinem einzig berechtigten Sinne entfremdet würde. [Vgl. ›Zur Dynamik der Übertragung‹ (1912 *b*), oben, S. 161, Anm. 3.]

Sie meinen oft, mit dem einen Kranken werde man nicht viel Mühe haben, denn er habe ein großes Zutrauen zur Psychoanalyse und sei von ihrer Wahrheit und ihrer Leistungsfähigkeit voll überzeugt. Bei einem anderen werde es wohl schwerer gehen, denn er verhalte sich skeptisch und wolle nichts glauben, ehe er nicht den Erfolg an seiner eigenen Person gesehen habe. In Wirklichkeit hat aber diese Einstellung der Kranken eine recht geringe Bedeutung; sein vorläufiges Zutrauen oder Mißtrauen kommt gegen die inneren Widerstände, welche die Neurose verankern, kaum in Betracht. Die Vertrauensseligkeit des Patienten macht ja den ersten Verkehr mit ihm recht angenehm; man dankt ihm für sie, bereitet ihn aber darauf vor, daß seine günstige Voreingenommenheit an der ersten in der Behandlung auftauchenden Schwierigkeit zerschellen wird. Dem Skeptiker sagt man, daß die Analyse kein Vertrauen braucht, daß er so kritisch und mißtrauisch sein dürfe, als ihm beliebt, daß man seine Einstellung gar nicht auf die Rechnung seines Urteiles setzen wolle, denn er sei ja nicht in der Lage, sich ein verläßliches Urteil über diese Punkte zu bilden; sein Mißtrauen sei eben ein Symptom wie seine anderen Symptome, und es werde sich nicht störend erweisen, wenn er nur gewissenhaft befolgen wolle, was die Regel der Behandlung von ihm fordere.

Wer mit dem Wesen der Neurose vertraut ist, wird nicht erstaunt sein zu hören, daß auch derjenige, der sehr wohl befähigt ist, die Psychoanalyse an anderen auszuüben, sich benehmen kann wie ein anderer Sterblicher und die intensivsten Widerstände zu produzieren imstande ist, sobald er selbst zum Objekte der Psychoanalyse gemacht wird. Man bekommt dann wieder einmal den Eindruck der psychischen Tiefendimension und findet nichts Überraschendes daran, daß die Neurose in psychischen Schichten wurzelt, bis zu denen die analytische Bildung nicht hinabgedrungen ist.

Wichtige Punkte zu Beginn der analytischen Kur sind die Bestimmungen über *Zeit* und *Geld*.
In betreff der Zeit befolge ich ausschließlich das Prinzip des Vermietens einer bestimmten Stunde. Jeder Patient erhält eine gewisse Stunde meines verfügbaren Arbeitstages zugewiesen; sie ist die seine, und er bleibt für sie haftbar, auch wenn er sie nicht benützt. Diese Bestimmung, die für den Musik- oder Sprachlehrer in unserer guten Gesellschaft als selbstverständlich gilt, erscheint beim Arzte vielleicht hart oder selbst standesunwürdig. Man wird geneigt sein, auf die vielen Zufälligkeiten

hinzuweisen, die den Patienten hindern mögen, jedesmal zu derselben Stunde beim Arzte zu erscheinen, und wird verlangen, daß den zahlreichen interkurrenten Erkrankungen Rechnung getragen werde, die im Verlaufe einer längeren analytischen Behandlung vorfallen können. Allein meine Antwort ist: es geht nicht anders. Bei milderer Praxis häufen sich die »gelegentlichen« Absagen so sehr, daß der Arzt seine materielle Existenz gefährdet findet. Bei strenger Einhaltung dieser Bestimmung stellt sich dagegen heraus, daß hinderliche Zufälligkeiten überhaupt nicht vorkommen und interkurrente Erkrankungen nur sehr selten. Man kommt kaum je in die Lage, eine Muße zu genießen, deren man sich als Erwerbender zu schämen hätte; man kann die Arbeit ungestört fortsetzen und entgeht der peinlichen, verwirrenden Erfahrung, daß gerade dann immer eine unverschuldete Pause in der Arbeit eintreten muß, wenn sie besonders wichtig und inhaltsreich zu werden versprach. Von der Bedeutung der Psychogenie im täglichen Leben der Menschen, von der Häufigkeit der »Schulkrankheiten« und der Nichtigkeit des Zufalls gewinnt man erst eine ordentliche Überzeugung, wenn man einige Jahre hindurch Psychoanalyse betrieben hat unter strenger Befolgung des Prinzips der Stundenmiete. Bei unzweifelhaften organischen Affektionen, die durch das psychische Interesse doch nicht ausgeschlossen werden können, unterbreche ich die Behandlung, halte mich für berechtigt, die freigewordene Stunde anders zu vergeben, und nehme den Patienten wieder auf, sobald er hergestellt ist und ich eine andere Stunde freibekommen habe.

Ich arbeite mit meinen Patienten täglich mit Ausnahme der Sonntage und der großen Festtage, also für gewöhnlich sechsmal in der Woche. Für leichte Fälle oder Fortsetzungen von weit gediehenen Behandlungen reichen auch drei Stunden wöchentlich aus. Sonst bringen Einschränkungen an Zeit weder dem Arzte noch dem Patienten Vorteil; für den Anfang sind sie ganz zu verwerfen. Schon durch kurze Unterbrechungen wird die Arbeit immer ein wenig verschüttet; wir pflegten scherzhaft von einer »Montagskruste« zu sprechen, wenn wir nach der Sonntagsruhe von neuem begannen; bei seltener Arbeit besteht die Gefahr, daß man mit dem realen Erleben des Patienten nicht Schritt halten kann, daß die Kur den Kontakt mit der Gegenwart verliert und auf Seitenwege gedrängt wird. Gelegentlich trifft man auch auf Kranke, denen man mehr Zeit als das mittlere Maß von einer Stunde widmen muß, weil sie den größeren Teil einer Stunde verbrauchen, um aufzutauen, überhaupt mitteilsam zu werden.

Eine dem Arzte unliebsame Frage, die der Kranke zu allem Anfange an ihn richtet, lautet: »Wie lange Zeit wird die Behandlung dauern? Welche Zeit brauchen Sie, um mich von meinem Leiden zu befreien?« Wenn man eine Probebehandlung von einigen Wochen vorgeschlagen hat, entzieht man sich der direkten Beantwortung dieser Frage, indem man verspricht, nach Ablauf der Probezeit eine zuverlässigere Aussage abgeben zu können. Man antwortet gleichsam wie der Äsop der Fabel dem Wanderer, der nach der Länge des Weges fragt, mit der Aufforderung: »Geh«, und erläutert den Bescheid durch die Begründung, man müsse zuerst den Schritt des Wanderers kennenlernen, ehe man die Dauer seiner Wanderung berechnen könne. Mit dieser Auskunft hilft man sich über die ersten Schwierigkeiten hinweg, aber der Vergleich ist nicht gut, denn der Neurotiker kann leicht sein Tempo verändern und zuzeiten nur sehr langsame Fortschritte machen. Die Frage nach der voraussichtlichen Dauer der Behandlung ist in Wahrheit kaum zu beantworten.

Die Einsichtslosigkeit der Kranken und die Unaufrichtigkeit der Ärzte vereinigen sich zu dem Effekt, an die Analyse die maßlosesten Ansprüche zu stellen und ihr dabei die knappste Zeit einzuräumen. Ich teile zum Beispiel aus dem Briefe einer Dame in Rußland, der vor wenigen Tagen an mich gekommen ist, folgende Daten mit. Sie ist 53 [1] Jahre alt, seit 23 Jahren leidend, seit zehn Jahren keiner anhaltenden Arbeit mehr fähig. »Behandlung in mehreren Nervenheilanstalten« hat es nicht vermocht, ihr ein »aktives Leben« zu ermöglichen. Sie hofft durch die Psychoanalyse, über die sie gelesen hat, ganz geheilt zu werden. Aber ihre Behandlung hat ihre Familie schon so viel gekostet, daß sie keinen längeren Aufenthalt in Wien nehmen kann als sechs Wochen oder zwei Monate. Dazu kommt die Erschwerung, daß sie sich von Anfang an nur schriftlich »deutlich machen« will, denn Antasten ihrer Komplexe würde bei ihr eine Explosion hervorrufen oder sie »zeitlich verstummen lassen«. – Niemand würde sonst erwarten, daß man einen schweren Tisch mit zwei Fingern heben werde wie einen leichten Schemel oder daß man ein großes Haus in derselben Zeit bauen könne wie ein Holzhüttchen, doch sowie es sich um die Neurosen handelt, die in den Zusammenhang des menschlichen Denkens derzeit noch nicht eingereiht scheinen, vergessen selbst intelligente Personen an die notwendige Proportionalität zwischen Zeit, Arbeit und Erfolg. Übrigens eine begreifliche Folge der tiefen Unwissenheit über die Ätiologie der Neurosen. Dank dieser Igno-

---

[1] [In den Ausgaben vor 1925 steht hier »33«.]

ranz ist ihnen die Neurose eine Art »Mädchen aus der Fremde«[1]. Man wußte nicht, woher sie kam, und darum erwartet man, daß sie eines Tages entschwunden sein wird.

Die Ärzte unterstützen diese Vertrauensseligkeit; auch wissende unter ihnen schätzen häufig die Schwere der neurotischen Erkrankungen nicht ordentlich ein. Ein befreundeter Kollege, dem ich es hoch anrechne, daß er sich nach mehreren Dezennien wissenschaftlicher Arbeit auf anderen Voraussetzungen zur Würdigung der Psychoanalyse bekehrt hat, schrieb mir einmal: »Was uns not tut, ist eine kurze, bequeme ambulatorische Behandlung der Zwangsneurosen.« Ich konnte damit nicht dienen, schämte mich und suchte mich mit der Bemerkung zu entschuldigen, daß wahrscheinlich auch die Internisten mit einer Therapie der Tuberkulose oder des Karzinoms, welche diese Vorzüge vereinte, sehr zufrieden sein würden.

Um es direkter zu sagen, es handelt sich bei der Psychoanalyse immer um lange Zeiträume, halbe oder ganze Jahre, um längere, als der Erwartung des Kranken entspricht. Man hat daher die Verpflichtung, dem Kranken diesen Sachverhalt zu eröffnen, ehe er sich endgültig für die Behandlung entschließt. Ich halte es überhaupt für würdiger, aber auch für zweckmäßiger, wenn man ihn, ohne gerade auf seine Abschreckung hinzuarbeiten, doch von vornherein auf die Schwierigkeiten und Opfer der analytischen Therapie aufmerksam macht und ihm so jede Berechtigung nimmt, später einmal zu behaupten, man habe ihn in die Behandlung, deren Umfang und Bedeutung er nicht gekannt habe, gelockt. Wer sich durch solche Mitteilungen abhalten läßt, der hätte sich später doch als unbrauchbar erwiesen. Es ist gut, eine derartige Auslese vor dem Beginne der Behandlung vorzunehmen. Mit dem Fortschritte der Aufklärung unter den Kranken wächst doch die Zahl derjenigen, welche diese erste Probe bestehen.

Ich lehne es ab, die Patienten auf eine gewisse Dauer des Ausharrens in der Behandlung zu verpflichten, gestatte jedem, die Kur abzubrechen, wann es ihm beliebt, verhehle ihm aber nicht, daß ein Abbruch nach kurzer Arbeit keinen Erfolg zurücklassen wird und ihn leicht wie eine unvollendete Operation in einen unbefriedigenden Zustand versetzen kann. In den ersten Jahren meiner psychoanalytischen Tätigkeit fand ich die größte Schwierigkeit, die Kranken zum Verbleiben zu bewegen; diese Schwierigkeit hat sich längst verschoben, ich muß jetzt ängstlich bemüht sein, sie auch zum Aufhören zu nötigen.

---

[1] [Anspielung auf Schillers Gedicht ›Das Mädchen aus der Fremde‹.]

Die Abkürzung der analytischen Kur bleibt ein berechtigter Wunsch, dessen Erfüllung, wie wir hören werden, auf verschiedenen Wegen angestrebt wird. Es steht ihr leider ein sehr bedeutsames Moment entgegen, die Langsamkeit, mit der sich tiefgreifende seelische Veränderungen vollziehen, in letzter Linie wohl die »Zeitlosigkeit« unserer unbewußten Vorgänge[1]. Wenn die Kranken vor die Schwierigkeit des großen Zeitaufwandes für die Analyse gestellt werden, so wissen sie nicht selten ein gewisses Auskunftsmittel vorzuschlagen. Sie teilen ihre Beschwerden in solche ein, die sie als unerträglich, und andere, die sie als nebensächlich beschreiben, und sagen: »Wenn Sie mich nur von dem einen (zum Beispiel dem Kopfschmerz, der bestimmten Angst) befreien, mit dem anderen will ich schon selbst im Leben fertig werden.« Sie überschätzen dabei aber die elektive Macht der Analyse. Gewiß vermag der analytische Arzt viel, aber er kann nicht genau bestimmen, was er zustande bringen wird. Er leitet einen Prozeß ein, den der Auflösung der bestehenden Verdrängungen, er kann ihn überwachen, fördern, Hindernisse aus dem Wege räumen, gewiß auch viel an ihm verderben. Im ganzen aber geht der einmal eingeleitete Prozeß seinen eigenen Weg und läßt sich weder seine Richtung noch die Reihenfolge der Punkte, die er angreift, vorschreiben. Mit der Macht des Analytikers über die Krankheitserscheinungen steht es also ungefähr so wie mit der männlichen Potenz. Der kräftigste Mann kann zwar ein ganzes Kind zeugen, aber nicht im weiblichen Organismus einen Kopf allein, einen Arm oder ein Bein entstehen lassen; er kann nicht einmal über das Geschlecht des Kindes bestimmen. Er leitet eben auch nur einen höchst verwickelten und durch alte Geschehnisse determinierten Prozeß ein, der mit der Lösung des Kindes von der Mutter endet. Auch die Neurose eines Menschen besitzt die Charaktere eines Organismus, ihre Teilerscheinungen sind nicht unabhängig voneinander, sie bedingen einander, pflegen sich gegenseitig zu stützen; man leidet immer nur an einer Neurose, nicht an mehreren, die zufällig in einem Individuum zusammengetroffen sind. Der Kranke, den man nach seinem Wunsche von dem einen unerträglichen Symptome befreit hat, könnte leicht die Erfahrung machen, daß nun ein bisher mildes Symptom sich zur Unerträglichkeit steigert. Wer überhaupt den Erfolg von seinen suggestiven (das heißt Übertragungs-) Bedingungen möglichst ablösen will, der tut gut daran, auch auf die Spuren elektiver Beeinflussung des Heilerfolges, die dem Arzte etwa zustehen, zu verzichten. Dem Psychoanalytiker müssen diejenigen Pa-

---

[1] [Vgl. ›Das Unbewußte‹ (1915 e), *Studienausgabe*, Bd. 3, S. 146 und Anm. 1.]

tienten am liebsten sein, welche die volle Gesundheit, soweit sie zu haben ist, von ihm fordern und ihm so viel Zeit zur Verfügung stellen, als der Prozeß der Herstellung verbraucht. Natürlich sind so günstige Bedingungen nur in wenig Fällen zu erwarten.

Der nächste Punkt, über den zu Beginn einer Kur entschieden werden soll, ist das Geld, das Honorar des Arztes. Der Analytiker stellt nicht in Abrede, daß Geld in erster Linie als Mittel zur Selbsterhaltung und Machtgewinnung zu betrachten ist, aber er behauptet, daß mächtige sexuelle Faktoren an der Schätzung des Geldes mitbeteiligt sind. Er kann sich dann darauf berufen, daß Geldangelegenheiten von den Kulturmenschen in ganz ähnlicher Weise behandelt werden wie sexuelle Dinge, mit derselben Zwiespältigkeit, Prüderie und Heuchelei. Er ist also von vornherein entschlossen, dabei nicht mitzutun, sondern Geldbeziehungen mit der nämlichen selbstverständlichen Aufrichtigkeit vor dem Patienten zu behandeln, zu der er ihn in Sachen des Sexuallebens erziehen will. Er beweist ihm, daß er selbst eine falsche Scham abgelegt hat, indem er unaufgefordert mitteilt, wie er seine Zeit einschätzt. Menschliche Klugheit gebietet dann, nicht große Summen zusammenkommen zu lassen, sondern nach kürzeren regelmäßigen Zeiträumen (etwa monatlich) Zahlung zu nehmen. (Man erhöht, wie bekannt, die Schätzung der Behandlung beim Patienten nicht, wenn man sie sehr wohlfeil gibt.) Das ist, wie man weiß, nicht die gewöhnliche Praxis des Nervenarztes oder des Internisten in unserer europäischen Gesellschaft. Aber der Psychoanalytiker darf sich in die Lage des Chirurgen versetzen, der aufrichtig und kostspielig ist, weil er über Behandlungen verfügt, welche helfen können. Ich meine, es ist doch würdiger und ethisch unbedenklicher, sich zu seinen wirklichen Ansprüchen und Bedürfnissen zu bekennen, als, wie es jetzt noch unter Ärzten gebräuchlich ist, den uneigennützigen Menschenfreund zu agieren, dessen Situation einem doch versagt ist, und sich dafür im stillen über die Rücksichtslosigkeit und die Ausbeutungssucht der Patienten zu grämen oder laut darüber zu schimpfen. Der Analytiker wird für seinen Anspruch auf Bezahlung noch geltend machen, daß er bei schwerer Arbeit nie so viel erwerben kann wie andere medizinische Spezialisten.

Aus denselben Gründen wird er es auch ablehnen dürfen, ohne Honorar zu behandeln, und auch zugunsten der Kollegen oder ihrer Angehörigen keine Ausnahme machen. Die letzte Forderung scheint gegen die ärztliche Kollegialität zu verstoßen; man halte sich aber vor, daß eine Gratisbehandlung für den Psychoanalytiker weit mehr bedeutet als für jeden anderen, nämlich die Entziehung eines ansehnlichen Bruchteiles seiner für den Erwerb verfügbaren Arbeitszeit (eines Achtels, Siebentels u. dgl.) auf die Dauer von vielen Monaten. Eine gleichzeitige zweite Gratisbehandlung raubt ihm bereits ein Viertel oder Drittel seiner Erwerbsfähigkeit, was der Wirkung eines schweren traumatischen Unfalles gleichzusetzen wäre.

Es fragt sich dann, ob der Vorteil für den Kranken das Opfer des Arztes einigermaßen aufwiegt. Ich darf mir wohl ein Urteil darüber zutrauen, denn ich habe durch etwa zehn Jahre täglich eine Stunde, zeitweise auch zwei, Gratisbehandlungen gewidmet, weil ich zum Zwecke der Orientierung in der Neurose möglichst widerstandsfrei arbeiten wollte. Ich fand dabei die Vorteile nicht, die ich suchte. Manche der Widerstände des Neurotikers werden durch die Gratisbehandlung enorm gesteigert, so beim jungen Weibe die Versuchung, die in der Übertragungsbeziehung enthalten ist, beim jungen Manne das aus dem Vaterkomplex stammende Sträuben gegen die Verpflichtung der Dankbarkeit, das zu den widrigsten Erschwerungen der ärztlichen Hilfeleistung gehört. Der Wegfall der Regulierung, die doch durch die Bezahlung an den Arzt gegeben ist, macht sich sehr peinlich fühlbar; das ganze Verhältnis rückt aus der realen Welt heraus; ein gutes Motiv, die Beendigung der Kur anzustreben, wird dem Patienten entzogen.

Man kann der asketischen Verdammung des Geldes ganz fernestehen und darf es doch bedauern, daß die analytische Therapie aus äußeren wie aus inneren Gründen den Armen fast unzugänglich ist. Es ist wenig dagegen zu tun. Vielleicht hat die viel verbreitete Behauptung recht, daß der weniger leicht der Neurose verfällt, wer durch die Not des Lebens zu harter Arbeit gezwungen ist. Aber ganz unbestreitbar steht die andere Erfahrung da, daß der Arme, der einmal eine Neurose zustande gebracht hat, sich dieselbe nur sehr schwer entreißen läßt. Sie leistet ihm zu gute Dienste im Kampfe um die Selbstbehauptung; der sekundäre Krankheitsgewinn[1], den sie ihm bringt, ist allzu bedeutend. Das Erbarmen, das die Menschen seiner materiellen Not versagt haben, beansprucht er jetzt unter dem Titel seiner Neurose und kann sich von der Forderung, seine Armut durch Arbeit zu bekämpfen, selbst frei-

---

[1] [Der Gedanke des »sekundären Krankheitsgewinns« taucht bereits in Abschnitt B der Schrift über den hysterischen Anfall (1909 a), *Studienausgabe*, Bd. 6, S. 201, auf; der Ausdruck selbst scheint aber erstmals hier benutzt zu werden. Für eine ausführlichere Diskussion s. eine Anmerkung, die Freud 1923 der Falldarstellung der »Dora« (1905 e), *Studienausgabe*, Bd. 6, S. 118–9, Anm. 1, hinzugefügt hat.]

sprechen. Wer die Neurose eines Armen mit den Mitteln der Psychotherapie angreift, macht also in der Regel die Erfahrung, daß in diesem Falle eigentlich eine Aktualtherapie ganz anderer Art von ihm gefordert wird, eine Therapie, wie sie nach der bei uns heimischen Sage Kaiser Josef II.[1] zu üben pflegte. Natürlich findet man doch gelegentlich wertvolle und ohne ihre Schuld hilflose Menschen, bei denen die unentgeltliche Behandlung nicht auf die angeführten Hindernisse stößt und schöne Erfolge erzielt.

Für den Mittelstand ist der für die Psychoanalyse benötigte Geldaufwand nur scheinbar ein übermäßiger. Ganz abgesehen davon, daß Gesundheit und Leistungsfähigkeit einerseits, ein mäßiger Geldaufwand anderseits überhaupt inkommensurabel sind: wenn man die nie aufhörenden Ausgaben für Sanatorien und ärztliche Behandlung zusammenrechnet und ihnen die Steigerung der Leistungs- und Erwerbsfähigkeit nach glücklich beendeter analytischer Kur gegenüberstellt, darf man sagen, daß die Kranken einen guten Handel gemacht haben. Es ist nichts Kostspieligeres im Leben als die Krankheit und – die Dummheit.

Ehe ich diese Bemerkungen zur Einleitung der analytischen Behandlung beschließe, noch ein Wort über ein gewisses Zeremoniell der Situation, in welcher die Kur ausgeführt wird. Ich halte an dem Rate fest, den Kranken auf einem Ruhebett lagern zu lassen, während man hinter ihm, von ihm ungesehen, Platz nimmt. Diese Veranstaltung hat einen historischen Sinn, sie ist der Rest der hypnotischen Behandlung, aus welcher sich die Psychoanalyse entwickelt hat. Sie verdient aber aus mehrfachen Gründen festgehalten zu werden. Zunächst wegen eines persönlichen Motivs, das aber andere mit mir teilen mögen. Ich vertrage es nicht, acht Stunden täglich (oder länger) von anderen angestarrt zu werden. Da ich mich während des Zuhörens selbst dem Ablauf meiner unbewußten Gedanken überlasse, will ich nicht, daß meine Mienen dem Patienten Stoff zu Deutungen geben oder ihn in seinen Mitteilungen beeinflussen. Der Patient faßt die ihm aufgezwungene Situation gewöhnlich als Entbehrung auf und sträubt sich gegen sie, besonders wenn der Schautrieb (das Voyeurtum) in seiner Neurose eine bedeutende Rolle spielt. Ich beharre aber auf dieser Maßregel, welche die Absicht und den Erfolg hat, die unmerkliche Vermengung der Übertragung mit den Einfällen des Patienten zu verhüten, die Übertragung zu isolieren

---

[1] [Vgl. eine editorische Anmerkung zu ›Wege der psychoanalytischen Therapie‹ (1919a), S. 249, Anm. 2, unten.]

und sie zur Zeit als Widerstand scharf umschrieben hervortreten zu
lassen. Ich weiß, daß viele Analytiker es anders machen, aber ich weiß
nicht, ob die Sucht, es anders zu machen, oder ob ein Vorteil, den sie
dabei gefunden haben, mehr Anteil an ihrer Abweichung hat. [S. auch
unten, S. 198 f.]

Wenn nun die Bedingungen der Kur in solcher Weise geregelt sind, erhebt sich die Frage, an welchem Punkte und mit welchem Materiale soll
man die Behandlung beginnen?

Es ist im ganzen gleichgültig, mit welchem Stoffe man die Behandlung
beginnt, ob mit der Lebensgeschichte, der Krankengeschichte oder den
Kindheitserinnerungen des Patienten. Jedenfalls aber so, daß man den
Patienten erzählen läßt und ihm die Wahl des Anfangspunktes frei-
stellt. Man sagt ihm also: »Ehe ich Ihnen etwas sagen kann, muß ich viel
über Sie erfahren haben; bitte, teilen Sie mir mit, was Sie von sich
wissen.«

Nur für die Grundregel [1] der psychoanalytischen Technik, die der Patient zu beobachten hat, macht man eine Ausnahme. Mit dieser macht
man ihn von allem Anfang an bekannt: »Noch eines, ehe Sie beginnen.
Ihre Erzählung soll sich doch in einem Punkte von einer gewöhnlichen
Konversation unterscheiden. Während Sie sonst mit Recht versuchen, in
Ihrer Darstellung den Faden des Zusammenhanges festzuhalten, und
alle störenden Einfälle und Nebengedanken abweisen, um nicht, wie
man sagt, aus dem Hundertsten ins Tausendste zu kommen, sollen Sie
hier anders vorgehen. Sie werden beobachten, daß Ihnen während Ihrer
Erzählung verschiedene Gedanken kommen, welche Sie mit gewissen
kritischen Einwendungen zurückweisen möchten. Sie werden versucht
sein, sich zu sagen: Dies oder jenes gehört nicht hieher, oder es ist ganz
unwichtig, oder es ist unsinnig, man braucht es darum nicht zu sagen.
Geben Sie dieser Kritik niemals nach und sagen Sie es trotzdem, ja gerade darum, weil Sie eine Abneigung dagegen verspüren. Den Grund
für diese Vorschrift – eigentlich die einzige, die Sie befolgen sollen –
werden Sie später erfahren und einsehen lernen: Sagen Sie also alles,
was Ihnen durch den Sinn geht. Benehmen Sie sich so, wie zum Beispiel
ein Reisender, der am Fensterplatze des Eisenbahnwagens sitzt und dem
im Inneren Untergebrachten beschreibt, wie sich vor seinen Blicken die

---

[1] [S. Anm. 1, S. 167, oben.]

Aussicht verändert. Endlich vergessen Sie nie daran, daß Sie volle Aufrichtigkeit versprochen haben, und gehen Sie nie über etwas hinweg, weil Ihnen dessen Mitteilung aus irgendeinem Grunde unangenehm ist.«[1]

Patienten, die ihr Kranksein von einem bestimmten Momente an rechnen, stellen sich gewöhnlich auf die Krankheitsveranlassung ein; andere, die den Zusammenhang ihrer Neurose mit ihrer Kindheit selbst nicht verkennen, beginnen oft mit der Darstellung ihrer ganzen Lebensgeschichte. Eine systematische Erzählung erwarte man auf keinen Fall und tue nichts dazu, sie zu fördern. Jedes Stückchen der Geschichte wird später von neuem erzählt werden müssen, und erst bei diesen Wiederholungen werden die Zusätze erscheinen, welche die wichtigen, dem Kranken unbekannten Zusammenhänge vermitteln.

Es gibt Patienten, die sich von den ersten Stunden an sorgfältig auf ihre Erzählung vorbereiten, angeblich um so die bessere Ausnützung

---

[1] Über die Erfahrungen mit der ψα Grundregel wäre viel zu sagen. Man trifft gelegentlich auf Personen, die sich benehmen, als ob sie sich diese Regel selbst gegeben hätten. Andere sündigen gegen sie von allem Anfang an. Ihre Mitteilung ist in den ersten Stadien der Behandlung unerläßlich, auch nutzbringend; später unter der Herrschaft der Widerstände versagt der Gehorsam gegen sie, und für jeden kommt irgend einmal die Zeit, sich über sie hinauszusetzen. Man muß sich aus seiner Selbstanalyse daran erinnern, wie unwiderstehlich die Versuchung auftritt, jenen kritischen Vorwänden zur Abweisung von Einfällen nachzugeben. Von der geringen Wirksamkeit solcher Verträge, wie man sie durch die Aufstellung der ψα Grundregel mit dem Patienten schließt, kann man sich regelmäßig überzeugen, wenn sich zum erstenmal etwas Intimes über dritte Personen zur Mitteilung einstellt. Der Patient weiß, daß er alles sagen soll, aber er macht aus der Diskretion gegen andere eine neue Abhaltung. »Soll ich wirklich alles sagen? Ich habe geglaubt, das gilt nur für Dinge, die mich selbst betreffen.« Es ist natürlich unmöglich, eine analytische Behandlung durchzuführen, bei der die Beziehungen des Patienten zu anderen Personen und seine Gedanken über sie von der Mitteilung ausgenommen sind. *Pour faire une omelette il faut casser des œufs.* Ein anständiger Mensch vergißt bereitwillig, was ihm von solchen Geheimnissen fremder Leute nicht wissenswert erscheint. Auch auf die Mitteilung von Namen kann man nicht verzichten; die Erzählungen des Patienten bekommen sonst etwas Schattenhaftes wie die Szenen der *Natürlichen Tochter* Goethes, was im Gedächtnis des Arztes nicht haften will; auch decken die zurückgehaltenen Namen den Zugang zu allerlei wichtigen Beziehungen. Man kann Namen etwa reservieren lassen, bis der Analysierte mit dem Arzt und dem Verfahren vertrauter geworden ist. Es ist sehr merkwürdig, daß die ganze Aufgabe unlösbar wird, sowie man die Reserve an einer einzigen Stelle gestattet hat. Aber man bedenke, wenn bei uns ein Asylrecht, zum Beispiel für einen einzigen Platz in der Stadt, bestände, wie lange es brauchen würde, bis alles Gesindel der Stadt auf diesem einen Platze zusammenträfe. Ich behandelte einmal einen hohen Funktionär, der durch seinen Diensteid genötigt war, gewisse Dinge als Staatsgeheimnisse vor der Mitteilung zu bewahren, und scheiterte bei ihm an dieser Einschränkung. Die psychoanalytische Behandlung muß sich über alle Rücksichten hinaussetzen, weil die Neurose und ihre Widerstände rücksichtslos sind.

der Behandlungszeit zu sichern. Was sich so als Eifer drapiert, ist Widerstand. Man widerrate solche Vorbereitung, die nur zum Schutze gegen das Auftauchen unerwünschter Einfälle geübt wird[1]. Mag der Kranke noch so aufrichtig an seine löbliche Absicht glauben, der Widerstand wird seinen Anteil an der absichtlichen Vorbereitungsart fordern und es durchsetzen, daß das wertvollste Material der Mitteilung entschlüpft. Man wird bald merken, daß der Patient noch andere Methoden erfindet, um der Behandlung das Verlangte zu entziehen. Er wird sich etwa täglich mit einem intimen Freunde über die Kur besprechen und in dieser Unterhaltung alle die Gedanken unterbringen, die sich ihm im Beisein des Arztes aufdrängen sollten. Die Kur hat dann ein Leck, durch das gerade das Beste verrinnt. Es wird dann bald an der Zeit sein, dem Patienten anzuraten, daß er seine analytische Kur als eine Angelegenheit zwischen seinem Arzte und ihm selbst behandle und alle anderen Personen, mögen sie noch so nahestehend oder noch so neugierig sein, von der Mitwisserschaft ausschließe. In späteren Stadien der Behandlung ist der Patient in der Regel solchen Versuchungen nicht unterworfen.

Kranken, die ihre Behandlung geheimhalten wollen, oft darum, weil sie auch ihre Neurose geheimgehalten haben, lege ich keine Schwierigkeiten in den Weg. Es kommt natürlich nicht in Betracht, wenn infolge dieser Reservation einige der schönsten Heilerfolge ihre Wirkung auf die Mitwelt verfehlen. Die Entscheidung der Patienten für das Geheimnis bringt selbstverständlich bereits einen Zug ihrer Geheimgeschichte ans Licht.

Wenn man den Kranken einschärft, zu Beginn ihrer Behandlung möglichst wenig Personen zu Mitwissern zu machen, so schützt man sie dadurch auch einigermaßen vor den vielen feindseligen Einflüssen, die es versuchen werden, sie der Analyse abspenstig zu machen. Solche Beeinflussungen können zu Anfang der Kur verderblich werden. Später hin sind sie meist gleichgültig oder selbst nützlich, um Widerstände, die sich verbergen wollen, zum Vorscheine zu bringen.

Bedarf der Patient während der analytischen Behandlung vorübergehend einer anderen, internen oder spezialistischen Therapie, so ist es weit zweckmäßiger, einen nicht analytischen Kollegen in Anspruch zu nehmen, als diese andere Hilfeleistung selbst zu besorgen[2]. Kombinierte

---

[1] Ausnahmen lasse man nur zu für Daten wie: Familientafel, Aufenthalte, Operationen u. dgl.

[2] [Vgl. dies mit Freuds eigenen Erfahrungen bei der Behandlung seiner frühesten

Behandlungen wegen neurotischer Leiden mit starker organischer Anlehnung sind meist undurchführbar. Die Patienten lenken ihr Interesse
von der Analyse ab, sowie man ihnen mehr als einen Weg zeigt, der
zur Heilung führen soll. Am besten schiebt man die organische Behandlung bis nach Abschluß der psychischen auf; würde man die erstere
voranschicken, so bliebe sie in den meisten Fällen erfolglos.

Kehren wir zur Einleitung der Behandlung zurück. Man wird gelegentlich Patienten begegnen, die ihre Kur mit der ablehnenden Versicherung
beginnen, daß ihnen nichts einfalle, was sie erzählen könnten, obwohl
das ganze Gebiet der Lebens- und Krankheitsgeschichte unberührt vor
ihnen liegt[1]. Auf die Bitte, ihnen doch anzugeben, wovon sie sprechen
sollen, gehe man nicht ein, dieses erste Mal sowenig wie spätere Male.
Man halte sich vor, womit man es in solchen Fällen zu tun hat. Ein
starker Widerstand ist da in die Front gerückt, um die Neurose zu verteidigen; man nehme die Herausforderung sofort an und rücke ihm an
den Leib. Die energisch wiederholte Versicherung, daß es solches Ausbleiben aller Einfälle zu Anfang nicht gibt und daß es sich um einen
Widerstand gegen die Analyse handle, nötigt den Patienten bald zu den
vermuteten Geständnissen oder deckt ein erstes Stück seiner Komplexe
auf. Es ist böse, wenn er gestehen muß, daß er sich während des An-
hörens der Grundregel die Reservation geschaffen hat, dies oder jenes
werde er doch für sich behalten. Minder arg, wenn er nur mitzuteilen
braucht, welches Mißtrauen er der Analyse entgegenbringt oder was für
abschreckende Dinge er über sie gehört habe. Stellt er diese und ähnliche Möglichkeiten, die man ihm vorhält, in Abrede, so kann man ihn
durch Drängen zum Eingeständnis nötigen, daß er doch gewisse Gedanken, die ihn beschäftigen, vernachlässigt hat. Er hat an die Kur
selbst gedacht, aber an nichts Bestimmtes, oder das Bild des Zimmers, in
dem er sich befindet, hat ihn beschäftigt, oder er muß an die Gegen-
stände im Behandlungsraum denken und daß er hier auf einem Diwan
liegt, was er alles durch die Auskunft »Nichts« ersetzt hat. Diese Andeutungen sind wohl verständlich; alles was an die gegenwärtige Situa-

---

Fälle in den *Studien über Hysterie* (1895 *d*; s. insbesondere eine Passage zu Beginn der
Falldarstellung der ›Frau Emmy von N.‹, *G. W.*, Bd. 1, S. 101–2, und eine Stelle zu
Beginn der Falldarstellung von ›Fräulein Elisabeth von R.‹, *G. W.*, Bd. 1, S. 199 bis
200).]
[1] [Dieses technische Problem wurde von Freud schon auf den letzten Seiten seines
Psychotherapie-Beitrags zu den *Studien über Hysterie* (1895 *d*) diskutiert, im vorliegenden Band S. 93–6.]

tion anknüpft, entspricht einer Übertragung auf den Arzt, die sich zu einem Widerstande geeignet erweist[1]. Man ist so genötigt, mit der Aufdeckung dieser Übertragung zu beginnen; von ihr aus findet sich rasch der Weg zum Eingange in das pathogene Material des Kranken. Frauen, die nach dem Inhalte ihrer Lebensgeschichte auf eine sexuelle Aggression vorbereitet sind, Männer mit überstarker verdrängter Homosexualität werden am ehesten der Analyse eine solche Verweigerung der Einfälle vorausschicken.

Wie der erste Widerstand, so können auch die ersten Symptome oder Zufallshandlungen der Patienten ein besonderes Interesse beanspruchen und einen ihre Neurose beherrschenden Komplex verraten. Ein geistreicher junger Philosoph, mit exquisiten ästhetischen Einstellungen, beeilt sich, den Hosenstreif zurechtzuzupfen, ehe er sich zur ersten Behandlung niederlegt; er erweist sich als dereinstiger Koprophile von höchstem Raffinement, wie es für den späteren Ästheten zu erwarten stand. Ein junges Mädchen zieht in der gleichen Situation hastig den Saum ihres Rockes über den vorschauenden Knöchel; sie hat damit das Beste verraten, was die spätere Analyse aufdecken wird, ihren narzißtischen Stolz auf ihre Körperschönheit und ihre Exhibitionsneigungen.

Besonders viele Patienten sträuben sich gegen die ihnen vorgeschlagene Lagerung, während der Arzt ungesehen hinter ihnen sitzt[2], und bitten um die Erlaubnis, die Behandlung in anderer Position durchzumachen, zumeist, weil sie den Anblick des Arztes nicht entbehren wollen. Es wird ihnen regelmäßig verweigert; man kann sie aber nicht daran hindern, daß sie sich's einrichten, einige Sätze vor Beginn der »Sitzung« zu sprechen oder nach der angekündigten Beendigung derselben, wenn sie sich vom Lager erhoben haben. Sie teilen sich so die Behandlung in einen offiziellen Abschnitt, während dessen sie sich meist sehr gehemmt benehmen, und in einen »gemütlichen«, in dem sie wirklich frei sprechen und allerlei mitteilen, was sie selbst nicht zur Behandlung rechnen. Der Arzt läßt sich diese Scheidung nicht lange gefallen, er merkt auf das vor oder nach der Sitzung Gesprochene, und indem er es bei nächster Gelegenheit verwertet, reißt er die Scheidewand nieder, die der Patient aufrichten wollte. Dieselbe wird wiederum aus dem Material eines Übertragungswiderstandes gezimmert sein.

---

[1] [Vgl. ›Zur Dynamik der Übertragung‹ (1912 *b*), oben, S. 161 ff. – In einer Fußnote zu Kapitel X der *Massenpsychologie* (1921 *c*), *Studienausgabe*, Bd. 9, S. 118, Anm. 2, macht Freud auf die Ähnlichkeit zwischen dieser Situation und bestimmten hypnotischen Techniken aufmerksam.]

[2] [Vgl. oben, S. 193 f.]

Solange nun die Mitteilungen und Einfälle des Patienten ohne Stok-kung erfolgen, lasse man das Thema der Übertragung unberührt. Man warte mit dieser heikelsten aller Prozeduren, bis die Übertragung zum Widerstande geworden ist.

Die nächste Frage, vor die wir uns gestellt finden, ist eine prinzipielle. Sie lautet: Wann sollen wir mit den Mitteilungen an den Analysierten beginnen? Wann ist es Zeit, ihm die geheime Bedeutung seiner Einfälle zu enthüllen, ihn in die Voraussetzungen und technischen Prozeduren der Analyse einzuweihen?

Die Antwort hierauf kann nur lauten: Nicht eher, als bis sich eine leistungsfähige Übertragung, ein ordentlicher Rapport, bei dem Patienten hergestellt hat. Das erste Ziel der Behandlung bleibt, ihn an die Kur und an die Person des Arztes zu attachieren. Man braucht nichts anderes dazu zu tun, als ihm Zeit zu lassen. Wenn man ihm ernstes Interesse bezeugt, die anfangs auftauchenden Widerstände sorgfältig beseitigt und gewisse Mißgriffe vermeidet, stellt der Patient ein solches Attachement von selbst her und reiht den Arzt an eine der Imagines jener Personen an, von denen er Liebes zu empfangen gewohnt war. Man kann sich diesen ersten Erfolg allerdings verscherzen, wenn man von Anfang an einen anderen Standpunkt einnimmt als den der Einfühlung, etwa einen moralisierenden, oder wenn man sich als Vertreter oder Mandatar einer Partei gebärdet, des anderen Eheteiles etwa usw.[1].

Diese Antwort schließt natürlich die Verurteilung eines Verfahrens ein, welches dem Patienten die Übersetzungen seiner Symptome mitteilen wollte, sobald man sie selbst erraten hat, oder gar einen besonderen Triumph darin erblicken würde, ihm diese »Lösungen« in der ersten Zusammenkunft ins Gesicht zu schleudern. Es wird einem geübteren Analytiker nicht schwer, die verhaltenen Wünsche eines Kranken schon aus seinen Klagen und seinem Krankenberichte deutlich vernehmbar herauszuhören; aber welches Maß von Selbstgefälligkeit und von Unbesonnenheit gehört dazu, um einem Fremden, mit allen analytischen Voraussetzungen Unvertrauten nach der kürzesten Bekanntschaft zu eröffnen, er hänge inzestuös an seiner Mutter, er hege Todeswünsche gegen seine angeblich geliebte Frau, er trage sich mit der Absicht, seinen

---

[1] [Nur in der Erstausgabe lautet der zweite Teil des Satzes: »... wenn man sich als Vertreter und Mandatar einer Partei gebärdet, mit welcher der Patient den Konflikt unterhält, etwa der Eltern, des anderen Eheteils usw.«.]

Chef zu betrügen u. dgl.![1] Ich habe gehört, daß es Analytiker gibt, die sich mit solchen Augenblicksdiagnosen und Schnellbehandlungen brüsten, aber ich warne jedermann davor, solchen Beispielen zu folgen. Man wird dadurch sich und seine Sache um jeden Kredit bringen und die heftigsten Widersprüche hervorrufen, ob man nun richtig geraten hat oder nicht, ja, eigentlich um so heftigeren Widerstand, je eher man richtig geraten hat. Der therapeutische Effekt wird in der Regel zunächst gleich Null sein, die Abschreckung von der Analyse aber eine endgültige. Noch in späteren Stadien der Behandlung wird man Vorsicht üben müssen, um eine Symptomlösung und Wunschübersetzung nicht eher mitzuteilen, als bis der Patient knapp davorsteht, so daß er nur noch einen kurzen Schritt zu machen hat, um sich dieser Lösung selbst zu bemächtigen. In früheren Jahren hatte ich häufig Gelegenheit zu erfahren, daß die vorzeitige Mitteilung einer Lösung der Kur ein vorzeitiges Ende bereitete, sowohl infolge der Widerstände, die so plötzlich geweckt wurden, als auch auf Grund der Erleichterung, die mit der Lösung gegeben war.

Man wird hier die Einwendung machen: Ist es denn unsere Aufgabe, die Behandlung zu verlängern, und nicht vielmehr, sie so rasch wie möglich zu Ende zu führen? Leidet der Kranke nicht infolge seines Nichtwissens und Nichtverstehens und ist es nicht Pflicht, ihn so bald als möglich wissend zu machen, also sobald der Arzt selbst wissend geworden ist?

Die Beantwortung dieser Frage fordert zu einem kleinen Exkurs auf über die Bedeutung des Wissens und über den Mechanismus der Heilung in der Psychoanalyse.

In den frühesten Zeiten der analytischen Technik haben wir allerdings in intellektualistischer Denkeinstellung das Wissen des Kranken um das von ihm Vergessene hoch eingeschätzt und dabei kaum zwischen unserem Wissen und dem seinigen unterschieden. Wir hielten es für einen besonderen Glücksfall, wenn es gelang, Kunde von dem vergessenen Kindheitstrauma von anderer Seite her zu bekommen, zum Beispiel von Eltern, Pflegepersonen oder dem Verführer selbst, wie es in einzelnen Fällen möglich wurde, und beeilten uns, dem Kranken die Nachricht und die Beweise für ihre Richtigkeit zur Kenntnis zu bringen in der

---

[1] [Vgl. das ausführliche Beispiel hierfür, das Freud bereits in seiner Arbeit ›Über »wilde« Psychoanalyse‹ (1910 *k*), S. 135 ff., oben, mitteilte.]

sicheren Erwartung, so Neurose und Behandlung zu einem schnellen Ende zu führen. Es war eine schwere Enttäuschung, als der erwartete Erfolg ausblieb. Wie konnte es nur zugehen, daß der Kranke, der jetzt von seinem traumatischen Erlebnis wußte, sich doch benahm, als wisse er nicht mehr davon als früher? Nicht einmal die Erinnerung an das verdrängte Trauma wollte infolge der Mitteilung und Beschreibung desselben auftauchen.

In einem bestimmten Falle hatte mir die Mutter eines hysterischen Mädchens das homosexuelle Erlebnis verraten, dem auf die Fixierung der Anfälle des Mädchens ein großer Einfluß zukam. Die Mutter hatte die Szene selbst überrascht, die Kranke aber dieselbe völlig vergessen, obwohl sie bereits den Jahren der Vorpubertät angehörte. Ich konnte nun eine lehrreiche Erfahrung machen. Jedesmal, wenn ich die Erzählung der Mutter vor dem Mädchen wiederholte, reagierte dieses mit einem hysterischen Anfalle, und nach diesem war die Mitteilung wieder vergessen. Es war kein Zweifel, daß die Kranke den heftigsten Widerstand gegen ein ihr aufgedrängtes Wissen äußerte; sie simulierte endlich Schwachsinn und vollen Gedächtnisverlust, um sich gegen meine Mitteilungen zu schützen. So mußte man sich denn entschließen, dem Wissen an sich die ihm vorgeschriebene Bedeutung zu entziehen und den Akzent auf die Widerstände zu legen, welche das Nichtwissen seinerzeit verursacht hatten und jetzt noch bereit waren, es zu verteidigen. Das bewußte Wissen aber war gegen diese Widerstände, auch wenn es nicht wieder ausgestoßen wurde, ohnmächtig[1].

Das befremdende Verhalten der Kranken, die ein bewußtes Wissen mit dem Nichtwissen zu vereinigen verstehen, bleibt für die sogenannte Normalpsychologie unerklärlich. Der Psychoanalyse bereitet es auf Grund ihrer Anerkennung des Unbewußten keine Schwierigkeit; das beschriebene Phänomen gehört aber zu den besten Stützen einer Auffassung, welche sich die seelischen Vorgänge topisch differenziert näherbringt. Die Kranken wissen nun von dem verdrängten Erlebnis in ihrem Denken, aber diesem fehlt die Verbindung mit jener Stelle, an welcher die verdrängte Erinnerung in irgendeiner Art enthalten ist. Eine Veränderung kann erst eintreten, wenn der bewußte Denkprozeß bis zu dieser Stelle vorgedrungen ist und dort die Verdrängungswiderstände überwunden hat. Es ist geradeso, als ob im Justizministerium ein Erlaß

---

[1] [Die ganz anderen Auffassungen, die Freud während der Breuer-Periode über dieses Thema hegte, gehen klar aus dem Bericht hervor, den er in den *Studien über Hysterie* von einem ähnlichen Fall gibt (1895 *d*), oben, S. 68–9.]

verlautbart worden wäre, daß man jugendliche Vergehen in einer gewissen milden Weise richten solle. Solange dieser Erlaß nicht zur Kenntnis der einzelnen Bezirksgerichte gelangt ist, oder für den Fall, daß die Bezirksrichter nicht die Absicht haben, diesen Erlaß zu befolgen, vielmehr auf eigene Hand judizieren, kann an der Behandlung der einzelnen jugendlichen Delinquenten nichts geändert sein. Fügen wir noch zur Korrektur hinzu, daß die bewußte Mitteilung des Verdrängten an den Kranken doch nicht wirkungslos bleibt. Sie wird nicht die gewünschte Wirkung äußern, den Symptomen ein Ende zu machen, sondern andere Folgen haben. Sie wird zunächst Widerstände, dann aber, wenn deren Überwindung erfolgt ist, einen Denkprozeß anregen, in dessen Ablauf sich endlich die erwartete Beeinflussung der unbewußten Erinnerung herstellt[1].

Es ist jetzt an der Zeit, eine Übersicht des Kräftespieles zu gewinnen, welches wir durch die Behandlung in Gang bringen. Der nächste Motor der Therapie ist das Leiden des Patienten und sein daraus entspringender Heilungswunsch. Von der Größe dieser Triebkraft zieht sich mancherlei ab, was erst im Laufe der Analyse aufgedeckt wird, vor allem der sekundäre Krankheitsgewinn[2], aber die Triebkraft selbst muß bis zum Ende der Behandlung erhalten bleiben; jede Besserung ruft eine Verringerung derselben hervor. Für sich allein ist sie aber unfähig, die Krankheit zu beseitigen; es fehlt ihr zweierlei dazu: Sie kennt die Wege nicht, die zu diesem Ende einzuschlagen sind, und sie bringt die notwendigen Energiebeträge gegen die Widerstände nicht auf. Beiden Mängeln hilft die analytische Behandlung ab. Die zur Überwindung der Widerstände erforderten Affektgrößen stellt sie durch die Mobilmachung der Energien bei, welche für die Übertragung bereitliegen; durch die rechtzeitigen Mitteilungen zeigt sie dem Kranken die Wege, auf welche er diese Energien leiten soll. Die Übertragung kann häufig genug die Leidenssymptome allein beseitigen, aber dann nur vorübergehend, solange

---

[1] [Das topographische Bild des Unterschieds zwischen unbewußten und bewußten Vorstellungen war von Freud schon in seiner Falldarstellung des »kleinen Hans« (1909 *b*), *Studienausgabe*, Bd. 8, S. 103–4, erörtert worden, und implizit bezieht er sich auch in seiner Arbeit ›Über »wilde« Psychoanalyse‹ (1910 *k*), S. 139, oben, darauf. Die Schwierigkeiten und Unzulänglichkeiten des Modells werden etwa zwei Jahre nach Veröffentlichung der vorliegenden Arbeit in den Abschnitten II und VII der metapsychologischen Schrift ›Das Unbewußte‹ (1915 *e*) aufgewiesen, wo eine gründlichere Beschreibung dieses Unterschieds gegeben wird, *Studienausgabe*, Bd. 3, S. 131–5 und S. 159–62.]

[2] [S. die Anmerkung, oben, S. 192.]

sie eben selbst Bestand hat. Das ist dann eine Suggestivbehandlung, keine Psychoanalyse. Den letzteren Namen verdient die Behandlung nur dann, wenn die Übertragung ihre Intensität zur Überwindung der Widerstände verwendet hat. Dann allein ist das Kranksein unmöglich geworden, auch wenn die Übertragung wieder aufgelöst worden ist, wie ihre Bestimmung es verlangt.

Im Laufe der Behandlung wird noch ein anderes förderndes Moment wachgerufen, das intellektuelle Interesse und Verständnis des Kranken. Allein dies kommt gegen die anderen miteinander ringenden Kräfte kaum in Betracht; es droht ihm beständig die Entwertung infolge der Urteilstrübung, welche von den Widerständen ausgeht. Somit erübrigen Übertragung und Unterweisung (durch Mitteilung) als die neuen Kraftquellen, welche der Kranke dem Analytiker verdankt. Der Unterweisung bedient er sich aber nur, insofern er durch die Übertragung dazu bewogen wird, und darum soll die erste Mitteilung abwarten, bis sich eine starke Übertragung hergestellt hat, und fügen wir hinzu, jede spätere, bis die Störung der Übertragung durch die der Reihe nach auftauchenden Übertragungswiderstände beseitigt ist[1].

---

[1] [Die ganze Frage der Wirkungsweise der psychoanalytischen Therapie sowie insbesondere der Übertragung wird sehr ausführlich in der 27. und 28. der *Vorlesungen zur Einführung* (1916–17) erörtert. – Einige interessante Bemerkungen über die Schwierigkeiten bei der Einhaltung der Grundregel macht Freud in Kapitel VI von *Hemmung, Symptom und Angst* (1926 d), *Studienausgabe*, Bd. 6, S. 265–6.]

Erinnern, Wiederholen und Durcharbeiten

Weitere Ratschläge
zur Technik der Psychoanalyse II

(1914)

EDITORISCHE VORBEMERKUNG

Deutsche Ausgaben:

1914 *Int. Z. ärztl. Psychoanal.*, Bd. 2 (6), 485–91.

1918 *S. K. S. N.*, Bd. 4, 441–52. (1922, 2. Aufl.)

1924 *Technik und Metapsychol.*, 109–19.

1925 *G. S.*, Bd. 6, 109–19.

1931 *Neurosenlehre und Technik*, 385–96.

1946 *G. W.*, Bd. 10, 126–36.

Bei der Erstpublikation (Ende 1914) lautete der Titel dieser Arbeit: ›Weitere Ratschläge zur Technik der Psychoanalyse (II): Erinnern, Wiederholen und Durcharbeiten‹. Von 1924 an übernahmen alle deutschen Ausgaben den kürzeren Titel.

Diese Arbeit ist, neben ihren Mitteilungen zur Technik, bemerkenswert, weil hier die Konzepte des »Wiederholungszwangs« (S. 210) und des »Durcharbeitens« (S. 215) erstmals auftauchen. Außerdem wird die spezielle technische Bedeutung des Ausdrucks »Übertragungsneurose« (S. 214) als einer in der Beziehung zum Analytiker entstehenden künstlichen Neurose eingeführt, in der sich in Form einer Neuausgabe der klinischen Neurose die Übertragungsmanifestationen organisieren.

Es scheint mir nicht überflüssig, den Lernenden immer wieder daran zu mahnen, welche tiefgreifenden Veränderungen die psychoanalytische Technik seit ihren ersten Anfängen erfahren hat. Zuerst, in der Phase der Breuerschen Katharsis[1], die direkte Einstellung des Moments der Symptombildung und das konsequent festgehaltene Bemühen, die psychischen Vorgänge jener Situation reproduzieren zu lassen, um sie zu einem Ablauf durch bewußte Tätigkeit zu leiten. Erinnern und Abreagieren waren damals die mit Hilfe des hypnotischen Zustandes zu erreichenden Ziele. Sodann, nach dem Verzicht auf die Hypnose, drängte sich die Aufgabe vor, aus den freien Einfällen des Analysierten zu erraten, was er zu erinnern versagte. Durch die Deutungsarbeit und die Mitteilung ihrer Ergebnisse an den Kranken sollte der Widerstand umgangen werden; die Einstellung auf die Situationen der Symptombildung und jene anderen, die sich hinter dem Momente der Erkrankung ergaben, blieb erhalten, das Abreagieren trat zurück und schien durch den Arbeitsaufwand ersetzt, den der Analysierte bei der ihm aufgedrängten Überwindung der Kritik gegen seine Einfälle (bei der Befolgung der $\psi\alpha$ Grundregel) zu leisten hatte. Endlich hat sich die konsequente heutige Technik herausgebildet, bei welcher der Arzt auf die Einstellung eines bestimmten Moments oder Problems verzichtet, sich damit begnügt, die jeweilige psychische Oberfläche des Analysierten zu studieren, und die Deutungskunst wesentlich dazu benützt, um die an dieser hervortretenden Widerstände zu erkennen und dem Kranken bewußtzumachen. Es stellt sich dann eine neue Art von Arbeitsteilung her: Der Arzt deckt die dem Kranken unbekannten Widerstände auf; sind diese erst bewältigt, so erzählt der Kranke oft ohne alle Mühe die vergessenen Situationen und Zusammenhänge. Das Ziel dieser Techniken ist natürlich unverändert geblieben. Deskriptiv: die Ausfüllung der Lücken der Erinnerung, dynamisch: die Überwindung der Verdrängungswiderstände.

---

[1] [Vgl. im vorliegenden Band ›Psychische Behandlung (Seelenbehandlung)‹ (1890 a), S. 17 ff., oben, sowie das Psychotherapie-Kapitel aus den *Studien über Hysterie* (1895 d), S. 49 ff., oben.]

Man muß der alten hypnotischen Technik dankbar dafür bleiben, daß sie uns einzelne psychische Vorgänge der Analyse in Isolierung und Schematisierung vorgeführt hat. Nur dadurch konnten wir den Mut gewinnen, komplizierte Situationen in der analytischen Kur selbst zu schaffen und durchsichtig zu erhalten.

Das Erinnern gestaltete sich nun in jenen hypnotischen Behandlungen sehr einfach. Der Patient versetzte sich in eine frühere Situation, die er mit der gegenwärtigen niemals zu verwechseln schien, teilte die psychischen Vorgänge derselben mit, soweit sie normal geblieben waren, und fügte daran, was sich durch die Umsetzung der damals unbewußten Vorgänge in bewußte ergeben konnte.

Ich schließe hier einige Bemerkungen an, die jeder Analytiker in seiner Erfahrung bestätigt gefunden hat[1]. Das Vergessen von Eindrücken, Szenen, Erlebnissen reduziert sich zumeist auf eine »Absperrung« derselben. Wenn der Patient von diesem »Vergessenen« spricht, versäumt er selten hinzuzufügen: »Das habe ich eigentlich immer gewußt, nur nicht daran gedacht.« Er äußert nicht selten seine Enttäuschung darüber, daß ihm nicht genug Dinge einfallen wollen, die er als »vergessen« anerkennen kann, an die er nie wieder gedacht, seitdem sie vorgefallen sind. Indes findet auch diese Sehnsucht, zumal bei Konversionshysterien, ihre Befriedigung. Das »Vergessen« erfährt eine weitere Einschränkung durch die Würdigung der so allgemein vorhandenen Deckerinnerungen. In manchen Fällen habe ich den Eindruck empfangen, daß die bekannte, für uns theoretisch so bedeutsame Kindheitsamnesie durch die Deckerinnerungen vollkommen aufgewogen wird. In diesen ist nicht nur einiges Wesentliche aus dem Kindheitsleben erhalten, sondern eigentlich alles Wesentliche. Man muß nur verstehen, es durch die Analyse aus ihnen zu entwickeln. Sie repräsentieren die vergessenen Kinderjahre so zureichend wie der manifeste Trauminhalt die Traumgedanken.

Die andere Gruppe von psychischen Vorgängen, die man als rein interne Akte den Eindrücken und Ergebnissen entgegenstellen kann, Phantasien, Beziehungsvorgänge, Gefühlsregungen, Zusammenhänge, muß in ihrem Verhältnis zum Vergessen und Erinnern gesondert betrachtet werden. Hier ereignet es sich besonders häufig, daß etwas »erinnert« wird, was nie »vergessen« werden konnte, weil es zu keiner Zeit ge-

---

[1] [Nur in der Erstausgabe sind dieser sowie die drei folgenden Absätze, in denen die eingefügten Bemerkungen formuliert sind, petit gesetzt.]

merkt wurde, niemals bewußt war, und es scheint überdies völlig gleichgültig für den psychischen Ablauf, ob ein solcher »Zusammenhang« bewußt war und dann vergessen wurde oder ob er es niemals zum Bewußtsein gebracht hat. Die Überzeugung, die der Kranke im Laufe
der Analyse erwirbt, ist von einer solchen Erinnerung ganz unabhängig.

Besonders bei den mannigfachen Formen der Zwangsneurose schränkt
sich das Vergessene meist auf die Auflösung von Zusammenhängen,
Verkennung von Abfolgen, Isolierung von Erinnerungen ein.

Für eine besondere Art von überaus wichtigen Erlebnissen, die in sehr
frühe Zeiten der Kindheit fallen und seinerzeit ohne Verständnis erlebt worden sind, *nachträglich* aber Verständnis und Deutung gefunden
haben, läßt sich eine Erinnerung meist nicht erwecken. Man gelangt
durch Träume zu ihrer Kenntnis und wird durch die zwingendsten
Motive aus dem Gefüge der Neurose genötigt, an sie zu glauben, kann
sich auch überzeugen, daß der Analysierte nach Überwindung seiner
Widerstände das Ausbleiben des Erinnerungsgefühles (Bekanntschafts-
empfindung) nicht gegen deren Annahme verwertet. Immerhin erfordert dieser Gegenstand so viel kritische Vorsicht und bringt so viel Neues
und Befremdendes, daß ich ihn einer gesonderten Behandlung an ge-
eignetem Materiale vorbehalte[1].

Von diesem erfreulich glatten Ablauf ist nun bei Anwendung der
neuen Technik sehr wenig, oft nichts übriggeblieben. Es kommen auch
hier Fälle vor, die sich ein Stück weit verhalten wie bei der hypnotischen Technik und erst später versagen; andere Fälle benehmen sich
aber von vornherein anders. Halten wir uns zur Kennzeichnung des
Unterschiedes an den letzteren Typus, so dürfen wir sagen, der Analysierte *erinnere* überhaupt nichts von dem Vergessenen und Verdrängten, sondern er *agiere*[2] es. Er reproduziert es nicht als Erinnerung, son-

---

[1] [Der Hinweis bezieht sich auf den »Wolfsmann« und seinen Traum aus dem fünften
Lebensjahr. Freud hatte diese Analyse gerade abgeschlossen und war möglicherweise
dabei, etwa gleichzeitig mit der vorliegenden Arbeit, die Krankengeschichte nieder-
zuschreiben, obgleich diese dann erst rund vier Jahre später veröffentlicht wurde
(1918 *b*). Davor hat Freud sich indessen in der zweiten Hälfte der 23. der *Vorlesungen
zur Einführung* (1916–17) mit dieser besonderen Klasse von Kindheitserinnerungen
auseinandergesetzt.]

[2] [Dies hatte Freud schon sehr viel früher klargestellt, nämlich in seinem Nachwort
zur Krankengeschichte der »Dora« (1905 *e*), *Studienausgabe*, Bd. 6, S. 183, wo das
Thema der Übertragung diskutiert wird.]

dern als Tat, er *wiederholt* es, ohne natürlich zu wissen, daß er es wiederholt.

Zum Beispiel: Der Analysierte erzählt nicht, er erinnere sich, daß er trotzig und ungläubig gegen die Autorität der Eltern gewesen sei, sondern er benimmt sich in solcher Weise gegen den Arzt. Er erinnert nicht, daß er in seiner infantilen Sexualforschung rat- und hilflos steckengeblieben ist, sondern er bringt einen Haufen verworrener Träume und Einfälle vor, jammert, daß ihm nichts gelinge, und stellt es als sein Schicksal hin, niemals eine Unternehmung zu Ende zu führen. Er erinnert nicht, daß er sich gewisser Sexualbetätigungen intensiv geschämt und ihre Entdeckung gefürchtet hat, sondern er zeigt, daß er sich der Behandlung schämt, der er sich jetzt unterzogen hat, und sucht diese vor allen geheimzuhalten usw.

Vor allem beginnt er die Kur mit einer solchen Wiederholung. Oft, wenn man einem Patienten mit wechselvoller Lebensgeschichte und langer Krankheitsgeschichte die psychoanalytische Grundregel mitgeteilt und ihn dann aufgefordert hat zu sagen, was ihm einfalle, und nun erwartet, daß sich seine Mitteilungen im Strom ergießen werden, erfährt man zunächst, daß er nichts zu sagen weiß. Er schweigt und behauptet, daß ihm nichts einfallen will. Das ist natürlich nichts anderes als die Wiederholung einer homosexuellen Einstellung, die sich als Widerstand gegen jedes Erinnern vordrängt [S. 198]. Solange er in Behandlung verbleibt, wird er von diesem Zwange zur Wiederholung[1] nicht mehr frei; man versteht endlich, dies ist seine Art zu erinnern.

Natürlich wird uns das Verhältnis dieses Wiederholungszwanges zur Übertragung und zum Widerstande in erster Linie interessieren. Wir merken bald, die Übertragung ist selbst nur ein Stück Wiederholung und die Wiederholung ist die Übertragung der vergessenen Vergangenheit nicht nur auf den Arzt, sondern auch auf alle anderen Gebiete der gegenwärtigen Situation. Wir müssen also darauf gefaßt sein, daß der Analysierte sich dem Zwange zur Wiederholung, der nun den Impuls zur Erinnerung ersetzt, nicht nur im persönlichen Verhältnis zum Arzte hingibt, sondern auch in allen anderen gleichzeitigen Tätigkeiten und

---

[1] [Hier scheint der Gedanke des Wiederholungszwangs zum ersten Mal aufzutauchen, der, in einer viel allgemeineren Form, in Freuds späterer Triebtheorie eine so bedeutsame Rolle spielen sollte. In der vorliegenden klinischen Verwendung findet er sich auch in der Arbeit ›Das Unheimliche‹ (1919 h), *Studienausgabe*, Bd. 4, S. 261, und wird zur Unterstützung der allgemeinen These in Kapitel III von *Jenseits des Lustprinzips* (1920 g), *Studienausgabe*, Bd. 3, S. 228 ff., herangezogen, wo Freud auf die vorliegende Arbeit rückverweist.]

Beziehungen seines Lebens, zum Beispiel wenn er während der Kur ein Liebesobjekt wählt, eine Aufgabe auf sich nimmt, eine Unternehmung eingeht. Auch der Anteil des Widerstandes ist leicht zu erkennen. Je größer der Widerstand ist, desto ausgiebiger wird das Erinnern durch das Agieren (Wiederholen) ersetzt sein. Entspricht doch das ideale Erinnern des Vergessenen in der Hypnose einem Zustande, in welchem der Widerstand völlig beiseite geschoben ist. Beginnt die Kur unter der Patronanz einer milden und unausgesprochenen positiven Übertragung, so gestattet sie zunächst ein Vertiefen in die Erinnerung wie bei der Hypnose, währenddessen selbst die Krankheitssymptome schweigen; wird aber im weiteren Verlaufe diese Übertragung feindselig oder überstark und darum verdrängungsbedürftig, so tritt sofort das Erinnern dem Agieren den Platz ab. Von da an bestimmen dann die Widerstände die Reihenfolge des zu Wiederholenden. Der Kranke holt aus dem Arsenale der Vergangenheit die Waffen hervor, mit denen er sich der Fortsetzung der Kur erwehrt und die wir ihm Stück für Stück entwinden müssen.

Wir haben nun gehört, der Analysierte wiederholt, anstatt zu erinnern, er wiederholt unter den Bedingungen des Widerstandes; wir dürfen jetzt fragen, was wiederholt oder agiert er eigentlich? Die Antwort lautet, er wiederholt alles, was sich aus den Quellen seines Verdrängten bereits in seinem offenkundigen Wesen durchgesetzt hat, seine Hemmungen und unbrauchbaren Einstellungen, seine pathologischen Charakterzüge. Er wiederholt ja auch während der Behandlung alle seine Symptome. Und nun können wir merken, daß wir mit der Hervorhebung des Zwanges zur Wiederholung keine neue Tatsache, sondern nur eine einheitlichere Auffassung gewonnen haben. Wir machen uns nun klar, daß das Kranksein des Analysierten nicht mit dem Beginne seiner Analyse aufhören kann, daß wir seine Krankheit nicht als eine historische Angelegenheit, sondern als eine aktuelle Macht zu behandeln haben. Stück für Stück dieses Krankseins wird nun in den Horizont und in den Wirkungsbereich der Kur gerückt, und während der Kranke es als etwas Reales und Aktuelles erlebt, haben wir daran die therapeutische Arbeit zu leisten, die zum guten Teile in der Zurückführung auf die Vergangenheit besteht.

Das Erinnernlassen in der Hypnose mußte den Eindruck eines Experiments im Laboratorium machen. Das Wiederholenlassen während der analytischen Behandlung nach der neueren Technik heißt ein Stück realen Lebens heraufbeschwören und kann darum nicht in allen Fällen harmlos und unbedenklich sein. Das ganze Problem der oft unausweichlichen »Verschlimmerung während der Kur« schließt hier an.

Vor allem bringt es schon die Einleitung der Behandlung mit sich, daß der Kranke seine bewußte Einstellung zur Krankheit ändere. Er hat sich gewöhnlich damit begnügt, sie zu bejammern, sie als Unsinn zu verachten, in ihrer Bedeutung zu unterschätzen, hat aber sonst das verdrängende Verhalten, die Vogel-Strauß-Politik, die er gegen ihre Ursprünge übte, auf ihre Äußerungen fortgesetzt. So kann es kommen, daß er die Bedingungen seiner Phobie nicht ordentlich kennt, den richtigen Wortlaut seiner Zwangsideen nicht anhört oder die eigentliche Absicht seines Zwangsimpulses nicht erfaßt[1]. Das kann die Kur natürlich nicht brauchen. Er muß den Mut erwerben, seine Aufmerksamkeit mit den Erscheinungen seiner Krankheit zu beschäftigen. Die Krankheit selbst darf ihm nichts Verächtliches mehr sein, vielmehr ein würdiger Gegner werden, ein Stück seines Wesens, das sich auf gute Motive stützt, aus dem es Wertvolles für sein späteres Leben zu holen gilt. Die Versöhnung mit dem Verdrängten, welches sich in den Symptomen äußert, wird so von Anfang an vorbereitet, aber es wird auch eine gewisse Toleranz fürs Kranksein eingeräumt. Werden nun durch dies neue Verhältnis zur Krankheit Konflikte verschärft und Symptome hervorgedrängt, die früher noch undeutlich waren, so kann man den Patienten darüber leicht durch die Bemerkung trösten, daß dies nur notwendige, aber vorübergehende Verschlechterungen sind und daß man keinen Feind umbringen kann, der abwesend oder nicht nahe genug ist. Der Widerstand kann aber die Situation für seine Absichten ausbeuten und die Erlaubnis, krank zu sein, mißbrauchen wollen. Er scheint dann zu demonstrieren: Schau her, was dabei herauskommt, wenn ich mich wirklich auf diese Dinge einlasse. Hab' ich nicht recht getan, sie der Verdrängung zu überlassen? Besonders jugendliche und kindliche Personen pflegen die in der Kur erforderliche Einlenkung auf das Kranksein gern zu einem Schwelgen in den Krankheitssymptomen zu benützen.

Weitere Gefahren entstehen dadurch, daß im Fortgange der Kur auch neue, tieferliegende Triebregungen, die sich noch nicht durchgesetzt hatten, zur Wiederholung gelangen können. Endlich können die Aktionen des Patienten außerhalb der Übertragung vorübergehende Lebens-

---

[1] [S. Beispiele dafür in den Falldarstellungen des »kleinen Hans« (1909 *b*), *Studienausgabe*, Bd. 8, S. 105–6, und des »Rattenmannes« (1909 *d*), *Studienausgabe*, Bd. 7, S. 84–5.]

schädigungen mit sich bringen oder sogar so gewählt sein, daß sie die zu erreichende Gesundheit dauernd entwerten.

Die Taktik, welche der Arzt in dieser Situation einzuschlagen hat, ist leicht zu rechtfertigen. Für ihn bleibt das Erinnern nach alter Manier, das Reproduzieren auf psychischem Gebiete, das Ziel, an welchem er festhält, wenn er auch weiß, daß es bei der neuen Technik nicht zu erreichen ist. Er richtet sich auf einen beständigen Kampf mit dem Patienten ein, um alle Impulse auf psychischem Gebiete zurückzuhalten, welche dieser aufs Motorische lenken möchte, und feiert es als einen Triumph der Kur, wenn es gelingt, etwas durch die Erinnerungsarbeit zu erledigen, was der Patient durch eine Aktion abführen möchte. Wenn die Bindung durch die Übertragung eine irgend brauchbare geworden ist, so bringt es die Behandlung zustande, den Kranken an allen bedeutungsvolleren Wiederholungsaktionen zu hindern und den Vorsatz dazu *in statu nascendi* als Material für die therapeutische Arbeit zu verwenden. Vor der Schädigung durch die Ausführung seiner Impulse behütet man den Kranken am besten, wenn man ihn dazu verpflichtet, während der Dauer der Kur keine lebenswichtigen Entscheidungen zu treffen, etwa keinen Beruf, kein definitives Liebesobjekt zu wählen, sondern für alle diese Absichten den Zeitpunkt der Genesung abzuwarten.

Man schont dabei gern, was von der persönlichen Freiheit des Analysierten mit diesen Vorsichten vereinbar ist, hindert ihn nicht an der Durchsetzung belangloser, wenn auch törichter Absichten und vergißt nicht daran, daß der Mensch eigentlich nur durch Schaden und eigene Erfahrung klug werden kann. Es gibt wohl auch Fälle, die man nicht abhalten kann, sich während der Behandlung in irgendeine ganz unzweckmäßige Unternehmung einzulassen, und die erst nachher mürbe und für die analytische Bearbeitung zugänglich werden. Gelegentlich muß es auch vorkommen, daß man nicht die Zeit hat, den wilden Trieben den Zügel der Übertragung anzulegen, oder daß der Patient in einer Wiederholungsaktion das Band zerreißt, das ihn an die Behandlung knüpft. Ich kann als extremes Beispiel den Fall einer älteren Dame wählen, die wiederholt in Dämmerzuständen ihr Haus und ihren Mann verlassen hatte und irgendwohin geflüchtet war, ohne sich je eines Motives für dieses »Durchgehen« bewußt zu werden. Sie kam mit einer gut ausgebildeten zärtlichen Übertragung in meine Behandlung, steigerte dieselbe in unheimlich rascher Weise in den ersten Tagen und war am Ende einer Woche auch von mir »durchgegangen«, ehe ich noch Zeit gehabt hatte, ihr etwas zu sagen, was sie an dieser Wiederholung hätte hindern können.

Das Hauptmittel aber, den Wiederholungszwang des Patienten zu bändigen und ihn zu einem Motiv fürs Erinnern umzuschaffen, liegt in der Handhabung der Übertragung. Wir machen ihn unschädlich, ja vielmehr nutzbar, indem wir ihm sein Recht einräumen, ihn auf einem bestimmten Gebiete gewähren lassen. Wir eröffnen ihm die Übertragung als den Tummelplatz, auf dem ihm gestattet wird, sich in fast völliger Freiheit zu entfalten, und auferlegt ist, uns alles vorzuführen, was sich an pathogenen Trieben im Seelenleben des Analysierten verborgen hat. Wenn der Patient nur so viel Entgegenkommen zeigt, daß er die Existenzbedingungen der Behandlung respektiert, gelingt es uns regelmäßig, allen Symptomen der Krankheit eine neue Übertragungsbedeutung[1] zu geben, seine gemeine Neurose durch eine Übertragungsneurose[2] zu ersetzen, von der er durch die therapeutische Arbeit geheilt werden kann. Die Übertragung schafft so ein Zwischenreich zwischen der Krankheit und dem Leben, durch welches sich der Übergang von der ersteren zum letzteren vollzieht. Der neue Zustand hat alle Charaktere der Krankheit übernommen, aber er stellt eine artifizielle Krankheit dar, die überall unseren Eingriffen zugänglich ist. Er ist gleichzeitig ein Stück des realen Erlebens, aber durch besonders günstige Bedingungen ermöglicht und von der Natur eines Provisoriums. Von den Wiederholungsreaktionen[3], die sich in der Übertragung zeigen, führen dann die bekannten Wege zur Erweckung der Erinnerungen, die sich nach Überwindung der Widerstände wie mühelos einstellen.

Ich könnte hier abbrechen, wenn nicht die Überschrift dieses Aufsatzes mich verpflichten würde, ein weiteres Stück der analytischen Technik in die Darstellung zu ziehen. Die Überwindung der Widerstände wird bekanntlich dadurch eingeleitet, daß der Arzt den vom Analysierten niemals erkannten Widerstand aufdeckt und ihn dem Patienten mitteilt. Es scheint nun, daß Anfänger in der Analyse geneigt sind, diese Einleitung für die ganze Arbeit zu halten. Ich bin oft in Fällen zu Rate gezogen worden, in denen der Arzt darüber klagte, er habe dem Kran-

---

[1] [In den Ausgaben vor 1924 steht hier »Übertragungsbedingung«.]
[2] [Die Beziehung zwischen dieser speziellen, hier erstmals eingeführten technischen Bedeutung des Terminus und der üblichen Verwendung (als nosologischer Bezeichnung von Hysterien und Zwangsneurosen) wird in der 27. der *Vorlesungen zur Einführung* (1916–17) auseinandergesetzt.]
[3] [In der Erstausgabe steht an dieser Stelle »Wiederholungsaktionen«.]

ken seinen Widerstand vorgestellt, und doch habe sich nichts geändert, ja, der Widerstand sei erst recht erstarkt und die ganze Situation sei noch undurchsichtiger geworden. Die Kur scheine nicht weiterzugehen. Diese trübe Erwartung erwies sich dann immer als irrig. Die Kur war in der Regel im besten Fortgange; der Arzt hatte nur vergessen, daß das Benennen des Widerstandes nicht das unmittelbare Aufhören desselben zur Folge haben kann. Man muß dem Kranken die Zeit lassen, sich in den ihm nun bekannten Widerstand zu vertiefen[1], ihn *durchzuarbeiten*, ihn zu überwinden, indem er ihm zum Trotze die Arbeit nach der analytischen Grundregel fortsetzt. Erst auf der Höhe desselben findet man dann in gemeinsamer Arbeit mit dem Analysierten die verdrängten Triebregungen auf, welche den Widerstand speisen und von deren Existenz und Mächtigkeit sich der Patient durch solches Erleben überzeugt. Der Arzt hat dabei nichts anderes zu tun, als zuzuwarten und einen Ablauf zuzulassen, der nicht vermieden, auch nicht immer beschleunigt werden kann. Hält er an dieser Einsicht fest, so wird er sich oftmals die Täuschung, gescheitert zu sein, ersparen, wo er doch die Behandlung längs der richtigen Linie fortführt.

Dieses Durcharbeiten der Widerstände mag in der Praxis zu einer beschwerlichen Aufgabe für den Analysierten und zu einer Geduldsprobe für den Arzt werden. Es ist aber jenes Stück der Arbeit, welches die größte verändernde Einwirkung auf den Patienten hat und das die analytische Behandlung von jeder Suggestionsbeeinflussung unterscheidet. Theoretisch kann man es dem »Abreagieren« der durch die Verdrängung eingeklemmten Affektbeträge gleichstellen, ohne welches die hypnotische Behandlung einflußlos blieb[2].

---

[1] [In allen deutschen Editionen, mit Ausnahme der Erstausgabe (die den hier übernommenen Wortlaut wiedergibt), lautet dieser Satzteil: »... den ihm unbekannten Widerstand zu vertiefen«, was aber wenig sinnvoll zu sein scheint.]

[2] [Das Konzept des »Durcharbeitens«, das in der vorliegenden Arbeit eingeführt wird, hat offensichtlich etwas mit der psychischen Trägheit zu tun, einer Eigenschaft des Seelenlebens, auf die Freud wiederholt hingewiesen hat. Einige dieser Stellen sind in einer editorischen Fußnote zur Arbeit über einen Fall von Paranoia (1915 *f*), *Studienausgabe*, Bd. 7, S. 216, Anm. 1, erwähnt. In Kapitel XI, Abschnitt A(*a*) von *Hemmung, Symptom und Angst* (1926 *d*, *Studienausgabe*, Bd. 6, S. 297–8) führt Freud die Notwendigkeit des »Durcharbeitens« auf den Widerstand des Unbewußten (oder des Es) zurück, ein Thema, das er in Abschnitt VI von ›Die endliche und die unendliche Analyse‹ (1937 *c*), im vorliegenden Band S. 381 f., noch einmal aufgreift.]

Bemerkungen über die Übertragungsliebe

Weitere Ratschläge
zur Technik der Psychoanalyse III

(1915 [1914])

EDITORISCHE VORBEMERKUNG

Deutsche Ausgaben:

1915 *Int. Z. ärztl. Psychoanal.*, Bd. 3 (1), 1–11.
1918 *S. K. S. N.*, Bd. 4, 453–69. (1922, 2. Aufl.)
1924 *Technik und Metapsychol.*, 120–35.
1925 *G. S.*, Bd. 6, 120–35.
1931 *Neurosenlehre und Technik*, 385–96.
1946 *G. W.*, Bd. 10, 306–21.

Als diese Arbeit erstmals veröffentlicht wurde (Anfang 1915), lautete ihr Titel:
›Weitere Ratschläge zur Technik der Psychoanalyse (III): Bemerkungen über
die Übertragungsliebe‹. Von 1924 an übernahmen alle deutschen Ausgaben den
kürzeren Titel.

Ernest Jones (1962 a, 283) berichtet uns, daß Freud diesen Aufsatz für den
besten der vorliegenden Serie technischer Schriften hielt. Ein Brief, den Freud
am 13. Dezember 1931 an Ferenczi schrieb und der sich mit den von diesem
eingeführten technischen Neuerungen befaßt, bildet eine interessante Ergänzung zur vorliegenden Abhandlung, in der Freud die technische Empfehlung
einführt, die Behandlung habe in Abstinenz zu erfolgen (S. 224). Der Brief ist
am Ende von Kapitel IV des dritten Bandes der Freud-Biographie von Jones
abgedruckt (1962 b, 197–8).

Jeder Anfänger in der Psychoanalyse bangt wohl zuerst vor den Schwierigkeiten, welche ihm die Deutung der Einfälle des Patienten und die Aufgabe der Reproduktion des Verdrängten bereiten werden. Es steht ihm aber bevor, diese Schwierigkeiten bald gering einzuschätzen und dafür die Überzeugung einzutauschen, daß die einzigen wirklich ernsthaften Schwierigkeiten bei der Handhabung der Übertragung anzutreffen sind.

Von den Situationen, die sich hier ergeben, will ich eine einzige, scharf umschriebene, herausgreifen, sowohl wegen ihrer Häufigkeit und realen Bedeutsamkeit als auch wegen ihres theoretischen Interesses. Ich meine den Fall, daß eine weibliche Patientin durch unzweideutige Andeutungen erraten läßt oder es direkt ausspricht, daß sie sich wie ein anderes sterbliches Weib in den sie analysierenden Arzt verliebt hat. Diese Situation hat ihre peinlichen und komischen Seiten wie ihre ernsthaften; sie ist auch so verwickelt und vielseitig bedingt, so unvermeidlich und so schwer lösbar, daß ihre Diskussion längst ein vitales Bedürfnis der analytischen Technik erfüllt hätte. Aber da wir selbst nicht immer frei sind, die wir über die Fehler der anderen spotten, haben wir uns zur Erfüllung dieser Aufgabe bisher nicht eben gedrängt. Immer wieder stoßen wir hier mit der Pflicht der ärztlichen Diskretion zusammen, die im Leben nicht zu entbehren, in unserer Wissenschaft aber nicht zu brauchen ist. Insoferne die Literatur der Psychoanalytik auch dem realen Leben angehört, ergibt sich hier ein unlösbarer Widerspruch. Ich habe mich kürzlich an einer Stelle über die Diskretion hinausgesetzt und angedeutet, daß die nämliche Übertragungssituation die Entwicklung der psychoanalytischen Therapie um ihr erstes Jahrzehnt verzögert hat[1].

Für den wohlerzogenen Laien – ein solcher ist wohl der ideale Kulturmensch der Psychoanalyse gegenüber – sind Liebesbegebenheiten mit allem anderen inkommensurabel; sie stehen gleichsam auf einem besonderen Blatte, das keine andere Beschreibung verträgt. Wenn sich also

---

[1] ›Zur Geschichte der psychoanalytischen Bewegung‹ (1914 [d]). [Dies bezieht sich auf Breuers Schwierigkeiten mit der Übertragung im Fall der Anna O. (1895 d).]

die Patientin in den Arzt verliebt hat, wird er meinen, dann kann es nur zwei Ausgänge haben, den selteneren, daß alle Umstände die dauernde legitime Vereinigung der beiden gestatten, und den häufigeren, daß Arzt und Patientin auseinandergehen und die begonnene Arbeit, welche der Herstellung dienen sollte, als durch ein Elementarereignis gestört aufgeben. Gewiß ist auch ein dritter Ausgang denkbar, der sich sogar mit der Fortsetzung der Kur zu vertragen scheint, die Anknüpfung illegitimer und nicht für die Ewigkeit bestimmter Liebesbeziehungen; aber dieser ist wohl durch die bürgerliche Moral wie durch die ärztliche Würde unmöglich gemacht. Immerhin würde der Laie bitten, durch eine möglichst deutliche Versicherung des Analytikers über den Ausschluß dieses dritten Falles beruhigt zu werden.

Es ist evident, daß der Standpunkt des Psychoanalytikers ein anderer sein muß.

Setzen wir den Fall des zweiten Ausganges der Situation, die wir besprechen, Arzt und Patientin gehen auseinander, nachdem sich die Patientin in den Arzt verliebt hat; die Kur wird aufgegeben. Aber der Zustand der Patientin macht bald einen zweiten analytischen Versuch bei einem anderen Arzte notwendig; da stellt es sich denn ein, daß sich die Patientin auch in diesen zweiten Arzt verliebt fühlt, und ebenso, wenn sie wieder abbricht und von neuem anfängt, in den dritten usw. Diese mit Sicherheit eintreffende Tatsache, bekanntlich eine der Grundlagen der psychoanalytischen Theorie, gestattet zwei Verwertungen, eine für den analysierenden Arzt, die andere für die der Analyse bedürftige Patientin.

Für den Arzt bedeutet sie eine kostbare Aufklärung und eine gute Warnung vor einer etwa bei ihm bereitliegenden Gegenübertragung[1]. Er muß erkennen, daß das Verlieben der Patientin durch die analytische Situation erzwungen wird und nicht etwa den Vorzügen seiner Person zugeschrieben werden kann, daß er also gar keinen Grund hat, auf eine solche »Eroberung«, wie man sie außerhalb der Analyse heißen würde, stolz zu sein. Und es ist immer gut, daran gemahnt zu werden. Für die Patientin ergibt sich aber eine Alternative: entweder sie muß auf eine psychoanalytische Behandlung verzichten, oder sie muß sich die

---

[1] [Die Frage der »Gegenübertragung« war von Freud schon in seinem Vortrag auf dem Nürnberger Kongreß aufgeworfen worden (1910 d), im vorliegenden Band S. 126. Er kommt weiter unten, S. 225 und S. 228–9, noch einmal darauf zurück. Von diesen Passagen abgesehen, findet man kaum eine weitere explizite Diskussion des Problems in Freuds veröffentlichten Werken.]

Verliebtheit in den Arzt als unausweichliches Schicksal gefallen lassen[1].

Ich zweifle nicht daran, daß sich die Angehörigen der Patientin mit ebensolcher Entschiedenheit für die erste der beiden Möglichkeiten erklären werden wie der analysierende Arzt für die zweite. Aber ich meine, es ist dies ein Fall, in welchem der zärtlichen – oder vielmehr egoistisch eifersüchtigen – Sorge der Angehörigen die Entscheidung nicht überlassen werden kann. Nur das Interesse der Kranken sollte den Ausschlag geben. Die Liebe der Angehörigen kann aber keine Neurose heilen. Der Psychoanalytiker braucht sich nicht aufzudrängen, er darf sich aber als unentbehrlich für gewisse Leistungen hinstellen. Wer als Angehöriger die Stellung Tolstois zu diesem Probleme zu der seinigen macht, mag im ungestörten Besitze seiner Frau oder Tochter bleiben und muß es zu ertragen suchen, daß diese auch ihre Neurose und die mit ihr verknüpfte Störung ihrer Liebesfähigkeit beibehält. Es ist schließlich ein ähnlicher Fall wie der der gynäkologischen Behandlung. Der eifersüchtige Vater oder Gatte irrt übrigens groß, wenn er meint, die Patientin werde der Verliebtheit in den Arzt entgehen, wenn er sie zur Bekämpfung ihrer Neurose eine andere als die analytische Behandlung einschlagen läßt. Der Unterschied wird vielmehr nur sein, daß eine solche Verliebtheit, die dazu bestimmt ist, unausgesprochen und unanalysiert zu bleiben, niemals jenen Beitrag zur Herstellung der Kranken leisten wird, den ihr die Analyse abzwingen würde.

Es ist mir bekanntgeworden, daß einzelne Ärzte, welche die Analyse ausüben, die Patienten häufig[2] auf das Erscheinen der Liebesübertragung vorbereiten oder sie sogar auffordern, sich »nur in den Arzt zu verlieben, damit die Analyse vorwärtsgehe«. Ich kann mir nicht leicht eine unsinnigere Technik vorstellen. Man raubt damit dem Phänomen den überzeugenden Charakter der Spontaneität und bereitet sich selbst schwer zu beseitigende Hindernisse[3].

Zunächst hat es allerdings nicht den Anschein, als ob aus der Verliebtheit in der Übertragung etwas für die Kur Förderliches entstehen könnte. Die Patientin, auch die bisher fügsamste, hat plötzlich Verständnis und Interesse für die Behandlung verloren, will von nichts

---

[1] Daß die Übertragung sich in anderen und minder zärtlichen Gefühlen äußern kann, ist bekannt und soll in diesem Aufsatze nicht behandelt werden. [S. die Arbeit ›Zur Dynamik der Übertragung‹ (1912 *b*), S. 164–5, oben.]
[2] [An Stelle dieses Wortes steht nur in der Erstausgabe: »frühzeitig«.]
[3] [Einzig in der Erstausgabe ist dieser Absatz, der den Charakter einer Einschaltung hat, petit gesetzt.]

anderem sprechen und hören als von ihrer Liebe, für die sie Entgegnung fordert; sie hat ihre Symptome aufgegeben oder vernachlässigt
sie, ja, sie erklärt sich für gesund. Es gibt einen völligen Wechsel der
Szene, wie wenn ein Spiel durch eine plötzlich hereinbrechende Wirklichkeit abgelöst würde, etwa wie wenn sich während einer Theatervor-
stellung Feuerlärm erhebt. Wer dies als Arzt zum erstenmal erlebt, hat
es nicht leicht, die analytische Situation festzuhalten und sich der Täuschung zu entziehen, daß die Behandlung wirklich zu Ende sei.

Mit etwas Besinnung findet man sich dann zurecht. Vor allem gedenkt
man des Verdachtes, daß alles, was die Fortsetzung der Kur stört, eine
Widerstandsäußerung sein mag[1]. An dem Auftreten der stürmischen
Liebesforderung hat der Widerstand unzweifelhaft einen großen Anteil. Man hatte ja die Anzeichen einer zärtlichen Übertragung bei der
Patientin längst bemerkt und durfte ihre Gefügigkeit, ihr Eingehen
auf die Erklärungen der Analyse, ihr ausgezeichnetes Verständnis und
die hohe Intelligenz, die sie dabei erwies, gewiß auf Rechnung einer
solchen Einstellung gegen den Arzt schreiben. Nun ist das alles wie weg-
gefegt, die Kranke ist ganz einsichtslos geworden, sie scheint in ihrer
Verliebtheit aufzugehen, und diese Wandlung ist ganz regelmäßig in
einem Zeitpunkte aufgetreten, da man ihr gerade zumuten mußte, ein
besonders peinliches und schwer verdrängtes Stück ihrer Lebensgeschichte
zuzugestehen oder zu erinnern. Die Verliebtheit ist also längst da-
gewesen, aber jetzt beginnt der Widerstand sich ihrer zu bedienen, um
die Fortsetzung der Kur zu hemmen, um alles Interesse von der Arbeit
abzulenken und um den analysierenden Arzt in eine peinliche Verlegenheit zu bringen.

Sieht man näher zu, so kann man in der Situation auch den Einfluß
komplizierender Motive erkennen, zum Teile solcher, die sich der Verliebtheit anschließen, zum anderen Teile aber besonderer Äußerungen
des Widerstandes. Von der ersteren Art ist das Bestreben der Patientin,
sich ihrer Unwiderstehlichkeit zu versichern, die Autorität des Arztes
durch seine Herabsetzung zum Geliebten zu brechen und was sonst als
Nebengewinn bei der Liebesbefriedigung winkt. Vom Widerstande
darf man vermuten, daß er gelegentlich die Liebeserklärung als Mittel
benützt, um den gestrengen Analytiker auf die Probe zu stellen, worauf

---

[1] [Freud hatte dies noch kategorischer bereits in der Erstausgabe der *Traumdeutung*
(1900 a), *Studienausgabe*, Bd. 2, S. 495, festgestellt. Jedoch fügte er jener Passage 1925
eine lange Anmerkung hinzu, in der er ihren Sinn erläutert und die frühere Formulierung präzisiert.]

er im Falle seiner Willfährigkeit eine Zurechtweisung zu erwarten hätte. Vor allem aber hat man den Eindruck, daß der Widerstand als *agent provocateur* die Verliebtheit steigert und die Bereitwilligkeit zur sexuellen Hingabe übertreibt, um dann desto nachdrücklicher unter Berufung auf die Gefahren einer solchen Zuchtlosigkeit das Wirken der Verdrängung zu rechtfertigen[1]. All dieses Beiwerk, das in reineren Fällen auch wegbleiben kann, ist von Alf. Adler bekanntlich als das Wesentliche des ganzen Vorganges angesehen worden[2].

Wie muß sich aber der Analytiker benehmen, um nicht an dieser Situation zu scheitern, wenn es für ihn feststeht, daß die Kur trotz dieser Liebesübertragung und durch dieselbe hindurch fortzusetzen ist?

Ich hätte es nun leicht, unter nachdrücklicher Betonung der allgemein gültigen Moral zu postulieren, daß der Analytiker nie und nimmer die ihm angebotene Zärtlichkeit annehmen oder erwidern dürfe. Er müsse vielmehr den Moment für gekommen erachten, um die sittliche Forderung und die Notwendigkeit des Verzichtes vor dem verliebten Weibe zu vertreten und es bei ihr zu erreichen, daß sie von ihrem Verlangen ablasse und mit Überwindung des animalischen Anteils an ihrem Ich die analytische Arbeit fortsetze.

Ich werde aber diese Erwartungen nicht erfüllen, weder den ersten noch den zweiten Teil derselben. Den ersten nicht, weil ich nicht für die Klientel schreibe, sondern für Ärzte, die mit ernsthaften Schwierigkeiten zu ringen haben, und weil ich überdies hier die Moralvorschrift auf ihren Ursprung, das heißt auf Zweckmäßigkeit zurückführen kann. Ich bin diesmal in der glücklichen Lage, das moralische Oktroi ohne Veränderung des Ergebnisses durch Rücksichten der analytischen Technik zu ersetzen.

Noch entschiedener werde ich aber dem zweiten Teile der angedeuteten Erwartung absagen. Zur Triebunterdrückung, zum Verzicht und zur Sublimierung auffordern, sobald die Patientin ihre Liebesübertragung eingestanden hat, hieße nicht analytisch, sondern sinnlos handeln. Es wäre nicht anders, als wollte man mit kunstvollen Beschwörungen einen Geist aus der Unterwelt zum Aufsteigen zwingen, um ihn dann ungefragt wieder hinunterzuschicken. Man hätte ja dann das Verdrängte nur zum Bewußtsein gerufen, um es erschreckt von neuem zu verdrängen. Auch über den Erfolg eines solchen Vorgehens braucht man sich nicht zu täuschen. Gegen Leidenschaften richtet man mit sublimen

[1] [Vgl. S. 212, oben.]
[2] [Vgl. Adler (1911, 219).]

Redensarten bekanntlich wenig aus. Die Patientin wird nur die Verschmähung empfinden und nicht versäumen, sich für sie zu rächen. Ebensowenig kann ich zu einem Mittelwege raten, der sich manchen als besonders klug empfehlen würde, welcher darin besteht, daß man die zärtlichen Gefühle der Patientin zu erwidern behauptet und dabei allen körperlichen Betätigungen dieser Zärtlichkeit ausweicht, bis man das Verhältnis in ruhigere Bahnen lenken und auf eine höhere Stufe heben kann. Ich habe gegen dieses Auskunftsmittel einzuwenden, daß die psychoanalytische Behandlung auf Wahrhaftigkeit aufgebaut ist. Darin liegt ein gutes Stück ihrer erziehlichen Wirkung und ihres ethischen Wertes. Es ist gefährlich, dieses Fundament zu verlassen. Wer sich in die analytische Technik eingelebt hat, trifft das dem Arzte sonst unentbehrliche Lügen und Vorspiegeln überhaupt nicht mehr und pflegt sich zu verraten, wenn er es in bester Absicht einmal versucht. Da man vom Patienten strengste Wahrhaftigkeit fordert, setzt man seine ganze Autorität aufs Spiel, wenn man sich selbst von ihm bei einer Abweichung von der Wahrheit ertappen läßt. Außerdem ist der Versuch, sich in zärtliche Gefühle gegen die Patientin gleiten zu lassen, nicht ganz ungefährlich. Man beherrscht sich nicht so gut, daß man nicht plötzlich einmal weiter gekommen wäre, als man beabsichtigt hatte. Ich meine also, man darf die Indifferenz, die man sich durch die Niederhaltung der Gegenübertragung erworben hat, nicht verleugnen.

Ich habe auch bereits erraten lassen, daß die analytische Technik es dem Arzte zum Gebote macht, der liebesbedürftigen Patientin die verlangte Befriedigung zu versagen. Die Kur muß in der Abstinenz durchgeführt werden[1]; ich meine dabei nicht allein die körperliche Entbehrung, auch nicht die Entbehrung von allem, was man begehrt, denn dies würde vielleicht kein Kranker vertragen. Sondern ich will den Grundsatz aufstellen, daß man Bedürfnis und Sehnsucht als zur Arbeit und Veränderung treibende Kräfte bei der Kranken bestehen lassen und sich hüten muß, dieselben durch Surrogate zu beschwichtigen. Anderes als Surrogate könnte man ja nicht bieten, da die Kranke infolge ihres Zustandes, solange ihre Verdrängungen nicht behoben sind, einer wirklichen Befriedigung nicht fähig ist.

Gestehen wir zu, daß der Grundsatz, die analytische Kur solle in der Entbehrung durchgeführt werden, weit über den hier betrachteten Ein-

---

[1] [Hier erörtert Freud erstmals explizit die technische Empfehlung, die Behandlung habe in Abstinenz zu erfolgen, also das, was in die psychoanalytische Literatur als »Abstinenzregel« eingegangen ist. Vgl. die ›Editorische Vorbemerkung‹, oben, S. 218.]

zelfall hinausreicht und einer eingehenden Diskussion bedarf, durch welche die Grenzen seiner Durchführbarkeit abgesteckt werden sollen[1]. Wir wollen es aber vermeiden, dies hier zu tun, und uns möglichst enge an die Situation halten, von der wir ausgegangen sind. Was würde geschehen, wenn der Arzt anders vorginge und die etwa beiderseits gegebene Freiheit ausnützen würde, um die Liebe der Patientin zu erwidern und ihr Bedürfnis nach Zärtlichkeit zu stillen?

Wenn ihn dabei die Berechnung leiten sollte, durch solches Entgegenkommen würde er sich die Herrschaft über die Patientin sichern und sie so bewegen, die Aufgaben der Kur zu lösen, also ihre dauernde Befreiung von der Neurose zu erwerben, so müßte ihm die Erfahrung zeigen, daß er sich verrechnet hat. Die Patientin würde ihr Ziel erreichen, er niemals das seinige. Es hätte sich zwischen Arzt und Patientin nur wieder abgespielt, was eine lustige Geschichte vom Pastor und vom Versicherungsagenten erzählt. Zu dem ungläubigen und schwerkranken Versicherungsagenten wird auf Betreiben der Angehörigen ein frommer Mann gebracht, der ihn vor seinem Tode bekehren soll. Die Unterhaltung dauert so lange, daß die Wartenden Hoffnung schöpfen. Endlich öffnet sich die Tür des Krankenzimmers. Der Ungläubige ist nicht bekehrt worden, aber der Pastor geht versichert weg[2].

Es wäre ein großer Triumph für die Patientin, wenn ihre Liebeswerbung Erwiderung fände, und eine volle Niederlage für die Kur. Die Kranke hätte erreicht, wonach alle Kranken in der Analyse streben, etwas zu agieren, im Leben zu wiederholen, was sie nur erinnern, als psychisches Material reproduzieren und auf psychischem Gebiete erhalten soll[3]. Sie würde im weiteren Verlaufe des Liebesverhältnisses alle Hemmungen und pathologischen Reaktionen ihres Liebeslebens zum Vorscheine bringen, ohne daß eine Korrektur derselben möglich wäre, und das peinliche Erlebnis mit Reue und großer Verstärkung ihrer Verdrängungsneigung abschließen. Das Liebesverhältnis macht eben der Beeinflußbarkeit durch die analytische Behandlung ein Ende; eine Vereinigung von beiden ist ein Unding.

Die Gewährung des Liebesverlangens der Patientin ist also ebenso verhängnisvoll für die Analyse wie die Unterdrückung desselben. Der Weg des Analytikers ist ein anderer, ein solcher, für den das reale Leben kein Vorbild liefert. Man hütet sich, von der Liebesübertragung ab-

---

[1] [Freud griff das Problem in seiner Arbeit für den Budapester Kongreß noch einmal auf (1919 a), im vorliegenden Band S. 244–5.]

[2] [Dieses Gleichnis steht auch in der *Frage der Laienanalyse* (1926 e), unten, S. 318.]

[3] S. die vorhergehende Abhandlung über ›Erinnern ...‹ usw. [1914 g], S. 209 f., oben.

zulenken, sie zu verscheuchen oder der Patientin zu verleiden; man enthält sich ebenso standhaft jeder Erwiderung derselben. Man hält die Liebesübertragung fest, behandelt sie aber als etwas Unreales, als eine Situation, die in der Kur durchgemacht, auf ihre unbewußten Ursprünge zurückgeleitet werden soll und dazu verhelfen muß, das Verborgenste des Liebeslebens der Kranken dem Bewußtsein und damit der Beherrschung zuzuführen. Je mehr man den Eindruck macht, selbst gegen jede Versuchung gefeit zu sein, desto eher wird man der Situation ihren analytischen Gehalt entziehen können. Die Patientin, deren Sexualverdrängung doch nicht aufgehoben, bloß in den Hintergrund geschoben ist, wird sich dann sicher genug fühlen, um alle Liebesbedingungen, alle Phantasien ihrer Sexualsehnsucht, alle Einzelcharaktere ihrer Verliebtheit zum Vorscheine zu bringen, und von diesen aus dann selbst den Weg zu den infantilen Begründungen ihrer Liebe eröffnen.

Bei einer Klasse von Frauen wird dieser Versuch, die Liebesübertragung für die analytische Arbeit zu erhalten, ohne sie zu befriedigen, allerdings nicht gelingen. Es sind das Frauen von elementarer Leidenschaftlichkeit, welche keine Surrogate verträgt, Naturkinder, die das Psychische nicht für das Materielle nehmen wollen, die nach des Dichters Worten nur zugänglich sind »für Suppenlogik mit Knödelargumenten«[1]. Bei diesen Personen steht man vor der Wahl: entweder Gegenliebe zeigen oder die volle Feindschaft des verschmähten Weibes auf sich laden. In keinem von beiden Fällen kann man die Interessen der Kur wahrnehmen. Man muß sich erfolglos zurückziehen und kann sich etwa das Problem vorhalten, wie sich die Fähigkeit zur Neurose mit so unbeugsamer Liebesbedürftigkeit vereinigt.

Die Art, wie man andere, minder gewalttätige Verliebte allmählich zur analytischen Auffassung nötigt, dürfte sich vielen Analytikern in gleicher Weise ergeben haben. Man betont vor allem den unverkennbaren Anteil des Widerstandes an dieser »Liebe«. Eine wirkliche Verliebtheit würde die Patientin gefügig machen und ihre Bereitwilligkeit steigern, um die Probleme ihres Falles zu lösen, bloß darum, weil der geliebte Mann es fordert. Eine solche würde gern den Weg über die Vollendung der Kur wählen, um sich dem Arzte wertvoll zu machen und die Realität vorzubereiten, in welcher die Liebesneigung ihren Platz finden könnte. Anstatt dessen zeige sich die Patientin eigensinnig und ungehorsam, habe alles Interesse für die Behandlung von sich ge-

---

[1] [Heine, ›Die Wanderratten‹. – Heines Wendung lautet eigentlich »Suppenlogik mit Knödelgründen«.]

worfen und offenbar auch keine Achtung vor den tief begründeten Überzeugungen des Arztes. Sie produziere also einen Widerstand in der Erscheinungsform der Verliebtheit und trage überdies kein Bedenken, ihn in die Situation der sogenannten »Zwickmühle« zu bringen. Denn wenn er ablehne, wozu seine Pflicht und sein Verständnis ihn nötigen, werde sie die Verschmähte spielen können und sich dann aus Rachsucht und Erbitterung der Heilung durch ihn entziehen, wie jetzt infolge der angeblichen Verliebtheit.

Als zweites Argument gegen die Echtheit dieser Liebe führt man die Behauptung ein, daß dieselbe nicht einen einzigen neuen, aus der gegenwärtigen Situation entspringenden Zug an sich trage, sondern sich durchwegs aus Wiederholungen und Abklatschen früherer, auch infantiler Reaktionen zusammensetze. Man macht sich anheischig, dies durch die detaillierte Analyse des Liebesverhaltens der Patientin zu erweisen.

Wenn man zu diesen Argumenten noch das erforderliche Maß von Geduld hinzufügt, gelingt es zumeist, die schwierige Situation zu überwinden und entweder mit einer ermäßigten oder mit der »umgeworfenen« Verliebtheit die Arbeit fortzusetzen, deren Ziel dann die Aufdeckung der infantilen Objektwahl und der sie umspinnenden Phantasien ist. Ich möchte aber die erwähnten Argumente kritisch beleuchten und die Frage aufwerfen, ob wir mit ihnen der Patientin die Wahrheit sagen oder in unserer Notlage zu Verhehlungen und Entstellungen Zuflucht genommen haben. Mit anderen Worten: Ist die in der analytischen Kur manifest werdende Verliebtheit wirklich keine reale zu nennen?

Ich meine, wir haben der Patientin die Wahrheit gesagt, aber doch nicht die ganze, um das Ergebnis unbekümmerte. Von unseren beiden Argumenten ist das erste das stärkere. Der Anteil des Widerstandes an der Übertragungsliebe ist unbestreitbar und sehr beträchtlich. Aber der Widerstand hat diese Liebe doch nicht geschaffen, er findet sie vor, bedient sich ihrer und übertreibt ihre Äußerungen. Die Echtheit des Phänomens wird auch durch den Widerstand nicht entkräftet. Unser zweites Argument ist weit schwächer; es ist wahr, daß diese Verliebtheit aus Neuauflagen alter Züge besteht und infantile Reaktionen wiederholt. Aber dies ist der wesentliche Charakter jeder Verliebtheit. Es gibt keine, die nicht infantile Vorbilder wiederholt. Gerade das, was ihren zwanghaften, ans Pathologische mahnenden Charakter ausmacht, rührt von ihrer infantilen Bedingtheit her. Die Übertragungsliebe hat vielleicht einen Grad von Freiheit weniger als die im Leben vorkommende, normal genannte, läßt die Abhängigkeit von der infantilen

Vorlage deutlicher erkennen, zeigt sich weniger schmiegsam und modi-fikationsfähig, aber das ist auch alles und nicht das Wesentliche.

Woran soll man die Echtheit einer Liebe sonst erkennen? An ihrer Leistungsfähigkeit, ihrer Brauchbarkeit zur Durchsetzung des Liebeszieles? In diesem Punkte scheint die Übertragungsliebe hinter keiner anderen zurückzustehen; man hat den Eindruck, daß man alles von ihr erreichen könnte.

Resümieren wir also: Man hat kein Anrecht, der in der analytischen Behandlung zutage tretenden Verliebtheit den Charakter einer »echten« Liebe abzustreiten. Wenn sie sowenig normal erscheint, so erklärt sich dies hinreichend aus dem Umstande, daß auch die sonstige Verliebtheit außerhalb der analytischen Kur eher an die abnormen als an die normalen seelischen Phänomene erinnert. Immerhin ist sie durch einige Züge ausgezeichnet, welche ihr eine besondere Stellung sichern. Sie ist 1. durch die analytische Situation provoziert, 2. durch den diese Situation beherrschenden Widerstand in die Höhe getrieben, und 3., sie entbehrt in hohem Grade der Rücksicht auf die Realität, sie ist unkluger, unbekümmerter um ihre Konsequenzen, verblendeter in der Schätzung der geliebten Person, als wir einer normalen Verliebtheit gerne zugestehen wollen. Wir dürfen aber nicht vergessen, daß gerade diese von der Norm abweichenden Züge das Wesentliche einer Verliebtheit ausmachen.

Für das Handeln des Arztes ist die erste der drei erwähnten Eigenheiten der Übertragungsliebe das Maßgebende. Er hat diese Verliebtheit durch die Einleitung der analytischen Behandlung zur Heilung der Neurose hervorgelockt; sie ist für ihn das unvermeidliche Ergebnis einer ärztlichen Situation, ähnlich wie die körperliche Entblößung eines Kranken oder wie die Mitteilung eines lebenswichtigen Geheimnisses. Damit steht es für ihn fest, daß er keinen persönlichen Vorteil aus ihr ziehen darf. Die Bereitwilligkeit der Patientin ändert nichts daran, wälzt nur die ganze Verantwortlichkeit auf seine eigene Person. Die Kranke war ja, wie er wissen muß, auf keinen anderen Mechanismus der Heilung vorbereitet. Nach glücklicher Überwindung aller Schwierigkeiten gesteht sie oft die Erwartungsphantasie ein, mit der sie in die Kur eingetreten war: Wenn sie sich brav benehme, werde sie am Ende durch die Zärtlichkeit des Arztes belohnt werden.

Für den Arzt vereinigen sich nun ethische Motive mit den technischen, um ihn von der Liebesgewährung an die Kranke zurückzuhalten. Er muß das Ziel im Auge behalten, daß das in seiner Liebesfähigkeit durch infantile Fixierungen behinderte Weib zur freien Verfügung über diese für sie unschätzbar wichtige Funktion gelange, aber sie nicht in der Kur verausgabe, sondern sie fürs reale Leben bereithalte, wenn dessen Forderungen nach der Behandlung an sie herantreten. Er darf nicht die Szene des Hundewettrennens mit ihr aufführen, bei dem ein Kranz von Würsten als Preis ausgesetzt ist und das ein Spaßvogel verdirbt, indem er eine einzelne Wurst in die Rennbahn wirft. Über die fallen die Hunde her und vergessen ans Wettrennen und an den in der Ferne winkenden Kranz für den Sieger. Ich will nicht behaupten, daß es dem Arzte immer leicht wird, sich innerhalb der ihm von Ethik und Technik vorgeschriebenen Schranken zu halten. Besonders der jüngere und noch nicht fest gebundene Mann mag die Aufgabe als eine harte empfinden. Unzweifelhaft ist die geschlechtliche Liebe einer der Hauptinhalte des Lebens und die Vereinigung seelischer und körperlicher Befriedigung im Liebesgenusse geradezu einer der Höhepunkte desselben. Alle Menschen bis auf wenige verschrobene Fanatiker wissen das und richten ihr Leben danach ein; nur in der Wissenschaft ziert man sich, es zuzugestehen. Anderseits ist es eine peinliche Rolle für den Mann, den Abweisenden und Versagenden zu spielen, wenn das Weib um Liebe wirbt, und von einer edlen Frau, die sich zu ihrer Leidenschaft bekennt, geht trotz Neurose und Widerstand ein unvergleichbarer Zauber aus. Nicht das grobsinnliche Verlangen der Patientin stellt die Versuchung her. Dies wirkt ja eher abstoßend und ruft alle Toleranz auf, um es als natürliches Phänomen gelten zu lassen. Die feineren und zielgehemmten Wunschregungen des Weibes sind es vielleicht, die die Gefahr mit sich bringen, Technik und ärztliche Aufgabe über ein schönes Erlebnis zu vergessen.

Und doch bleibt für den Analytiker das Nachgeben ausgeschlossen. So hoch er die Liebe schätzen mag, er muß es höher stellen, daß er die Gelegenheit hat, seine Patientin über eine entscheidende Stufe ihres Lebens zu heben. Sie hat von ihm die Überwindung des Lustprinzips zu lernen, den Verzicht auf eine naheliegende, aber sozial nicht eingeordnete Befriedigung zugunsten einer entfernteren, vielleicht überhaupt unsicheren, aber psychologisch wie sozial untadeligen. Zum Zwecke dieser Überwindung soll sie durch die Urzeiten ihrer seelischen Entwicklung durchgeführt werden und auf diesem Wege jenes Mehr von seelischer Freiheit erwerben, durch welches sich die bewußte Seelentätigkeit – im systematischen Sinne – von der unbewußten unterscheidet[1].

---

[1] [Diese Unterscheidung wird in ›Einige Bemerkungen über den Begriff des Unbewußten in der Psychoanalyse‹ (1912 g), *Studienausgabe*, Bd. 3, S. 35–6, erläutert.]

Der analytische Psychotherapeut hat so einen dreifachen Kampf zu führen, in seinem Inneren gegen die Mächte, welche ihn von dem analytischen Niveau herabziehen möchten, außerhalb der Analyse gegen die Gegner, die ihm die Bedeutung der sexuellen Triebkräfte bestreiten und es ihm verwehren, sich ihrer in seiner wissenschaftlichen Technik zu bedienen, und in der Analyse gegen seine Patienten, die sich anfangs wie die Gegner gebärden, dann aber die sie beherrschende Überschätzung des Sexuallebens kundgeben und den Arzt mit ihrer sozial ungebändigten Leidenschaftlichkeit gefangennehmen wollen.

Die Laien, von deren Einstellung zur Psychoanalyse ich eingangs sprach, werden gewiß auch diese Erörterungen über die Übertragungsliebe zum Anlasse nehmen, um die Aufmerksamkeit der Welt auf die Gefährlichkeit dieser therapeutischen Methode zu lenken. Der Psychoanalytiker weiß, daß er mit den explosivsten Kräften arbeitet und derselben Vorsicht und Gewissenhaftigkeit bedarf wie der Chemiker. Aber wann ist dem Chemiker je die Beschäftigung mit den ob ihrer Wirkung unentbehrlichen Explosivstoffen wegen deren Gefährlichkeit untersagt worden? Es ist merkwürdig, daß sich die Psychoanalyse alle Lizenzen erst neu erobern muß, die anderen ärztlichen Tätigkeiten längst zugestanden sind. Ich bin gewiß nicht dafür, daß die harmlosen Behandlungsmethoden aufgegeben werden sollen. Sie reichen für manche Fälle aus, und schließlich kann die menschliche Gesellschaft den *furor sanandi* [1] ebensowenig brauchen wie irgendeinen anderen Fanatismus. Aber es heißt die Psychoneurosen nach ihrer Herkunft und ihrer praktischen Bedeutung arg unterschätzen, wenn man glaubt, diese Affektionen müßten durch Operationen mit harmlosen Mittelchen zu besiegen sein. Nein, im ärztlichen Handeln wird neben der *medicina* immer ein Raum bleiben für das *ferrum* und für das *ignis* [2], und so wird auch die kunstgerechte, unabgeschwächte Psychoanalyse nicht zu entbehren sein, die sich nicht scheut, die gefährlichsten seelischen Regungen zu handhaben und zum Wohle des Kranken zu meistern.

---

1 [Leidenschaft zu heilen.]
2 [Anspielung auf einen Hippokrates zugeschriebenen Ausspruch: »Was durch Arznei nicht geheilt werden kann, wird durch Messer geheilt; was das Messer nicht heilt, heilt das Glüheisen; was aber das Feuer nicht heilen kann, muß als unheilbar angesehen werden.« *Aphorismen*, VII, 87, in Hippokrates, *Auslese seiner Gedanken über den gesunden und kranken Menschen und über die Heilkunst*, 1927, 32. Der Herausgeber dieser Ausgabe, A. Sack, fügt jedoch hinzu, die Echtheit dieses Aphorismus sei zweifelhaft.]

Über fausse reconnaissance
(»déjà raconté«)
während der
psychoanalytischen Arbeit

(1914)

EDITORISCHE VORBEMERKUNG

Deutsche Ausgaben:

1914 *Int. Z. ärztl. Psychoanal.*, Bd. 2 (1), 1–5.
1918 *S. K. S. N.*, Bd. 4, 149–56. (1922, 2. Aufl.)
1924 *Technik und Metapsychol.*, 76–83.
1925 *G. S.*, Bd. 6, 76–83.
1931 *Neurosenlehre und Technik*, 352–9.
1946 *G. W.*, Bd. 10, 116–23.

Es handelt sich bei dieser Schrift um die Ausarbeitung einer Anmerkung, die sich in Freuds etwas früher publizierter behandlungstechnischer Arbeit ›Ratschläge für den Arzt bei der psychoanalytischen Behandlung‹ (1912 e), oben, S. 173, Anm. 1, findet.

Es ereignet sich nicht selten während der Arbeit der Analyse, daß der Patient die Mitteilung eines von ihm erinnerten Faktums mit der Bemerkung begleitet, »*das habe ich Ihnen aber schon erzählt*«, während man selbst sicher zu sein glaubt, diese Erzählung von ihm noch niemals vernommen zu haben. Äußert man diesen Widerspruch gegen den Patienten, so wird er häufig energisch versichern, er wisse es ganz gewiß, er sei bereit, es zu beschwören, usw.; in demselben Maße wird aber die eigene Überzeugung von der Neuheit des Gehörten stärker. Es wäre nun ganz unpsychologisch, einen solchen Streit durch Überschreien oder Überbieten mit Beteuerungen entscheiden zu wollen. Ein solches Überzeugungsgefühl von der Treue seines Gedächtnisses hat bekanntlich keinen objektiven Wert, und da einer von beiden sich notwendigerweise irren muß, kann es ebensowohl der Arzt wie der Analysierte sein, welcher der Paramnesie verfallen ist. Man gesteht dies dem Patienten zu, bricht den Streit ab und verschiebt dessen Erledigung auf eine spätere Gelegenheit.

In einer Minderzahl von Fällen erinnert man sich dann selbst, die fragliche Mitteilung bereits gehört zu haben, und findet gleichzeitig das subjektive, oft weit hergeholte Motiv für deren zeitweilige Beseitigung. In der großen Mehrzahl aber ist es der Analysierte, der geirrt hat und auch dazu bewogen werden kann, es einzusehen. Die Erklärung für dieses häufige Vorkommnis scheint zu sein, daß er wirklich bereits die Absicht gehabt hat, diese Mitteilung zu machen, daß er eine vorbereitende Äußerung wirklich ein oder mehrere Male getan hat, dann aber durch den Widerstand abgehalten wurde, seine Absicht auszuführen, und nun die Erinnerung an die Intention mit der an die Ausführung derselben verwechselt.

Ich lasse nun alle die Fälle beiseite, in denen der Sachverhalt irgendwie zweifelhaft bleiben kann, und hebe einige andere hervor, die ein besonderes theoretisches Interesse haben. Es ereignet sich nämlich bei einzelnen Personen, und zwar wiederholt, daß sie die Behauptung, sie hätten dies oder jenes schon erzählt, besonders hartnäckig bei Mitteilungen vertreten, wo die Sachlage es ganz unmöglich macht, daß sie recht haben können. Was sie bereits früher einmal erzählt haben wollen und jetzt als etwas Altes, was auch der Arzt wissen müßte, wiedererkennen, sind dann Erinnerungen von höchstem Wert für die Analyse, Bestätigungen, auf welche man lange Zeit gewartet, Lösungen, die einem Teilstück der Arbeit ein Ende machen, an die der analysierende Arzt sicherlich eingehende Erörterungen geknüpft hätte. Angesichts dieser Verhältnisse gibt der Patient auch bald zu, daß ihn seine Erinnerung getäuscht haben muß, obwohl er sich die Bestimmtheit derselben nicht erklären kann.

Das Phänomen, welches der Analysierte in solchen Fällen bietet, hat Anspruch darauf, eine »*fausse reconnaissance*« genannt zu werden, und ist durchaus analog den anderen Fällen, in denen man spontan die Empfindung hat: In dieser Situation war ich schon einmal, das habe ich schon einmal erlebt (das »*déjà vu*«), ohne daß man je in die Lage käme, diese Überzeugung durch das Wiederauffinden jenes früheren Males im Gedächtnisse zu bewahrheiten. Es ist bekannt, daß dies Phänomen eine Fülle von Erklärungsversuchen hervorgerufen hat, die sich im allgemeinen in zwei Gruppen bringen lassen[1]. In der einen wird der im Phänomen enthaltenen Empfindung Glauben geschenkt und angenommen, es handle sich wirklich darum, daß etwas erinnert werde; die Frage bleibt nur, was. Zu einer bei weitem zahlreicheren Gruppe treten jene Erklärungen zusammen, die vielmehr behaupten, daß hier eine Täuschung der Erinnerung vorliege, und die nun die Aufgabe haben nachzuspüren, wie es zu dieser paramnestischen Fehlleistung kommen könne. Im übrigen umfassen diese Versuche einen weiten Umkreis von Motiven, beginnend mit der uralten, dem Pythagoras zugeschriebenen Auffassung, daß das Phänomen des *déjà vu* einen Beweis für eine frühere individuelle Existenz enthalte, fortgesetzt über die auf die Anatomie gestützte Hypothese, daß ein zeitliches Auseinanderweichen in der Tätigkeit der beiden Hirnhemisphären das Phänomen begründe (Wigan, 1860[2]), bis auf die rein psychologischen Theorien der meisten neueren Autoren, welche im *déjà vu* eine Äußerung einer Apperzeptionsschwäche erblicken und Ermüdung, Erschöpfung, Zerstreutheit für dasselbe verantwortlich machen.

---

[1] S. eine der letzten Zusammenstellungen der betreffenden Literatur in H. Ellis, *World of Dreams* (1911).

[2] [Vgl. Wigan, *The Duality of the Mind*, erstmals 1844 veröffentlicht, 84 f. Wigan nennt das Phänomen »*sentiment of pre-existence*« (ein Ausdruck, den er von dem Dichter Sir Walter Scott herleitet.]

Grasset hat im Jahre 1904 eine Erklärung des *déjà vu* gegeben, welche zu den »gläubigen« gerechnet werden muß. Er meinte, das Phänomen weise darauf hin, daß früher einmal eine *unbewußte* Wahrnehmung gemacht worden sei, welche erst jetzt unter dem Einfluß eines neuen und ähnlichen Eindruckes das Bewußtsein erreiche. Mehrere andere Autoren haben sich ihm angeschlossen und die Erinnerung an vergessenes Geträumtes zur Grundlage des Phänomens gemacht. In beiden Fällen würde es sich um die Belebung eines unbewußten Eindruckes handeln.

Ich habe im Jahre 1907, in der zweiten Auflage meiner *Psychopathologie des Alltagslebens* [1901 *b*, Kapitel XII (D)] eine ganz ähnliche Erklärung der angeblichen Paramnesie vertreten, ohne die Arbeit von Grasset zu kennen oder zu erwähnen. Zu meiner Entschuldigung mag dienen, daß ich meine Theorie als Ergebnis einer psychoanalytischen Untersuchung gewann, die ich an einem sehr deutlichen, aber etwa 28 [1] Jahre zurückliegenden Falle von *déjà vu* bei einer Patientin vornehmen konnte. Ich will die kleine Analyse hier nicht wiederholen. Sie ergab, daß die Situation, in welcher das *déjà vu* auftrat, wirklich geeignet war, die Erinnerung an ein früheres Erlebnis der Analysierten zu wecken. In der Familie, welche das damals zwölfjährige Kind besuchte, befand sich ein schwerkranker, dem Tode verfallener Bruder, und ihr eigener Bruder war einige Monate vorher in derselben Gefahr gewesen. An dies Gemeinsame hatte sich aber im Falle des ersteren Erlebnisses eine bewußtseinsunfähige Phantasie geknüpft – der Wunsch, der Bruder solle sterben –, und darum konnte die Analogie der beiden Fälle nicht bewußt werden. Die Empfindung derselben ersetzte sich durch das Phänomen des Schon-einmal-erlebt-Habens, indem sich die Identität von dem Gemeinsamen auf die Lokalität verschob.

Man weiß, daß der Name »*déjà vu*« für eine ganze Reihe analoger Phänomene steht, für ein »*déjà entendu*«, ein »*déjà éprouvé*«, ein »*déjà senti*«. Der Fall, den ich an Stelle vieler ähnlicher nun berichten werde, enthält ein »*déjà raconté*«, welches also von einem unbewußten, unausgeführt gebliebenen Vorsatz abzuleiten wäre.

Ein Patient [2] erzählt im Laufe seiner Assoziationen: »Wie ich damals

---

[1] [Dies könnte ein Druckfehler sein; es müßte wohl »25« heißen (s. den in der *Psychopathologie des Alltagslebens* abgedruckten Bericht).]

[2] [Dieser Patient war der »Wolfsmann«, dessen Krankengeschichte Freud in seiner Studie ›Aus der Geschichte einer infantilen Neurose‹ (1918 *b*) berichtet, wo der ganze übernächste Absatz der vorliegenden Arbeit gegen Ende von Abschnitt VII zitiert wird; s. *Studienausgabe*, Bd. 8, S. 199–200.]

im Alter von fünf Jahren im Garten mit einem Messer gespielt und mir dabei den kleinen Finger durchgeschnitten habe – oh, ich habe nur geglaubt, daß er durchgeschnitten ist –, aber das habe ich Ihnen ja schon erzählt.«

Ich versichere, daß ich mich an nichts Ähnliches zu erinnern weiß. Er beteuert immer überzeugter, daß er sich darin nicht täuschen kann. Endlich mache ich dem Streit in der eingangs angegebenen Weise ein Ende und bitte ihn, die Geschichte auf alle Fälle zu wiederholen. Wir würden ja dann sehen.

»Als ich fünf Jahre alt war, spielte ich im Garten neben meiner Kinderfrau und schnitzelte mit meinem Taschenmesser an der Rinde eines jener Nußbäume, die auch in meinem Traum[1] eine Rolle spielen[2]. Plötzlich bemerkte ich mit unaussprechlichem Schrecken, daß ich mir den kleinen Finger der (rechten oder linken?) Hand so durchgeschnitten hatte, daß er nur noch an der Haut hing. Schmerz spürte ich keinen, aber eine große Angst. Ich getraute mich nicht, der wenige Schritte entfernten Kinderfrau etwas zu sagen, sank auf die nächste Bank und blieb da sitzen, unfähig, noch einen Blick auf den Finger zu werfen. Endlich wurde ich ruhig, faßte den Finger ins Auge, und siehe da, er war ganz unverletzt.«

Wir einigten uns bald darüber, daß er mir diese Vision oder Halluzination doch nicht erzählt haben könne. Er verstand sehr wohl, daß ich einen solchen Beweis für die Existenz der *Kastrationsangst* in seinem fünften Jahr doch nicht unverwertet gelassen hätte. Sein Widerstand gegen die Annahme des Kastrationskomplexes war damit gebrochen, aber er warf die Frage auf: »Warum habe ich so sicher geglaubt, daß ich diese Erinnerung schon erzählt habe?«

Dann fiel uns beiden ein, daß er wiederholt, bei verschiedenen Anlässen, aber jedesmal ohne Vorteil, folgende kleine Erinnerung vorgetragen hatte:

»Als der Onkel einmal verreiste, fragte er mich und die Schwester, was er uns mitbringen solle. Die Schwester wünschte sich ein Buch, ich ein Taschenmesser.« Nun verstanden wir diesen Monate vorher aufgetauchten Einfall als Deckerinnerung für die verdrängte Erinnerung und

---

[1] Vgl. ›Märchenstoffe in Träumen‹ [1913 *d*].
[2] Korrektur bei späterer Erzählung: »Ich glaube, ich schnitt nicht in den Baum. Das ist eine Verschmelzung mit einer anderen Erinnerung, die auch halluzinatorisch gefälscht sein muß, daß ich in einen Baum einen Schnitt mit dem Messer machte und daß dabei *Blut* aus dem Baume kam.«

als Ansatz zu der infolge des Widerstandes unterbliebenen Erzählung vom vermeintlichen Verlust des kleinen Fingers (eines unverkennbaren Penisäquivalents). Das Messer, welches ihm der Onkel auch wirklich mitgebracht hatte, war nach seiner sicheren Erinnerung das nämliche, welches in der lange unterdrückten Mitteilung vorkam.

Ich glaube, es ist überflüssig, zur Deutung dieser kleinen Erfahrung, soweit sie auf das Phänomen der »*fausse reconnaissance*« Licht wirft, weiteres hinzuzufügen. Zum Inhalt der Vision des Patienten will ich bemerken, daß solche halluzinatorische Täuschungen gerade im Gefüge des Kastrationskomplexes nicht vereinzelt sind und daß sie ebensowohl zur Korrektur unerwünschter Wahrnehmungen dienen können.

Im Jahre 1911 stellte mir ein akademisch Gebildeter aus einer deutschen Universitätsstadt, den ich nicht kenne, dessen Alter mir unbekannt ist, folgende Mitteilung aus seiner Kindheit zur freien Verfügung:

»Bei der Lektüre Ihrer *Kindheitserinnerung des Leonardo* [1910 c] haben mich die Ausführungen auf S. 29 bis 31 [ziemlich zu Beginn von Kapitel III] zu innerem Widerspruch gereizt. Ihre Bemerkung, daß das männliche Kind von dem Interesse für sein eigenes Genitale beherrscht ist, weckte in mir eine Gegenbemerkung von der Art: ›Wenn das ein allgemeines Gesetz ist, so bin ich jedenfalls eine Ausnahme.‹ Die nun folgenden Zeilen (S. 31 bis 32 oben) las ich mit dem größten Staunen, jenem Staunen, von dem man bei Kenntnisnahme einer ganz neuartigen Tatsache erfaßt wird. Mitten in meinem Staunen kommt mir eine Erinnerung, die mich – zu meiner eigenen Überraschung – lehrt, daß mir jene Tatsache gar nicht so neu sein dürfte. Ich hatte nämlich zur Zeit, da ich mich mitten in der ›infantilen Sexualforschung‹ befand, durch einen glücklichen Zufall Gelegenheit, ein weibliches Genitale an einer kleinen Altersgenossin zu betrachten und *habe hiebei ganz klar einen Penis von der Art meines eigenen bemerkt*. Bald darauf hat mich aber der Anblick weiblicher Statuen und Akte in neue Verwirrung gestürzt, und ich habe, um diesem ›wissenschaftlichen‹ Zwiespalt zu entrinnen, das folgende Experiment ersonnen: Ich brachte mein Genitale durch Aneinanderpressen der Oberschenkel zwischen diesen zum Verschwinden und konstatierte mit Befriedigung, daß hiedurch jeder Unterschied gegen den weiblichen Akt beseitigt sei. Offenbar, so dachte ich mir, war auch beim weiblichen Akt das Genitale auf gleiche Weise zum Verschwinden gebracht.«

»Hier nun kommt mir eine andere Erinnerung, die mir insofern schon von jeher von größter Wichtigkeit war, als sie die *eine* von den drei

Erinnerungen ist, aus welchen meine Gesamterinnerung an meine früh verstorbene Mutter besteht. Meine Mutter steht vor dem Waschtisch und reinigt die Gläser und Waschbecken, während ich im selben Zimmer spiele und irgendeinen Unfug mache. Zur Strafe wird mir die Hand durchgeklopft: da sehe ich zu meinem größten Entsetzen, daß mein kleiner Finger herabfällt, und zwar gerade in den Wasserkübel fällt. Da ich meine Mutter erzürnt weiß, getraue ich mich nichts zu sagen und sehe mit noch gesteigertem Entsetzen, wie bald darauf der Wasserkübel vom Dienstmädchen hinausgetragen wird. Ich war lange überzeugt, daß ich einen Finger verloren habe, vermutlich bis in die Zeit, wo ich das Zählen lernte.«

»Diese Erinnerung, die mir – wie bereits erwähnt – durch ihre Beziehung zu meiner Mutter immer von größter Wichtigkeit war, habe ich oft zu deuten versucht: keine dieser Deutungen hat mich aber befriedigt. Erst jetzt – nach Lektüre Ihrer Schrift – ahne ich eine einfache, befriedigende Lösung des Rätsels.«

Eine andere Art der *fausse reconnaissance* kommt zur Befriedigung des Therapeuten nicht selten beim Abschluß einer Behandlung vor. Nachdem es gelungen ist, das verdrängte Ereignis realer oder psychischer Natur gegen alle Widerstände zur Annahme durchzusetzen, es gewissermaßen zu rehabilitieren, sagt der Patient: *»Jetzt habe ich die Empfindung, ich habe es immer gewußt.«* Damit ist die analytische Aufgabe gelöst[1].

---

1 [Eine kurze Erörterung eines besonderen Beispiels von *déjà vu* in Träumen, wozu allerdings eine andere Erklärung gegeben wird, findet sich in Kapitel VI (E) der *Traumdeutung* (1900 a), *Studienausgabe*, Bd. 2, S. 390. – Die damit in Zusammenhang stehenden Phänomene der »Entfremdung« und der »Depersonalisation« werden von Freud in seiner Arbeit ›Eine Erinnerungsstörung auf der Akropolis‹ (1936 a, *Studienausgabe*, Bd. 4, S. 289–91) untersucht. Vgl. auch eine Erörterung in seiner späten Arbeit ›Konstruktionen in der Analyse‹ (1937 d), unten, S. 403–4.]

Wege der psychoanalytischen Therapie

(1919 [1918])

EDITORISCHE VORBEMERKUNG

Deutsche Ausgaben:

1919 *Int. Z. ärztl. Psychoanal.*, Bd. 5 (2), 61–8.
1922 *S. K. S. N.*, Bd. 5, 146–58.
1924 *Technik und Metapsychol.*, 136–47.
1925 *G. S.*, Bd. 6, 136–47.
1931 *Neurosenlehre und Technik*, 411–22.
1947 *G. W.*, Bd. 12, 183–94.

Diese Ansprache verlas Freud vor dem Fünften Internationalen Psychoanalytischen Kongreß, der kurz vor Ende des Ersten Weltkriegs, am 28. und 29.
September 1918, in Budapest abgehalten wurde. Sie wurde im Sommer vor
dem Kongreß niedergeschrieben, während sich Freud im Hause Anton von
Freunds (s. Anm. 1, S. 249) in Steinbruch, einem Vorort von Budapest, auf-
hielt. Die Darlegung befaßt sich vor allem mit den »aktiven« Methoden,
später besonders mit dem Namen Ferenczis verknüpft. Sie ist Freuds letzte
rein technische Arbeit vor jenen beiden späten Schriften, die er gegen Ende
seines Lebens veröffentlichte (1937 c und 1937 d, im vorliegenden Band
S. 357 ff. und S. 395 ff.). Schon in seiner Ansprache vor dem Nürnberger Kongreß (1910 d, s. oben, S. 127 ff.) hatte er auf diese »aktiven« Methoden hingewiesen.

Meine Herren Kollegen!

Sie wissen, wir waren nie stolz auf die Vollständigkeit und Abgeschlossenheit unseres Wissens und Könnens; wir sind, wie früher so auch jetzt, immer bereit, die Unvollkommenheiten unserer Erkenntnis zuzugeben, Neues dazuzulernen und an unserem Vorgehen abzuändern, was sich durch Besseres ersetzen läßt.

Da wir nun nach langen, schwer durchlebten Jahren der Trennung wieder einmal zusammengetroffen sind, reizt es mich, den Stand unserer Therapie zu revidieren, der wir ja unsere Stellung in der menschlichen Gesellschaft danken, und Ausschau zu halten, nach welchen neuen Richtungen sie sich entwickeln könnte.

Wir haben als unsere ärztliche Aufgabe formuliert, den neurotisch Kranken zur Kenntnis der in ihm bestehenden unbewußten, verdrängten Regungen zu bringen und zu diesem Zwecke die Widerstände aufzudecken, die sich in ihm gegen solche Erweiterungen seines Wissens von der eigenen Person sträuben. Wird mit der Aufdeckung dieser Widerstände auch deren Überwindung gewährleistet? Gewiß nicht immer, aber wir hoffen, dieses Ziel zu erreichen, indem wir seine Übertragung auf die Person des Arztes ausnützen, um unsere Überzeugung von der Unzweckmäßigkeit der in der Kindheit vorgefallenen Verdrängungsvorgänge und von der Undurchführbarkeit eines Lebens nach dem Lustprinzip zu der seinigen werden zu lassen. Die dynamischen Verhältnisse des neuen Konflikts, durch den wir den Kranken führen, den wir an die Stelle des früheren Krankheitskonflikts bei ihm gesetzt haben, sind von mir an anderer Stelle[1] klargelegt worden. Daran weiß ich derzeit nichts zu ändern.

Die Arbeit, durch welche wir dem Kranken das verdrängte Seelische in ihm zum Bewußtsein bringen, haben wir Psychoanalyse genannt. Warum »Analyse«, was Zerlegung, Zersetzung bedeutet und an eine Analogie mit der Arbeit des Chemikers an den Stoffen denken läßt, die er

---

[1] [Vgl. Freuds Arbeit ›Erinnern, Wiederholen und Durcharbeiten‹ (1914 g), im vorliegenden Band S. 207 ff., sowie die 27. der *Vorlesungen zur Einführung in die Psychoanalyse* (1916–17).]

in der Natur vorfindet und in sein Laboratorium bringt? Weil eine solche Analogie in einem wichtigen Punkte wirklich besteht. Die Symptome und krankhaften Äußerungen des Patienten sind wie alle seine seelischen Tätigkeiten hochzusammengesetzter Natur; die Elemente dieser Zusammensetzung sind im letzten Grunde Motive, Triebregungen. Aber der Kranke weiß von diesen elementaren Motiven nichts oder nur sehr Ungenügendes. Wir lehren ihn nun die Zusammensetzung dieser hochkomplizierten seelischen Bildungen verstehen, führen die Symptome auf die sie motivierenden Triebregungen zurück, weisen diese dem Kranken bisher unbekannten Triebmotive in den Symptomen nach, wie der Chemiker den Grundstoff, das chemische Element, aus dem Salz ausscheidet, in dem es in Verbindung mit anderen Elementen unkenntlich geworden war. Und ebenso zeigen wir dem Kranken an seinen nicht für krankhaft gehaltenen seelischen Äußerungen, daß ihm deren Motivierung nur unvollkommen bewußt war, daß andere Triebmotive bei ihnen mitgewirkt haben, die ihm unerkannt geblieben sind.

Auch das Sexualstreben der Menschen haben wir erklärt, indem wir es in seine Komponenten zerlegten, und wenn wir einen Traum deuten, gehen wir so vor, daß wir den Traum als Ganzes vernachlässigen und die Assoziation an seine einzelnen Elemente anknüpfen.

Aus diesem berechtigten Vergleich der ärztlichen psychoanalytischen Tätigkeit mit einer chemischen Arbeit könnte sich nun eine Anregung zu einer neuen Richtung unserer Therapie ergeben. Wir haben den Kranken *analysiert,* das heißt seine Seelentätigkeit in ihre elementaren Bestandteile zerlegt, diese Triebelemente einzeln und isoliert in ihm aufgezeigt; was läge nun näher als zu fordern, daß wir ihm auch bei einer neuen und besseren Zusammensetzung derselben behilflich sein müssen? Sie wissen, diese Forderung ist auch wirklich erhoben worden. Wir haben gehört: Nach der Analyse des kranken Seelenlebens muß die Synthese desselben folgen! Und bald hat sich daran auch die Besorgnis geknüpft, man könnte zuviel Analyse und zuwenig Synthese geben, und das Bestreben, das Hauptgewicht der psychotherapeutischen Einwirkung auf diese Synthese, eine Art Wiederherstellung des gleichsam durch die Vivisektion Zerstörten, zu verlegen.

Ich kann aber nicht glauben, meine Herren, daß uns in dieser Psychosynthese eine neue Aufgabe zuwächst. Wollte ich mir gestatten, aufrichtig und unhöflich zu sein, so würde ich sagen, es handelt sich da um eine gedankenlose Phrase. Ich bescheide mich zu bemerken, daß nur eine inhaltsleere Überdehnung eines Vergleiches oder, wenn Sie wollen, eine unberechtigte Ausbeutung einer Namengebung vorliegt. Aber ein Name ist nur eine Etikette, zur Unterscheidung von anderem, ähnlichem, angebracht, kein Programm, keine Inhaltsangabe oder Definition. Und ein Vergleich braucht das Verglichene nur an einem Punkte zu tangieren und kann sich in allen anderen weit von ihm entfernen. Das Psychische ist etwas so einzig Besonderes, daß kein vereinzelter Vergleich seine Natur wiedergeben kann. Die psychoanalytische Arbeit bietet Analogien mit der chemischen Analyse, aber ebensolche mit dem Eingreifen des Chirurgen oder der Einwirkung des Orthopäden oder der Beeinflussung des Erziehers. Der Vergleich mit der chemischen Analyse findet seine Begrenzung darin, daß wir es im Seelenleben mit Strebungen zu tun haben, die einem Zwang zur Vereinheitlichung und Zusammenfassung unterliegen. Ist es uns gelungen, ein Symptom zu zersetzen, eine Triebregung aus einem Zusammenhange zu befreien, so bleibt sie nicht isoliert, sondern tritt sofort in einen neuen ein[1].

Ja, im Gegenteil! Der neurotisch Kranke bringt uns ein zerrissenes, durch Widerstände zerklüftetes Seelenleben entgegen, und während wir daran analysieren, die Widerstände beseitigen, wächst dieses Seelenleben zusammen, fügt die große Einheit, die wir sein Ich heißen, sich alle die Triebregungen ein, die bisher von ihm abgespalten und abseits gebunden waren[2]. So vollzieht sich bei dem analytisch Behandelten die Psychosynthese ohne unser Eingreifen, automatisch und unausweichlich. Durch die Zersetzung der Symptome und die Aufhebung der Widerstände haben wir die Bedingungen für sie geschaffen. Es ist nicht wahr, daß etwas in dem Kranken in seine Bestandteile zerlegt ist, was nun ruhig darauf wartet, bis wir es irgendwie zusammensetzen.

Die Entwicklung unserer Therapie wird also wohl andere Wege einschlagen, vor allem jenen, den kürzlich Ferenczi in seiner Arbeit über ›Technische Schwierigkeiten einer Hysterieanalyse‹ (1919)[3] als die »*Aktivität*« des Analytikers gekennzeichnet hat.

---

[1] Ereignet sich doch während der chemischen Analyse etwas ganz Ähnliches. Gleichzeitig mit den Isolierungen, die der Chemiker erzwingt, vollziehen sich von ihm ungewollte Synthesen dank der freigewordenen Affinitäten und der Wahlverwandtschaft der Stoffe.

[2] [Die synthetische Funktion des Ichs wird in größerer Ausführlichkeit in Kapitel III von *Hemmung, Symptom und Angst* (1926 d; *Studienausgabe*, Bd. 6, S. 242 ff.) erörtert.]

[3] [Laut einer Feststellung Ferenczis in jener Schrift und einer zweiten in einer späteren Arbeit (Ferenczi, 1921) ging die Idee auf eine mündliche Empfehlung zurück, die Ferenczi von Freud selbst erhalten hatte.]

Einigen wir uns rasch, was unter dieser Aktivität zu verstehen ist. Wir umschrieben unsere therapeutische Aufgabe durch die zwei Inhalte: Bewußtmachen des Verdrängten und Aufdeckung der Widerstände. Dabei sind wir allerdings aktiv genug. Aber sollen wir es dem Kranken überlassen, allein mit den ihm aufgezeigten Widerständen fertig zu werden? Können wir ihm dabei keine andere Hilfe leisten, als er durch den Antrieb der Übertragung erfährt? Liegt es nicht vielmehr sehr nahe, ihm auch dadurch zu helfen, daß wir ihn in jene psychische Situation versetzen, welche für die erwünschte Erledigung des Konflikts die günstigste ist? Seine Leistung ist doch auch abhängig von einer Anzahl von äußerlich konstellierenden Umständen. Sollen wir uns da bedenken, diese Konstellation durch unser Eingreifen in geeigneter Weise zu verändern? Ich meine, eine solche Aktivität des analytisch behandelnden Arztes ist einwandfrei und durchaus gerechtfertigt.

Sie bemerken, daß sich hier für uns ein neues Gebiet der analytischen Technik eröffnet, dessen Bearbeitung eingehende Bemühung erfordern und ganz bestimmte Vorschriften ergeben wird. Ich werde heute nicht versuchen, Sie in diese noch in Entwicklung begriffene Technik einzuführen, sondern mich damit begnügen, einen Grundsatz hervorzuheben, dem wahrscheinlich die Herrschaft auf diesem Gebiete zufallen wird. Er lautet: *Die analytische Kur soll, soweit es möglich ist, in der Entbehrung – Abstinenz – durchgeführt werden* [1].

Wieweit es möglich ist, dies festzustellen, bleibe einer detaillierten Diskussion überlassen. Unter Abstinenz ist aber nicht die Entbehrung einer jeglichen Befriedigung zu verstehen – das wäre natürlich undurchführbar –, auch nicht, was man im populären Sinne darunter versteht, die Enthaltung vom sexuellen Verkehr, sondern etwas anderes, was mit der Dynamik der Erkrankung und der Herstellung weit mehr zu tun hat.

Sie erinnern sich daran, daß es eine *Versagung* war, die den Patienten krank gemacht hat, daß seine Symptome ihm den Dienst von Ersatzbefriedigungen leisten [2]. Sie können während der Kur beobachten, daß jede Besserung seines Leidenszustandes das Tempo der Herstellung verzögert und die Triebkraft verringert, die zur Heilung drängt. Auf diese Triebkraft können wir aber nicht verzichten; eine Verringerung derselben ist für unsere Heilungsabsicht gefährlich. Welche Folgerung

---

[1] [Freud hatte dieses Prinzip schon im Zusammenhang mit der Übertragungsliebe (1915 *a*, im vorliegenden Band S. 224 ff.) erörtert.]

[2] [S. ›Über neurotische Erkrankungstypen‹ (1912 *c*), *Studienausgabe*, Bd. 6, S. 219–21.]

drängt sich uns also unabweisbar auf? Wir müssen, so grausam es klingt, dafür sorgen, daß das Leiden des Kranken in irgendeinem wirksamen Maße kein vorzeitiges Ende finde. Wenn es durch die Zersetzung und Entwertung der Symptome ermäßigt worden ist, müssen wir es irgendwo anders als eine empfindliche Entbehrung wieder aufrichten, sonst laufen wir Gefahr, niemals mehr als bescheidene und nicht haltbare Besserungen zu erreichen.

Die Gefahr droht, soviel ich sehe, besonders von zwei Seiten. Einerseits ist der Patient, dessen Kranksein durch die Analyse erschüttert worden ist, aufs emsigste bemüht, sich an Stelle seiner Symptome neue Ersatzbefriedigungen zu schaffen, denen nun der Leidenscharakter abgeht. Er bedient sich der großartigen Verschiebbarkeit der zum Teil freigewordenen Libido, um die mannigfachsten Tätigkeiten, Vorlieben, Gewohnheiten, auch solche, die bereits früher bestanden haben, mit Libido zu besetzen und sie zu Ersatzbefriedigungen zu erheben. Er findet immer wieder neue solche Ablenkungen, durch welche die zum Betrieb der Kur erforderte Energie versickert, und weiß sie eine Zeitlang geheimzuhalten. Man hat die Aufgabe, alle diese Abwege aufzuspüren und jedesmal von ihm den Verzicht zu verlangen, so harmlos die zur Befriedigung führende Tätigkeit auch an sich erscheinen mag. Der Halbgeheilte kann aber auch minder harmlose Wege einschlagen, zum Beispiel indem er, wenn ein Mann, eine voreilige Bindung an ein Weib aufsucht. Nebenbei bemerkt, unglückliche Ehe und körperliches Siechtum sind die gebräuchlichsten Ablösungen der Neurose. Sie befriedigen insbesondere das Schuldbewußtsein (Strafbedürfnis), welches viele Kranke so zähe an ihrer Neurose festhalten läßt. Durch eine ungeschickte Ehewahl bestrafen sie sich selbst; langes organisches Kranksein nehmen sie als eine Strafe des Schicksals an und verzichten dann häufig auf eine Fortführung der Neurose.

Die Aktivität des Arztes muß sich in all solchen Situationen als energisches Einschreiten gegen die voreiligen Ersatzbefriedigungen äußern. Leichter wird ihm aber die Verwahrung gegen die zweite, nicht zu unterschätzende Gefahr, von der die Triebkraft der Analyse bedroht wird. Der Kranke sucht vor allem die Ersatzbefriedigung in der Kur selbst im Übertragungsverhältnis zum Arzt und kann sogar danach streben, sich auf diesem Wege für allen ihm sonst auferlegten Verzicht zu entschädigen. Einiges muß man ihm ja wohl gewähren, mehr oder weniger, je nach der Natur des Falles und der Eigenart des Kranken. Aber es ist nicht gut, wenn es zuviel wird. Wer als Analytiker etwa aus der Fülle seines hilfsbereiten Herzens dem Kranken alles spendet, was ein Mensch vom anderen erhoffen kann, der begeht denselben ökonomischen Fehler, dessen sich unsere nicht analytischen Nervenheilanstalten schuldig machen. Diese streben nichts anderes an, als es dem Kranken möglichst angenehm zu machen, damit er sich dort wohlfühle und gerne wieder aus den Schwierigkeiten des Lebens seine Zuflucht dorthin nehme. Dabei verzichten sie darauf, ihn für das Leben stärker, für seine eigentlichen Aufgaben leistungsfähiger zu machen. In der analytischen Kur muß jede solche Verwöhnung vermieden, werden. Der Kranke soll, was sein Verhältnis zum Arzt betrifft, unerfüllte Wünsche reichlich übrigbehalten. Es ist zweckmäßig, ihm gerade die Befriedigungen zu versagen, die er am intensivsten wünscht und am dringendsten äußert.

Ich glaube nicht, daß ich den Umfang der erwünschten Aktivität des Arztes mit dem Satze: In der Kur sei die Entbehrung aufrechtzuhalten, erschöpft habe. Eine andere Richtung der analytischen Aktivität ist, wie Sie sich erinnern werden, bereits einmal ein Streitpunkt zwischen uns und der Schweizer Schule gewesen[1]. Wir haben es entschieden abgelehnt, den Patienten, der sich hilfesuchend in unsere Hand begibt, zu unserem Leibgut zu machen, sein Schicksal für ihn zu formen, ihm unsere Ideale aufzudrängen und ihn im Hochmut des Schöpfers zu unserem Ebenbild, an dem wir Wohlgefallen haben sollen, zu gestalten. Ich halte an dieser Ablehnung auch heute noch fest und meine, daß hier die Stelle für die ärztliche Diskretion ist, über die wir uns in anderen Beziehungen hinwegsetzen müssen, habe auch erfahren, daß eine so weit gehende Aktivität gegen den Patienten für die therapeutische Absicht gar nicht erforderlich ist. Denn ich habe Leuten helfen können, mit denen mich keinerlei Gemeinsamkeit der Rasse, Erziehung, sozialen Stellung und Weltanschauung verband, ohne sie in ihrer Eigenart zu stören. Ich habe damals, zur Zeit jener Streitigkeiten, allerdings den Eindruck empfangen, daß der Einspruch unserer Vertreter – ich glaube, es war in erster Linie E. Jones[2] – allzu schroff und unbedingt ausgefallen ist. Wir können es nicht vermeiden, auch Patienten anzunehmen, die so haltlos und existenzunfähig sind, daß man bei ihnen die

---

[1] [Vgl. den zweiten Teil von Abschnitt III von Freuds ›Geschichte der psychoanalytischen Bewegung‹ (1914 *d*).]
[2] [Dies könnte sich auf die Arbeit beziehen, die Ernest Jones auf dem Vierten Internationalen Psychoanalytischen Kongreß (1913 in München) vorgetragen hat (Jones, 1914).]

analytische Beeinflussung mit der erzieherischen vereinigen muß, und auch bei den meisten anderen wird sich hie und da eine Gelegenheit ergeben, wo der Arzt als Erzieher und Ratgeber aufzutreten genötigt ist. Aber dies soll jedesmal mit großer Schonung geschehen, und der Kranke soll nicht zur Ähnlichkeit mit uns, sondern zur Befreiung und Vollendung seines eigenen Wesens erzogen werden.

Unser verehrter Freund J. Putnam in dem uns jetzt so feindlichen Amerika muß es uns verzeihen, wenn wir auch seine Forderung nicht annehmen können, die Psychoanalyse möge sich in den Dienst einer bestimmten philosophischen Weltanschauung stellen und diese dem Patienten zum Zwecke seiner Veredlung aufdrängen. Ich möchte sagen, dies ist doch nur Gewaltsamkeit, wenn auch durch die edelsten Absichten gedeckt[1].

Eine letzte, ganz anders geartete Aktivität wird uns durch die allmählich wachsende Einsicht aufgenötigt, daß die verschiedenen Krankheitsformen, die wir behandeln, nicht durch die nämliche Technik erledigt werden können. Es wäre voreilig, hierüber ausführlich zu handeln, aber an zwei Beispielen kann ich erläutern, inwiefern dabei eine neue Aktivität in Betracht kommt. Unsere Technik ist an der Behandlung der Hysterie erwachsen und noch immer auf diese Affektion eingerichtet. Aber schon die Phobien nötigen uns, über unser bisheriges Verhalten hinauszugehen. Man wird kaum einer Phobie Herr, wenn man abwartet, bis sich der Kranke durch die Analyse bewegen läßt, sie aufzugeben. Er bringt dann niemals jenes Material in die Analyse, das zur überzeugenden Lösung der Phobie unentbehrlich ist. Man muß anders vorgehen. Nehmen Sie das Beispiel eines Agoraphoben; es gibt zwei Klassen von solchen, eine leichtere und eine schwerere. Die ersteren haben zwar jedesmal unter der Angst zu leiden, wenn sie allein auf die Straße gehen, aber sie haben darum das Alleingehen noch nicht aufgegeben; die anderen schützen sich vor der Angst, indem sie auf das Alleingehen verzichten. Bei diesen letzteren hat man nur dann Erfolg, wenn man sie durch den Einfluß der Analyse bewegen kann, sich wieder wie Phobiker des ersten Grades zu benehmen, also auf die Straße zu gehen und während dieses Versuches mit der Angst zu kämpfen. Man bringt es also zunächst dahin, die Phobie so weit zu ermäßigen, und erst wenn dies durch die Forderung des Arztes erreicht ist, wird der

---

[1] [Weitere Bemerkungen über Putnams psychoanalytische Ansichten finden sich in Freuds Vorwort zu Putnams *Addresses on Psycho-Analysis* (Freud, 1921 *a*). – S. auch Freud (1919 *b*), Nachruf auf ›James J. Putnam‹.]

Kranke jener Einfälle und Erinnerungen habhaft, welche die Lösung der Phobie ermöglichen.

Noch weniger angezeigt scheint ein passives Zuwarten bei den schweren Fällen von Zwangshandlungen, die ja im allgemeinen zu einem »asymptotischen« Heilungsvorgang, zu einer unendlichen Behandlungsdauer neigen, deren Analyse immer in Gefahr ist, sehr viel zutage zu fördern und nichts zu ändern. Es scheint mir wenig zweifelhaft, daß die richtige Technik hier nur darin bestehen kann abzuwarten, bis die Kur selbst zum Zwang geworden ist, und dann mit diesem Gegenzwang den Krankheitszwang gewaltsam zu unterdrücken. Sie verstehen aber, daß ich Ihnen in diesen zwei Fällen nur Proben der neuen Entwicklungen vorgelegt habe, denen unsere Therapie entgegengeht[1].

Und nun möchte ich zum Schlusse eine Situation ins Auge fassen, die der Zukunft angehört, die vielen von Ihnen phantastisch erscheinen wird, die aber doch verdient, sollte ich meinen, daß man sich auf sie in Gedanken vorbereitet. Sie wissen, daß unsere therapeutische Wirksamkeit keine sehr intensive ist. Wir sind nur eine Handvoll Leute, und jeder von uns kann auch bei angestrengter Arbeit sich in einem Jahr nur einer kleinen Anzahl von Kranken widmen. Gegen das Übermaß von neurotischem Elend, das es in der Welt gibt und vielleicht nicht zu geben braucht, kommt das, was wir davon wegschaffen können, quantitativ kaum in Betracht. Außerdem sind wir durch die Bedingungen unserer Existenz auf die wohlhabenden Oberschichten der Gesellschaft eingeschränkt, die ihre Ärzte selbst zu wählen pflegen und bei dieser Wahl durch alle Vorurteile von der Psychoanalyse abgelenkt werden. Für die breiten Volksschichten, die ungeheuer schwer unter den Neurosen leiden, können wir derzeit nichts tun.

Nun lassen Sie uns annehmen, durch irgendeine Organisation gelänge es uns, unsere Zahl so weit zu vermehren, daß wir zur Behandlung von größeren Menschenmassen ausreichen. Anderseits läßt sich vorhersehen: Irgendeinmal wird das Gewissen der Gesellschaft erwachen und sie mahnen, daß der Arme ein ebensolches Anrecht auf seelische Hilfeleistung hat wie bereits jetzt auf lebensrettende chirurgische. Und daß die Neurosen die Volksgesundheit nicht minder bedrohen als die Tuberkulose und ebensowenig wie diese der ohnmächtigen Fürsorge des einzelnen aus dem Volke überlassen werden können. Dann werden also Anstalten oder Ordinationsinstitute errichtet werden, an denen psycho-

---

[1] [Vgl. den technischen Kunstgriff, den Freud im ersten Abschnitt seiner »Wolfsmann«-Analyse beschreibt (1918 *b*), *Studienausgabe*, Bd. 8, S. 132–3.]

analytisch ausgebildete Ärzte angestellt sind, um die Männer, die sich sonst dem Trunk ergeben würden, die Frauen, die unter der Last der Entsagungen zusammenzubrechen drohen, die Kinder, denen nur die Wahl zwischen Verwilderung und Neurose bevorsteht, durch Analyse widerstands- und leistungsfähig zu erhalten. Diese Behandlungen werden unentgeltliche sein. Es mag lange dauern, bis der Staat diese Pflichten als dringende empfindet. Die gegenwärtigen Verhältnisse mögen den Termin noch länger hinausschieben, es ist wahrscheinlich, daß private Wohltätigkeit mit solchen Instituten den Anfang machen wird; aber irgendeinmal wird es dazu kommen müssen [1].

Dann wird sich für uns die Aufgabe ergeben, unsere Technik den neuen Bedingungen anzupassen. Ich zweifle nicht daran, daß die Triftigkeit unserer psychologischen Annahmen auch auf den Ungebildeten Eindruck machen wird, aber wir werden den einfachsten und greifbarsten Ausdruck unserer theoretischen Lehren suchen müssen. Wir werden wahrscheinlich die Erfahrung machen, daß der Arme noch weniger zum Verzicht auf seine Neurose bereit ist als der Reiche, weil das schwere Leben, das auf ihn wartet, ihn nicht lockt, und das Kranksein ihm einen Anspruch mehr auf soziale Hilfe bedeutet. Möglicherweise werden wir oft nur dann etwas leisten können, wenn wir die seelische Hilfeleistung mit materieller Unterstützung nach Art des Kaisers Josef [2] vereinigen können. Wir werden auch sehr wahrscheinlich genötigt sein, in der Massenanwendung unserer Therapie das reine Gold der Analyse reichlich mit dem Kupfer der direkten Suggestion zu legieren, und auch die hypnotische Beeinflussung könnte dort wie bei der Behandlung der Kriegsneurotiker [3] wieder eine Stelle finden. Aber wie immer sich auch diese Psychotherapie fürs Volk gestalten, aus welchen Elementen sie sich zusammensetzen mag, ihre wirksamsten und wichtigsten Bestandteile werden gewiß die bleiben, die von der strengen, der tendenzlosen Psychoanalyse entlehnt worden sind.

---

[1] [Zu der Zeit, als diese Ansprache gehalten wurde, plante Anton von Freund die Gründung eines solchen Instituts. S. Freuds Nachruf auf von Freund (1920 c).]

[2] [Kaiser Joseph II. von Österreich (1741–1790), über dessen unkonventionelle philanthropische Aktivitäten viele Legenden kursierten. In einem ähnlichen Zusammenhang hatte Freud schon in einer früheren technischen Arbeit auf ihn hingewiesen (1913 c, im vorliegenden Band S. 193).]

[3] [Die Behandlung der Kriegsneurosen war ein Hauptthema des Kongresses, an den die vorliegende Ansprache gerichtet war.]

Zur Vorgeschichte
der analytischen Technik

(1920)

Deutsche Ausgaben:

1920 *Int. Z. Psychoanal.*, Bd. 6, 79–81.
1922 *S. K. S. N.*, Bd. 5, 141–5.
1924 *Technik und Metapsychol.*, 148–51.
1925 *G. S.*, Bd. 6, 148–51.
1931 *Neurosenlehre und Technik*, 423–6.
1947 *G. W.*, Bd. 12, 309–12.

Die Arbeit erschien in der Erstausgabe anonym, nur mit einem »F.« gekennzeichnet.

In einem neuen Buche von Havelock Ellis, dem hochverdienten Sexual-
forscher und vornehmen Kritiker der Psychoanalyse, betitelt *The
Philosophy of Conflict and Other Essays in Wartime,* Second Series,
London 1919, ist ein Aufsatz: ›Psycho-Analysis in relation to sex‹ enthalten, der sich nachzuweisen bemüht, daß das Werk des Schöpfers der
Analyse nicht als ein Stück wissenschaftlicher Arbeit, sondern als eine
künstlerische Leistung gewertet werden sollte. Es liegt uns nahe, in
dieser Auffassung eine neue Wendung des Widerstandes und eine Ablehnung der Analyse zu sehen, wenngleich sie in liebenswürdiger, ja in
allzu schmeichelhafter Weise verkleidet ist. Wir sind geneigt, ihr aufs
entschiedenste zu widersprechen.

Doch nicht solcher Widerspruch ist das Motiv unserer Beschäftigung
mit dem Essay von Havelock Ellis, sondern die Tatsache, daß er durch
seine große Belesenheit in die Lage gekommen ist, einen Autor anzuführen, der die freie Assoziation als Technik geübt und empfohlen hat,
wenngleich zu anderen Zwecken, und somit ein Recht hat, in dieser
Hinsicht als Vorläufer der Psychoanalytiker genannt zu werden. »Im
Jahre 1857«, schreibt Havelock Ellis, »veröffentlichte Dr. J. J. Garth
Wilkinson, besser bekannt als Dichter und Mystiker von der Richtung
Swedenborgs denn als Arzt, einen Band mystischer Gedichte in Knüttel-
versen, durch eine angeblich neue Methode, die er ›Impression‹ nennt,
hervorgebracht. ›Man wählt ein Thema‹, sagt er, ›oder schreibt es
nieder; sobald dies geschehen ist, darf man den ersten Einfall *(impression upon the mind),* der sich nach der Niederschrift des Titels ergibt,
als den Beginn der Ausarbeitung des Themas betrachten, gleichgültig
wie sonderbar oder nicht dazugehörig das betreffende Wort oder der
Satz erscheinen mag.‹ ›Die erste Regung des Geistes, das erste Wort, das
sich einstellt, ist der Erfolg des Bestrebens, sich in das gegebene Thema
zu vertiefen.‹ Man setzt das Verfahren in konsequenter Weise fort, und
Garth Wilkinson sagt: ›Ich habe immer gefunden, daß es wie infolge
eines untrüglichen Instinkts ins Innere der Sache führt.‹ Diese Technik
entsprach nach Wilkinsons Ansicht einem aufs höchste gesteigerten Sich-
gehenlassen, einer Aufforderung an die tiefstliegenden, unbewußten

Regungen, sich zur Äußerung zu bringen. Wille und Überlegung, mahnte er, sind beiseite zu lassen; man vertraut sich der Eingebung *(influx)* an und kann dabei finden, daß sich die geistigen Fähigkeiten auf unbekannte Ziele einstellen.«

»Man darf nicht außer acht lassen, daß Wilkinson, obwohl er Arzt war, diese Technik zu religiösen und literarischen, niemals zu ärztlichen oder wissenschaftlichen Zwecken in Anwendung zog, aber es ist leicht einzusehen, daß es im wesentlichen die psychoanalytische Technik ist, die hier die eigene Person zum Objekt nimmt, ein Beweis mehr dafür, daß das Verfahren Freuds das eines Künstlers *(artist)* ist.«

Kenner der psychoanalytischen Literatur werden sich hier jener schönen Stelle im Briefwechsel Schillers mit Körner erinnern[1], in welcher der große Dichter und Denker (1788) demjenigen, der produktiv sein möchte, die Beachtung des freien Einfalles empfiehlt. Es ist zu vermuten, daß die angeblich neue Wilkinsonsche Technik bereits vielen anderen vorgeschwebt hat, und ihre systematische Anwendung in der Psychoanalyse wird uns nicht so sehr als Beweis für die künstlerische Artung Freuds erscheinen, wie als Konsequenz seiner nach Art eines Vorurteils festgehaltenen Überzeugung von der durchgängigen Determinierung alles seelischen Geschehens. Die Zugehörigkeit des freien Einfalles zum fixierten Thema ergab sich dann als die nächste und wahrscheinlichste Möglichkeit, welche auch durch die Erfahrung in der Analyse bestätigt wird, insofern nicht übergroße Widerstände den vermuteten Zusammenhang unkenntlich machen.

Indes darf man es als sicher annehmen, daß weder Schiller noch Garth Wilkinson auf die Wahl der psychoanalytischen Technik Einfluß geübt haben. Mehr persönliche Beziehung scheint sich von einer anderen Seite her anzudeuten.

Vor kurzem machte Dr. Hugo Dubowitz in Budapest Dr. Ferenczi auf einen kleinen, nur 4½ Seiten umfassenden Aufsatz von Ludwig Börne aufmerksam, der, 1823 verfaßt, im ersten Band seiner *Gesammelten Schriften* (Ausgabe von 1862) abgedruckt ist. Er ist betitelt: ›Die Kunst, in drei Tagen ein Originalschriftsteller zu werden‹ und trägt die bekannten Eigentümlichkeiten des Jean Paulschen Stils, dem Börne damals huldigte, an sich. Er schließt mit den Sätzen: »Und hier folgt die versprochene Nutzanwendung. Nehmt einige Bogen Papier und schreibt drei Tage hintereinander, ohne Falsch und Heuchelei, alles nieder, was

---

[1] Entdeckt von O. Rank und zitiert in [der Auflage von 1909] der *Traumdeutung* (1900 *a*) [*Studienausgabe*, Bd. 2, S. 122–3].

euch durch den Kopf geht. Schreibt, was ihr denkt von euch selbst, von euren Weibern, von dem Türkenkrieg, von Goethe, von Fonks Kriminalprozeß, vom jüngsten Gericht, von euren Vorgesetzten – und nach Verlauf der drei Tage werdet ihr vor Verwunderung, was ihr für neue, unerhörte Gedanken gehabt, ganz außer euch kommen. Das ist die Kunst, in drei Tagen ein Originalschriftsteller zu werden!«

Als Prof. Freud veranlaßt wurde, diesen Börneschen Aufsatz zu lesen, machte er eine Reihe von Angaben, die für die hier berührte Frage nach der Vorgeschichte der psychoanalytischen Einfallsverwertung bedeutungsvoll sein können. Er erzählte, daß er Börnes Werke im vierzehnten Jahr zum Geschenk bekommen habe und dieses Buch heute, fünfzig Jahre später, noch immer als das einzige aus seiner Jugendzeit besitze. Dieser Schriftsteller sei der erste gewesen, in dessen Schriften er sich vertieft habe. An den in Rede stehenden Aufsatz könne er sich nicht erinnern, aber andere, in denselben Band aufgenommene, wie die ›Denkrede auf Jean Paul‹, ›Der Eßkünstler‹, ›Der Narr im weißen Schwan‹, seien durch lange Jahre ohne ersichtlichen Grund immer wieder in seiner Erinnerung aufgetaucht. Er war besonders erstaunt, in der Anweisung zum Originalschriftsteller einige Gedanken ausgesprochen zu finden, die er selbst immer gehegt und vertreten habe, zum Beispiel: »Eine schimpfliche Feigheit zu denken, hält uns alle zurück. Drückender als die Zensur der Regierungen ist die Zensur, welche die öffentliche Meinung über unsere Geisteswerke ausübt.« (Hier findet sich übrigens die »Zensur« erwähnt, die in der Psychoanalyse als Traumzensur wiedergekommen ist...) »Nicht an Geist, an Charakter mangelt es den meisten Schriftstellern, um besser zu sein, als sie sind... Aufrichtigkeit ist die Quelle aller Genialität, und die Menschen wären geistreicher, wenn sie sittlicher wären...«

Es scheint uns also nicht ausgeschlossen, daß dieser Hinweis vielleicht jenes Stück Kryptomnesie aufgedeckt hat, das in so vielen Fällen hinter einer anscheinenden Originalität vermutet werden darf.

Bemerkungen
zur Theorie und Praxis
der Traumdeutung

(1923 [1922])

EDITORISCHE VORBEMERKUNG

Deutsche Ausgaben:

1923 *Int. Z. Psychoanal.*, Bd. 9 (1), 1–11.
1925 *G. S.*, Bd. 3, 305–18.
1925 *Traumlehre*, 49–62.
1931 *Sexualtheorie und Traumlehre*, 354–68.
1940 *G. W.*, Bd. 13, 301–14.

Den Inhalt dieser Arbeit hat Freud seinen Begleitern auf einer Wanderung durch den Harz im September 1921 (Jones, 1962 *b*, 112) mitgeteilt, derselben Tour, auf der er ihnen noch zwei andere Schriften vorlas (1941 *d* und 1922 *b*). Der vorliegende Aufsatz wurde jedoch erst ein Jahr später, im Juli 1922, in Badgastein niedergeschrieben (Jones, ibid., 124–5). (Das im zweiten Band der Freud-Biographie von Jones, 1962 *a*, 286, angegebene Datum für die Niederschrift, »1923«, ist unrichtig.) In den Abschnitten VIII und X spiegelt sich Freuds Interesse am »Wiederholungszwang« sowie an der Darstellung eines »Ichideals«, wie er es auch in den im gleichen Zeitraum entstandenen Werken *Jenseits des Lustprinzips* (1920 *g*) bzw. *Massenpsychologie* (1921 *c*) diskutiert.

Der zufällige Umstand, daß die letzten Auflagen der *Traumdeutung* [1900 a] [1] durch Plattendruck hergestellt wurden, veranlaßt mich, nachstehende Bemerkungen selbständig zu machen, die sonst als Abänderungen oder Einschaltungen im Text untergekommen wären.

I

Bei der Deutung eines Traumes in der Analyse hat man die Wahl zwischen verschiedenen technischen Verfahren [2].

Man kann (*a*) chronologisch vorgehen und den Träumer seine Einfälle zu den Traumelementen in der Reihenfolge vorbringen lassen, welche diese Elemente in der Erzählung des Traumes einhalten. Dies ist das ursprüngliche, klassische Verhalten, welches ich noch immer für das beste halte, wenn man seine eigenen Träume analysiert.

Oder man kann (*b*) die Deutungsarbeit an einem einzelnen, ausgezeichneten Element des Traumes ansetzen lassen, das man mitten aus dem Traum herausgreift, z. B. an dem auffälligsten Stück desselben oder an dem, welches die größte Deutlichkeit oder sinnliche Intensität besitzt, oder etwa an eine im Traum enthaltene Rede anknüpfen, von der man erwartet, daß sie zur Erinnerung an eine Rede aus dem Wachleben führen wird.

Man kann (*c*) überhaupt zunächst vom manifesten Inhalt absehen und dafür an den Träumer die Frage stellen, welche Ereignisse des letzten Tages sich in seiner Assoziation zum erzählten Traum gesellen.

Endlich kann man (*d*), wenn der Träumer bereits mit der Technik der Deutung vertraut ist, auf jede Vorschrift verzichten und es ihm anheimstellen, mit welchen Einfällen zum Traum er beginnen will. Ich kann nicht behaupten, daß die eine oder die andere dieser Techniken die vorzüglichere ist und allgemein bessere Ergebnisse liefert.

---

[1] [Die sechste und siebte Auflage, veröffentlicht 1921 bzw. 1922.]
[2] [Vgl. die ähnliche Erörterung ziemlich zu Beginn von Vorlesung 29 der *Neuen Folge der Vorlesungen* (1933 a), *Studienausgabe*, Bd. 1, S. 452–60.]

II

Ungleich bedeutsamer ist der Umstand, ob die Deutungsarbeit unter *hohem* oder *niedrigem Widerstandsdruck* vor sich geht, worüber der Analytiker ja niemals lange im Zweifel bleibt. Bei hohem Druck bringt man es vielleicht dazu, zu erfahren, von welchen Dingen der Traum handelt, aber man kann nicht erraten, was er über diese Dinge aussagt. Es ist, wie wenn man einem entfernten oder leise geführten Gespräch zuhören würde. Man sagt sich dann, daß von einem Zusammenarbeiten mit dem Träumer nicht gut die Rede sein kann, beschließt, sich nicht viel zu plagen und ihm nicht viel zu helfen, und begnügt sich damit, ihm einige Symbolübersetzungen, die man für wahrscheinlich hält, vorzuschlagen.

Die Mehrzahl der Träume in schwierigen Analysen ist von solcher Art, so daß man aus ihnen nicht viel über Natur und Mechanismus der Traumbildung lernen kann, am wenigsten aber Auskünfte zu der beliebten Frage erhalten wird, wo denn die Wunscherfüllung des Traumes steckt.

Bei ganz extrem hohem Widerstandsdruck ereignet sich das Phänomen, daß die Assoziation des Träumers in die Breite, anstatt in die Tiefe geht. An Stelle der gewünschten Assoziationen zu dem erzählten Traum kommen immer neue Traumstücke zum Vorschein, die selbst assoziationslos bleiben. Nur wenn sich der Widerstand in mäßigen Grenzen hält, kommt das bekannte Bild der Deutungsarbeit zustande, daß die Assoziationen des Träumers von den manifesten Elementen aus zunächst weit *divergieren*, so daß eine große Anzahl von Themen und Vorstellungskreisen angerührt werden, bis dann eine zweite Reihe von Assoziationen von hier aus rasch zu den gesuchten Traumgedanken *konvergiert*.

Dann wird auch das Zusammenarbeiten des Analytikers mit dem Träumer möglich; bei hohem Widerstandsdruck wäre es nicht einmal zweckmäßig.

Eine Anzahl von Träumen, die während der Analysen vorfallen, sind unübersetzbar, wenngleich sie nicht gerade den Widerstand zur Schau tragen. Sie stellen freie Bearbeitungen der zugrunde liegenden latenten Traumgedanken vor und sind wohlgelungenen, künstlerisch überarbeiteten Dichtwerken vergleichbar, in denen man die Grundmotive zwar noch kenntlich, aber in beliebiger Durchrüttelung und Umwandlung verwendet findet. Solche Träume dienen in der Kur als Einleitung zu

Gedanken und Erinnerungen des Träumers, ohne daß ihr Inhalt selbst in Betracht käme.

III

Man kann Träume *von oben* und Träume *von unten* unterscheiden, wenn man diesen Unterschied nicht zu scharf fassen will. Träume von unten sind solche, die durch die Stärke eines unbewußten (verdrängten) Wunsches angeregt werden, der sich eine Vertretung in irgendwelchen Tagesresten verschafft hat. Sie entsprechen Einbrüchen des Verdrängten in das Wachleben. Träume von oben sind Tagesgedanken oder Tagesabsichten gleichzustellen, denen es gelungen ist, sich nächtlicherweile eine Verstärkung aus dem vom Ich abgesprengten Verdrängten zu holen[1]. Die Analyse sieht dann in der Regel von diesem unbewußten Helfer ab und vollzieht die Einreihung der latenten Traumgedanken in das Gefüge des Wachdenkens. Eine Abänderung der Theorie des Traumes wird durch diese Unterscheidung nicht erforderlich.

IV

In manchen Analysen oder während gewisser Strecken einer Analyse zeigt sich eine Sonderung des Traumlebens vom Wachleben, ähnlich wie die Absonderung der Phantasietätigkeit, die eine *continued story* (einen Tagtraumroman) unterhält, vom Wachdenken. Es knüpft dann ein Traum an den anderen an, nimmt ein Element zum Mittelpunkt, welches im vorhergehenden beiläufig gestreift wurde, u. dgl. Viel häufiger trifft aber der andere Fall zu, daß die Träume nicht aneinanderhängen, sondern sich in aufeinanderfolgende Stücke des Wachdenkens einschalten.

V

Die Deutung eines Traumes zerfällt in zwei Phasen, die Übersetzung und die Beurteilung oder Verwertung desselben. Während der ersten soll man sich durch keinerlei Rücksicht auf die zweite beeinflussen lassen. Es ist, wie wenn man ein Kapitel eines fremdsprachigen Autors vor sich hat, z. B. des Livius. Zuerst will man wissen, was Livius in diesem Ka-

---

[1] [Freud formuliert noch einige weitere Überlegungen zu »Träumen von oben« in seinem Brief an Maxime Leroy über einige Träume von Descartes (1929 *b*). Das Auftreten solcher Träume hatte er schon in der *Traumdeutung* (1900 *a*), *Studienausgabe*, Bd. 2, S. 534, angemerkt.]

pitel erzählt, erst dann tritt die Diskussion ein, ob das Gelesene ein Geschichtsbericht ist oder eine Sage oder eine Abschweifung des Autors. Welche Schlüsse darf man aber aus einem richtig übersetzten Traum ziehen? Ich habe den Eindruck, daß die analytische Praxis hierin Irrtümer und Überschätzungen nicht immer vermieden hat, und zwar zum Teil aus übergroßem Respekt vor dem »geheimnisvollen Unbewußten«[1].

Man vergißt zu leicht daran, daß ein Traum zumeist nur ein Gedanke ist wie ein anderer, ermöglicht durch den Nachlaß der Zensur und die unbewußte Verstärkung und entstellt durch die Einwirkung der Zensur und die unbewußte Bearbeitung.

Greifen wir das Beispiel der sogenannten Genesungsträume heraus. Wenn ein Patient einen solchen Traum gehabt hat, in dem er sich den Einschränkungen der Neurose zu entziehen scheint, z. B. eine Phobie überwindet oder eine Gefühlsbindung aufgibt, so sind wir geneigt zu glauben, er habe einen großen Fortschritt gemacht, sei bereit, sich in eine neue Lebenslage zu fügen, beginne mit seiner Gesundheit zu rechnen usw. Das mag oftmals richtig sein, aber ebensooft haben solche Genesungsträume nur den Wert von Bequemlichkeitsträumen[2], sie bedeuten den Wunsch, endlich gesund zu sein, um sich ein weiteres Stück der analytischen Arbeit, das sie als bevorstehend fühlen, zu ersparen. In solchem Sinn ereignen sich Genesungsträume z. B. recht häufig, wenn der Patient in eine neue, ihm peinliche Phase der Übertragung eintreten soll. Er benimmt sich dann ganz ähnlich wie manche Neurotiker, die sich nach wenigen Stunden Analyse für geheilt erklären, weil sie allem Unangenehmen entgehen wollen, das in der Analyse noch zur Sprache kommen soll. Auch die Kriegsneurotiker, die auf ihre Symptome verzichteten, weil ihnen die Therapie der Militärärzte das Kranksein noch unbehaglicher zu machen verstand, als sie den Dienst an der Front gefunden hatten, sind denselben ökonomischen Bedingungen gefolgt, und die Heilungen haben sich in beiden Fällen nicht haltbar erwiesen[3].

---

[1] [Freud hat häufig die Tatsache hervorgehoben, Träume seien nur »eine Form des Denkens«. S. beispielsweise seine ›Geschichte der psychoanalytischen Bewegung‹ (1914 d, auf den letzten Seiten), ›Über einige neurotische Mechanismen‹ (1922 b, *Studienausgabe*, Bd. 7, S. 225) sowie eine lange, 1925 der *Traumdeutung* (1900 a) hinzugefügte Anmerkung (*Studienausgabe*, Bd. 2, S. 486).]

[2] [S. *Die Traumdeutung, Studienausgabe*, Bd. 2, S. 142 ff. Für Beispiele und eine Diskussion dieser Träume sowie der »Bestätigungsträume« aus Abschnitt VII, unten, s. Abschnitt III des Falles von weiblicher Homosexualität (1920 a), *Studienausgabe*, Bd. 7, S. 274–5.]

[3] [Vgl. Freuds Gutachten über die Behandlung der Kriegsneurotiker (1955 c [1920]).]

VI

Es ist gar nicht so leicht, allgemeine Entscheidungen über den Wert richtig übersetzter Träume zu fällen. Wenn beim Patienten ein Ambivalenzkonflikt besteht, so bedeutet ein feindseliger Gedanke, der in ihm auftaucht, gewiß nicht eine dauernde Überwindung der zärtlichen Regung, also eine Entscheidung des Konflikts, und ebensowenig hat ein Traum vom gleichen feindseligen Inhalt diese Bedeutung. Während eines solchen Ambivalenzkonflikts bringt oft jede Nacht zwei Träume, von denen jeder eine andere Stellung nimmt. Der Fortschritt besteht dann darin, daß eine gründliche Isolierung der beiden kontrastierenden Regungen gelungen ist und jede von ihnen mit Hilfe der unbewußten Verstärkung bis zu ihrem Extrem verfolgt und eingesehen werden kann. Mitunter ist der eine der beiden ambivalenten Träume vergessen worden, man darf sich dann nicht täuschen lassen und annehmen, daß nun die Entscheidung zugunsten der einen Seite gefallen ist. Das Vergessen des einen Traumes zeigt allerdings, daß für den Augenblick die eine Richtung die Oberhand hat, aber das gilt nur für den einen Tag und kann sich ändern. Die nächste Nacht bringt vielleicht die entgegengesetzte Äußerung in den Vordergrund. Wie der Konflikt wirklich steht, kann nur durch die Berücksichtigung aller anderen Kundgebungen auch des Wachlebens erraten werden.

VII

Mit der Frage nach der Wertung der Träume hängt die andere nach ihrer Beeinflußbarkeit durch ärztliche »Suggestion« innig zusammen. Der Analytiker wird vielleicht zuerst erschrecken, wenn er an diese Möglichkeit gemahnt wird[1]; bei näherer Überlegung wird dieser Schreck gewiß der Einsicht weichen, die Beeinflussung der Träume des Patienten sei für den Analytiker nicht mehr Mißgeschick oder Schande als die Lenkung seiner bewußten Gedanken.

Daß der manifeste Inhalt der Träume durch die analytische Kur beeinflußt wird, braucht nicht erst bewiesen zu werden. Das folgt ja schon aus der Einsicht, daß der Traum ans Wachleben anknüpft und Anregungen desselben verarbeitet. Was in der analytischen Kur vorgeht, gehört natürlich auch zu den Eindrücken des Wachlebens und bald zu

---

[1] [Vgl. den Paragraphen 4 gegen Ende der 15. der *Vorlesungen zur Einführung* (1916 bis 1917), *Studienausgabe*, Bd. 1, S. 239–40.]

den stärksten desselben. Es ist also kein Wunder, daß der Patient von Dingen träumt, die der Arzt mit ihm besprochen und deren Erwartung er in ihm geweckt hat. Nicht mehr Wunder jedenfalls, als in der bekannten Tatsache der »experimentellen« Träume[1] enthalten ist.

Das Interesse setzt sich nun dahin fort, ob auch die durch Deutung zu eruierenden latenten Traumgedanken vom Analytiker beeinflußt, suggeriert werden können. Die Antwort darauf muß wiederum lauten: Selbstverständlich ja, denn ein Anteil dieser latenten Traumgedanken entspricht vorbewußten, durchaus bewußtseinsfähigen Gedankenbildungen, mit denen der Träumer eventuell auch im Wachen auf die Anregungen des Arztes hätte reagieren können, mögen die Erwiderungen des Analysierten nun diesen Anregungen gleichgerichtet sein oder ihnen widerstreben. Ersetzt man den Traum durch die in ihm enthaltenen Traumgedanken, so fällt eben die Frage, wieweit man Träume suggerieren kann, mit der allgemeineren, inwieweit der Patient in der Analyse der Suggestion zugänglich ist, zusammen.

Auf den Mechanismus der Traumbildung selbst, auf die eigentliche Traumarbeit gewinnt man nie Einfluß; daran darf man festhalten.

Außer dem besprochenen Anteil der vorbewußten Traumgedanken enthält jeder richtige Traum Hinweise auf die verdrängten Wunschregungen, denen er seine Bildungsmöglichkeit verdankt. Der Zweifler wird zu diesen sagen, sie erscheinen im Traume, weil der Träumer weiß, daß er sie bringen soll, daß sie vom Analytiker erwartet werden. Der Analytiker selbst wird mit gutem Recht anders denken.

Wenn der Traum Situationen bringt, die auf Szenen aus der Vergangenheit des Träumers gedeutet werden können, scheint die Frage besonders bedeutsam, ob auch an diesen Trauminhalten der ärztliche Einfluß beteiligt sein kann. Am dringendsten wird diese Frage bei den sogenannten *bestätigenden,* der Analyse nachhinkenden Träumen[2]. Bei manchen Patienten bekommt man keine anderen. Sie reproduzieren die vergessenen Erlebnisse ihrer Kindheit erst, nachdem man dieselben aus Symptomen, Einfällen und Andeutungen konstruiert und ihnen dies mitgeteilt hat[3]. Das gibt dann die bestätigenden Träume, gegen welche aber der Zweifel sagt, sie seien ganz ohne Beweiskraft, da sie auf die Anregung des Arztes hin phantasiert sein mögen, anstatt aus dem Un-

---

[1] [S. *Die Traumdeutung* (1900 a), *Studienausgabe,* Bd. 2, S. 194, Anm. 2, und S. 376–7.]
[2] [S. die technische Arbeit über Traumdeutung (1911 e), im vorliegenden Band S. 156.]
[3] [S. Freuds späte Arbeit ›Konstruktionen in der Analyse‹ (1937 d), im vorliegenden Band S. 395 ff.]

bewußten des Träumers ans Licht gefördert zu sein. Ausweichen kann man in der Analyse dieser mehrdeutigen Situation nicht, denn wenn man bei diesen Patienten nicht deutet, konstruiert und mitteilt, findet man nie den Zugang zu dem bei ihnen Verdrängten.

Die Sachlage gestaltet sich günstig, wenn sich an die Analyse eines solchen nachhinkenden, bestätigenden Traumes unmittelbar Erinnerungsgefühle für das bisher Vergessene knüpfen. .

Der Skeptiker hat dann den Ausweg, zu sagen, es seien Erinnerungstäuschungen. Meist sind auch solche Erinnerungsgefühle nicht vorhanden. Das Verdrängte wird nur stückweise durchgelassen, und jede Unvollständigkeit hemmt oder verzögert die Bildung einer Überzeugung. Auch kann es sich um die Reproduktion nicht einer wirklichen, vergessenen Begebenheit, sondern um die Förderung einer unbewußten Phantasie handeln, für welche ein Erinnerungsgefühl niemals zu erwarten ist, aber irgendeinmal ein Gefühl subjektiver Überzeugung möglich bleibt.

Können also die Bestätigungsträume wirklich Erfolge der Suggestion, also Gefälligkeitsträume sein? Die Patienten, welche nur Bestätigungsträume bringen, sind dieselben, bei denen der Zweifel die Rolle des hauptsächlichen Widerstandes spielt. Man macht nicht den Versuch, diesen Zweifel durch Autorität zu überschreien oder ihn mit Argumenten zu erschlagen. Er muß bestehenbleiben, bis er im weiteren Fortgang der Analyse zur Erledigung kommt. Auch der Analytiker darf im einzelnen Falle einen solchen Zweifel festhalten. Was ihn endlich sicher macht, ist gerade die Komplikation der ihm gestellten Aufgabe, die der Lösung eines der »Puzzles« genannten Kinderspiele vergleichbar ist. Dort ist eine farbige Zeichnung, die auf ein Holzbrettchen geklebt ist und genau in einen Holzrahmen paßt, in viele Stücke zerschnitten worden, die von den unregelmäßigsten krummen Linien begrenzt werden. Gelingt es, den unordentlichen Haufen von Holzplättchen, deren jedes ein unverständliches Stück Zeichnung trägt, so zu ordnen, daß die Zeichnung sinnvoll wird, daß nirgends eine Lücke zwischen den Fugen bleibt und daß das Ganze den Rahmen ausfüllt, sind alle diese Bedingungen erfüllt, so weiß man, daß man die Lösung des Puzzle gefunden hat und daß es keine andere gibt.

Ein solcher Vergleich kann natürlich dem Analysierten während der unvollendeten analytischen Arbeit nichts bedeuten. Ich erinnere mich hier an eine Diskussion, die ich mit einem Patienten zu führen hatte, dessen außerordentliche Ambivalenzeinstellung sich im stärksten zwanghaften Zweifel äußerte. Er bestritt die Deutungen seiner Träume nicht und war von deren Übereinstimmung mit den von mir geäußerten Mutmaßungen sehr ergriffen. Aber er fragte, ob diese bestätigenden Träume nicht Ausdruck seiner Gefügigkeit gegen mich sein könnten. Als ich geltend machte, daß diese Träume auch eine Summe von Einzelheiten gebracht hätten, die ich nicht ahnen konnte, und daß sein sonstiges Benehmen in der Kur gerade nicht von Gefügigkeit zeugte, wandte er sich zu einer anderen Theorie und fragte, ob nicht sein narzißtischer Wunsch, gesund zu werden, ihn veranlaßt haben könne, solche Träume zu produzieren, da ich ihm doch die Genesung in Aussicht gestellt habe, wenn er meine Konstruktionen annehmen könne. Ich mußte antworten, mir sei von einem solchen Mechanismus der Traumbildung noch nichts bekanntworden, aber die Entscheidung kam auf anderem Wege. Er erinnerte sich an Träume, die er gehabt, ehe er in die Analyse eintrat, ja, ehe er etwas von ihr erfahren hatte, und die Analyse dieser vom Suggestionsverdacht freien Träume ergab dieselben Deutungen wie der späteren. Sein Zwang zum Widerspruch fand zwar noch den Ausweg, die früheren Träume seien minder deutlich gewesen als die während der Kur vorgefallenen, aber mir genügte die Übereinstimmung. Ich meine, es ist überhaupt gut, gelegentlich daran zu denken, daß die Menschen auch schon zu träumen pflegten, ehe es eine Psychoanalyse gab.

VIII

Es könnte wohl sein, daß es den Träumen in einer Psychoanalyse in ausgiebigerem Maße gelingt, das Verdrängte zum Vorschein zu bringen, als den Träumen außerhalb dieser Situation. Aber es ist nicht zu erweisen, denn die beiden Situationen sind nicht vergleichbar; die Verwertung in der Analyse ist eine Absicht, die dem Traume ursprünglich ganz ferneliegt. Dagegen kann es nicht zweifelhaft sein, daß innerhalb einer Analyse weit mehr des Verdrängten im Anschluß an Träume zutage gefördert wird als mit Hilfe der anderen Methoden; für solche Mehrleistung muß es einen Motor geben, eine unbewußte Macht, welche während des Schlafzustandes besser als sonst imstande ist, die Absichten der Analyse zu unterstützen. Nun kann man hiefür kaum einen anderen Faktor in Anspruch nehmen als die aus dem Elternkomplex stammende Gefügigkeit des Analysierten gegen den Analytiker, also den positiven Anteil der von uns so genannten Übertragung, und in der Tat läßt sich an vielen Träumen, die Vergessenes und Verdrängtes wiederbringen, kein anderer unbewußter Wunsch entdecken, dem man die Triebkraft für die Traumbildung zuschreiben könnte. Will also jemand behaupten, daß die meisten der in der Analyse verwertbaren Träume Gefälligkeitsträume sind und der Suggestion ihre Entstehung verdanken, so ist vom Standpunkt der analytischen Theorie nichts dagegen einzuwenden. Ich brauche dann nur noch auf die Erörterungen in meinen *Vorlesungen zur Einführung* [(1916–17) 28. Vorlesung] zu verweisen, in denen das Verhältnis der Übertragung zur Suggestion behandelt und dargetan wird, wie wenig die Anerkennung der Suggestionswirkung in unserem Sinne die Zuverlässigkeit unserer Resultate schädigt.

Ich habe mich in der Schrift *Jenseits des Lustprinzips* [(1920 g) *Studienausgabe*, Bd. 3, S. 228 ff.] mit dem ökonomischen Problem beschäftigt, wie es den in jeder Hinsicht peinlichen Erlebnissen der frühinfantilen Sexualperiode gelingen kann, sich zu irgendeiner Art von Reproduktion durchzuringen. Ich mußte ihnen im »Wiederholungszwang« einen außerordentlich starken Auftrieb zugestehen, der die im Dienst des Lustprinzips auf ihnen lastende Verdrängung bewältigt, aber doch nicht eher, »als bis die entgegenkommende Arbeit der Kur die Verdrängung gelockert« hat[1]. Hier wäre einzuschalten, daß es die positive Übertragung ist, welche dem Wiederholungszwang diese Hilfe leistet. Es ist dabei zu einem Bündnis der Kur mit dem Wiederholungszwang gekommen, welches sich zunächst gegen das Lustprinzip richtet, aber in letzter Absicht die Herrschaft des Realitätsprinzips aufrichten will. Wie ich dort ausgeführt habe, ereignet es sich nur allzu häufig, daß sich der Wiederholungszwang von den Verpflichtungen dieses Bundes frei macht und sich nicht mit der Wiederkehr des Verdrängten in der Form von Traumbildern begnügt.

IX

Soweit ich bis jetzt sehe, ergeben die Träume bei traumatischer Neurose die einzige wirkliche[2], die Strafträume die einzige scheinbare[3] Ausnahme von der wunscherfüllenden Tendenz des Traumes. Bei diesen letzteren stellt sich der merkwürdige Tatbestand her, daß eigentlich nichts von den latenten Traumgedanken in den manifesten Trauminhalt aufgenommen wird, sondern daß an deren Stelle etwas ganz anderes

---

[1] [*Jenseits des Lustprinzips, Studienausgabe*, Bd. 3, S. 230.]
[2] [Ibid., S. 241–2.]
[3] [S. *Die Traumdeutung* (1900 a), *Studienausgabe*, Bd. 2, S. 531 f.]

tritt, was als eine Reaktionsbildung gegen die Traumgedanken, als Ablehnung und voller Widerspruch gegen sie beschrieben werden muß. Ein solches Einschreiten gegen den Traum kann man nur der kritischen Ichinstanz zutrauen und muß daher annehmen, daß diese, durch die unbewußte Wunscherfüllung gereizt, sich zeitweilig auch während des Schlafzustandes wiederhergestellt hat. Sie hätte auf diesen unerwünschten Trauminhalt auch mit Erwachen reagieren können, fand aber in der Bildung des Straftraumes einen Weg, die Schlafstörung zu vermeiden.

So ist also z. B. für die bekannten Träume des Dichters Rosegger, die ich in der *Traumdeutung*[1] erwähne, ein unterdrückter Text von hochmütigem, prahlerischem Inhalt zu vermuten, der wirkliche Traum aber hielt ihm vor: »Du bist ein unfähiger Schneidergeselle.« Es wäre natürlich unsinnig, nach einer verdrängten Wunschregung als Triebkraft dieses manifesten Traumes zu suchen; man muß sich mit der Wunscherfüllung der Selbstkritik begnügen.

Das Befremden über einen derartigen Aufbau des Traumes ermäßigt sich, wenn man bedenkt, wie geläufig es der Traumentstellung im Dienste der Zensur ist, für ein einzelnes Element etwas einzusetzen, was in irgendeinem Sinne sein Gegenteil oder Gegensatz ist. Von da ab ist es nur ein kurzer Weg bis zur Ersetzung eines charakteristischen Stückes Trauminhalt durch einen abwehrenden Widerspruch, und ein Schritt weiter führt zur Ersetzung des ganzen anstößigen Trauminhaltes durch den Straftraum. Von dieser mittleren Phase der Verfälschung des manifesten Inhaltes möchte ich ein oder zwei charakteristische Beispiele mitteilen.

Aus dem Traum eines Mädchens mit starker Vaterfixierung, welches sich in der Analyse schwer ausspricht: Sie sitzt im Zimmer mit einer Freundin, nur mit einem Kimono bekleidet. Ein Herr kommt herein, vor dem sie sich geniert. Der Herr sagt aber: »Das ist ja das Mädchen, das wir schon einmal so schön bekleidet gesehen haben.« – Der Herr bin ich, in weiterer Zurückführung der Vater. Mit dem Traum ist aber nichts zu machen, solange wir uns nicht entschließen, in der Rede des Herrn das wichtigste Element durch seinen Gegensatz zu ersetzen: »Das ist das Mädchen, das ich schon einmal *unbekleidet* und dann so schön gesehen habe.« Sie hat als Kind von drei bis vier Jahren eine Zeitlang im selben Zimmer mit dem Vater geschlafen, und alle Anzeichen deuten darauf

---

[1] [Ibid., S. 456–9.]

hin, daß sie sich damals im Schlaf aufzudecken pflegte, um dem Vater zu gefallen. Die seitherige Verdrängung ihrer Exhibitionslust motiviert heute ihre Verschlossenheit in der Kur, ihre Unlust, sich unverhüllt zu zeigen.

Aus einer anderen Szene desselben Traumes: Sie liest ihre eigene, im Druck vorliegende Krankengeschichte. Darin steht, daß ein junger Mann seine Geliebte ermordet – Kakao – das gehört zur Analerotik[1]. Das letztere ist ein Gedanke, den sie im Traum bei der Erwähnung des Kakao hat. – Die Deutung dieses Traumstückes ist noch schwieriger als die des vorigen. Man erfährt endlich, daß sie vor dem Einschlafen die ›Geschichte einer infantilen Neurose‹ (fünfte Folge der *Sammlung kleiner Schriften*) [1918 *b*] gelesen hat, in welcher eine reale oder phantasierte Koitusbeobachtung der Eltern den Mittelpunkt bildet. Diese Krankengeschichte hat sie schon früher einmal auf die eigene Person bezogen, nicht das einzige Anzeichen, daß auch bei ihr eine solche Beobachtung in Betracht kommt. Der junge Mann, der seine Geliebte ermordet, ist nun eine deutliche Anspielung auf die sadistische Auffassung der Koitusszene, aber das nächste Element, der Kakao, geht weit davon ab. Zum Kakao weiß sie nur zu assoziieren, daß ihre Mutter zu sagen pflegt, vom Kakao bekomme man Kopfweh, auch von anderen Frauen will sie das gleiche gehört haben. Übrigens hat sie sich eine Zeitlang durch ebensolche Kopfschmerzen mit der Mutter identifiziert. Ich kann nun keine andere Verknüpfung der beiden Traumelemente finden als durch die Annahme, daß sie von den Folgerungen aus der Koitusbeobachtung ablenken will. Nein, das hat nichts mit der Kinderzeugung zu tun. Die Kinder kommen von etwas, das man ißt (wie im Märchen), und die Erwähnung der Analerotik, die wie ein Deutungsversuch im Traum aussieht, vervollständigt die zu Hilfe gerufene infantile Theorie durch die Hinzufügung der analen Geburt.

X

Man hört gelegentlich Verwunderung darüber äußern, daß das Ich des Träumers zwei- oder mehrmals im manifesten Traum erscheint, einmal in eigener Person und die anderen Male hinter anderen Personen versteckt[2]. Die sekundäre Bearbeitung hat während der Traumbildung

---

[1] [Für ein weiteres Beispiel für diese Verbindung vgl. eine Fußnote zu ›Charakter und Analerotik‹ (1908 *b*), *Studienausgabe*, Bd. 7, S. 27, Anm. 1.]

[2] [S. *Die Traumdeutung* (1900 *a*), *Studienausgabe*, Bd. 2, S. 320–1. 1925 hat Freud der Originalpassage einen Satz hinzugefügt, der den Kern des oben Folgenden wiedergibt.]

offenbar das Bestreben gehabt, diese Vielheit des Ichs, welche in keine szenische Situation paßt, auszumerzen, durch die Deutungsarbeit wird sie aber wiederhergestellt. Sie ist an sich nicht merkwürdiger als das mehrfache Vorkommen des Ichs in einem wachen Gedanken, zumal wenn sich dabei das Ich in Subjekt und Objekt zerlegt, sich als beobachtende und kritische Instanz dem anderen Anteil gegenüberstellt oder sein gegenwärtiges Wesen mit einem erinnerten, vergangenen, das auch einmal Ich war, vergleicht. So z. B. in den Sätzen: »Wenn *ich* daran denke, was *ich* diesem Menschen getan habe« und: »Wenn *ich* daran denke, daß *ich* auch einmal ein Kind war.« Daß aber alle Personen, die im Traume vorkommen, als Abspaltungen und Vertretungen des eigenen Ichs zu gelten haben, möchte ich als eine inhaltlose und unberechtigte Spekulation zurückweisen. Es genügt uns, daran festzuhalten, daß die Sonderung des Ichs von einer beobachtenden, kritisierenden, strafenden Instanz (Ichideal) auch für die Traumdeutung in Betracht kommt.

Die Frage der Laienanalyse

Unterredungen mit einem Unparteiischen

(1926)

EDITORISCHE VORBEMERKUNG

Deutsche Ausgaben:

1926 Leipzig, Wien und Zürich, Internationaler Psychoanalytischer Verlag, 123 Seiten.

1928 *G. S.*, Bd. 11, 307–84.

1948 *G. W.*, Bd. 14, 207–86.

›Nachwort zur *Frage der Laienanalyse*‹

1927 *Int. Z. Psychoanal.*, Bd. 13 (3), 326–32.

1928 *G. S.*, Bd. 11, 385–94.

1948 *G. W.*, Bd. 14, 287–96.

Unter dem Titel ›Psychoanalyse und Kurpfuscherei‹ erschien ein Auszug aus dieser Arbeit im *Almanach 1927*, S. 47–59, im September 1926, also etwa gleichzeitig mit dem Buch.

Im späten Frühjahr 1926 wurde in Wien gegen Theodor Reik, ein prominentes nicht-medizinisches Mitglied der Wiener Psychoanalytischen Vereinigung, ein Gerichtsverfahren eingeleitet. Auf der Grundlage von Informationen eines früheren Patienten wurde Reik des Verstoßes wider ein altes österreichisches Gesetz gegen Kurpfuscherei beschuldigt – ein Gesetz, das es für rechtswidrig erklärte, wenn eine Person ohne medizinischen Grad Patienten behandelte. Tatsächlich hatte Freud sich bereits seit Herbst 1924 für die Verteidigung der Stellung von Reik und der Laienanalyse eingesetzt. In einem unveröffentlichten Brief an Abraham vom 11. November 1924 schrieb er: »Der Physiologe Durig, der Obersanitätsrat und als solcher höchst offiziell ist, hat mich zu einem Gutachten über die Laienanalyse aufgefordert. Ich habe es ihm schriftlich geliefert, dann mündlich darüber konferiert, und es ergab sich eine weitreichende Übereinstimmung zwischen uns.« Ungeachtet dieser Übereinstimmung scheint Reik aber doch im Februar 1925 durch den Wiener Magistrat an der Ausübung der Psychoanalyse gehindert worden zu sein. S. einen Brief Freuds an Julius Tandler vom 8. März 1925 (Freud, 1960 *a*).

Als das Gerichtsverfahren gegen Reik eröffnet wurde, intervenierte Freud ein weiteres Mal und machte sich an die Ausarbeitung des vorliegenden Pamphlets, das unverzüglich veröffentlicht werden sollte. Ende Juni begann er mit der Niederschrift, noch vor Ende Juli war das Manuskript im Satz, und im September lag die Publikation vor[1]. Vielleicht aufgrund von Freuds Intervention, aber wohl auch wegen Mangels an Beweisen stellte der Staatsanwalt nach der Voruntersuchung das Verfahren ein. S. das ›Nachwort‹, S. 342, unten. – Übrigens ist, nach den dort enthaltenen Ausführungen Freuds zu urteilen, sehr wahrscheinlich der Physiologe Durig das Modell des »Unparteiischen«.

Damit war die Sache jedoch nicht erledigt. Vielmehr hatte die Veröffentlichung von Freuds kleinem Buch die krassen Meinungsunterschiede zum Vorschein gebracht, die hinsichtlich der Frage der Zulassung nicht-medizinischer Analytiker in den psychoanalytischen Vereinigungen selbst bestanden. Man hielt es daher für angezeigt, das Problem ausführlich zu diskutieren, und 1927 wurde eine ganze Reihe wohldurchdachter Erklärungen (insgesamt 28) von Analytikern aus verschiedenen Ländern in den beiden offiziellen Organen veröffentlicht – in Deutsch in der *Internationalen Zeitschrift* (Teile 1, 2 und 3 von Band 13), in Englisch im *International Journal* (Teile 2 und 3 von Band 8). Die Serie wurde schließlich von Freud selbst durch ein Nachwort (unten, S. 342 ff.) abgeschlossen, in dem er auf die Argumente der Gegner einging und seine eigene Ansicht noch einmal formulierte.

Eine ausführliche Darstellung von Freuds Auffassungen zu diesem Punkt findet sich in Kapitel IX (›Die Laienanalyse‹) des dritten Bandes der Freud-Biographie von Ernest Jones (1962 *b*, 339 ff.). Von früh an hatte Freud nachdrücklich die Überzeugung vertreten, Psychoanalyse sei nicht ausschließlich eine Angelegenheit von Berufsmedizinern. Seine erste veröffentlichte Stellungnahme scheint das Geleitwort zu sein, das er 1913 für ein Buch von Pfister verfaßte (Freud, 1913 *b*); und in einem ganz am Ende seines Lebens, 1938, geschriebenen (bei Jones, 1962 *b*, 354 abgedruckten) Brief erklärt er: »Tatsache ist, daß ich von diesen Ansichten niemals abgegangen bin und sogar noch mehr als früher auf ihnen bestehe ...« Aber es ist doch die folgende Arbeit, in der sich Freud am eingehendsten mit dem Thema befaßt hat.

Abgesehen von der Diskussion der Frage der Laienanalyse, präsentiert uns Freud auf diesen Seiten in federndem, durchsichtigem Stil seine vielleicht gelungenste nichtfachliche Darstellung von Theorie und Praxis der Psychoanalyse. Zumal der theoretische Teil hat gegenüber den früheren einführenden Werken den Vorteil, daß er nach der großen, von Freud in *Das Ich und das Es* (1923 *b*) vorgenommenen Klärung seiner Auffassungen über die Struktur der Psyche ausgearbeitet wurde.

---

[1] Freud hat ferner zu diesem Thema einen Brief an die *Neue Freie Presse* geschrieben, der in diesem Blatt am 18. Juli 1926 unter dem Titel ›Dr. Reik und die Kurpfuschereifrage‹ (Freud, 1926 *i*) abgedruckt wurde.

EINLEITUNG

Der Titel dieser kleinen Schrift ist nicht ohne weiteres verständlich. Ich werde ihn also erläutern: Laien = Nichtärzte, und die Frage ist, ob es auch Nichtärzten erlaubt sein soll, die Analyse auszuüben. Diese Frage hat ihre zeitliche wie ihre örtliche Bedingtheit. Zeitlich insofern, als sich bisher niemand darum gekümmert hat, *wer* die Psychoanalyse ausübt. Ja, man hat sich viel zuwenig darum gekümmert, man war nur einig in dem Wunsch, daß *niemand* sie üben sollte, mit verschiedenen Begründungen, denen die gleiche Abneigung zugrunde lag. Die Forderung, daß nur Ärzte analysieren sollen, entspricht also einer neuen und anscheinend freundlicheren Einstellung zur Analyse – d. h. wenn sie dem Verdacht entgehen kann, doch nur ein etwas modifizierter Abkömmling der früheren Einstellung zu sein. Es wird zugegeben, daß eine analytische Behandlung unter Umständen vorzunehmen ist, aber wenn, dann sollen nur Ärzte sie vornehmen dürfen. Das Warum dieser Einschränkung wird dann zu untersuchen sein.

Örtlich bedingt ist diese Frage, weil sie nicht für alle Länder mit gleicher Tragweite in Betracht kommt. In Deutschland und Amerika bedeutet sie eine akademische Diskussion, denn in diesen Ländern kann sich jeder Kranke behandeln lassen, wie und von wem er will, kann jeder, der will, als »Kurpfuscher« beliebige Kranke behandeln, wenn er nur die Verantwortlichkeit für sein Tun übernimmt[1]. Das Gesetz mengt sich nicht früher ein, als bis man es zur Sühne einer Schädigung des Kranken angerufen hat. In Österreich aber, in dem und für das ich schreibe, ist das Gesetz präventiv, es verbietet dem Nichtarzt, Behandlungen an Kranken zu unternehmen, ohne deren Ausgang abzuwarten[2]. Hier hat also die Frage, ob Laien = Nichtärzte Kranke mit Psychoanalyse behandeln dürfen, einen praktischen Sinn. Sie scheint aber auch, sobald sie aufgeworfen wird, durch den Wortlaut des Gesetzes entschieden zu sein. Nervöse sind Kranke, Laien sind Nichtärzte, die Psychoanalyse ist ein Verfahren zur Heilung oder Besserung der nervösen Leiden, alle solche Behandlungen sind den Ärzten vorbehalten; folglich ist es nicht

---

[1] [Tatsächlich gilt dies nur für *einige* der US-Staaten. Es trifft auch für England zu.]
[2] Das gleiche in Frankreich.

gestattet, daß Laien die Analyse an Nervösen üben, und strafbar, wenn es doch geschieht. Bei so einfacher Sachlage wagt man es kaum, sich mit der Frage der Laienanalyse zu beschäftigen. Indes liegen einige Komplikationen vor, um die sich das Gesetz nicht kümmert, die aber darum doch Berücksichtigung verlangen. Es wird sich vielleicht ergeben, daß die Kranken in diesem Falle nicht sind wie andere Kranke, die Laien nicht eigentlich Laien und die Ärzte nicht gerade das, was man von Ärzten erwarten darf und worauf sie ihre Ansprüche gründen dürfen. Läßt sich das erweisen, so wird es eine berechtigte Forderung, das Gesetz nicht ohne Modifikation auf den vorliegenden Fall anzuwenden.

I

Ob dies geschehen wird, wird von Personen abhängen, die nicht dazu verpflichtet sind, die Besonderheiten einer analytischen Behandlung zu kennen. Es ist unsere Aufgabe, diese Unparteiischen, die wir als derzeit noch unwissend annehmen wollen, darüber zu unterrichten. Wir bedauern, daß wir sie nicht zu Zuhörern einer solchen Behandlung machen können. Die »analytische Situation« verträgt keinen Dritten. Auch sind die einzelnen Behandlungsstunden sehr ungleichwertig, ein solch – unbefugter – Zuhörer, der in eine beliebige Sitzung geriete, würde zumeist keinen verwertbaren Eindruck gewinnen, er käme in Gefahr, nicht zu verstehen, was zwischen dem Analytiker und dem Patienten verhandelt wird, oder er würde sich langweilen. Er muß sich also wohl oder übel mit unserer Information begnügen, die wir möglichst vertrauenswürdig abfassen wollen.

Der Kranke möge also an Stimmungsschwankungen leiden, die er nicht beherrscht, oder an kleinmütiger Verzagtheit, durch die er seine Energie gelähmt fühlt, da er sich nichts Rechtes zutraut, oder an ängstlicher Befangenheit unter Fremden. Er mag ohne Verständnis wahrnehmen, daß ihm die Erledigung seiner Berufsarbeit Schwierigkeiten macht, aber auch jeder ernstere Entschluß und jede Unternehmung. Er hat eines Tages – unbekannt, woher – einen peinlichen Anfall von Angstgefühlen erlitten und kann seither nicht ohne Überwindung allein über die Straße gehen oder Eisenbahn fahren, hat beides vielleicht überhaupt aufgeben müssen. Oder, was sehr merkwürdig ist, seine Gedanken gehen ihre eigenen Wege und lassen sich nicht von seinem Willen lenken. Sie verfolgen Probleme, die ihm sehr gleichgiltig sind, von denen er sich aber nicht losreißen kann. Es sind ihm auch höchst lächerliche Aufgaben auferlegt, wie die Anzahl der Fenster an den Häuserfronten zusammenzuzählen, und bei einfachen Verrichtungen, wie Briefe in ein Postfach werfen oder eine Gasflamme abdrehen, gerät er einen Moment später in Zweifel, ob er es auch wirklich getan hat. Das ist vielleicht nur ärgerlich und lästig, aber der Zustand wird unerträglich, wenn er sich plötzlich der Idee nicht erwehren kann, daß er ein Kind unter die Räder eines Wagens gestoßen, einen Unbekannten von der Brücke ins Wasser geworfen hat, oder wenn er sich fragen muß, ob er nicht der Mörder ist, den die Polizei als den Urheber eines heute entdeckten Verbrechens sucht. Es ist ja offenbarer Unsinn, er weiß es selbst, er hat nie einem Menschen etwas Böses getan, aber wenn er wirklich der gesuchte Mörder wäre, könnte die Empfindung – das Schuldgefühl – nicht stärker sein.

Oder aber, unser Patient – sei es diesmal eine Patientin – leidet in anderer Weise und auf anderem Gebiet. Sie ist Klavierspielerin, aber ihre Finger verkrampfen sich und versagen den Dienst. Wenn sie daran denkt, in eine Gesellschaft zu gehen, stellt sich sofort ein natürliches Bedürfnis bei ihr ein, dessen Befriedigung mit der Geselligkeit unverträglich wäre. Sie hat also darauf verzichtet, Gesellschaften, Bälle, Theater, Konzerte zu besuchen. Wenn sie es am wenigsten brauchen kann, wird sie von heftigen Kopfschmerzen oder anderen Schmerzsensationen befallen. Eventuell muß sie jede Mahlzeit durch Erbrechen von sich geben, was auf die Dauer bedrohlich werden kann. Endlich ist es beklagenswert, daß sie keine Aufregungen verträgt, die sich im Leben doch nicht vermeiden lassen. Sie verfällt bei solchen Anlässen in Ohnmachten, oft mit Muskelkrämpfen, die an unheimliche Krankheitszustände erinnern.

Noch andere Kranke fühlen sich gestört in einem besonderen Gebiet, auf dem das Gefühlsleben mit Ansprüchen an den Körper zusammentrifft. Als Männer finden sie sich unfähig, den zärtlichsten Regungen gegen das andere Geschlecht körperlichen Ausdruck zu geben, während ihnen vielleicht gegen wenig geliebte Objekte alle Reaktionen zu Gebote stehen. Oder ihre Sinnlichkeit bindet sie an Personen, die sie verachten, von denen sie frei werden möchten. Oder sie stellt ihnen Bedingungen, deren Erfüllung ihnen selbst widerlich ist. Als Frauen fühlen sie sich durch Angst und Ekel oder durch unbekannte Hemmnisse verhindert, den Anforderungen des Geschlechtslebens nachzukommen, oder wenn sie der Liebe nachgegeben haben, finden sie sich um den Genuß betrogen, den die Natur als Prämie auf solche Gefügigkeit gesetzt hat.

Alle diese Personen erkennen sich als krank und suchen Ärzte auf, von denen man ja die Beseitigung solcher nervösen Störungen erwartet. Die Ärzte führen auch die Kategorien, unter denen man diese Leiden unterbringt. Sie diagnostizieren sie je nach ihren Standpunkten mit verschiedenen Namen: Neurasthenie, Psychasthenie, Phobien, Zwangsneurose, Hysterie. Sie untersuchen die Organe, welche die Symptome geben: das Herz, den Magen, den Darm, die Genitalien, und finden sie gesund. Sie raten zu Unterbrechungen der gewohnten Lebensweise, Erholungen, kräftigenden Prozeduren, tonisierenden Medikamenten, erzielen dadurch vorübergehende Erleichterungen – oder auch nichts. Endlich hören die Kranken, daß es Personen gibt, die sich ganz speziell mit der Behandlung solcher Leiden beschäftigen, und treten in die Analyse bei ihnen ein.

Unser Unparteiischer, den ich als gegenwärtig vorstelle, hat während der Auseinandersetzung über die Krankheitserscheinungen der Nervösen Zeichen von Ungeduld von sich gegeben. Nun wird er aufmerksam, gespannt und äußert sich auch so: »Jetzt werden wir also erfahren, was der Analytiker mit dem Patienten vornimmt, dem der Arzt nicht helfen konnte.«

Es geht nichts anderes zwischen ihnen vor, als daß sie miteinander reden. Der Analytiker verwendet weder Instrumente, nicht einmal zur Untersuchung, noch verschreibt er Medikamente. Wenn es irgend möglich ist, läßt er den Kranken sogar in seiner Umgebung und in seinen Verhältnissen, während er ihn behandelt. Das ist natürlich keine Bedingung, kann auch nicht immer so durchgeführt werden. Der Analytiker bestellt den Patienten zu einer bestimmten Stunde des Tages, läßt ihn reden, hört ihn an, spricht dann zu ihm und läßt ihn zuhören.

Die Miene unseres Unparteiischen zeugt nun von unverkennbarer Erleichterung und Entspannung, verrät aber auch deutlich eine gewisse Geringschätzung. Es ist, als ob er denken würde: »Weiter nichts als das? Worte, Worte und wiederum Worte, wie Prinz Hamlet sagt.«[1] Es geht ihm gewiß auch die Spottrede Mephistos durch den Sinn, wie bequem sich mit Worten[2] wirtschaften läßt, Verse, die kein Deutscher je vergessen wird.

Er sagt auch: »Das ist also eine Art von Zauberei, Sie reden und blasen so seine Leiden weg.«

Ganz richtig, es wäre Zauberei, wenn es rascher wirken würde. Zum Zauber gehört unbedingt die Schnelligkeit, man möchte sagen: Plötzlichkeit des Erfolges. Aber die analytischen Behandlungen brauchen Monate und selbst Jahre; ein so langsamer Zauber verliert den Charakter des Wunderbaren. Wir wollen übrigens das *Wort* nicht verachten. Es ist doch ein mächtiges Instrument, es ist das Mittel, durch das wir einander unsere Gefühle kundgeben, der Weg, auf den anderen Einfluß

---

[1] [Shakespeare, *Hamlet*, II. Akt, 2. Szene: *»Words, words, words.«*]

[2] [In der Szene mit dem Schüler in Goethes *Faust*, I. Teil, 4. Szene: »Mit Worten läßt sich trefflich streiten, ...«]

zu nehmen. Worte können unsagbar wohltun und fürchterliche Verletzungen zufügen. Gewiß, zu allem Anfang war die Tat[1], das Wort kam später, es war unter manchen Verhältnissen ein kultureller Fortschritt, wenn sich die Tat zum Wort ermäßigte. Aber das Wort war doch ursprünglich ein Zauber, ein magischer Akt, und es hat noch viel von seiner alten Kraft bewahrt.

Der Unparteiische setzt fort: »Nehmen wir an, daß der Patient nicht besser auf das Verständnis der analytischen Behandlung vorbereitet ist als ich, wie wollen Sie ihn an den Zauber des Wortes oder der Rede glauben machen, der ihn von seinen Leiden befreien soll?«

Man muß ihm natürlich eine Vorbereitung geben, und es findet sich ein einfacher Weg dazu. Man fordert ihn auf, mit seinem Analytiker ganz aufrichtig zu sein, nichts mit Absicht zurückzuhalten, was ihm in den Sinn kommt, in weiterer Folge sich über *alle* Abhaltungen hinwegzusetzen, die manche Gedanken oder Erinnerungen von der Mitteilung ausschließen möchten. Jeder Mensch weiß, daß es bei ihm solche Dinge gibt, die er anderen nur sehr ungern mitteilen würde oder deren Mitteilung er überhaupt für ausgeschlossen hält. Es sind seine »Intimitäten«. Er ahnt auch, was einen großen Fortschritt in der psychologischen Selbsterkenntnis bedeutet, daß es andere Dinge gibt, die man *sich selbst* nicht eingestehen möchte, die man gerne vor sich selbst verbirgt, die man darum kurz abbricht und aus seinem Denken verjagt, wenn sie doch auftauchen. Vielleicht bemerkt er selbst den Ansatz eines sehr merkwürdigen psychologischen Problems in der Situation, daß ein eigener Gedanke vor dem eigenen Selbst geheimgehalten werden soll. Das ist ja, als ob sein Selbst nicht mehr die Einheit wäre, für die er es immer hält, als ob es noch etwas anderes in ihm gäbe, was sich diesem Selbst entgegenstellen kann. Etwas wie ein Gegensatz zwischen dem Selbst und einem Seelenleben im weiteren Sinne mag sich ihm dunkel anzeigen. Wenn er nun die Forderung der Analyse, alles zu sagen, annimmt, wird er leicht der Erwartung zugänglich, daß ein Verkehr und Gedankenaustausch unter so ungewöhnlichen Voraussetzungen auch zu eigenartigen Wirkungen führen könnte.

»Ich verstehe«, sagt unser unparteiischer Zuhörer, »Sie nehmen an, daß jeder Nervöse etwas hat, was ihn bedrückt, ein Geheimnis, und indem Sie ihn veranlassen, es auszusprechen, entlasten Sie ihn von dem Druck und tun ihm wohl. Das ist ja das Prinzip der Beichte, dessen sich die

---

[1] [Goethe, *Faust*, I. Teil, 3. Szene. Freud beendete *Totem und Tabu* (1912–13) mit diesem Zitat (*Studienausgabe*, Bd. 9, S. 444).]

katholische Kirche seit jeher zur Versicherung ihrer Herrschaft über die Gemüter bedient hat.«

»Ja und nein«, müssen wir antworten. Die Beichte geht wohl in die Analyse ein, als ihre Einleitung gleichsam. Aber weit davon entfernt, daß sie das Wesen der Analyse träfe oder ihre Wirkung erklärte. In der Beichte sagt der Sünder, was er weiß, in der Analyse soll der Neurotiker mehr sagen. Auch wissen wir nichts davon, daß die Beichte je die Kraft entwickelt hätte, direkte Krankheitssymptome zu beseitigen.

»Dann verstehe ich es doch nicht«, ist die Entgegnung. »Was soll es wohl heißen: mehr sagen, als er weiß? Ich kann mir aber vorstellen, daß Sie als Analytiker einen stärkeren Einfluß auf Ihren Patienten gewinnen als der Beichtvater auf das Beichtkind, weil Sie sich soviel länger, intensiver und auch individueller mit ihm abgeben, und daß Sie diesen gesteigerten Einfluß dazu benützen, ihn von seinen krankhaften Gedanken abzubringen, ihm seine Befürchtungen auszureden usw. Es wäre merkwürdig genug, daß es auf diese Weise gelänge, auch rein körperliche Erscheinungen wie Erbrechen, Diarrhöe, Krämpfe zu beherrschen, aber ich weiß davon, daß solche Beeinflussungen sehr wohl möglich sind, wenn man einen Menschen in den hypnotischen Zustand versetzt hat. Wahrscheinlich erzielen Sie durch Ihre Bemühung um den Patienten eine solche hypnotische Beziehung, eine suggestive Bindung an Ihre Person, auch wenn Sie es nicht beabsichtigen, und die Wunder Ihrer Therapie sind dann Wirkungen der hypnotischen Suggestion. Soviel ich weiß, arbeitet aber die hypnotische Therapie viel rascher als Ihre Analyse, die, wie Sie sagen, Monate und Jahre dauert.«

Unser Unparteiischer ist weder so unwissend noch so ratlos, wie wir ihn anfangs eingeschätzt hatten. Es ist unverkennbar, daß er sich bemüht, die Psychoanalyse mit Hilfe seiner früheren Kenntnisse zu begreifen, sie an etwas anderes anzuschließen, was er schon weiß. Wir haben jetzt die schwierige Aufgabe, ihm klarzumachen, daß dies nicht gelingen wird, daß die Analyse ein Verfahren *sui generis* ist, etwas Neues und Eigenartiges, was nur mit Hilfe neuer Einsichten – oder wenn man will, Annahmen – begriffen werden kann. Aber wir sind ihm auch noch die Antwort auf seine letzten Bemerkungen schuldig.

Was Sie von dem besonderen persönlichen Einfluß des Analytikers gesagt haben, ist gewiß sehr beachtenswert. Ein solcher Einfluß existiert und spielt in der Analyse eine große Rolle. Aber nicht dieselbe wie beim Hypnotismus. Es müßte gelingen, Ihnen zu beweisen, daß die Situationen hier und dort ganz verschiedene sind. Es mag die Bemerkung genügen, daß wir diesen persönlichen Einfluß – das »suggestive« Moment – nicht dazu verwenden, um die Leidenssymptome zu unterdrücken, wie es bei der hypnotischen Suggestion geschieht. Ferner, daß es irrig wäre zu glauben, dies Moment sei durchaus der Träger und Förderer der Behandlung. Zu Anfang wohl; aber später widersetzt es sich unseren analytischen Absichten und nötigt uns zu den ausgiebigsten Gegenmaßnahmen. Auch möchte ich Ihnen an einem Beispiel zeigen, wie ferne der analytischen Technik das Ablenken und Ausreden liegt. Wenn unser Patient an einem Schuldgefühl leidet, als ob er ein schweres Verbrechen begangen hätte, so raten wir ihm nicht, sich unter Betonung seiner unzweifelhaften Schuldlosigkeit über diese Gewissensqual hinwegzusetzen; das hat er schon selbst erfolglos versucht. Sondern wir mahnen ihn daran, daß eine so starke und anhaltende Empfindung doch in etwas Wirklichem begründet sein muß, was vielleicht aufgefunden werden kann.

»Es sollte mich wundern«, meint der Unparteiische, »wenn Sie durch solches Zustimmen das Schuldgefühl Ihres Patienten beschwichtigen könnten. Aber was sind denn Ihre analytischen Absichten, und was nehmen Sie mit dem Patienten vor?«

Wenn ich Ihnen etwas Verständliches sagen soll, so muß ich Ihnen wohl ein Stück einer psychologischen Lehre mitteilen, die außerhalb der analytischen Kreise nicht bekannt ist oder nicht gewürdigt wird. Aus dieser Theorie wird sich leicht ableiten lassen, was wir von dem Kranken wollen und auf welche Art wir es erreichen. Ich trage sie Ihnen dogmatisch vor, als ob sie ein fertiges Lehrgebäude wäre. Glauben Sie aber nicht, daß sie gleich als solches wie ein philosophisches System entstanden ist. Wir haben sie sehr langsam entwickelt, um jedes Stückchen lange gerungen, sie in stetem Kontakt mit der Beobachtung fortwährend modifiziert, bis sie endlich eine Form gewonnen hat, in der sie uns für unsere Zwecke zu genügen scheint. Noch vor einigen Jahren hätte ich diese Lehre in andere Ausdrücke kleiden müssen. Ich kann Ihnen natürlich nicht dafür einstehen, daß die heutige Ausdrucksform die definitive bleiben wird. Sie wissen, Wissenschaft ist keine Offenbarung, sie entbehrt, lange über ihre Anfänge hinaus, der Charaktere der Bestimmtheit, Unwandelbarkeit, Unfehlbarkeit, nach denen sich das menschliche Denken so sehr sehnt. Aber so, wie sie ist, ist sie alles, was wir haben können. Nehmen Sie hinzu, daß unsere Wissenschaft sehr jung ist, kaum so alt wie das Jahrhundert, und daß sie sich ungefähr mit dem schwierigsten Stoff beschäftigt, der menschlicher Forschung vorgelegt werden kann, so werden Sie sich leicht in die richtige Einstellung zu meinem Vortrag versetzen können. Unterbrechen Sie mich aber nach Ihrem Belieben jedesmal, wenn Sie mir nicht folgen können oder wenn Sie weitere Aufklärungen wünschen.

»Ich unterbreche Sie, noch ehe Sie beginnen. Sie sagen, Sie wollen mir eine neue Psychologie vortragen, aber ich sollte meinen, die Psychologie ist keine neue Wissenschaft. Es hat genug Psychologie und Psychologen gegeben, und ich habe auf der Schule von großen Leistungen auf diesem Gebiete gehört.«

Die ich nicht zu bestreiten gedenke. Aber wenn Sie näher prüfen, werden Sie diese großen Leistungen eher der Sinnesphysiologie einordnen müssen. Die Lehre vom Seelenleben konnte sich nicht entwickeln, weil sie durch eine einzige wesentliche Verkennung gehemmt war. Was umfaßt sie heute, wie sie an den Schulen gelehrt wird? Außer jenen wertvollen sinnesphysiologischen Einsichten eine Anzahl von Einteilungen und Definitionen unserer seelischen Vorgänge, die dank dem Sprachgebrauch Gemeingut aller Gebildeten geworden sind. Das reicht offenbar für die Auffassung unseres Seelenlebens nicht aus. Haben Sie nicht bemerkt, daß jeder Philosoph, Dichter, Historiker und Biograph sich seine eigene Psychologie zurechtmacht, seine besonderen Voraussetzungen über den Zusammenhang und die Zwecke der seelischen Akte vorbringt, alle mehr oder minder ansprechend und alle gleich unzuverlässig? Da fehlt offenbar ein gemeinsames Fundament. Und daher kommt es auch, daß es auf psychologischem Boden sozusagen keinen Respekt und keine Autorität gibt. Jedermann kann da nach Belieben »wildern«. Wenn Sie eine physikalische oder chemische Frage aufwerfen, wird ein jeder schweigen, der sich nicht im Besitz von »Fachkenntnissen« weiß. Aber wenn Sie eine psychologische Behauptung wagen, müssen Sie auf Urteil und Widerspruch von jedermann gefaßt sein. Wahrscheinlich gibt es auf diesem Gebiet keine »Fachkenntnisse«. Jedermann hat sein Seelenleben, und darum hält sich jedermann für einen Psychologen. Aber das scheint mir kein genügender Rechtstitel zu sein. Man erzählt, daß eine Person, die sich zur »Kinderfrau« anbot, gefragt wurde, ob sie auch mit kleinen Kindern umzugehen verstehe. »Gewiß«, gab sie zur Antwort, »ich war doch selbst einmal ein kleines Kind.«

»Und dies von allen Psychologen übersehene ›gemeinsame Fundament‹ des Seelenlebens wollen Sie durch Beobachtungen an Kranken entdeckt haben?«

Ich glaube nicht, daß diese Herkunft unsere Befunde entwertet. Die Embryologie z. B. verdiente kein Vertrauen, wenn sie nicht die Entstehung der angeborenen Mißbildungen glatt aufklären könnte. Aber ich habe Ihnen von Personen erzählt, deren Gedanken ihre eigenen Wege gehen, so daß sie gezwungen sind, über Probleme zu grübeln, die ihnen furchtbar gleichgiltig sind. Glauben Sie, daß die Schulpsychologie jemals den mindesten Beitrag zur Aufklärung einer solchen Anomalie leisten konnte? Und endlich geschieht es uns allen, daß nächtlicherweile unser Denken eigene Wege geht und Dinge schafft, die wir dann nicht verstehen, die uns befremden und in bedenklicher Weise an krankhafte Produkte erinnern. Ich meine unsere Träume. Das Volk hat immer an dem Glauben festgehalten, daß Träume einen Sinn, einen Wert haben, etwas bedeuten. Diesen Sinn der Träume hat die Schulpsychologie nie angeben können. Sie wußte mit dem Traum nichts anzufangen; wenn sie Erklärungen versucht hat, waren es unpsychologische, wie Zurückführungen auf Sinnesreize, auf eine ungleiche Schlaftiefe verschiedener Hirnpartien u. dgl. Man darf aber sagen, eine Psychologie, die den Traum nicht erklären kann, ist auch für das Verständnis des normalen Seelenlebens nicht brauchbar, hat keinen Anspruch, eine Wissenschaft zu heißen.

»Sie werden aggressiv, also haben Sie wohl eine empfindliche Stelle berührt. Ich habe ja gehört, daß man in der Analyse großen Wert auf Träume legt, sie deutet, Erinnerungen an wirkliche Begebenheiten hinter ihnen sucht usw. Aber auch, daß die Deutung der Träume der Willkür der Analytiker ausgeliefert ist und daß diese selbst mit den Streitigkeiten über die Art, Träume zu deuten, über die Berechtigung, aus ihnen Schlüsse zu ziehen, nicht fertig geworden sind. Wenn das so ist, so dürfen Sie den Vorzug, den die Analyse vor der Schulpsychologie gewonnen hat, nicht so dick unterstreichen.«

Sie haben da wirklich viel Richtiges gesagt. Es ist wahr, daß die Traumdeutung für die Theorie wie für die Praxis der Analyse eine unvergleichliche Wichtigkeit gewonnen hat. Wenn ich aggressiv erscheine, so ist das für mich nur ein Weg der Verteidigung. Wenn ich aber an all den Unfug denke, den manche Analytiker mit der Deutung der Träume angestellt haben, könnte ich verzagt werden und dem pessimistischen Ausspruch unseres großen Satirikers Nestroy[1] recht geben, der lautet: »Ein jeder Fortschritt ist immer nur halb so groß, als er zuerst ausschaut!« Aber haben Sie es je anders erfahren, als daß die Menschen alles verwirren und verzerren, was in ihre Hände fällt? Mit etwas Vorsicht und Selbstzucht kann man die meisten der Gefahren der Traumdeutung sicher vermeiden. Aber glauben Sie nicht, daß ich nie zu meinem Vortrag kommen werde, wenn wir uns so ablenken lassen?

»Ja, Sie wollten von der fundamentalen Voraussetzung der neuen Psychologie erzählen, wenn ich Sie recht verstanden habe.«

Damit wollte ich nicht beginnen. Ich habe die Absicht, Sie hören zu lassen, welche Vorstellung von der Struktur des seelischen Apparats wir uns während der analytischen Studien gebildet haben.

»Was heißen Sie den seelischen Apparat, und woraus ist er gebaut, darf ich fragen?«

Was der seelische Apparat ist, wird bald klarwerden. Aus welchem Material er gebaut ist, danach bitte ich nicht zu fragen. Es ist kein psy-

---

[1] [Johann Nestroy, 1801–1862. – Freud zitiert diese Bemerkung noch einmal in ›Die endliche und die unendliche Analyse‹ (1937 c), unten, S. 369.]

chologisches Interesse, kann der Psychologie ebenso gleichgiltig sein wie der Optik die Frage, ob die Wände des Fernrohrs aus Metall oder aus Pappendeckel gemacht sind. Wir werden den *stofflichen* Gesichtspunkt überhaupt beiseite lassen, den *räumlichen* aber nicht. Wir stellen uns den unbekannten Apparat, der den seelischen Verrichtungen dient, nämlich wirklich wie ein Instrument vor, aus mehreren Teilen aufgebaut – die wir Instanzen heißen –, die ein jeder eine besondere Funktion versehen und die eine feste räumliche Beziehung zueinander haben, d. h., die räumliche Beziehung, das »vor« und »hinter«, »oberflächlich« und »tief«, hat für uns zunächst nur den Sinn einer Darstellung der regelmäßigen Aufeinanderfolge der Funktionen. Bin ich noch verständlich?

»Kaum, vielleicht verstehe ich es später, aber jedenfalls ist das eine sonderbare Anatomie der Seele, die es bei den Naturforschern doch gar nicht mehr gibt.«

Was wollen Sie, es ist eine Hilfsvorstellung wie soviele in den Wissenschaften. Die allerersten sind immer ziemlich roh gewesen. *Open to revision*, kann man in solchen Fällen sagen. Ich halte es für überflüssig, mich hier auf das populär gewordene »Als ob« zu berufen. Der Wert einer solchen – »Fiktion« würde der Philosoph Vaihinger[1] sie nennen – hängt davon ab, wieviel man mit ihr ausrichten kann.

Also um fortzusetzen: Wir stellen uns auf den Boden der Alltagsweisheit und anerkennen im Menschen eine seelische Organisation, die zwischen seine Sinnesreize und die Wahrnehmung seiner Körperbedürfnisse einerseits, seine motorischen Akte anderseits eingeschaltet ist und in bestimmter Absicht zwischen ihnen vermittelt. Wir heißen diese Organisation sein *Ich*. Das ist nun keine Neuigkeit, jeder von uns macht diese Annahme, wenn er kein Philosoph ist, und einige selbst, obwohl sie Philosophen sind. Aber wir glauben nicht, damit die Beschreibung des seelischen Apparats erschöpft zu haben. Außer diesem Ich erkennen wir ein anderes seelisches Gebiet, umfangreicher, großartiger und dunkler als das Ich, und dies heißen wir das *Es*. Das Verhältnis zwischen den beiden soll uns zunächst beschäftigen.

Sie werden es wahrscheinlich beanständen, daß wir zur Bezeichnung

---

[1] [Hans Vaihinger, 1852–1933. Sein philosophisches System wird dargelegt in *Die Philosophie des Als Ob* (1911). Das Werk war in den deutschsprachigen Ländern insbesondere nach dem Ersten Weltkrieg sehr populär. Freud erörtert es relativ ausführlich am Ende von Kapitel V in *Die Zukunft einer Illusion* (1927 c), *Studienausgabe*, Bd. 9, S. 162–3.]

unserer beiden seelischen Instanzen oder Provinzen einfache Fürwörter gewählt haben, anstatt vollautende griechische Namen für sie einzuführen. Allein wir lieben es in der Psychoanalyse, im Kontakt mit der populären Denkweise zu bleiben, und ziehen es vor, deren Begriffe wissenschaftlich brauchbar zu machen, anstatt sie zu verwerfen. Es ist kein Verdienst daran, wir müssen so vorgehen, weil unsere Lehren von unseren Patienten verstanden werden sollen, die oft sehr intelligent sind, aber nicht immer gelehrt. Das unpersönliche *Es* schließt sich unmittelbar an gewisse Ausdrucksweisen des normalen Menschen an. »Es hat mich durchzuckt«, sagt man; »es war etwas in mir, was in diesem Augenblick stärker war als ich.« *»C'était plus fort que moi.«*

In der Psychologie können wir nur mit Hilfe von Vergleichungen beschreiben. Das ist nichts Besonderes, es ist auch anderwärts so. Aber wir müssen diese Vergleiche auch immer wieder wechseln, keiner hält uns lange genug aus. Wenn ich also das Verhältnis zwischen Ich und Es deutlich machen will, so bitte ich Sie, sich vorzustellen, das Ich sei eine Art Fassade des Es, ein Vordergrund, gleichsam eine äußerliche, eine Rindenschicht desselben. Der letztere Vergleich kann festgehalten werden. Wir wissen, Rindenschichten verdanken ihre besonderen Eigenschaften dem modifizierenden Einfluß des äußeren Mediums, an das sie anstoßen. So stellen wir uns vor, das Ich sei die durch den Einfluß der Außenwelt (der Realität) modifizierte Schichte des seelischen Apparats, des Es. Sie sehen dabei, in welcher Weise wir in der Psychoanalyse mit räumlichen Auffassungen Ernst machen. Das Ich ist uns wirklich das Oberflächliche, das Es das Tiefere, von außen betrachtet natürlich. Das Ich liegt zwischen der Realität und dem Es, dem eigentlich Seelischen.

»Ich will Sie noch gar nicht fragen, woher man das alles wissen kann. Sagen Sie mir zunächst, was haben Sie von dieser Trennung eines Ich und eines Es, was nötigt Sie dazu?«

Ihre Frage weist mir den Weg zur richtigen Fortsetzung. Das Wichtige und Wertvolle ist nämlich zu wissen, daß das Ich und das Es in mehreren Punkten sehr voneinander abweichen; es gelten im Ich andere Regeln für den Ablauf seelischer Akte als im Es, das Ich verfolgt andere Absichten und mit anderen Mitteln. Darüber wäre sehr viel zu sagen, aber wollen Sie sich mit einem neuen Vergleich und einem Beispiel abfinden lassen? Denken Sie an den Unterschied zwischen der Front und dem Hinterland, wie er sich während des Krieges herausgebildet hatte. Wir haben uns damals nicht gewundert, daß an der Front manches anders vorging als im Hinterland und daß im Hinterland vieles gestattet war, was an der Front verboten werden mußte. Der bestimmende Einfluß war natürlich die Nähe des Feindes, für das Seelenleben ist es die Nähe der Außenwelt. Draußen – fremd – feindlich waren einmal identische Begriffe. Und nun das Beispiel: Im Es gibt es keine Konflikte; Widersprüche, Gegensätze bestehen unbeirrt nebeneinander und gleichen sich oft durch Kompromißbildungen ab. Das Ich empfindet in solchen Fällen einen Konflikt, der entschieden werden muß, und die Entscheidung besteht darin, daß eine Strebung zugunsten der anderen aufgegeben wird. Das Ich ist eine Organisation, ausgezeichnet durch ein sehr merkwürdiges Streben nach Vereinheitlichung, nach Synthese; dieser Charakter fehlt dem Es, es ist – sozusagen – zerfahren, seine einzelnen Strebungen verfolgen ihre Absichten unabhängig von- und ohne Rücksicht aufeinander.

»Und wenn ein so wichtiges seelisches Hinterland existiert, wie können Sie mir begreiflich machen, daß es bis zur Zeit der Analyse übersehen wurde?«

Damit sind wir zu einer Ihrer früheren Fragen [S. 283] zurückgekehrt. Die Psychologie hatte sich den Zugang zum Gebiet des Es versperrt, indem sie an einer Voraussetzung festhielt, die nahe genug liegt, aber doch nicht haltbar ist. Nämlich, daß alle seelischen Akte uns bewußt sind, daß Bewußt-sein[1] das Kennzeichen des Seelischen ist und daß, wenn es nichtbewußte Vorgänge in unserem Gehirn gibt, diese nicht den Namen seelischer Akte verdienen und die Psychologie nichts angehen.

»Ich meine, das ist doch selbstverständlich.«

Ja, das meinen die Psychologen auch, aber es ist doch leicht zu zeigen, daß es falsch, d. h. eine ganz unzweckmäßige Sonderung ist. Die bequemste Selbstbeobachtung lehrt, daß man Einfälle haben kann, die nicht ohne Vorbereitung zustande gekommen sein können. Aber von diesen Vorstufen Ihres Gedankens, die doch wirklich auch seelischer Natur gewesen sein müssen, erfahren Sie nichts, in Ihr Bewußtsein tritt nur das fertige Resultat. Gelegentlich können Sie sich *nachträglich* diese vorbereitenden Gedankenbildungen wie in einer Rekonstruktion bewußtmachen.

---

[1] [Nur in der Erstausgabe von 1926 erscheint dieses Wort mit Bindestrich. In allen späteren deutschen Ausgaben wurde der Bindestrich, irrtümlich, entfernt und der Ausdruck in einem Wort geschrieben. Dadurch ging Freuds Absicht, den passiven Sinn des Wortes »bewußt« zu betonen, verloren. In ähnlicher Weise und in ähnlicher Absicht ist das Wort auch zu Beginn des vierten Absatzes von Kapitel I von *Das Ich und das Es* (1923 *b*, *Studienausgabe*, Bd. 3, S. 283) aufgeteilt.]

»Wahrscheinlich war die Aufmerksamkeit abgelenkt, so daß man diese Vorbereitungen nicht bemerkt hat.«

Ausflüchte! Sie kommen so um die Tatsache nicht herum, daß in Ihnen Akte seelischer Natur, oft sehr komplizierte, vorgehen können, von denen Ihr Bewußtsein nichts erfährt, von denen Sie nichts wissen. Oder sind Sie zu der Annahme bereit, daß etwas mehr oder weniger von Ihrer »Aufmerksamkeit« hinreicht, um einen nicht seelischen Akt in einen seelischen zu verwandeln? Übrigens wozu der Streit? Es gibt hypnotische Experimente, in denen die Existenz solcher nicht bewußter Gedanken für jedermann, der lernen will, unwiderleglich demonstriert wird.

»Ich will nicht leugnen, aber ich glaube, ich verstehe Sie endlich. Was Sie Ich heißen, ist das Bewußtsein, und Ihr Es ist das sogenannte Unterbewußtsein, von dem jetzt soviel die Rede ist. Aber wozu die Maskerade durch die neuen Namen?«

Es ist keine Maskerade, diese anderen Namen sind unbrauchbar. Und versuchen Sie nicht, mir Literatur anstatt Wissenschaft zu geben. Wenn jemand vom Unterbewußtsein spricht, weiß ich nicht, meint er es topisch, etwas, was in der Seele unterhalb des Bewußtseins liegt, oder qualitativ, ein anderes Bewußtsein, ein unterirdisches gleichsam. Wahrscheinlich macht er sich überhaupt nichts klar. Der einzig zulässige Gegensatz ist der zwischen bewußt und unbewußt. Aber es wäre ein folgenschwerer Irrtum zu glauben, dieser Gegensatz fiele mit der Scheidung von Ich und Es zusammen. Allerdings, es wäre wunderschön, wenn es so einfach wäre, unsere Theorie hätte dann ein leichtes Spiel, aber es ist nicht so einfach. Richtig ist nur, daß alles, was im Es vorgeht, unbewußt ist und bleibt und daß die Vorgänge im Ich bewußt werden *können*, sie allein. Aber sie sind es nicht alle, nicht immer, nicht notwendig, und große Anteile des Ichs können dauernd unbewußt bleiben.

Mit dem Bewußtwerden eines seelischen Vorganges ist es eine komplizierte Sache. Ich kann es mir nicht versagen, Ihnen – wiederum dogmatisch – darzustellen, was wir darüber annehmen. Sie erinnern sich, das Ich ist die äußere, peripherische Schicht des Es. Nun glauben wir, an der äußersten Oberfläche dieses Ichs befinde sich eine besondere, der Außenwelt direkt zugewendete Instanz, ein System, ein Organ, durch dessen Erregung allein das Phänomen, das wir Bewußtsein heißen, zustande kommt. Dies Organ kann ebensowohl von außen erregt werden, nimmt also mit Hilfe der Sinnesorgane die Reize der Außenwelt auf, wie auch von innen her, wo es zuerst die Sensationen im Es und dann auch die Vorgänge im Ich zur Kenntnis nehmen kann.

»Das wird immer ärger und entzieht sich immer mehr meinem Verständnis. Sie haben mich doch zu einer Unterredung über die Frage eingeladen, ob auch Laien = Nichtärzte analytische Behandlungen unternehmen sollen. Wozu dann diese Auseinandersetzungen über gewagte, dunkle Theorien, von deren Berechtigung Sie mich doch nicht überzeugen können?«

Ich weiß, daß ich Sie nicht überzeugen kann. Es liegt außerhalb jeder Möglichkeit und darum auch außerhalb meiner Absicht. Wenn wir unseren Schülern theoretischen Unterricht in der Psychoanalyse geben, so können wir beobachten, wie wenig Eindruck wir ihnen zunächst machen. Sie nehmen die analytischen Lehren mit derselben Kühle hin wie andere Abstraktionen, mit denen sie genährt wurden. Einige wollen vielleicht überzeugt werden, aber keine Spur davon, daß sie es sind. Nun verlangen wir auch, daß jeder, der die Analyse an anderen ausüben will, sich vorher selbst einer Analyse unterwerfe. Erst im Verlauf dieser »Selbstanalyse«[1] (wie sie mißverständlich genannt wird), wenn sie die von der Analyse behaupteten Vorgänge am eigenen Leib – richtiger: an der eigenen Seele – tatsächlich erleben, erwerben sie sich die Überzeugungen, von denen sie später als Analytiker geleitet werden. Wie darf ich also erwarten, Sie, den Unparteiischen, von der Richtigkeit unserer Theorien zu überzeugen, dem ich nur eine unvollständige, verkürzte und darum undurchsichtige Darstellung derselben ohne Bekräftigung durch Ihre eigenen Erfahrungen vorlegen kann?

Ich handle in anderer Absicht. Es ist zwischen uns gar nicht die Frage, ob die Analyse klug oder unsinnig ist, ob sie in ihren Aufstellungen recht hat oder in grobe Irrtümer verfällt. Ich rolle unsere Theorien vor Ihnen auf, weil ich Ihnen so am besten klarmachen kann, welchen Gedankeninhalt die Analyse hat, von welchen Voraussetzungen sie beim einzelnen Kranken ausgeht und was sie mit ihm vornimmt. Dadurch wird dann ein ganz bestimmtes Licht auf die Frage der Laienanalyse geworfen werden. Seien Sie übrigens ruhig, Sie haben, wenn Sie mir soweit gefolgt sind, das Ärgste überstanden, alles Folgende wird Ihnen leichter werden. Jetzt aber lassen Sie mich eine Atempause machen.

---

[1] [Dies wird heute gewöhnlich als »Lehranalyse« bezeichnet. Zur »Selbstanalyse« im buchstäblichen Sinn vgl. oben, S. 176 und Anm.]

»Ich erwarte, daß Sie mir aus den Theorien der Psychoanalyse ableiten wollen, wie man sich die Entstehung eines nervösen Leidens vorstellen kann.«

Ich will es versuchen. Zu dem Zweck müssen wir aber unser Ich und unser Es von einem neuen Gesichtspunkt aus studieren, vom *dynamischen*, d. h. mit Rücksicht auf die Kräfte, die in und zwischen ihnen spielen. Vorhin hatten wir uns ja mit der Beschreibung des seelischen Apparats begnügt.

»Wenn es nur nicht wieder so unfaßbar wird!«

Ich hoffe, nicht. Sie werden sich bald zurechtfinden. Also wir nehmen an, daß die Kräfte, welche den seelischen Apparat zur Tätigkeit treiben, in den Organen des Körpers erzeugt werden als Ausdruck der großen Körperbedürfnisse. Sie erinnern sich an das Wort unseres Dichterphilosophen: Hunger und Liebe[1]. Übrigens ein ganz respektables Kräftepaar! Wir heißen diese Körperbedürfnisse, insofern sie Anreize für seelische Tätigkeit darstellen, *Triebe*, ein Wort, um das uns viele moderne Sprachen beneiden. Diese Triebe erfüllen nun das Es; alle Energie im Es, können wir abkürzend sagen, stammt von ihnen. Die Kräfte im Ich haben auch keine andere Herkunft, sie sind von denen im Es abgeleitet. Was wollen nun die Triebe? Befriedigung, d. h. die Herstellung solcher Situationen, in denen die Körperbedürfnisse erlöschen können. Das Herabsinken der Bedürfnisspannung wird von unserem Bewußtseinsorgan als lustvoll empfunden, eine Steigerung derselben bald als Unlust. Aus diesen Schwankungen entsteht die Reihe von Lust-Unlustempfindungen, nach der der ganze seelische Apparat seine Tätigkeit reguliert. Wir sprechen da von einer »*Herrschaft des Lustprinzips*«.

Es kommt zu unerträglichen Zuständen, wenn die Triebansprüche des Es keine Befriedigung finden. Die Erfahrung zeigt bald, daß solche Befriedigungssituationen nur mit Hilfe der Außenwelt hergestellt werden können. Damit tritt der der Außenwelt zugewendete Anteil des Es,

[1] [»Erhält sie [Natur] das Getriebe
Durch Hunger und durch Liebe.« Schiller, ›Die Weltweisen‹.]

das Ich, in Funktion. Wenn alle treibende Kraft, die das Fahrzeug von der Stelle bringt, vom Es aufgebracht wird, so übernimmt das Ich gleichsam die Steuerung, bei deren Ausfall ja ein Ziel nicht zu erreichen ist. Die Triebe im Es drängen auf sofortige, rücksichtslose Befriedigung, erreichen auf diese Weise nichts oder erzielen selbst fühlbare Schädigung. Es wird nun die Aufgabe des Ichs, diesen Mißerfolg zu verhüten, zwischen den Ansprüchen des Es und dem Einspruch der realen Außenwelt zu vermitteln. Es entfaltet seine Tätigkeit nun nach zwei Richtungen. Einerseits beobachtet es mit Hilfe seines Sinnesorgans, des Bewußtseinssystems, die Außenwelt, um den günstigen Moment für schadlose Befriedigung zu erhaschen, anderseits beeinflußt es das Es, zügelt dessen »Leidenschaften«, veranlaßt die Triebe, ihre Befriedigung aufzuschieben, ja, wenn es als notwendig erkannt wird, ihre Ziele zu modifizieren oder sie gegen Entschädigung aufzugeben. Indem es die Regungen des Es in solcher Weise bändigt, ersetzt es das früher allein maßgebende Lustprinzip durch das sogenannte *Realitätsprinzip,* das zwar dieselben Endziele verfolgt, aber den von der realen Außenwelt gesetzten Bedingungen Rechnung trägt. Später lernt das Ich, daß es noch einen anderen Weg zur Versicherung der Befriedigung gibt als die beschriebene *Anpassung* an die Außenwelt. Man kann auch *verändernd* in die Außenwelt eingreifen und in ihr absichtlich jene Bedingungen herstellen, welche die Befriedigung ermöglichen. Diese Tätigkeit wird dann zur höchsten Leistung des Ichs; die Entscheidungen, wann es zweckmäßiger ist, seine Leidenschaften zu beherrschen und sich vor der Realität zu beugen oder deren Partei zu ergreifen und sich gegen die Außenwelt zur Wehr zu setzen, sind das Um und Auf der Lebensklugheit.

»Und läßt sich das Es eine solche Beherrschung durch das Ich gefallen, wo es doch, wenn ich Sie recht verstehe, der stärkere Teil ist?«

Ja, es geht gut, wenn das Ich seine volle Organisation und Leistungsfähigkeit besitzt, zu allen Teilen des Es Zugang hat und seinen Einfluß auf sie üben kann. Es besteht ja keine natürliche Gegnerschaft zwischen Ich und Es, sie gehören zusammen und sind im Falle der Gesundheit praktisch nicht voneinander zu scheiden.

»Das läßt sich alles hören, aber ich sehe nicht, wo sich in diesem idealen Verhältnis ein Plätzchen für die Krankheitsstörung findet.«

Sie haben recht; solange das Ich und seine Beziehungen zum Es diese idealen Anforderungen erfüllen, gibt es auch keine nervöse Störung. Die Einbruchsstelle der Krankheit liegt an einem unerwarteten Ort, obwohl ein Kenner der allgemeinen Pathologie nicht überrascht sein wird, bestätigt zu finden, daß gerade die bedeutsamsten Entwicklungen und Differenzierungen den Keim zur Erkrankung, zum Versagen der Funktion, in sich tragen.

»Sie werden zu gelehrt, ich verstehe Sie nicht.«

Ich muß ein bißchen weiter ausholen. Nicht wahr, das kleine Lebewesen ist ein recht armseliges, ohnmächtiges Ding gegen die übergewaltige Außenwelt, die voll ist von zerstörenden Einwirkungen. Ein primitives Lebewesen, das keine zureichende Ichorganisation entwickelt hat, ist all diesen »Traumen« ausgesetzt. Es lebt der »blinden« Befriedigung seiner Triebwünsche und geht so häufig an dieser zugrunde. Die Differenzierung eines Ichs ist vor allem ein Schritt zur Lebenserhaltung. Aus dem Untergang läßt sich zwar nichts lernen, aber wenn man ein Trauma glücklich bestanden hat, achtet man auf die Annäherung ähnlicher Situationen und signalisiert die Gefahr durch eine verkürzte Wiederholung der beim Trauma erlebten Eindrücke, durch einen *Angstaffekt*. Diese Reaktion auf die Wahrnehmung der Gefahr leitet nun den Fluchtversuch ein, der so lange lebensrettend wirkt, bis man genug erstarkt ist, um dem Gefährlichen in der Außenwelt in aktiverer Weise, vielleicht sogar durch Aggression zu begegnen.

»Das ist alles sehr weit weg von dem, was Sie versprochen haben.«

Sie ahnen nicht, wie nah ich der Erfüllung meines Versprechens gekommen bin. Auch bei den Lebewesen, die später eine leistungsfähige Ichorganisation haben, ist dieses Ich zuerst in den Jahren der Kindheit schwächlich und vom Es wenig differenziert. Nun stellen Sie sich vor, was geschehen wird, wenn dieses machtlose Ich einen Triebanspruch aus dem Es erlebt, dem es bereits widerstehen möchte, weil es errät, daß dessen Befriedigung gefährlich ist, eine traumatische Situation, einen Zusammenstoß mit der Außenwelt heraufbeschwören würde, den es aber nicht beherrschen kann, weil es die Kraft dazu noch nicht besitzt. Das Ich behandelt dann die Triebgefahr, als ob es eine äußere Gefahr wäre, es unternimmt einen Fluchtversuch, zieht sich von diesem Anteil des Es zurück und überläßt ihn seinem Schicksal, nachdem es ihm alle Beiträge, die es sonst zu den Triebregungen stellt, verweigert hat. Wir sagen, das Ich nimmt eine *Verdrängung* dieser Triebregungen vor. Das hat für den Augenblick den Erfolg, die Gefahr abzuwehren, aber man verwechselt nicht ungestraft das Innen und das Außen. Man kann nicht vor sich selbst davonlaufen. Bei der Verdrängung folgt das Ich dem Lustprinzip, welches es sonst zu korrigieren pflegt, es hat dafür den

Schaden zu tragen. Dieser besteht darin, daß das Ich nun seinen Machtbereich dauernd eingeschränkt hat. Die verdrängte Triebregung ist jetzt
isoliert, sich selbst überlassen, unzugänglich, aber auch unbeeinflußbar.
Sie geht ihren eigenen Weg. Das Ich kann zumeist auch später, wenn es
erstarkt ist, die Verdrängung nicht mehr aufheben, seine Synthese ist
gestört, ein Teil des Es bleibt für das Ich verbotener Grund. Die isolierte
Triebregung bleibt aber auch nicht müßig, sie weiß sich dafür, daß ihr
die normale Befriedigung versagt ist, zu entschädigen, erzeugt psychische Abkömmlinge, die sie vertreten, setzt sich mit anderen Vorgängen in Verknüpfung, die sie durch ihren Einfluß gleichfalls dem Ich ent-
reißt, und bricht endlich in einer unkenntlich entstellten Ersatzbildung
ins Ich und zum Bewußtsein durch, schafft das, was man ein Symptom
nennt. Mit einem Male sehen wir den Sachverhalt einer nervösen Störung vor uns: ein Ich, das in seiner Synthese gehemmt ist, das auf Teile
des Es keinen Einfluß hat, das auf manche seiner Tätigkeiten verzichten
muß, um einen neuerlichen Zusammenstoß mit dem Verdrängten zu
vermeiden, das sich in meist vergeblichen Abwehraktionen gegen die
Symptome, die Abkömmlinge der verdrängten Regungen, erschöpft,
und ein Es, in dem sich einzelne Triebe selbständig gemacht haben, ohne
Rücksicht auf die Interessen der Gesamtperson ihre Ziele verfolgen und
nur mehr den Gesetzen der primitiven Psychologie gehorchen, die in
den Tiefen des Es gebietet. Übersehen wir die ganze Situation, so erweist sich uns als einfache Formel für die Entstehung der Neurose, daß
das Ich den Versuch gemacht hat, gewisse Anteile des Es *in ungeeigneter
Weise* zu unterdrücken, daß dies mißlungen ist und das Es dafür seine
Rache genommen hat. Die Neurose ist also die Folge eines Konflikts
zwischen Ich und Es, in den das Ich eintritt, weil es, wie eingehende
Untersuchung zeigt, durchaus an seiner Gefügigkeit gegen die reale
Außenwelt festhalten will. Der Gegensatz läuft zwischen Außenwelt
und Es, und weil das Ich, seinem innersten Wesen getreu, für die Außenwelt Partei nimmt, gerät es in Konflikt mit seinem Es. Beachten Sie
aber wohl, nicht die Tatsache dieses Konflikts schafft die Bedingung des
Krankseins – denn solche Gegensätze zwischen Realität und Es sind
unvermeidlich, und das Ich führt unter seinen beständigen Aufgaben, in
ihnen zu vermitteln –, sondern der Umstand, daß das Ich sich zur Erledigung des Konflikts des unzureichenden Mittels der Verdrängung bedient hat. Dies hat aber selbst seinen Grund darin, daß das Ich zur Zeit,
als sich ihm die Aufgabe stellte, unentwickelt und ohnmächtig war. Die
entscheidenden Verdrängungen fallen ja alle in früher Kindheit vor.

»Welch ein merkwürdiger Weg! Ich folge Ihrem Rat, nicht zu kritisie-
ren, da Sie mir ja nur zeigen wollen, was die Psychoanalyse von der
Entstehung der Neurose glaubt, um daran zu knüpfen, was sie zu ihrer
Bekämpfung unternimmt. Ich hätte verschiedenes zu fragen, werde
einiges auch später vorbringen. Zunächst verspüre ich auch einmal die
Versuchung, auf Grund Ihrer Gedankengänge weiterzubauen und selbst
eine Theorie zu wagen. Sie haben die Relation Außenwelt–Ich–Es
entwickelt und als die Bedingung der Neurose hingestellt, daß das Ich
in seiner Abhängigkeit von der Außenwelt das Es bekämpft. Ist nicht
auch der andere Fall denkbar, daß das Ich in einem solchen Konflikt
sich vom Es fortreißen läßt und seine Rücksicht auf die Außenwelt verleugnet? Was geschieht in einem solchen Falle? Nach meinen laienhaften
Vorstellungen von der Natur einer Geisteskrankheit könnte diese Entscheidung des Ichs die Bedingung der Geisteskrankheit sein. Solch eine
Abwendung von der Wirklichkeit scheint doch das Wesentliche an der
Geisteskrankheit.«

Ja, daran habe ich selbst gedacht[1] und halte es sogar für zutreffend,
wenngleich der Erweis dieser Vermutung eine Diskussion von recht
komplizierten Verhältnissen erfordert. Neurose und Psychose sind
offenbar innig verwandt und müssen sich doch in einem entscheidenden
Punkt voneinander trennen. Dieser Punkt könnte wohl die Parteinahme des Ichs in einem solchen Konflikt sein. Das Es würde in beiden
Fällen seinen Charakter von blinder Unnachgiebigkeit bewahren.

»Nun setzen Sie fort. Welche Winke gibt Ihre Theorie für die Behandlung der neurotischen Erkrankungen?«

Unser therapeutisches Ziel ist jetzt leicht zu umschreiben. Wir wollen
das Ich herstellen, es von seinen Einschränkungen befreien, ihm die
Herrschaft über das Es wiedergeben, die es infolge seiner frühen Verdrängungen eingebüßt hat. Nur zu diesem Zweck machen wir die Analyse, unsere ganze Technik ist auf dieses Ziel gerichtet. Wir haben die
vorgefallenen Verdrängungen aufzusuchen und das Ich zu bewegen, sie
nun mit unserer Hilfe zu korrigieren, die Konflikte besser als durch
einen Fluchtversuch zu erledigen. Da diese Verdrängungen sehr frühen
Kinderjahren angehören, führt uns auch die analytische Arbeit in diese
Lebenszeit zurück. Den Weg zu den meist vergessenen Konfliktsitua-
tionen, die wir in der Erinnerung des Kranken wiederbeleben wollen,
weisen uns die Symptome, Träume und freien Einfälle des Kranken,

---

[1] [Vgl. Freud, ›Neurose und Psychose‹ (1924 *b*).]

die wir allerdings erst deuten, übersetzen müssen, da sie unter dem Einfluß der Psychologie des Es für unser Verständnis fremdartige Ausdrucksformen angenommen haben. Von den Einfällen, Gedanken und Erinnerungen, die uns der Patient nicht ohne inneres Sträuben mitteilen kann, dürfen wir annehmen, daß sie irgendwie mit dem Verdrängten zusammenhängen oder Abkömmlinge desselben sind. Indem wir den Kranken dazu antreiben, sich über seine Widerstände bei der Mitteilung hinauszusetzen, erziehen wir sein Ich dazu, seine Neigung zu Fluchtversuchen zu überwinden und die Annäherung des Verdrängten zu vertragen. Am Ende, wenn es gelungen ist, die Situation der Verdrängung in seiner Erinnerung zu reproduzieren, wird seine Gefügigkeit glänzend belohnt. Der ganze Unterschied der Zeiten läuft zu seinen Gunsten, und das, wovor sein kindliches Ich erschreckt die Flucht ergriffen hatte, das erscheint dem erwachsenen und erstarkten Ich oft nur als Kinderspiel.

»Alles, was Sie mir bisher erzählt haben, war Psychologie. Es klang oft befremdlich, spröde, dunkel, aber es war doch immer, wenn ich so sagen soll: reinlich. Nun habe ich zwar bisher sehr wenig von Ihrer Psychoanalyse gewußt, aber das Gerücht ist doch zu mir gedrungen, daß sie sich vorwiegend mit Dingen beschäftigt, die auf dieses Prädikat keinen Anspruch haben. Es macht mir den Eindruck einer beabsichtigten Zurückhaltung, daß Sie bisher nichts Ähnliches berührt haben. Auch kann ich einen anderen Zweifel nicht unterdrücken. Die Neurosen sind doch, wie Sie selbst sagen, Störungen des Seelenlebens. Und so wichtige Dinge wie unsere Ethik, unser Gewissen, unsere Ideale sollten bei diesen tiefgreifenden Störungen gar keine Rolle spielen?«

Sie vermissen also in unseren bisherigen Besprechungen die Berücksichtigung des Niedrigsten wie des Höchsten. Das kommt aber daher, daß wir von den Inhalten des Seelenlebens überhaupt noch nicht gehandelt haben. Lassen Sie mich aber jetzt einmal selbst die Rolle des Unterbrechers spielen, der den Fortschritt der Unterredung aufhält. Ich habe Ihnen soviel Psychologie erzählt, weil ich wünschte, daß Sie den Eindruck empfangen, die analytische Arbeit sei ein Stück angewandter Psychologie, und zwar einer Psychologie, die außerhalb der Analyse nicht bekannt ist. Der Analytiker muß also vor allem diese Psychologie, die Tiefenpsychologie oder Psychologie des Unbewußten, gelernt haben, wenigstens soviel als heute davon bekannt ist. Wir werden das für unsere späteren Folgerungen brauchen. Aber jetzt, was meinten Sie mit der Anspielung auf die Reinlichkeit?

»Nun, es wird allgemein erzählt, daß in den Analysen die intimsten – und garstigsten Angelegenheiten des Geschlechtslebens mit allen Details zur Sprache kommen. Wenn das so ist – aus Ihren psychologischen Auseinandersetzungen habe ich nicht entnehmen können, daß es so sein muß –, so wäre es ein starkes Argument dafür, solche Behandlungen nur Ärzten zu gestatten. Wie kann man daran denken, anderen Personen, deren Diskretion man nicht sicher ist, für deren Charakter man keine Bürgschaft hat, so gefährliche Freiheiten einzuräumen?«

Es ist wahr, die Ärzte genießen auf sexuellem Gebiet gewisse Vorrechte;

sie dürfen ja auch die Genitalien inspizieren. Obwohl sie es im Orient nicht durften; auch manche Idealreformer – Sie wissen, wen ich meine[1] – haben diese Vorrechte bekämpft. Aber Sie wollen zunächst wissen, ob es in der Analyse so ist und warum es so sein muß? – Ja, es ist so.

Es muß aber so sein, erstens weil die Analyse überhaupt auf volle Aufrichtigkeit gebaut ist. Man behandelt in ihr z. B. Vermögensverhältnisse mit ebensolcher Ausführlichkeit und Offenheit, sagt Dinge, die man jedem Mitbürger vorenthält, auch wenn er nicht Konkurrent oder Steuerbeamter ist. Daß diese Verpflichtung zur Aufrichtigkeit auch den Analytiker unter schwere moralische Verantwortlichkeit setzt, werde ich nicht bestreiten, sondern selbst energisch betonen. Zweitens muß es so sein, weil unter den Ursachen und Anlässen der nervösen Erkrankungen Momente des Geschlechtslebens eine überaus wichtige, eine überragende, vielleicht selbst eine spezifische Rolle spielen. Was kann die Analyse anderes tun, als sich ihrem Stoff, dem Material, das der Kranke bringt, anzuschmiegen? Der Analytiker lockt den Patienten niemals auf das sexuelle Gebiet, er sagt ihm nicht voraus: Es wird sich um die Intimitäten Ihres Geschlechtslebens handeln! Er läßt ihn seine Mitteilungen beginnen, wo es ihm beliebt, und wartet ruhig ab, bis der Patient selbst die geschlechtlichen Dinge anrührt. Ich pflegte meine Schüler immer zu mahnen: Unsere Gegner haben uns angekündigt, daß wir auf Fälle stoßen werden, bei denen das sexuelle Moment keine Rolle spielt; hüten wir uns davor, es in die Analyse einzuführen, verderben wir uns die Chance nicht, einen solchen Fall zu finden. Nun, bis jetzt hat niemand von uns dieses Glück gehabt.

Ich weiß natürlich, daß unsere Anerkennung der Sexualität – eingestandener- oder uneingestandermaßen – das stärkste Motiv für die Feindseligkeit der anderen gegen die Analyse geworden ist. Kann uns das irremachen? Es zeigt uns nur, wie neurotisch unser ganzes Kulturleben ist, da sich die angeblich Normalen nicht viel anders benehmen als die Nervösen. Zur Zeit als in gelehrten Gesellschaften Deutschlands feierlich Gericht über die Psychoanalyse gehalten wurde – heute ist es wesentlich stiller geworden –, beanspruchte ein Redner besondere Autorität, weil er nach seiner Mitteilung auch die Kranken sich äußern lasse. Offenbar in diagnostischer Absicht und um die Behauptungen der Analytiker zu prüfen. Aber, setzte er hinzu, wenn sie anfangen, von sexuellen Dingen zu reden, dann verschließe ich ihnen den Mund. Was denken Sie

---

[1] [Ohne Zweifel Tolstoi und seine Anhänger. S. eine ähnliche Passage in der Arbeit über die Übertragungsliebe (1915 *a*), im vorliegenden Band S. 221.]

von einem solchen Beweisverfahren? Die gelehrte Gesellschaft jubelte dem Redner Beifall zu, anstatt sich gebührenderweise für ihn zu schämen. Nur die triumphierende Sicherheit, welche das Bewußtsein gemeinsamer Vorurteile verleiht, kann die logische Sorglosigkeit dieses Redners erklären. Jahre später haben einige meiner damaligen Schüler dem Bedürfnis nachgegeben, die menschliche Gesellschaft vom Joch der Sexualität, das ihr die Psychoanalyse auferlegen will, zu befreien. Der eine hat erklärt, das Sexuelle bedeute gar nicht die Sexualität, sondern etwas anderes, Abstraktes, Mystisches; ein zweiter gar, das Sexualleben sei nur eines der Gebiete, auf dem der Mensch das ihn treibende Bedürfnis nach Macht und Herrschaft betätigen wolle[1]. Sie haben sehr viel Beifall gefunden, für die nächste Zeit wenigstens.

»Da getraue ich mich aber doch einmal Partei zu nehmen. Es scheint mir sehr gewagt zu behaupten, daß die Sexualität kein natürliches, ursprüngliches Bedürfnis der lebenden Wesen ist, sondern der Ausdruck für etwas anderes. Man braucht sich da nur an das Beispiel der Tiere zu halten.«

Das macht nichts. Es gibt keine noch so absurde Mixtur, die die Gesellschaft nicht bereitwillig schlucken würde, wenn sie nur als Gegenmittel gegen die gefürchtete Übermacht der Sexualität ausgerufen wird.

Ich gestehe Ihnen übrigens, daß mir die Abneigung, die Sie selbst verraten haben, dem sexuellen Moment eine so große Rolle in der Verursachung der Neurosen einzuräumen, mit Ihrer Aufgabe als Unparteiischer nicht gut verträglich scheint. Fürchten Sie nicht, daß Sie durch solche Antipathie in der Fällung eines gerechten Urteils gestört sein werden?

»Es tut mir leid, daß Sie das sagen. Ihr Vertrauen zu mir scheint erschüttert. Warum haben Sie dann nicht einen anderen zum Unparteiischen gewählt?«

Weil dieser andere auch nicht anders gedacht hätte als Sie. Wenn er aber von vornherein bereit gewesen wäre, die Bedeutung des Geschlechtslebens anzuerkennen, so hätte alle Welt gerufen: »Das ist ja kein Unparteiischer, das ist ja ein Anhänger von Ihnen.« Nein, ich gebe die Erwartung keineswegs auf, Einfluß auf Ihre Meinungen zu gewinnen. Ich bekenne aber, dieser Fall liegt für mich anders als der vorhin behandelte. Bei den psychologischen Erörterungen mußte es mir gleich gelten, ob Sie mir Glauben schenken oder nicht, wenn Sie nur den Eindruck bekommen, es handle sich um rein psychologische Probleme.

---

[1] [Gemeint sind natürlich die Theorien C. G. Jungs und Alfred Adlers.]

Diesmal, bei der Frage der Sexualität, möchte ich doch, daß Sie der Einsicht zugänglich werden, Ihr stärkstes Motiv zum Widerspruch sei eben die mitgebrachte Feindseligkeit, die Sie mit so vielen anderen teilen.

»Es fehlt mir doch die Erfahrung, welche Ihnen eine so unerschütterliche Sicherheit geschaffen hat.«

Gut, ich darf jetzt in meiner Darstellung fortfahren. Das Geschlechtsleben ist nicht nur eine Pikanterie, sondern auch ein ernsthaftes wissenschaftliches Problem. Es gab da viel Neues zu erfahren, viel Sonderbares zu erklären. Ich sagte Ihnen schon, daß die Analyse bis in die frühen Kindheitsjahre des Patienten zurückgehen mußte, weil in diesen Zeiten und während der Schwäche des Ichs die entscheidenden Verdrängungen vorgefallen sind. In der Kindheit gibt es aber doch gewiß kein Geschlechtsleben, das hebt erst mit der Pubertätszeit an? Im Gegenteile, wir hatten die Entdeckung zu machen, daß die sexuellen Triebregungen das Leben von der Geburt an begleiten und daß es gerade diese Triebe sind, zu deren Abwehr das infantile Ich die Verdrängungen vornimmt. Ein merkwürdiges Zusammentreffen, nicht wahr, daß schon das kleine Kind sich gegen die Macht der Sexualität sträubt, wie später der Redner in der gelehrten Gesellschaft und noch später meine Schüler, die ihre eigenen Theorien aufstellen? Wie das zugeht? Die allgemeinste Auskunft wäre, daß unsere Kultur überhaupt auf Kosten der Sexualität aufgebaut wird, aber es ist viel anderes darüber zu sagen.

Die Entdeckung der kindlichen Sexualität gehört zu jenen Funden, deren man sich zu schämen hat[1]. Einige Kinderärzte haben immer darum gewußt, wie es scheint, auch einige Kinderpflegerinnen. Geistreiche Männer, die sich Kinderpsychologen heißen, haben dann in vorwurfsvollem Ton von einer »Entharmlosung der Kindheit« gesprochen. Immer wieder Sentimente an Stelle von Argumenten! In unseren politischen Körperschaften sind solche Vorkommnisse alltäglich. Irgendwer von der Opposition steht auf und denunziert eine Mißwirtschaft in der Verwaltung, Armee, Justiz u. dgl. Darauf erklärt ein anderer, am liebsten einer von der Regierung, solche Konstatierungen beleidigen das staatliche, militärische, dynastische oder gar das nationale Ehrgefühl. Sie seien also so gut wie nicht wahr. Diese Gefühle vertragen keine Beleidigung.

Das Geschlechtsleben des Kindes ist natürlich ein anderes als das des

---

[1] [Vgl. eine ähnliche Passage in ›Zur Geschichte der psychoanalytischen Bewegung‹ (1914 d), zu Beginn der zweiten Hälfte von Abschnitt I.]

Erwachsenen. Die Sexualfunktion macht von ihren Anfängen bis zu der uns so vertrauten Endgestaltung eine komplizierte Entwicklung durch. Sie wächst aus zahlreichen Partialtrieben mit besonderen Zielen zusammen, durchläuft mehrere Phasen der Organisation, bis sie sich endlich in den Dienst der Fortpflanzung stellt. Von den einzelnen Partialtrieben sind nicht alle für den Endausgang gleich brauchbar, sie müssen abgelenkt, umgemodelt, zum Teil unterdrückt werden. Eine so weitläufige Entwicklung wird nicht immer tadellos durchgemacht, es kommt zu Entwicklungshemmungen, partiellen Fixierungen auf frühen Entwicklungsstufen; wo sich später der Ausübung der Sexualfunktion Hindernisse entgegenstellen, weicht das sexuelle Streben – die Libido, wie wir sagen – gern auf solche frühere Fixierungsstellen zurück. Das Studium der kindlichen Sexualität und ihrer Umwandlungen bis zur Reife hat uns auch den Schlüssel zum Verständnis der sogenannten sexuellen Perversionen gegeben, die man immer mit allen geforderten Anzeichen des Abscheus zu beschreiben pflegte, deren Entstehung man aber nicht aufklären konnte. Das ganze Gebiet ist ungemein interessant, es hat nur für die Zwecke unserer Unterredungen nicht viel Sinn, wenn ich Ihnen mehr davon erzähle. Man braucht, um sich hier zurechtzufinden, natürlich anatomische und physiologische Kenntnisse, die leider nicht sämtlich in der medizinischen Schule zu erwerben sind, aber eine Vertrautheit mit Kulturgeschichte und Mythologie ist ebenso unerläßlich.

»Nach alledem kann ich mir vom Geschlechtsleben des Kindes doch keine Vorstellung machen.«

So will ich noch länger bei dem Thema verweilen; es fällt mir ohnedies nicht leicht, mich davon loszureißen. Hören Sie, das Merkwürdigste am Geschlechtsleben des Kindes scheint mir, daß es seine ganze, sehr weitgehende Entwicklung in den ersten fünf Lebensjahren durchläuft; von da an bis zur Pubertät erstreckt sich die sogenannte Latenzzeit, in der – normalerweise – die Sexualität keine Fortschritte macht, die sexuellen Strebungen im Gegenteil an Stärke nachlassen und vieles aufgegeben und vergessen wird, was das Kind schon geübt oder gewußt hatte. In dieser Lebensperiode, nachdem die Frühblüte des Geschlechtslebens abgewelkt ist, bilden sich jene Einstellungen des Ichs heraus, die, wie Scham, Ekel, Moralität, dazu bestimmt sind, dem späteren Pubertätssturm standzuhalten und dem neu erwachenden sexuellen Begehren die Bahnen zu weisen. Dieser sogenannte *zweizeitige Ansatz des Sexuallebens* hat sehr viel mit der Entstehung der nervösen Erkrankungen zu

301

tun. Er scheint sich nur beim Menschen zu finden, vielleicht ist er eine der Bedingungen des menschlichen Vorrechts, neurotisch zu werden. Die Vorzeit des Geschlechtslebens ist vor der Psychoanalyse ebenso übersehen worden wie auf anderem Gebiete der Hintergrund des bewußten Seelenlebens. Sie werden mit Recht vermuten, daß beide auch innig zusammengehören.

Von den Inhalten, Äußerungen[1] und Leistungen dieser Frühzeit der Sexualität wäre sehr viel zu berichten, worauf die Erwartung nicht vorbereitet ist. Zum Beispiel: Sie werden gewiß erstaunt sein zu hören, daß sich das Knäblein so häufig davor ängstigt, vom Vater aufgefressen zu werden. (Wundern Sie sich nicht auch, daß ich diese Angst unter die Äußerungen des Sexuallebens versetze?) Aber ich darf Sie an die mythologische Erzählung erinnern, die Sie vielleicht aus Ihren Schuljahren noch nicht vergessen haben, daß auch der Gott Kronos seine Kinder verschlingt. Wie sonderbar muß Ihnen dieser Mythus erschienen sein, als Sie zuerst von ihm hörten! Aber ich glaube, wir haben uns alle damals nichts dabei gedacht. Heute können wir auch mancher Märchen gedenken, in denen ein fressendes Tier, wie der Wolf, auftritt, und werden in diesem eine Verkleidung des Vaters erkennen. Ich ergreife diese Gelegenheit, um Ihnen zu versichern, daß Mythologie und Märchenwelt überhaupt erst durch die Kenntnis des kindlichen Sexuallebens verständlich werden. Es ist das so ein Nebengewinn der analytischen Studien.

Nicht minder groß wird Ihre Überraschung sein zu hören, daß das männliche Kind unter der Angst leidet, vom Vater seines Geschlechtsgliedes beraubt zu werden, so daß diese Kastrationsangst den stärksten Einfluß auf seine Charakterentwicklung und die Entscheidung seiner geschlechtlichen Richtung nimmt. Auch hier wird Ihnen die Mythologie Mut machen, der Psychoanalyse zu glauben. Derselbe Kronos, der seine Kinder verschlingt, hatte auch seinen Vater Uranos entmannt und ist dann zur Vergeltung von seinem durch die List der Mutter geretteten Sohn Zeus entmannt worden. Wenn Sie zur Annahme geneigt haben, daß alles, was die Psychoanalyse von der frühzeitigen Sexualität der Kinder erzählt, aus der wüsten Phantasie der Analytiker stammt, so geben Sie doch wenigstens zu, daß diese Phantasie dieselben Produktionen geschaffen hat wie die Phantasietätigkeit der primitiven Menschheit, von der Mythen und Märchen der Niederschlag sind. Die andere,

---

[1] [»Äußerungen« in der Erstausgabe, in allen späteren Editionen »Änderungen«; vermutlich ein Druckfehler.]

freundlichere und wahrscheinlich auch zutreffendere Auffassung wäre, daß im Seelenleben des Kindes noch heute dieselben archaischen Momente nachweisbar sind, die einst in den Urzeiten der menschlichen Kultur allgemein geherrscht haben. Das Kind würde in seiner seelischen Entwicklung die Stammesgeschichte in abkürzender Weise wiederholen, wie es die Embryologie längst für die körperliche Entwicklung erkannt hat.

Ein weiterer Charakter der frühkindlichen Sexualität ist, daß das eigentlich weibliche Geschlechtsglied in ihr noch keine Rolle spielt – es ist für das Kind noch nicht entdeckt. Aller Akzent fällt auf das männliche Glied, alles Interesse richtet sich darauf, ob dies vorhanden ist oder nicht. Vom Geschlechtsleben des kleinen Mädchens wissen wir weniger als von dem des Knaben. Wir brauchen uns dieser Differenz nicht zu schämen; ist doch auch das Geschlechtsleben des erwachsenen Weibes ein *dark continent* für die Psychologie. Aber wir haben erkannt, daß das Mädchen den Mangel eines dem männlichen gleichwertigen Geschlechtsgliedes schwer empfindet, sich darum für minderwertig hält und daß dieser »Penisneid« einer ganzen Reihe charakteristisch weiblicher Reaktionen den Ursprung gibt.

Dem Kind eigen ist es auch, daß die beiden exkrementellen Bedürfnisse mit sexuellem Interesse besetzt sind. Die Erziehung setzt später eine scharfe Scheidung durch, die Praxis der Witze hebt sie wieder auf. Das mag uns unappetitlich scheinen, aber es braucht bekanntlich beim Kind eine geraume Zeit, bis sich der Ekel einstellt. Das haben auch die nicht geleugnet, die sonst für die seraphische Reinheit der Kinderseele eintreten.

Keine andere Tatsache hat aber mehr Anspruch auf unsere Beachtung, als daß das Kind seine sexuellen Wünsche regelmäßig auf die ihm verwandtschaftlich nächsten Personen richtet, also in erster Linie auf Vater und Mutter, in weiterer Folge auf seine Geschwister. Für den Knaben ist die Mutter das erste Liebesobjekt, für das Mädchen der Vater, soweit nicht eine bisexuelle Anlage auch gleichzeitig die gegenteilige Einstellung begünstigt. Der andere Elternteil wird als störender Rivale empfunden und nicht selten mit starker Feindseligkeit bedacht. Verstehen Sie mich recht, ich will nicht sagen, daß das Kind sich nur jene Art von Zärtlichkeit vom bevorzugten Elternteil wünscht, in der wir Erwachsene so gern das Wesen der Eltern-Kind-Beziehung sehen. Nein, die Analyse läßt keinen Zweifel darüber, daß die Wünsche des Kindes über diese Zärtlichkeit hinaus alles anstreben, was wir als sinnliche Befriedigung begreifen, soweit eben das Vorstellungsvermögen des Kindes reicht. Es ist leicht zu verstehen, daß das Kind den wirklichen Sachverhalt der Vereinigung der Geschlechter niemals errät, es setzt dafür andere aus seinen Erfahrungen und Empfindungen abgeleitete Vorstellungen ein. Gewöhnlich gipfeln seine Wünsche in der Absicht, ein Kind zu gebären oder – in unbestimmbarer Weise – zu zeugen. Von dem Wunsche, ein Kind zu gebären, schließt sich in seiner Unwissenheit auch der Knabe nicht aus. Diesen ganzen seelischen Aufbau heißen wir nach der bekannten griechischen Sage den *Ödipuskomplex*. Er soll normalerweise mit dem Ende der sexuellen Frühzeit verlassen, gründlich abgebaut und umgewandelt werden, und die Ergebnisse dieser Verwandlung sind zu großen Leistungen im späteren Seelenleben bestimmt. Aber es geschieht in der Regel nicht gründlich genug, und die Pubertät ruft dann eine Wiederbelebung des Komplexes hervor, die schwere Folgen haben kann.

Ich wundere mich, daß Sie noch schweigen. Das kann kaum Zustimmung bedeuten. – Wenn die Analyse behauptet, die erste Objektwahl des Kindes sei eine *inzestuöse*, um den technischen Namen zu gebrauchen, so hat sie gewiß wieder die heiligsten Gefühle der Menschheit gekränkt und darf auf das entsprechende Ausmaß von Unglauben, Widerspruch und Anklage gefaßt sein. Die sind ihr auch reichlich zuteil geworden. Nichts anderes hat ihr in der Gunst der Zeitgenossen mehr geschadet als die Aufstellung des Ödipuskomplexes als einer allgemein menschlichen, schicksalgebundenen Formation. Der griechische Mythus muß allerdings dasselbe gemeint haben, aber die Überzahl der heutigen Menschen, gelehrter wie ungelehrter, zieht es vor zu glauben, daß die Natur einen angeborenen Abscheu als Schutz gegen die Inzestmöglichkeit eingesetzt hat.

Zunächst soll uns die Geschichte zu Hilfe kommen. Als G. Julius Cäsar Ägypten betrat, fand er die jugendliche Königin Kleopatra, die ihm bald so bedeutungsvoll werden sollte, vermählt mit ihrem noch jüngeren Bruder Ptolemäus. Das war in der ägyptischen Dynastie nichts Besonderes; die ursprünglich griechischen Ptolemäer hatten nur den Brauch fortgesetzt, den seit einigen Jahrtausenden ihre Vorgänger, die alten Pharaonen, geübt hatten. Aber das ist ja nur Geschwisterinzest, der noch in der Jetztzeit milder beurteilt wird. Wenden wir uns darum an unsere Kronzeugin für die Verhältnisse der Urzeit, die Mythologie. Sie hat uns zu berichten, daß die Mythen aller Völker, nicht nur der Griechen, überreich sind an Liebesbeziehungen zwischen Vater und Tochter und selbst Mutter und Sohn. Die Kosmologie wie die Genealogie der königlichen Geschlechter ist auf dem Inzest begründet. In welcher Absicht, meinen Sie, sind diese Dichtungen geschaffen worden? Um Götter und Könige als Verbrecher zu brandmarken, den Abscheu des Menschengeschlechts auf sie zu lenken? Eher doch, weil die Inzestwünsche uraltes menschliches Erbgut sind und niemals völlig überwunden wurden, so daß man ihre Erfüllung den Göttern und ihren Abkömmlingen noch gönnte, als die Mehrheit der gewöhnlichen Menschenkinder bereits darauf verzichten mußte. Im vollsten Einklang mit diesen Lehren der Geschichte und der Mythologie finden wir den Inzestwunsch in der Kindheit des einzelnen noch heute vorhanden und wirksam.

»Ich könnte es Ihnen übelnehmen, daß Sie mir all das über die kindliche Sexualität vorenthalten wollten. Es scheint mir gerade wegen seiner Beziehungen zur menschlichen Urgeschichte sehr interessant.«

Ich fürchtete, es würde uns zu weit von unserer Absicht abführen. Aber vielleicht wird es doch seinen Vorteil haben.

»Nun sagen Sie mir aber, welche Sicherheit haben Sie für Ihre analytischen Resultate über das Sexualleben der Kinder zu geben? Ruht Ihre Überzeugung allein auf den Übereinstimmungen mit Mythologie und Historie?«

Oh, keineswegs. Sie ruht auf unmittelbarer Beobachtung. Es ging so zu: Wir hatten zunächst den Inhalt der sexuellen Kindheit aus den Analysen Erwachsener, also zwanzig bis vierzig Jahre später, erschlossen. Später haben wir die Analysen an den Kindern selbst unternommen, und es war kein geringer Triumph, als sich an ihnen alles so bestätigen ließ, wie wir es trotz der Überlagerungen und Entstellungen der Zwischenzeit erraten hatten.

»Wie, Sie haben kleine Kinder in Analyse genommen, Kinder im Alter vor sechs Jahren? Geht das überhaupt, und ist es nicht für diese Kinder recht bedenklich?«

Es geht sehr gut. Es ist kaum zu glauben, was in einem solchen Kind von vier bis fünf Jahren schon alles vorgeht. Die Kinder sind geistig sehr regsam in diesem Alter, die sexuelle Frühzeit ist für sie auch eine intellektuelle Blüteperiode. Ich habe den Eindruck, daß sie mit dem Eintritt in die Latenzzeit auch geistig gehemmt, dümmer, werden. Viele Kinder verlieren auch von da an ihren körperlichen Reiz. Und was den Schaden der Frühanalyse betrifft, so kann ich Ihnen berichten, daß das erste Kind, an dem dies Experiment vor nahezu zwanzig Jahren gewagt wurde, seither ein gesunder und leistungsfähiger junger Mann

geworden ist, der seine Pubertät trotz schwerer psychischer Traumen
klaglos durchgemacht hat. Den anderen »Opfern« der Frühanalyse
wird es hoffentlich nicht schlechter ergehen. An diese Kinderanalysen
knüpfen sich mancherlei Interessen; es ist möglich, daß sie in der Zukunft zu noch größerer Bedeutung kommen werden. Ihr Wert für die
Theorie steht ja außer Frage. Sie geben unzweideutige Auskünfte über
Fragen, die in den Analysen Erwachsener unentschieden bleiben, und
schützen den Analytiker so vor Irrtümern, die für ihn folgenschwer
wären. Man überrascht eben die Momente, welche die Neurose gestalten, bei ihrer Arbeit und kann sie nicht verkennen. Im Interesse des
Kindes muß allerdings die analytische Beeinflussung mit erzieherischen
Maßnahmen verquickt werden. Diese Technik harrt noch ihrer Aus-
gestaltung. Ein praktisches Interesse wird aber durch die Beobachtung
geweckt, daß eine sehr große Anzahl unserer Kinder in ihrer Entwicklung eine deutlich neurotische Phase durchmachen. Seitdem wir schärfer
zu sehen verstehen, sind wir versucht zu sagen, die Kinderneurose sei
nicht die Ausnahme, sondern die Regel, als ob sie sich auf dem Weg von
der infantilen Anlage bis zur gesellschaftlichen Kultur kaum vermeiden
ließe. In den meisten Fällen wird diese neurotische Anwandlung der
Kinderjahre spontan überwunden; ob sie nicht doch regelmäßig ihre
Spuren auch beim durchschnittlich Gesunden hinterläßt? Hingegen vermissen wir bei keinem der späteren Neurotiker die Anknüpfung an die
kindliche Erkrankung, die ihrerzeit nicht sehr auffällig gewesen zu sein
braucht. In ganz analoger Weise, glaube ich, behaupten heute die
Internisten, daß jeder Mensch einmal in seiner Kindheit eine Erkrankung an Tuberkulose durchgemacht hat. Für die Neurosen kommt
allerdings der Gesichtspunkt der Impfung nicht in Betracht, nur der der
Prädisposition.

Ich will zu Ihrer Frage nach den Sicherheiten zurückkehren. Wir haben
uns also ganz allgemein durch die direkte analytische Beobachtung der
Kinder überzeugt, daß wir die Mitteilungen der Erwachsenen über
ihre Kinderzeit richtig gedeutet hatten. In einer Reihe von Fällen ist
uns aber noch eine andere Art der Bestätigung möglich geworden. Wir
hatten aus dem Material der Analyse gewisse äußere Vorgänge, eindrucksvolle Ereignisse der Kinderjahre rekonstruiert, von denen die
bewußte Erinnerung der Kranken nichts bewahrt hatte, und glückliche
Zufälle, Erkundigungen bei Eltern und Pflegepersonen haben uns dann
den unwiderleglichen Beweis erbracht, daß diese erschlossenen Begebenheiten sich wirklich so zugetragen hatten. Das gelang natürlich nicht

sehr oft, aber wo es eintraf, machte es einen überwältigenden Eindruck. Sie müssen wissen, die richtige Rekonstruktion solcher vergessenen Kindererlebnisse hat immer einen großen therapeutischen Effekt, ob sie nun eine objektive Bestätigung zulassen oder nicht[1]. Ihre Bedeutung verdanken diese Begebenheiten natürlich dem Umstand, daß sie so früh vorgefallen sind, zu einer Zeit, da sie auf das schwächliche Ich noch traumatisch wirken konnten.

»Um was für Ereignisse kann es sich da handeln, die man durch die Analyse aufzufinden hat?«

Um Verschiedenartiges. In erster Linie um Eindrücke, die imstande waren, das keimende Sexualleben des Kindes dauernd zu beeinflussen, wie Beobachtungen geschlechtlicher Vorgänge zwischen Erwachsenen oder eigene sexuelle Erfahrungen mit einem Erwachsenen oder einem anderen Kind – gar nicht so seltene Vorfälle –, des weiteren um Mitanhören von Gesprächen, die das Kind damals oder erst nachträglich verstand, aus denen es Aufschluß über geheimnisvolle oder unheimliche Dinge zu entnehmen glaubte, ferner Äußerungen und Handlungen des Kindes selbst, die eine bedeutsame zärtliche oder feindselige Einstellung desselben gegen andere Personen beweisen. Eine besondere Wichtigkeit hat es in der Analyse, die vergessene eigene Sexualbetätigung des Kindes erinnern zu lassen und dazu die Einmengung der Erwachsenen, welche derselben ein Ende setzte.

»Das ist jetzt für mich der Anlaß, eine Frage vorzubringen, die ich längst stellen wollte. Worin besteht also die ›Sexualbetätigung‹ des Kindes während dieser Frühzeit, die man, wie Sie sagen, vor der Zeit der Analyse übersehen hatte?«

Das Regelmäßige und Wesentliche an dieser Sexualbetätigung hatte man merkwürdigerweise doch nicht übersehen; d. h. es ist gar nicht merkwürdig, es war eben nicht zu übersehen. Die sexuellen Regungen des Kindes finden ihren hauptsächlichsten Ausdruck in der Selbstbefriedigung durch Reizung der eigenen Genitalien, in Wirklichkeit des männlichen Anteils derselben. Die außerordentliche Verbreitung dieser kindlichen »Unart« war den Erwachsenen immer bekannt, diese selbst wurde als schwere Sünde betrachtet und strenge verfolgt. Wie man diese Beobachtung von den unsittlichen Neigungen der Kinder – denn die Kinder tun dies, wie sie selbst sagen, weil es ihnen Vergnügen macht – mit der Theorie von ihrer angeborenen Reinheit und Unsinn-

---

[1] [Vgl. Freuds späte Arbeit zu diesem Thema (1937 d), im vorliegenden Band S. 395 ff.]

lichkeit vereinigen konnte, danach fragen Sie mich nicht. Dieses Rätsel lassen Sie sich von der Gegenseite aufklären. Für uns stellt sich ein wichtigeres Problem her. Wie soll man sich gegen die Sexualbetätigung der frühen Kindheit verhalten? Man kennt die Verantwortlichkeit, die man durch ihre Unterdrückung auf sich nimmt, und getraut sich doch nicht, sie uneingeschränkt gewähren zu lassen. Bei Völkern niedriger Kultur und in den unteren Schichten der Kulturvölker scheint die Sexualität der Kinder freigegeben zu sein. Damit ist wahrscheinlich ein starker Schutz gegen die spätere Erkrankung an individuellen Neurosen erzielt worden, aber nicht auch gleichzeitig eine außerordentliche Einbuße an der Eignung zu kulturellen Leistungen? Manches spricht dafür, daß wir hier vor einer neuen Scylla und Charybdis stehen.

Ob aber die Interessen, die durch das Studium des Sexuallebens bei den Neurotikern angeregt werden, eine für die Erweckung der Lüsternheit günstige Atmosphäre schaffen, getraue ich mich doch Ihrem eigenen Urteil zu überlassen.

V

»Ich glaube, Ihre Absicht zu verstehen. Sie wollen mir zeigen, was für Kenntnisse man für die Ausübung der Analyse braucht, damit ich urteilen kann, ob der Arzt allein zu ihr berechtigt sein soll. Nun, bisher ist wenig Ärztliches vorgekommen, viel Psychologie und ein Stück Biologie oder Sexualwissenschaft. Aber vielleicht haben wir noch nicht das Ende gesehen?«

Gewiß nicht, es bleiben noch Lücken auszufüllen. Darf ich Sie um etwas bitten? Wollen Sie mir schildern, wie Sie sich jetzt eine analytische Behandlung vorstellen? So, als ob Sie sie selbst vorzunehmen hätten?

»Nun, das kann gut werden. Ich habe wirklich nicht die Absicht, unsere Streitfrage durch ein solches Experiment zu entscheiden. Aber ich will Ihnen den Gefallen tun, die Verantwortlichkeit fiele ja auf Sie. Also ich nehme an, der Kranke kommt zu mir und beklagt sich über seine Beschwerden. Ich verspreche ihm Heilung oder Besserung, wenn er meinen Anweisungen folgen will. Ich fordere ihn auf, mir in vollster Aufrichtigkeit alles zu sagen, was er weiß und was ihm einfällt, und sich von diesem Vorsatz nicht abhalten zu lassen, auch wenn manches ihm zu sagen unangenehm sein sollte. Habe ich mir diese Regel gut gemerkt?«

Ja, Sie sollten noch hinzufügen, auch wenn er meint, daß das, was ihm einfällt, unwichtig oder unsinnig ist.

»Auch das. Dann beginnt er zu erzählen, und ich höre zu. Ja und dann? Aus seinen Mitteilungen errate ich, was er für Eindrücke, Erlebnisse, Wunschregungen verdrängt hat, weil sie ihm zu einer Zeit entgegengetreten sind, da sein Ich noch schwach war und sich vor ihnen fürchtete, anstatt sich mit ihnen abzugeben. Wenn er das von mir erfahren hat, versetzt er sich in die Situationen von damals und macht es jetzt mit meiner Hilfe besser. Dann verschwinden die Einschränkungen, zu denen sein Ich genötigt war, und er ist hergestellt. Ist es so recht?«

Bravo, bravo! Ich sehe, man wird mir wieder den Vorwurf machen können, daß ich einen Nichtarzt zum Analytiker ausgebildet habe. Sie haben sich das sehr gut zu eigen gemacht.

»Ich habe nur wiederholt, was ich von Ihnen gehört habe, wie wenn

man etwas Auswendiggelerntes hersagt. Ich kann mir ja doch nicht
vorstellen, wie ich's machen würde, und verstehe gar nicht, warum eine
solche Arbeit so viele Monate hindurch täglich eine Stunde brauchen
sollte. Ein gewöhnlicher Mensch hat doch in der Regel nicht soviel erlebt, und was in der Kindheit verdrängt wird, das ist doch wahrscheinlich in allen Fällen das nämliche.«

Man lernt noch allerlei bei der wirklichen Ausübung der Analyse. Zum
Beispiel: Sie würden es gar nicht so einfach finden, aus den Mitteilungen, die der Patient macht, auf die Erlebnisse zu schließen, die er vergessen, die Triebregungen, die er verdrängt hat. Er sagt Ihnen irgend
etwas, was zunächst für Sie ebensowenig Sinn hat wie für ihn. Sie
werden sich entschließen müssen, das Material, das Ihnen der Analysierte im Gehorsam gegen die Regel liefert, in einer ganz besonderen
Weise aufzufassen. Etwa wie ein Erz, dem der Gehalt an wertvollem
Metall durch bestimmte Prozesse abzugewinnen ist. Sie sind dann auch
vorbereitet, viele Tonnen Erz zu verarbeiten, die vielleicht nur wenig
von dem gesuchten kostbaren Stoff enthalten. Hier wäre die erste Begründung für die Weitläufigkeit der Kur.

»Wie verarbeitet man aber diesen Rohstoff, um in Ihrem Gleichnis zu
bleiben?«

Indem man annimmt, daß die Mitteilungen und Einfälle des Kranken
nur Entstellungen des Gesuchten sind, gleichsam Anspielungen, aus
denen Sie zu erraten haben, was sich dahinter verbirgt. Mit einem
Wort, Sie müssen dieses Material, seien es Erinnerungen, Einfälle oder
Träume, erst *deuten*. Das geschieht natürlich mit Hinblick auf die Erwartungen, die sich in Ihnen dank Ihrer Sachkenntnis, während Sie
zuhörten, gebildet haben.

»Deuten! Das ist ein garstiges Wort. Das höre ich nicht gerne, damit
bringen Sie mich um alle Sicherheit. Wenn alles von meiner Deutung
abhängt, wer steht mir dafür ein, daß ich richtig deute? Dann ist doch
alles meiner Willkür überlassen.«

Gemach, es steht nicht so schlimm. Warum wollen Sie Ihre eigenen
seelischen Vorgänge von der Gesetzmäßigkeit ausnehmen, die Sie für
die des anderen anerkennen? Wenn Sie eine gewisse Selbstzucht gewonnen haben und über bestimmte Kenntnisse verfügen, werden Ihre
Deutungen von Ihren persönlichen Eigenheiten unbeeinflußt sein und
das Richtige treffen. Ich sage nicht, daß für diesen Teil der Aufgabe die
Persönlichkeit des Analytikers gleichgiltig ist. Es kommt eine gewisse
Feinhörigkeit für das unbewußte Verdrängte in Betracht, von der nicht

jeder das gleiche Maß besitzt. Und vor allem knüpft hier die Verpflichtung für den Analytiker an, sich durch tiefreichende eigene Analyse für die vorurteilslose Aufnahme des analytischen Materials tauglich zu machen. Eines bleibt freilich übrig, was der »persönlichen Gleichung« bei astronomischen Beobachtungen gleichzusetzen ist; dies individuelle Moment wird in der Psychoanalyse immer eine größere Rolle spielen als anderswo. Ein abnormer Mensch mag ein korrekter Physiker werden können, als Analytiker wird er durch seine eigene Abnormität behindert sein, die Bilder des seelischen Lebens ohne Verzerrung zu erfassen. Da man niemand seine Abnormität beweisen kann, wird eine allgemeine Übereinstimmung in den Dingen der Tiefenpsychologie besonders schwer zu erreichen sein. Manche Psychologen meinen sogar, dies sei ganz aussichtslos und jeder Narr habe das gleiche Recht, seine Narrheit für Weisheit auszugeben. Ich bekenne, ich bin hierin optimistischer. Unsere Erfahrungen zeigen doch, daß auch in der Psychologie ziemlich befriedigende Übereinstimmungen zu erreichen sind. Jedes Forschungsgebiet hat eben seine besondere Schwierigkeit, die zu eliminieren wir uns bemühen müssen. Übrigens ist auch in der Deutungskunst der Analyse manches wie ein anderer Wissensstoff zu erlernen, zum Beispiel, was mit der eigentümlichen indirekten Darstellung durch Symbole zusammenhängt.

»Nun, ich habe keine Lust mehr, auch nur in Gedanken eine analytische Behandlung zu unternehmen. Wer weiß, was für Überraschungen da noch auf mich warten würden.«

Sie tun recht daran, eine solche Absicht aufzugeben. Sie merken, wieviel Schulung und Übung noch erforderlich wäre. Wenn Sie die richtigen Deutungen gefunden haben, stellt sich eine neue Aufgabe her. Sie müssen den richtigen Moment abwarten, um dem Patienten Ihre Deutung mit Aussicht auf Erfolg mitzuteilen.

»Woran erkennt man jedesmal den richtigen Moment?«

Das ist Sache eines Takts, der durch Erfahrung sehr verfeinert werden kann. Sie begehen einen schweren Fehler, wenn Sie etwa im Bestreben, die Analyse zu verkürzen, dem Patienten Ihre Deutungen an den Kopf werfen, sobald Sie sie gefunden haben. Sie erzielen damit bei ihm Äußerungen von Widerstand, Ablehnung, Entrüstung, erreichen es aber nicht, daß sein Ich sich des Verdrängten bemächtigt. Die Vorschrift ist zu warten, bis er sich diesem so weit angenähert hat, daß er unter der Anleitung Ihres Deutungsvorschlages nur noch wenige Schritte zu machen braucht.

»Ich glaube, das würde ich nie erlernen. Und wenn ich diese Vorsichten bei der Deutung befolgt habe, was dann?«

Dann ist es Ihnen bestimmt, eine Entdeckung zu machen, auf die Sie nicht vorbereitet sind.

»Die wäre?«

Daß Sie sich in Ihrem Patienten getäuscht haben, daß Sie gar nicht auf seine Mithilfe und Gefügigkeit rechnen dürfen, daß er bereit ist, der gemeinsamen Arbeit alle möglichen Schwierigkeiten in den Weg zu legen, mit einem Wort: daß er überhaupt nicht gesund werden will.

»Nein, das ist das Tollste, das Sie mir bisher erzählt haben! Ich glaube es auch nicht. Der Kranke, der so schwer leidet, der so ergreifend über seine Beschwerden klagt, der so große Opfer für die Behandlung bringt, der soll nicht gesund werden wollen! Sie meinen es auch gewiß nicht so.«

Fassen Sie sich, ich meine es. Was ich sagte, ist die Wahrheit, nicht die ganze freilich, aber ein sehr beachtenswertes Stück derselben. Der Kranke will allerdings gesund werden, aber er will es auch nicht. Sein Ich hat seine Einheit verloren, darum bringt er auch keinen einheitlichen Willen auf. Er wäre kein Neurotiker, wenn er anders wäre.

»›Wär' ich besonnen, hieß ich nicht der Tell‹.« [1]

Die Abkömmlinge des Verdrängten sind in sein Ich durchgebrochen, behaupten sich darin, und über die Strebungen dieser Herkunft hat das Ich sowenig Herrschaft wie über das Verdrängte selbst, weiß auch für gewöhnlich nichts von ihnen. Diese Kranken sind eben von einer besonderen Art und machen Schwierigkeiten, mit denen wir nicht zu rechnen gewohnt sind. Alle unsere sozialen Institutionen sind auf Personen mit einheitlichem, normalem Ich zugeschnitten, das man als gut oder böse klassifizieren kann, das entweder seine Funktion versieht oder durch einen übermächtigen Einfluß ausgeschaltet ist. Daher die gerichtliche Alternative: verantwortlich oder unverantwortlich. Auf die Neurotiker passen alle diese Entscheidungen nicht. Man muß gestehen, es ist schwer, die sozialen Anforderungen ihrem psychologischen Zustand anzupassen. Im großen Maßstab hat man das im letzten Krieg erfahren. Waren die Neurotiker, die sich dem Dienst entzogen, Simulanten oder nicht? Sie waren beides. Wenn man sie wie Simulanten behandelte und ihnen das Kranksein recht unbehaglich machte, wurden sie gesund; wenn man die angeblich Hergestellten in den Dienst schickte,

---

[1] [Schiller, *Wilhelm Tell*, III. Akt, 3. Szene.]

flüchteten sie prompt wieder in die Krankheit. Es war mit ihnen nichts anzufangen. Und das nämliche ist mit den Neurotikern des zivilen Lebens. Sie klagen über ihre Krankheit, aber sie nützen sie nach Kräften aus, und wenn man sie ihnen nehmen will, verteidigen sie sie wie die sprichwörtliche Löwin ihr Junges, ohne daß es einen Sinn hätte, ihnen aus diesem Widerspruch einen Vorwurf zu machen.

»Aber, wäre es dann nicht das beste, wenn man diese schwierigen Leute gar nicht behandelte, sondern sich selbst überließe? Ich kann nicht glauben, daß es der Mühe lohnt, auf jeden einzelnen dieser Kranken so viel Anstrengung zu verwenden, wie ich nach Ihren Andeutungen annehmen muß.«

Ich kann Ihren Vorschlag nicht gutheißen. Es ist gewiß richtiger, die Komplikationen des Lebens zu akzeptieren, anstatt sich gegen sie zu sträuben. Nicht jeder der Neurotiker, den wir behandeln, mag des Aufwands der Analyse würdig sein, aber es sind doch auch sehr wertvolle Personen unter ihnen. Wir müssen uns das Ziel setzen, zu erreichen, daß möglichst wenig menschliche Individuen mit so mangelhafter seelischer Ausrüstung dem Kulturleben entgegentreten, und darum müssen wir viel Erfahrungen sammeln, viel verstehen lernen. Jede Analyse kann instruktiv sein, uns Gewinn an neuen Aufklärungen bringen, ganz abgesehen vom persönlichen Wert der einzelnen Kranken.

»Wenn sich aber im Ich des Kranken eine Willensregung gebildet hat, welche die Krankheit behalten will, so muß sich diese auch auf Gründe und Motive berufen, sich durch etwas rechtfertigen können. Es ist aber gar nicht einzusehen, wozu ein Mensch krank sein wollte, was er davon hat.«

O doch, das liegt nicht so ferne. Denken Sie an die Kriegsneurotiker, die eben keinen Dienst zu leisten brauchen, weil sie krank sind. Im bürgerlichen Leben kann die Krankheit als Schutz gebraucht werden, um seine Unzulänglichkeit im Beruf und in der Konkurrenz mit anderen zu beschönigen, in der Familie als Mittel, um die anderen zu Opfern und Liebesbeweisen zu zwingen oder ihnen seinen Willen aufzunötigen. Das liegt alles ziemlich oberflächlich, wir fassen es als »Krankheitsgewinn« zusammen; merkwürdig ist nur, daß der Kranke, sein Ich, von der ganzen Verkettung solcher Motive mit seinen folgerichtigen Handlungen doch nichts weiß. Man bekämpft den Einfluß dieser Strebungen, indem man das Ich nötigt, von ihnen Kenntnis zu nehmen. Es gibt aber noch andere, tieferliegende Motive, am Kranksein festzuhalten, mit denen man nicht so leicht fertig wird. Ohne einen neuen Ausflug in

die psychologische Theorie kann man diese letzteren aber nicht verstehen.

»Erzählen Sie nur weiter, auf ein bißchen Theorie mehr kommt es
jetzt schon nicht an.«

Als ich Ihnen das Verhältnis von Ich und Es auseinandersetzte, habe
ich Ihnen ein wichtiges Stück der Lehre vom seelischen Apparat unter-
schlagen. Wir waren nämlich gezwungen anzunehmen, daß sich im Ich
selbst eine besondere Instanz differenziert hat, die wir das Über-Ich
heißen. Dieses Über-Ich hat eine besondere Stellung zwischen dem Ich
und dem Es. Es gehört dem Ich an, teilt dessen hohe psychologische Organisation, steht aber in besonders inniger Beziehung zum Es. Es ist in
Wirklichkeit der Niederschlag der ersten Objektbesetzungen des Es,
der Erbe des Ödipuskomplexes nach dessen Auflassung. Dieses Über-
Ich kann sich dem Ich gegenüberstellen, es wie ein Objekt behandeln
und behandelt es oft sehr hart. Es ist für das Ich ebenso wichtig, mit
dem Über-Ich im Einvernehmen zu bleiben, wie mit dem Es. Ent-
zweiungen zwischen Ich und Über-Ich haben eine große Bedeutung für
das Seelenleben. Sie erraten schon, daß das Über-Ich der Träger jenes
Phänomens ist, das wir Gewissen heißen. Für die seelische Gesundheit
kommt sehr viel darauf an, daß das Über-Ich normal ausgebildet, das
heißt genügend unpersönlich geworden sei. Gerade das ist beim Neurotiker, dessen Ödipuskomplex nicht die richtige Umwandlung erfahren
hat, nicht der Fall. Sein Über-Ich steht dem Ich noch immer gegenüber
wie der strenge Vater dem Kind, und seine Moralität betätigt sich in
primitiver Weise darin, daß sich das Ich vom Über-Ich bestrafen läßt.
Die Krankheit wird als Mittel dieser »Selbstbestrafung« verwendet,
der Neurotiker muß sich so benehmen, als beherrschte ihn ein Schuldgefühl, welches zu seiner Befriedigung der Krankheit als Strafe bedarf.

»Das klingt wirklich sehr geheimnisvoll. Das Merkwürdigste daran ist,
daß dem Kranken auch diese Macht seines Gewissens nicht zum Bewußtsein kommen soll.«

Ja, wir fangen erst an, die Bedeutung all dieser wichtigen Verhältnisse
zu würdigen. Deshalb mußte meine Darstellung so dunkel geraten. Ich
kann nun fortsetzen. Wir heißen alle die Kräfte, die sich der Genesungs-
arbeit widersetzen, die »Widerstände« des Kranken. Der Krankheitsgewinn ist die Quelle eines solchen Widerstandes, das »unbewußte
Schuldgefühl« repräsentiert den Widerstand des Über-Ichs, es ist der
mächtigste und von uns gefürchtetste Faktor. Wir treffen in der Kur

noch mit anderen Widerständen zusammen. Wenn das Ich in der Frühzeit aus Angst eine Verdrängung vorgenommen hat, so besteht diese
Angst noch fort und äußert sich nun als ein Widerstand, wenn das Ich
an das Verdrängte herangehen soll. Endlich kann man sich vorstellen,
daß es nicht ohne Schwierigkeiten abgeht, wenn ein Triebvorgang, der
durch Dezennien einen bestimmten Weg gegangen ist, plötzlich den
neuen Weg gehen soll, den man ihm eröffnet hat. Das könnte man den
Widerstand des Es heißen. Der Kampf gegen alle diese Widerstände ist
unsere Hauptarbeit während der analytischen Kur, die Aufgabe der
Deutungen verschwindet dagegen. Durch diesen Kampf und die Überwindung der Widerstände wird aber auch das Ich des Kranken so verändert und gestärkt, daß wir seinem zukünftigen Verhalten nach Beendigung der Kur mit Ruhe entgegensehen dürfen. Anderseits verstehen
Sie jetzt, wozu wir die lange Behandlungsdauer brauchen. Die Länge
des Entwicklungsweges und die Reichhaltigkeit des Materials sind nicht
das Entscheidende. Es kommt mehr darauf an, ob der Weg frei ist. Auf
einer Strecke, die man in Friedenszeiten in ein paar Eisenbahnstunden
durchfliegt, kann eine Armee wochenlang aufgehalten sein, wenn sie
dort den Widerstand des Feindes zu überwinden hat. Solche Kämpfe
verbrauchen Zeit auch im seelischen Leben. Ich muß leider konstatieren,
alle Bemühungen, die analytische Kur ausgiebig zu beschleunigen, sind
bisher gescheitert. Der beste Weg zu ihrer Abkürzung scheint ihre
korrekte Durchführung zu sein.

»Wenn ich je Lust verspürt hätte, Ihnen ins Handwerk zu pfuschen
und selbst eine Analyse an einem anderen zu versuchen, Ihre Mitteilungen über die Widerstände würden mich davon geheilt haben. Aber
wie steht es mit dem besonderen persönlichen Einfluß, den Sie doch zugestanden haben? Kommt der nicht gegen die Widerstände auf?«

Es ist gut, daß Sie jetzt danach fragen. Dieser persönliche Einfluß ist
unsere stärkste dynamische Waffe, er ist dasjenige, was wir neu in die
Situation einführen und wodurch wir sie in Fluß bringen. Der intellektuelle Gehalt unserer Aufklärungen kann das nicht leisten, denn der
Kranke, der alle Vorurteile der Umwelt teilt, brauchte uns sowenig zu
glauben wie unsere wissenschaftlichen Kritiker. Der Neurotiker macht
sich an die Arbeit, weil er dem Analytiker Glauben schenkt, und er
glaubt ihm, weil er eine besondere Gefühlseinstellung zu der Person des
Analytikers gewinnt. Auch das Kind glaubt nur jenen Menschen, denen
es anhängt. Ich sagte Ihnen schon [S. 281–2], wozu wir diesen besonders
großen »suggestiven« Einfluß verwenden. Nicht zur Unterdrückung der

Symptome – das unterscheidet die analytische Methode von anderen Verfahren der Psychotherapie –, sondern als Triebkraft, um das Ich des Kranken zur Überwindung seiner Widerstände zu veranlassen.

»Nun, und wenn das gelingt, geht dann nicht alles glatt?«

Ja, es sollte. Aber es stellt sich eine unerwartete Komplikation heraus. Es war vielleicht die größte Überraschung für den Analytiker, daß die Gefühlsbeziehung, die der Kranke zu ihm annimmt, von einer ganz eigentümlichen Natur ist. Schon der erste Arzt, der eine Analyse versuchte – es war nicht ich –, ist auf dieses Phänomen gestoßen – und an ihm irre geworden[1]. Diese Gefühlsbeziehung ist nämlich – um es klar herauszusagen – von der Natur einer Verliebtheit. Merkwürdig, nicht wahr? Wenn Sie überdies in Betracht ziehen, daß der Analytiker nichts dazu tut, sie zu provozieren, daß er im Gegenteil sich eher menschlich vom Patienten fernhält, seine eigene Person mit einer gewissen Reserve umgibt. Und wenn Sie ferner erfahren, daß diese sonderbare Liebesbeziehung von allen anderen realen Begünstigungen absieht, sich über alle Variationen der persönlichen Anziehung, des Alters, Geschlechts und Standes hinaussetzt. Diese Liebe ist direkt *zwangsläufig*. Nicht, daß dieser Charakter der spontanen Verliebtheit sonst fremd bleiben müßte. Sie wissen, das Gegenteil kommt oft genug vor, aber in der analytischen Situation stellt er sich ganz regelmäßig her, ohne doch in ihr eine rationelle Erklärung zu finden. Man sollte meinen, aus dem Verhältnis des Patienten zum Analytiker brauchte sich für den ersteren nicht mehr zu ergeben als ein gewisses Maß von Respekt, Zutrauen, Dankbarkeit und menschlicher Sympathie. Anstatt dessen diese Verliebtheit, die selbst den Eindruck einer krankhaften Erscheinung macht.

»Nun, ich sollte meinen, das ist doch für Ihre analytischen Absichten günstig. Wenn man liebt, ist man gefügig und tut dem anderen Teil alles mögliche zuliebe.«

Ja, zu Anfang ist es auch günstig, aber späterhin, wenn sich diese Verliebtheit vertieft hat, kommt ihre ganze Natur zum Vorschein, an der vieles mit der Aufgabe der Analyse unverträglich ist. Die Liebe des Patienten begnügt sich nicht damit zu gehorchen, sie wird anspruchsvoll, verlangt zärtliche und sinnliche Befriedigungen, fordert Ausschließlichkeit, entwickelt Eifersucht, zeigt immer deutlicher ihre Kehrseite, die

---

[1] [Freud spielt hier natürlich auf Josef Breuer und seine Patientin »Anna O.« an; s. die *Studien über Hysterie*, Breuer und Freud (1895 *d*), sowie die ›Editorische Einleitung‹ zu Teil IV der *Studien*, oben, insbesondere S. 40–1 und S. 46–7. Auf welche Weise Breuer durch das Phänomen der Übertragung »irre geworden« war, schildert Freud (1960 *a*) in einem Brief an Stefan Zweig vom 2. Juni 1932.]

Bereitschaft zu Feindseligkeit und Rachsucht, wenn sie ihre Absichten nicht erreichen kann. Gleichzeitig drängt sie, wie jede Verliebtheit, alle anderen seelischen Inhalte zurück, sie löscht das Interesse an der Kur und an der Genesung aus, kurz, wir können nicht daran zweifeln, sie hat sich an die Stelle der Neurose gesetzt, und unsere Arbeit hat den Erfolg gehabt, eine Form des Krankseins durch eine andere zu vertreiben.

»Das klingt nun trostlos. Was macht man da? Man sollte die Analyse aufgeben, aber da, wie Sie sagen, ein solcher Erfolg in jedem Fall eintritt, so könnte man ja überhaupt keine Analyse durchführen.«

Wir wollen zuerst die Situation ausnützen, um aus ihr zu lernen. Was wir so gewonnen haben, kann uns dann helfen, sie zu beherrschen. Ist es nicht höchst beachtenswert, daß es uns gelingt, eine Neurose mit beliebigem Inhalt in einen Zustand von krankhafter Verliebtheit zu verwandeln?

Unsere Überzeugung, daß der Neurose ein Stück abnorm verwendeten Liebeslebens zugrunde liegt, muß doch durch diese Erfahrung unerschütterlich befestigt werden. Mit dieser Einsicht fassen wir wieder festen Fuß, wir getrauen uns nun, diese Verliebtheit selbst zum Objekt der Analyse zu nehmen. Wir machen auch eine andere Beobachtung. Nicht in allen Fällen äußert sich die analytische Verliebtheit so klar und so grell, wie ich's zu schildern versuchte. Warum aber geschieht das nicht? Man sieht es bald ein. In dem Maß, als die vollsinnlichen und die feindseligen Seiten seiner Verliebtheit sich zeigen wollen, erwacht auch das Widerstreben des Patienten gegen dieselben. Er kämpft mit ihnen, sucht sie zu verdrängen, unter unseren Augen. Und nun verstehen wir den Vorgang. Der Patient *wiederholt* in der Form der Verliebtheit in den Analytiker seelische Erlebnisse, die er bereits früher einmal durchgemacht hat – er hat seelische Einstellungen, die in ihm bereitlagen und mit der Entstehung seiner Neurose innig verknüpft waren, auf den Analytiker *übertragen*. Er wiederholt auch seine damaligen Abwehraktionen vor unseren Augen, möchte am liebsten alle Schicksale jener vergessenen Lebensperiode in seinem Verhältnis zum Analytiker wiederholen. Was er uns zeigt, ist also der Kern seiner intimen Lebensgeschichte, *er reproduziert ihn greifbar, wie gegenwärtig, anstatt ihn zu erinnern.* Damit ist das Rätsel der Übertragungsliebe gelöst, und die Analyse kann gerade mit Hilfe der neuen Situation, die für sie so bedrohlich schien, fortgesetzt werden.

»Das ist raffiniert. Und glaubt Ihnen der Kranke so leicht, daß er nicht verliebt, sondern nur gezwungen ist, ein altes Stück wieder aufzuführen?«

Alles kommt jetzt darauf an, und die volle Geschicklichkeit in der Handhabung der »Übertragung« gehört dazu, es zu erreichen. Sie sehen, daß die Anforderungen an die analytische Technik an dieser Stelle die höchste Steigerung erfahren. Hier kann man die schwersten Fehler begehen oder sich der größten Erfolge versichern. Der Versuch, sich den Schwierigkeiten zu entziehen, indem man die Übertragung unterdrückt oder vernachlässigt, wäre unsinnig; was immer man sonst getan hat, es verdiente nicht den Namen einer Analyse. Den Kranken wegzuschicken, sobald sich die Unannehmlichkeiten seiner Übertragungsneurose herstellen, ist nicht sinnreicher und außerdem eine Feigheit; es wäre ungefähr so, als ob man Geister beschworen hätte und dann davongerannt wäre, sobald sie erscheinen. Zwar manchmal kann man wirklich nicht anders; es gibt Fälle, in denen man der entfesselten Übertragung nicht Herr wird und die Analyse abbrechen muß, aber man soll wenigstens mit den bösen Geistern nach Kräften gerungen haben. Den Anforderungen der Übertragung nachgeben, die Wünsche des Patienten nach zärtlicher und sinnlicher Befriedigung erfüllen, ist nicht nur berechtigterweise durch moralische Rücksichten versagt, sondern auch als technisches Mittel zur Erreichung der analytischen Absicht völlig unzureichend. Der Neurotiker kann dadurch, daß man ihm die unkorrigierte Wiederholung eines in ihm vorbereiteten unbewußten Klischees ermöglicht hat, nicht geheilt werden. Wenn man sich auf Kompromisse mit ihm einläßt, indem man ihm partielle Befriedigungen zum Austausch gegen seine weitere Mitarbeit an der Analyse bietet, muß man achthaben, daß man nicht in die lächerliche Situation des Geistlichen gerät, der den kranken Versicherungsagenten bekehren soll. Der Kranke bleibt unbekehrt, aber der Geistliche zieht versichert ab [1]. Der einzig mögliche Ausweg aus der Situation der Übertragung ist die Rückführung auf die Vergangenheit des Kranken, wie er sie wirklich erlebt oder durch die wunscherfüllende Tätigkeit seiner Phantasie gestaltet hat. Und dies erfordert beim Analytiker viel Geschick, Geduld, Ruhe und Selbstverleugnung.

»Und wo, meinen Sie, hat der Neurotiker das Vorbild seiner Übertragungsliebe erlebt?«

In seiner Kindheit, in der Regel in der Beziehung zu einem Elternteil.

---

[1] [Dieses Gleichnis steht auch in der Arbeit über die Übertragungsliebe (1915 a), oben, S. 225.]

Sie erinnern sich, welche Wichtigkeit wir diesen frühesten Gefühlsbeziehungen zuschreiben mußten. Hier schließt sich also der Kreis.

»Sind Sie endlich fertig? Mir ist ein bißchen wirre vor der Fülle dessen,
was ich von Ihnen gehört habe. Sagen Sie mir nur noch, wie und wo
lernt man das, was man zur Ausübung der Analyse braucht?«

Es gibt derzeit zwei Institute, an denen Unterricht in der Psychoanalyse erteilt wird. Das erste in Berlin hat Dr. Max Eitingon der dortigen Vereinigung eingerichtet. Das zweite erhält die Wiener Psychoanalytische Vereinigung aus eigenen Mitteln unter beträchtlichen
Opfern. Die Anteilnahme der Behörden erschöpft sich vorläufig in den
mancherlei Schwierigkeiten, die sie dem jungen Unternehmen bereiten.
Ein drittes Lehrinstitut soll eben jetzt in London von der dortigen Gesellschaft unter der Leitung von Dr. E. Jones eröffnet werden. An diesen Instituten werden die Kandidaten selbst in Analyse genommen,
erhalten theoretischen Unterricht durch Vorlesungen in allen für sie
wichtigen Gegenständen und genießen die Aufsicht älterer, erfahrener
Analytiker, wenn sie zu ihren ersten Versuchen an leichteren Fällen
zugelassen werden. Man rechnet für eine solche Ausbildung etwa zwei
Jahre. Natürlich ist man auch nach dieser Zeit nur ein Anfänger, noch
kein Meister. Was noch mangelt, muß durch Übung und durch den
Gedankenaustausch in den psychoanalytischen Gesellschaften, in denen
jüngere Mitglieder mit älteren zusammentreffen, erworben werden. Die
Vorbereitung für die analytische Tätigkeit ist gar nicht so leicht und
einfach, die Arbeit ist schwer, die Verantwortlichkeit groß. Aber wer
eine solche Unterweisung durchgemacht hat, selbst analysiert worden
ist, von der Psychologie des Unbewußten erfaßt hat, was sich heute
eben lehren läßt, in der Wissenschaft des Sexuallebens Bescheid weiß
und die heikle Technik der Psychoanalyse erlernt hat, die Deutungskunst, die Bekämpfung der Widerstände und die Handhabung der
Übertragung, *der ist kein Laie mehr auf dem Gebiet der Psychoanalyse.* Er ist dazu befähigt, die Behandlung neurotischer Störungen zu
unternehmen, und wird mit der Zeit darin alles leisten können, was
man von dieser Therapie verlangen kann[1].

---

[1] [Das Material dieses Kapitels ist zu großen Stücken, in einigen Passagen fast wört-
lich, Freuds früheren Arbeiten über die Technik entnommen; s. im vorliegenden Band
S. 143 ff.]

»Sie haben einen großen Aufwand gemacht, um mir zu zeigen, was die Psychoanalyse ist und was für Kenntnisse man braucht, um sie mit Aussicht auf Erfolg zu betreiben. Gut, es kann mir nichts schaden, Sie angehört zu haben. Aber ich weiß nicht, welchen Einfluß auf mein Urteil Sie von Ihren Ausführungen erwarten. Ich sehe einen Fall vor mir, der nichts Außergewöhnliches an sich hat. Die Neurosen sind eine besondere Art von Erkrankung, die Analyse ist eine besondere Methode zu ihrer Behandlung, eine medizinische Spezialität. Es ist auch sonst die Regel, daß ein Arzt, der ein Spezialfach der Medizin gewählt hat, sich nicht mit der durch das Diplom bestätigten Ausbildung begnügt. Besonders, wenn er sich in einer größeren Stadt niederlassen will, die allein Spezialisten ernähren kann. Wer Chirurg werden will, sucht einige Jahre an einer chirurgischen Klinik zu dienen, ebenso der Augenarzt, Laryngolog usw., gar der Psychiater, der vielleicht überhaupt niemals von einer staatlichen Anstalt oder einem Sanatorium freikommen wird. So wird es auch mit dem Psychoanalytiker werden; wer sich für diese neue ärztliche Spezialität entscheidet, wird nach Vollendung seiner Studien die zwei Jahre Ausbildung im Lehrinstitut auf sich nehmen, von denen Sie sprachen, wenn es wirklich eine so lange Zeit in Anspruch nehmen sollte. Er wird dann auch merken, daß es sein Vorteil ist, in einer psychoanalytischen Gesellschaft den Kontakt mit den Kollegen zu pflegen, und alles wird in schönster Ordnung vor sich gehen. Ich verstehe nicht, wo da Platz für die Frage der Laienanalyse ist.«

Der Arzt, der das tut, was Sie in seinem Namen versprochen haben, wird uns allen willkommen sein. Vier Fünftel der Personen, die ich als meine Schüler anerkenne, sind ja ohnedies Ärzte. Gestatten Sie mir aber, Ihnen vorzuhalten, wie sich die Beziehungen der Ärzte zur Analyse wirklich gestaltet haben und wie sie sich voraussichtlich weiter entwickeln werden. Ein historisches Anrecht auf den Alleinbesitz der Analyse haben die Ärzte nicht, vielmehr haben sie bis vor kurzem alles aufgeboten, von der seichtesten Spötterei bis zur schwerwiegendsten Verleumdung, um ihr zu schaden. Sie werden mit Recht antworten, das gehört der Vergangenheit an und braucht die Zukunft nicht zu beeinflussen. Ich bin einverstanden, aber ich fürchte, die Zukunft wird anders sein, als Sie sie vorhergesagt haben.

Erlauben Sie, daß ich dem Wort »Kurpfuscher« den Sinn gebe, auf den es Anspruch hat an Stelle der legalen Bedeutung. Für das Gesetz ist der ein Kurpfuscher, der Kranke behandelt, ohne sich durch den Besitz eines staatlichen Diploms als Arzt ausweisen zu können. Ich würde eine andere Definition bevorzugen: Kurpfuscher ist, wer eine Behandlung unternimmt, ohne die dazu erforderlichen Kenntnisse und Fähigkeiten zu besitzen. Auf dieser Definition fußend, wage ich die Behauptung, daß – nicht nur in den europäischen Ländern – die Ärzte zu den Kurpfuschern in der Analyse ein überwiegendes Kontingent stellen. Sie üben sehr häufig die analytische Behandlung aus, ohne sie gelernt zu haben und ohne sie zu verstehen.

Es ist vergeblich, daß Sie mir einwenden wollen, das sei gewissenlos, das möchten Sie den Ärzten nicht zutrauen. Ein Arzt wisse doch, daß ein ärztliches Diplom kein Kaperbrief ist und ein Kranker nicht vogelfrei. Dem Arzt dürfe man immer zubilligen, daß er im guten Glauben handle, auch wenn er sich dabei vielleicht im Irrtum befinde.

Die Tatsachen bestehen; wir wollen hoffen, daß sie sich so aufklären lassen, wie Sie es meinen. Ich will versuchen, Ihnen auseinanderzusetzen, wie es möglich wird, daß ein Arzt sich in den Dingen der Psychoanalyse so benimmt, wie er es auf jedem anderen Gebiet sorgfältig vermeiden würde.

Hier kommt in erster Linie in Betracht, daß der Arzt in der medizinischen Schule eine Ausbildung erfahren hat, die ungefähr das Gegenteil von dem ist, was er als Vorbereitung zur Psychoanalyse brauchen würde. Seine Aufmerksamkeit ist auf objektiv feststellbare anatomische, physikalische, chemische Tatbestände hingelenkt worden, von deren richtiger Erfassung und geeigneter Beeinflussung der Erfolg des ärztlichen Handelns abhängt. In seinen Gesichtskreis wird das Problem des Lebens gerückt, soweit es sich uns bisher aus dem Spiel der Kräfte erklärt hat, die auch in der anorganischen Natur nachweisbar sind. Für die seelischen Seiten der Lebensphänomene wird das Interesse nicht geweckt, das Studium der höheren geistigen Leistungen geht die Medizin nichts an, es ist das Bereich einer anderen Fakultät. Die Psychiatrie allein sollte sich mit den Störungen der seelischen Funktionen beschäftigen, aber man weiß, in welcher Weise und mit welchen Absichten sie es tut. Sie sucht die körperlichen Bedingungen der Seelenstörungen auf und behandelt sie wie andere Krankheitsanlässe.

Die Psychiatrie hat darin recht, und die medizinische Ausbildung ist offenbar ausgezeichnet. Wenn man von ihr aussagt, sie sei einseitig, so muß man erst den Standpunkt ausfindig machen, von dem aus diese Charakteristik zum Vorwurf wird. An sich ist ja jede Wissenschaft einseitig, sie muß es sein, indem sie sich auf bestimmte Inhalte, Gesichtspunkte, Methoden einschränkt. Es ist ein Widersinn, an dem ich keinen Anteil haben möchte, daß man eine Wissenschaft gegen eine andere ausspielt. Die Physik entwertet doch nicht die Chemie, sie kann sie nicht ersetzen, aber auch von ihr nicht vertreten werden. Die Psychoanalyse ist gewiß ganz besonders einseitig, als die Wissenschaft vom seelisch Unbewußten. Das Recht auf Einseitigkeit soll also den medizinischen Wissenschaften nicht bestritten werden.

Der gesuchte Standpunkt findet sich erst, wenn man von der wissenschaftlichen Medizin zur praktischen Heilkunde ablenkt. Der kranke Mensch ist ein kompliziertes Wesen, er kann uns daran mahnen, daß auch die so schwer faßbaren seelischen Phänomene nicht aus dem Bild des Lebens gelöscht werden dürfen. Der Neurotiker gar ist eine unerwünschte Komplikation, eine Verlegenheit für die Heilkunde nicht minder als für die Rechtspflege und den Armeedienst. Aber er existiert und geht die Medizin besonders nahe an. Und für seine Würdigung wie für seine Behandlung leistet die medizinische Schulung nichts, aber auch gar nichts. Bei dem innigen Zusammenhang zwischen den Dingen, die wir als körperlich und als seelisch scheiden, darf man vorhersehen, daß der Tag kommen wird, an dem sich Wege der Erkenntnis und hoffentlich auch der Beeinflussung von der Biologie der Organe und von der Chemie zu dem Erscheinungsgebiet der Neurosen eröffnen werden. Dieser Tag scheint noch ferne, gegenwärtig sind uns diese Krankheitszustände von der medizinischen Seite her unzugänglich.

Es wäre zu ertragen, wenn die medizinische Schulung den Ärzten bloß die Orientierung auf dem Gebiete der Neurosen versagte. Sie tut mehr; sie gibt ihnen eine falsche und schädliche Einstellung mit. Die Ärzte, deren Interesse für die psychischen Faktoren des Lebens nicht geweckt worden ist, sind nun allzu bereit, dieselben geringzuschätzen und als unwissenschaftlich zu bespötteln. Deshalb können sie nichts recht ernst nehmen, was mit ihnen zu tun hat, und fühlen die Verpflichtungen nicht, die sich von ihnen ableiten. Darum verfallen sie der laienhaften Respektlosigkeit vor der psychologischen Forschung und machen sich ihre Aufgabe leicht. Man muß ja die Neurotiker behandeln, weil sie Kranke sind und sich an den Arzt wenden, muß auch immer Neues versuchen. Aber wozu sich die Mühe einer langwierigen Vorbereitung auferlegen? Es wird auch so gehen; wer weiß, was das wert ist, was in den analytischen Instituten gelehrt wird. Je weniger sie vom Gegenstand verstehen, desto unternehmender werden sie. Nur der wirklich Wissende wird bescheiden, denn er weiß, wie unzulänglich dies Wissen ist.

Der Vergleich der analytischen Spezialität mit anderen medizinischen Fächern, den Sie zu meiner Beschwichtigung herangezogen haben, ist also nicht anwendbar. Für Chirurgie, Augenheilkunde usw. bietet die Schule selbst die Möglichkeit zur weiteren Ausbildung. Die analytischen Lehrinstitute sind gering an Zahl, jung an Jahren und ohne Autorität. Die medizinische Schule hat sie nicht anerkannt und kümmert sich nicht um sie. Der junge Arzt, der seinen Lehrern so vieles hat glauben müssen, daß ihm zur Erziehung seines Urteils wenig Anlaß geworden ist, wird gerne die Gelegenheit ergreifen, auf einem Gebiet, wo es noch keine anerkannte Autorität gibt, endlich auch einmal den Kritiker zu spielen.

Es gibt noch andere Verhältnisse, die sein Auftreten als analytischer Kurpfuscher begünstigen. Wenn er ohne ausreichende Vorbereitung Augenoperationen unternehmen wollte, so würde der Mißerfolg seiner Starextraktionen und Iridektomien und das Wegbleiben der Patienten seinem Wagestück bald ein Ende bereiten. Die Ausübung der Analyse ist für ihn vergleichsweise ungefährlich. Das Publikum ist durch die durchschnittlich günstigen Ausgänge der Augenoperationen verwöhnt und erwartet sich Heilung vom Operateur. Wenn aber der »Nervenarzt« seine Kranken nicht herstellt, so verwundert sich niemand darüber. Man ist durch die Erfolge der Therapie bei den Nervösen nicht verwöhnt worden, der Nervenarzt hat sich wenigstens »viel mit ihnen abgegeben«. Da läßt sich eben nicht viel machen, die Natur muß helfen oder die Zeit. Also beim Weib zuerst die Menstruation, dann die Heirat, später die Menopause. Am Ende hilft wirklich der Tod. Auch ist das, was der ärztliche Analytiker mit dem Nervösen vorgenommen hat, so unauffällig, daß sich daran kein Vorwurf klammern kann. Er hat ja keine Instrumente oder Medikamente verwendet, nur mit ihm geredet, versucht, ihm etwas ein- oder auszureden. Das kann doch nicht schaden, besonders wenn dabei vermieden wurde, peinliche oder aufregende Dinge zu berühren. Der ärztliche Analytiker, der sich von der strengen Unterweisung frei gemacht hat, wird gewiß den Versuch nicht unterlassen haben, die Analyse zu verbessern, ihr die Giftzähne auszubrechen und sie den Kranken angenehm zu machen. Und wie gut, wenn er bei diesem Versuch stehengeblieben, denn wenn er wirklich gewagt hat, Widerstände wachzurufen, und dann nicht wußte, wie ihnen zu begegnen ist, ja, dann kann er sich wirklich unbeliebt gemacht haben.

Die Gerechtigkeit erfordert das Zugeständnis, daß die Tätigkeit des ungeschulten Analytikers auch für den Kranken harmloser ist als die des ungeschickten Operateurs. Der mögliche Schaden beschränkt sich darauf, daß der Kranke zu einem nutzlosen Aufwand veranlaßt wurde und seine Heilungschancen eingebüßt oder verschlechtert hat. Ferner daß der Ruf der analytischen Therapie herabgesetzt wird. Das ist ja alles recht unerwünscht, aber es hält doch keinen Vergleich mit den Gefahren aus, die vom Messer des chirurgischen Kurpfuschers drohen. Schwere, dauernde Verschlimmerungen des Krankheitszustandes sind nach meinem Urteil auch bei ungeschickter Anwendung der Analyse nicht zu befürchten. Die unerfreulichen Reaktionen klingen nach einer Weile wieder ab. Neben den Traumen des Lebens, welche die Krankheit hervorgerufen haben, kommt das bißchen Mißhandlung durch den Arzt nicht in Betracht. Nur daß eben der ungeeignete therapeutische Versuch nichts Gutes für den Kranken geleistet hat.

»Ich habe Ihre Schilderung des ärztlichen Kurpfuschers in der Analyse angehört, ohne Sie zu unterbrechen, nicht ohne den Eindruck zu empfangen, daß Sie von einer Feindseligkeit gegen die Ärzteschaft beherrscht werden, zu deren historischer Erklärung Sie mir selbst den Weg gezeigt haben. Aber ich gebe Ihnen eines zu: Wenn schon Analysen gemacht werden sollen, so sollen sie von Leuten gemacht werden, die sich dafür gründlich ausgebildet haben. Und Sie glauben nicht, daß die Ärzte, die sich der Analyse zuwenden, mit der Zeit alles tun werden, um sich diese Ausbildung zu eigen zu machen?«

Ich fürchte, nicht. Solange das Verhältnis der Schule zum analytischen Lehrinstitut ungeändert bleibt, werden die Ärzte wohl die Versuchung, es sich zu erleichtern, zu groß finden.

»Aber einer direkten Äußerung über die Frage der Laienanalyse scheinen Sie konsequent auszuweichen. Ich soll jetzt erraten, daß Sie vorschlagen, weil man die Ärzte, die analysieren wollen, nicht kontrollieren kann, soll man, gewissermaßen aus Rache, zu ihrer Bestrafung, ihnen das Monopol der Analyse abnehmen und diese ärztliche Tätigkeit auch den Laien eröffnen.«

Ich weiß nicht, ob Sie meine Motive richtig erraten haben. Vielleicht kann ich Ihnen später ein Zeugnis einer weniger parteiischen Stellungnahme vorlegen. Aber ich lege den Akzent auf die Forderung, *daß niemand die Analyse ausüben soll, der nicht die Berechtigung dazu durch eine bestimmte Ausbildung erworben hat.* Ob diese Person nun Arzt ist oder nicht, erscheint mir als nebensächlich.

»Was für bestimmte Vorschläge haben Sie also zu machen?«

Ich bin noch nicht soweit, weiß auch nicht, ob ich überhaupt dahin kommen werde. Ich möchte eine andere Frage mit Ihnen erörtern, zur Einleitung aber auch einen bestimmten Punkt berühren. Man sagt, daß die zuständigen Behörden über Anregung der Ärzteschaft Laien ganz allgemein die Ausübung der Analyse untersagen wollen. Von diesem Verbot würden auch die nichtärztlichen Mitglieder der Psychoanalytischen Vereinigung betroffen, die eine ausgezeichnete Ausbildung genossen und sich durch Übung sehr vervollkommnet haben. Wird das Verbot erlassen, so stellt sich der Zustand her, daß man eine Reihe von Personen an der Ausübung einer Tätigkeit behindert, von denen man überzeugt sein kann, daß sie sie sehr gut leisten können, während man dieselbe Tätigkeit anderen freigibt, bei denen von einer ähnlichen Garantie nicht die Rede ist. Das ist nicht gerade der Erfolg, den eine Gesetzgebung erreichen möchte. Indes ist dieses spezielle Problem weder sehr wichtig noch schwierig zu lösen. Es handelt sich dabei um eine Handvoll Personen, die nicht schwer geschädigt werden können. Sie werden wahrscheinlich nach Deutschland auswandern, wo sie, durch keine Gesetzesvorschrift behindert, bald die Anerkennung ihrer Tüchtigkeit finden werden. Will man ihnen dies ersparen und die Härte des Gesetzes für sie mildern, so kann es mit Anlehnung an bekannte Präzedenzfälle leicht geschehen. Es ist im monarchischen Österreich wiederholt vorgekommen, daß man notorischen Kurpfuschern die Erlaubnis zur ärztlichen Tätigkeit auf bestimmten Gebieten *ad personam* verliehen hat, weil man von ihrem wirklichen Können überzeugt worden war. Diese Fälle betrafen zumeist bäuerliche Heilkünstler, und die Befürwortung soll regelmäßig durch eine der einst so zahlreichen Erzherzoginnen erfolgt sein, aber es müßte doch auch für Städter und auf Grund anderer, bloß sachverständiger Garantie geschehen können. Bedeutsamer wäre die Wirkung eines solchen Verbots auf das Wiener analytische Lehrinstitut, das von da an keine Kandidaten aus nichtärztlichen Kreisen zur Ausbildung annehmen dürfte. Dadurch wäre wieder einmal in unserem Vaterland eine Richtung geistiger Tätigkeit unterdrückt, die sich anderswo frei entfalten darf. Ich bin der letzte, der eine Kompetenz in der Beurteilung von Gesetzen und Verordnungen in Anspruch nehmen will. Aber ich sehe doch so viel, daß eine Betonung unseres Kurpfuschergesetzes nicht im Sinne der Angleichung an deutsche Verhältnisse ist, die heute offenbar angestrebt wird, und daß die Anwendung dieses Gesetzes auf den Fall der Psychoanalyse etwas Anachronistisches hat, denn zur Zeit seiner Erlassung gab es noch keine Analyse und war die besondere Natur der neurotischen Erkrankungen noch nicht erkannt.

Ich komme zu der Frage, deren Diskussion mir wichtiger erscheint. Ist die Ausübung der Psychoanalyse überhaupt ein Gegenstand, der behördlichem Eingreifen unterworfen werden soll, oder ist es zweckmäßiger, ihn der natürlichen Entwicklung zu überlassen? Ich werde gewiß hier keine Entscheidung treffen, aber ich nehme mir die Freiheit, Ihnen dieses Problem zur Überlegung vorzulegen. In unserem Vaterlande herrscht von alters her ein wahrer *furor prohibendi,* eine Neigung zum Bevormunden, Eingreifen und Verbieten, die, wie wir alle wissen, nicht gerade gute Früchte getragen hat. Es scheint, daß es im neuen, republikanischen Österreich noch nicht viel anders geworden ist. Ich vermute, daß Sie bei der Entscheidung über den Fall der Psychoanalyse, der uns jetzt beschäftigt, ein gewichtiges Wort mitzureden haben; ich weiß nicht, ob Sie die Lust oder den Einfluß haben werden, sich den bürokratischen Neigungen zu widersetzen. Meine unmaßgeblichen Gedanken zu unserer Frage will ich Ihnen jedenfalls nicht ersparen. Ich meine, daß ein Überfluß an Verordnungen und Verboten der Autorität des Gesetzes schadet. Man kann beobachten: Wo nur wenige Verbote bestehen, da werden sie sorgfältig eingehalten; wo man auf Schritt und Tritt von Verboten begleitet wird, da fühlt man förmlich die Versuchung, sich über sie hinwegzusetzen. Ferner, man ist noch kein Anarchist, wenn man bereit ist einzusehen, daß Gesetze und Verordnungen nach ihrer Herkunft nicht auf den Charakter der Heiligkeit und Unverletzlichkeit Anspruch haben können, daß sie oft inhaltlich unzulänglich und für unser Rechtsgefühl verletzend sind oder nach einiger Zeit so werden und daß es bei der Schwerfälligkeit der die Gesellschaft leitenden Personen oft kein anderes Mittel zur Korrektur solch unzweckmäßiger Gesetze gibt, als sie herzhaft zu übertreten. Auch ist es ratsam, wenn man den Respekt vor Gesetzen und Verordnungen erhalten will, keine zu erlassen, deren Einhaltung und Übertretung schwer zu überwachen ist. Manches, was wir über die Ausübung der Analyse durch Ärzte gesagt haben, wäre hier für die eigentliche Laienanalyse, die das Gesetz unterdrücken will, zu wiederholen. Der Hergang der Analyse ist ein recht unscheinbarer, sie wendet weder Medikamente noch Instrumente an, besteht nur in Gesprächen und Austausch von Mitteilungen; es wird nicht leicht sein, einer Laienperson nachzuweisen, sie übe »Analyse« aus, wenn sie behauptet, sie gebe nur Zuspruch, teile Aufklärungen aus und suche einen heilsamen menschlichen Einfluß auf seelisch Hilfsbedürftige zu gewinnen; das könne man ihr doch nicht verbieten, bloß darum, weil auch der Arzt es manchmal tue. In den Englisch sprechenden Ländern haben die Praktiken der »*Christian Science*« eine große Verbreitung; eine Art von dialektischer Verleugnung der Übel im Leben durch Berufung auf die Lehren der christlichen Religion. Ich stehe nicht an zu behaupten, daß dies Verfahren eine bedauerliche Verirrung des menschlichen Geistes darstellt, aber wer würde in Amerika oder England daran denken, es zu verbieten und unter Strafe zu setzen? Fühlt sich denn die hohe Obrigkeit bei uns des rechten Weges zur Seligkeit so sicher, daß sie es wagen darf zu verhindern, daß jeder versuche »nach seiner Fasson selig zu werden«[1]? Und zugegeben, daß viele sich selbst überlassen in Gefahren geraten und zu Schaden kommen, tut die Obrigkeit nicht besser daran, die Gebiete, die als unbetretbar gelten sollen, sorgfältig abzugrenzen und im übrigen, soweit es nur angeht, die Menschenkinder ihrer Erziehung durch Erfahrung und gegenseitige Beeinflussung zu überlassen? Die Psychoanalyse ist etwas so Neues in der Welt, die große Menge ist so wenig über sie orientiert, die Stellung der offiziellen Wissenschaft zu ihr noch so schwankend, daß es mir voreilig erscheint, jetzt schon mit gesetzlichen Vorschriften in die Entwicklung einzugreifen. Lassen wir die Kranken selbst die Entdeckung machen, daß es schädlich für sie ist, seelische Hilfe bei Personen zu suchen, die nicht gelernt haben, wie man sie leistet. Klären wir sie darüber auf und warnen sie davor, dann werden wir uns erspart haben, es ihnen zu verbieten. Auf italienischen Landstraßen zeigen die Leitungsträger die knappe und eindrucksvolle Aufschrift: *Chi tocca, muore*[2]. Das reicht vollkommen hin, um das Benehmen der Passanten gegen herabhängende Drähte zu regeln. Die entsprechenden deutschen Warnungen sind von einer überflüssigen und beleidigenden Weitschweifigkeit: Das Berühren der Leitungsdrähte ist, weil lebensgefährlich, strengstens verboten. Wozu das Verbot? Wem

---

[1] [Der Ausspruch, »In meinem Staate kann jeder nach seiner Façon selig werden«, wird Friedrich dem Großen zugeschrieben.]

[2] [Wer berührt, stirbt.]

sein Leben lieb ist, der erteilt es sich selbst, und wer sich auf diesem Wege umbringen will, der fragt nicht nach Erlaubnis.

»Es gibt aber Fälle, die man als Präjudiz für die Frage der Laienanalyse anführen kann. Ich meine das Verbot der Versetzung in Hypnose durch Laien und das kürzlich erlassene Verbot der Abhaltung okkultistischer Sitzungen und Gründung solcher Gesellschaften.«

Ich kann nicht sagen, daß ich ein Bewunderer dieser Maßnahmen bin. Die letztere ist ein ganz unzweifelhafter Übergriff der polizeilichen Bevormundung zum Schaden der intellektuellen Freiheit. Ich bin außer dem Verdacht, den sogenannt okkulten Phänomenen viel Glauben entgegenzubringen oder gar Sehnsucht nach ihrer Anerkennung zu verspüren; aber durch solche Verbote wird man das Interesse der Menschen für diese angebliche Geheimwelt nicht ersticken. Vielleicht hat man im Gegenteil etwas sehr Schädliches getan, der unparteiischen Wißbegierde den Weg verschlossen, zu einem befreienden Urteil über diese bedrückenden Möglichkeiten zu kommen. Aber dies auch nur wieder für Österreich. In anderen Ländern stößt auch die »parapsychische« Forschung auf keine gesetzlichen Hindernisse. Der Fall der Hypnose liegt etwas anders als der der Analyse. Die Hypnose ist die Hervorrufung eines abnormen Seelenzustandes und dient den Laien heute nur als Mittel zur Schaustellung. Hätte sich die anfänglich so hoffnungsvolle hypnotische Therapie gehalten, so wären ähnliche Verhältnisse wie die der Analyse entstanden. Übrigens erbringt die Geschichte der Hypnose ein Präzedenz zum Schicksal der Analyse nach anderer Richtung. Als ich ein junger Dozent der Neuropathologie war, eiferten die Ärzte in der leidenschaftlichsten Weise gegen die Hypnose, erklärten sie für einen Schwindel, ein Blendwerk des Teufels und einen höchst gefährlichen Eingriff. Heute haben sie dieselbe Hypnose monopolisiert, bedienen sich ihrer ungescheut als Untersuchungsmethode, und für manche Nervenärzte ist sie noch immer das Hauptmittel ihrer Therapie.

Ich habe Ihnen aber bereits gesagt, ich denke nicht daran, Vorschläge zu machen, die auf der Entscheidung beruhen, ob gesetzliche Regelung oder Gewährenlassen in Sachen der Analyse das richtigere ist. Ich weiß, das ist eine prinzipielle Frage, auf deren Lösung die Neigungen der maßgebenden Personen wahrscheinlich mehr Einfluß nehmen werden als Argumente. Was mir für eine Politik des *laissez faire* zu sprechen scheint, habe ich bereits zusammengestellt. Wenn man sich anders entschließt, zu einer Politik des aktiven Eingreifens, dann allerdings scheint mir die eine lahme und ungerechte Maßregel des rücksichtslosen

Verbots der Analyse durch Nichtärzte keine genügende Leistung zu sein. Man muß sich dann um mehr bekümmern, die Bedingungen, unter denen die Ausübung der analytischen Praxis gestattet ist, für alle, die sie ausüben wollen, feststellen, irgendeine Autorität aufrichten, bei der man sich Auskunft holen kann, was Analyse ist und was für Vorbereitung man für sie fordern darf, und die Möglichkeiten der Unterweisung in der Analyse fördern. Also entweder in Ruhe lassen oder Ordnung und Klarheit schaffen, nicht aber in eine verwickelte Situation mit einem vereinzelten Verbot dreinfahren, das mechanisch aus einer inadäquat gewordenen Vorschrift abgeleitet wird.

»Ja, aber die Ärzte, die Ärzte! Ich bringe Sie nicht dazu, auf das eigentliche Thema unserer Unterredungen einzugehen. Sie weichen mir noch immer aus. Es handelt sich doch darum, ob man nicht den Ärzten das ausschließliche Vorrecht auf die Ausübung der Analyse zugestehen muß, meinetwegen nachdem sie gewisse Bedingungen erfüllt haben. Die Ärzte sind ja gewiß nicht in ihrer Mehrheit die Kurpfuscher in der Analyse, als die Sie sie geschildert haben. Sie sagen selbst, daß die überwiegende Mehrzahl Ihrer Schüler und Anhänger Ärzte sind. Man hat mir verraten, daß diese keineswegs Ihren Standpunkt in der Frage der Laienanalyse teilen. Ich darf natürlich annehmen, daß Ihre Schüler sich Ihren Forderungen nach genügender Vorbereitung usw. anschließen, und doch finden diese Schüler es damit vereinbar, die Ausübung der Analyse den Laien zu versperren. Ist das so, und wenn, wie erklären Sie es?«

Ich sehe, Sie sind gut informiert, es ist so. Zwar nicht alle, aber ein guter Teil meiner ärztlichen Mitarbeiter hält in dieser Sache nicht zu mir, tritt für das ausschließliche Anrecht der Ärzte auf die analytische Behandlung der Neurotiker ein. Sie ersehen daraus, daß es auch in unserem Lager Meinungsverschiedenheiten geben darf. Meine Parteinahme ist bekannt, und der Gegensatz im Punkte der Laienanalyse hebt unser Einvernehmen nicht auf. Wie ich Ihnen das Verhalten dieser meiner Schüler erklären kann? Sicher weiß ich es nicht, ich denke, es wird die Macht des Standesbewußtseins sein. Sie haben eine andere Entwicklung gehabt als ich, fühlen sich noch unbehaglich in der Isolierung von den Kollegen, möchten gerne als vollberechtigt von der *profession* aufgenommen werden und sind bereit, für diese Toleranz ein Opfer zu bringen, an einer Stelle, deren Lebenswichtigkeit ihnen nicht einleuchtet. Vielleicht ist es anders; ihnen Motive der Konkurrenz unterzuschieben, hieße nicht nur sie einer niedrigen Gesinnung zu beschuldigen, sondern auch ihnen eine sonderbare Kurzsichtigkeit zuzutrauen. Sie sind ja immer bereit, andere Ärzte in die Analyse einzuführen, und ob sie die verfügbaren Patienten mit Kollegen oder mit Laien zu teilen haben, kann für ihre materielle Lage nur gleichgiltig sein. Wahrscheinlich kommt aber noch etwas anderes in Betracht. Diese meine Schüler mögen unter dem Einfluß gewisser Momente stehen, welche dem Arzt in der analytischen Praxis den unzweifelhaften Vorzug vor dem Laien sichern.

»Den Vorzug sichern? Da haben wir's. Also gestehen Sie diesen Vorzug endlich zu? Damit wäre ja die Frage entschieden.«

Das Zugeständnis wird mir nicht schwer. Es mag Ihnen zeigen, daß ich nicht so leidenschaftlich verblendet bin, wie Sie annehmen. Ich habe die Erwähnung dieser Verhältnisse aufgeschoben, weil ihre Diskussion wiederum theoretische Erörterungen nötig machen wird.

»Was meinen Sie jetzt?«

Da ist zuerst die Frage der Diagnose. Wenn man einen Kranken, der an sogenannt nervösen Störungen leidet, in analytische Behandlung nimmt, will man vorher die Sicherheit haben – soweit sie eben erreichbar ist –, daß er sich für diese Therapie eignet, daß man ihm also auf diesem Wege helfen kann. Das ist aber nur der Fall, wenn er wirklich eine Neurose hat.

»Ich sollte meinen, das erkennt man eben an den Erscheinungen, an den Symptomen, über die er klagt.«

Hier ist eben die Stelle für eine neue Komplikation. Man erkennt es nicht immer mit voller Sicherheit. Der Kranke kann das äußere Bild einer Neurose zeigen, und doch kann es etwas anderes sein, der Beginn einer unheilbaren Geisteskrankheit, die Vorbereitung eines zerstörenden Gehirnprozesses. Die Unterscheidung – Differentialdiagnose – ist nicht immer leicht und nicht in jeder Phase sofort zu machen. Die Verantwortlichkeit für eine solche Entscheidung kann natürlich nur der Arzt übernehmen. Sie wird ihm, wie gesagt, nicht immer leichtgemacht. Der Krankheitsfall kann längere Zeit ein harmloses Gepräge tragen, bis sich endlich doch seine böse Natur herausstellt. Es ist ja auch eine regelmäßige Befürchtung der Nervösen, ob sie nicht geisteskrank werden können. Wenn der Arzt aber einen solchen Fall eine Zeitlang verkannt hat oder im unklaren über ihn geblieben ist, so macht es nicht viel aus, es ist kein Schaden angestellt worden und nichts Überflüssiges geschehen. Die analytische Behandlung dieses Kranken hätte ihm zwar auch keinen Schaden gebracht, aber sie wäre als überflüssiger Aufwand bloßgestellt. Überdies würden sich gewiß genug Leute finden, die den schlechten Ausgang der Analyse zur Last legen werden. Mit Unrecht freilich, aber solche Anlässe sollten vermieden werden.

»Das klingt aber trostlos. Es entwurzelt ja alles, was Sie mir über die Natur und Entstehung einer Neurose vorgetragen haben.«

Durchaus nicht. Es bekräftigt nur von neuem, daß die Neurotiker ein Ärgernis und eine Verlegenheit sind, für alle Parteien, also auch für die Analytiker. Vielleicht löse ich aber Ihre Verwirrung wieder, wenn ich meine neuen Mitteilungen in korrekteren Ausdruck kleide. Es ist wahrscheinlich richtiger, von den Fällen, die uns jetzt beschäftigen, auszusagen, sie haben wirklich eine Neurose entwickelt, aber diese sei nicht psychogen, sondern somatogen, habe nicht seelische, sondern körperliche Ursachen. Können Sie mich verstehen?

»Verstehen, ja; aber ich kann es mit dem anderen, dem Psychologischen, nicht vereinigen.«

Nun, das läßt sich doch machen, wenn man nur den Komplikationen der lebenden Substanz Rechnung tragen will. Worin fanden wir das Wesen einer Neurose? Darin, daß das Ich, die durch den Einfluß der Außenwelt emporgezüchtete höhere Organisation des seelischen Apparats, nicht imstande ist, seine Funktion der Vermittlung zwischen Es und Realität zu erfüllen, daß es sich in seiner Schwäche von Triebanteilen des Es zurückzieht und sich dafür die Folgen dieses Verzichts in Form von Einschränkungen, Symptomen und erfolglosen Reaktionsbildungen gefallen lassen muß.

Eine solche Schwäche des Ichs hat bei uns allen regelmäßig in der Kindheit statt, darum bekommen die Erlebnisse der frühesten Kinderjahre eine so große Bedeutung für das spätere Leben. Unter der außerordentlichen Belastung dieser Kinderzeit – wir haben in wenigen Jahren die ungeheure Entwicklungsdistanz vom steinzeitlichen Primitiven bis zum Teilhaber der heutigen Kultur durchzumachen und dabei insbesondere die Triebregungen der sexuellen Frühperiode abzuwehren – nimmt unser Ich seine Zuflucht zu Verdrängungen und setzt sich einer Kinderneurose aus, deren Niederschlag es als Disposition zur späteren nervösen Erkrankung in die Reife des Lebens mitbringt. Nun kommt alles darauf an, wie dies herangewachsene Wesen vom Schicksal behandelt werden wird. Wird das Leben zu hart, der Abstand zwischen den Triebforderungen und den Einsprüchen der Realität zu groß, so mag das Ich in seinen Bemühungen, beide zu versöhnen, scheitern, und dies um so eher, je mehr es durch die mitgebrachte infantile Disposition gehemmt ist. Es wiederholt sich dann der Vorgang der Verdrängung, die Triebe reißen sich von der Herrschaft des Ichs los, schaffen sich auf den Wegen der Regression ihre Ersatzbefriedigungen, und das arme Ich ist hilflos neurotisch geworden.

Halten wir nur daran fest: der Knoten- und Drehpunkt der ganzen

Situation ist die relative Stärke der Ichorganisation. Wir haben es dann leicht, unsere ätiologische Übersicht zu vervollständigen. Als die sozusagen normalen Ursachen der Nervosität kennen wir bereits die kindliche Ichschwäche, die Aufgabe der Bewältigung der Frühregungen der Sexualität und die Einwirkungen der eher zufälligen Kindheitserlebnisse. Ist es aber nicht möglich, daß auch andere Momente eine Rolle spielen, die aus der Zeit vor dem Kinderleben stammen? Zum Beispiel eine angeborene Stärke und Unbändigkeit des Trieblebens im Es, die dem Ich von vornherein zu große Aufgaben stellt? Oder eine besondere Entwicklungsschwäche des Ichs aus unbekannten Gründen? Selbstverständlich müssen diese Momente zu einer ätiologischen Bedeutung kommen, in manchen Fällen zu einer überragenden. Mit der Triebstärke im Es haben wir jedesmal zu rechnen; wo sie exzessiv entwickelt ist, steht es schlecht um die Aussichten unserer Therapie. Von den Ursachen einer Entwicklungshemmung des Ichs wissen wir noch zuwenig. Dies wären also die Fälle von Neurose mit wesentlich konstitutioneller Grundlage. Ohne irgendeine solche konstitutionelle, kongenitale Begünstigung kommt wohl kaum eine Neurose zustande.

Wenn aber die relative Schwäche des Ichs das für die Entstehung der Neurose entscheidende Moment ist, so muß es auch möglich sein, daß eine spätere körperliche Erkrankung eine Neurose erzeugt, wenn sie nur eine Schwächung des Ichs herbeiführen kann. Und das ist wiederum im reichen Ausmaß der Fall. Eine solche körperliche Störung kann das Triebleben im Es betreffen und die Triebstärke über die Grenze hinaus steigern, welcher das Ich gewachsen ist. Das Normalvorbild solcher Vorgänge wäre etwa die Veränderung im Weib durch die Störungen der Menstruation und der Menopause. Oder eine körperliche Allgemeinerkrankung, ja eine organische Erkrankung des nervösen Zentralorgans, greift die Ernährungsbedingungen des seelischen Apparats an, zwingt ihn, seine Funktion herabzusetzen und seine feineren Leistungen, zu denen die Aufrechthaltung der Ichorganisation gehört, einzustellen. In all diesen Fällen entsteht ungefähr dasselbe Bild der Neurose; die Neurose hat immer den gleichen psychologischen Mechanismus, aber, wie wir erkennen, die mannigfachste, oft sehr zusammengesetzte Ätiologie.

»Jetzt gefallen Sie mir besser, Sie haben endlich gesprochen wie ein Arzt. Nun erwarte ich das Zugeständnis, daß eine so komplizierte ärztliche Sache wie eine Neurose nur von einem Arzt gehandhabt werden kann.«

Ich besorge, Sie schießen damit über das Ziel hinaus. Was wir besprochen haben, war ein Stück Pathologie, bei der Analyse handelt es sich um ein therapeutisches Verfahren. Ich räume ein, nein, ich fordere, daß der Arzt bei jedem Fall, der für die Analyse in Betracht kommt, vorerst die Diagnose stellen soll. Die übergroße Anzahl der Neurosen, die uns in Anspruch nehmen, sind zum Glück psychogener Natur und pathologisch unverdächtig. Hat der Arzt das konstatiert, so kann er die Behandlung ruhig dem Laienanalytiker überlassen. In unseren analytischen Gesellschaften ist es immer so gehalten worden. Dank dem innigen Kontakt zwischen ärztlichen und nichtärztlichen Mitgliedern sind die zu befürchtenden Irrungen so gut wie völlig vermieden worden. Es gibt dann noch einen zweiten Fall, in dem der Analytiker den Arzt zur Hilfe rufen muß. Im Verlaufe der analytischen Behandlung können – am ehesten körperliche – Symptome erscheinen, bei denen man zweifelhaft wird, ob man sie in den Zusammenhang der Neurose aufnehmen oder auf eine davon unabhängige, als Störung auftretende organische Erkrankung beziehen soll. Diese Entscheidung muß wiederum dem Arzt überlassen werden.

»Also kann der Laienanalytiker auch während der Analyse den Arzt nicht entbehren. Ein neues Argument gegen seine Brauchbarkeit.«

Nein, aus dieser Möglichkeit läßt sich kein Argument gegen den Laienanalytiker schmieden, denn der ärztliche Analytiker würde im gleichen Falle nicht anders handeln.

»Das verstehe ich nicht.«

Es besteht nämlich die technische Vorschrift, daß der Analytiker, wenn solch zweideutige Symptome während der Behandlung auftauchen, sie nicht seinem eigenen Urteil unterwirft, sondern von einem der Analyse fernstehenden Arzt, etwa einem Internisten, begutachten läßt, auch wenn er selbst Arzt ist und seinen medizinischen Kenntnissen noch vertraut.

»Und warum ist etwas, was mir so überflüssig erscheint, vorgeschrieben?«

Es ist nicht überflüssig, hat sogar mehrere Begründungen. Erstens läßt sich die Vereinigung organischer und psychischer Behandlung in einer Hand nicht gut durchführen, zweitens kann das Verhältnis der Übertragung es dem Analytiker unratsam machen, den Kranken körperlich zu untersuchen, und drittens hat der Analytiker allen Grund, an seiner Unbefangenheit zu zweifeln, da sein Interesse so intensiv auf die psychischen Momente eingestellt ist.

»Ihre Stellung zur Laienanalyse wird mir jetzt klar. Sie beharren dabei, daß es Laienanalytiker geben muß. Da Sie deren Unzulänglichkeit für ihre Aufgabe aber nicht bestreiten können, tragen Sie alles zusammen, was zur Entschuldigung und Erleichterung ihrer Existenz dienen kann. Ich sehe aber überhaupt nicht ein, wozu es Laienanalytiker geben soll, die doch nur Therapeuten zweiter Klasse sein können. Ich will meinetwegen von den paar Laien absehen, die bereits zu Analytikern ausgebildet sind, aber neue sollten nicht geschaffen werden, und die Lehrinstitute müßten sich verpflichten, Laien nicht mehr zur Ausbildung anzunehmen.«

Ich bin mit Ihnen einverstanden, wenn sich zeigen läßt, daß durch diese Einschränkung allen in Betracht kommenden Interessen gedient ist. Gestehen Sie mir zu, daß diese Interessen von dreierlei Art sind, das der Kranken, das der Ärzte und – *last not least* – das der Wissenschaft, das ja die Interessen aller zukünftigen Kranken miteinschließt. Wollen wir diese drei Punkte miteinander untersuchen?

Nun, für den Kranken ist es gleichgiltig, ob der Analytiker Arzt ist oder nicht, wenn nur die Gefahr einer Verkennung seines Zustandes durch die angeforderte ärztliche Begutachtung vor Beginn der Behandlung und bei gewissen Zwischenfällen während derselben ausgeschaltet wird. Für ihn ist es ungleich wichtiger, daß der Analytiker über die persönlichen Eigenschaften verfügt, die ihn vertrauenswürdig machen, und daß er jene Kenntnisse und Einsichten sowie jene Erfahrungen erworben hat, die ihn allein zur Erfüllung seiner Aufgabe befähigen. Man könnte meinen, daß es der Autorität des Analytikers schaden muß, wenn der Patient weiß, daß er kein Arzt ist und in manchen Situationen der Anlehnung an den Arzt nicht entbehren kann. Wir haben es selbstverständlich niemals unterlassen, die Patienten über die Qualifikation des Analytikers zu unterrichten, und konnten uns überzeugen, daß die Standesvorurteile bei ihnen keinen Anklang finden, daß sie bereit sind, die Heilung anzunehmen, von welcher Seite immer sie ihnen geboten wird, was übrigens der Ärztestand zu seiner lebhaften Kränkung längst erfahren hat. Auch sind ja die Laienanalytiker, die heute Analyse ausüben, keine beliebigen, hergelaufenen Individuen, sondern Personen von akademischer Bildung, Doktoren der Philosophie, Pädagogen und einzelne Frauen von großer Lebenserfahrung und überragender Persönlichkeit. Die Analyse, der sich alle Kandidaten eines analytischen Lehrinstituts unterziehen müssen, ist gleichzeitig der beste Weg, um über ihre persönliche Eignung zur Ausübung der anspruchsvollen Tätigkeit Aufschluß zu gewinnen.

Nun zum Interesse der Ärzte. Ich kann nicht glauben, daß es durch die Einverleibung der Psychoanalyse in die Medizin zu gewinnen hat. Das medizinische Studium dauert jetzt schon fünf Jahre, die Ablegung der letzten Prüfungen reicht weit in ein sechstes Jahr. Alle paar Jahre tauchen neue Ansprüche an den Studenten auf, ohne deren Erfüllung seine Ausrüstung für seine Zukunft als unzureichend erklärt werden müßte. Der Zugang zum ärztlichen Beruf ist ein sehr schwerer, seine Ausübung weder sehr befriedigend noch sehr vorteilhaft. Macht man sich die gewiß vollberechtigte Forderung zu eigen, daß der Arzt auch mit der seelischen Seite des Krankseins vertraut sein müsse, und dehnt darum die ärztliche Erziehung auf ein Stück Vorbereitung für die Analyse aus, so bedeutet das eine weitere Vergrößerung des Lehrstoffes und die entsprechende Verlängerung der Studentenjahre. Ich weiß nicht, ob die Ärzte von einer solchen Folgerung aus ihrem Anspruch auf die Psychoanalyse befriedigt sein werden. Sie läßt sich aber kaum abweisen. Und dies in einer Zeitperiode, da die Bedingungen der materiellen Existenz sich für die Stände, aus denen sich die Ärzte rekrutieren, so sehr verschlechtert haben, daß die junge Generation sich dazu gedrängt sieht, sich möglichst bald selbst zu erhalten.

Sie wollen aber vielleicht das ärztliche Studium nicht mit der Vorbereitung für die analytische Praxis belasten und halten es für zweckmäßiger, daß die zukünftigen Analytiker sich erst nach Vollendung ihrer medizinischen Studien um die erforderliche Ausbildung bekümmern. Sie können sagen, daß der dadurch verursachte Zeitverlust praktisch nicht in Betracht kommt, weil ein junger Mann vor dreißig Jahren doch niemals das Zutrauen beim Patienten genießen wird, welches die Bedingung einer seelischen Hilfeleistung ist. Darauf wäre zwar zu antworten, daß auch der neugebackene Arzt für körperliche Leiden nicht auf allzu großen Respekt bei den Kranken zu rechnen hat und daß der junge Analytiker seine Zeit sehr wohl damit ausfüllen könnte, an einer psychoanalytischen Poliklinik unter der Kontrolle erfahrener Praktiker zu arbeiten.

Wichtiger erscheint mir aber, daß Sie mit diesem Vorschlag eine Kraftvergeudung befürworten, die in diesen schweren Zeiten wirklich keine ökonomische Rechtfertigung finden kann. Die analytische Ausbildung überschneidet zwar den Kreis der ärztlichen Vorbereitung, schließt diesen aber nicht ein und wird nicht von ihm eingeschlossen. Wenn man, was heute noch phantastisch klingen mag, eine psychoanalytische Hochschule zu gründen hätte, so müßte an dieser vieles gelehrt werden, was auch die medizinische Fakultät lehrt: neben der Tiefenpsychologie, die immer das Hauptstück bleiben würde, eine Einführung in die Biologie, in möglichst großem Umfang die Kunde vom Sexualleben, eine Bekanntheit mit den Krankheitsbildern der Psychiatrie. Anderseits würde der analytische Unterricht auch Fächer umfassen, die dem Arzt ferneliegen und mit denen er in seiner Tätigkeit nicht zusammenkommt: Kulturgeschichte, Mythologie, Religionspsychologie und Literaturwissenschaft. Ohne eine gute Orientierung auf diesen Gebieten steht der Analytiker einem großen Teil seines Materials verständnislos gegenüber. Dafür kann er die Hauptmasse dessen, was die medizinische Schule lehrt, für seine Zwecke nicht gebrauchen. Sowohl die Kenntnis der Fußwurzelknochen als auch die der Konstitution der Kohlenwasserstoffe, des Verlaufs der Hirnnervenfasern, alles, was die Medizin über bazilläre Krankheitserreger und deren Bekämpfung, über Serumreaktionen und Gewebsneubildungen an den Tag gebracht hat: alles gewiß an sich höchst schätzenswert, ist für ihn doch völlig belanglos, geht ihn nichts an, hilft ihm weder direkt dazu, eine Neurose zu verstehen und zu heilen, noch trägt dieses Wissen zur Schärfung jener intellektuellen Fähigkeiten bei, an welche seine Tätigkeit die größten Anforderungen stellt. Man wende nicht ein, der Fall liege so ähnlich, wenn sich der Arzt einer anderen medizinischen Spezialität, z. B. der Zahnheilkunde, zuwendet. Auch dann kann er manches nicht brauchen, worüber er Prüfung ablegen mußte, und muß vieles dazulernen, worauf ihn die Schule nicht vorbereitet hatte. Die beiden Fälle sind doch nicht gleichzusetzen. Auch für die Zahnheilkunde behalten die großen Gesichtspunkte der Pathologie, die Lehren von der Entzündung, Eiterung, Nekrose, von der Wechselwirkung der Körperorgane, ihre Bedeutung; den Analytiker führt seine Erfahrung aber in eine andere Welt mit anderen Phänomenen und anderen Gesetzen. Wie immer sich die Philosophie über die Kluft zwischen Leiblichem und Seelischem hinwegsetzen mag, für unsere Erfahrung besteht sie zunächst und gar für unsere praktischen Bemühungen.

Es ist ungerecht und unzweckmäßig, einen Menschen, der den andern von der Pein einer Phobie oder einer Zwangsvorstellung befreien will, zum Umweg über das medizinische Studium zu zwingen. Es wird auch keinen Erfolg haben, wenn es nicht gelingt, die Analyse überhaupt zu unterdrücken. Stellen Sie sich eine Landschaft vor, in der zu einem gewissen Aussichtspunkt zwei Wege führen, der eine kurz und geradlinig, der andere lang, gewunden und umwegig. Den kurzen Weg versuchen

Sie durch eine Verbottafel zu sperren, vielleicht, weil er an einigen Blumenbeeten vorbeiführt, die Sie geschont wissen wollen. Sie haben nur dann Aussicht, daß Ihr Verbot respektiert wird, wenn der kurze Weg steil und mühselig ist, während der längere sanft aufwärts führt. Verhält es sich aber anders und ist im Gegenteil der Umweg der beschwerlichere, so können Sie leicht den Nutzen Ihres Verbots und das Schicksal Ihrer Blumenbeete erraten. Ich besorge, Sie werden die Laien ebensowenig zwingen können, Medizin zu studieren, wie es mir gelingen wird, die Ärzte zu bewegen, daß sie Analyse lernen. Sie kennen ja auch die menschliche Natur.

»Wenn Sie recht haben, daß die analytische Behandlung nicht ohne besondere Ausbildung auszuüben ist, daß aber das medizinische Studium die Mehrbelastung durch eine Vorbereitung dafür nicht verträgt und daß die medizinischen Kenntnisse für den Analytiker großenteils überflüssig sind, wohin kommen wir dann mit der Erzielung der idealen ärztlichen Persönlichkeit, die allen Aufgaben ihres Berufes gewachsen sein soll?«

Ich kann nicht vorhersehen, welcher der Ausweg aus diesen Schwierigkeiten sein wird, bin auch nicht dazu berufen, ihn anzugeben. Ich sehe nur zweierlei, erstens, daß die Analyse für Sie eine Verlegenheit ist, sie sollte am besten nicht existieren – gewiß, auch der Neurotiker ist eine Verlegenheit –, und zweitens, daß vorläufig allen Interessen Rechnung getragen wird, wenn sich die Ärzte entschließen, eine Klasse von Therapeuten zu tolerieren, die ihnen die mühselige Behandlung der so enorm häufigen psychogenen Neurosen abnimmt und zum Vorteil dieser Kranken in steter Fühlung mit ihnen bleibt.

»Ist das Ihr letztes Wort in dieser Angelegenheit, oder haben Sie noch etwas zu sagen?«

Gewiß, ich wollte ja noch ein drittes Interesse in Betracht ziehen, das der Wissenschaft. Was ich da zu sagen habe, wird Ihnen wenig nahegehen, desto mehr bedeutet es mir.

Wir halten es nämlich gar nicht für wünschenswert, daß die Psychoanalyse von der Medizin verschluckt werde und dann ihre endgiltige Ablagerung im Lehrbuch der Psychiatrie finde, im Kapitel Therapie, neben Verfahren wie hypnotische Suggestion, Autosuggestion, Persuasion, die, aus unserer Unwissenheit geschöpft, ihre kurzlebigen Wirkungen der Trägheit und Feigheit der Menschenmassen danken. Sie verdient ein besseres Schicksal und wird es hoffentlich haben. Als »Tiefenpsychologie«, Lehre vom seelisch Unbewußten, kann sie all den

Wissenschaften unentbehrlich werden, die sich mit der Entstehungsgeschichte der menschlichen Kultur und ihrer großen Institutionen wie
Kunst, Religion und Gesellschaftsordnung beschäftigen. Ich meine, sie
hat diesen Wissenschaften schon bis jetzt ansehnliche Hilfe zur Lösung
ihrer Probleme geleistet, aber dies sind nur kleine Beiträge im Vergleich
zu dem, was sich erreichen ließe, wenn Kulturhistoriker, Religionspsy-
chologen, Sprachforscher usw. sich dazu verstehen werden, das ihnen
zur Verfügung gestellte neue Forschungsmittel selbst zu handhaben. Der
Gebrauch der Analyse zur Therapie der Neurosen ist nur eine ihrer
Anwendungen; vielleicht wird die Zukunft zeigen, daß sie nicht die
wichtigste ist. Jedenfalls wäre es unbillig, der einen Anwendung alle
anderen zu opfern, bloß weil dies Anwendungsgebiet sich mit dem
Kreis ärztlicher Interessen berührt.

Denn hier entrollt sich ein weiter Zusammenhang, in den man nicht
ohne Schaden eingreifen kann. Wenn die Vertreter der verschiedenen
Geisteswissenschaften die Psychoanalyse erlernen sollen, um deren Methoden und Gesichtspunkte auf ihr Material anzuwenden, so reicht es
nicht aus, daß sie sich an die Ergebnisse halten, die in der analytischen
Literatur niedergelegt sind. Sie werden die Analyse verstehen lernen
müssen auf dem einzigen Weg, der dazu offensteht, indem sie sich
selbst einer Analyse unterziehen. Zu den Neurotikern, die der Analyse
bedürfen, käme so eine zweite Klasse von Personen hinzu, die die Analyse aus intellektuellen Motiven annehmen, die nebenbei erzielte Er-
höhung ihrer Leistungsfähigkeit aber gewiß gerne begrüßen werden.
Zur Durchführung dieser Analysen bedarf es einer Anzahl von Analytikern, für die etwaige Kenntnisse in der Medizin besonders geringe
Bedeutung haben werden. Aber diese – Lehranalytiker wollen wir sie
heißen – müssen eine besonders sorgfältige Ausbildung erfahren haben.
Will man ihnen diese nicht verkümmern, so muß man ihnen Gelegenheit geben, Erfahrungen an lehrreichen und beweisenden Fällen zu sammeln, und da gesunde Menschen, denen auch das Motiv der Wißbegierde abgeht, sich nicht einer Analyse unterziehen, können es wiederum nur Neurotiker sein, an denen – unter sorgsamer Kontrolle – die
Lehranalytiker für ihre spätere, nichtärztliche Tätigkeit erzogen werden. Das Ganze erfordert aber ein gewisses Maß von Bewegungsfrei-
heit und verträgt keine kleinlichen Beschränkungen.

Vielleicht glauben Sie nicht an diese rein theoretischen Interessen der
Psychoanalyse oder wollen ihnen keinen Einfluß auf die praktische
Frage der Laienanalyse einräumen. Dann lassen Sie sich mahnen, daß

es noch ein anderes Anwendungsgebiet der Psychoanalyse gibt, das
dem Bereich des Kurpfuschergesetzes entzogen ist und auf das die Ärzte
kaum Anspruch erheben werden. Ich meine ihre Verwendung in der
Pädagogik. Wenn ein Kind anfängt, die Zeichen einer unerwünschten
Entwicklung zu äußern, verstimmt, störrisch und unaufmerksam wird,
so wird der Kinderarzt und selbst der Schularzt nichts für dasselbe tun
können, selbst dann nicht, wenn das Kind deutlich nervöse Erscheinungen wie Ängstlichkeiten, Eßunlust, Erbrechen, Schlafstörung produziert. Eine Behandlung, die analytische Beeinflussung mit erzieherischen Maßnahmen vereinigt, von Personen ausgeführt, die es nicht ver-
schmähen, sich um die Verhältnisse des kindlichen Milieus zu bekümmern, und die es verstehen, sich den Zugang zum Seelenleben des Kindes zu bahnen, bringt in einem beides zustande, die nervösen Symptome aufzuheben und die beginnende Charakterveränderung rückgängig zu machen. Unsere Einsicht in die Bedeutung der oft unscheinbaren Kinderneurosen als Disposition für schwere Erkrankungen des
späteren Lebens weist uns auf diese Kinderanalysen als einen ausgezeichneten Weg der Prophylaxis hin. Es gibt unleugbar noch Feinde
der Analyse; ich weiß nicht, welche Mittel ihnen zu Gebote stehen, um
auch der Tätigkeit dieser pädagogischen Analytiker oder analytischen
Pädagogen in den Arm zu fallen, halte es auch für nicht leicht möglich.
Aber freilich, man soll sich nie zu sicher fühlen.

Übrigens, um zu unserer Frage der analytischen Behandlung erwachsener Nervöser zurückzukehren, auch hier haben wir noch nicht alle
Gesichtspunkte erschöpft. Unsere Kultur übt einen fast unerträglichen
Druck auf uns aus, sie verlangt nach einem Korrektiv. Ist es zu phantastisch zu erwarten, daß die Psychoanalyse trotz ihrer Schwierigkeiten
zur Leistung berufen sein könnte, die Menschen für ein solches Korrektiv vorzubereiten? Vielleicht kommt noch einmal ein Amerikaner auf
den Einfall, es sich ein Stück Geld kosten zu lassen, um die *social wor-
kers* seines Landes analytisch zu schulen und eine Hilfstruppe zur Bekämpfung der kulturellen Neurosen aus ihnen zu machen.

»Aha, eine neue Art von Heilsarmee.«

Warum nicht, unsere Phantasie arbeitet ja immer nach Mustern. Der
Strom von Lernbegierigen, der dann nach Europa fluten wird, wird an
Wien vorbeigehen müssen, denn hier mag die analytische Entwicklung
einem frühzeitigen Verbottrauma erlegen sein. Sie lächeln? Ich sage das
nicht, um Ihr Urteil zu bestechen, gewiß nicht. Ich weiß ja, Sie schenken mir keinen Glauben, kann Ihnen auch nicht dafür einstehen, daß es

so kommen wird. Aber eines weiß ich. Es ist nicht gar so wichtig, welche Entscheidung Sie in der Frage der Laienanalyse fällen. Es kann eine lokale Wirkung haben. Aber das, worauf es ankommt, die inneren Entwicklungsmöglichkeiten der Psychoanalyse, sind doch durch Verordnungen und Verbote nicht zu treffen.

NACHWORT ZUR ›FRAGE DER LAIENANALYSE‹

(1927)

Der unmittelbare Anlaß zur Abfassung meiner kleinen Schrift, an
welche die hier vorstehenden Diskussionen anknüpfen, war die Anklage unseres nichtärztlichen Kollegen Dr. Th. Reik wegen Kurpfuscherei bei der Wiener Behörde. Es dürfte allgemein bekanntgeworden
sein, daß diese Klage fallengelassen wurde, nachdem alle Vorerhebun-
gen durchgeführt und verschiedene Gutachten eingeholt worden waren.
Ich glaube nicht, daß dies ein Erfolg meines Buches war; der Fall lag
wohl zu ungünstig für die Klageführung, und die Person, die sich als
geschädigt beschwert hatte, erwies sich als wenig vertrauenswürdig. Die
Einstellung des Verfahrens gegen Dr. Reik hat wahrscheinlich nicht die
Bedeutung einer prinzipiellen Entscheidung des Wiener Gerichts in der
Frage der Laienanalyse. Als ich die Figur des »unparteiischen« Part-
ners in meiner Tendenzschrift schuf, schwebte mir die Person eines unserer hohen Funktionäre vor, eines Mannes von wohlwollender Gesinnung und nicht gewöhnlicher Integrität, mit dem ich selbst ein Gespräch über die Causa Reik geführt und dem ich dann, wie er ge-
wünscht, ein privates Gutachten darüber überreicht hatte[1]. Ich wußte,
daß es mir nicht gelungen war, ihn zu meiner Ansicht zu bekehren,
und darum ließ ich auch meinen Dialog mit dem Unparteiischen nicht
in eine Einigung ausgehen.
Ich habe auch nicht erwartet, daß es mir gelingen werde, eine einheit-
liche Stellungnahme zum Problem der Laienanalyse bei den Analytikern selbst herbeizuführen. Wer in dieser Sammlung die Äußerung der
Ungarischen Gesellschaft mit der der New Yorker Gruppe zusammen-
hält, wird vielleicht annehmen, meine Schrift habe gar nichts ausgerichtet, jedermann halte den Standpunkt fest, den er auch vorher vertreten. Allein auch dies glaube ich nicht. Ich meine, viele Kollegen werden
ihre extreme Parteinahme ermäßigt haben, die meisten haben meine
Auffassung angenommen, daß das Problem der Laienanalyse nicht nach
hergebrachten Gepflogenheiten entschieden werden darf, sondern einer

---

[1] [Freud meint hier sehr wahrscheinlich Durig. S. die ›Editorische Vorbemerkung‹,
oben, S. 273.]

neuartigen Situation entspringt und darum eine neue Urteilsfällung fordert.

Auch die Wendung, die ich der ganzen Frage gegeben, scheint Beifall gefunden zu haben. Ich hatte ja den Satz in den Vordergrund gerückt, es käme nicht darauf an, ob der Analytiker ein ärztliches Diplom besitzt, sondern ob er die besondere Ausbildung erworben hat, deren es zur Ausübung der Analyse bedarf. Daran konnte die Frage anknüpfen, über die die Kollegen so eifrig diskutiert haben, welche die für den Analytiker geeignetste Ausbildung sei. Ich meinte und vertrete es auch jetzt, es sei nicht die, welche die Universität dem künftigen Arzt vorschreibt. Die sogenannte ärztliche Ausbildung erscheint mir als ein beschwerlicher Umweg zum analytischen Beruf, sie gibt dem Analytiker zwar vieles, was ihm unentbehrlich ist, lädt ihm aber außerdem zuviel auf, was er nie verwerten kann, und bringt die Gefahr mit sich, daß sein Interesse wie seine Denkweise von der Erfassung der psychischen Phänomene abgelenkt wird. Der Unterrichtsplan für den Analytiker ist erst zu schaffen, er muß geisteswissenschaftlichen Stoff, psychologischen, kulturhistorischen, soziologischen ebenso umfassen wie anatomischen, biologischen und entwicklungsgeschichtlichen. Es gibt dabei soviel zu lehren, daß man gerechtfertigt ist, aus dem Unterricht wegzulassen, was keine direkte Beziehung zur analytischen Tätigkeit hat und nur indirekt wie jedes andere Studium zur Schulung des Intellekts und der sinnlichen Beobachtung beitragen kann. Es ist bequem, gegen diesen Vorschlag einzuwenden, solche analytische Hochschulen gebe es nicht, das sei eine Idealforderung. Jawohl, ein Ideal, aber eines, das realisiert werden kann und realisiert werden muß. Unsere Lehrinstitute sind bei all ihrer jugendlichen Unzulänglichkeit doch bereits der Beginn einer solchen Realisierung.

Es wird meinen Lesern nicht entgangen sein, daß ich im vorstehenden etwas wie selbstverständlich vorausgesetzt habe, was in den Diskussionen noch heftig umstritten wird. Nämlich, daß die Psychoanalyse kein Spezialfach der Medizin ist. Ich sehe nicht, wie man sich sträuben kann, das zu erkennen. Die Psychoanalyse ist ein Stück Psychologie, auch nicht medizinische Psychologie im alten Sinne oder Psychologie der krankhaften Vorgänge, sondern Psychologie schlechtweg, gewiß nicht das Ganze der Psychologie, sondern ihr Unterbau, vielleicht überhaupt ihr Fundament. Man lasse sich durch die Möglichkeit ihrer Anwendung zu medizinischen Zwecken nicht irreführen, auch die Elektrizität und die Röntgenstrahlen haben Verwendung in der Medizin gefunden, aber die

Wissenschaft von beiden ist doch die Physik. Auch historische Argumente können an dieser Zugehörigkeit nichts ändern. Die ganze Lehre von der Elektrizität hat ihren Ausgang von einer Beobachtung am Nervmuskelpräparat genommen, darum fällt es heute doch niemand ein zu behaupten, sie sei ein Stück der Physiologie. Für die Psychoanalyse bringt man vor, sie sei doch von einem Arzt erfunden worden bei seinen Bemühungen, Kranken zu helfen. Aber das ist für ihre Beurteilung offenbar gleichgiltig. Auch ist dies historische Argument recht gefährlich. In seiner Fortsetzung könnte man daran erinnern, wie unfreundlich, ja, wie gehässig abweisend sich die Ärzteschaft von Anfang an gegen die Analyse benommen hat; daraus würde folgern, daß sie auch heute kein Anrecht auf die Analyse hat. Und wirklich – obwohl ich eine solche Folgerung zurückweise –, ich bin noch heute mißtrauisch, ob die Werbung der Ärzte um die Psychoanalyse vom Standpunkt der Libidotheorie auf die erste oder die zweite der Abrahamschen Unterstufen [1] zurückzuführen ist, ob es sich dabei um eine Besitzergreifung mit der Absicht der Zerstörung oder der Erhaltung des Objekts handelt.

Um beim historischen Argument noch einen Augenblick zu verweilen: Da es sich um meine Person handelt, kann ich dem, der sich dafür interessiert, einigen Einblick in meine eigenen Motive geben. Nach 41 jähriger ärztlicher Tätigkeit sagt mir meine Selbsterkenntnis, ich sei eigentlich kein richtiger Arzt gewesen. Ich bin Arzt geworden durch eine mir aufgedrängte Ablenkung meiner ursprünglichen Absicht, und mein Lebenstriumph liegt darin, daß ich nach großem Umweg die anfängliche Richtung wiedergefunden habe. Aus frühen Jahren ist mir nichts von einem Bedürfnis, leidenden Menschen zu helfen, bekannt, meine sadistische Veranlagung war nicht sehr groß, so brauchte sich dieser ihrer Abkömmlinge nicht zu entwickeln. Ich habe auch niemals »Doktor« gespielt, meine infantile Neugierde ging offenbar andere Wege. In den Jugendjahren wurde das Bedürfnis, etwas von den Rätseln dieser Welt zu verstehen und vielleicht selbst etwas zu ihrer Lösung beizutragen, übermächtig. Die Inskription an der medizinischen Fakultät schien der beste Weg dazu, aber dann versuchte ich's – erfolglos – mit der Zoologie und der Chemie, bis ich unter dem Einfluß v. Brückes, der größten Autorität, die je auf mich gewirkt hat, an der Physiologie haftenblieb, die sich damals freilich zu sehr auf Histologie

[1] [Vgl. Abraham, 1924. – Für eine Untersuchung dieser Unterstufen s. auch die 32. Vorlesung der *Neuen Folge* (1933 a, *Studienausgabe*, Bd. 1, S. 532–3).]

einschränkte. Ich hatte dann bereits alle medizinischen Prüfungen abgelegt, ohne mich für etwas Ärztliches zu interessieren, bis ein Mahnwort des verehrten Lehrers mir sagte, daß ich in meiner armseligen materiellen Situation eine theoretische Laufbahn vermeiden müßte. So kam ich von der Histologie des Nervensystems zur Neuropathologie und auf Grund neuer Anregungen zur Bemühung um die Neurosen. Ich meine aber, mein Mangel an der richtigen ärztlichen Disposition hat meinen Patienten nicht sehr geschadet. Denn der Kranke hat nicht viel davon, wenn das therapeutische Interesse beim Arzt affektiv überbetont ist. Für ihn ist es am besten, wenn der Arzt kühl und möglichst korrekt arbeitet.

Der vorstehende Bericht hat gewiß wenig zur Klärung des Problems der Laienanalyse beigetragen. Er sollte bloß meine persönliche Legitimation bekräftigen, wenn gerade ich für den Eigenwert der Psychoanalyse und ihre Unabhängigkeit von ihrer medizinischen Anwendung eintrete. Man wird mir aber hier entgegenhalten, ob die Psychoanalyse als Wissenschaft ein Teilgebiet der Medizin oder der Psychologie ist, sei eine Doktorfrage, praktisch ganz uninteressant. Was in Rede stehe, sei etwas anderes, eben die Verwendung der Analyse zur Behandlung von Kranken, und insofern sie dies beanspruche, müsse sie sich's gefallen lassen, als Spezialfach in die Medizin aufgenommen zu werden, wie z. B. die Röntgenologie, und sich den für alle therapeutischen Methoden geltenden Vorschriften unterwerfen. Ich anerkenne das, gestehe es zu, ich will nur verhütet wissen, daß die Therapie die Wissenschaft erschlägt. Leider reichen alle Vergleiche nur ein Stück weit, es kommt dann ein Punkt, von dem an die beiden Verglichenen auseinandergehen. Der Fall der Analyse liegt anders als der der Röntgenologie; die Physiker brauchen den kranken Menschen nicht, um die Gesetze der Röntgenstrahlen zu studieren. Die Analyse aber hat kein anderes Material als die seelischen Vorgänge des Menschen, kann nur am Menschen studiert werden; infolge besonderer, leicht begreiflicher Verhältnisse ist der neurotische Mensch weit lehrreicheres und zugänglicheres Material als der Normale, und wenn man einem, der die Analyse erlernen und anwenden will, dies Material entzieht, hat man ihn um die gute Hälfte seiner Bildungsmöglichkeiten verkürzt. Es liegt mir natürlich ferne zu fordern, daß das Interesse des neurotisch Kranken dem des Unterrichts und der wissenschaftlichen Forschung zum Opfer gebracht werde. Meine kleine Schrift zur Frage der Laienanalyse bemüht sich eben zu zeigen, daß unter Beobachtung gewisser Kautelen beiderlei

Interessen sehr wohl in Einklang gebracht werden können und daß eine solche Lösung nicht zuletzt auch dem richtig verstandenen ärztlichen Interesse dient.

Diese Kautelen habe ich alle selbst angeführt; ich darf sagen, die Diskussion hat hier nichts Neues hinzugefügt; ich möchte noch aufmerksam machen, sie hat oft die Akzente in einer Weise verteilt, die der Wirklichkeit nicht gerecht wird. Es ist alles richtig, was über die Schwierigkeit der Differentialdiagnose, die Unsicherheit in der Beurteilung körperlicher Symptome in vielen Fällen gesagt wurde, was also ärztliches Wissen oder ärztliche Einmengung notwendig macht, aber die Anzahl der Fälle, in denen solche Zweifel überhaupt nicht auftauchen, der Arzt nicht gebraucht wird, ist doch noch ungleich größer. Diese Fälle mögen wissenschaftlich recht uninteressant sein, im Leben spielen sie eine genug wichtige Rolle, um die Tätigkeit des Laienanalytikers, der ihnen vollauf gewachsen ist, zu rechtfertigen. Ich habe vor einiger Zeit einen Kollegen analysiert, der eine besonders scharfe Ablehnung dagegen entwickelte, daß jemand sich eine ärztliche Tätigkeit gestatte, der nicht selbst Arzt ist. Ich konnte ihm sagen: »Wir arbeiten jetzt länger als drei Monate. An welcher Stelle unserer Analyse war ich veranlaßt, mein ärztliches Wissen in Anspruch zu nehmen?« Er gestand zu, daß sich kein Anlaß dafür gefunden hatte.

Auch das Argument, daß der Laienanalytiker, weil er bereit sein muß, den Arzt zu konsultieren, beim Kranken keine Autorität erwerben und kein höheres Ansehen als das eines Heilgehilfen, Masseurs u. dgl. erreichen kann, schätze ich nicht hoch ein. Die Analogie dürfte wiederum nicht zutreffen, abgesehen davon, daß der Kranke die Autorität nach seiner Gefühlsübertragung zu verleihen pflegt und daß der Besitz eines ärztlichen Diploms ihm lange nicht so imponiert, wie der Arzt glaubt. Der berufsmäßige Laienanalytiker wird es nicht schwer haben, sich das Ansehen zu verschaffen, das ihm als einem weltlichen Seelsorger gebührt[1]. Mit der Formel »Weltliche Seelsorge« könnte man überhaupt die Funktion beschreiben, die der Analytiker, sei er nun Arzt oder Laie, dem Publikum gegenüber zu erfüllen hat. Unsere Freunde unter den protestantischen und neuerlich auch katholischen Geistlichen befreien oft ihre Pfarrkinder von ihren Lebenshemmungen, indem sie ihre Gläubigkeit herstellen, nachdem sie ihnen ein Stück analytischer Aufklärung über ihre Konflikte geboten haben. Unsere Gegner, die Adlerschen In-

---

[1] [Freud hatte sich schon in seinem Geleitwort (1913 *b*) zu Pfisters Buch (1913) über diese Art der Tätigkeit in protestantischen Ländern geäußert.]

dividualpsychologen, erstreben dieselbe Änderung bei den haltlos und untüchtig Gewordenen, indem sie ihr Interesse für soziale Gemeinschaft wecken, nachdem sie ihnen einen einzigen Winkel ihres Seelenlebens beleuchtet und ihnen gezeigt haben, welchen Anteil ihre egoistischen und mißtrauischen Regungen an ihrem Kranksein haben. Beide Verfahren, die ihre Kraft der Anlehnung an die Analyse verdanken, haben ihren Platz in der Psychotherapie. Wir Analytiker setzen uns eine möglichst vollständige und tiefreichende Analyse des Patienten zum Ziel, wir wollen ihn nicht durch die Aufnahme in die katholische, protestantische oder sozialistische Gemeinschaft entlasten, sondern ihn aus seinem eigenen Inneren bereichern, indem wir seinem Ich die Energien zuführen, die durch Verdrängung unzugänglich in seinem Unbewußten gebunden sind, und jene anderen, die das Ich in unfruchtbarer Weise zur Aufrechterhaltung der Verdrängungen verschwenden muß. Was wir so treiben, ist Seelsorge im besten Sinne. Ob wir uns damit ein zu hohes Ziel gesteckt haben? Ob auch nur die Mehrzahl unserer Patienten der Mühe wert ist, die wir für diese Arbeit verbrauchen? Ob es nicht ökonomischer ist, das Defekte von außen zu stützen, als von innen zu reformieren? Ich kann es nicht sagen, aber etwas anderes weiß ich. In der Psychoanalyse bestand von Anfang ein Junktim zwischen Heilen und Forschen, die Erkenntnis brachte den Erfolg, man konnte nicht behandeln, ohne etwas Neues zu erfahren, man gewann keine Aufklärung, ohne ihre wohltätige Wirkung zu erleben. Unser analytisches Verfahren ist das einzige, bei dem dies kostbare Zusammentreffen gewahrt bleibt. Nur wenn wir analytische Seelsorge treiben, vertiefen wir unsere eben aufdämmernde Einsicht in das menschliche Seelenleben. Diese Aussicht auf wissenschaftlichen Gewinn war der vornehmste, erfreulichste Zug der analytischen Arbeit; dürfen wir sie irgendwelchen praktischen Erwägungen zum Opfer bringen?

Einige Äußerungen in dieser Diskussion erwecken in mir den Verdacht, als wäre meine Schrift zur Laienfrage doch in einem Punkte mißverstanden worden. Die Ärzte werden gegen mich in Schutz genommen, wie wenn ich sie allgemein als untauglich für die Ausübung der Analyse erklärt und die Parole ausgegeben hätte, ärztlicher Zuzug sei fernzuhalten. Nun, das liegt nicht in meiner Absicht. Der Anschein entstand wahrscheinlich daraus, daß ich in meiner polemisch angelegten Darstellung die unausgebildeten ärztlichen Analytiker für noch gefährlicher erklären mußte als die Laien. Meine wirkliche Meinung in dieser Frage könnte ich klarmachen, indem ich einen Zynismus kopiere, der einst im *Simplicissimus* über die Frauen vorgebracht wurde. Dort beklagte sich einer der Partner über die Schwächen und Schwierigkeiten des schöneren Geschlechts, worauf der andere bemerkte: »Die Frau ist aber doch das Beste, was wir *in der Art* haben.« Ich gestehe es zu, solange die Schulen nicht bestehen, die wir uns für die Heranbildung von Analytikern wünschen, sind die ärztlich vorgebildeten Personen das beste Material für den künftigen Analytiker. Nur darf man fordern, daß sie ihre Vorbildung nicht an Stelle der Ausbildung setzen, daß sie die Einseitigkeit überwinden, die durch den Unterricht an der medizinischen Schule begünstigt wird, und daß sie der Versuchung widerstehen, mit der Endokrinologie und dem autonomen Nervensystem zu liebäugeln, wo es darauf ankommt, psychologische Tatsachen durch psychologische Hilfsvorstellungen zu erfassen. Ebenso teile ich die Erwartung, daß alle die Probleme, die sich auf die Zusammenhänge zwischen psychischen Phänomenen und ihren organischen, anatomischen und chemischen Grundlagen beziehen, nur von Personen, die beides studiert haben, also von ärztlichen Analytikern, in Angriff genommen werden können. Doch sollte man nicht vergessen, daß dies nicht alles an der Psychoanalyse ist und daß wir für deren andere Seite die Mitarbeit von Personen, die in den Geisteswissenschaften vorgebildet sind, nie entbehren können. Aus praktischen Gründen haben wir, auch für unsere Publikationen, die Gewohnheit angenommen, eine ärztliche Analyse von den Anwendungen der Analyse zu scheiden. Das ist nicht korrekt. In Wirklichkeit verläuft die Scheidungsgrenze zwischen der wissenschaftlichen Psychoanalyse und ihren Anwendungen auf medizinischem und nichtmedizinischem Gebiet.

Die schroffste Ablehnung der Laienanalyse wird in diesen Diskussionen von unseren amerikanischen Kollegen vertreten. Ich halte es nicht für überflüssig, ihnen durch einige Bemerkungen zu erwidern. Es ist kaum ein Mißbrauch der Analyse zu polemischen Zwecken, wenn ich die Meinung ausdrücke, daß ihr Widerstand sich ausschließlich auf praktische Momente zurückführt. Sie sehen in ihrem Lande, daß die Laienanalytiker viel Unfug und Mißbrauch mit der Analyse treiben und infolgedessen die Patienten wie den Ruf der Analyse schädigen. Es ist dann begreiflich, daß sie in ihrer Empörung weit von diesen gewissenlosen Schädlingen abrücken und die Laien von jedem Anteil an der Analyse ausschließen wollen. Aber dieser Sachverhalt reicht bereits aus, um die Bedeutung ihrer Stellungnahme herabzudrücken. Denn die Frage der Laienanalyse darf nicht allein nach praktischen Erwägungen entschieden werden, und die lokalen Verhältnisse Amerikas können für uns nicht allein maßgebend sein.

Die wesentlich von praktischen Motiven geleitete Resolution unserer amerikanischen Kollegen gegen die Laienanalytiker erscheint mir unpraktisch, denn sie kann nicht eines der Momente verändern, welche die Sachlage beherrschen. Sie hat etwa den Wert eines Versuches zur Verdrängung. Wenn man die Laienanalytiker in ihrer Tätigkeit nicht behindern kann, im Kampf gegen sie nicht vom Publikum unterstützt wird, wäre es dann nicht zweckmäßiger, der Tatsache ihrer Existenz Rechnung zu tragen, indem man ihnen Gelegenheiten zur Ausbildung bietet, Einfluß auf sie gewinnt und ihnen die Möglichkeit der Approbation durch den Ärztestand und der Heranziehung zur Mitarbeiterschaft als Ansporn vorhält, so daß sie ein Interesse daran finden, ihr sittliches und intellektuelles Niveau zu erhöhen?

Wien, im Juni 1927.

Die endliche und die unendliche Analyse

(1937)

EDITORISCHE VORBEMERKUNG

Deutsche Ausgaben:

1937 *Int. Z. Psychoanal.*, Bd. 23 (2), 209–40.

1950 *G. W.*, Bd. 16, 59–99.

Die letzten achteinhalb Absätze von Abschnitt VI wurden im Herbst 1937 im *Almanach 1938*, S. 44–50, nachgedruckt.

Diese Abhandlung wurde Anfang 1937 geschrieben und im Juni desselben Jahres veröffentlicht. Sie und die folgende Schrift über ›Konstruktionen in der Analyse‹ (1937 *d*) sind Freuds letzte streng psychoanalytische Werke. Fast zwanzig Jahre waren vergangen, seit er eine rein technische Arbeit publiziert hatte, wenn auch Fragen zur Technik natürlich in anderen in der Zwischenzeit erschienenen Schriften behandelt worden waren.

Freuds wichtigste frühere Darlegung der Wirkungsweise der psychoanalytischen Therapie findet sich in der 27. und 28. der *Vorlesungen zur Einführung in die Psychoanalyse* (1916–17). Sehr viel knapper hat er das Thema in der 34. Vorlesung der *Neuen Folge* (1933 *a*) noch einmal erörtert. Leser dieser früheren Arbeiten zeigen sich gelegentlich erstaunt über gewisse Unterschiede, die zwischen der vorliegenden Abhandlung und ihren Vorgängern bestehen, und diese offensichtlichen Abweichungen verlangen eine Untersuchung.

Insgesamt vermittelt der Aufsatz einen Eindruck von Pessimismus im Hinblick auf die therapeutische Wirksamkeit der Psychoanalyse. Ständig werden ihre Grenzen betont, die Schwierigkeiten des Verfahrens und die dem Erfolg entgegenstehenden Hindernisse hervorgehoben. Sie sind eigentlich das Hauptthema. Im Grunde ist das jedoch nichts Neues. Freud war sich dieser Hindernisse stets bewußt und immer bereit, sie zu erforschen. Überdies hat er unermüdlich auf die Wichtigkeit des nicht-therapeutischen Interesses an der Psychoanalyse aufmerksam gemacht, eine Richtung, der, zumal in der späten Lebenszeit, seine eigene Vorliebe gehörte. Es sei daran erinnert, daß Freud in der kurzen Erörterung der Technik in der *Neuen Folge* (1933 *a*) schreibt, er sei »nie ein therapeutischer Enthusiast« gewesen (*Studienausgabe*, Bd. 1, S. 580). So ist nichts Überraschendes an der in dieser Arbeit zutage tretenden nüchternen Einstellung gegenüber den therapeutischen Ambitionen der Psychoanalyse oder an der Aufzählung der ihr entgegenstehenden Schwierigkeiten. Was Verwunderung auslösen könnte, sind viel eher bestimmte Merkmale von Freuds Untersuchung über Art und Ursachen dieser Schwierigkeiten.

Zunächst fällt auf, daß es sich bei den Faktoren, auf die er vor allem den Blick lenkt, um physiologische und biologische handelt, Faktoren also, die psychologischer Einflußnahme weitgehend entzogen sind. Das gilt etwa für die relative »konstitutionelle« Triebstärke (S. 365 ff.) ebenso wie für die durch physiologische Ursachen wie Pubertät, Menopause und körperliche Krankheit bedingte relative Ichschwäche (S. 366 f.). Als das mächtigste und überdies gänzlich unkontrollierbare Hindernis aber erscheint der Todestrieb, dem mehrere Seiten der Abhandlung gewidmet sind (S. 382 ff.). Freud vertritt hier die Auffassung, daß er nicht nur für einen Hauptteil des Widerstandes in der Analyse verantwortlich sei – darauf hatte er schon in früheren Arbeiten hingewiesen –, sondern daß man in ihm eigentlich die letzte Ursache des psychischen Konflikts zu sehen habe (S. 384). Jedoch ist auch daran nichts Revolutionäres. Freud mag hier die konstitutionellen Faktoren unter den Schwierigkeiten, mit denen sich die Psychoanalyse auseinanderzusetzen hat, stärker betonen als gewöhnlich, aber er hat ihren Einfluß immer anerkannt.

Auch ist keines der drei Momente neu, die Freud als für den Erfolg der therapeutischen Bemühung »maßgebend« (S. 365) aufzählt: die günstigere Prognose in Fällen mit eher »traumatischer« als »konstitutioneller« Ätiologie, die Bedeutung der »quantitativen« Faktoren und die Frage der »Ichveränderung«. Besonders auf das dritte Moment wirft die vorliegende Arbeit viel neues Licht. Schon in früheren Darlegungen des therapeutischen Prozesses hatte Freud der Veränderung des Ichs, die vom Analytiker als Vorbedingung für die Ausschaltung der Verdrängungen des Patienten zu erreichen war, stets einen wichtigen Platz eingeräumt. (S. etwa die Beschreibung in der 28. der *Vorlesungen zur Einführung*, 1916–17, *Studienausgabe*, Bd. 1, S. 437.) Aber welcher Art diese Veränderung zu sein habe und wie sie zu bewirken sei, darüber war sehr wenig bekannt. Die jüngsten Fortschritte in Freuds Analyse des Ichs ermöglichten es ihm jetzt, die Untersuchung weiterzutreiben. Die therapeutische Veränderung des Ichs wird nun eher als ein Rückgängigmachen von Veränderungen aufgefaßt, die sich als Folge des Abwehrprozesses vorher eingestellt hatten. Und es verdient daran erinnert zu werden, daß die Tatsache der durch Abwehrprozesse bewirkten Ichveränderungen von Freud schon zu einem sehr frühen Zeitpunkt erwähnt wurde. Der Gedanke findet sich bereits in seiner Diskussion der Wahnideen in der zweiten Arbeit über die Abwehr-Neuropsychosen (1896 *b*; im letzten Absatz) sowie an mehreren Punkten in dem noch früheren Manuskript K (Freud, 1950 *a*) vom 1. Januar 1896. Danach scheint Freud dem Konzept zunächst keine weitere Beachtung geschenkt zu haben, und der Zusammenhang zwischen Gegenbesetzungen, Reaktionsbildungen und Ichveränderungen wird deutlich erstmals in *Hemmung, Symptom und Angst* (1926 *d*, *Studienausgabe*, Bd. 6, S. 295, S. 296–7, S. 301) ausgesprochen. Er erscheint noch einmal in der *Neuen Folge der Vorlesungen* (1933 *a*, *Studienausgabe*, Bd. 1, S. 525) und, nach der ausführlichen Erörterung in der vorliegenden Arbeit, in *Der Mann Moses und die monotheistische Religion* (1939 a, *Studienausgabe*, Bd. 9, S. 525–6) sowie schließlich im *Abriß der Psychoanalyse* (1940 a [1938]), im vorliegenden Band S. 418.

In einer Hinsicht jedoch scheinen die in der vorliegenden Arbeit geäußerten Ansichten Freuds von seinen früheren Auffassungen abzuweichen, ja, diesen sogar zu widersprechen. Gemeint ist die Skepsis, die Freud hier im Hinblick auf die *prophylaktische* Wirkung der Psychoanalyse äußert. Seine Zweifel gelten nicht nur der Aussicht, beim Patienten das Auftreten einer neuen und andersartigen Neurose zu verhindern, sie beziehen sich auch auf die Frage nach der möglichen Wiederkehr einer bereits behandelten Neurose. Der auffallende Umschwung wird deutlich, wenn wir uns einen Satz aus der 27. der *Vorlesungen zur Einführung* (1916–17), *Studienausgabe*, Bd. 1, S. 428, vergegenwärtigen: »Der Mensch, der im Verhältnis zum Arzt normal und frei von der Wirkung verdrängter Triebregungen geworden ist, bleibt auch so in seinem Eigenleben, wenn der Arzt sich wieder ausgeschaltet hat.« Und noch einmal, in der 28. Vorlesung (ibid., S. 433), wo Freud die Wirkungen der hypnotischen Suggestion mit denjenigen der Psychoanalyse vergleicht: »Die analytische Kur legt dem Arzt wie dem Kranken schwere Arbeitsleistung auf, die zur Aufhebung innerer Widerstände verbraucht wird. Durch die Überwindung dieser Widerstände wird das Seelenleben des Kranken dauernd verändert, auf eine höhere Stufe der Entwicklung gehoben und bleibt gegen neue Erkrankungsmöglichkeiten geschützt.« Ähnlich schreibt Freud in den Schlußsätzen der 31. Vorlesung der *Neuen Folge* (1933 a), es sei die Absicht der Psychoanalyse, »das Ich zu stärken, es vom Über-Ich unabhängiger zu machen, sein Wahrnehmungsfeld zu erweitern und seine Organisation auszubauen, so daß es sich neue Stücke des Es aneignen kann. Wo Es war, soll Ich werden.« (*Studienausgabe*, Bd. 1, S. 516.) Die all diesen Passagen zugrundeliegende Theorie scheint in wichtigen Punkten von der in der vorliegenden Arbeit implizierten abzuweichen [1].

Die Grundlage für Freuds wachsende Skepsis waren wohl die Überzeugung von der Unmöglichkeit der Behandlung eines Konflikts, der nicht »aktuell« ist, und die schwerwiegenden Bedenken gegen die Überführung eines »latenten« Konflikts in einen »aktuellen«. Diese Position impliziert offensichtlich einen Meinungswandel nicht nur hinsichtlich des therapeutischen Prozesses, sondern in bezug auf das psychische Geschehen schlechthin. Hier scheint Freud den »aktuellen Konflikt« als etwas Isoliertes, gleichsam in einer wasserdichten Kammer Abgetrenntes zu betrachten. Selbst wenn dem Ich geholfen wird, mit *diesem* Konflikt fertigzuwerden, bleibt sein Vermögen, einen *anderen* Konflikt zu bewältigen, davon unberührt. Auch die Triebkräfte scheint Freud als etwas

---

[1] Es sei jedoch hinzugefügt, daß Freud in einer anderen Vorlesung der *Neuen Folge* (der 34.) nachdrücklich auch die Grenzen der psychoanalytischen Therapie betont (*Studienausgabe*, Bd. 1, S. 581–3).

ähnlich Isoliertes anzusehen: die Tatsache, daß ihr Druck in bezug auf einen aktuellen Konflikt gemildert werden konnte, besagt nichts über ihr zukünftiges Verhalten. Im Gegensatz dazu wurde in den früheren Auffassungen angenommen, der therapeutische Prozeß könne das Ich in einem allgemeineren Sinne verändern und diese Wandlung halte auch nach Beendigung der Analyse an; von den Trieben wurde entsprechend vorausgesetzt, sie bezögen ihre Energie aus einem *undifferenzierten* Kräftereservoir. So daß in dem Maße, in dem die Behandlung erfolgreich war, jedes neuerliche Andrängen der Triebkräfte durch die Analyse etwas in seinem Druck gemildert wäre und gleichzeitig auf ein durch die Analyse für den Umgang mit den Trieben besser gerüstetes Ich träfe. Demzufolge gäbe es keine scharfe Abtrennung zwischen »aktuellen« und »latenten« Konflikten; und die prophylaktische Wirkung einer Analyse würde (wie auch ihr unmittelbares Ergebnis) von quantitativen Momenten abhängig sein – von der durch sie zuwege gebrachten relativen Zunahme der Ichstärke und der relativen Minderung der Triebstärke.

Es sei angemerkt, daß die Darlegung der therapeutischen Wirkungen der Analyse, die Freud etwa ein Jahr nach der vorliegenden Arbeit in seinem *Abriß der Psychoanalyse* (1940 a [1938]) gab, in bezug auf die soeben diskutierte spezielle Frage zu den früheren Ansichten zurückzukehren scheint, obgleich sie sich sonst eng an andere hier niedergelegte Auffassungen anschließt. Beispielsweise stellt er dort fest, nachdem er jenen mühevollen Teil der Arbeit beschrieben hat, durch den die Überwindung der Widerstände gelingt: »Er lohnt sich aber auch, denn er bringt eine vorteilhafte Ichveränderung zustande, die sich unabhängig vom Erfolg der Übertragung erhalten und im Leben bewähren wird.« (Im vorliegenden Band S. 418.) Dies spräche erneut für eine Änderung *genereller* Art.

Es ist interessant zu sehen, daß Freud sich schon ganz zu Anfang seiner Praxis mit sehr ähnlichen Problemen herumgeschlagen hat; offenbar beschäftigten ihn diese Fragen während der gesamten Dauer seiner analytischen Forschungen. Hier folgt ein Auszug aus einem Brief, den er am 16. April 1900 (Freud, 1950 a, Brief Nr. 133, S. 272–3) an Wilhelm Fließ schrieb und der von Herrn E. handelt, einem Patienten, den Freud mit Sicherheit seit 1897, vielleicht sogar bereits seit 1895 behandelte und auf dessen wechselvolles Befinden mehrfach in den Briefen eingegangen wird: »E. hat endlich mit einer Abendeinladung in meinem Hause seine Laufbahn als Patient beschlossen. Sein Rätsel ist *fast* ganz gelöst, sein Befinden vortrefflich, Wesen ganz verändert, von den Symptomen ist derzeit ein Rest geblieben. Ich fange an zu verstehen, daß die scheinbare Endlosigkeit der Kur etwas Gesetzmäßiges ist und an der Übertragung hängt. Ich hoffe, daß dieser Rest den praktischen Erfolg nicht beeinträchtigen wird. Es lag nur an mir, die Kur noch weiter fortzusetzen, aber mir ahnte, daß dies ein Kompromiß zwischen Krank- und Gesundsein ist, den sich die Kranken selbst wünschen, auf den der Arzt darum nicht eingehen soll. Der asymptotische Abschluß der Kur, mir im Wesen gleichgiltig, ist immerhin eine Enttäuschung mehr für die Außenstehenden. Ich behalte den Mann übrigens im Auge...«

I

Erfahrung hat uns gelehrt, die psychoanalytische Therapie, die Befreiung eines Menschen von seinen neurotischen Symptomen, Hemmungen und Charakterabnormitäten, ist eine langwierige Arbeit. Daher sind von allem Anfang an Versuche unternommen worden, um die Dauer der Analysen zu verkürzen. Solche Bemühungen bedurften keiner Rechtfertigung, sie konnten sich auf die verständigsten und zweckmäßigsten Beweggründe berufen. Aber es wirkte in ihnen wahrscheinlich auch noch ein Rest jener ungeduldigen Geringschätzung, mit der eine frühere Periode der Medizin die Neurosen betrachtet hatte, als überflüssige Erfolge unsichtbarer Schädigungen. Wenn man sich jetzt mit ihnen beschäftigen mußte, wollte man nur möglichst bald mit ihnen fertig werden. Einen besonders energischen Versuch in dieser Richtung hat O. Rank gemacht im Anschluß an sein Buch *Das Trauma der Geburt* (1924). Er nahm an, daß der Geburtsakt die eigentliche Quelle der Neurose sei, indem er die Möglichkeit mit sich bringt, daß die »Urfixierung« an die Mutter nicht überwunden wird und als »Urverdrängung« fortbesteht. Durch die nachträgliche analytische Erledigung dieses Urtraumas hoffte Rank die ganze Neurose zu beseitigen, so daß das eine Stückchen Analyse alle übrige analytische Arbeit ersparte. Einige wenige Monate sollten für diese Leistung genügen. Man wird nicht bestreiten, daß der Ranksche Gedankengang kühn und geistreich war; aber er hielt einer kritischen Prüfung nicht stand. Der Versuch Ranks war übrigens aus der Zeit geboren, unter dem Eindruck des Gegensatzes von europäischem Nachkriegselend und amerikanischer *»prosperity«* konzipiert und dazu bestimmt, das Tempo der analytischen Therapie der Hast des amerikanischen Lebens anzugleichen. Man hat nicht viel davon gehört, was die Ausführung des Rankschen Planes für Krankheitsfälle geleistet hat. Wahrscheinlich nicht mehr, als die Feuerwehr leisten würde, wenn sie im Falle eines Hausbrandes durch eine umgestürzte Petroleumlampe sich damit begnügte, die Lampe aus dem Zimmer zu entfernen, in dem der Brand entstanden war. Eine erhebliche Abkürzung der Löschaktion wäre allerdings auf diese Weise zu erreichen. Theorie und Praxis des Rankschen Versuchs gehören heute der Vergangenheit an – nicht anders als die amerikanische »*prosperity*« selbst[1].

Einen anderen Weg, um den Ablauf einer analytischen Kur zu beschleunigen, hatte ich selbst noch vor der Kriegszeit eingeschlagen. Ich übernahm damals die Behandlung eines jungen Russen, der, durch Reichtum verwöhnt, in völliger Hilflosigkeit, von Leibarzt und Pfleger begleitet, nach Wien gekommen war[2]. Im Laufe einiger Jahre gelang es, ihm ein großes Stück seiner Selbständigkeit wiederzugeben, sein Interesse am Leben zu wecken, seine Beziehungen zu den für ihn wichtigsten Personen in Ordnung zu bringen, aber dann stockte der Fortschritt; die Aufklärung der Kindheitsneurose, auf der ja die spätere Erkrankung begründet war, ging nicht weiter, und es war deutlich zu erkennen, daß der Patient seinen derzeitigen Zustand als recht behaglich empfand und keinen Schritt tun wollte, der ihn dem Ende der Behandlung näherbrächte. Es war ein Fall von Selbsthemmung der Kur; sie war in Gefahr, grade an ihrem – teilweisen – Erfolg zu scheitern. In dieser Lage griff ich zu dem heroischen Mittel der Terminsetzung[3]. Ich eröffnete dem Patienten zu Beginn einer Arbeitssaison, daß dieses nächste Jahr das letzte der Behandlung sein werde, gleichgiltig, was er in der ihm noch zugestandenen Zeit leiste. Er schenkte mir zunächst keinen Glauben, aber nachdem er sich von dem unverbrüchlichen Ernst meiner Absicht überzeugt hatte, trat die gewünschte Wandlung bei ihm ein. Seine Widerstände schrumpften ein, und in diesen letzten Monaten konnte er alle Erinnerungen reproduzieren und alle Zusammenhänge auffinden, die zum Verständnis seiner frühen und zur Bewältigung seiner gegenwärtigen Neurose notwendig schienen. Als er mich im Hochsommer 1914 verließ, ahnungslos wie wir alle der so nah bevorstehenden Ereignisse, hielt ich ihn für gründlich und dauernd geheilt.

In einem Zusatz[4] zur Krankengeschichte (1923) habe ich schon berichtet, daß dies nicht zutraf. Als er gegen Kriegsende als mittelloser Flüchtling nach Wien zurückkam, mußte ich ihm dabei helfen, ein nicht er-

---

[1] [Dies wurde kurz nach der großen Finanzkrise der Vereinigten Staaten niedergeschrieben. – Eine eingehende Kritik von Ranks Theorie findet sich in *Hemmung, Symptom und Angst* (Freud, 1926 *d*). S. *Studienausgabe*, Bd. 6, vor allem S. 276–7 und S. 289–92.]

[2] S. die mit Einwilligung des Patienten veröffentlichte Schrift ›Aus der Geschichte einer infantilen Neurose‹ (1918 [*b*; *Studienausgabe*, Bd. 8, S. 125 ff.]). Die spätere Erkrankung des jungen Mannes wird dort nicht ausführlich dargestellt, sondern nur gestreift, wo es der Zusammenhang mit der Kindheitsneurose unbedingt erfordert.

[3] [S. *Studienausgabe*, Bd. 8, S. 132–3.]

[4] [Ibid., S. 230–1, Anm. 3.]

ledigtes Stück der Übertragung zu bewältigen; das gelang in einigen Monaten, und ich konnte den Nachtrag mit der Mitteilung schließen, daß »der Patient, dem der Krieg Heimat, Vermögen und alle Familienbeziehungen geraubt hatte, sich seitdem normal gefühlt und tadellos benommen hat«[1]. Die anderthalb Jahrzehnte seither haben dies Urteil nicht Lügen gestraft, aber doch Einschränkungen daran notwendig gemacht. Der Patient ist in Wien geblieben und hat sich in einer, wenn auch bescheidenen, sozialen Position bewährt. Aber mehrmals in diesem Zeitraum wurde sein Wohlbefinden durch Krankheitszufälle unterbrochen, die nur als Ausläufer seiner Lebensneurose aufgefaßt werden konnten. Die Geschicklichkeit einer meiner Schülerinnen, Frau Dr. Ruth Mack Brunswick, hat diese Zustände jedesmal nach kurzer Behandlung zu Ende gebracht; ich hoffe, sie wird bald selbst über diese Erfahrungen berichten[2]. In einigen dieser Anfälle handelte es sich immer noch um Restbestände der Übertragung; sie zeigten dann bei all ihrer Flüchtigkeit deutlich paranoischen Charakter. In anderen aber bestand das pathogene Material aus Fragmenten seiner Kindergeschichte, die in der Analyse bei mir nicht zum Vorschein gekommen waren und sich nun – man kann dem Vergleich nicht ausweichen – wie Fäden nach einer Operation oder nekrotische Knochenstückchen nachträglich abstießen. Ich fand die Heilungsgeschichte dieses Patienten nicht viel weniger interessant als seine Krankengeschichte.

Ich habe die Terminsetzung später auch in anderen Fällen angewendet und auch die Erfahrungen anderer Analytiker zur Kenntnis genommen. Das Urteil über den Wert dieser erpresserischen Maßregel kann nicht zweifelhaft sein. Sie ist wirksam, vorausgesetzt, daß man die richtige Zeit für sie trifft. Aber sie kann keine Garantie für die vollständige Erledigung der Aufgabe geben. Man kann im Gegenteil sicher sein, daß, während ein Teil des Materials unter dem Zwang der Drohung zugänglich wird, ein anderer Teil zurückgehalten bleibt und damit gleichsam verschüttet wird, der therapeutischen Bemühung verlorengeht. Man darf ja den Termin nicht erstrecken, nachdem er einmal festgesetzt worden ist; sonst hat er für die weitere Folge jeden Glauben eingebüßt.

---

[1] [Freud gibt hier den Originalwortlaut seines Zusatzes nicht ganz exakt wieder. Vgl. *Studienausgabe*, Bd. 8, S. 231.]

[2] [Dieser Bericht war tatsächlich bereits einige Jahre zuvor erschienen (Brunswick, 1928). Für weitere Informationen über den späteren Verlauf dieses Falles s. die editorische Anmerkung *Studienausgabe*, Bd. 8, S. 231, sowie das von Muriel Gardiner herausgegebene Buch vom und über den »Wolfsmann« (Wolfsmann, 1972).]

Die Fortsetzung der Kur bei einem anderen Analytiker wäre der nächste Ausweg; man weiß freilich, daß ein solcher Wechsel neuen Verlust an Zeit und Verzicht auf den Ertrag aufgewendeter Arbeit bedeutet. Auch läßt sich nicht allgemein giltig angeben, wann die richtige Zeit für die Einsetzung dieses gewaltsamen technischen Mittels gekommen ist, es bleibt dem Takt überlassen. Ein Mißgriff ist nicht mehr gutzumachen. Das Sprichwort, daß der Löwe nur einmal springt, muß recht behalten.

II

Die Erörterungen über das technische Problem, wie man den langsamen Ablauf einer Analyse beschleunigen kann, leiten uns nun zu einer anderen Frage von tieferem Interesse, nämlich, ob es ein natürliches Ende einer Analyse gibt, ob es überhaupt möglich ist, eine Analyse zu einem solchen Ende zu führen. Der Sprachgebrauch unter Analytikern scheint eine solche Voraussetzung zu begünstigen, denn man hört oft bedauernd oder entschuldigend über ein in seiner Unvollkommenheit erkanntes Menschenkind äußern: »Seine Analyse ist nicht fertig geworden«, oder: »Er ist nicht zu Ende analysiert worden.«

Man muß sich zunächst darüber verständigen, was mit der mehrdeutigen Redensart »Ende einer Analyse« gemeint ist. Praktisch ist das leicht zu sagen. Die Analyse ist beendigt, wenn Analytiker und Patient sich nicht mehr zur analytischen Arbeitsstunde treffen. Sie werden so tun, wenn zwei Bedingungen ungefähr erfüllt sind, die erste, daß der Patient nicht mehr an seinen Symptomen leidet und seine Ängste wie seine Hemmungen überwunden hat, die zweite, daß der Analytiker urteilt, es sei beim Kranken so viel Verdrängtes bewußtgemacht, so viel Unverständliches aufgeklärt, so viel innerer Widerstand besiegt worden, daß man die Wiederholung der betreffenden pathologischen Vorgänge nicht zu befürchten braucht. Ist man durch äußere Schwierigkeiten verhindert worden, dies Ziel zu erreichen, so spricht man besser von einer unvollständigen als von einer unvollendeten Analyse.

Die andere Bedeutung des Endes einer Analyse ist weit ehrgeiziger. In ihrem Namen wird gefragt, ob man die Beeinflussung des Patienten so weit getrieben hat, daß eine Fortsetzung der Analyse keine weitere Veränderung versprechen kann. Also als ob man durch Analyse ein Niveau von absoluter psychischer Normalität erreichen könnte, dem man auch die Fähigkeit zutrauen dürfte, sich stabil zu erhalten, etwa wenn es gelungen wäre, alle vorgefallenen Verdrängungen aufzulösen und alle Lücken der Erinnerung auszufüllen. Man wird zuerst die Erfahrung befragen, ob dergleichen vorkommt, und dann die Theorie, ob es überhaupt möglich ist.

Jeder Analytiker wird einige Fälle mit so erfreulichem Ausgang behandelt haben. Es ist gelungen, die vorhandene neurotische Störung zu beseitigen, sie ist nicht wiedergekehrt und hat sich durch keine andere ersetzt. Man ist auch nicht ohne Einsicht in die Bedingungen dieser Erfolge. Das Ich der Patienten war nicht merklich verändert[1] und die Ätiologie der Störung eine wesentlich traumatische. Die Ätiologie aller neurotischen Störungen ist ja eine gemischte; es handelt sich entweder um überstarke, also gegen die Bändigung[2] durch das Ich widerspenstige Triebe, oder um die Wirkung von frühzeitigen, d. h. vorzeitigen Traumen, deren ein unreifes Ich nicht Herr werden konnte. In der Regel um ein Zusammenwirken beider Momente, des konstitutionellen und des akzidentellen. Je stärker das erstere, desto eher wird ein Trauma zur Fixierung führen und eine Entwicklungsstörung zurücklassen; je stärker das Trauma, desto sicherer wird es seine Schädigung auch unter normalen Triebverhältnissen äußern. Es ist kein Zweifel, daß die traumatische Ätiologie der Analyse die weitaus günstigere Gelegenheit bietet. Nur im vorwiegend traumatischen Fall wird die Analyse leisten, was sie meisterlich kann, die unzulängliche Entscheidung aus der Frühzeit dank der Erstarkung des Ichs durch eine korrekte Erledigung ersetzen. Nur in einem solchen Falle kann man von einer endgültig beendeten Analyse sprechen. Hier hat die Analyse ihre Schuldigkeit getan und braucht nicht fortgesetzt zu werden. Wenn der so hergestellte Patient niemals wieder eine Störung produziert, die ihn der Analyse bedürftig macht, so weiß man freilich nicht, wieviel von dieser Immunität der Gunst des Schicksals zu danken ist, die ihm zu starke Belastungsproben erspart haben mag.

Die konstitutionelle Triebstärke und die im Abwehrkampf erworbene ungünstige Veränderung des Ichs, im Sinne einer Verrenkung und Einschränkung, sind die Faktoren, die der Wirkung der Analyse ungünstig sind und ihre Dauer ins Unabschließbare verlängern können. Man ist versucht, das erstere, die Triebstärke, auch für die Ausbildung des an-

---

[1] [Der Gedanke der »Ichveränderung« wird weiter unten, insbesondere in Abschnitt V, ausführlich diskutiert. S. auch die ›Editorische Vorbemerkung‹, S. 353, oben.]

[2] [Das Wort wird unten, S. 365, erläutert.]

deren, der Ichveränderung, verantwortlich zu machen, aber es scheint, daß diese auch ihre eigene Ätiologie hat, und eigentlich muß man zugestehen, daß diese Verhältnisse noch nicht genügend bekannt sind. Sie werden eben erst jetzt Gegenstand des analytischen Studiums. Das Interesse der Analytiker scheint mir in dieser Gegend überhaupt nicht richtig eingestellt zu sein. Anstatt zu untersuchen, wie die Heilung durch die Analyse zustande kommt, was ich für hinreichend aufgeklärt halte, sollte die Fragestellung lauten, welche Hindernisse der analytischen Heilung im Wege stehen.

Hier anschließend möchte ich zwei Probleme behandeln, die sich direkt aus der analytischen Praxis ergeben, wie die nachstehenden Beispiele zeigen sollen. Ein Mann, der die Analyse selbst mit großem Erfolge ausgeübt hat, urteilt, daß sein Verhältnis zum Mann wie zur Frau – zu den Männern, die seine Konkurrenten sind, und zur Frau, die er liebt – doch nicht frei von neurotischen Behinderungen ist, und macht sich darum zum analytischen Objekt eines anderen, den er für ihm überlegen hält[1]. Diese kritische Durchleuchtung der eigenen Person bringt ihm vollen Erfolg. Er heiratet die geliebte Frau und wandelt sich zum Freund und Lehrer der vermeintlichen Rivalen. Es vergehen so viele Jahre, in denen auch die Beziehung zum einstigen Analytiker ungetrübt bleibt. Dann aber tritt ohne nachweisbaren äußeren Anlaß eine Störung ein. Der Analysierte tritt in Opposition zum Analytiker, er wirft ihm vor, daß er es versäumt hat, ihm eine vollständige Analyse zu geben. Er hätte doch wissen und in Betracht ziehen müssen, daß eine Übertragungsbeziehung niemals bloß positiv sein kann; er hätte sich um die Möglichkeiten einer negativen Übertragung bekümmern müssen. Der Analytiker verantwortet sich dahin, daß zur Zeit der Analyse von einer negativen Übertragung nichts zu merken war. Aber selbst angenommen, daß er leiseste Anzeichen einer solchen übersehen hätte, was bei der Enge des Horizonts in jener Frühzeit der Analyse nicht ausgeschlossen wäre, so bliebe es zweifelhaft, ob er die Macht gehabt hätte, ein Thema, oder, wie man sagt: einen »Komplex«, durch seinen bloßen Hinweis zu aktivieren, solange er beim Patienten selbst nicht aktuell war. Dazu hätte es doch gewiß einer im realen Sinne unfreundlichen Handlung gegen den Patienten bedurft. Und außerdem

---

[1] [Nach Ernest Jones bezieht sich dies auf Ferenczi, der im Oktober 1914 für drei Wochen und im Juni 1916 für weitere drei Wochen (bei zwei Sitzungen täglich) von Freud analysiert worden war. S. Jones (1962 *b*, 180) und (1962 *a*, 210 und 228). Vgl. auch Freuds Nachruf auf Ferenczi (1933 *c*).]

sei nicht jede gute Beziehung zwischen Analytiker und Analysiertem, während und nach der Analyse, als Übertragung einzuschätzen. Es gebe auch freundschaftliche Beziehungen, die real begründet sind und sich als lebensfähig erweisen.

Ich füge gleich das zweite Beispiel an, aus dem sich das nämliche Problem erhebt. Ein älteres Mädchen ist seit ihrer Pubertät durch Gehunfähigkeit infolge heftiger Beinschmerzen aus dem Leben ausgeschaltet worden, der Zustand ist offenbar hysterischer Natur, er hat vielen Behandlungen getrotzt; eine analytische Kur von dreiviertel Jahren beseitigt ihn und gibt einer tüchtigen und wertvollen Person ihre Rechte auf einen Anteil am Leben wieder. Die Jahre nach der Genesung bringen nichts Gutes: Katastrophen in der Familie, Vermögensverlust, mit dem Altern das Schwinden jeder Aussicht auf Liebesglück und Ehe. Aber die ehemals Kranke hält allem wacker stand und wirkt in schweren Zeiten als eine Stütze für die Ihrigen. Ich weiß nicht mehr, ob es 12 oder 14 Jahre nach Beendigung der Kur war, daß profuse Blutungen eine gynäkologische Untersuchung notwendig machten. Es fand sich ein Myom, das die Totalexstirpation des Uterus berechtigte. Von dieser Operation an war das Mädchen wieder krank. Sie verliebte sich in den Operateur, schwelgte in masochistischen Phantasien von den schrecklichen Veränderungen in ihrem Inneren, mit denen sie ihren Liebesroman verhüllte, erwies sich als unzugänglich für einen neuerlichen analytischen Versuch und wurde auch bis zu ihrem Lebensende nicht mehr normal. Die erfolgreiche Behandlung liegt so weit zurück, daß man keine großen Ansprüche an sie stellen darf; sie fällt in die ersten Jahre meiner analytischen Tätigkeit. Es ist immerhin möglich, daß die zweite Erkrankung aus derselben Wurzel stammte wie die glücklich überwundene erste, daß sie ein veränderter Ausdruck derselben verdrängten Regungen war, die in der Analyse nur eine unvollkommene Erledigung gefunden hatten. Aber ich möchte doch glauben, daß es ohne das neue Trauma nicht zum neuerlichen Ausbruch der Neurose gekommen wäre.

Diese beiden Fälle, absichtlich ausgewählt aus einer großen Anzahl ähnlicher, werden hinreichen, um die Diskussion über unsere Themen anzufachen. Skeptiker, Optimisten, Ehrgeizige werden sie in ganz verschiedener Weise verwerten. Die ersteren werden sagen, es sei nun erwiesen, daß auch eine geglückte analytische Behandlung den derzeit Geheilten nicht davor schütze, später an einer anderen Neurose, ja selbst an einer Neurose aus der nämlichen Triebwurzel, also eigentlich an einer Wiederkehr des alten Leidens, zu erkranken. Die anderen werden diesen Beweis nicht für erbracht halten. Sie werden einwenden, die beiden Erfahrungen stammten aus den Frühzeiten der Analyse, vor 20 und vor 30 Jahren. Seither haben sich unsere Einsichten vertieft und erweitert, unsere Technik habe sich in Anpassung an die neuen Errungenschaften verändert. Man dürfe heute fordern und erwarten, daß eine analytische Heilung sich als dauernd bewähre, oder zum mindesten, daß eine neuerliche Erkrankung sich nicht als Wiederbelebung der früheren Triebstörung in neuen Ausdrucksformen erweise. Die Erfahrung nötige uns nicht, die Ansprüche an unsere Therapie in so empfindlicher Weise einzuschränken.

Ich habe natürlich die beiden Beobachtungen darum ausgewählt, weil sie so weit zurückliegen. Je rezenter ein Erfolg der Behandlung ist, desto mehr wird er begreiflicherweise unbrauchbar für unsere Erwägungen, da wir kein Mittel haben, das spätere Schicksal einer Heilung vorherzusehen. Die Erwartungen der Optimisten setzen offenbar mancherlei voraus, was nicht gerade selbstverständlich ist, erstens, daß es überhaupt möglich ist, einen Triebkonflikt (d. h. besser: einen Konflikt des Ichs mit einem Trieb) endgültig für alle Zeiten zu erledigen, zweitens, daß es gelingen kann, einen Menschen, während man ihn an dem einen Triebkonflikt behandelt, gegen alle anderen solcher Konfliktmöglichkeiten sozusagen zu impfen, drittens, daß man die Macht hat, einen solchen pathogenen Konflikt, der sich derzeit durch kein Anzeichen verrät, zum Zwecke der vorbeugenden Behandlung zu wecken, und daß man weise daran tut. Ich werfe diese Fragen auf, ohne sie gegenwärtig beantworten zu wollen. Vielleicht ist uns eine sichere Beantwortung derzeit überhaupt nicht möglich.

Theoretische Überlegungen werden uns wahrscheinlich gestatten, einiges zu ihrer Würdigung beizutragen. Aber etwas anderes ist uns jetzt schon klar geworden: Der Weg zur Erfüllung der gesteigerten Ansprüche an die analytische Kur führt nicht zur oder über die Abkürzung ihrer Dauer.

III

Analytische Erfahrung, die sich über mehrere Dezennien erstreckt, und ein Wechsel in der Art und Weise meiner Betätigung ermutigen mich, die Beantwortung der gestellten Fragen zu versuchen. In früheren Zeiten hatte ich es mit einer größeren Anzahl von Patienten zu tun, die, wie begreiflich, auf rasche Erledigung drängten; in den letzten Jahren haben die Lehranalysen überwogen, und eine im Verhältnis geringe Zahl von schwerer Leidenden blieb bei mir zu fortgesetzter, wenn auch durch kurze oder längere Pausen unterbrochener Behandlung. Bei diesen letzteren war die therapeutische Zielsetzung eine andere geworden. Eine Abkürzung der Kur kam nicht mehr in Betracht, die Absicht war, eine gründliche Erschöpfung der Krankheitsmöglichkeiten und tiefgehende Veränderung der Person herbeizuführen.

Von den drei Momenten, die wir als maßgebend für die Chancen der analytischen Therapie anerkannt haben: Einfluß von Traumen – konstitutionelle Triebstärke – Ichveränderung, kommt es uns hier nur auf das mittlere an, die Triebstärke. Die nächste Überlegung läßt uns in Zweifel ziehen, ob die Einschränkung durch das Beiwort konstitutionell (oder kongenital) unerläßlich ist. So entscheidend von allem Anfang das konstitutionelle Moment sein mag, so bleibt es doch denkbar, daß eine später im Leben auftretende Triebverstärkung die gleichen Wirkungen äußern mag. Die Formel wäre dann abzuändern: derzeitige Triebstärke anstatt der konstitutionellen. Die erste unserer Fragen [S. 364] hat gelautet: »Ist es möglich, einen Konflikt des Triebs mit dem Ich oder einen pathogenen Triebanspruch an das Ich durch analytische Therapie dauernd und endgültig zu erledigen?« Es ist wahrscheinlich zur Vermeidung von Mißverständnis nicht unnötig, näher auszuführen, was mit der Wortfügung: dauernde Erledigung eines Triebanspruchs gemeint ist. Gewiß nicht, daß man ihn zum Verschwinden bringt, so daß er nie wieder etwas von sich hören läßt. Das ist im allgemeinen unmöglich, wäre auch gar nicht wünschenswert. Nein, sondern etwas anderes, was man ungefähr als die »Bändigung«[1] des Triebes bezeichnen kann: das will heißen, daß der Trieb ganz in die Harmonie des Ichs aufgenommen, allen Beeinflussungen durch die anderen Strebungen im Ich zugänglich ist, nicht mehr seine eigenen Wege zur Befriedigung geht. Fragt man, auf welchen Wegen und mit welchen Mitteln das geschieht, so hat man's nicht leicht mit der Beantwortung. Man muß

---

[1] [Freud hatte diesen Ausdruck u. a. in ›Das ökonomische Problem des Masochismus‹ (1924 c) benutzt, um den Prozeß zu beschreiben, mittels dessen die Libido den Todestrieb unschädlich machen kann (*Studienausgabe*, Bd. 3, S. 347). Viel früher, im ›Entwurf einer Psychologie‹ von 1895, hatte er ihn für jenen Vorgang verwendet, durch den, dank einer Intervention des Ichs, schmerzliche Erinnerungsbilder aufhören, affektfähig zu sein (Freud, 1950 a, im letzten Drittel des III. Teils).]

sich sagen: »So muß denn doch die Hexe dran.«[1] Die Hexe Metapsychologie nämlich. Ohne metapsychologisches Spekulieren und Theoretisieren – beinahe hätte ich gesagt: Phantasieren – kommt man hier keinen Schritt weiter. Leider sind die Auskünfte der Hexe auch diesmal weder sehr klar noch sehr ausführlich. Wir haben nur einen Anhaltspunkt – der allerdings unschätzbar – an dem Gegensatz zwischen Primär- und Sekundärvorgang, und auf den will ich auch hier verweisen.

Wenn wir jetzt zu unserer ersten Frage zurückkehren, so finden wir, daß unser neuer Gesichtspunkt uns eine bestimmte Entscheidung aufdrängt. Die Frage hat gelautet, ob es möglich ist, einen Triebkonflikt dauernd und endgültig zu erledigen, d. h.: den Triebanspruch in solcher Weise zu »bändigen«. In dieser Fragestellung wird die Triebstärke überhaupt nicht erwähnt, aber gerade von ihr hängt der Ausgang ab. Gehen wir davon aus, daß die Analyse beim Neurotiker nichts anderes leistet, als was der Gesunde ohne diese Hilfe zustande bringt. Beim Gesunden aber, lehrt die tägliche Erfahrung, gilt jede Entscheidung eines Triebkonflikts nur für eine bestimmte Triebstärke, richtiger gesagt, nur innerhalb einer bestimmten Relation zwischen Stärke des Triebs und Stärke des Ichs[2]. Läßt die Stärke des Ichs nach, durch Krankheit, Erschöpfung u. dgl., so können alle bis dahin glücklich gebändigten Triebe ihre Ansprüche wieder anmelden und auf abnormen Wegen ihre Ersatzbefriedigungen anstreben[3]. Den unwiderleglichen Beweis für diese Behauptung gibt schon der nächtliche Traum, der auf die Schlafeinstellung des Ichs mit dem Erwachen der Triebansprüche reagiert.

Ebenso unzweifelhaft ist das Material von der anderen Seite. Zweimal im Laufe der individuellen Entwicklung treten erhebliche Verstärkungen gewisser Triebe auf, zur Pubertät und um die Menopause bei Frauen. Wir sind nicht im geringsten überrascht, wenn Personen, die

---

[1] [Goethe, *Faust,* I. Teil. 6. Szene.]

[2] In gewissenhafter Korrektur: für eine gewisse Breite dieser Relation.

[3] Dies zur Rechtfertigung des ätiologischen Anspruchs so unspezifischer Momente wie Überarbeitung, Schockwirkung usw., die immer der allgemeinen Anerkennung sicher waren und gerade von der Psychoanalyse in den Hintergrund gedrängt werden mußten. Gesundheit läßt sich eben nicht anders denn metapsychologisch beschreiben, bezogen auf Kräfteverhältnisse zwischen den von uns erkannten, wenn man will, erschlossenen, vermuteten, Instanzen des seelischen Apparats. [Frühe Hinweise dafür, daß Freud die ätiologische Bedeutung von Faktoren wie »Überarbeitung« in der Neurose gering eingeschätzt hat, finden sich bereits im Manuskript A der Fließ-Dokumente, das möglicherweise auf das Jahr 1892 zurückgeht (1950 *a,* S. 61).]

vorher nicht neurotisch waren, es um diese Zeiten werden. Die Bändigung der Triebe, die ihnen bei geringerer Stärke derselben gelungen war, mißlingt nun bei deren Verstärkung. Die Verdrängungen benehmen sich wie Dämme gegen den Andrang der Gewässer. Dasselbe, was diese beiden physiologischen Triebverstärkungen leisten, kann in irregulärer Weise zu jeder anderen Lebenszeit durch akzidentelle Einflüsse herbeigeführt werden. Es kommt zu Triebverstärkungen durch neue Traumen, aufgezwungene Versagungen, kollaterale Beeinflussungen der Triebe untereinander. Der Erfolg ist alle Male der gleiche und erhärtet die unwiderstehliche Macht des quantitativen Moments in der Krankheitsverursachung.

Ich bekomme hier den Eindruck, als müßte ich mich all dieser schwerfälligen Erörterungen schämen, da doch das, was sie sagen, längst bekannt und selbstverständlich ist. Wirklich, wir haben uns immer so benommen, als wüßten wir es; nur, daß wir in unseren theoretischen Vorstellungen zumeist versäumt haben, dem *ökonomischen* Gesichtspunkt in demselben Maß Rechnung zu tragen wie dem *dynamischen* und dem *topischen*. Meine Entschuldigung ist also, daß ich an dieses Versäumnis mahne[1].

Ehe wir uns aber für eine Antwort auf unsere Frage entscheiden, haben wir einen Einwand anzuhören, dessen Stärke darin besteht, daß wir wahrscheinlich von vornherein für ihn gewonnen sind. Er sagt, unsere Argumente sind alle aus den spontanen Vorgängen zwischen Ich und Trieb hergeleitet und setzen voraus, daß die analytische Therapie nichts machen kann, was nicht unter günstigen, normalen Verhältnissen von selbst geschieht. Aber ist das wirklich so? Erhebt nicht gerade unsere Theorie den Anspruch, einen Zustand herzustellen, der im Ich spontan nie vorhanden ist und dessen Neuschöpfung den wesentlichen Unterschied zwischen dem analysierten und dem nicht analysierten Menschen ausmacht? Halten wir uns vor, worauf sich dieser Anspruch beruft. Alle Verdrängungen geschehen in früher Kindheit; es sind primitive Abwehrmaßregeln des unreifen, schwachen Ichs. In späteren Jahren werden keine neuen Verdrängungen vollzogen, aber die alten erhalten sich, und ihre Dienste werden vom Ich weiterhin zur Triebbeherrschung in Anspruch genommen. Neue Konflikte werden, wie

---

[1] [Dieselbe Argumentationslinie findet sich in besonderer Klarheit und weniger fachlich formuliert in Kapitel VII von *Die Frage der Laienanalyse* (1926 e), im vorliegenden Band S. 332–3.]

Verdrängung / Nachverdrängung
↑
Analyse

wir es ausdrücken, durch »Nachverdrängung«[1] erledigt. Von diesen infantilen Verdrängungen mag gelten, was wir allgemein behauptet haben, daß sie voll und ganz vom relativen Kräfteverhältnis abhängen und einer Steigerung der Triebstärke nicht standhalten können. Die Analyse aber läßt das gereifte und erstarkte Ich eine Revision dieser alten Verdrängungen vornehmen; einige werden abgetragen, andere anerkannt, aber aus soliderem Material neu aufgebaut. Diese neuen Dämme haben eine ganz andere Haltbarkeit als die früheren; ihnen darf man zutrauen, daß sie den Hochfluten der Triebsteigerung nicht so leicht nachgeben werden. Die nachträgliche Korrektur des ursprünglichen Verdrängungsvorganges, die der Übermacht des quantitativen Faktors ein Ende macht, wäre also die eigentliche Leistung der analytischen Therapie.

So weit unsere Theorie, auf die wir ohne unwidersprechlichen Zwang nicht verzichten können. Und was sagt die Erfahrung dazu? Die ist vielleicht noch nicht umfassend genug für eine sichere Entscheidung. Oft genug gibt sie unseren Erwartungen recht, doch nicht jedesmal. Man hat den Eindruck, daß man nicht überrascht sein dürfte, wenn sich am Ende herausstellt, daß der Unterschied zwischen dem nicht Analysierten und dem späteren Verhalten des Analysierten doch nicht so durchgreifend ist, wie wir es erstreben, erwarten und behaupten. Demnach würde es der Analyse zwar manchmal gelingen, den Einfluß der Triebverstärkung auszuschalten, aber nicht regelmäßig. Oder ihre Wirkung beschränkte sich darauf, die Widerstandskraft der Hemmungen zu erhöhen, so daß sie nach der Analyse weit stärkeren Anforderungen gewachsen wären als vor der Analyse oder ohne eine solche. Ich getraue mich hier wirklich keiner Entscheidung, weiß auch nicht, ob sie derzeit möglich ist.

Man kann sich dem Verständnis dieser Unstetigkeit in der Wirkung der Analyse aber von anderer Seite her nähern. Wir wissen, es ist der erste Schritt zur intellektuellen Bewältigung der Umwelt, in der wir leben, daß wir Allgemeinheiten, Regeln, Gesetze herausfinden, die Ordnung in das Chaos bringen. Durch diese Arbeit vereinfachen wir die Welt der Phänomene, können aber nicht umhin, sie auch zu verfälschen, besonders wenn es sich um Vorgänge von Entwicklung und Umwandlung handelt. Es kommt uns darauf an, eine qualitative Än-

---

[1] [S. die metapsychologische Arbeit über ›Die Verdrängung‹ (1915 d), *Studienausgabe*, Bd. 3, S. 109, wo jedoch (wie auch an anderen aus jener Periode stammenden Stellen) der verwendete Terminus »Nachdrängen« lautet.]

derung zu erfassen, und wir vernachlässigen dabei in der Regel, wenigstens zunächst, einen quantitativen Faktor. In der Realität sind die
Übergänge und Zwischenstufen weit häufiger als die scharf gesonderten,
gegensätzlichen Zustände. Bei Entwicklungen und Verwandlungen richtet sich unsere Aufmerksamkeit allein auf das Resultat; wir übersehen gern, daß sich solche Vorgänge gewöhnlich mehr oder weniger
unvollständig vollziehen, also eigentlich im Grunde nur partielle Veränderungen sind. Der scharfsinnige Satiriker des alten Österreichs,
J. Nestroy[1], hat einmal geäußert: »Ein jeder Fortschritt ist nur immer
halb so groß, als wie er zuerst ausschaut.« Man wäre versucht, dem bos-
haften Satz eine recht allgemeine Geltung zuzusprechen. Es gibt fast
immer Resterscheinungen, ein partielles Zurückbleiben. Wenn der frei-
gebige Mäzen uns durch einen vereinzelten Zug von Knauserei überrascht, der sonst Übergute sich plötzlich in einer feindseligen Handlung gehenläßt, so sind diese »Resterscheinungen« unschätzbar für die
genetische Forschung. Sie zeigen uns, daß jene lobenswerten und wertvollen Eigenschaften auf Kompensation und Überkompensation beruhen, die, wie zu erwarten stand, nicht durchaus, nicht nach dem
vollen Betrag gelungen sind. Wenn unsere erste Beschreibung der Li-
bidoentwicklung gelautet hat, eine ursprüngliche, orale Phase mache der
sadistisch-analen und diese der phallisch-genitalen Platz, so hat spätere
Forschung dem nicht etwa widersprochen, sondern zur Korrektur hinzugefügt, daß diese Ersetzungen nicht plötzlich, sondern allmählich
erfolgen, so daß jederzeit Stücke der früheren Organisation neben der
neueren fortbestehen, und daß selbst bei normaler Entwicklung die
Umwandlung nie vollständig geschieht, so daß noch in der endgültigen
Gestaltung Reste der früheren Libidofixierungen erhalten bleiben können. Auf ganz anderen Gebieten sehen wir das nämliche. Keiner der angeblich überwundenen Irr- und Aberglauben der Menschheit, von dem
nicht Reste heute unter uns fortleben, in den tieferen Schichten der
Kulturvölker oder selbst in den obersten Schichten der Kulturgesell-
schaft. Was einmal zu Leben gekommen ist, weiß sich zäh zu behaupten.
Manchmal könnte man zweifeln, ob die Drachen der Urzeit wirklich
ausgestorben sind.

Um nun die Anwendung auf unseren Fall zu machen, ich meine, die
Antwort auf die Frage, wie sich die Unstetigkeit unserer analytischen
Therapie erklärt, könnte leicht sein, daß wir unsere Absicht, die un-

---

[1] [Freud hatte dieselbe Äußerung schon in *Die Frage der Laienanalyse* (1926 e) zitiert.
S. oben, S. 285 und Anm.]

dichten Verdrängungen durch zuverlässige, ichgerechte Bewältigungen zu ersetzen, auch nicht immer im vollen Umfang, also nicht gründlich genug erreichen. Die Umwandlung gelingt, aber oft nur partiell; Anteile der alten Mechanismen bleiben von der analytischen Arbeit unberührt. Es läßt sich schwer beweisen, daß dem wirklich so ist; wir haben ja keinen anderen Weg, es zu beurteilen, als eben den Erfolg, den es zu erklären gilt. Aber die Eindrücke, die man während der analytischen Arbeit empfängt, widersprechen unserer Annahme nicht, scheinen sie eher zu bestätigen. Man darf nur die Klarheit unserer eigenen Einsicht nicht zum Maß der Überzeugung nehmen, die wir beim Analysierten hervorrufen. Es mag ihr an »Tiefe« fehlen, wie wir sagen können; es handelt sich immer um den gerne übersehenen quantitativen Faktor. Wenn dies die Lösung ist, so kann man sagen, die Analyse habe mit ihrem Anspruch, sie heile Neurosen durch die Sicherung der Triebbeherrschung, in der Theorie immer recht, in der Praxis nicht immer. Und zwar darum, weil es ihr nicht immer gelingt, die Grundlagen der Triebbeherrschung in genügendem Ausmaß zu sichern. Der Grund dieses partiellen Mißerfolgs ist leicht zu finden. Das quantitative Moment der Triebstärke hatte sich seinerzeit dem Abwehrstreben des Ichs widersetzt; wir haben darum die analytische Arbeit zu Hilfe gerufen, und nun setzt dasselbe Moment der Wirksamkeit dieser neuen Bemühung eine Grenze. Bei übergroßer Triebstärke mißlingt dem gereiften und von der Analyse unterstützten Ich die Aufgabe, ähnlich wie früher dem hilflosen Ich; die Triebbeherrschung wird besser, aber sie bleibt unvollkommen, weil die Umwandlung des Abwehrmechanismus nur unvollständig ist. Daran ist nichts zu verwundern, denn die Analyse arbeitet nicht mit unbegrenzten, sondern mit beschränkten Machtmitteln, und das Endergebnis hängt immer vom relativen Kräfteverhältnis der miteinander ringenden Instanzen ab.

Es ist unzweifelhaft wünschenswert, die Dauer einer analytischen Kur abzukürzen, aber der Weg zur Durchsetzung unserer therapeutischen Absicht führt nur über die Verstärkung der analytischen Hilfskraft, die wir dem Ich zuführen wollen. Die hypnotische Beeinflussung schien ein ausgezeichnetes Mittel für unsere Zwecke zu sein; es ist bekannt, warum wir darauf verzichten mußten. Ein Ersatz für die Hypnose ist bisher nicht gefunden worden, aber man versteht von diesem Gesichtspunkt aus die leider vergeblichen therapeutischen Bemühungen, denen ein Meister der Analyse wie Ferenczi seine letzten Lebensjahre gewidmet hat.

IV

Die beiden anschließenden Fragen, ob man den Patienten während der Behandlung eines Triebkonflikts gegen zukünftige Triebkonflikte schützen kann und ob es ausführbar und zweckmäßig ist, einen derzeit nicht manifesten Triebkonflikt zum Zwecke der Vorbeugung zu wekken, sollen miteinander behandelt werden, denn es ist offenbar, daß man die erste Aufgabe nur lösen kann, indem man das zweite tut, also den in der Zukunft möglichen Konflikt in einen aktuellen verwandelt, den man der Beeinflussung unterzieht. Diese neue Fragestellung ist im Grunde nur eine Fortführung der früheren. Handelte es sich vorhin um eine Verhütung der Wiederkehr *desselben* Konflikts, so jetzt um seine mögliche Ersetzung durch einen anderen. Was man da vorhat, klingt sehr ehrgeizig, aber man will sich nur klarmachen, welche Grenzen der Leistungsfähigkeit einer analytischen Therapie gesteckt sind.

Sosehr es den therapeutischen Ehrgeiz verlocken mag, sich derartige Aufgaben zu stellen, die Erfahrung hat nur eine glatte Abweisung bereit. Wenn ein Triebkonflikt nicht aktuell ist, sich nicht äußert, kann man ihn auch durch die Analyse nicht beeinflussen. Die Warnung, schlafende Hunde nicht zu wecken, die man unseren Bemühungen um die Erforschung der psychischen Unterwelt so oft entgegengehalten, ist für die Verhältnisse des Seelenlebens ganz besonders unangebracht. Denn, wenn die Triebe Störungen machen, ist es ein Beweis, daß die Hunde nicht schlafen, und wenn sie wirklich zu schlafen scheinen, liegt es nicht in unserer Macht, sie aufzuwecken. Diese letztere Behauptung scheint aber nicht ganz zutreffend, sie fordert eine eingehendere Diskussion heraus. Überlegen wir, welche Mittel wir haben, um einen derzeit latenten Triebkonflikt aktuell zu machen. Offenbar können wir nur zweierlei tun: entweder Situationen herbeiführen, in denen er aktuell wird, oder uns damit begnügen, von ihm in der Analyse zu sprechen, auf seine Möglichkeit hinzuweisen. Die erstere Absicht kann auf zweierlei Wegen erreicht werden; erstens in der Realität, zweitens in der Übertragung, beide Male, indem wir den Patienten einem Maß von realem Leiden durch Versagung und Libidostauung aussetzen. Nun ist es richtig, daß wir uns einer solchen Technik schon in der gewöhnlichen Übung der Analyse bedienen. Was wäre sonst der Sinn der Vorschrift, daß die Analyse »in der Versagung« durchgeführt werden soll? [1]

---

[1] [S. die Arbeit über die ›Übertragungsliebe‹ (1915 a), im vorliegenden Band S. 224 f., sowie die Ansprache vor dem Budapester Kongreß (1919 a), oben, S. 244–5.]

Aber das ist eine Technik bei der Behandlung eines bereits aktuellen Konflikts. Wir suchen diesen Konflikt zuzuspitzen, ihn zur schärfsten Ausbildung zu bringen, um die Triebkraft für seine Lösung zu steigern. Die analytische Erfahrung hat uns gezeigt, daß jedes Besser ein Feind des Guten ist[1], daß wir in jeder Phase der Herstellung mit der Trägheit des Patienten zu kämpfen haben, die bereit ist, sich mit einer unvollkommenen Erledigung zu begnügen.

Wenn wir aber auf eine vorbeugende Behandlung von nicht aktuellen, bloß möglichen Triebkonflikten ausgehen, genügt es nicht, vorhandenes und unvermeidliches Leiden zu regulieren, man müßte sich entschließen, neues ins Leben zu rufen, und dies hat man bisher gewiß mit Recht dem Schicksal überlassen. Von allen Seiten würde man vor der Vermessenheit gewarnt werden, im Wettbewerb mit dem Schicksal so grausame Versuche mit den armen Menschenkindern anzustellen. Und welcher Art würden diese sein? Kann man es verantworten, daß man im Dienst der Prophylaxe eine befriedigende Ehe zerstört oder eine Stellung aufgeben läßt, mit der die Lebenssicherung des Analysierten verbunden ist? Zum Glück kommt man gar nicht in die Lage, über die Berechtigung solcher Eingriffe ins reale Leben nachzudenken; man hat überhaupt nicht die Machtvollkommenheit, die sie erfordern, und das Objekt dieses therapeutischen Experiments würde gewiß nicht mittun wollen. Ist dergleichen also in der Praxis so gut wie ausgeschlossen, so hat die Theorie noch andere Einwände dagegen. Die analytische Arbeit geht nämlich am besten vor sich, wenn die pathogenen Erlebnisse der Vergangenheit angehören, so daß das Ich Distanz zu ihnen gewinnen konnte. In akut krisenhaften Zuständen ist die Analyse so gut wie nicht zu brauchen. Alles Interesse des Ichs wird dann von der schmerzhaften Realität in Anspruch genommen und verweigert sich der Analyse, die hinter diese Oberfläche führen und die Einflüsse der Vergangenheit aufdecken will. Einen frischen Konflikt zu schaffen wird also die analytische Arbeit nur verlängern und erschweren.

Man wird einwenden, das seien völlig überflüssige Erörterungen. Niemand denke daran, die Behandlungsmöglichkeit des latenten Triebkonflikts dadurch herzustellen, daß man absichtlich eine neue Leidenssituation heraufbeschwört. Das sei auch keine rühmenswerte prophylaktische Leistung. Es sei zum Beispiel bekannt, daß eine überstandene Scarlatina eine Immunität gegen die Wiederkehr der gleichen Erkrankung zurückläßt; darum fällt es doch den Internisten nicht ein, einen

---

[1] [Nach dem französischen Sprichwort: »*Le mieux est l'ennemi du bien.*«]

(prophylactic effect
immunization

nother work

Gesunden, der möglicherweise an Scarlatina erkranken kann, zum Zwecke dieser Sicherung mit Scarlatina zu infizieren. Die Schutzhandlung darf nicht dieselbe Gefahrsituation herstellen wie die der Erkrankung selbst, sondern nur eine um sehr viel geringere, wie es bei der Blatternimpfung und vielen ähnlichen Verfahren erreicht wird. Es kämen also auch bei einer analytischen Prophylaxe der Triebkonflikte nur die beiden anderen Methoden in Betracht, die künstliche Erzeugung von neuen Konflikten in der Übertragung, denen doch der Charakter der Realität abgeht, und die Erweckung solcher Konflikte in der Vorstellung des Analysierten, indem man von ihnen spricht und ihn mit ihrer Möglichkeit vertraut macht.

Ich weiß nicht, ob man behaupten darf, das erstere dieser beiden milderen Verfahren sei in der Analyse durchaus unanwendbar. Es fehlt an besonders darauf gerichteten Untersuchungen. Aber es drängen sich sofort Schwierigkeiten auf, die das Unternehmen nicht als sehr aussichtsreich erscheinen lassen. Erstens, daß man in der Auswahl solcher Situationen für die Übertragung recht eingeschränkt ist. Der Analysierte selbst kann nicht alle seine Konflikte in der Übertragung unterbringen; ebensowenig kann der Analytiker aus der Übertragungssituation alle möglichen Triebkonflikte des Patienten wachrufen. Man kann ihn etwa eifersüchtig werden oder Liebesenttäuschungen erleben lassen, aber dazu braucht es keine technische Absicht. Dergleichen tritt ohnedies spontan in den meisten Analysen auf. Zweitens aber darf man nicht übersehen, daß alle solche Veranstaltungen unfreundliche Handlungen gegen den Analysierten notwendig machen, und durch diese schädigt man die zärtliche Einstellung zum Analytiker, die positive Übertragung, die das stärkste Motiv für die Beteiligung des Analysierten an der gemeinsamen analytischen Arbeit ist. Man wird also von diesen Verfahren keinesfalls viel erwarten dürfen.

So erübrigt also nur jener Weg, den man ursprünglich wahrscheinlich allein im Auge gehabt hat. Man erzählt dem Patienten von den Möglichkeiten anderer Triebkonflikte und weckt seine Erwartung, daß sich dergleichen auch bei ihm ereignen könnte. Man hofft nun, solche Mitteilung und Warnung werde den Erfolg haben, beim Patienten einen der angedeuteten Konflikte in bescheidenem und doch zur Behandlung zureichendem Maß zu aktivieren. Aber diesmal gibt die Erfahrung eine unzweideutige Antwort. Der erwartete Erfolg stellt sich nicht ein. Der Patient hört die Botschaft wohl, allein es fehlt der Widerhall[1]. Er

---

[1] [In Anlehnung an eine Zeile aus Fausts Monolog (Goethe, *Faust*, I. Teil, 1. Szene).]

mag sich denken: »Das ist ja sehr interessant, aber ich verspüre nichts davon.« Man hat sein Wissen vermehrt und sonst nichts in ihm verändert. Der Fall ist ungefähr derselbe wie bei der Lektüre psychoanalytischer Schriften. Der Leser wird nur bei jenen Stellen »aufgeregt«, in denen er sich getroffen fühlt, die also die in ihm derzeit wirksamen Konflikte betreffen. Alles andere läßt ihn kalt. Ich meine, man kann analoge Erfahrungen machen, wenn man Kindern sexuelle Aufklärungen gibt. Ich bin weit entfernt zu behaupten, es sei ein schädliches oder überflüssiges Vorgehen, aber man hat offenbar die vorbeugende Wirkung dieser liberalen Maßregel weit überschätzt. Die Kinder wissen jetzt etwas, was sie bisher nicht gewußt haben, aber sie machen nichts mit den neuen, ihnen geschenkten Kenntnissen. Man überzeugt sich, daß sie nicht einmal so rasch bereit sind, ihnen jene, man möchte sagen: naturwüchsigen, Sexualtheorien zum Opfer zu bringen, die sie im Einklang mit und in Abhängigkeit von ihrer unvollkommenen Libidoorganisation gebildet haben, von der Rolle des Storchs, von der Natur des sexuellen Verkehrs, von der Art, wie die Kinder zustande kommen. Noch lange Zeit, nachdem sie die sexuelle Aufklärung empfangen haben, benehmen sie sich wie die Primitiven, denen man das Christentum aufgedrängt hat und die im geheimen fortfahren, ihre alten Götzen zu verehren[1].

V

Wir sind von der Frage ausgegangen, wie man die beschwerlich lange Dauer einer analytischen Behandlung abkürzen kann, und sind dann, immer noch vom Interesse für zeitliche Verhältnisse geleitet, zur Untersuchung fortgeschritten, ob man Dauerheilung erzielen oder gar durch vorbeugende Behandlung zukünftige Erkrankung fernhalten kann. Wir haben dabei als maßgebend für den Erfolg unserer therapeutischen Bemühung erkannt die Einflüsse der traumatischen Ätiologie, die relative Stärke der zu beherrschenden Triebe und etwas, was wir die Ichveränderung nannten. [S. oben, S. 365.] Nur bei dem zweiten dieser Momente haben wir ausführlicher verweilt, hatten dabei Anlaß, die überragende Wichtigkeit des quantitativen Faktors anzuerkennen und das Anrecht der metapsychologischen Betrachtungsweise bei jedem Erklärungsversuch zu betonen.

---

[1] [Vgl. dazu Freuds frühere Überlegungen zur sexuellen Aufklärung der Kinder in seiner Arbeit über diese Frage (1907 c).]

Über das dritte Moment, das der Ichveränderung, haben wir noch nichts geäußert. Wenden wir uns ihm zu, so empfangen wir den ersten Eindruck, daß hier viel zu fragen und zu beantworten ist und daß, was wir dazu zu sagen haben, sich als sehr unzureichend erweisen wird. Dieser erste Eindruck hält auch bei weiterer Beschäftigung mit dem Problem stand. Die analytische Situation besteht bekanntlich darin, daß wir uns mit dem Ich der Objektperson verbünden, um unbeherrschte Anteile ihres Es zu unterwerfen, also sie in die Synthese des Ichs einzubeziehen. Die Tatsache, daß ein solches Zusammenarbeiten beim Psychotiker regelmäßig mißlingt, leiht unserem Urteil einen ersten festen Punkt. Das Ich, mit dem wir einen solchen Pakt schließen können, muß ein normales Ich sein. Aber ein solches Normal-Ich ist, wie die Normalität überhaupt, eine Idealfiktion. Das abnorme, für unsere Absichten unbrauchbare Ich ist leider keine. Jeder Normale ist eben nur durchschnittlich normal, sein Ich nähert sich dem des Psychotikers in dem oder jenem Stück, in größerem oder geringerem Ausmaß, und der Betrag der Entfernung von dem einen und der Annäherung an das andere Ende der Reihe wird uns vorläufig ein Maß für die so unbestimmt gekennzeichnete »Ichveränderung« sein.

Fragen wir, woher die so mannigfaltigen Arten und Grade der Ichveränderung rühren mögen, so ist die nächste unvermeidliche Alternative, sie sind entweder ursprünglich oder erworben. Der zweite Fall wird leichter zu behandeln sein. Wenn erworben, dann gewiß im Laufe der Entwicklung von den ersten Lebenszeiten an. Von allem Anfang an muß ja das Ich seine Aufgabe zu erfüllen suchen, zwischen seinem Es und der Außenwelt im Dienste des Lustprinzips vermitteln, das Es gegen die Gefahren der Außenwelt behüten. Wenn es im Laufe dieser Bemühung lernt, sich auch gegen das eigene Es defensiv einzustellen und dessen Triebansprüche wie äußere Gefahren zu behandeln, so geschieht dies wenigstens zum Teil darum, weil es versteht, daß die Triebbefriedigung zu Konflikten mit der Außenwelt führen würde. Das Ich gewöhnt sich dann unter dem Einfluß der Erziehung, den Schauplatz des Kampfes von außen nach innen zu verlegen, die *innere* Gefahr zu bewältigen, ehe sie zur *äußeren* geworden ist, und tut wahrscheinlich zumeist gut daran. Während dieses Kampfes auf zwei Fronten – später wird eine dritte Front hinzukommen [1] – bedient sich das Ich verschiedener Verfahren, um seiner Aufgabe zu genügen, allgemein ausge-

---

[1] [Ein Hinweis auf das Über-Ich.]

drückt, um Gefahr, Angst, Unlust zu vermeiden. Wir nennen diese Verfahren »*Abwehrmechanismen*«. Sie sind uns noch nicht erschöpfend genug bekannt. Das Buch von Anna Freud hat uns einen ersten Einblick in ihre Mannigfaltigkeit und vielseitige Bedeutung gestattet[1].

Von einem dieser Mechanismen, von der Verdrängung, hat das Studium der neurotischen Vorgänge überhaupt seinen Ausgang genommen. Es war nie ein Zweifel daran, daß die Verdrängung nicht das einzige Verfahren ist, das dem Ich für seine Absichten zu Gebote steht. Immerhin ist sie etwas ganz Besonderes, das von den anderen Mechanismen schärfer geschieden ist als diese untereinander. Ich möchte ihr Verhältnis zu diesen anderen durch einen Vergleich deutlich machen, weiß aber, daß in diesen Gebieten Vergleichungen nie weit tragen. Man denke also an die möglichen Schicksale eines Buches zur Zeit, als Bücher noch nicht in Auflagen gedruckt, sondern einzeln geschrieben wurden. Ein solches Buch enthalte Angaben, die in späteren Zeiten als unerwünscht betrachtet werden. Etwa wie nach Robert Eisler[2] die Schriften des Flavius Josephus Stellen über Jesus Christus enthalten haben müssen, an denen die spätere Christenheit Anstoß nahm. Die amtliche Zensur würde in der Jetztzeit keinen anderen Abwehrmechanismus anwenden als die Konfiskation und Vernichtung jedes Exemplars der ganzen Auflage. Damals wandte man verschiedene Methoden zur Unschädlichmachung an. Entweder die anstößigen Stellen wurden dick durchgestrichen, so daß sie unleserlich waren; sie konnten dann auch nicht abgeschrieben werden, und der nächste Kopist des Buches lieferte einen tadellosen Text, aber an einigen Stellen lückenhaft und vielleicht dort unverständlich. Oder man begnügte sich nicht damit, wollte auch den Hinweis auf die Verstümmelung des Textes vermeiden; man ging also dazu über, den Text zu entstellen. Man ließ einzelne Worte aus oder ersetzte sie durch andere, man schaltete neue Sätze ein; am besten strich man die ganze Stelle heraus und fügte an ihrer Statt eine andere ein, die das genaue Gegenteil besagte. Der nächste Abschreiber des Buches konnte dann einen unverdächtigen Text herstellen, der aber verfälscht war; er enthielt nicht mehr, was der Autor hatte mitteilen wollen, und sehr wahrscheinlich war er nicht zur Wahrheit korrigiert worden.

Wenn man den Vergleich nicht allzu strenge durchführt, kann man sagen, die Verdrängung verhält sich zu den anderen Abwehrmethoden

---

[1] Anna Freud, *Das Ich und die Abwehrmechanismen* (1936).
[2] Robert Eisler, *Jesus Basileus* (1929 [und 1930]).

wie die Auslassung zur Textentstellung, und in den verschiedenen Formen dieser Verfälschung kann man die Analogien zur Mannigfaltigkeit der Ichveränderung finden. Man kann den Einwand versuchen, dieser Vergleich gleite in einem wesentlichen Punkte ab, denn die Textentstellung ist das Werk einer tendenziösen Zensur, zu der die Ichentwicklung kein Gegenstück zeigt. Aber dem ist nicht so, denn diese Tendenz wird durch den Zwang des Lustprinzips weitgehend vertreten. Der psychische Apparat verträgt die Unlust nicht, er muß sich ihrer um jeden Preis erwehren, und wenn die Wahrnehmung der Realität Unlust bringt, muß sie – die Wahrheit also – geopfert werden. Gegen die äußere Gefahr kann man sich eine ganze Weile durch Flucht und Vermeidung der Gefahrsituation helfen, bis man später einmal stark genug wird, um die Drohung durch aktive Veränderung der Realität aufzuheben. Aber vor sich selbst kann man nicht fliehen, gegen die innere Gefahr hilft keine Flucht, und darum sind die Abwehrmechanismen des Ichs dazu verurteilt, die innere Wahrnehmung zu verfälschen und uns nur eine mangelhafte und entstellte Kenntnis unseres Es zu ermöglichen. Das Ich ist dann in seinen Beziehungen zum Es durch seine Einschränkungen gelähmt oder durch seine Irrtümer verblendet, und der Erfolg im psychischen Geschehen wird derselbe sein müssen, wie wenn man auf der Wanderung die Gegend nicht kennt und nicht rüstig ist im Gehen.

Die Abwehrmechanismen dienen der Absicht, Gefahren abzuhalten. Es ist unbestreitbar, daß ihnen solches gelingt; es ist zweifelhaft, ob das Ich während seiner Entwicklung völlig auf sie verzichten kann, aber es ist auch sicher, daß sie selbst zu Gefahren werden können. Manchmal stellt es sich heraus, daß das Ich für die Dienste, die sie ihm leisten, einen zu hohen Preis gezahlt hat. Der dynamische Aufwand, der erfordert wird, um sie zu unterhalten, sowie die Icheinschränkungen, die sie fast regelmäßig mit sich bringen, erweisen sich als schwere Belastungen der psychischen Ökonomie. Auch werden diese Mechanismen nicht aufgelassen, nachdem sie dem Ich in den schweren Jahren seiner Entwicklung ausgeholfen haben. Jede Person verwendet natürlich nicht alle möglichen Abwehrmechanismen, sondern nur eine gewisse Auswahl von ihnen, aber diese fixieren sich im Ich, sie werden regelmäßige Reaktionsweisen des Charakters, die durchs ganze Leben wiederholt werden, sooft eine der ursprünglichen Situation ähnliche wiederkehrt. Damit werden sie zu Infantilismen, teilen das Schicksal so vieler Institutionen, die sich über die Zeit ihrer Brauchbarkeit hinaus zu erhalten streben.

»Vernunft wird Unsinn, Wohltat Plage« [1], wie es der Dichter beklagt. Das erstarkte Ich des Erwachsenen fährt fort, sich gegen Gefahren zu verteidigen, die in der Realität nicht mehr bestehen, ja es findet sich gedrängt, jene Situationen der Realität herauszusuchen, die die ursprüngliche Gefahr ungefähr ersetzen können, um sein Festhalten an den gewohnten Reaktionsweisen an ihnen rechtfertigen zu können. Somit wird es leicht verständlich, wie die Abwehrmechanismen durch immer weitergreifende Entfremdung von der Außenwelt und dauernde Schwächung des Ichs den Ausbruch der Neurose vorbereiten und begünstigen.

Unser Interesse ist aber gegenwärtig nicht auf die pathogene Rolle der Abwehrmechanismen gerichtet; wir wollen untersuchen, wie die ihnen entsprechende Ichveränderung unsere therapeutische Bemühung beeinflußt. Das Material zur Beantwortung dieser Frage ist in dem erwähnten Buch von Anna Freud gegeben. Das Wesentliche daran ist, daß der Analysierte diese Reaktionsweisen auch während der analytischen Arbeit wiederholt, uns gleichsam vor Augen führt; eigentlich kennen wir sie nur daher. Damit ist nicht gesagt, daß sie die Analyse unmöglich machen. Sie legen vielmehr die eine Hälfte unserer analytischen Aufgabe fest. Die andere, die in der Frühzeit der Analyse zuerst in Angriff genommen wurde, ist die Aufdeckung des im Es Verborgenen. Unsere therapeutische Bemühung pendelt während der Behandlung beständig von einem Stückchen Esanalyse zu einem Stückchen Ichanalyse. Im einen Fall wollen wir etwas vom Es bewußtmachen, im anderen etwas am Ich korrigieren. Die entscheidende Tatsache ist nämlich, daß die Abwehrmechanismen gegen einstige Gefahren in der Kur als *Widerstände* gegen die Heilung wiederkehren. Es läuft darauf hinaus, daß die Heilung selbst vom Ich wie eine neue Gefahr behandelt wird.

Der therapeutische Effekt ist an die Bewußtmachung des im Es im weitesten Sinn Verdrängten gebunden; wir bereiten dieser Bewußtmachung den Weg durch Deutungen und Konstruktionen [2], aber wir haben nur für uns, nicht für den Analysierten gedeutet, solange das Ich an den früheren Abwehren festhält, die Widerstände nicht aufgibt. Nun sind diese Widerstände, obwohl dem Ich angehörig, doch unbewußt und in gewissem Sinne innerhalb des Ichs abgesondert. Der Analytiker erkennt sie leichter als das Verborgene im Es; es sollte hin-

---

[1] [Goethe, *Faust*, I. Teil, 4. Szene.]
[2] [Vgl. die Arbeit über dieses Thema (1937 *d*), im vorliegenden Band die nachfolgende Abhandlung.]

reichen, sie wie Anteile des Es zu behandeln und durch Bewußtmachung mit dem übrigen Ich in Beziehung zu bringen. Auf diesem Weg wäre die eine Hälfte der analytischen Aufgabe zu erledigen; auf einen Widerstand gegen die Aufdeckung von Widerständen möchte man nicht rechnen. Es ereignet sich aber folgendes. Während der Arbeit an den Widerständen tritt das Ich – mehr oder weniger ernsthaft – aus dem Vertrag aus, auf dem die analytische Situation ruht. Das Ich unterstützt unsere Bemühung um die Aufdeckung des Es nicht mehr, es widersetzt sich ihr, hält die analytische Grundregel nicht ein, läßt keine weiteren Abkömmlinge des Verdrängten auftauchen. Eine starke Überzeugung von der heilenden Macht der Analyse kann man vom Patienten nicht erwarten; er mag ein Stück Vertrauen zum Analytiker mitgebracht haben, das durch die zu erweckenden Momente der positiven Übertragung zur Leistungsfähigkeit verstärkt wird. Unter dem Einfluß der Unlustregungen, die durch das neuerliche Abspielen der Abwehrkonflikte verspürt werden, können jetzt negative Übertragungen die Oberhand gewinnen und die analytische Situation völlig aufheben. Der Analytiker ist jetzt für den Patienten nur ein fremder Mensch, der unangenehme Zumutungen an ihn stellt, und er benimmt sich gegen ihn ganz wie das Kind, das den Fremden nicht mag und ihm nichts glaubt. Versucht der Analytiker, dem Patienten eine der in der Abwehr vorgenommenen Entstellungen aufzuzeigen und sie zu korrigieren, so findet er ihn verständnislos und unzugänglich für gute Argumente. So gibt es wirklich einen Widerstand gegen die Aufdeckung von Widerständen, und die Abwehrmechanismen verdienen wirklich den Namen, mit dem wir sie anfänglich bezeichnet haben, ehe sie genauer erforscht wurden; es sind Widerstände nicht nur gegen die Bewußtmachung der Es-Inhalte, sondern auch gegen die Analyse überhaupt und somit gegen die Heilung.

Die Wirkung der Abwehren im Ich können wir wohl als »Ichveränderung« bezeichnen, wenn wir darunter den Abstand von einem fiktiven Normal-Ich verstehen, das der analytischen Arbeit unerschütterliche Bündnistreue zusichert. Es ist nun leicht zu glauben, was die tägliche Erfahrung zeigt, daß es wesentlich davon abhängt, wie stark und wie tief eingewurzelt diese Widerstände der Ichveränderung sind, wo es sich um den Ausgang einer analytischen Kur handelt. Wieder tritt uns hier die Bedeutung des quantitativen Faktors entgegen, wieder werden wir daran gemahnt, daß die Analyse nur bestimmte und begrenzte Mengen von Energien aufwenden kann, die sich mit den feindlichen

Kräften zu messen haben. Und als ob der Sieg wirklich meist bei den stärkeren Bataillonen wäre.

VI

Die nächste Frage wird lauten, ob alle Ichveränderung – in unserem Sinne – während der Abwehrkämpfe der Frühzeit erworben wird. Die Antwort kann nicht zweifelhaft sein. Es besteht kein Grund, die Existenz und Bedeutung ursprünglicher, mitgeborener Ichverschiedenheiten zu bestreiten. Schon die eine Tatsache ist entscheidend, daß jede Person ihre Auswahl unter den möglichen Abwehrmechanismen trifft, immer nur einige und dann stets dieselben verwendet. Das deutet darauf hin, daß das einzelne Ich von vornherein mit individuellen Dispositionen und Tendenzen ausgestattet ist, deren Art und Bedingtheit wir nun freilich nicht angeben können. Außerdem wissen wir, daß wir den Unterschied zwischen ererbten und erworbenen Eigenschaften nicht zu einem Gegensatz überspannen dürfen; unter dem Ererbten ist, was die Vorfahren erworben haben, gewiß ein wichtiger Anteil. Wenn wir von »archaischer Erbschaft« [1] sprechen, denken wir gewöhnlich nur an das Es und scheinen anzunehmen, daß ein Ich am Beginn des Eigenlebens noch nicht vorhanden ist. Aber wir wollen nicht übersehen, daß Es und Ich ursprünglich eins sind, und es bedeutet noch keine mystische Überschätzung der Erblichkeit, wenn wir für glaubwürdig halten, daß dem noch nicht existierenden Ich bereits festgelegt ist, welche Entwicklungsrichtungen, Tendenzen und Reaktionen es späterhin zum Vorschein bringen wird. Die psychologischen Besonderheiten von Familien, Rassen und Nationen auch in ihrem Verhalten gegen die Analyse lassen keine andere Erklärung zu. Ja noch mehr, die analytische Erfahrung hat uns die Überzeugung aufgedrängt, daß selbst bestimmte psychische Inhalte wie die Symbolik keine anderen Quellen haben als die erbliche Übertragung, und in verschiedenen völkerpsychologischen Untersuchungen wird uns nahegelegt, noch andere, ebenso spezialisierte Niederschläge frühmenschlicher Entwicklung in der archaischen Erbschaft vorauszusetzen.

Mit der Einsicht, daß die Eigenheiten des Ichs, die wir als Widerstände zu spüren bekommen, ebensowohl hereditär bedingt als in Abwehr-

---

[1] [S. die editorische Anmerkung zu Teil I der dritten Abhandlung von *Der Mann Moses und die monotheistische Religion* (1939 a), *Studienausgabe*, Bd. 9, S. 548–9.]

kämpfen erworben sein können, hat die topische Unterscheidung, ob
Ich, ob Es, viel von ihrem Wert für unsere Untersuchung eingebüßt. Ein
weiterer Schritt in únserer analytischen Erfahrung führt uns zu Widerständen anderer Art, die wir nicht mehr lokalisieren können und die
von fundamentalen Verhältnissen im seelischen Apparat abzuhängen
scheinen. Ich kann nur einige Proben dieser Gattung aufführen, das
ganze Gebiet ist noch verwirrend fremd, ungenügend erforscht. Man
trifft z. B. auf Personen, denen man eine besondere »Klebrigkeit der
Libido«[1] zuschreiben möchte. Die Prozesse, die die Kur bei ihnen ein-
leitet, verlaufen so viel langsamer als bei anderen, weil sie sich, wie es
scheint, nicht entschließen können, Libidobesetzungen von einem Objekt abzulösen und auf ein neues zu verschieben, obwohl besondere
Gründe für solche Besetzungstreue nicht zu finden sind. Man begegnet
auch dem entgegengesetzten Typus, bei dem die Libido besonders leicht
beweglich erscheint, rasch auf die von der Analyse vorgeschlagenen
Neubesetzungen eingeht und die früheren für sie aufgibt. Es ist ein
Unterschied, wie ihn der bildende Künstler verspüren mag, ob er in
hartem Stein oder in weichem Ton arbeitet. Leider zeigen sich die analytischen Resultate bei diesem zweiten Typus oft als sehr hinfällig; die
neuen Besetzungen werden bald wieder verlassen, man bekommt den
Eindruck, als habe man nicht in Ton gearbeitet, sondern in Wasser
geschrieben. Die Warnung »Wie gewonnen, so zerronnen« behält hier
recht.

Bei einer anderen Gruppe von Fällen wird man durch ein Verhalten
überrascht, das man nur auf eine Erschöpfung der sonst zu erwarten-
den Plastizität, der Fähigkeit zur Abänderung und Weiterentwicklung
beziehen kann. Auf ein gewisses Maß von psychischer Trägheit sind wir
in der Analyse wohl vorbereitet; wenn die analytische Arbeit der Triebregung neue Wege eröffnet hat, so beobachten wir fast regelmäßig, daß
sie nicht ohne deutliche Verzögerung begangen werden. Wir haben dies
Verhalten, vielleicht nicht ganz richtig, als »Widerstand vom Es«[2] bezeichnet. Aber bei den Fällen, die hier gemeint sind, erweisen sich alle

---

[1] [Der Terminus taucht auch in der 22. der *Vorlesungen zur Einführung* (1916–17) auf,
Studienausgabe, Bd. 1, S. 341. Dieses Merkmal und das hier diskutierte allgemeinere
der »psychischen Trägheit« werden in Freuds früheren Schriften nicht immer getrennt
behandelt. Einige Hinweise auf Stellen in Freuds Werk, wo diese Fragen berührt werden, finden sich in einer editorischen Anmerkung zum ›Fall von Paranoia‹ (1915 *f*),
Studienausgabe, Bd. 7, S. 216.]

[2] [Vgl. ›Erinnern, Wiederholen und Durcharbeiten‹ (1914 g), oben, S. 215 und Anm. 2.]

Abläufe, Beziehungen und Kraftverteilungen als unabänderlich, fixiert und erstarrt. Es ist so, wie man es bei sehr alten Leuten findet, durch die sogenannte Macht der Gewohnheit, die Erschöpfung der Aufnahmsfähigkeit, durch eine Art von psychischer Entropie erklärt[1]; aber es handelt sich hier um noch jugendliche Individuen. Unsere theoretische Vorbereitung scheint unzureichend, um die so beschriebenen Typen richtig aufzufassen; es kommen wohl zeitliche Charaktere in Betracht, Abänderungen eines noch nicht gewürdigten Entwicklungsrhythmus im psychischen Leben.

Anders und noch tiefer begründet mögen die Ichverschiedenheiten sein, die in einer weiteren Gruppe von Fällen als Quellen des Widerstands gegen die analytische Kur und als Verhinderungen des therapeutischen Erfolgs zu beschuldigen sind. Hier handelt es sich um das letzte, was die psychologische Erforschung überhaupt zu erkennen vermag, das Verhalten der beiden Urtriebe, deren Verteilung, Vermengung und Entmischung, Dinge, die nicht auf eine einzige Provinz des seelischen Apparates, Es, Ich und Über-Ich, beschränkt vorzustellen sind. Es gibt keinen stärkeren Eindruck von den Widerständen während der analytischen Arbeit als den von einer Kraft, die sich mit allen Mitteln gegen die Genesung wehrt und durchaus an Krankheit und Leiden festhalten will. Einen Anteil dieser Kraft haben wir, sicherlich mit Recht, als Schuldbewußtsein und Strafbedürfnis agnosziert und im Verhältnis des Ichs zum Über-Ich lokalisiert. Aber das ist nur jener Anteil, der vom Über-Ich sozusagen psychisch gebunden ist und in solcher Weise kenntlich wird; andere Beträge derselben Kraft mögen, unbestimmt wo, in gebundener oder freier Form, am Werke sein. Hält man sich das Bild in seiner Gesamtheit vor, zu dem sich die Erscheinungen des immanenten Masochismus so vieler Personen, der negativen therapeutischen Reaktion und des Schuldbewußtseins der Neurotiker zusammensetzen, so wird man nicht mehr dem Glauben anhängen können, daß das seelische Geschehen ausschließlich vom Luststreben beherrscht wird. Diese Phänomene sind unverkennbare Hinweise auf das Vorhandensein einer Macht im Seelenleben, die wir nach ihren Zielen Aggressions- oder Destruktionstrieb heißen und von dem ursprünglichen Todestrieb der belebten Materie ableiten. Ein Gegensatz einer optimistischen zu einer pessimistischen Lebenstheorie kommt nicht in Frage; nur das Zusam-

---

[1] [Dieselbe Analogie steht, im nämlichen Zusammenhang, auch in einer Passage der Falldarstellung des »Wolfsmannes« (1918 *b*), *Studienausgabe*, Bd. 8, S. 226.]

men- und Gegeneinanderwirken[1] beider Urtriebe Eros und Todestrieb erklärt die Buntheit der Lebenserscheinungen, niemals einer von ihnen allein.

Wie Anteile der beiden Triebarten zur Durchsetzung der einzelnen Lebensfunktionen miteinander zusammentreten, unter welchen Bedingungen diese Vereinigungen sich lockern oder zerfallen, welche Störungen diesen Veränderungen entsprechen und mit welchen Empfindungen die Wahrnehmungsskala des Lustprinzips auf sie antwortet, das klarzustellen wäre die lohnendste Aufgabe der psychologischen Forschung. Vorläufig beugen wir uns vor der Übermacht der Gewalten, an der wir unsere Bemühungen scheitern sehen. Schon die psychische Beeinflussung des einfachen Masochismus stellt unser Können auf eine harte Probe.

Beim Studium der Phänomene, die die Betätigung des Destruktionstriebs erweisen, sind wir nicht auf Beobachtungen an pathologischem Material eingeschränkt. Zahlreiche Tatsachen des normalen Seelenlebens drängen nach einer solchen Erklärung, und je mehr unser Blick sich schärft, desto reichlicher werden sie uns auffallen. Es ist ein Thema, zu neu und zu wichtig, um es in dieser Erörterung wie beiläufig zu behandeln; ich werde mich damit bescheiden, einige wenige Proben herauszuheben. Die folgende als Beispiel:

Es ist bekannt, daß es zu allen Zeiten Menschen gegeben hat und noch gibt, die Personen des gleichen wie des anderen Geschlechts zu ihren Sexualobjekten nehmen können, ohne daß die eine Richtung die andere beeinträchtigt. Wir heißen diese Leute Bisexuelle, nehmen ihre Existenz hin, ohne uns viel darüber zu verwundern. Wir haben aber gelernt, daß alle Menschen in diesem Sinne bisexuell sind, ihre Libido entweder in manifester oder in latenter Weise auf Objekte beider Geschlechter verteilen. Nur fällt uns folgendes dabei auf. Während im ersten Falle die beiden Richtungen sich ohne Anstoß miteinander vertragen haben, befinden sie sich im anderen und häufigeren Falle im Zustand eines unversöhnlichen Konflikts. Die Heterosexualität eines Mannes duldet keine Homosexualität, und ebenso ist es umgekehrt. Ist die erstere die stärkere, so gelingt es ihr, die letztere latent zu erhalten und von der Realbefriedigung abzudrängen; andererseits gibt es keine grö-

---

[1] [Eine Lieblingsformulierung Freuds, die sich z. B. auch im ersten Absatz der *Traumdeutung* (1900 *a*) findet, *Studienausgabe*, Bd. 2, S. 29. In dieser Vorliebe spiegelt sich sein unverbrüchliches Festhalten an einer »dualistischen Grundanschauung«. Vgl. *Das Ich und das Es* (1923 *b*), *Studienausgabe*, Bd. 3, S. 313. S. auch S. 386, unten.]

ßere Gefahr für die heterosexuelle Funktion eines Mannes als die Störung durch die latente Homosexualität. Man könnte die Erklärung versuchen, daß eben nur ein bestimmter Betrag von Libido verfügbar ist, um den die beiden miteinander rivalisierenden Richtungen ringen müssen. Allein man sieht nicht ein, warum die Rivalen nicht regelmäßig den verfügbaren Betrag der Libido je nach ihrer relativen Stärke unter sich aufteilen, wenn sie es doch in manchen Fällen tun können. Man bekommt durchaus den Eindruck, als sei die Neigung zum Konflikt etwas Besonderes, was neu zur Situation hinzukommt, unabhängig von der Quantität der Libido. Eine solche unabhängig auftretende Konfliktneigung wird man kaum auf anderes zurückführen können als auf das Eingreifen eines Stückes von freier Aggression.

Wenn man den hier erörterten Fall als Äußerung des Destruktions- oder Aggressionstriebs anerkennt, so erhebt sich sofort die Frage, ob man nicht dieselbe Auffassung auf andere Beispiele von Konflikt ausdehnen, ja ob man nicht überhaupt all unser Wissen vom psychischen Konflikt unter diesem neuen Gesichtspunkt revidieren soll. Wir nehmen doch an, daß auf dem Weg der Entwicklung vom Primitiven zum Kulturmenschen eine sehr erhebliche Verinnerlichung, Einwärtswendung der Aggression stattfindet, und für die Außenkämpfe, die dann unterbleiben, wären die inneren Konflikte sicherlich das richtige Äquivalent. Es ist mir wohlbekannt, daß die dualistische Theorie, die einen Todes-, Destruktions- oder Aggressionstrieb als gleichberechtigten Partner neben den in der Libido sich kundgebenden Eros hinstellen will, im allgemeinen wenig Anklang gefunden und sich auch unter Psychoanalytikern nicht eigentlich durchgesetzt hat. Um so mehr mußte es mich erfreuen, als ich unlängst unsere Theorie bei einem der großen Denker der griechischen Frühzeit wiederfand. Ich opfere dieser Bestätigung gern das Prestige der Originalität, zumal da ich bei dem Umfang meiner Lektüre in früheren Jahren doch nie sicher werden kann, ob meine angebliche Neuschöpfung nicht eine Leistung der Kryptomnesie war[1].

Empedokles aus Akragas (Girgenti)[2], etwa 495 a. Chr. geboren, erscheint als eine der großartigsten und merkwürdigsten Gestalten der griechischen Kulturgeschichte. Seine vielseitige Persönlichkeit betätigte

[1] [Vgl. einige Bemerkungen zu diesem Thema in einer Arbeit Freuds über Josef Popper-Lynkeus (1923 *f*).]
[2] Das Folgende nach Wilhelm Capelle, *Die Vorsokratiker* (1935). [Die sizilianische Stadt ist unter dem Namen Agrigent besser bekannt.]

sich in den verschiedensten Richtungen; er war Forscher und Denker, Prophet und Magier, Politiker, Menschenfreund und naturkundiger Arzt; er soll die Stadt Selinunt von der Malaria befreit haben, von seinen Zeitgenossen wurde er wie ein Gott verehrt. Sein Geist scheint die schärfsten Gegensätze in sich vereinigt zu haben; exakt und nüchtern in seinen physikalischen und physiologischen Forschungen, scheut er doch vor dunkler Mystik nicht zurück, baut kosmische Spekulation auf von erstaunlich phantastischer Kühnheit. Capelle vergleicht ihn dem Dr. Faust, »dem gar manch Geheimnis wurde kund«[1]. Zu einer Zeit entstanden, da das Reich des Wissens noch nicht in so viele Provinzen zerfiel, müssen manche seiner Lehren uns primitiv anmuten. Er erklärte die Verschiedenheiten der Dinge durch Mischungen der vier Elemente, Erde, Wasser, Feuer und Luft, glaubte an die Allbelebtheit der Natur und an die Seelenwanderung, aber auch so moderne Ideen wie die stufenweise Entwicklung der Lebewesen, das Überbleiben des Tauglichsten und die Anerkennung der Rolle des Zufalls (τύχη) bei dieser Entwicklung gehen in sein Lehrgebäude ein.

Unser Interesse gebührt aber jener Lehre des Empedokles, die der psychoanalytischen Triebtheorie so nahe kommt, daß man versucht wird zu behaupten, die beiden wären identisch, bestünde nicht der Unterschied, daß die des Griechen eine kosmische Phantasie ist, während unsere sich mit dem Anspruch auf biologische Geltung bescheidet. Der Umstand freilich, daß Empedokles dem Weltall dieselbe Beseelung zuspricht wie dem einzelnen Lebewesen, entzieht dieser Differenz ein großes Stück ihrer Bedeutung.

Der Philosoph lehrt also, daß es zwei Prinzipien des Geschehens im weltlichen wie im seelischen Leben gibt, die in ewigem Kampf miteinander liegen. Er nennt sie φιλία – *Liebe* – und νεῖκος – *Streit*. Die eine dieser Mächte, die für ihn im Grunde »triebhaft wirkende Naturkräfte, durchaus keine zweckbewußten Intelligenzen«[2] sind, strebt danach, die Ur-Teilchen der vier Elemente zu einer Einheit zusammenzuballen, die andere im Gegenteil will all diese Mischungen rückgängig machen und die Ur-Teilchen der Elemente voneinander sondern. Den Weltprozeß denkt er sich als fortgesetzte, niemals aufhörende Abwechslung von Perioden, in denen die eine oder die andere der beiden Grundkräfte den Sieg davonträgt, so daß einmal die Liebe, das nächste Mal der

---

[1] [Leicht modifizierte Fassung (»Nicht manch Geheimnis würde kund«) einer Zeile aus Fausts erstem Monolog (Goethe, *Faust*, I. Teil, 1. Szene).]
[2] Capelle (1935, 186).

Streit seine Absicht voll durchsetzt und die Welt beherrscht, worauf der andere, unterlegene Teil einsetzt und nun seinerseits den Partner niederringt.

Die beiden Grundprinzipien des Empedokles – φιλία und νεῖχος – sind dem Namen wie der Funktion nach das gleiche wie unsere beiden Urtriebe *Eros* und *Destruktion,* der eine bemüht, das Vorhandene zu immer größeren Einheiten zusammenzufassen, der andere, diese Vereinigungen aufzulösen und die durch sie entstandenen Gebilde zu zerstören. Wir werden uns aber auch nicht verwundern, daß diese Theorie in manchen Zügen verändert ist, wenn sie nach zweiundeinhalb Jahrtausenden wieder auftaucht. Von der Einschränkung auf das Biopsychische abgesehen, die uns auferlegt ist, unsere Grundstoffe sind nicht mehr die vier Elemente des Empedokles, das Leben hat sich für uns scharf vom Unbelebten gesondert, wir denken nicht mehr an Vermengung und Trennung von Stoffteilchen, sondern an Verlötung und Entmischung von Triebkomponenten. Auch haben wir das Prinzip des »Streites« gewissermaßen biologisch unterbaut, indem wir unseren Destruktionstrieb auf den Todestrieb zurückführten, den Drang des Lebenden, zum Leblosen zurückzukehren. Das will nicht in Abrede stellen, daß ein analoger Trieb[1] schon vorher bestanden hat, und natürlich nicht behaupten, daß ein solcher Trieb erst mit dem Erscheinen des Lebens entstanden ist. Und niemand kann vorhersehen, in welcher Einkleidung der Wahrheitskern in der Lehre des Empedokles sich späterer Einsicht zeigen wird[2].

VII

Ein inhaltreicher Vortrag, den S. Ferenczi 1927 gehalten, ›Das Problem der Beendigung der Analysen‹[3], schließt mit der tröstlichen Versicherung, »daß die Analyse kein endloser Prozeß ist, sondern bei entspre-

---

[1] [D. h. dem Todestrieb analoger Trieb.]

[2] [Empedokles wurde von Freud noch einmal erwähnt, und zwar in einer Fußnote zu Kapitel II der posthumen Studie *Abriß der Psychoanalyse* (1940 a [1938]), etwa in der Mitte des Kapitels. – Freud machte einige weitere Bemerkungen zum Destruktionstrieb in einem Brief an Prinzessin Marie Bonaparte, den er kurz nach der vorliegenden Arbeit schrieb. Ein Auszug daraus ist in der ›Editorischen Vorbemerkung‹ zum *Unbehagen in der Kultur* (1930 a), *Studienausgabe,* Bd. 9, S. 196, abgedruckt.]

[3] *Internationale Zeitschrift für Psychoanalyse,* Bd. 14 (1928). [Es handelt sich um eine Arbeit, die 1927 auf dem Internationalen Psychoanalytischen Kongreß in Innsbruck vorgetragen wurde. Sie erschien im darauffolgenden Jahr.]

chender Sachkenntnis und Geduld des Analytikers zu einem natürlichen Abschluß gebracht werden kann« [1]. Ich meine, im ganzen kommt dieser Aufsatz doch einer Mahnung gleich, sich nicht die Abkürzung, sondern die Vertiefung der Analyse zum Ziel zu setzen. Ferenczi fügt noch die wertvolle Bemerkung an, es sei so sehr entscheidend für den Erfolg, daß der Analytiker aus seinen eigenen »Irrungen und Irrtümern« genügend gelernt und die »schwachen Punkte der eigenen Persönlichkeit« in seine Gewalt bekommen habe [2]. Das ergibt eine wichtige Ergänzung zu unserem Thema. Nicht nur die Ichbeschaffenheit des Patienten, auch die Eigenart des Analytikers fordert ihre Stelle unter den Momenten, die die Aussichten der analytischen Kur beeinflussen und dieselbe nach Art der Widerstände erschweren.

Es ist unbestreitbar, daß die Analytiker in ihrer eigenen Persönlichkeit nicht durchwegs das Maß von psychischer Normalität erreicht haben, zu dem sie ihre Patienten erziehen wollen. Gegner der Analyse pflegen auf diese Tatsache höhnend hinzuweisen und sie als Argument für die Nutzlosigkeit der analytischen Bemühung zu verwerten. Man könnte diese Kritik als ungerechte Anforderung zurückweisen. Analytiker sind Personen, die eine bestimmte Kunst auszuüben gelernt haben und daneben Menschen sein dürfen wie auch andere. Man behauptet doch sonst nicht, daß jemand zum Arzt für interne Krankheiten nicht taugt, wenn seine internen Organe nicht gesund sind; man kann im Gegenteil gewisse Vorteile dabei finden, wenn ein selbst von Tuberkulose Bedrohter sich in der Behandlung von Tuberkulösen spezialisiert. Aber die Fälle liegen doch nicht gleich. Der lungen- oder herzkranke Arzt wird, insoweit er überhaupt leistungsfähig geblieben ist, durch sein Kranksein weder in der Diagnostik noch in der Therapie interner Leiden behindert sein, während der Analytiker infolge der besonderen Bedingungen der analytischen Arbeit durch seine eigenen Defekte wirklich darin gestört wird, die Verhältnisse des Patienten richtig zu erfassen und in zweckdienlicher Weise auf sie zu reagieren. Es hat also seinen guten Sinn, wenn man vom Analytiker als Teil seines Befähigungsnachweises ein höheres Maß von seelischer Normalität und Korrektheit fordert; dazu kommt noch, daß er auch eine gewisse Überlegenheit benötigt, um auf den Patienten in gewissen analytischen Situationen als Vorbild, in anderen als Lehrer zu wirken. Und endlich ist nicht zu vergessen, daß die analytische Beziehung auf Wahrheitsliebe, d. h. auf

---

[1] [Ferenczi (1928; Neuausgabe von 1972, 236).]
[2] [Ferenczi, loc. cit.]

die Anerkennung der Realität gegründet ist und jeden Schein und Trug ausschließt.

Machen wir einen Moment halt, um den Analytiker unserer aufrichtigen Anteilnahme zu versichern, daß er bei Ausübung seiner Tätigkeit so schwere Anforderungen erfüllen soll. Es hat doch beinahe den Anschein, als wäre das Analysieren der dritte jener »unmöglichen« Berufe, in denen man des ungenügenden Erfolgs von vornherein sicher sein kann. Die beiden anderen, weit länger bekannten, sind das Erziehen und das Regieren[1]. Daß der zukünftige Analytiker ein vollkommener Mensch sei, ehe er sich mit der Analyse beschäftigt hat, also daß nur Personen von so hoher und so seltener Vollendung sich diesem Beruf zuwenden, kann man offenbar nicht verlangen. Wo und wie soll aber der Ärmste sich jene ideale Eignung erwerben, die er in seinem Berufe brauchen wird? Die Antwort wird lauten: in der Eigenanalyse, mit der seine Vorbereitung für seine zukünftige Tätigkeit beginnt. Aus praktischen Gründen kann diese nur kurz und unvollständig sein, ihr hauptsächlicher Zweck ist, dem Lehrer ein Urteil zu ermöglichen, ob der Kandidat zur weiteren Ausbildung zugelassen werden kann. Ihre Leistung ist erfüllt, wenn sie dem Lehrling die sichere Überzeugung von der Existenz des Unbewußten bringt, ihm die sonst unglaubwürdigen Selbstwahrnehmungen beim Auftauchen des Verdrängten vermittelt und ihm an einer ersten Probe die Technik zeigt, die sich in der analytischen Tätigkeit allein bewährt hat. Dies allein würde als Unterweisung nicht ausreichen, allein man rechnet darauf, daß die in der Eigenanalyse erhaltenen Anregungen mit deren Aufhören nicht zu Ende kommen, daß die Prozesse der Ichumarbeitung sich spontan beim Analysierten fortsetzen und alle weiteren Erfahrungen in dem neu erworbenen Sinn verwenden werden. Das geschieht auch wirklich, und soweit es geschieht, macht es den Analysierten tauglich zum Analytiker.

Es ist bedauerlich, daß außerdem noch anderes geschieht. Man bleibt auf Eindrücke angewiesen, wenn man dies beschreiben will; Feindseligkeit auf der einen, Parteilichkeit auf der anderen Seite schaffen eine Atmosphäre, die der objektiven Erforschung nicht günstig ist. Es scheint also, daß zahlreiche Analytiker es erlernen, Abwehrmechanismen anzuwenden, die ihnen gestatten, Folgerungen und Forderungen der Analyse von der eigenen Person abzulenken, wahrscheinlich indem sie sie gegen andere richten, so daß sie selbst bleiben, wie sie sind, und sich

---

[1] [Vgl. eine ähnliche Passage in Freuds Geleitwort zu Aichhorns *Verwahrloste Jugend* (Freud, 1925 *f*).]

dem kritisierenden und korrigierenden Einfluß der Analyse entziehen können. Es mag sein, daß dieser Vorgang dem Dichter recht gibt, der uns mahnt, wenn einem Menschen Macht verliehen wird, falle es ihm schwer, sie nicht zu mißbrauchen[1]. Mitunter drängt sich dem um ein Verständnis Bemühten die unliebsame Analogie mit der Wirkung der Röntgenstrahlen auf, wenn man ohne besondere Vorsichten mit ihnen hantiert. Es wäre nicht zu verwundern, wenn durch die unausgesetzte Beschäftigung mit all dem Verdrängten, was in der menschlichen Seele nach Befreiung ringt, auch beim Analytiker alle jene Triebansprüche wachgerüttelt würden, die er sonst in der Unterdrückung erhalten kann. Auch dies sind »Gefahren der Analyse«, die zwar nicht dem passiven, sondern dem aktiven Partner der analytischen Situation drohen, und man sollte es nicht unterlassen, ihnen zu begegnen. Es kann nicht zweifelhaft sein, auf welche Weise. Jeder Analytiker sollte periodisch, etwa nach Verlauf von fünf Jahren, sich wieder zum Objekt der Analyse machen, ohne sich dieses Schrittes zu schämen. Das hieße also, auch die Eigenanalyse würde aus einer endlichen eine unendliche Aufgabe, nicht nur die therapeutische Analyse am Kranken.

Indes hier ist es an der Zeit, ein Mißverständnis abzuwehren. Ich habe nicht die Absicht zu behaupten, daß die Analyse überhaupt eine Arbeit ohne Abschluß ist. Wie immer man sich theoretisch zu dieser Frage stellen mag, die Beendigung einer Analyse ist, meine ich, eine Angelegenheit der Praxis. Jeder erfahrene Analytiker wird sich an eine Reihe von Fällen erinnern können, in denen er *rebus bene gestis*[2] vom Patienten dauernden Abschied genommen hat. Weit weniger entfernt sich die Praxis von der Theorie in Fällen der sogenannten Charakteranalyse. Hier wird man nicht leicht ein natürliches Ende voraussehen können, auch wenn man sich von übertriebenen Erwartungen fernehält und der Analyse keine extremen Aufgaben stellt. Man wird sich nicht zum Ziel setzen, alle menschlichen Eigenarten zugunsten einer schematischen Normalität abzuschleifen oder gar zu fordern, daß der »gründlich Analysierte« keine Leidenschaften verspüren und keine inneren Konflikte entwickeln dürfe. Die Analyse soll die für die Ichfunktionen günstigsten psychologischen Bedingungen herstellen; damit wäre ihre Aufgabe erledigt.

---

[1] Anatole France, *La révolte des anges* [1914].
[2] [Nach ordentlicher Erledigung der Angelegenheiten.]

VIII

In therapeutischen ebenso wie in Charakteranalysen wird man auf die Tatsache aufmerksam, daß zwei Themen sich besonders hervortun und dem Analytiker ungewöhnlich viel zu schaffen machen. Man kann das Gesetzmäßige, das sich darin äußert, nicht lange verkennen. Die beiden Themen sind an die Differenz der Geschlechter gebunden; das eine ist ebenso charakteristisch für den Mann wie das andere für das Weib. Trotz der Verschiedenheit des Inhalts sind es offenbare Entsprechungen. Etwas, das beiden Geschlechtern gemeinsam ist, ist durch den Geschlechtsunterschied in eine andere Ausdrucksform gepreßt worden.

Die beiden einander entsprechenden Themen sind für das Weib der *Penisneid* – das positive Streben nach dem Besitz eines männlichen Genitales –, für den Mann das Sträuben gegen seine passive oder feminine Einstellung zum anderen Mann. Das Gemeinsame hat die psychoanalytische Nomenklatur frühzeitig als Verhalten zum Kastrationskomplex herausgehoben, Alfred Adler hat später die für den Mann voll zutreffende Bezeichnung »männlicher Protest« in Gebrauch gebracht; ich meine, »Ablehnung der Weiblichkeit« wäre vom Anfang an die richtige Beschreibung dieses so merkwürdigen Stückes des menschlichen Seelenlebens gewesen [1].

Beim Versuch einer Einfügung in unser theoretisches Lehrgebäude darf man nicht übersehen, daß dieser Faktor seiner Natur nach nicht die gleiche Unterbringung bei beiden Geschlechtern finden kann. Beim Mann ist das Männlichkeitsstreben von Anfang an und durchaus ichgerecht; die passive Einstellung wird, da sie die Annahme der Kastration voraussetzt, energisch verdrängt, und oftmals weisen nur exzessive Überkompensationen auf ihr Vorhandensein hin. Auch beim Weib ist das Streben nach Männlichkeit zu einer gewissen Zeit ichgerecht, nämlich in der phallischen Phase, vor der Entwicklung zur Femininität. Dann aber unterliegt es jenem bedeutsamen Verdrängungsprozeß, von dessen Ausgang, wie oft dargestellt, die Schicksale der Weiblichkeit abhängig sind [2]. Sehr viel wird darauf ankommen, ob genug vom Männlichkeitskomplex sich der Verdrängung entzieht und den Charakter dauernd beeinflußt; große Anteile des Komplexes werden normalerweise umgewandelt, um zum Aufbau der Weiblichkeit beizutragen; aus

---

[1] [Vgl. Adler (1910).]
[2] [Vgl. beispielsweise ›Über die weibliche Sexualität‹ (1931 *b*), *Studienausgabe*, Bd. 5, S. 278 ff.]

dem ungestillten Wunsch nach dem Penis soll der Wunsch nach dem Kind und nach dem Manne werden, der den Penis trägt. Ungewöhnlich oft aber werden wir finden, daß der Männlichkeitswunsch im Unbewußten erhalten geblieben ist und von der Verdrängung her seine störenden Wirkungen entfaltet.

Wie man aus dem Vorstehenden ersieht, ist es in beiden Fällen das Gegengeschlechtliche, das der Verdrängung verfällt. Ich habe bereits an anderer Stelle erwähnt[1], daß mir dieser Gesichtspunkt seinerzeit von Wilhelm Fließ vorgetragen wurde, der geneigt war, den Gegensatz der Geschlechter für den eigentlichen Anlaß und das Urmotiv der Verdrängung zu erklären. Ich wiederhole nur meinen damaligen Widerspruch, wenn ich es ablehne, die Verdrängung in solcher Art zu sexualisieren, also sie biologisch anstatt nur psychologisch zu begründen.

Die hervorragende Bedeutung dieser beiden Themen – des Peniswunsches beim Weibe und des Sträubens gegen die passive Einstellung beim Manne – ist der Aufmerksamkeit Ferenczis nicht entgangen. In seinem 1927 gehaltenen Vortrag stellt er die Forderung auf, daß jede erfolgreiche Analyse diese beiden Komplexe bewältigt haben müßte[2]. Ich möchte aus eigener Erfahrung hinzufügen, daß ich Ferenczi hier besonders anspruchsvoll finde. Zu keiner Zeit der analytischen Arbeit leidet man mehr unter dem bedrückenden Gefühl erfolglos wiederholter Anstrengung, unter dem Verdacht, daß man »Fischpredigten« abhält, als wenn man die Frauen bewegen will, ihren Peniswunsch als undurchsetzbar aufzugeben, und wenn man die Männer überzeugen möchte, daß eine passive Einstellung zum Mann nicht immer die Bedeutung einer Kastration hat und in vielen Lebensbeziehungen unerläßlich ist. Aus der trotzigen Überkompensation des Mannes leitet sich einer der stärksten Übertragungswiderstände ab. Der Mann will sich einem Vaterersatz nicht unterwerfen, will ihm nicht zu Dank verpflichtet sein, will also auch vom Arzt die Heilung nicht annehmen. Eine analoge Übertragung kann sich aus dem Peniswunsch des Weibes nicht herstellen, dagegen stammen aus dieser Quelle Ausbrüche von schwerer Depression um die innere Sicherheit, daß die analytische Kur nichts nützen

---

[1] ›»Ein Kind wird geschlagen«‹ (1919 e). [*Studienausgabe*, Bd. 7, S. 250 ff. Tatsächlich wird Fließ in jener Abhandlung nicht namentlich erwähnt.]

[2] »... jeder männliche Patient muß dem Arzt gegenüber als Zeichen der Überwindung der Kastrationsangst ein Gefühl der Gleichberechtigung erlangen; alle weiblichen Kranken müssen, soll ihre Neurose als eine vollständig erledigte gelten, mit ihrem Männlichkeitskomplex fertig werden und sich ohne Ranküne den Denkmöglichkeiten der weiblichen Rolle hingeben.« [Ferenczi (1928; Neuausgabe von 1972, 234).]

wird und daß der Kranken nicht geholfen werden kann. Man wird ihr nicht unrecht geben, wenn man erfährt, daß die Hoffnung, das schmerzlich vermißte männliche Organ doch noch zu bekommen, das stärkste Motiv war, das sie in die Kur gedrängt hat.

Man lernt aber auch daraus, daß es nicht wichtig ist, in welcher Form der Widerstand auftritt, ob als Übertragung oder nicht. Entscheidend bleibt, daß der Widerstand keine Änderung zustande kommen läßt, daß alles so bleibt, wie es ist. Man hat oft den Eindruck, mit dem Peniswunsch und dem männlichen Protest sei man durch alle psychologische Schichtung hindurch zum »gewachsenen Fels« durchgedrungen und so am Ende seiner Tätigkeit. Das muß wohl so sein, denn für das Psychische spielt das Biologische wirklich die Rolle des unterliegenden gewachsenen Felsens. Die Ablehnung der Weiblichkeit kann ja nichts anderes sein als eine biologische Tatsache, ein Stück jenes großen Rätsels der Geschlechtlichkeit[1]. Ob und wann es uns in einer analytischen Kur gelungen ist, diesen Faktor zu bewältigen, wird schwer zu sagen sein. Wir trösten uns mit der Sicherheit, daß wir dem Analysierten jede mögliche Anregung geboten haben, seine Einstellung zu ihm zu überprüfen und zu ändern.

---

[1] Man darf sich durch die Bezeichnung »männlicher Protest« nicht zur Annahme verleiten lassen, die Ablehnung des Mannes gelte der passiven Einstellung, dem sozusagen sozialen Aspekt der Femininität. Dem widerspricht die leicht zu bestätigende Beobachtung, daß solche Männer häufig ein masochistisches Verhalten gegen das Weib, geradezu eine Hörigkeit zur Schau tragen. Der Mann wehrt sich nur gegen die Passivität im Verhältnis zum Mann, nicht gegen die Passivität überhaupt. Mit anderen Worten, der »männliche Protest« ist in der Tat nichts anderes als Kastrationsangst. [Den Zustand sexueller »Hörigkeit« beim Manne hatte Freud in seiner Abhandlung über ›Das Tabu der Virginität‹ (1918 *a*), *Studienausgabe*, Bd. 5, S. 214, angedeutet.]

Konstruktionen in der Analyse

(1937)

EDITORISCHE VORBEMERKUNG

Deutsche Ausgaben:

1937 *Int. Z. Psychoanal.*, Bd. 23 (4), 459–69.

1950 *G. W.*, Bd. 16, 43–56.

Die Arbeit wurde im Dezember 1937 veröffentlicht.

Obgleich, wie Freud bemerkt, Konstruktionen in den Diskussionen der analytischen Technik viel weniger Aufmerksamkeit geschenkt wurde als Deutungen, enthalten seine eigenen Werke doch viele Hinweise darauf. Es gibt einige ausgeführte Beispiele in den Krankengeschichten: in der »Rattenmann«-Analyse (1909 *d*), *Studienausgabe*, Bd. 7, S. 54–5 und S. 71–2, sowie in der »Wolfsmann«-Analyse (1918 *b*). Der ganze letzte Fall entfaltet sich um eine Konstruktion; jedoch wird die Frage speziell in Abschnitt V diskutiert (*Studienausgabe*, Bd. 8, S. 168 ff.). Schließlich spielen Konstruktionen noch in dem Fall von weiblicher Homosexualität (1920 *a*) eine wichtige Rolle, wie in Abschnitt I jener Abhandlung dargelegt wird (*Studienausgabe*, Bd. 7, S. 261–2). S. auch eine Passage im Technik-Kapitel der Studie *Abriß der Psychoanalyse* (1940 *a* [1938]), im vorliegenden Band S. 416–7.

Die Arbeit endet mit der Diskussion einer Frage, an der Freud damals besonders interessiert war – der Unterscheidung zwischen »historischer« und »materieller« Wahrheit.

Ein sehr verdienter Forscher, dem ich es immer hoch angerechnet, daß er der Psychoanalyse Gerechtigkeit erwiesen zu einer Zeit, da die meisten anderen sich über diese Verpflichtung hinaussetzten, hat doch einmal eine ebenso kränkende wie ungerechte Äußerung über unsere analytische Technik getan. Er sagte, wenn wir einem Patienten unsere Deutungen vortragen, verfahren wir gegen ihn nach dem berüchtigten Prinzip: *Heads I win, tails you lose.* Das heißt, wenn er uns zustimmt, dann ist es eben recht; wenn er aber widerspricht, dann ist es nur ein Zeichen seines Widerstandes, gibt uns also auch recht. Auf diese Weise behalten wir immer recht gegen die hilflose arme Person, die wir analysieren, gleichgiltig wie sie sich gegen unsere Zumutungen verhalten mag. Da es nun richtig ist, daß ein »Nein« unseres Patienten uns im allgemeinen nicht bestimmt, unsere Deutung als unrichtig aufzugeben, ist eine solche Entlarvung unserer Technik den Gegnern der Analyse sehr willkommen gewesen. Es verlohnt sich darum, eingehend darzustellen, wie wir das »Ja« und das »Nein« des Patienten während der analytischen Behandlung, den Ausdruck seiner Zustimmung und seines Widerspruchs, einzuschätzen pflegen. Freilich wird bei dieser Rechtfertigung kein ausübender Analytiker etwas erfahren, was er nicht schon weiß[1].

Es ist bekanntlich die Absicht der analytischen Arbeit, den Patienten dahin zu bringen, daß er die Verdrängungen – im weitesten Sinne verstanden – seiner Frühentwicklung wieder aufhebe, um sie durch Reaktionen zu ersetzen, wie sie einem Zustand von psychischer Gereiftheit entsprechen würden. Zu diesem Zwecke soll er bestimmte Erlebnisse und die durch sie hervorgerufenen Affektregungen wieder erinnern, die derzeit bei ihm vergessen sind. Wir wissen, daß seine gegenwärtigen Symptome und Hemmungen die Folgen solcher Verdrängungen, also der Ersatz für jenes Vergessene sind. Was für Materialien stellt er uns zur Verfügung, durch deren Ausnützung wir ihn auf den Weg führen

---

[1] [Diese Diskussion knüpft an frühere Überlegungen in Freuds Arbeit über ›Die Verneinung‹ (1925 h), *Studienausgabe*, Bd. 3, S. 373 und S. 377, an. Vgl. auch eine Passage im ersten Kapitel der »Dora«-Analyse (1905 e), *Studienausgabe*, Bd. 6, S. 131, und die 1923 dieser Passage hinzugefügte Anmerkung; ferner eine Anmerkung zu Kapitel I (D) der »Rattenmann«-Analyse (1909 d), *Studienausgabe*, Bd. 7, S. 55, Anm. 1.]

können, die verlorenen Erinnerungen wiederzugewinnen? Mancherlei, Bruchstücke dieser Erinnerungen in seinen Träumen, an sich von unvergleichlichem Wert, aber in der Regel schwer entstellt durch alle die Faktoren, die an der Traumbildung Anteil haben; Einfälle, die er produziert, wenn er sich der »freien Assoziation« überläßt, aus denen wir Anspielungen auf die verdrängten Erlebnisse und Abkömmlinge der unterdrückten Affektregungen sowie der Reaktionen gegen sie herauszufinden vermögen; endlich Andeutung von Wiederholungen der dem Verdrängten zugehörigen Affekte in wichtigeren oder geringfügigen Handlungen des Patienten innerhalb wie außerhalb der analytischen Situation. Wir haben die Erfahrung gemacht, daß das Verhältnis der Übertragung, das sich zum Analytiker herstellt, besonders geeignet ist, um die Wiederkehr solcher Affektbeziehungen zu begünstigen. Aus diesem Rohstoff – sozusagen – sollen wir das Gewünschte herstellen.

Das Gewünschte ist ein zuverlässiges und in allen wesentlichen Stücken vollständiges Bild der vergessenen Lebensjahre des Patienten. Hier werden wir aber daran gemahnt, daß die analytische Arbeit aus zwei ganz verschiedenen Stücken besteht, daß sie sich auf zwei gesonderten Schauplätzen vollzieht, an zwei Personen vor sich geht, von denen jedem eine andere Aufgabe zugewiesen ist. Man fragt sich einen Augenblick lang, warum man auf diese grundlegende Tatsache nicht längst aufmerksam gemacht wurde, aber man sagt sich sofort, daß einem hier nichts vorenthalten wurde, daß es sich um ein allgemein bekanntes, sozusagen selbstverständliches Faktum handelt, das nur hier in einer besonderen Absicht herausgehoben und für sich gewürdigt wird. Wir wissen alle, der Analysierte soll dazu gebracht werden, etwas von ihm Erlebtes und Verdrängtes zu erinnern, und die dynamischen Bedingungen dieses Vorgangs sind so interessant, daß das andere Stück der Arbeit, die Leistung des Analytikers, dagegen in den Hintergrund rückt. Der Analytiker hat von dem, worauf es ankommt, nichts erlebt und nichts verdrängt; seine Aufgabe kann es nicht sein, etwas zu erinnern. Was ist also seine Aufgabe? Er hat das Vergessene aus den Anzeichen, die es hinterlassen, zu erraten oder, richtiger ausgedrückt, zu *konstruieren*. Wie, wann und mit welchen Erläuterungen er seine Konstruktionen dem Analysierten mitteilt, das stellt die Verbindung her zwischen beiden Stücken der analytischen Arbeit, zwischen seinem Anteil und dem des Analysierten.

Seine Arbeit der Konstruktion oder, wenn man es so lieber hört, der Rekonstruktion, zeigt eine weitgehende Übereinstimmung mit der des

Archäologen, der eine zerstörte und verschüttete Wohnstätte oder ein Bauwerk der Vergangenheit ausgräbt. Sie ist eigentlich damit identisch, nur daß der Analytiker unter besseren Bedingungen arbeitet, über mehr Hilfsmaterial verfügt, weil er sich um etwas noch Lebendes bemüht, nicht um ein zerstörtes Objekt, und vielleicht auch noch aus einem anderen Grunde. Aber wie der Archäologe aus stehengebliebenen Mauerresten die Wandungen des Gebäudes aufbaut, aus Vertiefungen im Boden die Anzahl und Stellung von Säulen bestimmt, aus den im Schutt gefundenen Resten die einstigen Wandverzierungen und Wandgemälde wiederherstellt, genauso geht der Analytiker vor, wenn er seine Schlüsse aus Erinnerungsbrocken, Assoziationen und aktiven Äußerungen des Analysierten zieht. Beiden bleibt das Recht zur Rekonstruktion durch Ergänzung und Zusammenfügung der erhaltenen Reste unbestritten. Auch manche Schwierigkeiten und Fehlerquellen sind für beide Fälle die nämlichen. Eine der heikelsten Aufgaben der Archäologie ist bekanntlich die Bestimmung des relativen Alters eines Fundes, und wenn ein Objekt in einer bestimmten Schicht zum Vorschein kommt, bleibt es oft zu entscheiden, ob es dieser Schicht angehört oder durch eine spätere Störung in die Tiefe geraten ist. Es ist leicht zu erraten, was bei den analytischen Konstruktionen diesem Zweifel entspricht.

Wir haben gesagt, der Analytiker arbeite unter günstigeren Verhältnissen als der Archäolog, weil er auch über Material verfügt, zu dem die Ausgrabungen kein Gegenstück bringen können, z. B. die Wiederholungen von aus der Frühzeit stammenden Reaktionen und alles, was durch die Übertragung an solchen Wiederholungen aufgezeigt wird. Außerdem kommt aber in Betracht, daß der Ausgräber es mit zerstörten Objekten zu tun hat, von denen große und wichtige Stücke ganz gewiß verlorengegangen sind, durch mechanische Gewalt, Feuer und Plünderung. Keiner Bemühung kann es gelingen, sie aufzufinden, um sie mit den erhaltenen Resten zusammenzusetzen. Man ist einzig und allein auf die Rekonstruktion angewiesen, die sich darum oft genug nicht über eine gewisse Wahrscheinlichkeit erheben kann. Anders ist es mit dem psychischen Objekt, dessen Vorgeschichte der Analytiker erheben will. Hier trifft regelmäßig zu, was sich beim archäologischen Objekt nur in glücklichen Ausnahmsfällen ereignet hat wie in Pompeji und mit dem Grab des Tutankhamen. Alles Wesentliche ist erhalten, selbst was vollkommen vergessen scheint, ist noch irgendwie und irgendwo vorhanden, nur verschüttet, der Verfügung des Individuums unzugänglich gemacht. Man darf ja bekanntlich bezweifeln, ob irgendeine psychische Bildung wirklich voller Zerstörung anheimfällt. Es ist nur eine Frage der analytischen Technik, ob es gelingen wird, das Verborgene vollständig zum Vorschein zu bringen. Dieser außerordentlichen Bevorzugung der analytischen Arbeit stehen nur zwei andere Tatsachen entgegen, nämlich daß das psychische Objekt unvergleichlich komplizierter ist als das materielle des Ausgräbers und daß unsere Kenntnis nicht genügend vorbereitet ist auf das, was wir finden sollen, da dessen intime Struktur noch soviel Geheimnisvolles birgt. Und nun kommt unser Vergleich der beiden Arbeiten auch zu seinem Ende, denn der Hauptunterschied der beiden liegt darin, daß für die Archäologie die Rekonstruktion das Ziel und das Ende der Bemühung ist, für die Analyse aber ist die Konstruktion nur eine Vorarbeit.

II

Vorarbeit allerdings nicht in dem Sinne, daß sie zuerst als Ganzes erledigt werden müßte, bevor man das nächste beginnt, etwa wie bei einem Hausbau, wo alle Mauern aufgerichtet und alle Fenster eingesetzt sein müssen, ehe man sich mit der inneren Dekoration der Gemächer beschäftigen kann. Jeder Analytiker weiß, daß es in der analytischen Behandlung anders zugeht, daß beide Arten von Arbeit nebeneinander herlaufen, die eine immer voran, die andere an sie anschließend. Der Analytiker bringt ein Stück Konstruktion fertig, teilt es dem Analysierten mit, damit es auf ihn wirke; dann konstruiert er ein weiteres Stück aus dem neu zuströmenden Material, verfährt damit auf dieselbe Weise, und in solcher Abwechslung weiter bis zum Ende. Wenn man in den Darstellungen der analytischen Technik so wenig von »Konstruktionen« hört, so hat dies seinen Grund darin, daß man anstatt dessen von »Deutungen« und deren Wirkung spricht. Aber ich meine, Konstruktion ist die weitaus angemessenere Bezeichnung. Deutung bezieht sich auf das, was man mit einem einzelnen Element des Materials, einem Einfall, einer Fehlleistung u. dgl., vornimmt. Eine Konstruktion ist es aber, wenn man dem Analysierten ein Stück seiner vergessenen Vorgeschichte etwa in folgender Art vorführt: »Bis zu Ihrem *n*ten Jahr haben Sie sich als alleinigen und unbeschränkten Besitzer der Mutter betrachtet, dann kam ein zweites Kind und mit ihm eine schwere Enttäuschung. Die Mutter hat Sie für eine Weile verlassen, sich auch später Ihnen nicht mehr ausschließlich gewidmet. Ihre Empfindungen für die Mutter wurden ambivalent, der Vater gewann eine neue Bedeutung für Sie« und so weiter.

In unserem Aufsatz ist unsere Aufmerksamkeit ausschließlich dieser Vorarbeit der Konstruktionen zugewendet. Und da erhebt sich zuallererst die Frage, welche Garantien haben wir während der Arbeit an den Konstruktionen, daß wir nicht irregehen und den Erfolg der Behandlung durch die Vertretung einer unrichtigen Konstruktion aufs Spiel setzen? Es mag uns scheinen, daß diese Frage eine allgemeine Beantwortung überhaupt nicht zuläßt, aber noch vor dieser Erörterung wollen wir einer trostreichen Auskunft lauschen, die uns die analytische Erfahrung gibt. Die lehrt uns nämlich, es bringt keinen Schaden, wenn wir uns einmal geirrt und dem Patienten eine unrichtige Konstruktion als die wahrscheinliche historische Wahrheit vorgetragen haben. Es bedeutet natürlich einen Zeitverlust, und wer dem Patienten immer nur irrige Kombinationen zu erzählen weiß, wird ihm keinen guten Eindruck machen und es in seiner Behandlung nicht weit bringen, aber ein einzelner solcher Irrtum ist harmlos[1]. Was in solchem Falle geschieht, ist vielmehr, daß der Patient wie unberührt bleibt, weder mit »Ja« noch mit »Nein« darauf reagiert. Das kann möglicherweise nur ein Aufschub seiner Reaktion sein; bleibt es aber so, dann dürfen wir den Schluß ziehen, daß wir uns geirrt haben, und werden dies ohne Einbuße an unserer Autorität bei passender Gelegenheit dem Patienten eingestehen. Diese Gelegenheit ist gegeben, wenn neues Material zum Vorschein gekommen ist, das eine bessere Konstruktion und somit die Korrektur des Irrtums gestattet. Die falsche Konstruktion fällt in solcher Art heraus, als ob sie nie gemacht worden wäre, ja in manchen Fällen gewinnt man den Eindruck, als hätte man, mit Polonius zu reden, den Wahrheitskarpfen grade mit Hilfe des Lügenköders gefangen[2]. Die Gefahr, den Patienten durch Suggestion irrezuführen, indem man ihm Dinge »einredet«, an die man selbst glaubt, die er aber nicht annehmen sollte, ist sicherlich maßlos übertrieben worden. Der Analytiker müßte sich sehr inkorrekt benommen haben, wenn ihm ein solches Mißgeschick zustoßen könnte; vor allem hätte er sich vorzuwerfen, daß er den Patienten nicht zu Wort kommen ließ. Ich kann ohne Ruhmredigkeit behaupten, daß ein solcher Mißbrauch der »Suggestion« in meiner Tätigkeit sich niemals ereignet hat.

---

[1] [Ein Beispiel für eine irrige Konstruktion wird zu Beginn von Abschnitt III der Falldarstellung des »Wolfsmannes« (1918 *b*), *Studienausgabe*, Bd. 8, S. 139, erwähnt.]
[2] [Shakespeare, *Hamlet*, II. Akt, 1. Szene.]

Aus dem Vorstehenden geht bereits hervor, daß wir keineswegs geneigt sind, die Anzeichen zu vernachlässigen, die sich aus der Reaktion des Patienten auf die Mitteilung einer unserer Konstruktionen ableiten. Wir wollen diesen Punkt eingehend behandeln. Es ist richtig, daß wir ein »Nein« des Analysierten nicht als vollwertig hinnehmen, aber ebensowenig lassen wir sein »Ja« gelten; es ist ganz ungerechtfertigt, uns zu beschuldigen, daß wir seine Äußerung in allen Fällen in eine Bestätigung umdeuten. In Wirklichkeit geht es nicht so einfach zu, machen wir uns die Entscheidung nicht so leicht.

Das direkte »Ja« des Analysierten ist vieldeutig. Es kann in der Tat anzeigen, daß er die vernommene Konstruktion als richtig anerkennt, es kann aber auch bedeutungslos sein oder selbst was wir »heuchlerisch« heißen können, indem es seinem Widerstand bequem ist, die nicht aufgedeckte Wahrheit durch eine solche Zustimmung weiterhin zu verbergen. Einen Wert hat dies »Ja« nur, wenn es von indirekten Bestätigungen gefolgt wird, wenn der Patient in unmittelbarem Anschluß an sein »Ja« neue Erinnerungen produziert, welche die Konstruktion ergänzen und erweitern. Nur in diesem Falle anerkennen wir das »Ja« als die volle Erledigung des betreffenden Punktes[1].

Das »Nein« des Analysierten ist ebenso vieldeutig und eigentlich noch weniger verwendbar als sein »Ja«. In seltenen Fällen erweist es sich als Ausdruck berechtigter Ablehnung; ungleich häufiger ist es Äußerung eines Widerstandes, der durch den Inhalt der mitgeteilten Konstruktion hervorgerufen wird, aber ebensowohl von einem anderen Faktor der komplexen analytischen Situation herrühren kann. Das »Nein« des Patienten beweist also nichts für die Richtigkeit der Konstruktion, es verträgt sich aber sehr gut mit dieser Möglichkeit. Da jede solche Konstruktion unvollständig ist, nur ein Stückchen des vergessenen Geschehens erfaßt, steht es uns frei anzunehmen, daß der Analysierte nicht eigentlich das ihm Mitgeteilte leugnet, sondern seinen Widerspruch von dem noch nicht aufgedeckten Anteil her aufrechthält. Er wird in der Regel seine Zustimmung erst dann äußern, wenn er die ganze Wahrheit erfahren hat, und die ist oft recht weitläufig. Die einzig sichere Deutung seines »Nein« ist also die auf Unvollständigkeit; die Konstruktion hat ihm gewiß nicht alles gesagt.

Es ergibt sich also, daß man aus den direkten Äußerungen des Patienten nach der Mitteilung einer Konstruktion wenig Anhaltspunkte ge-

---

[1] [Vgl. eine Passage in Abschnitt VII von ›Bemerkungen zur Theorie und Praxis der Traumdeutung‹ (1923 c), im vorliegenden Band S. 265.]

winnen kann, ob man richtig oder unrichtig geraten hat. Um so interessanter ist es, daß es indirekte Arten der Bestätigung gibt, die durchaus zuverlässig sind. Eine derselben ist eine Redensart, die man in wenig abgeänderten Worten von den verschiedensten Personen wie über Verabredung zu hören bekommt. Sie lautet: »*Das (daran) habe ich* (oder: hätte ich) *nie gedacht.*« Man kann diese Äußerung unbedenklich übersetzen: »Ja, Sie haben das *Unbewußte* in diesem Falle richtig getroffen.« [1] Leider hört man die dem Analytiker so erwünschte Formel häufiger nach Einzeldeutungen als nach der Mitteilung umfangreicher Konstruktionen. Eine ebenso wertvolle Bestätigung, diesmal positiv ausgedrückt, ist es, wenn der Analysierte mit einer Assoziation antwortet, die etwas dem Inhalt der Konstruktion Ähnliches oder Analoges enthält. Anstatt eines Beispieles hiefür aus einer Analyse, das leicht aufzufinden, aber weitläufig darzustellen wäre, möchte ich hier ein kleines außeranalytisches Erlebnis erzählen, das einen solchen Sachverhalt mit beinahe komisch wirkender Eindringlichkeit darstellt. Es handelte sich um einen Kollegen, der mich – es ist lange her – zum Konsiliarius in seiner ärztlichen Tätigkeit gewählt hatte. Eines Tages aber brachte er mir seine junge Frau, die ihm Ungelegenheiten bereitete. Sie verweigerte ihm unter allerlei Vorwänden den sexuellen Verkehr, und er erwartete offenbar von mir, daß ich sie über die Folgen ihres unzweckmäßigen Benehmens aufklären sollte. Ich ging darauf ein und setzte ihr auseinander, daß ihre Weigerung bei ihrem Mann wahrscheinlich bedauerliche Gesundheitsstörungen oder Versuchungen hervorrufen würde, die zum Verfall ihrer Ehe führen könnten. Dabei unterbrach er mich plötzlich, um mir zu sagen: »Der Engländer, bei dem Sie einen Hirntumor diagnostiziert haben, ist *auch* schon gestorben.« Die Rede schien zuerst unverständlich, das *auch* im Satze rätselhaft, es war von keinem anderen Gestorbenen gesprochen worden. Eine kurze Weile später verstand ich. Der Mann wollte mich offenbar bekräftigen, er wollte sagen: »Ja, Sie haben ganz gewiß recht, Ihre Diagnose bei dem Patienten hat sich *auch* bestätigt.« Es war ein volles Gegenstück zu den indirekten Bestätigungen durch Assoziationen, die wir in den Analysen erhalten. Daß an der Äußerung des Kollegen auch andere, von ihm beiseite geschobene Gedanken einen Anteil gehabt haben, will ich nicht bestreiten.

Die indirekte Bestätigung durch Assoziationen, die zum Inhalt der

---

[1] [Fast dieselben Formulierungen finden sich am Ende der Arbeit über ›Die Verneinung‹ (1925 *h*), *Studienausgabe*, Bd. 3, S. 377.]

Konstruktion passen, die ein solches *»auch«* mit sich bringen, gibt unserem Urteil wertvolle Anhaltspunkte, um zu erraten, ob sich diese Konstruktion in der Fortsetzung der Analyse bewahrheiten wird. Besonders eindrucksvoll ist auch der Fall, wenn sich die Bestätigung mit Hilfe einer Fehlleistung in den direkten Widerspruch einschleicht. Ein schönes Beispiel dieser Art habe ich früher einmal an anderer Stelle veröffentlicht[1]. In den Träumen des Patienten tauchte wiederholt der in Wien wohlbekannte Name *Jauner* auf, ohne in seinen Assoziationen genügende Aufklärung zu finden. Ich versuchte dann die Deutung, er meine wohl *Gauner*, wenn er *Jauner* sage, und der Patient antwortet prompt: »Das scheint mir doch zu *jewagt.*«[2] Oder der Patient will die Zumutung, daß ihm eine bestimmte Zahlung zu hoch erscheine, mit den Worten zurückweisen: »Zehn Dollars spielen bei mir keine Rolle«, setzt aber anstatt Dollars die niedrigere Geldsorte ein und sagt: »Zehn Schilling.«

Wenn die Analyse unter dem Druck starker Momente steht, die eine negative therapeutische Reaktion[3] erzwingen, wie Schuldbewußtsein, masochistisches Leidensbedürfnis, Sträuben gegen die Hilfeleistung des Analytikers, macht das Verhalten des Patienten nach der Mitteilung der Konstruktion uns oft die gesuchte Entscheidung sehr leicht. Ist die Konstruktion falsch, so ändert sich nichts beim Patienten; wenn sie aber richtig ist oder eine Annäherung an die Wahrheit bringt, so reagiert er auf sie mit einer unverkennbaren Verschlimmerung seiner Symptome und seines Allgemeinbefindens.

Zusammenfassend werden wir feststellen, wir verdienen nicht den Vorwurf, daß wir die Stellungnahme des Analysierten zu unseren Konstruktionen geringschätzig zur Seite drängen. Wir achten auf sie und entnehmen ihr oft wertvolle Anhaltspunkte. Aber diese Reaktionen des Patienten sind zumeist vieldeutig und gestatten keine endgültige Entscheidung. Nur die Fortsetzung der Analyse kann die Entscheidung über Richtigkeit oder Unbrauchbarkeit unserer Konstruktion bringen. Wir geben die einzelne Konstruktion für nichts anderes aus als für eine Vermutung, die auf Prüfung, Bestätigung oder Verwerfung wartet. Wir beanspruchen keine Autorität für sie, fordern vom Patienten keine unmittelbare Zustimmung, diskutieren nicht mit ihm, wenn er ihr zunächst widerspricht. Kurz, wir benehmen uns nach dem Vor-

---

[1] [S. die nachfolgende Fußnote.]
[2] [Kapitel V von *Zur Psychopathologie des Alltagslebens* (1901 *b*), im letzten Kapiteldrittel.]
[3] [Vgl. Kapitel V von *Das Ich und das Es* (1923 *b*), *Studienausgabe*, Bd. 3, S. 316.]

bild einer bekannten Nestroyschen Figur, des Hausknechts[1], der für alle Fragen und Einwendungen die einzige Antwort bereit hat: »*Im Laufe der Begebenheiten wird alles klar werden.*«

III

Wie dies in der Fortsetzung der Analyse vor sich geht, auf welchen Wegen sich unsere Vermutung in die Überzeugung des Patienten verwandelt, das darzustellen lohnt kaum der Mühe; es ist aus täglicher Erfahrung jedem Analytiker bekannt und bietet dem Verständnis keine Schwierigkeit. Nur ein Punkt daran verlangt nach Untersuchung und Aufklärung. Der Weg, der von der Konstruktion des Analytikers ausgeht, sollte in der Erinnerung des Analysierten enden; er führt nicht immer so weit. Oft genug gelingt es nicht, den Patienten zur Erinnerung des Verdrängten zu bringen. Anstatt dessen erreicht man bei ihm durch korrekte Ausführung der Analyse eine sichere Überzeugung von der Wahrheit der Konstruktion, die therapeutisch dasselbe leistet wie eine wiedergewonnene Erinnerung. Unter welchen Umständen dies geschieht und wie es möglich wird, daß ein scheinbar unvollkommener Ersatz doch die volle Wirkung tut, das bleibt ein Stoff für spätere Forschung.

Ich werde diese kleine Mitteilung mit einigen Bemerkungen beschließen, die eine weitere Perspektive eröffnen. Es ist mir in einigen Analysen aufgefallen, daß die Mitteilung einer offenbar zutreffenden Konstruktion ein überraschendes und zunächst unverständliches Phänomen bei den Analysierten zum Vorschein brachte. Sie bekamen lebhafte Erinnerungen, von ihnen selbst als »überdeutlich«[2] bezeichnet, aber sie erinnerten nicht etwa die Begebenheit, die der Inhalt der Konstruktion war, sondern Details, die diesem Inhalt nahestanden, z. B. die Gesichter der darin genannten Personen überscharf oder die Räume, in denen sich Ähnliches hätte zutragen können, oder, ein Stück weiter weg, die Einrichtungsgegenstände dieser Räumlichkeiten, von denen die Kon-

---

[1] [In *Der Zerrissene*. Nestroy wird auch oben, S. 285 und S. 369, zitiert.]

[2] [Das hier beschriebene Phänomen scheint auf Beobachtungen zurückzugehen, die Freud im Zusammenhang mit der *Psychopathologie des Alltagslebens* (1901 b) anstellte, s. die erste lange Anmerkung ziemlich zu Beginn von Kapitel II. Vgl. auch die noch früheren Abhandlungen ›Zum psychischen Mechanismus der Vergeßlichkeit‹ (1898 b) und ›Über Deckerinnerungen‹ (1899 a). Dort benutzt Freud überall das Wort »überdeutlich«.]

struktion natürlich nichts hatte wissen können. Dies geschah ebensowohl in Träumen unmittelbar nach der Mitteilung als auch im Wachen
in phantasieartigen Zuständen. An diese Erinnerungen selbst schloß
weiter nichts an; es lag dann nahe, sie als Ergebnis eines Kompromisses
aufzufassen. Der »Auftrieb« des Verdrängten, durch die Mitteilung der
Konstruktion rege geworden, hatte jene bedeutsamen Erinnerungsspuren zum Bewußtsein tragen wollen; einem Widerstand war es gelungen, zwar nicht die Bewegung aufzuhalten, aber wohl sie auf be-
nachbarte, nebensächliche Objekte zu verschieben.

Diese Erinnerungen hätte man Halluzinationen nennen können, wenn
zu ihrer Deutlichkeit der Glaube an ihre Aktualität hinzugekommen
wäre. Aber die Analogie gewann an Bedeutung, als ich auf das ge-
legentliche Vorkommen wirklicher Halluzinationen bei anderen, gewiß
nicht psychotischen Fällen aufmerksam wurde. Der Gedankengang
ging dann weiter: Vielleicht ist es ein allgemeiner Charakter der Halluzination, bisher nicht genug gewürdigt, daß in ihr etwas in der Frühzeit Erlebtes und dann Vergessenes wiederkehrt, etwas, was das Kind
gesehen oder gehört zur Zeit, da es noch kaum sprachfähig war, und
was sich nun dem Bewußtsein aufdrängt, wahrscheinlich entstellt und
verschoben in Wirkung der Kräfte, die sich einer solchen Wiederkehr
widersetzen. Und bei der nahen Beziehung der Halluzination zu bestimmten Formen von Psychose darf unser Gedankengang noch weiter
greifen. Vielleicht sind die Wahnbildungen, in denen wir diese Halluzinationen so regelmäßig eingefügt finden, selbst nicht so unabhängig
vom Auftrieb des Unbewußten und von der Wiederkehr des Verdrängten, wie wir gemeinhin annehmen. Wir betonen im Mechanismus einer
Wahnbildung in der Regel nur zwei Momente, die Abwendung von der
Realwelt und deren Motive einerseits und den Einfluß der Wunscherfüllung auf den Inhalt des Wahns anderseits. Aber kann der dynamische Vorgang nicht eher der sein, daß die Abwendung von der Realität vom Auftrieb des Verdrängten ausgenützt wird, um seinen Inhalt
dem Bewußtsein aufzudrängen, wobei die bei diesem Vorgang erregten
Widerstände und die Tendenz zur Wunscherfüllung sich in die Verantwortlichkeit für die Entstehung und Verschiebung des Wiedererin-
nerten teilen? Das ist doch auch der uns bekannte Mechanismus des
Traumes, den schon uralte Ahnung dem Wahnsinn gleichgesetzt hat.

Ich glaube nicht, daß diese Auffassung des Wahns vollkommen neu ist,
aber sie betont doch einen Gesichtspunkt, der für gewöhnlich nicht in
den Vordergrund gerückt wird. Wesentlich an ihr ist die Behauptung,

daß der Wahnsinn nicht nur Methode hat, wie schon der Dichter erkannte[1], sondern daß auch ein Stück *historischer Wahrheit* in ihm
enthalten ist, und es liegt uns nahe anzunehmen, daß der zwanghafte
Glaube, den der Wahn findet, gerade aus solch infantiler Quelle seine
Stärke bezieht. Mir stehen heute, um diese Theorie zu erweisen, nur
Reminiszenzen zu Gebote, nicht frische Eindrücke. Es würde wahrscheinlich die Mühe lohnen, wenn man versuchte, entsprechende Krankheitsfälle nach den hier entwickelten Voraussetzungen zu studieren und
auch ihre Behandlung danach einzurichten. Man würde die vergebliche
Bemühung aufgeben, den Kranken von dem Irrsinn seines Wahns, von
seinem Widerspruch zur Realität, zu überzeugen, und vielmehr in der
Anerkennung des Wahrheitskerns einen gemeinsamen Boden finden,
auf dem sich die therapeutische Arbeit entwickeln kann. Diese Arbeit
bestünde darin, das Stück historischer Wahrheit von seinen Entstellungen und Anlehnungen an die reale Gegenwart zu befreien und es zu-
rechtzurücken an die Stelle der Vergangenheit, der es zugehört. Die
Verrückung aus der vergessenen Vorzeit in die Gegenwart oder in die
Erwartung der Zukunft ist ja ein regelmäßiges Vorkommnis auch beim
Neurotiker. Oft genug, wenn ihn ein Angstzustand erwarten läßt, daß
sich etwas Schreckliches ereignen wird, steht er bloß unter dem Einfluß einer verdrängten Erinnerung, die zum Bewußtsein kommen
möchte und nicht bewußt werden kann, daß etwas damals Schreck-
haftes sich wirklich ereignet hat. Ich meine, man wird aus solchen Bemühungen an Psychotikern sehr viel Wertvolles erfahren, auch wenn
ihnen der therapeutische Erfolg versagt bleibt.
Ich weiß, daß es nicht verdienstlich ist, ein so wichtiges Thema so beiläufig zu behandeln, wie es hier geschieht. Ich bin dabei der Verlockung
einer Analogie gefolgt. Die Wahnbildungen der Kranken erscheinen
mir als Äquivalente der Konstruktionen, die wir in den analytischen
Behandlungen aufbauen, Versuche zur Erklärung und Wiederherstellung, die unter den Bedingungen der Psychose allerdings nur dazu führen können, das Stück Realität, das man in der Gegenwart verleugnet,
durch ein anderes Stück zu ersetzen, das man in früher Vorzeit gleichfalls verleugnet hatte. Die intimen Beziehungen zwischen dem Stoff
der gegenwärtigen Verleugnung und dem der damaligen Verdrängung
aufzudecken wird die Aufgabe der Einzeluntersuchung. Wie unsere
Konstruktion nur dadurch wirkt, daß sie ein Stück verlorengegangener

---

[1] [Polonius in Shakespeares *Hamlet*, II. Akt, 2. Szene: »*Though this may be madness, yet there's method in it.*«]

Lebensgeschichte wiederbringt, so dankt auch der Wahn seine über-
zeugende Kraft dem Anteil historischer Wahrheit, den er an die Stelle
der abgewiesenen Realität einsetzt. In solcher Art würde auch der
Wahn sich dem Satze unterwerfen, den ich früher einmal nur für die
Hysterie ausgesprochen habe, der Kranke leide an seinen Reminiszenzen [1]. Diese kurze Formel wollte auch damals nicht die Komplikation
der Krankheitsverursachung bestreiten und die Wirkung so vieler anderer Momente ausschließen.

Erfaßt man die Menschheit als ein Ganzes und setzt sie an die Stelle
des einzelnen menschlichen Individuums, so findet man, daß auch sie
Wahnbildungen entwickelt hat, die der logischen Kritik unzugänglich
sind und der Wirklichkeit widersprechen. Wenn sie trotzdem eine
außerordentliche Gewalt über die Menschen äußern können, so führt
die Untersuchung zum gleichen Schluß wie beim einzelnen Individuum.
Sie danken ihre Macht dem Gehalt an *historischer Wahrheit*, die sie aus
der Verdrängung vergessener Urzeiten heraufgeholt haben [2].

---

[1] [Vgl. Breuer und Freud, ›Über den psychischen Mechanismus hysterischer Phäno-
mene; Vorläufige Mitteilung‹ (1893 *a*), im letzten Absatz von Abschnitt I; ferner
Freuds Vortrag ›Über den psychischen Mechanismus hysterischer Phänomene‹ (1893 *b*),
Studienausgabe, Bd. 6, S. 20–3.]

[2] [Das Thema der letzten Absätze (»historische« Wahrheit) hat Freud damals sehr
beschäftigt, und dies ist seine erste ausführliche Erörterung. Eine Aufzählung weiterer
Verweise findet sich in einer editorischen Anmerkung zu jenem Abschnitt von *Der
Mann Moses und die monotheistische Religion* (1939 *a*), der diese Frage behandelt
(*Studienausgabe*, Bd. 9, S. 575).]

Die psychoanalytische Technik

(1940 [1938])

[Aus: Abriß der Psychoanalyse]

EDITORISCHE VORBEMERKUNG

Obwohl im folgenden zur Illustration von Freuds letzten behandlungstech-
nischen Auffassungen nur Kapitel VI (›Die psychoanalytische Technik‹) der
Studie *Abriß der Psychoanalyse* abgedruckt ist, werden hier bibliographische
Daten sowie erläuternde Hinweise für das ganze Werk gegeben.

Deutsche Ausgaben:

1940 *Int. Z. Psychoanal. Imago*, Bd. 25 (1), 7–67.
1941 *G. W.*, Bd. 17, 63–138 (ohne das Vorwort). (Dieser Band erschien, mit
   verschiedener Titelseite und anderem Einband, gleichzeitig in Einzelpu-
   blikation als *Schriften aus dem Nachlaß*.)
1987 *G. W.*, Nachtragsband, 749 (nur das Vorwort).

Als der *Abriß* erstmals, zugleich in Deutsch und Englisch, posthum, veröffentlicht
wurde, war er begleitet von zwei langen Auszügen aus Freuds etwa gleichzeitig
entstandenem Fragment ›Some Elementary Lessons in Psycho-Analysis‹ (1940 *b*
[1938]). Diese Auszüge erschienen in der deutschen Version als Fußnote ziemlich zu Beginn von Kapitel IV, in der englischen als Anhang. Weil das Fragment selbst wenig später zur Gänze veröffentlicht wurde, ließ man dann Fußnote bzw. Anhang in den Nachdrucken der vorliegenden Arbeit wieder fort.
Durch ein Versehen der Herausgeber wurde Freuds Vorwort zum *Abriß* nicht
in den Abdruck der *Gesammelten Werke* übernommen, so daß sich dieser kurze
Text bislang nur in der *Internationalen Zeitschrift* findet. – Zur Orientierung
sei hier angefügt, daß sich das Werk im übrigen folgendermaßen gliedert:
1. Teil: Die Natur des Psychischen (Kapitel I: Der psychische Apparat; Kapitel II: Trieblehre; Kapitel III: Die Entwicklung der Sexualfunktion; Kapitel IV: Psychische Qualitäten; Kapitel V: Erläuterung an der Traumdeutung); 2. Teil: Die praktische Aufgabe (Kapitel VI: Die psychoanalytische
Technik; Kapitel VII: Eine Probe psychoanalytischer Arbeit); 3. Teil: Der
theoretische Gewinn (Kapitel VIII: Der psychische Apparat und die Außenwelt; Kapitel IX: Die Innenwelt).
Das Manuskript des ganzen Werkes ist in einer ungewöhnlich abgekürzten
Form niedergeschrieben. Vor allem das dritte Kapitel (›Die Entwicklung der
Sexualfunktion‹) ist großenteils in einer Art Telegrammstil verfaßt – so fehlen
beispielsweise bestimmte und unbestimmte Artikel sowie viele Verben. Die

Herausgeber der *Gesammelten Werke* haben diese Abkürzungen, wie sie in einer Vorbemerkung mitteilen, ergänzt.

Es gibt gewisse Meinungsverschiedenheiten hinsichtlich des Datums, zu dem Freud mit der Niederschrift des *Abrisses* begonnen hat. Nach Auskunft von Ernest Jones (1962 *b*, 282) wurde das Buch in der Zeit des Wartens auf die Ausreise, also noch in Wien, angefangen – das wäre im April oder Mai 1938 gewesen. Das Manuskript trägt aber auf seiner ersten Seite das Datum »22/7«, was für die Annahme der Herausgeber der *Gesammelten Werke* spricht, das Werk sei im Juli 1938, kurz nach Freuds Ankunft in London Anfang Juni, begonnen worden. Bis Anfang September hatte er bereits 63 Seiten niedergeschrieben; dann wurde die Arbeit unterbrochen, weil Freud sich einer schweren Operation unterziehen mußte. Er kehrte nicht mehr dazu zurück, setzte sich aber wenig später an ein anderes einführendes Werk (›Some Elementary Lessons in Psycho-Analysis‹), das jedoch gleichfalls nicht mehr abgeschlossen werden konnte.

So muß der *Abriß* wohl als unfertig bezeichnet werden, obgleich es schwerhält, ihn als unvollendet anzusehen. Gewiß ist das letzte Kapitel kürzer als die anderen und hätte ohne weiteres mit der Diskussion von Themen wie dem Schuldgefühl fortgeführt werden können, obgleich dieses Problem schon in Kapitel VI angeschnitten wird (s. unten, S. 418–20). Nichtsdestoweniger ist es eine fesselnde Frage, wie weit und in welcher Richtung Freud das Buch wohl weitergeschrieben haben würde, da doch das Programm, das er in seinem Vorwort formuliert, in dem hinterlassenen Manuskript bereits angemessen erfüllt zu sein scheint.

In der langen Folge der erläuternden Werke Freuds nimmt der *Abriß* eine ganz besondere Stellung ein. Die anderen haben nämlich ausnahmslos das Ziel, die Psychoanalyse einem ihr fernstehenden Publikum zu erklären, einem Publikum zwar mit sehr verschiedenen Zugangsmöglichkeiten zu Freuds Gebiet, aber jedenfalls einem relativ *uninformierten* Publikum. Dies läßt sich vom *Abriß* nicht sagen. Es sollte unmißverständlich klar sein, daß dies kein Buch für Anfänger ist; viel eher ist es so etwas wie ein »Auffrischungskurs« für Fortgeschrittene. Überall wird beim Leser vorausgesetzt, daß er nicht nur mit Freuds generellem Zugang zur Psychologie vertraut ist, sondern auch seine Entdeckungen und Theorien bezüglich recht detaillierter Einzelpunkte kennt. Wer indessen in Freuds Werken schon zu Hause ist, wird im *Abriß* einen faszinierenden Epilog finden, in dem Freuds grundlegende theoretische Auffassungen wie auch seine höchst detaillierten klinischen Beobachtungen souverän im Vokabular seiner letzten Terminologie dargelegt und beleuchtet werden.

Der Traum ist also[1] eine Psychose, mit allen Ungereimtheiten, Wahnbildungen, Sinnestäuschungen einer solchen. Eine Psychose zwar von kurzer Dauer, harmlos, selbst mit einer nützlichen Funktion betraut, von der Zustimmung der Person eingeleitet, durch einen Willensakt von ihr beendet. Aber doch eine Psychose, und wir lernen an ihr, daß selbst eine so tiefgehende Veränderung des Seelenlebens rückgängig werden, der normalen Funktion Raum geben kann. Ist es dann kühn zu hoffen, daß es möglich sein müßte, auch die gefürchteten spontanen Erkrankungen des Seelenlebens unserem Einfluß zu unterwerfen und sie zur Heilung zu bringen?

Wir wissen schon manches zur Vorbereitung für diese Unternehmung. Nach unserer Voraussetzung hat das Ich die Aufgabe, den Ansprüchen seiner drei Abhängigkeiten von der Realität, dem Es und dem Über-Ich zu genügen und dabei doch seine Organisation aufrechtzuhalten, seine Selbständigkeit zu behaupten. Die Bedingung der in Rede stehenden Krankheitszustände kann nur eine relative oder absolute Schwächung des Ichs sein, die ihm die Erfüllung seiner Aufgaben unmöglich macht. Die schwerste Anforderung an das Ich ist wahrscheinlich die Niederhaltung der Triebansprüche des Es, wofür es große Aufwände an Gegenbesetzungen zu unterhalten hat. Es kann aber auch der Anspruch des Über-Ichs so stark und so unerbittlich werden, daß das Ich seinen anderen Aufgaben wie gelähmt gegenübersteht. Wir ahnen, in den ökonomischen Konflikten, die sich hier ergeben, machen Es und Über-Ich oft gemeinsame Sache gegen das bedrängte Ich, das sich zur Erhaltung seiner Norm an die Realität anklammern will. Werden die beiden ersteren zu stark, so gelingt es ihnen, die Organisation des Ichs aufzulockern und zu verändern, so daß seine richtige Beziehung zur Realität gestört oder selbst aufgehoben wird. Wir haben es am Traum gesehen; wenn sich das Ich von der Realität der Außenwelt ablöst, verfällt es unter dem Einfluß der Innenwelt in die Psychose.

Auf diese Einsichten gründen wir unseren Heilungsplan. Das Ich ist

---

[1] [Das vorangehende Kapitel V enthält eine ›Erläuterung an der Traumdeutung‹.]

durch den inneren Konflikt geschwächt, wir müssen ihm zur Hilfe kommen. Es ist wie in einem Bürgerkrieg, der durch den Beistand eines Bundesgenossen von außen entschieden werden soll. Der analytische Arzt und das geschwächte Ich des Kranken sollen, an die reale Außenwelt angelehnt, eine Partei bilden gegen die Feinde, die Triebansprüche des Es und die Gewissensansprüche des Über-Ichs. Wir schließen einen Vertrag miteinander. Das kranke Ich verspricht uns vollste Aufrichtigkeit, d. h. die Verfügung über allen Stoff, den ihm seine Selbstwahrnehmung liefert, wir sichern ihm strengste Diskretion zu und stellen unsere Erfahrung in der Deutung des vom Unbewußten beeinflußten Materials in seinen Dienst. Unser Wissen soll sein Unwissen gutmachen, soll seinem Ich die Herrschaft über verlorene Bezirke des Seelenlebens wiedergeben. In diesem Vertrag besteht die analytische Situation.

Schon nach diesem Schritt erwartet uns die erste Enttäuschung, die erste Mahnung zur Bescheidenheit. Soll das Ich des Kranken ein wertvoller Bundesgenosse bei unserer gemeinsamen Arbeit sein, so muß es sich trotz aller Bedrängnis durch die ihm feindlichen Mächte ein gewisses Maß von Zusammenhalt, ein Stück Einsicht für die Anforderungen der Wirklichkeit bewahrt haben. Aber das ist vom Ich des Psychotikers nicht zu erwarten, dieses kann einen solchen Vertrag nicht einhalten, ja kaum ihn eingehen. Es wird sehr bald unsere Person und die Hilfe, die wir ihm anbieten, zu den Anteilen der Außenwelt geworfen haben, die ihm nichts mehr bedeuten. Somit erkennen wir, daß wir darauf verzichten müssen, unseren Heilungsplan beim Psychotiker zu versuchen. Vielleicht für immer verzichten, vielleicht nur zeitweilig, bis wir einen anderen, für ihn tauglicheren Plan gefunden haben.

Es gibt aber eine andere Klasse von psychisch Kranken, die den Psychotikern offenbar sehr nahestehen, die ungeheure Anzahl der schwer leidenden Neurotiker. Die Krankheitsbedingungen wie die pathogenen Mechanismen müssen bei ihnen dieselben sein oder wenigstens sehr ähnlich. Aber ihr Ich hat sich widerstandsfähiger gezeigt, ist weniger desorganisiert worden. Viele von ihnen konnten sich trotz all ihrer Beschwerden und der von ihnen verursachten Unzulänglichkeiten noch im realen Leben behaupten. Diese Neurotiker mögen sich bereit zeigen, unsere Hilfe anzunehmen. Wir wollen unser Interesse auf sie beschränken und versuchen, wie weit und auf welchen Wegen wir sie »heilen« können.

Mit den Neurotikern schließen wir also den Vertrag: volle Aufrichtigkeit gegen strenge Diskretion. Das macht den Eindruck, als strebten wir nur die Stellung eines weltlichen Beichtvaters an. Aber der Unterschied ist groß, denn wir wollen von ihm nicht nur hören, was er weiß und vor anderen verbirgt, sondern er soll uns auch erzählen, was er nicht weiß. In dieser Absicht geben wir ihm eine nähere Bestimmung dessen, was wir unter Aufrichtigkeit verstehen. Wir verpflichten ihn auf die analytische *Grundregel*[1], die künftighin sein Verhalten gegen uns beherrschen soll. Er soll uns nicht nur mitteilen, was er absichtlich und gern sagt, was ihm wie in einer Beichte Erleichterung bringt, sondern auch alles andere, was ihm seine Selbstbeobachtung liefert, alles was ihm in den Sinn kommt, auch wenn es ihm *unangenehm* zu sagen ist, auch wenn es ihm *unwichtig* oder sogar *unsinnig* erscheint. Gelingt es ihm, nach dieser Anweisung seine Selbstkritik auszuschalten, so liefert er uns eine Fülle von Material, Gedanken, Einfällen, Erinnerungen, die bereits unter dem Einfluß des Unbewußten stehen, oft direkte Abkömmlinge desselben sind und die uns also in den Stand setzen, das bei ihm verdrängte Unbewußte zu erraten und durch unsere Mitteilung die Kenntnis seines Ichs von seinem Unbewußten zu erweitern.

Aber weit entfernt davon, daß die Rolle seines Ichs sich darauf beschränken würde, in passivem Gehorsam uns das verlangte Material zu bringen und unsere Übersetzung desselben gläubig hinzunehmen. Es ereignet sich manches andere, einiges, was wir voraussehen durften, anderes, was uns überraschen muß. Das Merkwürdigste ist, daß der Patient nicht dabei bleibt, den Analytiker im Lichte der Realität zu betrachten als den Helfer und Berater, den man überdies für seine Mühewaltung entlohnt und der sich selbst gern mit der Rolle etwa eines Bergführers auf einer schwierigen Gebirgstour begnügen würde, sondern daß er in ihm eine Wiederkehr – Reinkarnation – einer wichtigen Person aus seiner Kindheit, Vergangenheit erblickt und darum Gefühle und Reaktionen auf ihn überträgt, die sicherlich diesem Vorbild gegolten haben. Diese Tatsache der Übertragung erweist sich bald als ein Moment von ungeahnter Bedeutung, einerseits ein Hilfsmittel von unersetzlichem Wert, anderseits eine Quelle ernster Gefahren. Diese Übertragung ist *ambivalent*[2], sie umfaßt positive, zärtliche wie negative, feindselige Einstellungen gegen den Analytiker, der in der Regel an die Stelle eines Elternteils, des Vaters oder der Mutter, gesetzt wird.

[1] [Vgl. ›Zur Dynamik der Übertragung‹ (1912 *b*), im vorliegenden Band S. 167 und Anm. 1.]
[2] [Vgl. ibid., S. 166 und Anm. 1.]

Solange sie positiv ist, leistet sie uns die besten Dienste. Sie verändert die ganze analytische Situation, drängt die rationelle Absicht, gesund und leidensfrei zu werden, zur Seite. An ihre Stelle tritt die Absicht, dem Analytiker zu gefallen, seinen Beifall, seine Liebe zu gewinnen. Sie wird die eigentliche Triebfeder der Mitarbeit des Patienten, das schwache Ich wird stark, unter ihrem Einfluß bringt er Leistungen zustande, die ihm sonst unmöglich wären, stellt seine Symptome ein, wird anscheinend gesund, nur dem Analytiker zuliebe. Der Analytiker mag sich beschämt eingestehen, daß er eine schwierige Unternehmung begonnen, ohne zu ahnen, welch außerordentliche Machtmittel sich ihm zur Verfügung stellen würden.

Das Verhältnis der Übertragung bringt außerdem noch zwei andere Vorteile mit sich. Setzt der Patient den Analytiker an die Stelle seines Vaters (seiner Mutter), so räumt er ihm auch die Macht ein, die sein Über-Ich über sein Ich ausübt, denn diese Eltern sind ja der Ursprung des Über-Ichs gewesen. Das neue Über-Ich hat nun Gelegenheit zu einer Art von *Nacherziehung* des Neurotikers, es kann Mißgriffe korrigieren, die sich die Eltern in ihrer Erziehung zuschulden kommen ließen. Hier setzt allerdings die Warnung ein, den neuen Einfluß nicht zu mißbrauchen. Sosehr es den Analytiker verlocken mag, Lehrer, Vorbild und Ideal für andere zu werden, Menschen nach seinem Vorbild zu schaffen, er darf nicht vergessen, daß dies nicht seine Aufgabe im analytischen Verhältnis ist, ja daß er seiner Aufgabe untreu wird, wenn er sich von seiner Neigung fortreißen läßt. Er wiederholt dann nur einen Fehler der Eltern, die die Unabhängigkeit des Kindes durch ihren Einfluß erdrückt hatten, ersetzt nur die frühere Abhängigkeit durch eine neuere. Der Analytiker soll aber bei allen Bemühungen zu bessern und zu erziehen die Eigenart des Patienten respektieren. Das Maß von Beeinflussung, dessen er sich legitimerweise getraut, wird durch den Grad der Entwicklungshemmung bestimmt werden, den er bei dem Patienten vorfindet. Manche Neurotiker sind so infantil geblieben, daß sie auch in der Analyse nur wie Kinder behandelt werden können.

Ein anderer Vorteil der Übertragung ist noch, daß der Patient uns in ihr mit plastischer Deutlichkeit ein wichtiges Stück seiner Lebensgeschichte vorführt, über das er uns wahrscheinlich sonst nur ungenügende Auskunft gegeben hätte. Er agiert gleichsam vor uns, anstatt uns zu berichten.

Und nun zur anderen Seite des Verhältnisses. Da die Übertragung die Beziehung zu den Eltern reproduziert, übernimmt sie auch deren Ambivalenz. Es ist kaum zu vermeiden, daß die positive Einstellung zum Analytiker eines Tages in die negative, feindselige umschlägt. Auch diese ist gewöhnlich eine Wiederholung der Vergangenheit. Die Gefügigkeit gegen den Vater (wenn es sich um ihn handelte), das Werben um seine Gunst wurzelte in einem erotischen auf seine Person gerichteten Wunsch. Irgendeinmal drängt sich dieser Anspruch auch in der Übertragung hervor und besteht auf Befriedigung. Er kann in der analytischen Situation nur auf Versagung stoßen. Reale sexuelle Beziehungen zwischen Patienten und Analytiker sind ausgeschlossen, auch die feineren Weisen der Befriedigung wie Bevorzugung, Intimität usw. werden vom Analytiker nur in spärlichem Ausmaß gewährt. Solche Verschmähung wird zum Anlaß der Umwandlung genommen, wahrscheinlich ging dasselbe in der Kindheit des Patienten vor sich.

Die Heilerfolge, die unter der Herrschaft der positiven Übertragung zustande kamen, stehen im Verdacht, *suggestiver* Natur zu sein. Gewinnt die negative Übertragung die Oberhand, so werden sie wie Spreu vor dem Wind hinweggeweht. Man merkt mit Schrecken, daß alle Mühe und Arbeit bisher vergeblich war. Ja, auch was man für einen bleibenden intellektuellen Gewinn des Patienten halten durfte, sein Verständnis für die Psychoanalyse, sein Vertrauen in deren Wirksamkeit sind plötzlich verschwunden. Er benimmt sich wie das Kind, das kein eigenes Urteil hat, das blind dem glaubt, dem seine Liebe gehört, und keinem Fremden. Offenbar besteht die Gefahr dieser Übertragungszustände darin, daß der Patient ihre Natur verkennt und sie für neue reale Erlebnisse hält anstatt für Spiegelungen der Vergangenheit. Verspürt er (oder sie) das starke erotische Bedürfnis, das sich hinter der positiven Übertragung birgt, so glaubt er, sich leidenschaftlich verliebt zu haben; schlägt die Übertragung um, so hält er sich für beleidigt und vernachlässigt, haßt den Analytiker als seinen Feind und ist bereit, die Analyse aufzugeben. In beiden extremen Fällen hat er den Vertrag vergessen, den er zu Eingang der Behandlung angenommen hatte, ist er für die Fortsetzung der gemeinsamen Arbeit unbrauchbar geworden. Der Analytiker hat die Aufgabe, den Patienten jedesmal aus der gefahrdrohenden Illusion zu reißen, ihm immer wieder zu zeigen, daß es eine Spiegelung der Vergangenheit ist, was er für ein neues reales Leben hält. Und damit er nicht in einen Zustand gerate, der ihn unzugänglich für alle Beweismittel macht, sorgt man dafür, daß weder die Verliebtheit noch die Feindseligkeit eine extreme Höhe erreichen. Man tut dies, indem man ihn frühzeitig auf diese Möglichkeiten vorbereitet und deren erste Anzeichen nicht unbeachtet läßt. Solche Sorgfalt in der Handhabung der Übertragung pflegt sich reichlich zu lohnen. Gelingt es, wie zumeist, den Patienten über die wirkliche Natur der Übertragungsphänomene zu belehren, so hat man seinem Widerstand eine mächtige Waffe aus der Hand geschlagen, Gefahren in Gewinne verwandelt, denn was der Patient in den Formen der Übertragung erlebt hat, das vergißt er nicht wieder, das hat für ihn stärkere Überzeugungskraft als alles auf andere Art Erworbene.

Es ist uns sehr unerwünscht, wenn der Patient außerhalb der Übertragung *agiert*, anstatt zu erinnern; das für unsere Zwecke ideale Verhalten wäre, wenn er sich außerhalb der Behandlung möglichst normal benähme und seine abnormen Reaktionen nur in der Übertragung äußerte.

Unser Weg, das geschwächte Ich zu stärken, geht von der Erweiterung seiner Selbsterkenntnis aus. Wir wissen, dies ist nicht alles, aber es ist der erste Schritt. Der Verlust an solcher Kenntnis bedeutet für das Ich Einbuße an Macht und Einfluß, er ist das nächste greifbare Anzeichen dafür, daß es von den Anforderungen des Es und des Über-Ichs eingeengt und behindert ist. Somit ist das erste Stück unserer Hilfeleistung eine intellektuelle Arbeit von unserer Seite und eine Aufforderung zur Mitarbeit daran für den Patienten. Wir wissen, diese erste Tätigkeit soll uns den Weg bahnen zu einer anderen, schwierigeren Aufgabe. Wir werden den dynamischen Anteil derselben auch während der Einleitung nicht aus den Augen verlieren. Den Stoff für unsere Arbeit gewinnen wir aus verschiedenen Quellen, aus dem, was uns seine Mitteilungen und freien Assoziationen andeuten, was er uns in seinen Übertragungen zeigt, was wir aus der Deutung seiner Träume entnehmen, was er durch seine *Fehlleistungen* verrät. All das Material verhilft uns zu Konstruktionen [1] über das, was mit ihm vorgegangen ist und was er vergessen hat, wie über das, was jetzt in ihm vorgeht, ohne daß er es versteht. Wir versäumen dabei aber nie, unser Wissen und sein Wissen strenge auseinanderzuhalten. Wir vermeiden es, ihm, was wir oft sehr frühzeitig erraten haben, sofort mitzuteilen oder ihm alles mitzuteilen, was wir glauben erraten zu haben. Wir überlegen uns sorgfältig, wann wir ihn zum Mitwisser einer unserer Konstruktionen machen sollen, warten einen Moment ab, der uns der geeignete zu sein scheint, was nicht immer leicht zu entscheiden ist. In der Regel verzögern wir die Mittei-

---

[1] [S. Freuds Arbeit zu diesem Thema (1937 d), im vorliegenden Band S. 395.]

lung einer Konstruktion, die Aufklärung, bis er sich selbst derselben so weit genähert hat, daß ihm nur ein Schritt, allerdings die entscheidende Synthese, zu tun übrigbleibt. Würden wir anders verfahren, ihn mit unseren Deutungen überfallen, ehe er für sie vorbereitet ist, so bliebe die Mitteilung entweder erfolglos, oder sie würde einen heftigen Ausbruch von *Widerstand* hervorrufen, der die Fortsetzung der Arbeit erschweren oder selbst in Frage stellen könnte. Haben wir aber alles richtig vorbereitet, so erreichen wir oft, daß der Patient unsere Konstruktion unmittelbar bestätigt und den vergessenen inneren oder äußeren Vorgang selbst erinnert. Je genauer sich die Konstruktion mit den Einzelheiten des Vergessenen deckt, desto leichter wird ihm seine Zustimmung. Unser Wissen in diesem Stück ist dann auch sein Wissen geworden.

Mit der Erwähnung des Widerstandes sind wir an den zweiten wichtigeren Teil unserer Aufgabe herangekommen. Wir haben schon gehört, daß sich das Ich gegen das Eindringen unerwünschter Elemente aus dem unbewußten und verdrängten Es durch Gegenbesetzungen schützt, deren Intaktheit eine Bedingung seiner normalen Funktion ist. Je bedrängter sich das Ich nun fühlt, desto krampfhafter beharrt es, gleichsam verängstigt, auf diesen Gegenbesetzungen, um seinen Restbestand vor weiteren Einbrüchen zu beschützen. Diese defensive Tendenz stimmt aber durchaus nicht zu den Absichten unserer Behandlung. Wir wollen im Gegenteil, daß das Ich, durch die Sicherheit unserer Hilfe kühn geworden, den Angriff wage, um das Verlorene wiederzuerobern. Dabei bekommen wir nun die Stärke dieser Gegenbesetzungen als *Widerstände* gegen unsere Arbeit zu spüren. Das Ich schreckt vor solchen Unternehmungen zurück, die gefährlich scheinen und mit Unlust drohen, es muß beständig angeeifert und beschwichtigt werden, um sich uns nicht zu verweigern. Diesen Widerstand, der die ganze Behandlung über anhält und sich bei jedem neuen Stück der Arbeit erneuert, heißen wir, nicht ganz korrekt, den *Verdrängungswiderstand*. Wir werden hören, daß es nicht der einzige ist, der uns bevorsteht. Es ist interessant, daß sich in dieser Situation die Parteibildung gewissermaßen umkehrt, denn das Ich sträubt sich gegen unsere Anregung, das Unbewußte aber, sonst unser Gegner, leistet uns Hilfe, denn es hat einen natürlichen »Auftrieb«, es verlangt nichts so sehr, als über die ihm gesetzten Grenzen ins Ich und bis zum Bewußtsein vorzudringen. Der Kampf, der sich entspinnt, wenn wir unsere Absicht erreichen und das Ich zur Überwindung seiner Widerstände bewegen können, vollzieht sich unter unserer Leitung und mit unserer Hilfeleistung. Es ist gleichgiltig, welchen Ausgang er nimmt, ob er dazu führt, daß das Ich einen bisher zurückgewiesenen Triebanspruch nach neuerlicher Prüfung annimmt, oder ob es ihn wiederum, diesmal endgültig, verwirft. In beiden Fällen ist eine dauernde Gefahr beseitigt, der Umfang des Ichs erweitert und ein kostspieliger Aufwand überflüssig gemacht worden.

Die Überwindung der Widerstände ist der Teil unserer Arbeit, der die meiste Zeit und die größte Mühe in Anspruch nimmt. Er lohnt sich aber auch, denn er bringt eine vorteilhafte Ichveränderung zustande, die sich unabhängig vom Erfolg der Übertragung erhalten und im Leben bewähren wird. Gleichzeitig haben wir auch an der Beseitigung jener Ichveränderung gearbeitet, die sich unter dem Einfluß des Unbewußten hergestellt hatte, denn wann immer wir solche Abkömmlinge desselben im Ich nachweisen konnten, haben wir ihre illegitime Herkunft aufgezeigt und das Ich zu ihrer Verwerfung angeregt. Wir erinnern uns, es war eine der Vorbedingungen unserer vertragsmäßigen Hilfeleistung, daß eine solche Ichveränderung durch das Eindringen unbewußter Elemente ein gewisses Ausmaß nicht überstiegen habe.

Je weiter unsere Arbeit fortschreitet und je tiefer sich unsere Einsicht in das Seelenleben des Neurotikers gestaltet, desto deutlicher drängt sich uns die Kenntnis zweier neuer Momente auf, die als Quellen des Widerstandes die größte Beachtung fordern. Beide sind dem Kranken völlig unbekannt, beide konnten beim Abschluß unseres Vertrages nicht berücksichtigt werden; sie gehen auch nicht vom Ich des Patienten aus. Man kann sie unter dem gemeinsamen Namen: Krankheits- oder Leidensbedürfnis zusammenfassen, aber sie sind verschiedener Herkunft, wenn auch sonst verwandter Natur. Das erste dieser beiden Momente ist das Schuldgefühl oder Schuldbewußtsein, wie es mit Hinwegsetzung über die Tatsache genannt wird, daß der Kranke es nicht verspürt und nicht erkennt. Es ist offenbar der Beitrag zum Widerstand, den ein besonders hart und grausam gewordenes Über-Ich leistet. Das Individuum soll nicht gesund werden, sondern krank bleiben, denn es verdient nichts Besseres. Dieser Widerstand stört eigentlich unsere intellektuelle Arbeit nicht, aber er macht sie unwirksam, ja, er gestattet oft, daß wir eine Form des neurotischen Leidens aufheben, ist aber sofort bereit, sie durch eine andere, eventuell durch eine somatische Erkrankung zu ersetzen. Dieses Schuldbewußtsein erklärt auch die gelegentlich beobachtete Heilung oder Besserung schwerer Neurosen durch reale Unglücksfälle; es kommt nämlich nur darauf an, daß man elend sei, gleichgiltig in welcher Weise. Die klaglose Ergebenheit, mit der solche Personen oft ihr schweres Schicksal ertragen, ist sehr merkwürdig, aber auch verräterisch. In der Abwehr dieses Widerstandes müssen wir uns auf das Bewußtmachen desselben und auf den Versuch zum langsamen Abbau des feindseligen Über-Ichs beschränken.

Weniger leicht ist es, die Existenz eines anderen Widerstandes zu erweisen, in dessen Bekämpfung wir uns besonders unzulänglich finden. Es gibt unter den Neurotikern Personen, bei denen, nach all ihren Reaktionen zu urteilen, der Trieb zur Selbsterhaltung geradezu eine Verkehrung erfahren hat. Sie scheinen auf nichts anderes als auf Selbstschädigung und Selbstzerstörung auszugehen. Vielleicht gehören auch die Personen, welche am Ende wirklich Selbstmord begehen, zu dieser Gruppe. Wir nehmen an, daß bei ihnen weitgehende Triebentmischungen stattgefunden haben, in deren Folge übergroße Quantitäten des nach innen gewendeten Destruktionstriebs freigeworden sind. Solche Patienten können die Herstellung durch unsere Behandlung nicht erträglich finden, sie widerstreben ihr mit allen Mitteln. Aber wir gestehen es zu, dies ist ein Fall, dessen Aufklärung uns noch nicht ganz geglückt ist.

Überblicken wir jetzt nochmals die Situation, in die wir uns mit unserem Versuch, dem neurotischen Ich Hilfe zu bringen, begeben haben. Dieses Ich kann die Aufgabe, welche ihm die Außenwelt einschließlich der menschlichen Gesellschaft stellt, nicht mehr erfüllen. Es verfügt nicht über all seine Erfahrungen, ein großer Teil seines Erinnerungsschatzes ist ihm abhanden gekommen. Seine Aktivität wird durch strenge Verbote des Über-Ichs gehemmt, seine Energie verzehrt sich in vergeblichen Versuchen zur Abwehr der Ansprüche des Es. Überdies ist es infolge der fortgesetzten Einbrüche des Es in seiner Organisation geschädigt, in sich gespalten, bringt keine ordentliche Synthese mehr zustande, wird von einander widerstrebenden Strebungen, unerledigten Konflikten, ungelösten Zweifeln zerrissen. Wir lassen dies geschwächte Ich des Patienten zunächst an der rein intellektuellen Deutungsarbeit teilnehmen, die eine provisorische Ausfüllung der Lücken in seinem seelischen Besitz anstrebt, lassen uns die Autorität seines Über-Ichs übertragen, feuern es an, den Kampf um jeden einzelnen Anspruch des Es aufzunehmen und die Widerstände zu besiegen, die sich dabei ergeben. Gleichzeitig stellen wir die Ordnung in seinem Ich wieder her, indem wir die aus dem Unbewußten eingedrungenen Inhalte und Strebungen aufspüren und durch Rückführung auf ihren Ursprung der Kritik bloßstellen. Wir dienen dem Patienten in verschiedenen Funktionen als Autorität und Elternersatz, als Lehrer und Erzieher, das Beste haben wir für ihn getan, wenn wir als Analytiker die psychischen Vorgänge in seinem Ich aufs normale Niveau heben, unbewußt Gewordenes und Verdrängtes in Vorbewußtes verwandeln und damit dem Ich wieder zu eigen geben. Auf der Seite des Patienten wirken für uns einige rationelle Momente wie das durch sein Leiden motivierte Bedürfnis nach Genesung und das intellektuelle Interesse, das wir bei ihm für die Lehren und Enthüllungen der Psychoanalyse wecken konnten, mit weit stärkeren Kräften aber die positive Übertragung, mit der er uns entgegenkommt. Auf der anderen Seite streiten gegen uns die negative Übertragung, der Verdrängungswiderstand des Ichs, d. h. seine Unlust, sich der ihm aufgetragenen schweren Arbeit auszusetzen, das Schuldgefühl aus dem Verhältnis zum Über-Ich und das Krankheitsbedürfnis aus tiefgreifenden Veränderungen seiner Triebökonomie. Von dem Anteil der beiden letzteren Faktoren hängt es ab, ob wir seinen Fall einen leichten oder schweren nennen werden. Unabhängig von diesen lassen sich einige andere Momente erkennen, die als günstig oder ungünstig in Betracht kommen. Eine gewisse psychische Trägheit, eine Schwerbeweglichkeit der Libido, die ihre Fixierungen nicht verlassen will[1], kann uns nicht willkommen sein; die Fähigkeit der Person zur Triebsublimierung spielt eine große Rolle und ebenso ihre Fähigkeit zur Erhebung über das grobe Triebleben sowie die relative Macht ihrer intellektuellen Funktionen.

Wir sind nicht enttäuscht, sondern finden es durchaus begreiflich, wenn wir zum Schluß kommen, daß der Endausgang des Kampfes, den wir aufgenommen haben, von quantitativen Relationen abhängt, von dem Energiebetrag, den wir zu unseren Gunsten beim Patienten mobilisieren können, im Vergleich zur Summe der Energien der Mächte, die gegen uns wirken. Gott ist hier wieder einmal mit den stärkeren Bataillonen – gewiß erreichen wir nicht immer zu siegen, aber wenigstens können wir meistens erkennen, warum wir nicht gesiegt haben. Wer unseren Ausführungen nur aus therapeutischem Interesse gefolgt ist, wird sich vielleicht nach diesem Eingeständnis geringschätzig abwenden. Aber uns beschäftigt die Therapie hier nur insoweit sie mit psychologischen Mitteln arbeitet, derzeit haben wir keine anderen. Die Zukunft mag uns

---

[1] [Vgl. ›Erinnern, Wiederholen und Durcharbeiten‹ (1914 g), oben, S. 215 und Anm. 2, sowie eine Passage in ›Die endliche und die unendliche Analyse‹ (1937 c), oben, S. 381–2 und Anm. 1 auf S. 381.]

lehren, mit besonderen chemischen Stoffen die Energiemengen und deren Verteilungen im seelischen Apparat direkt zu beeinflussen. Vielleicht ergeben sich noch ungeahnte andere Möglichkeiten der Therapie; vorläufig steht uns nichts Besseres zu Gebote als die psychoanalytische Technik, und darum sollte man sie trotz ihrer Beschränkungen nicht verachten.

Anhang

BIBLIOGRAPHIE

Vorbemerkung: Titel von Büchern und Zeitschriften sind kursiv, Titel von Beiträgen zu Zeitschriften oder Büchern in einfache Anführungszeichen gesetzt. Die Abkürzungen entsprechen der *World List of Scientific Periodicals* (London, 1963–65). Weitere in diesem Band verwendete Abkürzungen finden sich in der *Liste der Abkürzungen* auf Seite 436 f. Die in runde Klammern gesetzten Zahlen am Ende der bibliographischen Eintragungen geben die Seite bzw. Seiten des vorliegenden Bandes an, wo auf das betreffende Werk hingewiesen wird. Die kursivierten Kleinbuchstaben hinter den Jahreszahlen der unten aufgeführten Freud-Schriften beziehen sich auf die verbindliche Freud-Bibliographie, die im letzten Band der englischen Gesamtausgabe, der *Standard Edition of the Complete Psychological Works of Sigmund Freud*, enthalten ist. Eine erweiterte deutsche Fassung dieser Bibliographie liegt in dem Band *Freud-Bibliographie mit Werkkonkordanz*, bearbeitet von Ingeborg Meyer-Palmedo und Gerhard Fichtner, S. Fischer, Frankfurt am Main 1989, vor. Für nichtwissenschaftliche Autoren und für wissenschaftliche Autoren, von denen kein spezielles Werk zitiert wird, siehe das *Namen- und Sachregister*.

ABRAHAM, K.   (1924) *Versuch einer Entwicklungsgeschichte der Libido*, Leipzig, Wien, Zürich. Neuausgabe in: K. Abraham, *Psychoanalytische Studien zur Charakterbildung (Und andere Schriften)*, hrsg. von J. Cremerius, *Conditio humana*, Frankfurt am Main, 1969; in Neuauflage seit 1971 unter dem Titel *Psychoanalytische Studien*, I. (344)

ADLER, A.   (1910) ›Der psychische Hermaphroditismus im Leben und in der Neurose‹, *Fortschr. Med.*, Bd. 28, S. 486. (390)

(1911) ›Beitrag zur Lehre vom Widerstand‹, *Zentbl. Psychoanal.*, Bd. 1, S. 214. (223)

BERGER, A. VON   (1896) Besprechung von Breuer und Freud, *Studien über Hysterie, Neue Freie Presse*, 2. Februar. (44)

BERNFELD, S.   (1944) ›Freud's Earliest Theories and the School of Helmholtz‹, *Psychoanal. Quart.*, Bd. 13, S. 341. (Die Publikation einer deutschen Übersetzung ist beim Suhrkamp-Verlag, Frankfurt am Main, in Vorbereitung.) (17)

BERNHEIM, H.   (1886) *siehe* Freud, S. (1888–89)

(1891) *siehe* Freud, S. (1892 a)

BLEULER, E.   (1911) *Dementia praecox oder Gruppe der Schizophrenien*, Leipzig und Wien. (166, 184)

BREUER, J., und   (1893) *siehe* Freud, S. (1893 *a*)
FREUD, S.   (1895) *siehe* Freud, S. (1895 *d*)
                     (1940) *siehe* Freud, S. (1940 *d*)

BRUNSWICK,   (1928) ›A Supplement to Freud's »History of an Infantile
R. MACK   Neurosis«‹, *Int. J. Psycho-Anal.*, Bd. 9, S. 439; ›Ein
                     Nachtrag zu Freuds »Geschichte einer infantilen Neu-
                     rose«‹, *Int. Z. Psychoanal.*, Bd. 15 (1), S. 1 (1929); Neu-
                     ausgabe in: Wolfsmann, *Der Wolfsmann*, Frankfurt am
                     Main, 1972. (359)

CAPELLE, W.   (1935) *Die Vorsokratiker*, Leipzig. (384, 385)

CHARCOT, J.-M.   (1888) *siehe* Freud, S. (1892–94)

EISLER, R.   (1929, 1930) Ἰησοῦς βασιλεύς οὐ βασιλεύσας (2 Bde.),
                     Heidelberg. (376)

ELLIS, H.   (1911) *The World of Dreams*, London. (234)
                     (1919) *The Philosophy of Conflict and Other Essays in
                     Wartime*, 2nd Series, London. (253)

FARROW,   (1926) ›Eine Kindheitserinnerung aus dem 6. Lebens-
E. PICKWORTH   monat‹, *Int. Z. Psychoanal.*, Bd. 12, S. 79. (176)

FERENCZI, S.   (1909) ›Introjektion und Übertragung‹, *Jb. psychoan.
                     psychopath. Forsch.*, Bd. 1, S. 422. Neuausgabe in: S. Fe-
                     renczi, *Schriften zur Psychoanalyse*, I, hrsg. von M. Ba-
                     lint, *Conditio humana*, Frankfurt am Main, 1970, S. 12.
                     (165)
                     (1919) ›Technische Schwierigkeiten einer Hysterieana-
                     lyse‹, *Int. Z. ärztl. Psychoanal.*, Bd. 5, S. 34. Neuausgabe
                     in: S. Ferenczi, *Schriften zur Psychoanalyse*, II, hrsg. von
                     M. Balint, *Conditio humana*, Frankfurt am Main, 1972,
                     S. 3. (243)
                     (1921) ›Weiterer Ausbau der »aktiven Technik« in der
                     Psychoanalyse‹, *Int. Z. Psychoanal.*, Bd. 7, S. 233. Neu-
                     ausgabe in: S. Ferenczi, *Schriften zur Psychoanalyse*, II,
                     hrsg. von M. Balint, *Conditio humana*, Frankfurt am
                     Main, 1972. S. 74. (243)
                     (1928) ›Das Problem der Beendigung der Analysen‹, *Int.
                     Z. Psychoanal.*, Bd. 14, S. 1. Neuausgabe in: S. Ferenczi,
                     Schriften zur Psychoanalyse, II, hrsg. von M. Balint,
                     Conditio humana, Frankfurt am Main, 1972, S. 227. (386,
                     387, 391)

Bibliographie

FREUD, A.   (1936) *Das Ich und die Abwehrmechanismen,* Wien. (376, 378)

FREUD, S.   (1887 *b*) Besprechung von S. Weir Mitchell, *Die Behandlung gewisser Formen von Neurasthenie und Hysterie,* Berlin 1887 (übersetzt von G. Klemperer), *G. W.,* Nachtr., S. 67. (61)

(1888–89) Übersetzung mit Vorrede und Anmerkungen von H. Bernheim, *De la suggestion et de ses applications à la thérapeutique,* Paris, 1886; unter dem Titel *Die Suggestion und ihre Heilwirkung,* Wien. Die Vorrede in: *G. W.,* Nachtr., S. 109; eine Fußnote S. 119, Anm. (15)

(1889 *a*) Besprechung von Auguste Forel, *Der Hypnotismus, G. W.,* Nachtr., S. 125. (15)

(1890 *a*) Vormals (1905 *b* [1890]) ›Psychische Behandlung (Seelenbehandlung)‹, *G. W.,* Bd. 5, S. 289; *Studienausgabe,* Ergänzungsband, S. 13. (41, 48, 78, 108, 110, 207)

(1891 *b*) *Zur Auffassung der Aphasien,* Wien. (57)

(1891 *d*) ›Hypnose‹, in A. Bum, *Therapeutisches Lexikon,* S. 724, Wien. *G. W.,* Nachtr., S. 141. (15)

(1892 *a*) Übersetzung von H. Bernheim, *Hypnotisme, suggestion et psychothérapie: études nouvelles,* Paris, 1891; unter dem Titel *Neue Studien über Hypnotismus, Suggestion und Psychotherapie,* Wien. (16)

(1892–93) ›Ein Fall von hypnotischer Heilung, nebst Bemerkungen über die Entstehung hysterischer Symptome durch den »Gegenwillen«‹, *G. W.,* Bd. 1, S. 3. (16)

(1892–94) Übersetzung, mit zusätzlichem Vorwort und Fußnoten, von J.-M. Charcot, *Leçons du mardi à la Salpêtrière (1887–8),* Paris, 1888; unter dem Titel *Poliklinische Vorträge,* Bd. 1, Wien. *G. W.,* Nachtr., S. 153–164 [nur das Vorwort und Auszüge der Fußnoten]. (42)

(1893 *a*) und Breuer, J., ›Über den psychischen Mechanismus hysterischer Phänomene; Vorläufige Mitteilung‹, *G. W.,* Bd. 1, S. 81. (40, 42, 43, 44, 45, 49, 51, 55, 60, 406)

(1893 *h*) Vortrag ›Über den psychischen Mechanismus hysterischer Phänomene‹, *G. W.,* Nachtr., S. 181; *Studienausgabe,* Bd. 6, S. 9. (40, 46, 406)

(1894 *a*) ›Die Abwehr-Neuropsychosen‹, *G. W.,* Bd. 1, S. 59. (51, 63, 94)

FREUD, S. (Forts.)   (1895 *b* [1894]) ›Über die Berechtigung, von der Neurasthenie einen bestimmten Symptomenkomplex als »Angstneurose« abzutrennen‹, *G. W.*, Bd. 1, S. 315; *Studienausgabe*, Bd. 6, S. 25. (51, 52)

(1895 *d*) und Breuer, J., *Studien über Hysterie*, Wien; Neuausgabe (Fischer Taschenbuch 10446) Frankfurt am Main, 1991. *G. W.*, Bd. 1, S. 75; Nachtr., S. 217, 221. Teil IV, ›Zur Psychotherapie der Hysterie‹ (Freud), in: *Studienausgabe*, Ergänzungsband, S. 37. (Wenn nicht anders vermerkt, wird hier nach *G. W.* zitiert.) (15, 37, 39–49, 52, 53–6, 58–60, 62, 64, 77–9, 81, 89, 94, 97, 100, 101, 109, 145, 197, 201, 207, 219, 316)

(1895 *f*) ›Zur Kritik der »Angstneurose«‹, *G. W.*, Bd. 1, S. 357. (130)

(1895 *g*) ›Über Hysterie‹, Zusammenfassungen von drei Vorlesungen Freuds in: *Wiener klin. Rundschau*, Bd. 9, Nr. 42–4. (109)

(1896 *b*) ›Weitere Bemerkungen über die Abwehr-Neuropsychosen‹, *G. W.*, Bd. 1, S. 379, (353)

(1896 *c*) ›Zur Ätiologie der Hysterie‹, *G. W.*, Bd. 1, S. 425; *Studienausgabe*, Bd. 6, S. 51. (45, 109)

(1898 *a*) ›Die Sexualität in der Ätiologie der Neurosen‹, *G. W.*, Bd. 1, S. 491; *Studienausgabe*, Bd. 5, S. 11. (138)

(1898 *b*) ›Zum psychischen Mechanismus der Vergeßlichkeit‹, *G. W.*, Bd. 1, S. 519. (403)

(1899 *a*) ›Über Deckerinnerungen‹, *G. W.*, Bd. 1, S. 531. (403)

(1900 *a*) *Die Traumdeutung*, Wien. *G. W.*, Bd. 2–3; *Studienausgabe*, Bd. 2. (16, 18, 29, 65, 94, 102, 104, 124, 125, 145, 153, 154, 155, 167, 222, 238, 254, 259, 261, 262, 264, 267, 268, 269, 383)

(1901 *b*) *Zur Psychopathologie des Alltagslebens*, Berlin. *G. W.*, Bd. 4. (235, 402, 403)

(1904 *a* [1903]) ›Die Freudsche psychoanalytische Methode‹, *G. W.*, Bd. 5, S. 3; *Studienausgabe*, Ergänzungsband, S. 99. (16, 145, 167)

(1904 *f*) Besprechung von Löwenfeld, *Die psychischen Zwangserscheinungen*, *G. W.*, Nachtr., S. 496. (100)

(1905 *a* [1904]) ›Über Psychotherapie‹, *G. W.*, Bd. 5, S. 13; *Studienausgabe*, Ergänzungsband, S. 107. (16, 134, 145, 183)

FREUD, S. (Forts.)   (1905 c) *Der Witz und seine Beziehung zum Unbewußten*, Wien. *G. W.*, Bd. 6; *Studienausgabe*, Bd. 4, S. 9. (65, 97)

(1905 d) *Drei Abhandlungen zur Sexualtheorie*, Wien. *G. W.*, Bd. 5, S. 29; *Studienausgabe*, Bd. 5, S. 37. (14, 166)

(1905 e [1901]) ›Bruchstück einer Hysterie-Analyse‹, *G. W.*, Bd. 5, S. 163; *Studienausgabe*, Bd. 6, S. 83. (14, 45, 94, 145, 158, 192, 209, 395)

(1907 c) ›Zur sexuellen Aufklärung der Kinder‹, *G. W.*, Bd. 7, S. 19; *Studienausgabe*, Bd. 5, S. 159. (374)

(1908 b) ›Charakter und Analerotik‹, *G. W.*, Bd. 7, S. 203; *Studienausgabe*, Bd. 7, S. 23. (269)

(1909 a [1908]) ›Allgemeines über den hysterischen Anfall‹, *G. W.*, Bd. 7, S. 235; *Studienausgabe*, Bd. 6, S. 197. (192)

(1909 b) ›Analyse der Phobie eines fünfjährigen Knaben‹, *G. W.*, Bd. 7, S. 243; *Studienausgabe*, Bd. 8, S. 9. (51, 124, 138, 145, 172, 202, 212, 305, 306)

(1909 d) ›Bemerkungen über einen Fall von Zwangsneurose‹, *G. W.*, Bd. 7, S. 381; *Studienausgabe*, Bd. 7, S. 31. (100, 145, 166, 173, 212, 394, 395)

(1910 a [1909]) *Über Psychoanalyse*, Wien. *G. W.*, Bd. 8, S. 3. (15, 44, 45, 167, 176)

(1910 c) *Eine Kindheitserinnerung des Leonardo da Vinci*, Wien. *G. W.*, Bd. 8, S. 128; *Studienausgabe*, Bd. 10, S. 87. (128, 237)

(1910 d) ›Die zukünftigen Chancen der psychoanalytischen Therapie‹, *G. W.*, Bd. 8, S. 104; *Studienausgabe*, Ergänzungsband, S. 121. (145, 147, 176, 220, 240)

(1910 h) ›Über einen besonderen Typus der Objektwahl beim Manne‹, *G. W.*, Bd. 8, S. 66; *Studienausgabe*, Bd. 5, S. 185. (125)

(1910 j) ›Beispiele des Verrats pathogener Phantasien bei Neurotikern‹, *G. W.*, Bd. 8, S. 228. (136)

(1910 k) ›Über »wilde« Psychoanalyse‹, *G. W.*, Bd. 8, S. 118; *Studienausgabe*, Ergänzungsband, S. 133. (51, 145, 200, 202)

(1911 c [1910]) ›Psychoanalytische Bemerkungen über einen autobiographisch beschriebenen Fall von Paranoia (Dementia paranoides)‹, *G. W.*, Bd. 8, S. 240; *Studienausgabe*, Bd. 7, S. 133. (184)

FREUD, S. (Forts.) (1911 *e*) ›Die Handhabung der Traumdeutung in der Psychoanalyse‹, *G. W.*, Bd. 8, S. 350; *Studienausgabe*, Ergänzungsband, S. 149. (146, 183, 264)

(1912 *b*) ›Zur Dynamik der Übertragung‹, *G. W.*, Bd. 8, S. 364; *Studienausgabe*, Ergänzungsband, S. 157. (146, 183, 185, 198, 221, 413)

(1912 *c*) ›Über neurotische Erkrankungstypen‹, *G. W.*, Bd. 8, S. 322; *Studienausgabe*, Bd. 6, S. 215. (162, 244)

(1912 *e*) ›Ratschläge für den Arzt bei der psychoanalytischen Behandlung‹, *G. W.*, Bd. 8, S. 376; *Studienausgabe*, Ergänzungsband, S. 169. (146, 147, 183, 232)

(1912 *f*) ›Zur Onanie-Diskussion‹, *G. W.*, Bd. 8, S. 332. (52, 138)

(1912 *g*) ›Einige Bemerkungen über den Begriff des Unbewußten in der Psychoanalyse‹, *G. W.*, Bd. 8, S. 430; *Studienausgabe*, Bd. 3, S. 25 (die Arbeit erschien zunächst in Englisch, 1913 in deutscher Übersetzung von Hanns Sachs). (229)

(1912–13) *Totem und Tabu*, Wien, 1913. *G. W.*, Bd. 9; *Studienausgabe*, Bd. 9, S. 287. (280)

(1913 *b*) Geleitwort zu Oskar Pfister, *Die psychoanalytische Methode*, Leipzig und Berlin, *G. W.*, Bd. 10, S. 448. (148, 274, 346)

(1913 *c*) ›Weitere Ratschläge zur Technik der Psychoanalyse: I. Zur Einleitung der Behandlung‹, *G. W.*, Bd. 8, S. 454; *Studienausgabe*, Ergänzungsband, S. 181. (16, 124, 146, 147, 155, 156, 161, 163, 167, 249)

(1913 *d*) ›Märchenstoffe in Träumen‹, *G. W.*, Bd. 10, S. 2. (236)

(1914 *a*) ›Über fausse reconnaissance (»déjà raconté«) während der psychoanalytischen Arbeit‹, *G. W.*, Bd. 10, S. 116; *Studienausgabe*, Ergänzungsband, S. 231. (173)

(1914 *c*) ›Zur Einführung des Narzißmus‹, *G. W.*, Bd. 10, S. 138; *Studienausgabe*, Bd. 3, S. 37. (52, 138)

(1914 *d*) ›Zur Geschichte der psychoanalytischen Bewegung‹, *G. W.*, Bd. 10, S. 43. (44, 219, 246, 262, 300)

(1914 *g*) ›Weitere Ratschläge zur Technik der Psychoanalyse: II. Erinnern, Wiederholen und Durcharbeiten‹, *G. W.*, Bd. 10, S. 126; *Studienausgabe*, Ergänzungsband, S. 205. (16, 146, 167, 168, 225, 241, 420)

(1915 *a* [1914]) ›Weitere Ratschläge zur Technik der Psychoanalyse: III. Bemerkungen über die Übertragungsliebe‹, *G. W.*, Bd. 10, S. 306; *Studienausgabe*, Ergänzungsband, S. 217. (146, 244, 298, 371)

FREUD, S. (Forts.)   (1915 c) ›Triebe und Triebschicksale‹, *G. W.*, Bd. 10, S. 210; *Studienausgabe*, Bd. 3, S. 75. (166)

(1915 d) ›Die Verdrängung‹, *G. W.*, Bd. 10, S. 248; *Studienausgabe*, Bd. 3, S. 103. (368)

(1915 e) ›Das Unbewußte‹, *G. W.*, Bd. 10, S. 264; *Studienausgabe*, Bd. 3, S. 119. (44, 124, 190, 202)

(1915 f) ›Mitteilung eines der psychoanalytischen Theorie widersprechenden Falles von Paranoia‹, *G. W.*, Bd. 10, S. 234; *Studienausgabe*, Bd. 7, S. 205. (215, 381)

(1916–17 [1915–17]) *Vorlesungen zur Einführung in die Psychoanalyse*, Wien. *G. W.*, Bd. 11; *Studienausgabe*, Bd. 1, S. 33. (16, 132, 138, 146, 158, 162, 203, 209, 214, 241, 263, 267, 352, 353, 354, 381)

(1918 a [1917]) ›Das Tabu der Virginität‹, *G. W.*, Bd. 12, S. 161; *Studienausgabe*, Bd. 5, S. 211. (392)

(1918 b [1914]) ›Aus der Geschichte einer infantilen Neurose‹, *G. W.*, Bd. 12, S. 29; *Studienausgabe*, Bd. 8, S. 125. (146, 209, 235, 248, 269, 358–9, 382, 394, 399)

(1919 a [1918]) ›Wege der psychoanalytischen Therapie‹, *G. W.*, Bd. 12, S. 183; *Studienausgabe*, Ergänzungsband, S. 239. (122, 127, 146, 193, 225, 371)

(1919 b) ›James J. Putnam‹, *G. W.*, Bd. 12, S. 315. (247)

(1919 e) ›»Ein Kind wird geschlagen«‹, *G. W.*, Bd. 12, S. 197; *Studienausgabe*, Bd. 7, S. 229. (391)

(1919 h) ›Das Unheimliche‹, *G. W.*, Bd. 12, S. 229; *Studienausgabe*, Bd. 4, S. 241. (210)

(1920 a) ›Über die Psychogenese eines Falles von weiblicher Homosexualität‹, *G. W.*, Bd. 12, S. 271; *Studienausgabe*, Bd. 7, S. 255. (262, 394)

(1920 b) ›Zur Vorgeschichte der analytischen Technik‹, *G. W.*, Bd. 12, S. 309; *Studienausgabe*, Ergänzungsband, S. 251.

(1920 c) ›Dr. Anton von Freund‹, *G. W.*, Bd. 13, S. 435. (249)

(1920 g) *Jenseits des Lustprinzips*, Wien. *G. W.*, Bd. 13, S. 3; *Studienausgabe*, Bd. 3, S. 213. (44, 46, 210, 258, 267)

(1921 a) Vorwort zu J. J. Putnam, *Addresses on Psycho-Analysis*, London und New York. *G. W.*, Bd. 13, S. 437. (247)

(1921 c) *Massenpsychologie und Ich-Analyse*, Wien. *G. W.*, Bd. 13, S. 73; *Studienausgabe*, Bd. 9, S. 61. (30, 65, 198, 258)

FREUD, S. (Forts.) (1922 *b* [1921]) ›Über einige neurotische Mechanismen bei Eifersucht, Paranoia und Homosexualität‹, *G. W.*, Bd. 13, S. 195; *Studienausgabe*, Bd. 7, S. 217. (258, 262)

(1923 *a* [1922]) ›»Psychoanalyse« und »Libidotheorie«‹, *G. W.*, Bd. 13, S. 211. (44, 172)

(1923 *b*) *Das Ich und das Es*, Wien. *G. W.*, Bd. 13, S. 237; *Studienausgabe*, Bd. 3, S. 273. (57, 274, 288, 383, 402)

(1923 *c* [1922]) ›Bemerkungen zur Theorie und Praxis der Traumdeutung‹, *G. W.*, Bd. 13, S. 301; *Studienausgabe*, Ergänzungsband, S. 257. (146, 150, 156, 400)

(1923 *f*) ›Josef Popper-Lynkeus und die Theorie des Traumes‹, *G. W.*, Bd. 13, S. 357. (384)

(1924 *b* [1923]) ›Neurose und Psychose‹, *G. W.*, Bd. 13, S. 387; *Studienausgabe*, Bd. 3, S. 331. (295)

(1924 *c*) ›Das ökonomische Problem des Masochismus‹, *G. W.*, Bd. 13, S. 371; *Studienausgabe*, Bd. 3, S. 339. (162, 365)

(1924 *f* [1923]) ›Kurzer Abriß der Psychoanalyse‹, *G. W.*, Bd. 13, S. 405 (die Arbeit erschien zunächst in Englisch, erst 1928 in Deutsch). (44)

(1925 *d* [1924]) *Selbstdarstellung*, Wien, 1934. *G. W.*, Bd. 14, S. 33. (15, 41, 44, 138)

(1925 *f*) Geleitwort zu August Aichhorn, *Verwahrloste Jugend*, Wien. *G. W.*, Bd. 14, S. 565. (388)

(1925 *g*) ›Josef Breuer‹, *G. W.*, Bd. 14, S. 562. (44)

(1925 *h*) ›Die Verneinung‹, *G. W.*, Bd. 14, S. 11; *Studienausgabe*, Bd. 3, S. 371. (395, 401)

(1925 *i*) ›Einige Nachträge zum Ganzen der Traumdeutung‹, *G. W.*, Bd. 1, S. 561. (153)

(1926 *c*) Bemerkung zu E. Pickworth Farrow, ›Eine Kindheitserinnerung aus dem 6. Lebensmonat‹, *G. W.*, Bd. 14, S. 568. (176)

(1926 *d* [1925]) *Hemmung, Symptom und Angst*, Wien. *G. W.*, Bd. 14, S. 113; *Studienausgabe*, Bd. 6, S. 227. (138, 203, 215, 243, 353, 358, 381)

(1926 *e*) *Die Frage der Laienanalyse*, Wien. *G. W.*, Bd. 14, S. 209; *Studienausgabe*, Ergänzungsband, S. 271. (148, 367, 369)

(1926 *i*) ›Dr. Reik und die Kurpfuschereifrage‹, Brief an die *Neue Freie Presse*, *G. W.*, Nachtr., S. 715. (274)

FREUD, S. (Forts.) (1927 *a*) ›Nachwort zur »Frage der Laienanalyse«‹, *G. W.*, Bd. 14, S. 287; *Studienausgabe*, Ergänzungsband, S. 342. (148)

(1927 *c*) *Die Zukunft einer Illusion*, Wien. *G. W.*, Bd. 14, S. 325; *Studienausgabe*, Bd. 9, S. 135. (286)

(1929 *b*) ›Brief an Maxime Leroy über einige Träume des Cartesius‹, *G. W.*, Bd. 14, S. 558. (261)

(1930 *a* [1929]) *Das Unbehagen in der Kultur*, Wien. *G. W.*, Bd. 14, S. 421; *Studienausgabe*, Bd. 9, S. 191. (386)

(1931 *b*) ›Über die weibliche Sexualität‹, *G. W.*, Bd. 14, S. 517; *Studienausgabe*, Bd. 5, S. 273. (390)

(1933 *a* [1932]) *Neue Folge der Vorlesungen zur Einführung in die Psychoanalyse*, Wien. *G. W.*, Bd. 15; *Studienausgabe*, Bd. 1, S. 447. (249, 344, 352, 353, 354)

(1933 *c*) ›Sándor Ferenczi‹, *G. W.*, Bd. 16, S. 267. (362)

(1935 *b*) ›Die Feinheit einer Fehlhandlung‹, *G. W.*, Bd. 16, S. 37. (176)

(1936 *a*) Brief an Romain Rolland: ›Eine Erinnerungsstörung auf der Akropolis‹, *G. W.*, Bd. 16, S. 250; *Studienausgabe*, Bd. 4, S. 283. (238)

(1937 *c*) ›Die endliche und die unendliche Analyse‹, *G. W.*, Bd. 16, S. 59; *Studienausgabe*, Ergänzungsband, S. 351. (146, 147, 148, 158, 176, 177, 215, 240, 420)

(1937 *d*) ›Konstruktionen in der Analyse‹, *G. W.*, Bd. 16, S. 43; *Studienausgabe*, Ergänzungsband, S. 393. (146, 148, 238, 240, 264, 285, 307, 352, 378, 416)

(1939 *a* [1934–38]) *Der Mann Moses und die monotheistische Religion*, *G. W.*, Bd. 16, S. 103; *Studienausgabe*, Bd. 9, S. 455. (354, 380, 406)

(1940 *a* [1938]) *Abriß der Psychoanalyse*, *G. W.*, Bd. 17, S. 63; das Vorwort in: *G. W.*, Nachtr., S. 749. Kapitel VI in: *Studienausgabe*, Ergänzungsband, S. 407. (158, 354, 355, 386, 394, 409–10)

(1940 *b* [1938]) ›Some Elementary Lessons in Psycho-Analysis‹ (Titel in Englisch; Text in Deutsch), *G. W.*, Bd. 17, S. 141. (409, 410)

(1940 *d* [1892]) und Breuer, J., ›Zur Theorie des hysterischen Anfalls‹, *G. W.*, Bd. 17, S. 9. (43)

(1941 *a* [1892]) Brief an Josef Breuer, *G. W.*, Bd. 17, S. 5. (42)

(1941 *b* [1892]) ›Notiz »III«‹, *G. W.*, Bd. 17, S. 17. (43)

(1941 *d* [1921]) ›Psychoanalyse und Telepathie‹, *G. W.*, Bd. 17, S. 21. (258)

FREUD, S. (Forts.) (1950 a [1887–1902]) *Aus den Anfängen der Psychoanalyse*, London; Frankfurt am Main 1962. (Enthält ›Entwurf einer Psychologie‹, 1895 [dieser jetzt unter (1950 c) in: *G. W.*, Nachtr., S. 375].) (15, 41, 42, 43, 45, 97, 176, 353, 355, 365, 366)

(1955 c [1920]) ›Gutachten über die elektrische Behandlung der Kriegsneurotiker‹, *G. W.*, Nachtr., S. 704. (262)

(1960 a) *Briefe 1873–1939*, hrsg. von E. L. Freud, Frankfurt am Main (2., erw. Aufl., Frankfurt am Main, 1968; 3., korr. Aufl., 1980). (273, 316)

(1963 a) *Sigmund Freud/Oskar Pfister. Briefe 1909–1939*, hrsg. von E. L. Freud und H. Meng, Frankfurt am Main (2. Aufl., 1980). (14)

GRASSET, J. (1904) ›La sensation du déjà vu; sensation du déjà entendu; du déjà éprouvé; illusion de fausse reconnaissance‹, *J. psychol. norm. et path.*, Bd. 1, S. 17. (235)

HECKER, E. (1893) ›Über larvirte und abortive Angstzustände bei Neurasthenie‹, *Zentbl. Nervenheilk.*, Bd. 16, 565. (52)

HIPPOKRATES *Auslese seiner Gedanken über den gesunden und kranken Menschen und über die Heilkunst;* sinngemäß verdeutscht und gemeinverständlich erläutert von Arnold Sack, Berlin. (230)

JANET, P. (1889) *L'automatisme psychologique*, Paris. (42)

(1894) *État mental des hystériques*, Paris. (117)

JONES, E. (1914) ›Die Stellungnahme des psychoanalytischen Arztes zu den aktuellen Konflikten‹, *Int. Z. ärztl. Psychoanal.*, Bd. 2, S. 6. (246)

(1915) ›Professor Janet on Psycho-Analysis; a Rejoinder‹, *J. abnorm. (soc.) Psychol.*, Bd. 9, S. 400; deutsche Übersetzung: ›Professor Janet über Psychoanalyse‹, *Int. Z. ärztl. Psychoanal.*, Bd. 4 (1916), S. 34. (42)

(1960) *Das Leben und Werk von Sigmund Freud*, Bd. 1, Bern und Stuttgart. (40)

(1962 a) *Das Leben und Werk von Sigmund Freud*, Bd. 2, Bern und Stuttgart. (108, 125, 145, 170, 218, 258, 362)

(1962 b) *Das Leben und Werk von Sigmund Freud*, Bd. 3, Bern und Stuttgart. (218, 258, 274, 362, 410)

JUNG, C. G. (1910) ›Über Konflikte der kindlichen Seele‹, *Jb. psychoan. psychopath. Forsch.*, Bd. 2, S. 33. (161)

(1911) ›Wandlungen und Symbole der Libido‹, Teil I, *Jb. psychoan. psychopath. Forsch.*, Bd. 3, S. 120. (160, 161)

Bibliographie

LÖWENFELD, L.   (1897) *Lehrbuch der gesamten Psychotherapie*, Wiesbaden. (16, 110)

(1904) *Die psychischen Zwangserscheinungen*, Wiesbaden. (100)

MITCHELL, S. WEIR   (1877) *Fat and Blood and How to Make Them*, Philadelphia. (Untertitel in einigen späteren Auflagen: *The Treatment of Certain Forms of Neurasthenia and Hysteria*.) Deutsche Übersetzung von G. Klemperer, *Die Behandlung gewisser Formen von Neurasthenie und Hysterie*, Berlin, 1887. (61)

PFISTER, O.   (1913) *Die psychoanalytische Methode*, Leipzig und Berlin. (148, 274, 346)

RANK, O.   (1924) *Das Trauma der Geburt*, Wien. (357)

RICHTER, J. P.   (1939) *The Literary Works of Leonardo da Vinci* (2. Aufl.), 2 Bde., Oxford. (112)

STEKEL, W.   (1909) ›Beiträge zur Traumdeutung‹, *Jb. psychoan. psychopath. Forsch.*, Bd. 1, S. 458. (124)

(1911 *a*) *Die Sprache des Traumes*, Wiesbaden. (124, 176)

(1911 *b*) ›Die verschiedenen Formen der Übertragung‹, *Zentbl. Psychoanal.*, Bd. 2, S. 27. (159)

STRÜMPELL, A. VON   (1896) Besprechung von Breuer und Freud, *Studien über Hysterie, Deutsch. Z. Nervenheilk.*, Bd. 8, S. 159. (44)

VAIHINGER, H.   (1911) *Die Philosophie des Als Ob*, Berlin. (286)

WESTPHAL, C. F. O.   (1877) ›Über Zwangsvorstellungen‹, *Berl. klin. Wschr.*, Bd. 14, S. 669 und S. 687. (50)

WIGAN, A. L.   (1844) *A New View of Insanity: The Duality of the Mind, proved by the Structure, Functions, and Diseases of the Brain, and by the Phenomena of Mental Derangement, etc.*, London. (234)

WOLFSMANN   (1972) *Der Wolfsmann*, mit der Krankengeschichte des Wolfsmannes von Sigmund Freud, dem Nachtrag von Ruth Mack Brunswick und einem Vorwort von Anna Freud, herausgegeben, mit Anmerkungen, einer Einleitung und zusätzlichen Kapiteln versehen von Muriel Gardiner, Frankfurt am Main. (Amerikanische Originalausgabe unter dem Titel *The Wolf-Man*, New York, 1971.) (359)

LISTE DER ABKÜRZUNGEN

Almanach 1927 — *Almanach für das Jahr 1927*, Internationaler Psychoanalytischer Verlag, Wien, 1926.

Almanach 1938 — *Almanach der Psychoanalyse 1938*, Internationaler Psychoanalytischer Verlag, Wien, 1937.

Conditio humana — Reihe *Conditio humana, Ergebnisse aus den Wissenschaften vom Menschen*, S. Fischer Verlag, Frankfurt am Main, 1969–75.

G. S. — S. Freud, *Gesammelte Schriften* (12 Bände), Internationaler Psychoanalytischer Verlag, Wien, 1924–34.

G. W. — S. Freud, *Gesammelte Werke* (18 Bände und ein unnumerierter Nachtragsband), Bände 1–17 London, 1940–52, Band 18 Frankfurt am Main, 1968, Nachtragsband Frankfurt am Main, 1987. Die ganze Edition seit 1960 bei S. Fischer Verlag, Frankfurt am Main.

Jahrbuch — *Jahrbuch für psychoanalytische und psychopathologische Forschungen* (6 Bände; Band 6 unter dem Titel *Jahrbuch der Psychoanalyse*), Leipzig und Wien, 1909–14.

Neurosenlehre und Technik — S. Freud, *Schriften zur Neurosenlehre und zur psychoanalytischen Technik (1913–1926)*, Wien, 1931.

ψa — psychoanalytisch.

S. K. S. N. — S. Freud, *Sammlung kleiner Schriften zur Neurosenlehre* (5 Bände), Wien, 1906–22.

Sexualtheorie und Traumlehre — S. Freud, *Kleine Schriften zur Sexualtheorie und zur Traumlehre*, Wien, 1931.

Standard Ed. — *The Standard Edition of the Complete Psychological Works of Sigmund Freud* (24 Bände), The Institute of Psycho-Analysis, Hogarth Press, London, 1953–74.

Studienausgabe — S. Freud, *Studienausgabe* (10 Bände und ein unnumerierter Ergänzungsband), S. Fischer Verlag, Frankfurt am Main, 1969–75.

Liste der Abkürzungen

Ta.

Taschenbuchausgabe von Breuer und Freud, *Studien über Hysterie,* Fischer Taschenbuch 6001, Frankfurt am Main, 1970.

Technik und Metapsychol.

S. Freud, *Zur Technik der Psychoanalyse und zur Metapsychologie,* Wien, 1924.

Traumlehre

S. Freud, *Kleine Beiträge zur Traumlehre,* Wien, 1925.

Sonstige in diesem Band verwendete Abkürzungen entsprechen der *World List of Scientific Periodicals* (4. Auflage), London, 1963–65.

NAMEN- UND SACHREGISTER

Zusammengestellt von Ingeborg Meyer-Palmedo

In dieses Register sind sämtliche Namen nicht-wissenschaftlicher Autoren aufgenommen. Es enthält auch Namen wissenschaftlicher Autoren, die angegebenen Seitenzahlen beziehen sich dann aber auf Textstellen, wo Freud nur den Namen des betreffenden Autors, nicht aber ein spezielles Werk erwähnt. Für Hinweise auf bestimmte Werke wissenschaftlicher Autoren möge der Leser die Bibliographie konsultieren.

---

* [Im übrigen wird der editorische Apparat in diesem Gesamtinhaltsplan, der lediglich zeigen soll, welche Werke Sigmund Freuds in die einzelnen Bände der *Studienausgabe* aufgenommen wurden, nicht berücksichtigt.]